SOR JUANA
Y SU MUNDO

Sor Juana y su Mundo

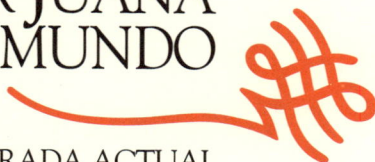

Una mirada actual

Edición
Sara Poot Herrera

Investigación y textos

José Rogelio Álvarez, Mauricio Beuchot,
María Dolores Bravo Arriaga, Fernando Checa, Marta Gallo,
Margo Glantz, Asunción Lavrin, José Pascual Buxó,
Sara Poot Herrera, Georgina Sabat de Rivers
y Martha Lilia Tenorio

Colaboración
Pablo Brescia, Patricia Díaz Cayeros y Alejandro Rivas

Universidad del Claustro de Sor Juana
Instituto de Investigaciones de la Cultura

Sor Juana y su mundo

Una mirada actual

Universidad del
Claustro de Sor Juana

Universidad del Claustro de Sor Juana

Presidenta y Directora General
Carmen Beatriz López Portillo

Rector
Juan Manuel Silva Camarena

Director de Difusión y Promoción Cultural
José Luis Barrios Lara

Director Académico
Ramiro Navarro Kuri

Directora de Extensión Universitaria
Lidia Camacho Camacho

Directora del Museo de la Indumentaria Mexicana
Rosa Ofelia Murrieta

Proyecto
Sor Juana y su mundo

Coordinador General
José Luis Barrios Lara

Coordinadora Académica
Sara Poot Herrera

Asistentes
Pablo Brescia y Patricia Díaz Cayeros

Diseño de logotipo
Miguel Marín

Diseño gráfico y autoedición
Salamandra Diseñadores S.C.
Mario Lazo, Yolanda R. de Madrid y Hugo Almeida

Impresión
IEPSA

Coedición:
    Universidad del Claustro de Sor Juana
    Gobierno del Estado Libre y Soberano de Puel
    Fondo de Cultura Económica

DR © Universidad del Claustro de Sor Juana
    Gobierno del Estado Libre y Soberano de Puel
    Fondo de Cultura Económica

ISBN 968-16-4865-X
Impreso en México, noviembre de 1995.

ÍNDICE

En el siglo XVII novohispano la ciudad de Puebla de los Ángeles fue privilegiada por la creación literaria de la más grande figura de la época, Sor Juana Inés de la Cruz. Desde su celda del convento de San Jerónimo en la ciudad de México, Sor Juana enriqueció la vida social, religiosa y cultural de la capital poblana.

Allí se publicaron y cantaron los villancicos que la poeta escribió para el recinto catedralicio angelopolitano. De la letra y la música de estas composiciones, ejemplos magníficos de la poesía barroca virreinal, gozó en aquel momento la sociedad poblana. La imprenta de nuestra ciudad ayudó a inmortalizar los villancicos sorjuaninos, género de gran valor en la tradición popular de la literatura hispánica.

En Puebla se publicó también, el 25 de noviembre de 1690, la polémica *Carta Atenagórica*. Esta carta dio lugar a la *Respuesta a Sor Filotea de la Cruz,* valioso documento autobiográfico escrito por la monja jerónima, Décima Musa, Fénix de México. Con su *Respuesta,* defendió su derecho al saber y con sus ideas sobre la igualdad del hombre y de la mujer se adelantó a su época. En la nuestra representa, por su universalidad de noticias, un pensamiento moderno.

La inteligencia de Sor Juana, su ingenio y agudeza, su perfección poética y su amor por la búsqueda de la verdad, nos siguen asombrando en estos últimos años del siglo XX. Su fama cruza tres siglos de historia.

Para el Gobierno del Estado de Puebla es un honor participar en la publicación del libro *Sor Juana y su mundo*; en ese mundo, la ciudad de Puebla de los Ángeles ocupa un lugar significativo, como ella lo tiene entre nosotros.

MANUEL BARTLETT DÍAZ
Gobernador Constitucional del Estado Libre y Soberano de Puebla

LOS SUEÑOS, ¿SUEÑOS SON?
SOR JUANA EN LA UNIVERSIDAD

I.   Hoy y siempre los sueños nos dejan perplejos.

II. La opinión popular acoge la creencia de que el sentido del sueño tiene que ver con la anunciación del futuro, propicio o nefasto, y que puede atraparse mediante los secretos de la interpretación, a pesar de que su contenido sea a menudo confuso y enigmático.

III. Los padecimientos de la perplejidad desaparecen también bajo el aplomo de las interpretaciones que, muy confiadas de sí mismas, nos aseguran que todo sueño es la realización de un deseo.

IV. Las claves fijas de la interpretación popular, igual que las de los conocimientos científicos, crean en algunos hombres la necesidad de reír de tales empeños. Terminan por decir que los sueños, claro, sueños son.

V.   ¿Por qué —habría que preguntarle al filósofo de la dialéctica— a los hombres se les escapa lo que hacen despiertos y olvidan lo que hacen dormidos?

VI. El griego lo sabe y sabe también que el sueño muestra deseos terribles, salvajes y contra toda ley; que despiertan cuando duerme la parte razonable del alma. Sin embargo, cuando se han apaciguado la parte concupiscible y la parte irascible, y se duerme en la paz del corazón, nos asegura *el de las ideas* que el alma está próxima a la verdad.

VII. Los sueños, sueños son del alma; lo mismo si el alma quiere manifestar sus deseos que si desea soñar por soñar, o incluso alcanzar verdades sobre la verdad.

VIII. Los sueños están hechos de la misma materia que el alma. Sirven para salir y para entrar en su recinto privado.

IX. Es preciso reconocer que los sueños son para el alma lo que el agua es para el pez. Pero el alma misma, tejida con suaves hilos de sueño, ¿no es tan sólo un sueño?

X. En *El Sueño* de Sor Juana el alma se mira a sí misma, y en un sueño dentro del sueño, se sueña ella en el sueño del saber. Por eso Sor Juana sueña y en sus sueños piensa: arguyendo y haciendo versos, haciendo versos y arguyendo.

XI. Sueña el sueño del saber, porque lo que ella quiere desde siempre es saber: está condenada a seguir de cerca a la sabiduría.

XII. Ese "papelillo que llaman *El Sueño"* es un poema, un gran poema que nos hace presente un sueño. ¿Quién sabe si en él sólo hay eso, un mero sueño?, ¿quién sabe si el sueño es sólo eso, nada más sueño? En el sueño y en la vigilia, Sor Juana crea versos e inventa argumentos. Hace poesía y filosofía.

XIII. Si habláramos como Sor Juana, diríamos que frente a la creación su entendimiento quedaba pasmado; si lo dijéramos como Platón, sería preciso afirmar que de cara a lo real ella era capaz de admirarse con la razón y de pensar en serio.

XIV. Sor Juana piensa y sueña. Le cuenta a Sor Filotea que eran tan fuertes sus cogitaciones, que ni dormida podía escapar de la necesidad interrogadora de su razón.

XV. Sor Juana nos habla de un sueño. El escenario es el mundo del silencio nocturno en el que duermen el hombre y la naturaleza; su contenido, la inevitable llegada de la noche y el necesario regreso del día.

XVI.   En su sueño el alma pudo alcanzar por fin la cumbre más alta de la sabiduría y en una sola visión quiso mirar la totalidad del cosmos. Pero, ¡oh filosófica desilusión, tiene que reconocer su incapacidad, la de la razón y la de la vista para conocer en una única intuición todo lo existente!

XVII.   El alma se resigna, mal que bien, a conocer a medias, paso a paso. En un vaivén desazonador la razón decidida avanza; luego, retrocede desalentada. Mientras, la luz de la Aurora y el Sol hacen que los fantasmas huyan. Sor Juana —¿a salvo del desasosiego?— despierta.

XVIII.   Si el sueño de Sor Juana es nuestro sueño, ¿cómo podremos despertarnos?, ¿la luz de cuál sol, el resplandor de cuál aurora terminarán nuestro sueño?

XIX.   ¿A quiénes, filósofo del devenir, pertenece el mundo común de los que están despiertos?, ¿a quiénes pertenece el mundo particular de los que están dormidos?

XX.   ¿Cuándo podremos saber qué hacer con el saber?, ¿cuándo en el saber de veras avanzamos, de veras retrocedemos?, ¿cuándo será muy otra la alternativa?

XXI.   ¿Desde dónde nos ha llegado, sin darnos cuenta, tanta ambición de saber? Al fin y a la postre, tiene razón Sor Juana: "si es para vivir tan poco, ¿de qué sirve saber tanto?"

XXII.   Lo que dibuja poéticamente Sor Juana es el mundo de la noche y de su sueño; lo que ella filosóficamente presenta es el sueño del saber. Y ahí, en medio de todo, alguien —ella misma, nosotros— está soñando ese sueño.

XXIII.   Filosofía y poesía adquieren una nueva cara y un sorprendente aspecto, sea cual fuere el modo de decidir lo que es y no es poesía, y sea cual fuere la manera de determinar lo que es y no es filosofía.

XXIV.   La poesía y la filosofía son dos maneras de pararse frente al mundo y pensarlo a través de una peculiar experiencia: la de otorgar al ser, por medio de la palabra, un escenario ontológicamente consistente que sea capaz de salvarlo del horror metafísico de la Nada.

XXV. Sor Juana Inés de la Cruz nos comunicó en un sueño poético-filosófico su deseo de saber. En su infancia había forjado la fantasía de ir a la universidad. Como no pudo hacerlo, se conformó con leer libros. ¿Acaso para que la fantasía quedara situada más alto que la realidad?

XXVI. Sor Juana se entregó "a la estudiosa tarea... de leer y más leer, de estudiar y más estudiar, sin más maestro que los mismos libros". Así pudo escribir mucho y de todo en su prosa y en sus versos.

XXVII. Sor Juana no fue físicamente a la universidad, pero llegó a ella por otro camino: está aquí, entre nosotros, porque supo hilvanar con el fino hilo del saber; con la paciencia de la creación filosófica y literaria, su persona, su obra y el quehacer universitario.

XXVIII. Si la vida misma es un sueño y el saber no puede saber nada más, sin duda conviene platicar con Sor Juana para buscar la sabiduría de un modo seguro y sin perder los sanos padecimientos de la perplejidad... porque los sueños, sueños son.

JUAN MANUEL SILVA CAMARENA, RECTOR
En el ex-convento de San Jerónimo,
donde está la Universidad del Claustro de Sor Juana.

UNA MIRADA ACTUAL

CONMEMORAR, recordar con el otro. Misterio que hace presente lo ausente. Con la memoria, mantener y recrear el mundo, proyectarlo: gestar por el recuerdo de un pasado común el futuro que la tierra, la sangre, la voluntad y la palabra construyen. Hacer existir, por la mirada actual, ese pasado que anhelamos nuestro. Resistirnos a uniformar el tiempo, su progresión; dejar que la realidad habite múltiple el espacio, así como su valoración, la conciencia.

Conmemorar. Cultivar con la memoria lo que somos. Hacer de la cultura vocación de identidad: búsqueda vital de pertenencia, urdimbre que gesta, por la aceptación de lo diverso, la asunción de la otredad para crear así la posibilidad milagrosa que revela, en el encuentro dialógico, la conciencia de lo que se es.

Conmemorar. Posibilidad que deroga el tiempo, que vence la muerte por el poder evocador con el que hoy nombramos a Sor Juana. Entregar a la memoria oficiosa sus palabras para que tenaz las grabe y las guarde cuidadosa para que "voraz el tiempo no las borre"[1].

[1] Se cita a SOR JUANA INÉS DE LA CRUZ por sus *Obras completas*, ed. de A. Méndez Plancarte, F.C.E., México, 1951; en el texto se da el número de obra y el de los versos citados. Aquí la referencia es al *Primero Sueño* (núm. 216), cf. vs. 262-263, y 417.

Con-memorarla. Memoria común que permite cultivar por la voluntad y el entendimiento la propia identidad con su presencia, su imagen, su palabra. Memoria, voluntad y entendimiento, "el alma junta":

PASADO

Memoria: pues a ti sólo te es dado
hacer que sea presente lo pasado;
pues resucitas, en tu estimativa,
de la ya muerta gloria, imagen viva,
guardando en sus mentales caracteres,
las cosas que tener presentes quieres,
¡ya está aquí, a tu mandado,
el volumen del Tiempo que ha pasado!

PRESENTE

Voluntad: pues tu imperio solamente
se puede ejecutar en lo Presente;
pues deshacer no puede lo pasado,
ni obrar tampoco en lo que no ha llegado,
¡en esta vana pompa de las flores,
en que se simbolizan mis verdores,
puedes mandar ufana,
pues te conozco Reina soberana!

FUTURO

Entendimiento: pues tu vuelo osado
pasa de lo presente a lo pasado;
y por tus conjeturas, mal seguro,
quieres vaticinar en lo Futuro,
¡ya tienes, de este espejo en los reflejos,
de lo Futuro los distantes lejos,
donde se ven por brújula, aunque obscura,
los casos de tu cuerda conjetura! (379, vs. 223-246).

Memoria creadora que mira el pasado desde el presente para reconocerlo actual.

Mirada nuestra que encuentra hoy la de Sor Juana trascendente; asombrada, que entendió el mundo como misterio por descubrir y que enfrentó rebelde para dar respuesta interrogando.

Preguntas barrocas que cuestionan hoy la visión dicotómica del mundo, esa que ha escindido insistente la realidad en extremos irreconciliables, opuestos, y que ha reducido la posibilidad de su comprensión al discurso dialéctico, intento que la totalidad realiza como expansión dominadora de la que Sor Juana hace crítica:

> Para todo se halla prueba
> y razón en que fundarlo;
> y no hay razón para nada,
> de haber razón para tanto.
>   Todos son iguales jueces;
> y siendo iguales y varios,
> no hay quien pueda decidir
> cuál es lo más acertado.
>   Pues si no hay quien lo sentencie,
> ¿por qué pensáis, vos, errado,
> que os cometió Dios a vos
> la decisión de los casos? (2, vs. 41-52).

Preguntas que abren la posibilidad de la diferencia, proliferación de lo posible, y que nos liberan de las respuestas ensoberbecidas de Occidente.

Gratuidad del afecto, del conocimiento, de la vida que sin razones ni intenciones ama la verdad por la verdad misma:

> Que dicha se ha de llamar
> sola la que, a mi entender,
> ni se puede merecer
> ni se pretende alcanzar (90, vs. 29-32).

Reconocimiento de que la razón no basta porque:

> ¿Qué loca ambición nos lleva
> de nosotros olvidados?
> Si es para vivir tan poco,
> ¿de que sirve saber tanto? (2, vs. 129-132),

y que el entendimiento no puede abarcar la complejidad de "un objeto solo" (216, v. 757) y menos aun comprender la totalidad de lo que es. Conocimiento que nada sabe "de la breve flor aun" (*ibid.*, v. 730) ni de la fuente alcanza "risueña / el ignorado modo / con que el curso dirige cristalino" y tampoco entiende "... aun la más pequeña, / aun la más fácil parte... / de los más manüales / efectos naturales" (*ibid.*, vs. 712-714, 708-711).

Lucidez que afirma que, no bastando la razón para dar razón del mundo, la mirada puede resistirse a la derrota, porque el esfuerzo repetido es suficiente para dar sentido al sueño.

Certeza de que ni aun todo el conocimiento nos asegura que este mundo nos pertenece, fuerza vital que se reafirma en una carcajada ante la batalla perdida, esperanza clarividente frente al silencio de la razón cuando

> Obscurécese el discurso
> entre confusas tinieblas;
> pues ¿quién podrá darme luz
> si está la razón a ciegas? (57, vs. 13-16)

y a pesar de la obscuridad y la caída, o por ello

> Ni el panteón profundo
> —cerúlea tumba a su infeliz ceniza—,
> ni el vengativo rayo fulminante
> mueve, por más que avisa,
> al ánimo arrogante
> que, el vivir despreciando, determina
> su nombre eternizar en su rüina.
> Tipo es, antes, modelo:
> ejemplar pernicioso
> que alas engendra a repetido vuelo,
> del ánimo ambicioso
> que —del mismo terror haciendo halago
> que al valor lisonjea—,
> las glorias deletrea
> entre los caracteres del estrago (216, 796-810).

Aspiración a la verdad que vale por la aspiración misma no por la certeza. Voluntad que garantiza el valor de la razón por un acto de fe y que, cartesiana, admite precoz que los geómetras no pueden ser ateos:

> ya sabéis que soy la Fe,
> ...
> pues sobre mí de Virtudes
> la fábrica toda carga
> de tal modo, que cayera
> si yo no la sustentara (370, vs. 39, 46-49).

Sor Juana, alma protagonista de esta mirada en la que hoy la nuestra se posa para reconocerse atenta.

Liberación de la libertad sin beneficios, liberación favorecida por la indiferencia, divino reconocimiento que posibilita el ser de lo diverso:

> El no esperar alguno
> me sirve de consuelo;
> que también es alivio
> el no buscar remedio.
>   En la pérdida misma
> los alivios encuentro:
> pues si perdí el tesoro,
> también se perdió el miedo.
>   ...
>   Ni aun la libertad misma
> tenerla por bien quiero:
> que luego será daño
> si por tal la poseo.
>   No quiero más cuidados
> de bienes tan inciertos,
> sino tener el alma
> como que no la tengo (79, vs. 13-20, 25-32).

Liberación también de la libertad por la palabra que ha conquistado no sólo la conciencia sino el cuerpo.

Palabra que Sor Juana hizo luz. Palabra con la que venció el dominio del tiempo, con la que construyó su morada e inventó el mundo; labor de conciencia y develamiento, vocación por la *aletheia*. Palabra actual no por lo que afirma sino por lo que interroga. Palabra que explora lo ignorado, palabra caleidoscópica, plenitud del enigma. Palabra dicha en voz alta y sin vergüenza, palabra transgresora y libertaria. Palabra que desde lo universal nos permite identificar en nuestra intimidad la particularidad de la experiencia. Palabra de mujer en la que lo humano se cumple. Palabra asumida, no por su utilidad, sino por el compromiso ontológico que implica. Palabra in-significada que busca, creativa, nombrar de nuevo el mundo, darle destino. Palabra seductora que habla de amor y ausencia cuando la mujer sólo era olvido. Irrupción de la palabra en rebeldía, "que no es muy valiente el preso / que no quebranta la cárcel" (9, vs. 15-16).

Afán de saber, libertad extrema, transgresora, defensa vital con la que Sor Juana burló al hado para elegir su vida, única e irrepetible.

Sor Juana, espíritu barroco que con enigmas y agudezas plasmó con su escritura los pareceres tan varios de su mundo. Inteligencia con la que quitó máscaras para mirar los rostros. Ser amoroso que supo amar lo semejante y respetar lo diferente. Solitaria y suficiente.

Conciencia que habló por la mujer cuando, callada, ésta adquiría la identidad definida por el hombre, cuando le estaba vedada la palabra y su conciencia permanecía en la sombra y la clausura, el encierro y la exclusión; cuando era pensada como lo otro-incomprensible, lo otro-irracional, lo peligroso. Mujer entonces concebida como portadora del mal y del desorden; cuando pesaba sobre ella el mito de Eva, cuando carecía de la solidaridad de otras mujeres, prisioneras del mundo como ella, sentenciadas a las virtudes impuestas. Reducción de la naturaleza innominada.

Al rescatar con su ejemplo a las mujeres del silencio, Sor Juana posibilita a los marginados la palabra. Opción a favor de la libertad que elige la maldición del rebelde, a pesar de la amenaza inquisitoria y cruel que los totalitarismos han reservado para los que disienten, a pesar del riesgo de exclusión y la vacuidad de la inexistencia a la que reducen a los que interrogan. Rebeldía contra la omnipotencia del saber, la tiranía de "la verdad" y la uniformidad "salvadora".

Sor Juana, figura arquetípica que con Gracián coincide en que las bellezas en el entendimiento lo son en el ser, y que es imposible amar aquello que se desconoce:

> Su disposición fue parto
> de Su Saber infinito,
> que no se ostenta lo amante
> sin galas de lo entendido (368, vs. 2147-2150).

Talento que no veneramos infuso, porque fue adquirido lauro (cf. 388, v. 320). Ansia ejemplar de conocimiento que posibilita en nosotros la libertad y la enriquece, a pesar del riesgo repetido y la caída, o precisamente por ello: "segunda vez rebelde determina / mirarse coronada" (216, vs. 965-966).

Liberación del alma en la palabra, defensa universal del libre arbitrio en su vida consumada. Defensa y transgresión, cuando el reto referente es el infierno.

Lucidez que reconoció el vigor de la mexicanidad y su expresión múltiple:

> Nobles Mejicanos,
> cuya estirpe antigua,
> de las claras luces
> del Sol se origina (367, vs. 1-4).

Lenguaje dentro del lenguaje, hacedor de realidad. Manifestación de su tiempo desdoblada, variaciones inscritas al interior de una metáfora; "que, en estas amantes voces, / una cosa es la que entiende / y otra cosa la que oye" (368, vs. 153-155).

Pintura poética, retrato de una época modelado por la lengua, felicidad de la rima que hoy aún nos habla, encantamiento inefable del poema —que mucho más que el oído, el corazón penetra (*ibid.*,vs. 281-282)— y se convierte en presencia revelada. Unicidad de su vida que hoy de la nuestra tanto dice.

En *Sor Juana y su mundo* la singularidad de la poeta novohispana trasciende en el encuentro con el presente, enriqueciéndolo, haciendo que el tiempo no se limite a su progresión insignificante, posibilitando que la actualidad de la mirada irradie una nueva percepción del mundo que desborde lo "real", lo estático, lo unívoco; creando por el poder evocador de la palabra un diálogo complejo con las voces del pasado, reminiscencia indagadora, afán interrogante que el presente proyecta sobre sí.

Valga recordar lo que don Lorenzo González de la Sancha escribió a la muerte de Sor Juana:

> Sus nunca vistas obras excelentes,
> no sólo a las presentes
> mas también a las gentes venideras,
> para que sin segundas, por primeras,
> todos los tiempos tengan sus memorias
> y en el siempre durar de las Historias,
> su saber admirable sin segundo
> viva perpetuo lo que dure el mundo,
> porque su ingenio grave
> acabe sólo, cuando todo acabe[2].

Los textos que la Universidad del Claustro de Sor Juana aquí presenta son una contribución fundamental que hace nuestra la vivencia última que la palabra de Sor Juana nos hereda: diálogo abierto al porvenir de lo femenino y, por tanto, de lo humano que intenta hoy, en una continua interpelación con el pasado, cumplirse en ámbitos ajenos al encierro y la censura.

[2] Sor Juana Inés de la Cruz, *Fama y Obras Pósthumas del Fénix de México, Décima Musa, Poetisa Americana, Sor Juana Inés de la Cruz, religiosa professa en el convento de San Gerónimo de la Imperial Ciudad de México,* Madrid, 1700, p. 210.

Carmen Beatriz López Portillo
Presidenta y Directora General de la Universidad del Claustro de Sor Juana

I

SOR JUANA Y SU MUNDO, TRES SIGLOS DESPUÉS

SARA POOT HERRERA

LA Mᵉ IVANA YNES DE LA CRVZ MONXA PROFESA EN EL COMBᵗᵒ DE S. GERONIMO E MEXICO

VIRGINIS EN VVLTVS
CERNIS QVA NVLLA
PER ORBEM
INGENIO MAIOR VEL PIETATE
FVIT

SOR JUANA Y SU MUNDO, TRES SIGLOS DESPUÉS

PENSAR en el siglo XVII mexicano es encontrarnos con Sor Juana Inés de la Cruz. Querer configurar su época es un deseo que intenta rescatar un tiempo desafiado por la memoria, un paraíso que perdimos y que nuestro imaginario quiere recuperar, o tal vez es apostar por el riesgo de perder el miedo al olvido o a la muerte. Hay varios modos de abordar ese pasado o la ilusión de ese pasado, complejo y contradictorio, que desde donde se mire o como se mire tres siglos después sigue siendo fascinante.

Decir Nueva España podría resultar un tanto lejano y extraño ahora que concluye el siglo XX; más que nueva, huele a vieja o, para decirlo de otra manera, tiene olor a antigüedad, a Inquisición, a encierro, a penitencia. Es precisamente esa sensación la que nos impulsa a reflexionar en los atisbos de modernidad que nos ofrece y nos cuestiona.

Sor Juana y su mundo se nos presentan como un reto a nuestra capacidad de interpretación y de interrogación. Al mismo tiempo, ambas presencias —imposibles de separar— sugieren diversas perspectivas de aproximación. En su aparente inmovilidad, el mundo de Sor Juana es cambiante: tiene instancias religiosas y seculares, divinas y humanas; hay cosas paralizadas y una cotidianidad llena de sorpresas; hay trascendencia y fugacidad; hay tradiciones, creencias propias y hay elementos exóticos, extraños. La capital de la Nueva España es centro y periferia, realidad y representación, estadio ideal y real del Barroco hispánico que irrumpe y de inmediato empieza a comportarse de otra manera como si fuera propio y como si fuera ajeno.

Virreinato y monacato son instituciones clave, ineludibles para entender la sociedad novohispana. Ubicarlos respecto a su organización y funcionamiento, a sus relaciones sociales, culturales y económicas ayuda a entender la vida y la obra de Sor Juana Inés de la Cruz. De acuerdo con la estratificación del siglo XVII, hay una compleja realidad que regula las relaciones sociales, cimentada en una estructura de poder —religiosa, política— que se representa en los distintos discursos. Eso lo sabemos. Lo importante es ver de qué modo, soterrado o visible, opera dicho poder y por qué opera de esa manera.

Tratar de explicarnos el engranaje de ese tiempo y ese espacio (siglo XVII-Nueva España) requiere un cuerpo, un sujeto que lo ocupe significativamente. De este modo es posible advertir las relaciones que tal sujeto establece frente a su contexto, representado por el otro que lo sitúa, que lo confronta. No cabe duda que en el siglo XVII ese sujeto es Sor Juana Inés de la Cruz en relación intercambiable con su mundo.

Tres siglos después contamos con un arsenal de estudios sobre la Nueva España y sobre su figura literaria cumbre; en los últimos años hay aportaciones significativas sobre la obra completa de esta escritora[1]. *Sor Juana y su mundo* de 1995 —conmemoración del año en que muere Sor Juana Inés de la Cruz— se propuso como un intento de explicación y comprensión de la obra en relación con su contexto, el siglo XVII novohispano, de gran riqueza histórica y social, cultural y religiosa.

En esta investigación colectiva esa complejidad novohispana es compartida y comprendida desde metodologías y visiones específicas, ya sea desde la historiografía, el análisis de la textualidad múltiple de los discursos, la lectura de los distintos signos culturales, la disquisición teológica, el desciframiento de los emblemas y los jeroglíficos, la construcción de espacios fijos y efímeros, la interpretación de la representación que todo esto conlleva.

La heterogeneidad del virreinato mexicano es visto desde distintos acercamientos que conforman en su conjunto una unidad. Cada

[1] El libro de OCTAVIO PAZ, *Sor Juana Inés de la Cruz o Las trampas de la fe*, F.C.E., México, 1982 y Seix Barral, Barcelona, 1982, indudablemente marcó una nueva época en el ámbito de los estudios sorjuaninos. A partir de su publicación, se ha convertido en un clásico para los estudios sobre Sor Juana y la Nueva España.

enfoque propone una aproximación particular que da cabida y se relaciona sucesiva o simultáneamente con otras, las complementa o se complementa con ellas.

En cada uno de los capítulos, así como en la organización del libro, Sor Juana está en el centro; se parte o se llega a ella según la selección que se haya hecho de su obra. A veces, se procede en forma radial; es un ir y venir de ella hacia su mundo cultural y viceversa, hacia la semejanza o diferencia de otras manifestaciones similares, hacia otros espacios o momentos históricos que significan de manera parecida y que pueden entrar en un diálogo de época.

Sor Juana y su mundo congregan los estudios que componen el libro que hemos llamado de igual manera, tratando de (des)cubrir el espíritu de la época: la filosofía, la historia, el arte y la literatura. La selección de los temas corrió a cargo de los propios autores. A cada quien Sor Juana le dice algo diferente: cada mirada da lugar a significados distintos, y el juego de miradas da lugar a este libro.

Después de este capítulo introductorio, en *Sor Juana y su mundo* se desarrolla un estudio sobre el contexto inmediato de la monja jerónima, la institución conventual. Se continúa con un análisis de la compleja textualidad de la época, en la que la escritora novohispana fue muy importante. Sigue una reflexión sobre la temporalidad, paradigma significativo en la conformación de la conciencia criolla; en sus escritos, Sor Juana contemporiza en uno solo varios momentos.

La temporalidad se configura con un elemento que le es inherente, la espacialidad; de ahí que resulte adecuado continuar con un capítulo sobre la arquitectura del siglo XVII, en la que los conventos son lugar importantísimo. Dentro de las construcciones de la época son fundamentales aquellas que se levantaban para los grandes acontecimientos: muerte del rey, llegada de algún virrey... Hay un capítulo que analiza el arco triunfal que corrió a cargo de Sor Juana. Los emblemas que se estudian sirven de antecedente para una aproximación al *Primero Sueño*, tema principal del capítulo siguiente. La reflexión filosófica da pie para que inicie otro capítulo que trata sobre la filosofía escolástica del *Divino Narciso*, *El Mártir del Sacramento*, *San Hermenegildo* y *El cetro de José*.

Con los autos sacramentales, entramos de nuevo a la creación poética de Sor Juana; el siguiente capítulo elige sus sonetos amorosos para proponer su visión sobre el amor. Este estudio, que se remonta a los orígenes del soneto, es similar, en cuanto a su búsqueda, al capítulo que viene en seguida, que sigue de cerca históricamente al villancico español, al novohispano, hasta derivar en los de Sor Juana. Con un análisis de éstos, vistos como poesía que desarrolla dogmas teológicos, concluye el libro.

Es tal la trabazón en sí de la obra de Sor Juana que de diversas formas podemos relacionar los estudios que se le dedican. Sor Juana, —monja, escritora y criolla— es imprescindible en los discursos que describen y simbolizan la realidad novohispana. Por donde quiera que se la mire cobran sentido global las distintas interpretaciones.

Asunción Lavrin parte de una base fundamental: el convento religioso. De esta manera, contextúa de entrada el espacio real de la vida y la creación de Sor Juana. Se marca así la historicidad de esta institución que albergó a la poeta del siglo.

Lavrin se ocupa de la relación entre quienes posibilitan económicamente la existencia de los conventos y las soluciones y dificultades que éstos enfrentan cotidianamente. Esta cotidianidad, que registra la estructura y el funcionamiento de los claustros —lugar que algunas mujeres eligen como alternativa diferente a la del matrimonio—, discurre entre los mecanismos de la profesión y la vida de las religiosas. Las tentaciones sexuales que se cuelan en los conventos y que colocan a quienes son tentadas al filo de la Inquisición son tratadas en su justa medida en este pasaje particularmente histórico del libro. El centro del trabajo lo ocupa el voto de obediencia, y aquí se enfoca a Sor Juana y a su respuesta a este voto. Lavrin concibe el convento como órgano vital en la sociedad novohispana e indaga, desde la *praxis* de la vida diaria conventual, la conformación de una estructura de poder.

El discurso múltiple de Sor Juana es paradigma de los discursos dominantes de la época: espirituales, ideológicos, didácticos, teológicos, de entretenimiento. Esta riqueza discursiva conforma una textualidad compleja que María Dolores Bravo Arriaga analiza en crónicas y documentos que trasuntan el fondo histórico del siglo XVII.

A través de crónicas, arcos, sermones, reglas conventuales, hagiografías... se manifiesta la función expositiva del lenguaje en relación con el Barroco de la época. Los ricos registros lingüísticos que se manejan marcan la historia, la historia de las ideas, el pensamiento y la vida cotidiana. Más significativamente, trazan de manera consciente un discurso de poder hegemónico que responde, al menos en el espacio público, a los preceptos de la Corona y de la Iglesia.

Esta realidad novohispana compleja presenta una coyuntura espaciotemporal muy peculiar en la conformación de la nueva sociedad. Marta Gallo examina esta coyuntura en textos que conciben la temporalidad como una convergencia de varios tiempos.

En la reflexión sobre la cronotopía que da sentido a las obras elegidas, se marca la mutación: en un texto que se instaura en un tiempo presente, México se visualiza en un proceso de configuración; inscrito en la tradición judeocristiana, otro reconoce el pasado precolombino al cual intenta redimir; otro texto ofrece la regeneración del pasado en un mundo de ficción de dimensiones míticas, lo que resulta en una destemporalización; en uno más el personaje se arraiga en el presente y vive sin tiempo ni espacio. Los textos de Sor Juana dan sentido a los demás: el pasado se proyecta al presente que se transforma en futuro. En este trabajo, la idea del cambio es fundamental. Aquí se revela cómo la conformación de la Nueva España generó una literatura cuestionadora de un espacio cada vez más abstracto y de un tiempo donde la memoria del pasado aparece como categoría dominante.

La reflexión sobre la temporalidad fija un aquí y un ahora que es el siglo XVII. Si en los textos canónicos de la época la temporalidad es pensada, la espacialidad es construida. De la arquitectura nos habla José Rogelio Álvarez.

Los conventos definen el paisaje arquitectónico; son pieza clave del bastión católico en la Nueva España. Al estimularse el culto mariano, se acicala la vocación católica en las mujeres. El estudio ubica a los conventos en el centro de un sistema arquitectónico que se desarrolla en un siglo de razón y fe religiosas, actualizadas por la arquitectura barroca. Parte central de esta investigación es dedicada al convento y al templo de San Jerónimo, y a sus espacios más importantes, especialmente al coro bajo. Hay un extrañamiento sobre la ausencia de referencias arquitectónicas en la obra de Sor Juana que, según Álvarez, se debe a que la monja jerónima concebía el convento como un modo de vida inherente a su condición de profesa.

Este arte dio especial distinción al siglo XVII. Fijó estructuras y, al mismo tiempo, se manifestó grandilocuentemente en las grandes fiestas públicas. Fernando Checa analiza la arquitectura efímera que en su montaje representaba los escenarios del poder.

Túmulos funerarios y arcos de triunfo caracterizaron los grandes espectáculos del siglo. Los que se analizan en este trabajo son los túmulos y exequias religiosas representadas en la Nueva España por la muerte de Felipe IV y Carlos II, y en los arcos triunfales de Sor Juana Inés de la Cruz y de Carlos de Sigüenza y Góngora por la llegada de los virreyes de la Laguna en 1680. En unos y otros la literatura simbólica, la emblemática y los jeroglíficos combinaron la gran tradición europea con la cultura indígena y dieron lugar a una representación de la realidad. Muchas veces convergían en ellos el pasado lejano y el espacio metropolitano de donde se importaba la cultura de la representación. La arquitectura efímera era un despliegue de poder.

Los emblemas que aparecen en el *Neptuno Alegórico* son motivo de la reflexión de José Pascual Buxó quien ofrece su disquisición sobre el arte de la memoria para leer el *Primero Sueño* y el *Neptuno Alegórico* de Sor Juana.

En la parte inicial de su estudio, Pascual Buxó se ocupa de las diferentes exégesis del poema, enfatizando la vertiente psicoanalítica que se relaciona con los sueños. En un segundo apartado, comienza a tratar la noción de la "memoria", equiparándola con la de conocimiento y remontándose a las discusiones filosóficas desarrolladas desde el *Timeo*. La tercera parte establece nexos entre la memoria y la literatura emblemática y el simbolismo. Hacia el final, se examinan los emblemas de Alciato y se refiere a los emblemas en la poesía, proponiendo así una lectura emblemática del *Primero Sueño*.

También de carácter filosófico es la aproximación propuesta por Mauricio Beuchot. En su estudio destaca los conocimientos de filosofía, escolástica y teología de Sor Juana, que hacen de sus autos sacramentales tres lugares teológicos o vehículos para difundir dichos conocimientos.

En *El divino Narciso*, Beuchot plantea el acierto de la escritora al crear un Narciso cristiano que se enamora de Naturaleza Humana y muere por ella. En *El Mártir del Sacramento, San Hermenegildo* se representa la real medida del sacrificio de Cristo, mientras que en *El cetro de José*, Sor Juana muestra su conocimiento de la tradición hermética egipcia. En su conclusión, Beuchot vuelve a su idea de Sor Juana como difusora de la religión y la filosofía cristianas, y afirma que la monja jerónima daba cátedra de escolástica adornada con la belleza de la poesía.

Georgina Sabat de Rivers escoge precisamente el género poético y analiza los 21 sonetos de amor de Sor Juana. Sabat se remonta a los inicios de la poesía amorosa occidental que se desarrolla hasta llegar al siglo XIII, cuando Giacomo da Lentino produce una nueva fórmula métrica, el soneto.

Sabat postula a Sor Juana como la última gran poeta de esa tradición, ya que a su dominio del soneto agrega la combinación de la tradición popular y el sabor novohispano. Establece una división entre conceptos ortodoxos del amor y conceptos heterodoxos. Entre los primeros, Sor Juana se ocupa del amor cortés, el amor racional, el tema de la ausencia y la "retórica del llanto". En los segundos, la poeta usa juegos verbales para discurrir sobre correspondencias, amor y odio, reprobación y arrepentimiento, y la mutabilidad del amor. Dentro del contexto ideológico barroco de *imitatio* y superación, Sor Juana, al utilizar multiplicidad de voces en los sonetos (masculina/femenina, ambigua), hacer gala de los conocimientos científico-escolásticos e incorporar el mundo circundante y sus problemas cotidianos, reinventa el soneto y lo eleva a niveles prácticamente imposibles de superar.

En el campo de la poesía, caben los villancicos de Sor Juana, una de sus facetas poéticas menos conocidas. Martha Lilia Tenorio define y da algunas características principales del género —virtuosismo, teatralidad. Se refiere también a la paulatina complicación temática y estilística del villancico en el siglo XVII.

Tenorio parte de la concepción del villancico como poesía de circunstancia, de entretenimiento, que refleja el autogozo de la sociedad novohispana. Ofrece una "estadística" del género, para luego ocuparse de los dos grandes villanciqueros de la Nueva España. Los villancicos de Fernán González de Eslava son de carácter discursivo y razonador; su propósito era celebrar la grandeza de la Iglesia. Los villancicos sorjuaninos, compuestos por encargo, a pedido de la Catedral de Puebla y de la metropolitana, logran una gran diversidad. La poeta se siente con la libertad intelectual de experimentar con diversas formas métricas e ideas conceptistas y apostar por un "feminismo prefeminista" desde sus versos. Ese enriquecimiento formal y temático de los villancicos convierte a Sor Juana en la villanciquera más grande del mundo novohispano.

Después de este trabajo, podemos contestar la pregunta "¿hay géneros menores?" con la que Margo Glantz, refiriéndose precisamente a los villancicos, principia su trabajo. Se plantea en su inicio el curioso problema de las reimpresiones de los villancicos de Sor Juana. Esto se relaciona para su autora con el discurso religioso y sus políticas.

Glantz destaca que las fiestas (de las que los villancicos eran parte) significaban un imán entre lo religioso y lo político, lo popular y lo divino. El espacio festivo cancela la distancia entre lo alto (el cielo) y lo bajo (la tierra). En este contexto, la figura de la Virgen María representa una multiplicidad semántica y narrativa. Margo Glantz se adentra luego en el tópico religioso de la Concepción y ve en el culto a la Virgen la gestación del patriotismo criollo. La Virgen, venerada y adorada, anula el pecado original. Después de examinar el momento en el cual el verbo se hace carne en el cuerpo virginal, se presenta a la Virgen como suma de la perfección humana. Hacia el final, Glantz poetiza cómo la figura de la Virgen resuelve, para los ojos de la doctrina católica, el universo. En los villancicos que se estudian se muestra la complejidad de desarrollar con poesía, lenguaje humano, aspectos teológicos, lenguaje divino. Con este capítulo se cierra el libro.

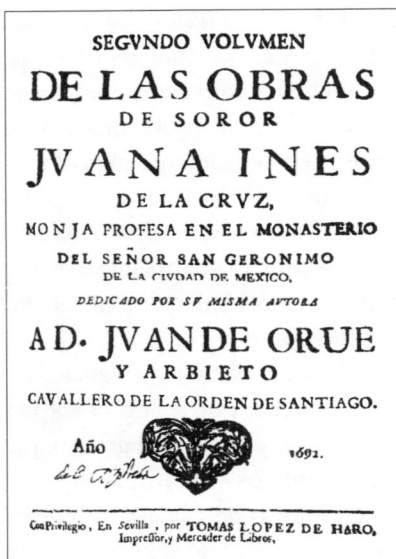

```
SEGVNDO VOLVMEN
DE LAS OBRAS
DE SOROR
JVANA INES
DE LA CRVZ,
MONJA PROFESA EN EL MONASTERIO
DEL SEÑOR SAN GERONIMO
DE LA CIVDAD DE MEXICO.
DEDICADO POR SV MISMA AVTORA
A D. JVAN DE ORUE
Y ARBIETO
CAVALLERO DE LA ORDEN DE SANTIAGO.
Año                          1692.

Con Privilegio, En Sevilla, por TOMAS LOPEZ DE HARO,
             Impreſſor, y Mercader de Libros,
```

II

En el último capítulo del libro se subraya sobre todo el *Segundo volumen* de Sevilla (1692). Las censuras y panegíricos de este volumen de alguna manera se repiten en la ebullición de los estudios sorjuaninos en años recientes; reflejan a su manera los panegíricos de este libro de 1692. Ese año los escritos de Sor Juana anduvieron en España entre los círculos que dictaminaban sobre la publicación de la obra. Parece que en la Nueva España se dictaminaba sobre todo en relación con su persona; allí se la vio de una manera, aquí de otra.

La densidad de los distintos discursos de su época, su movilidad constante, su permanencia y cambio, y la perspectiva múltiple que los enfoca en *Sor Juana y su mundo* configuran un caleidoscopio que en cada movimiento cobra un sentido distinto. Son diferentes miradas, como diferentes miradas tuvo en su época y en los siglos posteriores.

Leer la obra de la gran figura del siglo XVII en estos años es contar con informaciones e interpretaciones importantes que anteceden a esta publicación. Algunos aportes han sido hechos por autores de este libro; otros son de referencia fundamental; implícita o explícitamente aquí se reconocen, pues son parte ya de un inventario que a todos nos pertenece, como Sor Juana misma. He dicho en otro lugar que Sor Juana es de todos, para todos, y cada quien hace con ella y con su obra lo que puede y lo que debe, lo que Sor Juana le representa, lo que le significa. Se trata de compartir el deleite de sus versos, la capacidad de su entendimiento; la pasión de su vida, su pensamiento y su palabra: en suma, su arte de la perfección. Y se trata también de admirar cómo una mujer pudo darse a conocer en su siglo —como la mejor—, aunque al final se haya cansado y no haya podido más conciliar en su persona a la mujer, la religiosa y la intelectual.

Hablar de "Sor Juana y su mundo, tres siglos después" puede hacerse de varias maneras. Una sería únicamente presentar el libro y comenzar diciendo "Este libro no habla sólo de Sor Juana...", lo que se ha hecho en forma sucinta. Otra forma sería hacer un recuento de lo que se ha dicho de Sor Juana a lo largo de la historia literaria. Y, por supuesto, habría otras formas de hacerlo. Lo que decido —una vez que he dado una idea general del libro— es dar una idea de Sor Juana en su mundo en relación con la publicación de su obra, por la que fue conocida, admirada y también por la que fue objeto de envidia y persecución. El proceso de publicación de las ediciones antiguas en España traza puntos de contacto importantes con documentos publicados casi simultáneamente en la Nueva España. Me refiero sobre todo a la *Carta Atenagórica* que salió a la luz impresa el 25 de noviembre de 1690 en Puebla y que como *Crisis de un sermón* (título original de Sor Juana) abre el *Segundo volumen* de la obra publicada en Sevilla en 1692. Los últimos hallazgos —y me refiero sobre todo al último hasta el momento, a la carta relacionada con la *Atenagórica* que Elías Trabulse descubrió en el archivo de Catedral de la ciudad de México— muestran que tres siglos después aún hay aspectos de la vida y la obra de Sor Juana no resueltos. Ver a Sor Juana respecto a la censura que se hizo de su obra —que contribuyó a colocarla en el imaginario colectivo como la gran figura novohispana— y a la censura que ella misma denunció en algunos de sus escritos ayuda a entender y relacionar aspectos importantes de su persona y de su obra, algunos desarrollados en este libro que intenta configurar su contexto y hacer nuevas lecturas de su creación.

A Sor Juana la vislumbramos como persona y como intelectual sometida a una estructura de poder que caracterizó a su época. En algunos momentos de ese acontecer, participó activamente en los espacios más significativos; en otros acató las reglas del poder, o fingió que las acataba. Su condición de monja fue la misma desde que profesó, no así su situación frente a los otros. Allí hubo graves fisuras. En su siglo se la vio de dos maneras: como escritora afamada y aplaudida que hacía versos perfectos y como la monja que tenía que dedicarse más a los asuntos divinos; ésas son las imágenes que acompañan a la creación más rica y conocida de la literatura colonial que atraviesa la historia de tres siglos. Volver a las circunstancias que la hicieron famosa

² Sólo me voy a referir a las ediciones originales: *Inundación Castálida de la Única Poetisa, Musa Décima, Soror Juana Inés de la Cruz, religiosa professa en el monasterio de San Gerónimo de la Imperial Ciudad de México*, Madrid, 1689 (se publicó también como *Poemas* en Madrid, 1690; Barcelona, 1691; Zaragoza, 1692; Valencia, 1709 [dos ediciones]; Madrid, 1714; Madrid, 1725 [dos ediciones]); *Segundo volumen de las obras de Soror Juana Inés de la Cruz, monja profesa en el monasterio del señor San Gerónimo de la ciudad de México*, Sevilla, 1692 (se publicó también en Barcelona, 1693 [tres veces]; Madrid, 1715 y 1725); *Fama y Obras pósthumas del Fénix de México, Décima Musa, Poetisa Americana Sor Juana Inés de la Cruz, religiosa profesa en el convento de San Gerónimo de la Imperial Ciudad de México*, Madrid, 1700 (se publicó también en Lisboa y Barcelona, 1701; Madrid, 1714 y 1725).

³ El *Dicc. Aut.* registra varias definiciones relacionadas, asimismo, con censo, con censor. Sólo anoto dos de ellas. Censura, además de referirse al oficio de censor, es "Examen, parecer, juicio o dictamen"; también significa "murmuración, vituperación". En este momento me refiero a la primera definición del término, esto es, a censura como dictamen.

y reprendida nos devuelve a Sor Juana y su mundo, una historia no sólo inconclusa respecto a su creación que cambia de acuerdo con la diversidad de lecturas, sino respecto a las condiciones en las que creó y de las que los documentos no incluidos en sus *Obras completas* siguen dando cuentas. *Sor Juana y su mundo*, pues, parte de las circunstancias de su creación, algunas de ellas reveladas en los documentos que aprobaron su publicación —sobre todo en 1692— y otras en escritos suyos que se refirieron precisamente a esos dictámenes.

Del 24 de febrero de 1669 al 17 de abril de 1695 dos votos la acompañaron en San Jerónimo, el voto de clausura y el voto de censura. Ambos fueron asumidos y transgredidos por la monja censurada, por la escritora clausurada. Con su obra, Juana Inés se salió del convento; rompió el voto de clausura, y con su obra también pasó por la censura de la época y pasó bien. Sus censores, al parecer, votaron unánimemente, y desde muy pronto su tinta voló en alas de papel.

Censura y clausura son los ejes en los que ubico mi acercamiento a Sor Juana Inés de la Cruz y que a su vez la ubica en el contexto de este libro. A la clausura volveremos al final de este capítulo que se propone ver, desde el presente, la situación de la monja y escritora en la segunda mitad del siglo XVII. Respecto a la censura, por ahora consideremos una primera acepción del término, la que corresponde a la censura que se consigna en las primeras páginas de las ediciones antiguas²; censura como dictamen, crítica, juicio, veredicto que autoriza la publicación de la obra de la escritora novohispana³. Si bien la palabra oficial

APROBACION DEL REV.ᵐᵒ P. M. FR. LVIS TINEO de Morales, del Orden de Canonigos Reglares Premonstratenfes, Maeftro General de fu Religion, Predicador de fu Mageftad, y fu Theologo de la Real Iunta de la Purifsima Concepcion, Abad del Convento de San Ioachin de efta Corte.

LVego que por decreto del feñor Don Alonfo de Portillo y Cardos, Vicario de efta Villa de Madrid, llegaron à mis mános las Poefias de la feñora Soror Juana Inès de la Cruz, Religiofa del Convento de S. Gerónimo de la Ciudad de Mexico, con intento de darlas à laEftampa reconocì, no era pofsible, que vn Juez, tan gran Letrado, y tan buen Cortefano, que no puede ignorar el refpecto, con que fe debe tratar a las mugeres, mucho mas a las de efte porte, me las remitieffe, para cenfurarlas, fino para alabarlas, y celebrarlas. Yo alomenos afsi lo entiendo, y creo, que todos lo tendràn à bien; porque lo que eftà tan probado, y admirado de todos, los que pueden fer votos en la materia, yà, con razon no fuera fer cenfor el cenfor, fino el cenfurado, y yo no me quiero tan mal, que quizàra mas parecer Juez integerrimo con vifos de indifcreto, en que peligran muchos, que el participar de las propriedades de aquel buen gufto, fiquiera por parecer entendido, que en eftos tiempos, fino el ferlo, el parecerlo, fin duda que fuele fer prenda de gran monta.

No foy nada myfteriofo, pero à la verdad, que no me dexa de hazer algun reparo, ver, que vn Teforo como effe, que con tanta bonança le conduxeron à Efpaña las ondas, y las efpumas, aunque no es mucho, fi le firviò à vn tiempo de Marinero, y de Norte vna Cerda tan Real, que ella fola bafta à enfrenar el furor de todos los Elementos: Finalmente, defpues de aver executorado efta dicha, quien no admira huvieffe de tocarme en fuerte, el venir deftinado à tomar tierra en la corta capacidad de mi humilde albergue?

¶ 3   Rade este examen era la de censura, que aparecía en las primeras páginas de cada libro, los censores mismos que firmaban la censura diferenciaban ésta de la aprobación y, en el caso de Sor Juana, de los panegíricos que acompañaron a la publicación de sus volúmenes.

La historia —oficial también— de la censura de la obra completa[4] marca tres momentos significativos en el proceso de su publicación, que corresponden a los dictámenes que se le hicieron. El 20 de agosto de 1689 se inician los escritos aprobatorios de la obra de Sor Juana Inés de la Cruz. Con esa fecha Luis de Tineo Morales firma su dictamen sobre *Inundación Castálida*[5]. Al escribir su prólogo en el que apoyaba la publicación del libro dice:

> reconocí, no era posible, que un Juez [don Alonso de Portillo y Cardos], tan gran letrado, y, tan buen cortesano, que no puede ignorar el respeto, con que se debe tratar a las mujeres, mucho más a las de este porte, me las remitiese, para censurarlas, sino para alabarlas, y celebrarlas...[6]

Cuando ya directamente se refiere a Sor Juana expresa: "*rara avis in terris*", "numen tan prodigioso", "que ha de ser muy santa, y muy perfecta, y que su mismo entendimiento ha de ser causa, de que la celebremos por el S. Agustín de las mujeres". Dos aspectos son importantes de señalar. Tineo subraya que Sor Juana es mujer, énfasis que aparecerá una y otra vez en la historia de la censura de la obra; se refiere también al "pecado original en que siempre fueron concebidos los ingenios de esta clase que es la envidia, y emulación de los necios". Estas palabras parecerían una sentencia o una lectura de la situación por la que pasaría o estaba pasando ya Sor Juana Inés en la Nueva España. El dictamen de Tineo da lugar a la "Licencia del ordinario" (Lic. Portillo y Cardos, Vicario de Madrid) para que se imprima la obra, licencia que se firma el 22 de agosto de 1689. Con este dictamen se inicia el proceso de publicación y de censura de las obras completas de Sor Juana.

En la edición original de inmediato aparece la aprobación del P. jesuita Diego Calleja, firmada en Madrid el 12 de septiembre de 1689. Con unas líneas breves y concisas Calleja aprueba la publicación de la obra, no hallando oposición "al recto sentir de Nuestra Santa Fe Católica". A distancia y por correspondencia tanto Tineo como Calleja sostuvieron con Sor Juana una cordial relación[7].

Cinco días después de la aprobación de Calleja, el 19 de septiembre de 1689, se le autoriza a Juan Camacho Gayna la "Suma del privilegio" para la impresión del libro que se registra como *Varios poemas castellanos de Soror Juana Inés de la Cruz*, privilegio que tendrá

[4] Véase FRANCISCO DE LA MAZA, *Sor Juana ante la historia. Biografías antiguas. La "Fama" de 1700. Noticias de 1667 a 1892*, revisión de Elías Trabulse, UNAM, México, 1980. Sigo de cerca las censuras y aprobaciones que aparecen en este libro y me ayudo también de copias de las ediciones originales. Los datos que no están en el libro de De la Maza los tomé de la copia del *Segundo volumen* (Sevilla, 1692) que Margo Glantz me prestó muy gentilmente. A excepción de las ediciones antiguas, de las que no cito número de folios, una vez que hago una referencia bibliográfica en nota al pie, las siguientes las anoto en el texto.

[5] La edición que uso de *Inundación Castálida* (Madrid, 1689) es copia facsímile de la original; la publicó el Instituto Mexiquense de Cultura, Toluca, 1993.

[6] Dice en la edición original: "Aprobación del Rev.mo P. M. Fr. Luis Tineo de Morales, del Orden de canónigos reglares premonstrarenses, maestro general de su religión, predicador de su majestad, y su teólogo de la real junta de la Purísima Concepción, abad del convento de San Joaquín de esta corte".

[7] Respecto a la relación entre Sor Juana y Tineo de Morales, véase ANTONIO ALATORRE, "Un soneto desconocido de Sor Juana", *Vuelta*, México, 1984, núm. 94, 4-13.

vigencia durante diez años. Para mediados de noviembre se habría terminado la impresión, como se desprende de la Fe de erratas del 17 de noviembre de 1689. Allí el libro aparece registrado como *Poemas de Soror Juana Inés de la Cruz, religiosa profesa en el convento de San Gerónimo de la ciudad de México*.

Días antes Sor Juana había cumplido años; la publicación de su primer libro, obsequio memorable de María Luisa Manrique de Lara, fue simbólicamente el regalo de cumpleaños. Por lo que se lee en la "Suma de la tasa" del 19 de noviembre, cada pliego de *Inundación Castálida* costaría seis maravedís.

El prólogo que aparece sin firma —atribuido a Francisco de las Heras[8]— cumpliendo literalmente con su cometido advierte:

> No pienso gastarte (Lector amigo, o lo que tú quisieres) ni las admiraciones, en ponderar con bisoñería plebeya, que sea una mujer tan ingeniosa y sabia, espanto que se queda para la estolidez rústica de quien pensare, que por el sexo se han las almas de distinguir.

De las Heras previene al "lector amigo, o lo que tú quisieres" sobre las admiraciones que señala, conoce muy bien la obra, sabe que algunas cosas —unos villancicos, la descripción del arco triunfal de nueve años antes en Nueva España— se han publicado con anterioridad; sabe también qué relaciones sociales se mueven detrás de la publicación. Aclara que "componer versos no es profesión a que se dedica" la autora, sino que sólo "es habilidad que tiene". Conociendo la calidad, la buena calidad, de los versos de Sor Juana, el prologuista desafía al lector.

[8] En *Inundación Castálida*, Sor Juana le dedica a De las Heras el romance "Salud y gracia. Sepades, / señor..." Para más información sobre De las Heras véase ANTONIO ALATORRE, "Para leer la *Fama y Obras pósthumas* de Sor Juana Inés de la Cruz", *Nueva Revista de Filología Hispánica*, México, 29 (1980), p. 473; y "La *Carta* de Sor Juana al P. Núñez (1682)", *Nueva Revista de Filología Hispánica*, 35 (1987), pp. 630-631 (el artículo completo, que incluye la edición de la carta, está en pp. 591-673).

Junto a las aprobaciones de *Inundación Castálida*, aparece un romance de Pérez de Montoro[9] y un soneto de Doña Catalina de Alfaro Fernández de Córdova, religiosa del Espíritu Santo de Alcaraz[10]. Sor Juana acompaña su libro con un soneto firmado que le dedica a María Luisa Manrique de Lara, su albacea literaria en vida[11].

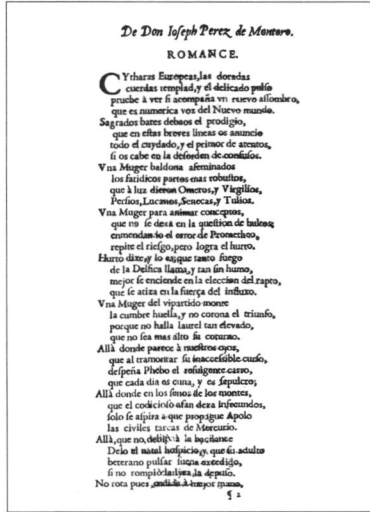

Dos años y medio después aparece en Sevilla el *Segundo volumen*. Concentra una variedad de panegíricos que a gritos de entusiasmo piden su publicación. Religiosos de varias órdenes se ponen en orden y a la orden para dictaminar el libro. De él dice el franciscano Juan Navarro Vélez:

> El segundo Tomo de las Obras de la Madre Soror Juana Inés de la Cruz... que el señor Doctor Don José de Bayas, Provisor, y Vicario General de este Arzobispado, se ha servido de remitir a mi examen, es más digno de panegíricos, que de Censuras... nada he hallado qué corregir; porque ni aún en un ápice ofende, ni la Verdad de la Religión Católica, ni la Pureza de las costumbres más santas; mucho sí, qué aprender, muchísimo qué admirar: conque dejando el oficio de Censor, tomara gustoso el de Panegirista, si no considerara, que el mayor Elogio de este Segundo Tomo, que ahora se pretende imprimir, es el aplauso, y estimación, con que fue recibido, y celebrado de todos el primero (De la Maza, p. 85).

---

[9] En "Cítaras europeas, las doradas / cuerdas templad, y el delicado pulso / pruebe a ver si acompaña un nuevo asombro, / que es numérica voz del Nuevo Mundo". En el mismo libro aparece un romance que Sor Juana le dedica a Montoro, en el que "Discurre con ingenuidad ingeniosa sobre la pasión de los celos. Muestra que su desorden es senda única para hallar el amor; y contradice un problema de don José Montoro, uno de lo más célebres poetas", "Si es causa amor productivo..." En los preliminares del *Segundo volumen* aparece otro romance de Montoro dedicado a Sor Juana, "mujer déjame que dude / si en esa región naciste, / para que de sus metales / labre la fama clarines".

[10] Dice el segundo cuarteto: "¡Qué sutil, si discurre! ¡Qué elocuente, / si razona! ¡Si habla, qué ladina! / y si canta de Amor, cuerda es tan fina, / que no se oye rozada en lo indecente".

[11] "Soneto a la excelentísima señora condesa de Paredes, marquesa de la Laguna, enviándole estos papeles, que su excelencia le pidió, y pudo recoger Soror Juana de muchas manos, en que estaban, no menos divididos, que escondidos, como tesoro, con otros, que no cupo en el tiempo buscarlos, ni copiarlos": "El hijo que la esclava ha concebido, / dice el Derecho, que le pertenece / al legítimo Dueño, que obedece / la

esclava madre, de quien
es nacido..."

El dictamen contiene también opiniones sobre la calidad de la composición, en este caso, sobre los tres autos sacramentales, en los que la monja expone su dominio de la escolástica. En una larga cita Navarro Vélez explica el talento que Sor Juana ha de tener para manejar como lo hace los conocimientos escolásticos en sus tres autos sacramentales que se publican:

> Los Autos sacramentales... son por la Sagrada materia de que deben componerse, por los términos verdaderamente dificultosos, que en ellos es fuerza usarse, por las Alegorías de que se tejen muy peligrosos y muy expuestos a los deslices... los Autos de la Madre Juana... son cabalmente perfectos, y en todo cumple con lo que debe a las leyes del Teatro, a la verdad de la Religión, a la pureza de la más sana Doctrina, a la Soberana Majestad del Misterio (*ibid.*, pp. 88-89).

Sus palabras acentúan que los autos sacramentales de Sor Juana son "cabalmente perfectos, y en todo cumple con la verdad de la Religión". Estamos hablando de julio de 1691. Ocho meses antes se había publicado en Puebla la *Carta Atenagórica*; cuatro meses y medio antes Sor Juana había escrito la *Respuesta a Sor Filotea de la Cruz*, que se publicaría oficialmente en 1700. Llama la atención el juicio sobre la *Crisis de un sermón* que da en Sevilla el censor:

> Corona este Tomo, la Corona, de todas las Obras de la Madre Juana, la respuesta, que dio a un Sermón del más Docto, del más Agudo, y del más grande Predicador, que ha venerado este siglo, de aquel monstruo hermoso, y agradable de los Ingenios. Con este Campeón, que pusiera miedo aun al más alentado, sale a la Palestra, y en todo se porta verdaderamente... Y en todo con tan docto primor, que estoy cierto, que si el mismo Autor hubiera visto este papel, no sólo le coronara de merecidos Elogios, y fuera esta su más gloriosa recomendación; sino que o de cortesano, o de convencido, cediera el Triunfo y el Laurel a la Competidora ingeniosa, y la confesara vencedora en lo que le impugna, y en lo que le añade. Es, pues, muy digno este libro de salir a la luz pública, y merece, que vuestra merced se sirva de dar la licencia que se le pide (*ibid.*, p. 90).

Juan Navarro Vélez (*calificador del Santo Oficio de la Inquisición*, enfatizo) firma "En esta Casa de Clérigos Menores de Sevilla. 18 de julio de 1691". La *Crisis de un sermón* concede dignidad al segundo volumen que, por medio de dictámenes, va gestando su publicación. La polémica *Atenagórica* es vista en Sevilla como la corona de toda la obra. Desde una mirada actual, se percibe que no sólo no está resuelta la situación del documento publicado por Sor Filotea de la Cruz en Puebla sino que plenamente hay una contradicción: una carta, dos nombres (*Crisis de un sermón, Carta Atenagórica*), dos lugares (Sevilla, Puebla) es corona de un libro y corona de espinas para su autora.

Diez días después —28 de julio de 1691—, José Bayas —Provisor y Vicario General de Sevilla— en su nombre y el de Jaime de Palafox y Cardona —arzobispo de Sevilla— firma la "Licencia del ordinario" con base en la censura del franciscano Navarro Vélez. El veredicto ha sido tan firme que la *Crisis de un sermón*, vale decir, la *Carta Atenagórica*, es la carta de presentación del *Segundo volumen* de las obras de Sor Juana. Si su autora la había puesto en ese lugar, Navarro Vélez la avaló. Revisar los dictámenes de hace trescientos años, legalizados en su momento, posibilitan hoy visos diferentes de interpretación.

Volvamos a esos dictámenes. Simultáneamente a la parte eclesiástica, Cristóbal Bañes de Salcedo dictamina su censura, solicitada por el conde de Montellano, adelantado de Yucatán, asistente y maestro de campo general de Sevilla y su reino. En su censura del 15 de julio de 1691 Bañes pondera la sabiduría, la sutileza de Sor Juana en la teología, su capacidad expositiva, su ingenio en los principios jurídicos, su razonamiento festivo en el estilo forense, sus conocimientos de la física, la metafísica, la historia, la política, la ética, las matemáticas, la música... Vale decir: Sor Juana sería la Leonardo da Vinci de América.

Bañes de Salcedo confiesa, "si a esta *Censura* no se siguiera el libro, donde los doctos hallarán fácil la prueba de lo propuesto, me contuviera el peligro de no ser creído" (*ibid.*, p. 92). Poco antes de que firme su censura, escribe palabras que se antojan proféticas: "el deberse a este volumen, no sólo licencia, sino mandato para que se imprima, y no se arriesgue a la fatalidad del olvido una mujer, ornamento glorioso de este siglo, estímulo valiente a la república literaria y admiración perpetua de la posteridad" (*id.*).

Tres días después —18 de julio de 1691—, coincidiendo con el día de la licencia religiosa de Bayas, José de Solís Pacheco y Girón, adelantado de Yucatán..., con base en la aprobación de Bañes de Salceda da su licencia para la impresión del *Segundo volumen* de la obra de Sor Juana.

Los dictámenes empiezan a acompañarse de panegíricos. El 15 de septiembre de ese mismo año de 1691, Ambrosio de la Cuesta y Saavedra, canónico de la Iglesia de Sevilla, ofrece el suyo. En él se refiere a la diversidad de las letras humanas y divinas: líricas, épicas, bucólicas, cómicas... Da sus comentarios sobre los autos sacramentales, sobre la poesía. Recuerda a otras mujeres —monjas y poetas que como Sor Juana también escribieron. Como Navarro Vélez lo hizo antes, De la

Cuesta se refiere a la *Crisis de un sermón* también como corona de toda la obra. A diez meses de haber sido "atenagorizada" en Puebla y a seis meses y medio de la *Respuesta*, es coronada por segunda vez.

El 24 de octubre de 1691 Pedro Zapata, jesuita, calificador del Santo Oficio, predicador del rey y examinador sinodal del arzobispado de Sevilla, escribe también un panegírico en el que resalta las ciencias —lógica, filosofía, Sagradas Escrituras, teología, escolástica— que encuentra en el nuevo tomo de las obras de Sor Juana.

El carmelita Pedro del Santísimo Sacramento —15 de abril de 1692— comenta que *"para alabar dignamente la elocuente sabiduría y dorada elocuencia de esta Doctora mujer Juana Inés de la Cruz, otra Juana Inés de la Cruz era necesario que hubiese, que fuese ella misma"* (*ibid.*, p. 94). Llaman la atención del panegirista las finezas que Sor Juana defiende con argumentos de San Juan Crisóstomo (¡de nuevo la *Crisis de un sermón*!); la soledad, la clausura en la que la monja escribe su sabiduría, su fina laboriosidad que el clérigo metaforiza con una abeja que, al retirarse de la vida y renacer en ella, se asemeja al ave fénix, epíteto que la historia comparte con Sor Juana. El carmelita se queja de que la monja —conocedora de teología, la Biblia, de varias ciencias...— no tenga la facultad permisiva para enseñar. Los comentarios de 1692, aquí anotados, contradicen desde hace tres siglos la opinión que tasa que Sor Juana no tuvo aliados entre los hombres. Sor Juana tuvo grandes amigos, lo sabemos por su obra; muchos de sus escritos son testimonio de esa amistad.

Durante todo ese tiempo, el legajo de escritos sorjuaninos estuvo circulando por Sevilla. El 18 de abril de 1692, el carmelita Franco de Ulloa se declara conocedor del primer tomo y con cuidado repasa el contenido del segundo, en su decir, jocoso, serio, festivo. El dictaminador se sorprende de sus piezas: ¡la *Crisis de un sermón*!, el *Sueño*... y opina que *"Sabe más esta virgen durmiendo que muchos doctores despiertos"* (*ibid.*, p. 96).

Por Cádiz también habían pasado los escritos de la Décima Musa que, al decir del jesuita Lorenzo Ortiz (10 de agosto de 1691), reúne a las otras nueve, es el epílogo de todas (*ibid.*, p. 97). El escrito concluye con un soneto que da rienda suelta a romances, anagramas, octavas, epigramas, décimas... dedicados a la autora del segundo volumen de la obra que ha de ser publicado en Sevilla.

El 26 de noviembre de 1691, a un año y un día de haberse publicado la *Carta Atenagórica* en Puebla, el jesuita José Zarralde dice en Sevilla: "...paréceme a mí que en la pureza y candidez de sus escritos se ven estampadas las facciones del rostro de su corazón purísimo... la gracia la hace mayor porque la exorna y la eleva la santidad de la vida" (*id.*). Zarralde sabe muy bien la importancia de la publicación; la prensa de Sevilla inmortalizará la obra de tan sabia y divina mujer. En el aniversario de la publicación de la *Atenagórica*, el jesuita hace un profético veredicto al anunciar la fama inmortal de la obra de Sor Juana.

La obra sigue circulando entre casas profesas y conventos. El 23 de abril de 1692, el padre trinitario Juan Silvestre celebra la futura impresión, haciéndose eco de las alabanzas a los escritos de la monja que habita dentro de los "muros mexicanos". Con la metáfora, crece la cerrazón del convento hacia los límites de la Nueva España.

Unos días después —el 16 de mayo de 1692— se aprueba en Madrid el segundo tomo de la obra de Sor Juana Inés de la Cruz. La licencia la da Pedro Ignacio de Arce, caballero de la orden de Santiago, regidor de la Villa de Madrid. El destinatario de la carta es nada menos que ¡el Rey! Finalmente, la carta de aprobación real se despacha en Aranjuez. El privilegio de la publicación se otorga al sevillano Juan de Orúe de Arbieto a quien Sor Juana dedica el libro. Los escritos censados y aprobados obtienen la regia orden de publicación y se ajustarán a las medidas jurídicas y económicas que rigen la impresión de libros. El oficio es del 20 de mayo de 1692. Francisco Nicolás de Castro firmó "Por mandato del Rey nuestro señor"[12].

Esta vez, la autorización del nuevo tomo de las obras sorjuaninas se investía de un carácter más oficial. Concluían diez meses de censuras y aprobaciones. En el mariano mes de mayo en los archivos del rey de España quedó la aprobación del *Segundo volumen*. La fe de erratas es del 22 de mayo de 1692 y la Tasa de la *Segunda parte de las obras de soror Juana Inés de la Cruz, profesa en el monasterio de s. Gerónimo de la ciudad de México* es del 23 de mayo de 1692. Cada pliego tendría un costo de 8 maravedís; el libro (68 pliegos) costaría 544 maravedís. Firma el documento Manuel Negrete y Angulo.

Mientras que en España el legajo sorjuanino pasaba de Sevilla a Madrid y llegaba al despacho del rey y recibía su regia aprobación para que se publicara, ¿qué estaría pasando en la Nueva España?, ¿cómo se las estaría viendo Sor Juana? Nadie en su época tenía su fama reflejada en la publicación de sus libros, este último aprobado por la corona española. Nada excepcional tal vez en cuanto a la aprobación de los libros de la época de los que el suyo era uno más si bien importante. Pero sí excepcional en cuanto que era la única en ser conocida de esa manera. Su genialidad no tenía límites.

Entre celebraciones y alabanzas, los escritos para el *Segundo volumen* en los últimos meses iban y venían por Sevilla obteniendo el

[12] Sor Juana compuso cinco loas a los años del rey Carlos II (374, 375, 376, 377 y 378), dos coplas para música (romances 34 y 35) y un soneto (194). Antes, en 1666, había compuesto un soneto por la muerte de Felipe IV, "¡Oh cuán frágil se muestra el ser humano!" (185). Es interesante la nota de Méndez Plancarte (t. 1, p. 539; véase *infra*, nota 16).

voto (al parecer unánime) de los censores. Allí estaba la *Crisis de un sermón* en primer lugar, próxima a darle al lector la bienvenida al *Segundo volumen* de la obra.

Habría que preguntarse también cuándo habría salido la carta de la Nueva España. Si Juan Navarro Vélez había firmado su censura el 18 de julio de 1691, la carta tuvo que haberse preparado como parte del volumen que se remitiría no mucho después de que Sor Juana la hubiera concluido, pero ¿antes de que se publicara en Puebla? Posiblemente fue preparada para su envío a España a fines de 1690 o a principios de 1691. ¿Sería anterior la publicación de la *Atenagórica* acompañada de la *Carta de Sor Filotea de la Cruz?*, ¿serían casi simultáneos la publicación de Puebla y el envío a España?, ¿sería éste casi inmediatamente posterior en búsqueda de apoyo por las posibles repercusiones y por eso Navarro Vélez y los otros censores y panegiristas hablaron de ella como lo hicieron sobre el tratamiento de asuntos religiosos por parte de la monja?

Por la criba de la aprobación española —la obra como azucena, el corazón de su autora entre los signos— había pasado la *Carta Atenagórica*. Quienes dieron su veredicto repararon en ella y, junto con el resto de la obra, la aprobaron más específicamente que los demás escritos. Es extraño que habiendo levantado posiblemente ampollas en México se hubiera publicado después sin problemas en España. Ni en su selección ni en su publicación al parecer hubo impedimentos.

Una fineza de Sor Juana para los censores del *Segundo volumen* de sus obras fue su último romance "En reconocimiento a las inimita-

CARTA
LAVDATORIA
A LA INSIGNE
Poetiſa la ſeñora Soror Inès
Juana de la Cruz, Religioſa del
Convento de ſeñor San Ge-
ronimo de la Ciudad de Me-
xico, Nobiliſsima Corte de
todos los Reynos de la
Nueva-Eſpaña.

✷✷✷*✷*

ESCRIVESELA
DESDE LA CIVDAD DE SANTA
Fè, Corte del Nuevo Reyno
de Granada,
DON FRANCISCO ALVAREZ
de Velaſco Zorrilla.

bles plumas de la Europa, que hicieron mayores sus Obras con sus elogios; que no se halló acabado". Allí pregunta: "¿De dónde a mí tanto elogio? / ¿De dónde a mí encomio tanto? / ¿Tanto pudo la distancia / añadir a mi retrato?" (51, vs. 5-8). La actitud de apoyo de los sevillanos se vio también en el afecto de otras personas.

En su siglo, dentro y fuera del convento y de la sociedad novohispana, en España, en Perú[13], en Nueva Granada[14], Sor Juana Inés de la Cruz —monja y musa, poeta y religiosa— fue conocida y reconocida desde muy pronto. A lo largo de su trayectoria poética —avalada por la censura, el dictamen de la obra— fue conocida de muchas maneras. Una ristra de epítetos se desbordó respecto a Sor Juana y su obra:

> glorioso honor del museo mexicano, venerable poetisa, Mexicano Fénix de la Poesía, Fénix de México, americana fénix, brillante sol, inestimable tesoro, docta en las ciencias, grande en las facultades, ilustre mujer, ejemplar de las mujeres ilustres, clarín en la fama, sentencioso oráculo, capacísima e ilustrísima mente, brillante sol, inestimable tesoro, sentencioso oráculo, delicadísimo numen, sabia mexicana, Única Musa, Musa Décima, Única poetisa, numen prodigioso, monstruo de las mujeres, prodigiosa mujer, perla, sabia, portento americano...

Las enumeraciones barrocas se desprendieron sobre todo del verbo hecho palabra en las láminas de su escritura.

Los censores y lectores de la creación sorjuanina supieron de la delicia y el deleite de los versos de esta mujer —"rara mujer"— herida de amor por la poesía, dotada de prodigioso entendimiento.

Cuando se publica el tercer tomo de la obra, *Fama y Obras Pósthumas del Fénix de México, Décima Musa, Poetisa Americana Sor Juana Inés de la Cruz, religiossa professa en el convento de San Gerónimo de la Imperial Ciudad de México*, Madrid, 1700[15] han pasado cinco años de su muerte. Hay versos ajenos, una elegía, una aprobación y una biografía. La aprobación del jesuita Diego de Heredia se firma dos años antes de la publicación del tercer tomo; fue el 19 de diciembre de 1698. El jesuita declara haber gozado más que nada las prosas de Sor Juana: "Esta admiración le creará al que en este libro leyere la Respuesta que escribe a Filotea de la Cruz, nombre en que se disfraza Ilustrísima Pluma" (De la Maza, p. 130). El censor sólo informa rápidamente —sin informar, en realidad— sobre el destinatario de la carta y sobre el motivo de su escritura; poco después da su aprobación, "en todo el Libro no hallo periodo, proposición, no palabra, que se oponga al sentir de nuestra Santa Fe Católica, o pureza de buenas costumbres: por lo cual juzgo, que merece la permisión". El *Segundo vo-*

[13] Se sabe del romance de un caballero del Perú "que le envió unos barros pidiéndole que se volviese hombre", del que no se tiene copias; en la *Fama* se publicó el del conde de la Granja, "A vos, Mejicana Musa..." Desde Perú Juan del Valle Caviedes le remitió un romance a Sor Juana en respuesta, al parecer, de un escrito que ella le envió (*Obras completas* de JUAN DEL VALLE Y CAVIEDES, ed. de R. Vargas Ugarte, Lima, 1947, pp. 32-36). Un año después de la muerte de Sor Juana, JOSÉ ZATRILLA Y VICO publicó en Barcelona el *Poema Heroyco al merecido aplauso del único Oráculo de las Musas, glorioso Assombro de los Ingenios y célebre Phénix de la Poesía, la esclarecida y venerable señora Soror Iuana Inés de la Cruz, religiosa profesa en el monasterio de San Gerónimo de la imperial ciudad de México*, de la cual hay una edición facs. del P. Aureliano Tapia Méndez, Al Voleo-El Troquel, Monterrey, 1993.

[14] Me refiero al neogranadino Francisco Álvarez de Velasco, conocido como "El enamorado de Sor Juana". Véase la edición con el mismo nombre de JOSÉ PASCUAL BUXÓ, UNAM, México, 1993.

[15] Véase ANTONIO ALATORRE, "Para leer la *Fama*..." En la *Fama*, Castorena menciona documentos que aún faltarían por publicar, entre otros, *La segunda Celestina*. La posible coautoría de Sor Juana de esta comedia se puso a discusión en México a me-

diados de 1990; duró varios meses. Se cuenta entre los últimos acontecimientos críticos en relación con la obra sorjuanina. Una de las ventajas de la discusión fue advertir sobre los juicios que sin documentación muchas veces se dictan; esto es, fue una advertencia para que lo que son suposiciones se traten como tales, ya que lo prendido con alfileres es fácil de desprenderse a la menor prueba documentada que muestre lo errado de tal suposición. Véase la edición de THOMAS AUSTIN O'CONNOR anunciada desde 1976, Agustín de Salazar y Torres, Juan de Vera Tassis y Villarroel, Sor Juana Inés de la Cruz, *El encanto es la hermosura, El hechizo sin hechizo, La segunda Celestina (Beauty in enchanting and Bewitchment without witchcraft, The second Celestina)*, Medieval & Renaissance Texts & Studies, Binghamton, 1994.

APROBACION DEL REVERENDISSIMO
Padre Diego Calleja, de la Compañía de Jesus.

M. P. S.

POr mandado de V. A. he leído vn Libro intitulado: *Obras, y Fama Posthuma de la Madre Sor Juana Inés de la Cruz*, que pretende dàr à la Estampa el *Doctor Don Juan Ignacio de Castorena y Vrsua, Capellan de Honor de su Magestad*. Y sobre assegurar, que aviendole visto, sin hallar en èl cosa que se oponga al recto sentir de nuestra Santa Fè, ò pureza de buenas costumbres, antes mucha enseñança, que à lo espiritual añade lo discreto, y que por todo merece la licencia, que el Suplicante pide; me ha parecido, que aviendo en el Consejo muchos Señores, que à la severidad de Juezes, no les estorva el buen gusto de discretíssimos Cortesanos, no serè demasiadamente importuno, (y que sè yo si antes obsequioso) si à bueltas de esta Aprobacion, les doy noticia cierta (tales son los apoyos que constaràn) del principio, progressos, y fin de esta Ingeniosíssima Muger, que tiene al presente, por los Escritos de otros dos Tomos, llenas las dos Españas con la opinion de su admirable sabiduria. Usando, pues, desta confiança, refiero su Vida con lisa sencillez, lexos de que el gasto de las palabras me suponga desconfiado en la inteligencia del Lector: y mas, de que las ponderaciones vsurpen su derecho à Poetas, y Panegyristas.

Quarenta y quatro años, cinco meses, cinco dias,

Y

lumen había sido aprobado en 1692; el tercero, el 19 de diciembre de 1698. *Carta* y *Respuesta*, en sendos tomos, pasaron sin problema por la censura española.

Acompaña al dictamen de aprobación de la *Fama* la biografía que escribe el Padre Calleja. En su poema que lamenta la muerte de Sor Juana dice: "Yo respondí, esperando cada día / su respuesta, impaciente con la flota, / crédulo de que el agua la tullía. / No vino vez, al fin, que con su nota, / no me trajese, en consonantes finos / oro mental de vena manirrota" (*ibid.*, p. 122), dice con nostalgia en la *Elegía* (*ibid.*, pp. 118-126) que aparece en la *Fama*. Once años antes, Calleja había aprobado la publicación de *Inundación Castálida*. Y ahora era autor de la elegía y de la primera biografía sobre Sor Juana. Dice en este documento: "Sobre componer versos tuvo la Madre Juana Inés bien autorizadas contradicciones..." (*ibid.*, p. 146). Aquí hay ya una cuerda floja. Las aprobaciones a los libros dictaminados desde España habían subrayado la fidelidad de la escritura a los cánones de la Iglesia; lo que dice ahora Calleja —muerta ya Sor Juana— toca el filo de otro tipo de censura que es la que muy cercana a la monja jerónima había existido en las altas esferas de poder de la sociedad novohispana. Allí no todo había sido miel sobre hojuelas; allí la censura sale por la otra entrada de la acepción de la palabra que es "murmuración", "vituperio", que ya perfila la censura como control, como represión, como silenciamiento. Y aquí Sor Juana ya no salió tan bien librada.

Con los innumerables epítetos había llegado la fama, los aplausos, la participación de Sor Juana en el espacio de los privilegios. Aun así, o tal vez por eso, no pudo salvarse de un contexto de censura que al configurarse trazó de inmediato un lenguaje múltiple, que no sólo fue aceptación, dictamen, contradicción, sobrevivencia. La sociedad —una sociedad colonial novohispana, inquisitorial, compleja— construye su léxico y éste construye a su vez una textualidad atravesada de signos que colocan y descolocan al sujeto social cuya posición, compromiso y creación pasan necesariamente por la censura.

La censura encarnada en el esqueleto de la sociedad virreinal fue marco de aprobación y de desaprobación de la vida personal, religiosa, literaria de la monja jerónima. Esta doble censura se problematiza. El dictamen de sus libros afectaría el dictamen sobre su persona. Mientras más reconocimientos y más fama, más problemas en las relaciones de alto poder, porque es precisamente el poder lo que se pone en juego. Si la censura de los libros se lee en las páginas liminares que los avalan, la censura de su persona —persona y obra— se lee en el puño y la letra de la escritora que desató su genio en la palabra. La línea inicial de dos sonetos, ambos publicados en *Inundación Castálida* de 1689, son índice significativo de esta censura; en uno de ellos pregunta la voz poética, "En perseguirme, Mundo, ¿qué interesas?" (146)[16]; en el otro, en donde "Muestra sentir que la baldonen por los aplausos de su habilidad", también pregunta: "¿Tan grande, ¡ay, Hado!, mi delito ha sido?" (150). Persecución, delito, son los hilos iniciales de una textura semántica cuya urdimbre se teje con términos tales como

> aprobación, amenazas, amonestación, autoridad, autorización, atrevimiento, calumniadores, censor, censura, consejos, conversión, detractores, defensa, dictamen, espinas, enojo, escándalo, fiscalizar, herética, hostilizar, impugnación, juez, jueces, licencia, murmuración, martirio, obediencia, persecución, panegiristas, permisos, silencio, tolerancia, usurpar, venia, veredicto, vigilancia...

Estos términos, entresacados de la propia obra, y que conviven con los panegíricos —contradicción barroca— se concentran y repiten sobre todo en la prosa, en las cartas dirigidas real o supuestamente a un interlocutor, destinatario de alta jerarquía frente al cual la monja se ubica, toma distancia e ironiza la situación. De la censura dieron fe los censores de la obra; de la razón de esa censura dio fe la propia Sor Juana en sus escritos. Razón y fe configuran los límites permisivos y prohibitivos de la creación más importante de la colonia novohispana.

En este contexto, el primer documento del que se tiene noticias hasta ahora es la carta de Sor Juana a su confesor, P. Núñez[17]. Esta carta que dio a conocer el Padre Aureliano Tapia en Monterrey en 1980

[16] Para los poemas, la *Carta Atenagórica* y la *Respuesta a Sor Filotea de la Cruz*, véase SOR JUANA INÉS DE LA CRUZ, *Obras completas*, F.C.E., México, 1951-1957. Los tomos 1-3 son edición de Alfonso Méndez Plancarte; el tomo 4, de Alberto G. Salceda. He adoptado en todo el trabajo la numeración de los textos que se usa en esta edición.

[17] Véase la edición de ANTONIO ALATORRE, "La *Carta* de Sor Juana al P. Núñez (1682)", citada *supra*, nota 8.

echó por tierra interpretaciones sobre el distanciamiento que hubo entre la religiosa y su confesor. Data de los primeros años de 1680. En la estrategia de la carta predomina la retórica de la pregunta. Sor Juana le reclama a Núñez que esté hablando mal de ella y la convierta ante los demás en "escándalo público". Si el motivo son sus "negros versos", éstos —le dice— le han caído del cielo y, no sólo eso, sino que él mismo —Núñez— ha autorizado algunos de ellos. Como al parecer al confesor le molestó que Sor Juana fuera la elegida para escribir el texto del *Neptuno Alegórico* con el que se dio la bienvenida dos años antes a los virreyes de la Laguna, ella le pide que se ponga en su lugar, y éste es el de una persona que *pudo*, que *quiso* —¿quién si no ella?— hacerse cargo de esa entrada triunfal y que *respetó* (así, en ese orden) el voto unánime del cabildo para que hiciera el arco de bienvenida de 1680. Sor Juana pregunta por qué es objeto de envidia y se lo pregunta nada menos que a su confesor en un acto no de confesión sino de queja y reproche:

> Que hasta el hacer forma de letra algo razonable me costó una prolija y pesada persecución, no más de porque decían que parecía letra de hombre y que no era decente, conque me obligaron a malearla adrede, y de esto toda esta comunidad es testigo (*ibid.,* p. 621).

Sor Juana dice que ha dejado pasar el tiempo sin "responder" (p. 618), lo que hace que esta carta sea una respuesta provocada desde el exterior, como lo serán la *Atenagórica* y la carta a Sor Filotea. En la que le escribe al Padre Núñez aclara, como lo hará en las siguientes, que estudia cosas sagradas y profanas, y que de éstas se ocupa en sus ratos libres. Acentúa su voto de obediencia hacia el prelado, aclara que en su decisión de entrar al convento él no tuvo nada que ver, reclama el secreto de la confesión y con un "ya no puedo más" (p. 624) se despide de su confesor. Pero le ha dicho algo importante; que ha escrito cosas públicas (como el arco triunfal) que han escandalizado a unos y edificado a otros, y ha escrito cosas no públicas (alguna coplilla de agradecimiento, dos loas por encargo). Interesante marca ha puesto Sor Juana a su obra; no por los ejemplos, pero sí por la organización. Lo no público advierte que Sor Juana tiene sus "guardaditos", y la Carta al P. Núñez dada a conocer hace quince años es parte fundamental de ese tesoro escondido que contribuye a poner las interpretaciones en su lugar. Fue escrita en 1682, década en la que Sor Juana está entre el poder y la gloria política, cultural y literaria novohispana, es la década en la que conquista al mundo de las letras hispánicas. El P. Núñez quería que las monjas estuvieran "muertas al mundo". Pero Sor Juana estaba y era muy viva. Y no sólo eso, los virreyes de la Laguna la buscaban. Entraban y salían del convento jerónimo; Sor Juana tenía acceso libre al más alto nivel del gobierno virreinal.

Ocho años después aparece la *Carta Atenagórica*, la *Crisis de un sermón* de Sor Juana; lo más seguro es que vio la luz impresa en Puebla casi inmediatamente después de haber sido escrita. Sor Juana insiste a su destinatario que la está escribiendo porque él le pidió que lo hiciera. La obediencia se convierte en el soporte de la carta: "Finalmente, aunque este papel sea tan privado que sólo lo escribo porque V. md. lo manda y para que V. md. lo vea, lo sujeto en todo a la corrección de nuestra Santa Madre Iglesia Católica, y detesto y doy por nulo y por no dicho todo aquello que se apartare del común sentir suyo y de los Santos Padres. *Vale*" (t.4, p. 435). Cuando se despide le dice: "Y a V. md. me guarde muchos años. Vuelvo a poner todo lo dicho debajo de la *censura* de nuestra Santa Madre Iglesia Católica, como su más obediente hija. *Iterum vale*" (*ibid.*, p. 439).

La autora dice que la carta es privada, la carta muestra que no es así, ¿por qué entonces la insistencia en la obediencia?, ¿por qué entonces Sor Juana se cura en salud y la pone bajo censura? Sor Juana le dice a su destinatario que corrija, que rompa lo que "a otros ojos pareciera desproporcionada soberbia, y más cayendo en sexo tan desacreditado en materia de letras" (*ibid.*, p. 412). Le está pidiendo que sea amigo, que sea discreto.

Una vez que ha debatido con argumentos de Santo Tomás, San Agustín y San Juan Crisóstomo, el sermón de un famoso orador eclesiástico sobre las finezas de Cristo[18], antes de concluir la carta, Sor Juana aclara:

> Bien habrá V. md. creído, viéndome clausurar este discurso, que me he olvidado de esotro punto que V. md. me mandó que escribiese: Que cuál es, en mi sentir, la mayor fineza del Amor Divino. Lo cual me oyó V. md. discurrir en la misma conversación citada. Pues no ha sido olvido sino advertencia, porque allí, como era una conversación sucesiva, fueron llamando unos discursos a otros, aunque no fuesen muy del caso, y aquí es necesario hacer separación de los que no lo son, para no confundir uno con otro. Explícome. Como hablamos de finezas, dije yo que la mayor fineza de Dios, en mi sentir, eran los beneficios negativos; esto es, los beneficios que nos deja de hacer porque sabe lo mal que los hemos de corresponder. Ahora, este modo de opinar tiene mucha disparidad con el del autor, porque él habla de finezas de Cristo, y hechas en el fin de su vida, y esta fineza que yo digo es fineza que hace Dios en cuanto Dios, y fineza continuada siempre; y así no fuera razón oponer ésta a las que el autor dice, antes bien fuera una muy viciosa argumentación y muy cen-

[18] Según San Agustín, la mayor fineza de Cristo para con los hombres era morir; para Vieyra, era abandonarlos. Para Santo Tomás, la mayor fineza era permanecer en la Eucaristía; para Vieyra, permanecer, privado de sus sentidos, en el Santísimo Sacramento; para San Juan Crisóstomo, era lavarle los pies a los apóstoles; para Vieyra, lavarle los pies a Judas, aun sabiendo que lo traicionaría. Véase la claridad y sencillez de esta explicación por parte de Elías Trabulse en *La Jornada Semanal*, México, 7 de mayo de 1995, núm. 9, pp. 4-6.

surable; por lo cual me pareció separarla, y como discurso suelto e independiente de lo demás, ponerlo aquí para que V. md. logre del todo el deseo, pues el mío es sólo obedecerle (*ibid.*, pp. 435-436).

Sor Juana aclara que su propio discurso —la opinión solicitada— va aparte; que lo que ella ha dicho en cuanto a los beneficios negativos son los que Dios hace en vida; que no son beneficios hechos en el fin de la vida que es de lo que hasta aquí se ha tratado, por lo tanto su opinión no se opone "a las que el autor dice"[19].

[19] Véanse las fuentes bibliográficas que cita Elías Trabulse en su Estudio introductorio a la *Carta Atenagórica* (ed. facsímile), CONDUMEX, México, 1995, pp. 25-29.

El 25 de noviembre de ese año (1690) Fernández de Santa Cruz se pone el hábito de monja, usa la pluma de Sor Filotea de la Cruz y, traduciendo a castigo las finezas de Sor Juana, contesta públicamente:

No es mi juicio tan austero censor que esté mal con los versos —en que V. md. se ha visto tan celebrada—, después de Santa Teresa, el Nacienceno y otros santos canonizaron con los suyos esta habilidad; pero deseara que les imitara, así como en el metro, también en la elección de los asuntos (*ibid.,* p. 695).

Sor Filotea parece no haber leído la carta de Sor Juana, finge no haberla leído, porque con la suya no contesta la *Atenagórica* (Sor Juana precisamente está debatiéndose y rebatiendo asuntos religiosos), sino que pone a la monja en el blanco de la censura, la amenaza total, y qué mejor oportunidad que esta carta para hacerlo: "Lástima es que un tan gran entendimiento, de tal manera se abata a las rateras noticias de la tierra, que no desee penetrar lo que pasa en el Cielo; y ya que se humille al suelo, que no baje más abajo considerando lo que pasa en el Infierno" (*ibid.,* p. 696). Lo que le dice a la madre Juana Inés es que no se arrastre más, que ya está al filo del infierno y no es precisamente por sus versos; pero lo que no le dice es que la monja le acaba de probar que también puede con la argumentación teológica, y es precisamente el entendimiento lo que no tiene perdón.

Cuando Sor Juana responde tres meses después —sabiendo que su nueva carta va a ver la luz pública— aclara que el don de la escritura con que el cielo la ha privilegiado no respeta ni la censura, ni la autocensura. En la *Respuesta a Sor Filotea de la Cruz* (1o. de marzo de 1691) manifiesta: "ni ajenas represiones —que he tenido muchas—, ni propias reflejas —que he hecho no pocas— han bastado a que deje de seguir este natural impulso que Dios puso en mí..." (*ibid.,* p. 144). Censura, autocensura, hecho clausurado, hecho censurado —su escritura— dan lugar a un juego de contradicciones: la celebración deviene represión; los beneficios, daños; las finezas, castigos; los consejos se convierten en preceptos; los aplausos en espinas de persecución. La obra está entre el favor y el enojo, entre flores y áspides, entre emulaciones y persecuciones... Las contradicciones refractan el barroquismo de la época.

Estas contradicciones, en este contexto de aceptación o de rechazo frente a los otros, frente a sí misma, se manifiesta a veces en versos que van del tono grave, "Finjamos que soy feliz, / triste Pensamiento, un rato" (2, vs. 1-2) al tono juguetón que inteligentemente manifiesta el no tomarse en serio, como cuando dice: "Y siempre te sirvo, pues / o te agrado o no te agrado: / si te agrado, te diviertes; / murmuras, si no te cuadro" (1, vs. 29-32) o como cuando a la condesa de Paredes que le solicita un tratado musical Sor Juana le contesta: "¿A mí, Señora, conciertos, / cuando yo en toda mi vida / no he hecho cosa que merezca / sonarme bien a mí misma?" (21, vs. 17-20).

En la *Respuesta a Sor Filotea de la Cruz* Sor Juana se declara náufraga solitaria en el mar de las contradicciones: "¡Rara especie de martirio donde yo era el mártir y me era el verdugo!" (t. 4, p. 452). Y con su carta ejecuta un rito de censura: "si conociera, como debo, esto mismo no escribiera. Y protesto que sólo lo hago por obedeceros... va a vuestra corrección; borradlo, rompedlo y reprenderme, que eso apreciaré yo más que todo cuanto vano aplauso me puedan otros dar" (*ibid.*, p. 464). Su respuesta no fue publicada sino cinco años después de su muerte.

Hasta aquí he descrito el contexto de una censura; y éste podría marcarse a partir de un análisis textual de la obra en relación con el contexto. Los elementos que por lo pronto sugiero derivarían de la complejidad de la censura que, como un caleidoscopio, cada vez que da vuelta da lugar a situaciones específicas y diferentes: 1) La censura como dictamen: por una parte, los censores aprobaron unánimemente la obra (no se sabe de alguna que hubiera sido prohibida); por la otra, Sor Juana fue su censora más exigente; sólo asumió "un papelillo que le llaman *El Sueño*". 2) La censura como murmuración: por una parte, la detracción de los censuradores; por la otra, las estrategias de sobrevivencia, la concesión, "no quiero ruido con el Santo Oficio". 3) La censura como control, represión; la censura como censura y la autocensura como tal.

Este diálogo —desde la compleja perspectiva de la censura y la autocensura, ambas históricas, cambiantes— permitiría configurar una imagen enmarcada en una relación intersubjetiva dentro de un eje espaciotemporal. Develar los nexos de esta relación permitiría ver qué acató Sor Juana de las autoridades que la rodearon; qué le permitieron hacer éstas, qué se permitió ella misma. En la *Carta Atenagórica* y en la *Respuesta* puede haber respuestas. Pero la cosa no fue tan fácil. Sor Juana tuvo que haberse inventado estratagemas para lidiar con las relaciones peligrosas en las que estaba metida. Con estos documentos —escritos como si fueran privados, pero que en realidad no lo fueron— Sor Juana le entró al juego y se puso un disfraz: contestó lo que querían que contestara. Pero se guardó otras cartas. La que le escribió a su confesor es un ejemplo. ¿La recibiría Núñez? No lo sabemos. ¿La escribió para ella misma imaginando un diálogo con el jesuita en el que le decía lo que realmente pensaba? Tampoco lo sabemos. Esta carta privada se sale del tono de la *Atenagórica* y de la *Respuesta* escritas diez años después; ya era otra década, ya era otra situación. Pero algo hubo entre estas dos últimas cartas, una publicada el 25 de noviembre de 1690 y la otra firmada el 1o. de marzo de 1691.

En mayo de 1995 Elías Trabulse reveló un hallazgo suyo, una *Carta q[ue] aviendo visto la Atenagórica q[ue] con tanto acierto dio a la estampa Sor Philotea de la Cruz del Convento de la Santíssima Trinidad de la Puebla de los Ángeles, escribía Seraphina de Christo en el Convento de N.P.S. Gerónimo de México (1o. de febrero de 1691)*[20]. El gran estudioso sorjuanino tituló su trabajo "La guerra de las finezas. La otra Respuesta a sor Filotea en un manuscrito inédito de 1691". Y de nuevo Sor Juana en la palestra, esta vez en un documento escrito entre las dos cartas remitidas a Fernández de Santa Cruz.

De la *Atenagórica* dice el título, "[q]ue con tanto acierto dio a la estampa Sor Philotea de la Cruz", y ese "con tanto acierto" deja ver desde un primer momento un toque de ironía por parte de la autora de la carta, cuyo nombre elegido es nada menos que Serafina de Cristo: Serafina, que es femenino de Serafín que viene de serafín, serafines, ángel, ángeles de Cristo. Y los ángeles no tienen sexo, lo que nos recuerda dos líneas de un romance de Sor Juana, "...que las almas / distancia ignoran y sexo" (19, vs. 111-112). El nombre está mostrando que quien firma como Serafina de Cristo está más allá del bien y del mal, custodio de Cristo y custodiada por él. Pertenece a una clase de ángeles, de esos seres inmateriales a los que se refirió el "Ángel de las Escuelas", "este Angélico Doctor", como llamó Sor Juana a Santo Tomás.

En su carta, Sor Serafina sugiere —en tono jocososerio, burlesco y familiar advierte Trabulse (pp. 25 y 34)— que la argumentación y las finezas de la *Atenagórica*, el propio sentir de la autora ("mi sentir" había dicho en este escrito), eran realmente para rebatir a un soldado de Cristo, nada menos que a Núñez de Miranda, su confesor. Núñez, según la interpretación sugerida por Trabulse, es el "soldado castellano" que salió a defender al "valentísimo portugués" (p. 26). Y si

[20] Se publicó la noticia en el periódico *La Jornada* (véase *supra*, nota 18), con una primera parte del estudio que ahora se desarrolla en cuatro partes en la edición ya citada de CONDUMEX. Con este hallazgo a la par de sus pesquisas, ELÍAS TRABULSE abre una nueva veta para leer los documentos relativos a los últimos años de la vida de Sor Juana. La carta de Sor Serafina de Cristo será publicada por el Instituto Mexiquense de Cultura, que organizó el *Coloquio Internacional Sor Juana Inés de la Cruz y el Pensamiento Novohispano*, realizado del 17 al 21 de abril de 1995 en Toluca, Estado de México. En este coloquio Elías Trabulse dio a conocer su hallazgo de hace 14 años.

Núñez coincide con Santo Tomás en que la fineza mayor de Cristo es la del Santísimo Sacramento (fineza que Sor Juana también defendió), y Vieyra ha rebatido a Santo Tomás, entonces no ha salido a defender al "valentísimo portugués" sino a defenderse a sí mismo, puesto que la fineza que él propone no es la misma que la que Sor Juana sugiere, aunque ella aclara que se refiere a las finezas en vida, de lo contrario, la suya sería "una muy viciosa argumentación y muy censurable". Muchos nuevos cabos falta por amarrar, muchas nuevas sorpresas nos esperan con Sor Juana trescientos años después de su muerte. A "Las trampas de la fe" de las que habla Octavio Paz, Sor Juana tuvo que haber inventado las suyas propias para poder tomar distancia y así sobrevivir.

Desde su clausura Sor Juana burló la censura: con dos cartas públicas enmascaró la realidad; con dos privadas —la Carta al P. Núñez y la de Serafina de Cristo— la desenmascaró. ¿Recibió ésta última Fernández de Santa Cruz? Tampoco lo sabemos. Sólo con una inteligencia como la suya —la de Sor Juana— pudo salvar su persona y ejercer el Santo Oficio de su escritura. Los versos de uno de sus romances, "A estrecha cárcel reduce / de su grandeza lo Inmenso, / y en breve morada cabe / Quien sólo cabe en Sí mesmo" (52, vs. 29-32) bien valen para su autora. Desde su celda de San Jerónimo transgredió el voto de censura y se tomó la libertad de escribir para ella misma lo que era para los otros, tomó distancia para poder sobrevivir. Esa libertad es del tamaño de una esperanza. Eso, en cuanto a su escritura; en cuanto a su persona, aquel "ya no puedo más" dirigido en su Carta al P. Núñez en 1682 marcó los últimos años de su vida.

Sor Juana Inés de la Cruz, monja de voto y velo, Décima Musa, renunció a la pasión de su vida, a su escritura y con esta renuncia renunció a la vida. La censura y la autocensura fueron móviles de vida y muerte. En uno de los documentos de profesión se lee:

Aquí arriba se ha de anotar el día de mi muerte, mes y año. Suplico, por amor de Dios y de su Purísima Madre, a mis amadas hermanas las religiosas que son y en lo de adelante fueren, me encomienden a Dios, que he sido y soy la peor que ha habido. A todas pido perdón por amor de Dios y de su Madre. Yo, la peor del mundo. JUANA INÉS DE LA CRUZ (413, t. 4, p. 523).

Tal vez sea éste uno de los epitafios más tristes de nuestra historia.

Trescientos años después, el claustro donde la monja jerónima escribió este documento publica *Sor Juana y su mundo,* como tributo a una gran mujer que fue centro de la mirada de su siglo y es centro también de una mirada actual.

Chocola tero

Fano

IEL COPIA
...tigne Muger, que lo fue ad:
...todas las Ciencias, Facultades, Artes vari:
...con toda perfección, y de el Coro de los spa:
...Latinos, y Castellanos de el Orbe, por lo q̃:
...y Egregio numen produxo en sus excelentes
obras: LA M̃ IUANA YNES DE LA CRUZ:
...America Glorioso desempeño de su sexo, Honra
...de este nuebo Orbe, y Argumento de las admira:
...ños de la antigua. Nació el día 12 de Noviembre:
...la noche año de 1651 en una pieza que llaman la
...azienda de labor nombrada S. Miguel Nepantla In:
...Chimalhuacán Provincia de Chalco. Recivió Sa:
...to del Máximo D̃ S. Gerónimo en el Convento de
...Mex̃ de edad de 17 años haviendo antes florecido
...l estado (con asombro de la plenitud de letras y sá:
...n esta Corte siempre le han fecundado, por el com:
...s grandes de que por discreción divina fue dotada)
...lacio, a vista y solicitud del Ex.mo S̃r C. Marquez
...RA Virrei de este Reino, y de lo más Ilustre de la
...iteratura de esta dicha Ciudad. Profesó, y recivió
...ernando el Ill.mo Y Ex.mo S̃s M. D. F. PAYON
DE RIUERA Arçobispo Virrei, en manos de
...Antonio de Cárdenas y Salasar, Canónigo de
...glesia Metropolitana, luez Provisor y Vicario
...ste C̃ Arçobispado el día del Apóstol S. AN
...IAS (por lumas felise suerte) 24 de Febrero
1669. Exercitó con aclamación continua de
...nes de su gran Sabiduría y el empleo de Contado
...to Convento tiempo de nueve años desempeñan
...rias heroicas operaciones, y las de su govierno en
...Escrivió muchos, y elevadísimos poemas, lati
...nos, y Mexicanos, en todo género de arte y
...xima varias obras, de que algunas recivieron
...ñores MARQUEZES DE LA LAGUNA
...eyes, sus Protectores, y otras personas Ilu
...que antes, y después de su muerte le comp...
...s de ellas, que están impresos; quedando otras
...nsignes por su modelo de su vida fue le...
...es el Soneto que la Esperanza hizo y...
...poeta) C̃ Murió en religiossimo y...
...de Cathólica y Relijiosa, d...
...rande ingenio en el bre... mo...
...ñica del buen Pastor día...
...95; haviendo venido 44 años S... Petra:

EQUIESCAT IN PACE

II

VIDA CONVEN TUAL: RASGOS HISTÓRICOS

ASUNCIÓN LAVRIN

Memoria de los bienes y fueron de Me. Sor. Ma. Ana. a
Religiosa deste Convto. de Nro. Pe. S. Gero. q. Dios aya

Una cama con su colga de blan-
ca Yun colchon con dos savas
Yuna frezada Yuna almoa
Un habito Yun escapulario
El Manto Yvelo de comulgar .... V o 4
Una toca Yun Velo
Una camisa Yun paño de manos
El breviario y quadernos de rezo .... V o 2
Su almoadilla Y un dedal deplata .... V o
Una caxita de Colhera .... V o
Con unos retazos Y hilo
Un delantar
Un delantar Y un paño de mo
Su petaquilla del chocolate .... V o 2
dos platos de china .... V o
dos servilletas Una cuchara .... V o 3
deplata Un rosario Y una yma .... V o 4
gon de carei vieja .... V o
seis cosas blancas .... V o
quatro quadros viejos .... V o
Una toleta blanca .... V o
Una escrivania .... V 3

Maria de su Rosario   maria de san   los treinta y un p[es]os
Pri.a   pedro Vicaria   son de misas las dema
Je del ss.mo   Josefa del ss.   de limosna maria de
sacramento   mo sacramento   su Rosario
Josefa de sn.   Ursula de las   pri.a
gregorio   Virgenes
        Juana gñez Vañez

Secretaría
La mᵉ Juana Ynés de la Crus   *procuradora*
La mᵉ Antonia de Sᵗ francisco

Vicaría de Coro de Canto de organo
La mᵉ Juana de Sᵗ Antonio

VIDA CONVEN
TUAL: RASGOS
HISTÓRICOS

ESTAMOS aún lejos de conocer con completa seguridad la Nueva España del siglo XVII, la única que pudo producir a Sor Juana y la única que Sor Juana conoció. Aunque ya no se puede hablar de un "siglo olvidado", puesto que la investigación histórica de los últimos veinte años se ha ocupado con seriedad de este período, todavía no se han iluminado completamente sus numerosos claroscuros. Esta situación es aplicable sobre todo a la historia de los conventos de religiosas como instituciones clave dentro de la sociedad colonial y a su perfil como centros de espiritualidad. La tarea ha comenzado pero necesita pulirse mucho aún e investigarse en archivos nacionales y provinciales antes de que podamos sentirnos satisfechos de haber aquilatado sus verdaderas dimensiones y matices[1]. Aquí se estudian varios cuadros dentro de un retablo que, dados los límites impuestos a todo trabajo en una obra de colaboración, intentan interesar al lector en proseguir el descubrimiento intelectual de lo que es una rica pintura histórica.

[1] Citaré sólo algunas obras que han establecido los parámetros fundamentales en la investigación de la vida conventual. Abrió el camino JOSEFINA MURIEL, *Conventos de monjas en la Nueva España*, Edit. Santiago, México, 1946; *Los recogimientos de mujeres: respuesta a una problemática novohispana*, UNAM, México, 1974; y *Cultura femenina novohispana*, 2ª ed., UNAM, México, 1994. Muriel ha escrito otros artículos sobre conventos que no se citan aquí; MARIE-CÉCILE BÉNASSY-BERLING, *Humanisme et Religion chez*

Sor Juana Inés de la Cruz: La femme et la culture au xvii, Éds. Hispaniques, Paris, 1982; Octavio Paz, *Sor Juana Inés de la Cruz o Las trampas de la fe*, Seix-Barral, Barcelona, 1982; María del Carmen Reyna, *El convento de San Jerónimo. Vida conventual y finanzas*, INAH, México, 1990; Manuel Ramos Medina, *Modelo de santidad en un mundo profano*, Universidad Iberoamericana, México, 1990; Clara García Ayluardo y Manuel Ramos Medina (eds.), *Manifestaciones religiosas en el mundo colonial americano*, Universidad Iberoamericana, México, 1993.

El siglo xvii fue un siglo rico en fundaciones religiosas femeninas. Se fundaron catorce conventos en México, Puebla, Oaxaca, Guadalajara, el Valle de Atrisco y Michoacán. Esas fundaciones fueron resultado de una realidad económica y social, y una mentalidad espiritual que constituyen el contexto histórico dentro del cual se ubica la figura de Sor Juana. Veremos aquí dos aspectos de la vida conventual: la vida material y la vida espiritual, que como las dos caras de Jano forman una entidad que no es posible separar nítidamente, pero que merecen analizarse separadamente para aquilatar la variedad de sus matices antes de reintegrarlas en su unidad.

VIDA MATERIAL:
LA PROBLEMÁTICA DEL MECENAZGO Y LA PROFESIÓN

El siglo xvii tuvo grandes altibajos económicos debido a la irregularidad en la producción minera, los problemas de mano de obra para la agricultura, los gastos en la defensa de las flotas en el mar Caribe y el sostenimiento de las guerras de España en Europa que significaron fuertes envíos fiscales. Sin embargo, todos los historiadores coinciden en ver un perfil económico irregular que se mueve lentamente de una bonanza hasta el primer cuarto del siglo xvii, a una recesión hacia medio siglo, y una lenta pero segura recuperación con un alza en la producción minera y agrícola y un incremento demográfico para sus finales[2]. Dentro de este encuadre económico se verificó la formación de una élite económica, poseedora de grandes fortunas, cuyos miembros fueron los patronos de la Iglesia en general y de las fundaciones femeninas en particular. Esa clase de hacendados, mineros y mercaderes estuvo fuertemente ligada a la Iglesia y le proporcionó los capitales necesarios para fundaciones, obras pías, reparaciones de claustros e iglesias, fiestas de santos, y dotes de profesión. El status social se establecía y mantenía por un a veces

[2] Cf. Colin M. MacLachlan y Jaime Rodríguez O., *The forging of the Cosmic Race. A Reinterpretation of Colonial Mexico*, University of California Press, Berkeley, 1980.

aparatoso despliegue de filantropía en el cual se gastaban enormes sumas del acervo familiar[3].

Los claustros femeninos dependieron casi exclusivamente de esa filantropía individual o familiar de la élite. La corona sólo proporcionó su patronazgo a dos conventos de religiosas: el de Jesús María de México y el de Santa Clara de Querétaro. Las dos modalidades más importantes de patronazgo fueron la fundación de conventos y la dotación a jóvenes carentes de fortuna para que entraran en la vida religiosa. Esta segunda forma de patronazgo permitió a Sor Juana Inés de la Cruz profesar en San Jerónimo gracias a la generosidad del mecenas D. Pedro Velázquez de la Cadena, ya que su madre, a pesar de administrar una hacienda, declaró respecto a su hija que, "al tiempo y cuando entró religiosa, no le di ni le he dado parte ni porción alguna"[4]. El mecenazgo institucional es mejor conocido que el individual ya que no hay institución que haya olvidado los nombres de sus fundadores. Por otra parte, los innumerables patrones de instituciones religiosas esperan un estudio prosopográfico que nos informe sobre la conexión entre espiritualidad y viabilidad económica. Una ojeada a la forma de establecer este nexo nos permitirá apreciar los resortes que movieron los mecanismos filantrópicos, y comprender mejor las funciones económicas y sociales de los patronos respecto a las favorecidas con sus beneficios.

Los patronos tuvieron una función social muy importante en Nueva España: fueron los perpetuadores de una sociedad jerárquica en la cual la religión proveyó nichos para la protección de la mujer de la élite social y racial. Estos nichos fueron los conventos de religiosas, los beaterios y los colegios. Sin mermar en nada la sinceridad religiosa de los fundadores y de las mujeres que tomaron el velo, los documentos históricos reflejan una realidad en la que los patronos establecían una selección social de las aspirantes; ésta favorecía a las mujeres de descendencia española sobre los demás grupos étnicos y a la institución de la familia legítima, al casi cerrar la puerta a las que tuvieran "defecto de natales", o sea, que fueran hija naturales o ilegítimas. Aunque esta última calificación se soslayó en muchas ocasiones, la racial sólo muy excepcionalmente[5]. La "limpieza de sangre" o ausencia de mezclas con negros, judíos o moros, fue esencial para la admisión en los claustros novohispanos. Así, estas instituciones se pueden describir como las bastiones de la élite social y racial. Sin embargo, para no caer en un minimalismo histórico, hay que tener en cuenta la compleja malla de valores de los siglos XVI y XVII tales como la protección del honor femenino y masculino, así como la validez de una vida de recogimiento dedicada al servicio de Dios,

[3] Véanse José F. de la Peña, *Oligarquía y propiedad en Nueva España, 1550-1624*, F.C.E., México, 1983; y Edith Couturier, "For the Greater Service of God: Opulent foundations and Women's Philanthropy in Colonial México", en Katlheen D. McCarthy (ed.), *Lady Bountiful Revisited*, Rutgers University Press, New Brunswick, 1990, pp. 119-141.

[4] Enrique A. Cervantes, *Testamento de Sor Juana Inés de la Cruz y otros documentos*, México, 1949, pp. 16-18; Guillermo Ramírez España, *La familia de Sor Juana Inés de la Cruz. Documentos inéditos*, UNAM, México, 1947, p. 20. Sor Juana fue también favorecida, pero con una suma mucho más modesta, por el capitán don Juan Sentís de Chavarría, de quien declaró haber recibido 240 pesos.

[5] Para la profesión de novicias con defectos de natales, véase, Archivo General de la Nación, México (AGN), Clero Regular y Secular, vol. 177, exp. 4; Bienes Nacionales, leg. 85, exps. 15, 16, 18; leg. 10, exps. 17, 18; leg. 156, exp. 5. La profesión de monjas

con alguna pequeña mezcla de sangre indígena en los conventos destinados a las "españolas" fue infrecuente. De igual manera, en los conventos fundados para mujeres indígenas en el siglo XVIII se trató siempre de mantener la "limpieza de sangre" no admitiendo a ninguna que tuviera traza de ascendencia española. Véase D. A. BRADING, *Church and State in Bourbon México: The Diocese of Michoacán, 1749-1810*, Cambridge University Press, Cambridge, 1994, pp. 91, 96.

aspectos de la cultura novohispana que explican más ampliamente la existencia de estas instituciones.

Detrás del propósito de protección a doncellas desvalidas que motivó a los primeros promotores de conventos femeninos en el siglo XVI, hubo un deseo de trasladar físicamente y perpetuar en el Nuevo Mundo instituciones sociales de la Península. El claustro, paradigma de la religiosidad de una España católica en un mundo que comenzaba a soterrar la unidad del cristianismo, significó una forma de triunfar sobre el paganismo de los indígenas, de afianzar el catolicismo romano en las posesiones de España y, especialmente, de reproducir los medios de protección social a la mujer, de quien dependía el enraizamiento familiar necesario para lograr la verdadera conquista del Nuevo Mundo. En la extrañeza de las nuevas tierras, entre una población aún desconocida y quizá todavía no fiable, de creencias religiosas tan antitéticas al cristianismo, y donde la rudeza del medio aún no domeñado parecía ofrecer incalculables peligros al sexo femenino, el claustro se ofrecía como una solución acogedoramente conocida tanto para aquellos padres que lo deseaban para sus hijas, como para aquellas que se recogieron voluntariamente tras sus muros. Hacer de esos claustros un lugar exclusivo para las descendientes de quienes habían ganado un reino para España era lo más justo para la mentalidad de la gente del siglo XVI. A través del tiempo, y dado el creciente mestizaje de la sociedad, el exclusivismo racial se solidificó y sirvió para fortalecer la hegemonía de España sobre la Nueva España, cuya fisonomía como reflejo de la cultura europea tuvo máculas que era preciso no ignorar.

El patronazgo significó una transacción legal entre las autoridades eclesiásticas y uno o varios individuos seculares revalidada por el Consejo de Indias y el Papa. Los términos del patronazgo se notarizaban para garantizar su validez y continuidad y daban al mecenas el derecho de imponer sus condiciones. Éstos eran: 1) Espirituales: las misas que se debían decir por su alma y las de sus familiares para ayudar al proceso de su salvación, y la celebración de las fiestas por los santos de su elección; 2) Sociales: el derecho de definir quiénes podían profesar; 3) Económicos: determinar cuál sería la base económica que sostendría la fundación o la admisión de "capellanas" o religiosas que no tenían que pagar dotes y que pertenecían a su propia familia o cualquiera otra elegida por el mecenas.

Aquí examinaremos las condiciones sociales y económicas, por ser las que se pueden relacionar con la entrada de Sor Juana en San Jerónimo. En el siglo XVII la fundación de conventos femeninos seguía las pautas establecidas desde el siglo XVI. De hecho se puede decir que las consagraron por la repetición de razones y circunstancias. Las dos razones más comunes en los petitorios de fundación tanto de monasterios como de capellanías y dotaciones de religiosas fueron las de proteger el honor de la mujer y ayudar a realizar vocaciones religiosas. En una carta al Consejo de Indias fechada el 10 de marzo de 1566, el obispo de Tlaxcala, Fernando de Villagómez, pedía la fundación de una casa para doncellas religiosas, aún definido como beaterio de Santa Catalina de Siena. Alegaba que las doncellas hijas de conquistadores y gente honesta española eran numerosas y que no podían casarse con sus iguales ya que las dotes eran inmoderamente altas. Su flaqueza mujeril las hacía vulnerables y la tierra necesitaba un convento donde las hijas de "los buenos" pudieran servir a Dios y conservar su honor. El servicio de Dios y la honra eran las dos caras de la misma moneda[6]. La preservación de la pureza sexual de la mujer descendiente de españoles y del status social que se negaba a casarlas con sus inferiores sociales se vio como beneficio a "la tierra". Esta carta contiene una autodefinición muy directa y franca de la élite, apenas treinta años después de la conquista.

[6] Archivo General de Indias (AGI), México, leg. 343.

La cúspide social de Nueva España podía dotar bien a sus hijas y afianzar matrimonios ventajosos. No así las familias de menor peso económico, cuyo status se vería amenazado si no contaran con la válvula de escape que les ofrecía el desposorio con Dios. Los dos "estados" de la mujer, el matrimonio y la profesión, eran sólo uno, si se acepta que el último le proporcionaba un esposo, una familia y un lugar de protección cuya estructura era muy similar a la de la institución laica[7]. Considerando que el estado no asumía ninguna responsabilidad social ni tenía mecanismos de protección que pudieran acoger a mujeres honestas, la Iglesia era el medio idóneo para ofrecer esos servicios. La responsabilidad de ofrecerlos era compartida por los patronos, los mecenas y los filántropos de ambos sexos a quienes Dios había favorecido con medios económicos. El cristianismo imponía el deber moral de ayudar a otros. También tenían en cuenta que la dotación de un convento podía albergar a miembros de su propia familia, que por varias generaciones entrarían en el mismo como curso natural de su vida. Los ejemplos de familias en las cuales tías, sobrinas, hermanas y aun madres profesan en un mismo convento o en varios conventos por dos y tres generaciones son abundantes. Se cita abajo el patronazgo del convento de Santa Inés como ejemplo típico de este fenómeno, pero cabe recordar a Juan Márquez Orozco, mercader fallecido en 1636 que dejó su casa y 60,000 pesos para fundar un convento. Sus tres hermanas profesaron en Regina Coeli, saliendo después a fundar el de San Bernar-

[7] Sobre la fundación de conventos, sus bases familiares y los grupos familiares dentro de los mismos, véase ROSALVA LORETO, "La fundación del convento de La Concepción. Identidad y familias en la sociedad poblana (1593-1643)", en Pilar Gonzalbo Aizpuru (ed.), *Familias novohispanas. Siglos xvi al xix*, El Colegio de México, México, 1991, pp. 163-178.

do. La misma Sor Juana, al profesar, inició una tradición en su propia familia que siguieron sus sobrinas.

Los patrones, hombres y mujeres enriquecidos en el Nuevo Mundo, tuvieron una óptica bastante limitada, pero explicable, de su papel y sus obligaciones para con miembros de su clase. Demográficamente, las religiosas pertenecieron a una minúscula sección de una población en la cual el mestizaje y el nacimiento fuera de los lazos matrimoniales se hicieron gradualmente muy comunes en el siglo XVII. Los hijos naturales eran aquellos nacidos fuera de matrimonio, de dos padres que, al momento de la concepción y nacimiento, eran solteros. La ilegitimidad era diferente. El hijo ilegítimo era el que nacía de un padre soltero y otro casado. Mientras que el hijo natural podía ser legitimado por la unión de sus padres, el estigma del ilegítimo era mucho más difícil de remover, pues uno de sus padres tenía que enviudar y casarse con el otro para poder reclamar una legitimación que la Iglesia y las autoridades civiles se daban el derecho de estudiar antes de conceder[8]. Los hijos naturales tenían cierta ventaja social sobre los ilegítimos no sólo porque podían ser legitimados, sino porque su nacimiento no manchaba un matrimonio previamente establecido por uno de sus padres. Muchos hombres y aun mujeres de clase social alta tuvieron relaciones premaritales durante su juventud, de las cuales nacieron hijos naturales. Aunque después se desposaran con otra persona, si reconocían su paternidad sobre el "natural" ese desliz se podía perdonar socialmente[9].

Las circunstancias que hemos descrito se hacen de patente importancia en la consideración del status social de Sor Juana y su madre. Isabel Ramírez tuvo a todos sus hijos fuera de matrimonio y con dos hombres diferentes, con los cuales no eligió, o no se avino en casarse. Las uniones libres y los hijos naturales abundaron en su familia[10]. Esa situación fue bastante común a mediados del siglo XVII y no era óbice para que las familias de ascendencia española que incurrían en ese problema no mantuvieran su status social. Recientes estudios demográficos están descubriendo cuán general fue esta situación en Nueva España[11]. Recordemos que tanto Fray Payo de Ribera (1668-1680) que fue arzobispo de Chiapas, y varios meses virrey de Nueva España, y el obispo de Puebla, Juan de Palafox, fueron hijos naturales[12]. En la familia de Sor Juana, una "Inés" bautizada como "hija de iglesia" puede o no ser Sor Juana[13]. Se han levantado algunas dudas al respecto, aunque generalmente se acepta que sí era ella. Los procesos de legitimación eran costosos y, por cédula real de 1608, tenían que ser realizados en España. Sólo las más encumbradas familias

[8] *Leyes de Toro*, en *Los Códigos españoles*, Imprenta de la Publicidad, Madrid, 1848, t. 6, pp. 557-567; *Código de las Siete Partidas*, t. 4 de *Los Códigos españoles*. Véase "Quarta Partida", pp. 483-495.

[9] Véase ANN TWINAM, "Honor, sexuality and illegitimacy in Colonial Spanish America", en Asunción Lavrin (ed.), *Sexuality and marriage in Colonial Spanish America*, University of Nebraska Press, Lincoln, 1989, pp. 118-155.

[10] Véase GUILLERMO RAMÍREZ ESPAÑA, *op. cit.*

[11] ASUNCIÓN LAVRIN (ed.), *Sexuality and marriage in Colonial Spanish America*, *passim*. Para un estudio del honor y la legitimación a través de lo que se llamaban "gracias al sacar", véanse, ANN TWINAM, art. cit.; THOMAS CALVO, "The warmth of the hearth: Seventeenth-Century Families", en A. Lavrin (ed.), *Sexuality·and marriage...*, pp. 287-312; CECILIA RABELL, "Matrimonio y raza en una parroquia rural: San Luis de la Paz, Guanajuato, 1715-1810", *Historia Mexicana*, México, 42 (1992), 3-44. Esta situación fue usual en otras partes de Hispanoamérica. Véanse los trabajos de PABLO RODRÍGUEZ para Colombia y RENÉ SALINAS MEZA para Chile, en Pilar Gonzalbo Aizpuru y Cecilia Rabell (eds.), *La familia en el mundo iberoamericano*, UNAM, México, 1994.

[12] Cf. FRANCISCO SOSA, *El episcopado mexicano*, Jus, México, 1962, t. 1, pp. 190-191.

[13] Alfonso Méndez Plancarte, en su ed. de SOR JUANA

podían legitimar a sus retoños naturales o aun ilegítimos. En Nueva España no fue raro que un abogado de Audiencia o una administradora de tierras admitieran con la mayor "naturalidad" a sus hijos naturales en su testamento u otros documentos legales.

Por otra parte, se podían usar varios eufemismos o trucos legales para cubrir una situación que pudiera causar compromisos a los padres de un hijo fuera de matrimonio. Así, se podía registrar como de "padre desconocido", "de padres desconocidos", "hijo de iglesia" o aun de "madre desconocida"[14]. Estos términos fueron usados por los padres para protegerse tanto a sí mismos como a sus hijos. Los "hijos de iglesia" o "huérfanos" sin padres conocidos podían ser adoptados por sus propias familias o por cualquier otra sin connotación social o étnica alguna que le pudiera ser perjudicial. En los conventos novohispanos encontramos hijas naturales, aunque su admisión al claustro fue vista como una concesión especial y su presencia no estableció precedente para el relajamiento de la regla general. Por ejemplo, Pedro González del Valle, gallego y mercader de considerable caudal, declaró una hija natural profesa en el exclusivo convento de Jesús María[15]. Para profesar, las hijas naturales usualmente pedían se les perdonara el "defecto de natales".

¿Supo Sor Juana su "defecto de natales" y la encubierta del mismo en el registro de profesiones? Su gran inteligencia le debe haber permitido saber todo lo referente a su origen, tal y como sugieren sus propios versos. Es posible que sus patrones y protectores, y especialmente el puntilloso Antonio Núñez, encubrieran su origen para evitarle chismes y puyas, lamentablemente presentes en los claustros de la época. También vemos un deseo de la familia de mantener el encubrimiento en el documento de donación de una mulata esclava que le hace su madre el 25 de febrero de 1669, donde se dice ser "viuda de don Pedro de Asbaje y Vargas, mi esposo...", título que también le da Sor Juana el 6 de junio de 1684 cuando vende la misma esclava a su hermana Josefa María. Cuando sus medias hermanas, hijas naturales de Diego Ruiz Lozano, piden entrada al convento de San Jerónimo el 15 diciembre de 1672, no se hace referencia alguna al asunto de la paternidad y se les declara como "primas de la susodicha" Sor Juana Inés[16]. En resumen, Sor Juana fue hija natural, no ilegítima, una situación bastante corriente en su época. La protección que le faltó de su padre biológico la encontró en los eufemismos y las formas legales y sociales de encubrir los defectos en la forma de nacer, así como en otros miembros de su familia y en los de su familia espiritual. Si su madre rechazó el matrimonio, el rechazo de la hija por motivos radicalmente diferen-

Inés de la Cruz, *Obras completas*, F.C.E., México, 1951, t. 1, pp. lii-liii.

[14] ANM, Notario Francisco González de Peñafiel (1695), fol. 133, Testamento de Diego de Herrera, hijo de Iglesia; Notario Bernardo Sarmiento de Vera (1656), fol. 35v. En su testamento, José del Águila, de Xochimilco, dice que "no conoció a sus padres". ANM, Notario Martín del Río (1695), Testamento del Capitán Dámaso de Saldívar. Saldívar tuvo dos hijos naturales. El varón llegó a ser abogado de la Audiencia; a la hija la dotó con 5,000 pesos. Los archivos parroquiales son la mejor fuente de información al respecto. Véase también José María Ots Capdequí, *El estado español en las Indias*, F.C.E., México, 1946, p. 108.
[15] ANM, Notario Fernando Vedor (1675), fol. 746.

[16] Enrique A. Cervantes, *op. cit.*, pp. 10, 18, 22. Su medio hermano Diego Ruiz Lozano, el mozo, muere dejando cinco hijos legítimos y uno "natural" de 27 años, cuya madre permanece encubierta en el silencio del documento.

tes las igualó: las dos escogieron rutas de comportamiento que en sendos casos fueron opciones femeninas en la sociedad novohispana.

Retornando al tema del patronazgo, vemos cómo el desembolso de grandes sumas de dinero para la fundación de conventos respondió a la fisonomía social y étnica de Nueva España. La dotación a huérfanas fue obra tanto de hombres como de mujeres. El convento de San Jerónimo fue idea de una mujer e hija de un conquistador, Isabel de Barrios, que consumó un regidor del Ayuntamiento con un fuerte donativo. También tuvo el convento obras pías para dotar huérfanas, otra forma de mecenazgo colonial[17]. Catalina de Peralta, patrona del convento de Santa Isabel de México fundado en 1601, fundó una capellanía para 6 monjas; Buenaventura Medina Picazo, más entrado el siglo, no sólo pagó por la construcción de una capilla para Regina Coeli sino que creó cinco capellanías de profesión de a 3,000 pesos cada una; y el hermano de la fundadora de las carmelitas de San José se comprometió con su mujer a dotar cuatro capellanías perpetuas[18]. Dotar profesiones era una tradición muy bien establecida hacia mediados del siglo XVII, de la cual le cupo fruto a Sor Juana "para mayor gloria de Dios".

Si el mecenazgo colonial abrió oportunidades y proporcionó protección a la mujer, también dio pie a serias consideraciones económicas. El haber económico del patrón o patronos tenía que ser suficientemente sólido para asegurar la fundación de un convento y convencer a las autoridades civiles y eclesiásticas de que el nuevo claustro no sería una nueva carga para la comunidad. Los cuestionarios oficiales usados para indagar las bases económicas del patrón y de la fundación, y la necesidad que de ésta tenía la comunidad, llenaban esa función. Se consultaba a todas las autoridades eclesiásticas y a los conventos ya establecidos en la ciudad para averiguar si había suficientes recursos naturales para alimentar a las profesas, a otros posibles patronos, y se investigaba si había suficiente movimiento económico para garantizar que el nuevo convento no mermaría las fuentes filantrópicas de las cuales ya gozaban las otras instituciones[19]. La donación de considerables sumas de dinero para construcciones religiosas se puede interpretar como uno de los signos más fidedignos de las disparidades económicas y sociales del siglo XVII. Estos grandes capitales invertidos en edificios, capellanías y obras pías beneficiaron a un grupo social muy pequeño y bastante cerrado que fortaleció la estructura mercantilista de la economía. Este punto de vista fue sostenido por los economistas de los siglos XVIII y XIX, interesados en romper el control de las instituciones eclesiásticas sobre buena parte de la propiedad urbana y rural novohispana. Por otra parte, se puede ver otro ángulo

[17] MARÍA DEL CARMEN REYNA, *El convento de San Jerónimo*, pp. 31, 113.

[18] Cf. JOSEFINA MURIEL, *Conventos de monjas en Nueva España*, pp. 50, 189; y MANUEL RAMOS MEDINA, *op. cit.*, p. 83.

[19] AGN, Historia, vol. 98, exp. 3. Autos sobre la fundación de un convento de religiosas capuchinas que se intenta fundar en la ciudad de Antequera del Valle de Oaxaca.

en las inversiones de la iglesia que, aunque no cambia necesariamente el resultado, añade profundidad y verosimilitud a nuestra visión de la sociedad colonial. La construcción y reparación de iglesias y claustros empleó a numerosos individuos, trabajadores y artífices y ocupó a varias industrias menores como la platería, la herrería y la ebanistería. El aprovisionamiento de los conventos también mantuvo en pie a quienes proveían servicios como los panaderos, carniceros y boticarios. Los capitales que se recibieron después de las construcciones se prestaban a interés, y los conventos llegaron a constituir una increíble fuente de crédito en el siglo XVIII[20].

Veamos un ejemplo típico de cómo el patronato significó un patrimonio envidiable y, al mismo tiempo, creó problemas económicos para la institución que favoreció. El convento de Santa Inés de México fue fundado en 1600 por Diego Caballero e Inés de Velasco, que dejaron hipotecados sus ingenios de azúcar y sus propiedades para crear una institución que recibiera profesas sin dote[21]. La idea era muy teresiana y muy reformista porque Santa Teresa no quiso que sus monjas traicionaran la pobreza monástica, aunque tuvo que aceptar la beneficencia de patronos. Caballero dejó establecido que para la recepción de monjas "capellanas" que, típicamente destina a su familia, se prefirieran a sus parientas sobre otras, y a las suyas propias sobre las de su mujer[22]. La dotación original era para 33 monjas pobres, huérfanas, españolas, doncellas y honradas, y debía darse preferencia a las que más riesgos corrieran y tuvieran mayor necesidad[23]. La evaluación de las propiedades de Diego Caballero e Inés de Velasco llegaba a cerca de 500,000 pesos, una suma fabulosa para la época, y que parecía ser suficiente para la dotación de las monjas a razón de 5,000 pesos de oro común mensuales. La prerrogativa de nombrar a familiares dio pie a agrias rencillas y desesperados esfuerzos por establecer la primacía de unas candidatas sobre otras y la validez de su línea genealógica. En el peor de los casos, años de recursos legales e infinitas esperas se hicieron realidad para las aspirantes a capellanías.

A través del siglo, los miembros de esta distinguida familia entraron en el convento sin ningún problema, por ser fácilmente reconocidas como parientas de Catalina Caballero de la Cadena, la hija de la fundadora. Pero en 1635 Andrés de Gálvez, en nombre de Juan de Cuesta Robles, marido de Da. María de Anciondo —padres legítimos de doña Antonia de Anciondo—, estableció recursos para lograr que la susodicha entrara en Santa Inés, con preferencia sobre Ana de Orduña y Chávez, hija legítima del capitán Simón de Téllez de Trejo y de doña Bernarda de Báez. Doña María de Anciondo fue sobrina de

[20] Cf. mis siguientes trabajos: "El capital eclesiástico y las élites sociales en Nueva España a fines del siglo XVIII", *Mexican Studies/ Estudios Mexicanos*, 1985, núm. 1, 1-27; "La riqueza de los conventos de monjas en Nueva España: estructura y evolución en el siglo XVIII", *Cahiers des Ameriques Latines*, 1973, núm. 53, 27-49, también publicado como "Los conventos de monjas en la Nueva España", en A. J. Bauer (ed.), *La iglesia en la economía de América Latina: siglos XVI al XIX*, INAH, México, 1986, pp. 193-222.

[21] ALMA PATRICIA ROBLES, *Fundación y vida interna del convento de Santa Inés, 1600-1750*, Tesis, Escuela Nacional de Antropología e Historia, México, 1990.

[22] AGN, Bienes Nacionales, leg. 259, exp. 32. Véase también *ibid.*

[23] *Ibid.*, p. 38. Los sucesores en el patronazgo a comienzos del siglo XVII fueron un hermano del sobrino de Diego Caballero, Mateo Arévalo, y sucesivamente su hija Catalina Caballero de la Cadena y su esposo Juan Velázquez de León. El hijo de ambos, Pedro Velázquez de la Cadena (1627-1697), caballero de Santiago, fue el patrón durante casi todo el siglo.

dicho caballero. Las nombradas por los patronos —Juan Velázquez de León y doña Catalina de Orduña Cedeno— eran parientas de la mujer de Caballero y, desde luego, las de Caballero tenían preferencia. Inexplicablemente Juan de Cuesta Robles se retira del juicio a mediados de diciembre. ¿Fue coartado? Imposible será saber si cedió por su propia voluntad o tras alguna propina.

La obligación por parte de los patronos de proveer la manutención de las hijas creó serios disgustos con las profesas a mediados del siglo XVII. La comunidad resentía los gastos ocasionados por siete niñas parientas y otras que en opinión de los patronos (Catalina Caballero de la Cadena y Juan Vázquez de León) no debían estar allí. Fue un conflicto de voluntades, a más de económico, con los patronos que ejercían presión para seguir dictaminando el curso de la vida interior del claustro en cuestiones tales como la administración de sus rentas[24]. En el siglo XVIII Santa Inés se vio obligada a recibir dotes ya que le era imposible seguir sosteniendo los términos del patronazgo.

[24] *Ibid.*, pp. 95-102.

La situación del patronazgo llegó a su nadir en 1767, cuando las monjas se negaron a admitir a cuatro capellanas nombradas por los patrones, arguyendo que los gastos del convento no podían soportar la adición. En ese año había 29 religiosas de las 33 que la fundación especificaba. De éstas, 11 eran de nombramiento de los patronos y recibían 18 reales semanales para su alimentación, 3 pesos mensuales para chocolate, 20 pesos al año para un hábito y 173 pesos en efectivo. En total costaban 1,903 pesos. Con un gasto de 3,451 pesos en empleados y manutención del culto, las entradas de 8,100 pesos apenas alcanzaban a mantener un balance precario en su presupuesto. Las religiosas se veían precisadas a cocinar dulces y masas, y a aceptar labores de manos. El fiscal de la Audiencia apoyó el argumento de Santa Inés que, decía, se habían visto forzadas a pedir limosna públicamente con licencia del virrey. Sin embargo, cediendo al peso de la tradición, el fiscal decidió admitir el nombramiento de 4 capellanas para cumplir el número de 15 que el patronazgo estipulaba. El convento nombraría dos y los patronos dos, pero a condición de no poder nombrar a ninguna otra jamás. Por su parte, el convento perdonaría al patrono los réditos atrasados respecto a un principal de 9,000 pesos sobre la hacienda de San Diego, pero el patrón remitiría al convento los 1,000 pesos anuales a que se había obligado[25].

[25] AGN, BN, leg. 156, exp. 36; *ibid.*, pp. 79-80.

A pesar del impresionante despliegue de capitales para fundaciones religiosas, la economía interior de los conventos no quedaba asegurada por las donaciones fundamentales, sino por las inversiones a largo plazo que proporcionaban los fondos para el consumo diario de las enclaustradas y sus dependientes, y para los gastos generales de la comunidad[26]. O sea, que los conventos fundados con obras pías generosas no estaban exentos de correr la misma suerte económica que otros que no aceptaban capellanas. El siglo XVII ofrece una historia fascinante en cuanto al estado de la economía interior de la mayoría de los conventos femeninos de la capital que, metafóricamente, se puede tildar de "barroca" en cuanto a sus cambios y sus luces y sombras. El abolengo de algunos conventos era más una máscara que una realidad en ciertos períodos cuando, tras una inversión extraordinaria usualmente gastada en la fundación o rehabilitación de un claustro, quedaban exhaustos los fondos y empobrecidas las monjas en medio de un desorden presupuestal.

Podemos afirmar que la mayoría de los conventos capitalinos sufrieron penurias económicas hasta el tercer cuarto del siglo XVII, cuando la economía parece encaminarse hacia un ciclo de expansión posiblemente causado por la recuperación de la producción minera. Durante el período intermedio, las dotes y algunas donaciones generosas fueron los únicos medios de regeneración económica. La intervención del arzobispo Fray Payo de Ribera, quien reorganizó la administración interna de los conventos, parece que dio el toque mágico que permitió a varias comunidades recuperarse a través de un cambio en su administración interior. El sistema prescrito por Payo de Ribera se convirtió en la norma administrativa y duró un siglo, hasta mediados de 1770, cuando los obispos de Puebla y México intentaron cambiar el sistema de nuevo.

Ya desde 1587 las religiosas del convento de Santa Clara, fundado oficialmente en 1578-1580, declararon no haberse efectuado el socorro real de 600 pesos (usualmente dinero para cera y vino) y se encontraban agobiadas por grandes carencias, "hambre y desnudez". Se dirigieron entonces a la Audiencia de México, pidiendo se les recibiese información de su estado económico, paso previo para enviar un ocurso al rey pidiéndole ayuda económica. Había ya entonces 140 monjas (más de 50 descendientes de pobladores) y 40 sirvientas. Su capital de fundación había sido invertido en la compra de las casas para el claustro y su preparación para el monasterio. En apoyo de la petición, el informe de un mercader de vino confirmó que se habían invertido más de 20,000 pesos en el claustro, que requería obra de continuo, lo que obligaba a las monjas a vivir en la pobreza. Las monjas no rechazaban la posibilidad de pedir limosna por la calle, recurso que usaban los conventos de España, que enviaban limosneros a la América, y que no se veía mal en unos tiempos en que la caridad cris-

[26] Sobre la economía de los conventos y el papel de los conventos en la economía novohispana, véase Asunción Lavrin, "Los conventos de monjas en la Nueva España"; "El Convento de Santa Clara de Querétaro: la administración de sus propiedades en el siglo XVII", *Historia Mexicana*, México, 97 (1975), 76-117; y "El capital eclesiástico y las élites sociales..."

[27] Biblioteca Nacional, Archivo Franciscano, Carpeta 1253; Biblioteca Nacional, Fondo Franciscano, caja 75, exp. 1255, núm. 4.

[28] AGN, Archivo Histórico de Hacienda, vol. 2168.

[29] Archivo Histórico de Hacienda, Doc. 2168, Libro Becerro de La Concepción. Las casas ganaban a veces una gran suma como 800 pesos, y las accesorias muy poco como 78 pesos anuales.

tiana era no sólo aceptable, sino deseable[27]. Ser pobre y "remediarse" en Santa Clara u otro claustro no parecía desdoro a quienes declararon a favor del convento, entre ellos Alonso de Arellano, capitán de la guardia, cuya hermana estaba en Santa Clara.

En el siglo XVII los conventos recibían las dotes de las profesas en efectivo o, a veces, impuestos sobre propiedades, recibiendo en este caso la renta del capital, pero no el dinero en efectivo. La hipoteca permitía a las familias dotar a sus hijas, pero este arreglo no satisfacía a algunas instituciones que necesitaban el efectivo para "imponerlo" y controlarlo directamente. Las inversiones preferidas por los conventos en el siglo XVII fueron casas o hipotecas sobre propiedades preferentemente urbanas, cuyo interés de 5 por ciento era transferible con su venta. Ya desde el último cuarto del siglo XVI, los linajudos conventos de La Concepción y Jesús María seguían esos patrones de inversión, aceptando censos redimibles o perpetuos sobre propiedades, en especial urbanas. De acuerdo con el Libro Becerro de La Concepción, muchos de estos censos del siglo XVI aún estaban vigentes a principios del siglo XVIII[28].

Para 1630 La Concepción tenía unas 30 propiedades registradas. Las casas producían entre 300 y 400 pesos anuales, pero la inundación de 1629 causó grandes estragos entre las propiedades de todas las instituciones capitalinas, reduciendo sus entradas[29]. La renta líquida que entraba en el convento, usualmente cada trimestre, era utilizada en la compra de bastimentos para la institución y alimentos de las profesas. Hasta el tercer cuarto del siglo, los conventos proveían a las religiosas con carne, especias y pan, que compraban directamente de varios proveedores. Si las rentas del convento mermaban, su presupuesto se encogía, aunque no sus necesidades. Desde 1630 en adelante se nota un resquebrajamiento en la economía de los conventos de religiosas, como resultado de la admisión de monjas ya capellanas, ya dotadas, pero cuyo sostenimiento dependía de un perfecto funcionamiento de las inversiones. Los gastos de construcción de templos y claustros, la inundación de 1629 y las pérdidas ocasionadas por daños a la propiedad y falta de arrendamientos, y a veces la mala administración de los mayordomos, crearon una situación de penuria inaudita en los conventos de monjas. Veamos varios ejemplos.

El convento de La Concepción, el más antiguo de México, pasaba una situación crediticia desesperada en la década de 1630. Desde principios de siglo se presumía que las rentas del convento estaban en mala situación y no se podía sostener cómodamente a las monjas. No se recibía ayuda real de cera y vino. Aunque el convento tenía hipotecas sobre casas y algunas propiedades, las rentas eran relativamente pequeñas. En 1634 le debían 1,300 pesos al carnicero y 2,257 pesos al panadero[30]. Se le pidió permiso al arzobispo de México para tomar el dinero de una dote para pagar el pan, arguyendo "la necesidad tan grave que padece este convento". "Debajo del sielo no tenemos de donde sacar para el pan..."[31] En 1635 un rico protector de Zacatecas, Vicente de Zaldívar, que desde 1623 les remitía sumas anuales, les dejó 20,000 —en una hipoteca rural— con cuya renta de 1,000 pesos se ayudaría anualmente el convento. Este donativo no fue suficiente para sacarlo de su endeudamiento. Cuentas de mediados de siglo demuestran que las deudas con carniceros y panaderos se seguían remediando con intervenciones de la sede arzobispal, préstamos y traspasos de dotes. El meollo del problema parece haber sido la administración, ya que el mayordomo necesitaba proveer al convento con efectivo semanalmente para lo cual debía estar siempre al tanto de los alquileres y del pago de réditos de censos. El menor fallo en el sistema precipitaba la deuda del convento con los abastecedores.

En 1683 se le tomaron cuentas al mayordomo de La Concepción por haber dejado más de 5,000 pesos en deuda durante su administración de 1670 a 1681. Estas cuentas revelan que el convento no era realmente pobre pero que necesitaba control sobre su presupuesto y que durante muchos años las dotes de monjas se daban en forma de hipotecas sobre propiedades y se carecía de capital líquido para situaciones de emergencia diaria o de inversión a largo plazo. Hacia mediados de siglo, La Concepción parece haber comenzado a cambiar al recibir la renta de una inversión de 50,000 pesos de Simón de Haro y su mujer Isabel de la Barrera.

Por los años de 1630, también el ilustre convento de Jesús María se declaraba pobre y necesitado, no teniendo lo que "era menester" para el sustento de las religiosas. Pedía licencia al arzobispo para que dos personas de confianza salieran a pedir limosna para poder hacer un velo con qué cubrir el retablo del altar mayor que se había echado a perder por el polvo y la humedad. Ese mismo año la abadesa informaba al obispo que de la dote que traían las monjas no se les daba renta alguna[32]. El mayordomo de cada convento cobraba los intereses de las hipotecas a favor del convento o el alquiler de sus propiedades y utilizaba parte de esos fondos en comprar lo necesario como el pan y la carne que se repartía entre las monjas. De acuerdo con la abadesa, este sistema había provocado una tibieza en las profesiones y el número de éstas estaba declinando. Pedía al arzobispo permiso para poder dar a cada monja una renta personal. El arzobispo Francisco de Manso y Zúñiga (1629-1637) ordenó que de entonces en adelante se

[30] AGN, BN, leg. 195, exp. 3; leg. 140, núm. 65.

[31] AGN, BN, leg. 140, exp. 9, 1636.

[32] AGN, BN, leg. 140, núms. 72, 77; leg. 667, exp. 10.

separaran de cada dote 700 pesos para invertirlos productivamente, la renta sería para los alimentos de las monjas hasta el fin de sus días, pasando entonces su usufructo al convento.

La reforma llevada a cabo por el arzobispo Payo Enríquez de Ribera (1668-1681) cambió la administración de las rentas personales. Entre 1673 y 1679 Fray Payo reformó la administración, ordenando que se le diera a las religiosas de Jesús María una ración de carne y dinero (3 reales semanales) para que cada una la administrara a su modo. Este sistema resultó satisfactorio para las monjas. De hecho, no cambió en cien años. Cada monja gozó de plena autonomía personal para gastar su peculio y cualquier otro dinero que recibiera de su familia. Casi todos los conventos de calzadas, incluso San Jerónimo, adoptaron este método de administración[33].

La situación de incomodidad personal que expresaron las monjas de Jesús María y La Concepción también la sintieron las profesas de conventos de menor categoría como el de San Bernardo. En 1669 las monjas también se dirigieron al obispo reformador para pedir un alza en las porciones que les daba el mayordomo. Sabían que las rentas del convento habían aumentado al morir algunas religiosas (momento en que el convento se adueñaba completamente el capital) y suplicaban se le dijese al mayordomo que aumentase en la parte que alcanzare de las rentas. Payo de Ribera accedió, ordenando que de entonces en adelante cada semana se les diera a las monjas 9 1/2 reales. El aumento fue de un real y medio, ya que hasta entonces recibían sólo un peso semanal para avituallarse. La reforma se comenzó a llevar a cabo en 1670[34]. Había 50 religiosas en el convento a quienes, además del peso semanal, se les daba 24 libras de cacao para su chocolate, 2 arrobas de azúcar y 12 onzas de canela. Cuando lo necesitaban se les daba cera y aceite. Moler el chocolate no era barato; se pagaban 13 pesos 6 reales por un servicio semanal. Cualquier otra necesidad especial, como dinero para medicarse o purgarse, se pagaba con una cantidad semanal de los fondos del convento. El panadero, al igual que otros sufridos proveedores, también tenía problemas con San Bernardo. En 26 de agosto de 1671 Miguel de Ávila, tratante en panadería, declara haber recibido del mayordomo 1,397 pesos a cuenta de una cantidad mayor. El gasto de pan era de 3 pesos 2 tomines diarios para 50 religiosas reducidas a 48 en 1671. Así, del 12 de marzo al 12 de julio de 1669 se le debían 1,680 pesos, de los cuales logró obtener los 1,397 señalados arriba. Este convento también recibía caridades personales del capitán Juan Sánchez de Cuenca, mercader que en 1663 había suplido 50 pesos, pescado y huevos por valor de hasta 1,000 pesos. Aun así, la abadesa había tenido

33 AGN, BN, leg. 259, exp. 27; MARÍA DEL CARMEN REYNA, *op. cit.*, pp. 28-30.

34 AGN, BN, leg. 1221, exp. 3.

que empeñar unas prendas que doña Francisca de Sirio les había dado para ese objeto con el fin de ayudarlas con la porción de comida. En 1671 se recobraron unas joyas que estaban empeñadas por 60 pesos. A fines de ese año, se le debían 569 pesos 7 tomines al mayordomo.

¿Que significa todo esto y cómo salieron de los aprietos para finales del siglo XVII? En cuanto al significado de estas cifras como índice del nivel de vida, en 1669 San Bernardo empleaba varios oficiales y peones en reparaciones del claustro. Un oficial albañil ganaba 6 reales diarios con su comida, mientras que un peón recibía 3 reales. Una monja que recibía 10 reales a la semana no se comparaba favorablemente con el albañil. Aunque éste tenía que alimentar a una familia, la monja también tenía que alimentar a las mujeres de su servicio. La monumentalidad y complejidad de las rentas de la institución no significaba que las monjas vivieran una vida de carácter palaciego. La comodidad y también el regalo de muchas dependía de sus "reservas" personales, dinero invertido por sus familias para ropa y gastos no cubiertos por el convento. Tenemos que separar el concepto del convento como una entidad, de la vida diaria de sus habitantes. Las sumas que los patrones invertían en los conventos rendían sólo un 5 por ciento de interés fijo, cantidad aprobada por la Iglesia para evitar usura. Esto significa que se necesitaban grandes inversiones para recibir rentas suficientes para proveer una vida cómoda a las religiosas. El objetivo de todos los conventos desde finales del siglo XVII fue de acrecentar y asegurar sus propiedades y sus inversiones. El nombramiento de mayordomos capaces y honestos, y la vigilancia constante de las inversiones, fueron un elemento imprescindible en la vida personal de cada esposa de Cristo. Los conventos comenzaron a afianzar a sus mayordomos para responsabilizar su administración, a verificar el valor de las propiedades sobre las que se imponían hipotecas, a comprar propiedades urbanas que se podían vigilar más estrechamente por los mayordomos, y a dar dinero a préstamo (depósitos) a un 5 por ciento de interés a prestatarios afianzados. De esta manera, para finales de siglo la mayoría de estas instituciones comenzó a recobrar su seguridad económica.

VIDA COTIDIANA:
EL ORDENAMIENTO DEL CONVENTO

Hacia 1665, el Comisario General de la Orden Franciscana, Fray Hernando de la Rúa, decidió poner orden en la vida cotidiana de los conventos de religiosas que, a su juicio, no cumplían con el espíritu de la vida monacal. Su obsesión reguladora, y su deseo de conformar el comportamiento de las religiosas franciscanas novohispanas a los modelos peninsulares, le iban a acarrear una serie de problemas que revelarían el carácter de la observancia en los conventos de calzadas y las formas de atenuar la inflexibilidad del voto de obediencia a que las obligaban sus reglas, asunto que se trata en otra sección de este trabajo.

Por otra parte, el arancel que elaboró para moderar los gastos conventuales de Santa Clara de Querétaro nos proporciona la oportunidad de conocer cómo se organizaba su presupuesto. La puntualización de éstos era asunto que le competía a todo Provincial como cabeza de su orden. El "desorden" en las cuentas y los gastos de ropas y comidas, el desembolso de sumas por el mayordomo sin autorización del superior eclesiástico, y los contratos para proveer al convento de carne y pan fueron, no por ser cotidianos, de menor importancia. De hecho, los gastos interiores del convento eran la columna vertebral de la economía de la comunidad. El convento estaba moralmente obligado a mantener un nivel de vida que les asegurara a las religiosas una existencia sin preocupaciones materiales dedicada exclusivamente a sus fines espirituales.

La pormenorización de los detalles de la administración de Santa Clara de Querétaro indica el conocimiento que de la vida conventual tenía Fray Hernando y, por inferencia, los problemas que las monjas novohispanas habían creado a los superiores enamorados de la rectitud en la observancia de la disciplina cotidiana[35]. Vale aclarar que las clarisas de Querétaro no fueron las únicas religiosas que se desviaron de los cánones impuestos por las reglas monásticas. Hubo pocos conventos que no recibieran admoniciones u órdenes de rectificar "desórdenes" que, en realidad, fueron costumbres que reflejaban la idiosincrasia de los claustros americanos. El arancel de Fray Hernando comprende la distribución de ropa, comida, necesidades del culto, y los gastos de la profesión. La tradición ya establecida en la séptima década del siglo XVII era que el convento se ocupara de comprar las vituallas indispensables como el pan, la carne y las especies, y que cada monja se entendiese en su manejo según su parecer. El gasto de la profesión corría exclusivamente por cuenta de la familia, pero el convento proveía los gastos de entierro. Fray Hernando se ocupó primero de la profesión. Ésta se dividía en dos ceremonias: la entrada al noviciado y la profesión formal de monja de coro y velo. El gasto del desposorio místico dependía de los medios de la familia, pero el fastuo fue la aspiración de quienes podían darse ese lujo. No sólo era una cuestión de status social, sino de una ceremonia del más alto calibre espiritual que demandaba

[35] Biblioteca Nacional, Archivo Franciscano, caja 75, exp. 1255.

la mayor formalidad y los mejores medios. Música, cantores, fuegos artificiales, comidas en el convento y en casa de la monja, y "propinas" a los que oficiaban en el acto, fueron de rigor hasta el final del período colonial. No sabemos si La Rúa sería el primero en tratar de controlar los gastos de la profesión, pero no fue el último. En el siglo XVIII, el obispo de Oaxaca, José Gregorio Alonso de Ortigosa (1775-1793), escribió varias cartas pastorales a las religiosas indias de Nuestra Sra. de los Ángeles reglando varios aspectos de la profesión y la vida material del convento[36]. En 1665, la intención de La Rúa era mantener todos los gastos dentro de un límite modesto. De entrada, propuso una suma máxima de 200 pesos para las propinas, de los cuales la abadesa y el provisor que oficiaba en la ceremonia recibían 8 pesos cada uno. Las vicarias, las ex-abadesas, los capellanes y algunos otros recibían de 2 a 6 pesos, de acuerdo con su rango. Posiblemente sólo un poco menos de la mitad quedaba para la comunidad, lo que significó que quizá cada monja recibiría 1 o 2 pesos para destinarlos a lo que deseara. Fray Hernando pretendía revalidar el voto de pobreza, al que las profesas se comprometían, aminorando las desigualdades sociales entre las religiosas y el gasto que la familia hacía en la profesión.

Toda monja requería una dote, excepto aquellas "capellanas" de obras pías para las cuales los mecenas del siglo habían creado fondos especiales. La cantidad de la dote varió con el tiempo. A finales del siglo XVI no había suma establecida y los conventos aceptaban lo que les parecía adecuado. La regularización de la dote puede haber comenzado ya para la primera década del siglo XVII, cuando se recibían 2,000 o 3,000 pesos. La dote de Sor Juana fue de 3,000 pesos[37]. Esta cantidad no varió sino hasta mediados del siglo XVIII cuando comenzaron a requerirse 4,000 pesos en algunos conventos, posiblemente para compensar la inflación. Se esperaba que toda monja que no fuera capellana de alguna obra pía proporcionara su dote, pero al parecer las clarisas habían comenzado a relajar la estrecha observancia de esta regla recibiendo a hermanas de "velo blanco" designadas para la ayuda de las ocupaciones de trabajo corporal y cuya dote era menor (usualmente 1,000 pesos) que las de velo negro. Preocupado por la admisión de aspirantes que no traían su dote completa para profesar de "velo negro", La Rúa prohibió la admisión de más monjas de velo blanco o de servicio, y más aún las "donadas", mujeres de baja categoría social, esclavas o indias, que vivían en la comunidad de por vida.

La preocupación por eliminar legas era económica y social. La proliferación de monjas que no aportaran un capital suficiente para su propia manutención recargaba las obligaciones del convento y podía

[36] Universidad Iberoamericana, Manuscritos, Sala Francisco Javier Alegre, *Copia de las constituciones y reglas particulares... para el convento de Capuchinas Indias de Na Sra de los Ángeles.*

[37] Enrique A. Cervantes, *op. cit.*, p. 17.

endeudarlo o disminuir la calidad de vida de las monjas. Esta situación no era difícil de imaginar en 1665. El convento de Santa Clara de Querétaro, a pesar de haber sido fundado con una sólida dotación en tierras, sufrió muchas pérdidas de éstas por falta de buena administración. Aunque no causaron privación personal a las monjas, la preocupación de Fray Hernando respecto a las dotes fue justificada, más cuanto se estaban admitiendo algunas capellanas "reales" que no aportaban dotes[38]. Desde el punto de vista social, para mantener la integridad de la comunidad demandaba una política estricta en la admisión de religiosas que se veían obligadas a servir. Lo ideal era una comunidad de monjas dedicadas a la oración, sin necesidad de ocuparse en trabajos que correspondían a sirvientas, en calidad de tal, o a esclavas. El espíritu de reforma que aceptaba el trabajo físico como parte de la vida monástica, siguiendo el modelo teresiano español, sólo se replicó en algunas comunidades novohispanas de descalcez rigurosa. Santa Clara de Querétaro no fue una de ellas, ni los franciscanos tuvieron interés en recrear esas condiciones en conventos que no profesaban la estricta regla capuchina.

Fray Hernando estableció topes para los gastos y los medios de alcanzarlos siguiendo normas de comportamiento ortodoxos. Así, recomendó un refectorio para las comidas en vez de que cada religiosa comiera en su celda como era la costumbre. Las provisoras tendrían la obligación de proveer la cocina con todo lo necesario de "especias, verduras, carnero, tocino y todos los adherentes necesarios para que se aliñe la comida de las religiosas con decencia y sazón". Fray Hernando dedica una prolija atención a la dieta de las monjas. Veamos qué prescribía como la base de una comida "decente". No trata del arte culinario, sino de los ingredientes básicos de la dieta. El claustro se suplía bien de fuentes de proteína animal y se exigía mucho cuidado con el régimen de las enfermas. Para comenzar, la carne básica era de carnero, y cada religiosa de velo negro recibía más de medio kilo (20 onzas) de carnero diario para seguir la costumbre de ofrecer un plato hervido, uno asado y otro guisado para la comida de mediodía y dos guisados para la cena. Las legas recibirían sólo una libra de carne y, al pie de la categoría social, las criadas no tenían derecho a recibir nada: "De lo que sobrase de las religiosas se alimentarán".

La dieta de las monjas era rica en grasas. La Rúa autorizaba 4 libras y media diarias de tocino tanto para las ollas particulares como para las de la comunidad. La presencia de verduras nos asegura que la dieta no carecía de esta fuente de vitaminas, mencionándose chiles y jitomates, y lo necesario para ensaladas en los días de vigilia y colación. Durante

[38] CONDUMEX, Fondo CDXC, Convento de Santa Clara de Querétaro.

cuaresma y adviento, así como los días de ayuno, se prescribían legumbres como garbanzos, lentejas o habas "muy bien guisadas" con huevos y pescado (robalo seco o bagre fresco) o camarón. Tres onzas de pescado o dos onzas de camarón proporcionaban proteínas, pero en cantidad mínima para cumplir con el concepto de privación de cuaresma. En la noche se comía frijoles o habas y "una ensalada del tiempo". Los sábados se comían las "grosuras" o sea los órganos de los carneros: cabezas, sesos, manecillas "con aliño y limpieza de los vientres mecesarios". Previendo cualquier objeción, a tales alimentos, Fray Hernando establecía que "no es mérito cualquier particularidad" y que los dos platillos que se sirvieran de estas "grosuras" eran "para comer y cenar todas las religiosas que no estuvieran enfermas". Los pellejos y menudos que no se consumieran durante adviento, cuaresma y vigilia se venderían, haciéndose responsable el mayordomo de su cuenta. La abstinencia que se ejercía durante los días señalados y que podían adoptar las monjas que así lo deseaban era en "el rigor" y no disminuía el mérito de quienes no podían ayunar. Por otra parte, la licencia para comer carne no debía darse con levedad. Las monjas debían recordar que habían elegido una vida de "mayor penitencia y mortificación que el secular". Era "escandaloso e indecente" no tener ninguna penitencia.

Las enfermas habituales tenían una dieta especial. Se las eximía de ayunar, pero recibían sólo una ración de carnero de 12 onzas y un cuarto de pollo para la comida y dos huevos o un cuarto de pollo para la cena. Su olla debería estar sazonada con verduras y tocino, pero sin exceso, evadiéndose el uso de verduras dañinas como las coles, que se consideraban de difícil digestión. Por otra parte, Fray Hernando aprobaba los garbanzos como "la legumbre más benigna para las enfermas" recomendando la compra de tres fanegas anuales para las mismas. También hizo provisión para atoles de maíz. En general, la dieta prescrita para sanas y enfermas era nutritiva y balanceada, aunque no menciona frutas. Sabemos por otras fuentes que las frutas se consumían aunque no en cantidades extraordinarias. Aceite, manteca, vinagre de Castilla o de la tierra y especies como azafrán sugieren que se combinaban elementos peninsulares y americanos.

La Rúa prohibió la panadería dentro del claustro. Las queretanas debían deshacerse de la obligación de hornear pan y contratar su aprovisionamiento con un panadero secular. Por otra parte, permitió que se tuviera un gallinero de 500 a 600 gallinas dentro del convento para las necesidades de la cocina y la enfermería. Es de imaginarse el ruido que estas gallinas causarían, por lo que suponemos que el gallinero se encontrara tan apartado como se pudiera del claustro. El hecho de que para obtener huevos era necesario introducir gallos presenta el problema de la reproducción de estos animales que estaban a cargo de una monja y una criada. Éstas no podían eludir el problema de la sexualidad de los animales, acerca del cual guarda silencio nuestro franciscano, quien sólo se preocupó por añadir que se debía ajustar el maíz para alimentar a las gallinas con alguien de fuera. La prohibición de dar platillos a visitas y conocidos sugiere que las monjas lo hacían frecuentemente y que La Rúa desaprobaba lo que era práctica universal. De hecho, los confesores esperaban su comida o cena cuando visitaban los conventos en llamadas profesionales. Pretendía Fray Hernando cortar el presupuesto negando su permiso para tales comidas y cortando lo que era hasta entonces un acto de cortesía y hospitalidad.

Las recomendaciones de La Rúa son interesantes en cuanto a pintar *grosso modo* la dieta básica del convento, que aunque no se seguía exactamente en todos los conventos nos indica su naturaleza en los conventos novohispanos y el modo de ordenar la cocina y sus gastos. Cada monja y cada convento tenía especialidades culinarias, sobre todo para la sazón de platillos de carne y la repostería, que los hicieron bien conocidos en el mundo colonial y que no merece repetirse aquí. Lo importante es el espíritu de estas recomendaciones en cuanto a que representan la visión administrativa de las autoridades eclesiásticas. Otros aspectos importantes de la reglamentación de la vida diaria fueron los gastos de botica y la calidad de la tela comprada para hábitos. La botica era ya para mediados del siglo XVII una de las fuentes de gastos que más debilitaban el presupuesto conventual. La Rúa decía que "era un gasto que tiene destruidos y atrasados muchos conventos por asentir con facilidad a la inclinación de las religiosas medicinándolas con mucha continuación en cualquier achaque leve". Recomendaba al médico que prescribiera cautela en esos gastos y celo en mantener control en la dispensa de medicamentos. Sabemos, por otras fuentes, que las monjas de Jesús María compraban píldoras, purgas, jarabes, ungüentos, aceite de almendras, emplastos y medicamentos naturales como almásigo, zarzaparilla y aceite de linaza, con algunas onzas de aguardiente. El convento recibió una cuenta de 2,000 pesos por dos años de aprovisionamiento entre 1586 y 1588, o sea el equivalente de una dote en esos tiempos[39].

En cuanto al vestuario, a mediados de siglo las autoridades eclesiásticas arremetieron contra superfluidades que las monjas comenzaron a usar en su hábitos: seda o estameña en vez de sayal, pliegos, cintas y moños, índices de una coquetería residual que trataba de crear un apenas viso de individualidad y diferenciación. El reformador La Rúa aplicó su disciplina al vestuario excusando todo lo que fuera

[39] Archivo Histórico de la Secretaría de Salud, Jesús María, leg. 1, exp. 30, 41; leg. 2, exp. 23.

"pulimento secular y profano". Nada en el hábito debía desdecir del estado religioso. Las franciscanas habían de vestirse de paño de la tierra de color oscuro, con cubierta completa del pecho, eliminación de medallas o reliquias y zapatos modestos. Los bien conocidos medallones de las concepcionistas permanecerían algo *sui generis* de la orden. Fray Hernando también sabía de precios. Todo lo necesario para el vestuario y el culto que viniera de España se compraría "en tiempo oportuno de venida de flota y con toda inteligencia para que sea de precio moderado". Las religiosas que tenían renta privada para su vestuario lo harían a su cargo. A las legas se les darían los hábitos de las difuntas y en caso de necesidad se compraría lo que no hubiera. Para las criadas y esclavas se gastarían no más de 12 pesos anuales para proveerlas de lo "más preciso". La diferencia de clases entre señoras y sirvientas era tan natural para las mentes del siglo XVII que no se veían como contradicciones al espíritu de humildad cristiano. La caridad ejercida por cada religiosa para proveer a sus sirvientas era asunto de la conciencia personal de cada una.

El arancel de Fray Hernando nos da una visión de la dieta conventual y la pretensión de ordenar la observancia en un convento del siglo XVII. Fue posiblemente mucho menos efectivo en cuanto a lograr una reforma de la vida entre las clarisas queretanas. Igualmente, otras medidas dictadas por reformadores eclesiásticos del siglo XVII no lograron cambiar muchas de las costumbres conventuales que para el siglo XVIII se justificaban como "idiosincráticas" por aquellos que aún adolecían de los mismos problemas criticados por Fray Hernando. En el siglo XVIII la llamada "reforma de la vida común", que obligaría a las religiosas calzadas a vivir una vida más austera, causaría hondas escisiones entre prelados y religiosas.

La pretendida reglamentación de la vida conventual, fallida o exitosa, nos lleva a considerar otro aspecto de la vida conventual que igualmente revela una tensión, a veces sorda y a veces expresada, entre los prelados y sus hijas espirituales. Esta tensión pudo ser personal o comunitaria, pero fue real. La crisis entre Sor Juana Inés de la Cruz y su famoso confesor Antonio Núñez fue una de las varias modalidades de obediencia y desobediencia que abundaron en los conventos del siglo XVII. Aquí pasamos en forma gradual de lo que era estrictamente problemas de vida cotidiana y reglamentación interior a lo que era un asunto de relaciones jerárquicas y de género. El tránsito demuestra cómo en la vida real se fueron desenvolviendo las diversas fases de la vida conventual. De lo material a lo social hay una distancia corta y una transición lógica si bien ambigua.

CRISIS
SOBRE VN SERMON
DE VN ORADOR GRANDE
ENTRE LOS MAYORES,
QVE LA MADRE
SOROR JUANA
LLAMÓ
RESPVESTA.
Por las gallardas soluciones con que
responde a la facundia de sus
discursos.

Vy señor mío. De las bachillerías de
vna conversación, que en la merced,
que me haze passaron piaza de vive-
zas, nació en v.md. el desseo de ver
por escrito algunos discursos, que
alli hize de repente, siendo algunos
dellos, y aun los mas, sobre los Ser-
mones de vn excelente Orador, alabando algunas vezes
sus

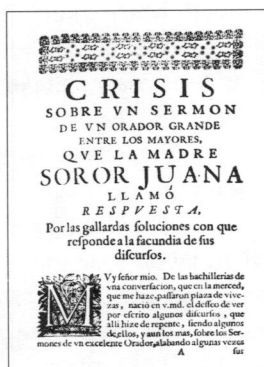

PRELADOS Y RELIGIOSAS:
EL PROBLEMA DE LA OBEDIENCIA

El cumplimiento del voto de la obediencia en los claustros novohispanos es un tema poco explorado y que merece mayor atención. En la
tradición patrística existían tres grados de obediencia: prontitud en la
ejecución, sujeción de la voluntad y supresión del entendimiento para
no juzgar sobre lo que se ordena[40]. El voto de obediencia era irrevocable y operaba en varios planos. La obediencia de la religiosa a su abadesa era uno; la obediencia a su prelado (obispo, arzobispo o provincial)
era otro. Esta obediencia era espiritual y burocrática, en cuanto a que
la administración de los conventos requerían muchas decisiones
que eran supervisadas por las autoridades eclesiásticas. Respecto a
ellas, la abadesa no podía tomar decisiones sin consultar a sus superiores. El confesor era otra autoridad en esta escala de jerarquías. Su autoridad era espiritual y, como tal, muy amplia. Por último, aun arzobispos,
obispos y provinciales de las órdenes regulares tenían a su vez compromisos de obediencia con España y con Roma.

La mayor parte de la jerarquía eclesiástica novohispana fue
peninsular a través de los tres siglos coloniales. Su "peninsularidad" les
ocasionó una serie de problemas, ya que al llegar a Indias se encontraban con modos de observancia *sui generis* que chocaban con sus
pruritos reguladores. Para comenzar, veamos cómo Antonio Núñez
definió el concepto de obediencia. La obediencia se ejercía en nombre de Dios y era pecado mortal transgredirla. La religiosa era una
"súbdita" y como tal quedaba obligada a la más pronta y ciega obediencia, renunciando a su propia voluntad para sujetarse a la de sus
prelados. La orden de un superior no se cuestionaba[41]. El arzobispo
Juan de Ortega y Montañés (1700-1708), al escribir las reglas para el
convento de San Lorenzo de México (de la Orden Jerónima), ordena-

[40] Véanse SANTA TERESA DE JESÚS, *Las moradas*, Po-
rrúa, México, 1979, p. 24; y GÓMEZ DE LA PARRA, *op. cit.*, pp. 110-111, 374.

[41] ANTONIO NÚÑEZ, *Plática doctrinal... en la profesión de una Señora reli-
giosa del convento de San Lorenzo*, México, 1710, p. 6; *Cartilla de la doctrina religiosa*, México, 1708, p. 12.

ba dar obediencia y reverencia al arzobispo, padre y pastor y fuente de seguridad para todas las necesidades de sus almas[42]. San Agustín reducía todas las virtudes a la de la obediencia, y Santa Teresa la consideraba fundamental en su reforma.

La obediencia tenía sus límites. Respetaba el libre albedrío, que era otorgado por Dios, y que permite a cada ser humano tomar las resoluciones que le dictan su entendimiento y asumir la responsabilidad por las mismas. Si una orden de un superior iba en contra de lo establecido por las reglas o llevaba a un pecado mortal, se podía desobedecer[43]. Este margen de libertad dio pie a excusar la obediencia y establecer desafíos que ocasionaron rencillas, desacatos y pleitos entre las autoridades eclesiásticas y sus "súbditas". Es importante subrayar, sin embargo, que en todos los casos de desafío o desobediencia siempre se mantuvo un respeto intelectual al concepto de obediencia, aunque detrás de la actitud oficial hirvieran las más enconadas pasiones. Uno de los casos más interesantes de tensión entre prelado y religiosas fue el que mantuvieron las carmelitas descalzas con los arzobispos de México. Establecidas en 1616, a mediados de siglo comenzaron a hacer gestiones para zafarse de la autoridad episcopal y obligarse a las de su orden. De acuerdo con sus razonamientos, se sentían más cómodas confesándose con miembros de su orden que con eclesiásticos seculares[44]. Entre 1652 y 1656 las religiosas escribieron al rey y al Consejo de Indias quejándose del trato que recibían de los clérigos y pidiendo favorecieran su petición. Sor María de Santa Inés, amiga de la virreina esposa del duque de Alburquerque (1653-1660), le escribe en noviembre y diciembre de 1658 explicándole cómo el arzobispo Mateo Saga de Bugueiro (1655-1663) las tenía intimidadas para que abandonaran su petición bajo el concepto de que pecaban al protestar. En carta del 19 de noviembre de 1658 decían: "Nosotras somos indefensas y estamos con... ligaduras de preceptos y censuras...", "Señora Exma, misericordia pide a Vuestras Altezas una comunidad de hijas de Santa Teresa". A pesar de declararse bajo presión le piden a la virreina que las visite y traiga con ella a un padre (Herrera) que les pueda hablar excusándose durante la visita y hablando en el coro con la madre abadesa. O sea, sugieren cómo escapar de las órdenes del arzobispo para lograr la comunicación que necesitan con un presunto protector. En otra del 6 de diciembre se quejan de los "desconsuelos y aprietos de corazón" en las que las tiene el arzobispo, quien había reemplazado a la abadesa, y haberlas incomunicado cerrándoles las rejas y los coros. Pedían ayuda de los virreyes y sabían que, haciéndolo, estaban desobedeciendo sus órdenes. Sin embargo, consideraban que el cura de la Catedral que les

[42] JUAN DE ORTEGA Y MONTAÑÉS, *Constituciones de las religiosas gerónimas del convento de San Lorenzo de la ciudad de México*, México, 1707, p. 34.

[43] En 1803, el arzobispo de México Francisco Javier Lizana y Beaumont (1802-1811) explicaba que la única forma válida de apartarse del precepto de obediencia era cuando al obedecer se ponía a riesgo los otros votos. La obediencia debía ser de juicio, de voluntad y obra, como la de la oveja que oía a su pastor. Cf. *Carta pastoral a las RR.MM. superioras y súbditas del Arzobispado de México*, México, 1803, pp. 19-22.
[44] AGI, México, 38, N71, a,b,c. Estos expedientes cubren el material detallado en esta narrativa.

dio el arzobispo como confesor estaba contra la voluntad de todo el convento. El arzobispo las excomulgó.

La clave de esta situación estaba en un feudo político que existía entre el arzobispo y el virrey, que se inició desde la llegada del primero a Nueva España. Las carmelitas tuvieron buenos aliados en el virrey y la virreina. El duque escribió personalmente al rey en diciembre de 1658, acusando al arzobispo de "hacer desayres a nuestras casas, a nuestra sangre y atropellándolo todo..." El duque se sentía enormemente ofendido por las acciones del arzobispo, en especial por lo que tocaba a su mujer, castellana y muy aficionada a las teresas[45]. En 1661 las monjas llamaron a la Inquisición para descargarse de los problemas de conciencia que les causaba la situación de abandono en las que las tenía el arzobispo. Ésta fue otra estrategia de desobediencia dentro de la obediencia que les dio la oportunidad de exponer su situación[46]. De esta investigación se supo que el arzobispo las había visitado para darles una plática en que las acusó de ser indignas hijas de su madre y les aseguró que nunca habría de acceder a su petición.

La tirantez de la situación sólo se aflojó con el traslado del arzobispo a Cartagena en 1663. El Consejo de Indias y Felipe IV simpatizaban con las carmelitas y pidieron al Papa su consentimiento para cambiar la jurisdicción. Ésta fue concedida *siempre y cuando* el arzobispo de México consintiese en ello[47]. Ni Fray Payo de Ribera ni José Lanciego y Eguilaz se avinieron a dar su consentimiento, y las frustradas carmelitas permanecieron bajo la égida del arzobispado de México[48]. La autoridad arzobispal venció en esta guerra sorda entre arzobispos y súbditas, cuyos recursos para lograr un anhelo de su libre albedrío no sirvieron para quebrar el poder que la obediencia daba a su arzobispo.

Poco después del primer incidente entre carmelitas y arzobispo, en los conventos de Santa Clara de México y de Querétaro ocurrió otra batalla sobre la obediencia entre el provincial franciscano Fray Hernando de la Rúa y sus súbditas. Fray Hernando, a quien vimos anteriormente regulando la economía doméstica de sus conventos, se ganó el desafío de éstas a las órdenes que juzgaban iban contra su interpretación de las reglas que habían profesado. En 1667 Fray Hernando recordó a sus súbditas que desde 1639 la orden había reducido el número de seglares que podían vivir en el claustro y ordenó a las religiosas que obedecieran la dirección del Comisario General de Indias en España y la suya propia. Ni cortas ni perezosas, las clarisas queretanas elevaron un petitorio al rey en el que argüían que habían profesado en el entendimiento de que habrían de tener ayuda de sirvientas y que la presencia de niñas educandas no iba contra la regla[49].

[45] AGI, México, 38, N 59.

[46] AGN, Inquisición, 581, exp. 1 (1661).

[47] AGI, México, 38, núm. 71; MANUEL RAMOS MEDINA, *op. cit.*, pp. 92-107.
[48] AGI, México, legs. 306, 330, 338.

[49] Biblioteca Nacional, Fondo Franciscano, caja 75, leg. 1257, fols. 12-22.

Ese mismo año las religiosas de Santa Isabel y San Juan de la Penitencia también se dirigieron al Comisario General de Indias y al Consejo de Indias usando argumentos similares y quejándose de que el Comisario pretendía saber más que todos los santos varones que habían aprobado su modo de observancia. Usando su autoridad, La Rúa excomulgó a las protestantes y comenzó el proceso para suplantarlas. El virrey marqués de Mancera tomó cartas en el asunto y, favoreciendo a las monjas, ordenó a la Audiencia que ordenara al Comisario levantar la excomunión, por lo que las monjas quedaron extáticas de felicidad. En dos cartas al virrey le demuestran su agradecimiento, "y besamos los pies a V.E. por la grande merced que nos ha hecho volviéndonos a su amor y gracia porque aseguramos a V.E. tenga en cada una de nosotras quien esté pidiendo a nuestro esposo dé a V.E. su divina gracia y la sucesión que desea..."[50] El prelado, renuente por los muchos errores en la observancia que encontraba en Nueva España, acusaba a las religiosas de "contumaz inobediencia", pero al fin levantó la excomunión. La última palabra llegó de España. El Consejo de Indias criticó que la Audiencia se inmiscuyera en el asunto, dejando en libertad al prelado para dirigir a su rebaño[51].

    Éstos son dos ejemplos, entre otros muchos, de las estrategias de rebelión posibles dentro de los claustros como interpretaciones del voto de obediencia. ¿Hasta qué punto es posible utilizar este conocimiento que nos da la historia para revisar la relación entre Sor Juana, Antonio Núñez y el obispo Fernández de Santa Cruz? Es posible analizar la relación entre ellos tomando en cuenta el clima de opinión respecto a este voto a mediados de siglo. Como monja, Sor Juana se obligó a la obediencia conociendo que, excepto en casos muy importantes para su espíritu, podía recurrir a su propio juicio en el uso de su libre albedrío.

    Fue muy torturada su relación con el Padre Antonio Núñez, S.J., su patrón para la profesión en San Jerónimo y confesor por varios años. No sabemos si alguna vez discurrieron sobre teología. El problema entre ellos era de observancia. Después de su profesión, Sor Juana llevó una vida que difería mucho del modelo cuidadosamente pintado por Antonio Núñez en sus escritos para las religiosas[52]. Para el jesuita la profesión era morir al mundo y encontrar dentro de los muros del convento una nueva vida, en la cual la imitación de Cristo consistía en "vivir crucificada y no bajar de la cruz hasta morir"[53]. El padre Antonio tenía muchas esperanzas cifradas en Sor Juana. Se gastó una suma considerable en su profesión, invitó a la flor de la corte virreinal, puso las velas y las luces con su propia mano la noche anterior, pagando su

[50] AGI, México, 42, 10a.

[51] AGI, Escribanía de Cámara, leg. 175A.

[52] Como en *Plática doctrinal...*; *Cartilla de la doctrina religiosa...*; y *Distribución de las obras ordinarias y extraordinarias del día*, México, 1712.

[53] *Cartilla de la doctrina religiosa*, fol. 38v.

respeto a la mujer que abandonaba tantas promesas de estima y valor en el mundo y se ofrecía en tan agradable holocausto a Dios[54]. Es comprensible que se sintiera decepcionado con la escritura secular de Sor Juana, y según su biógrafo hizo todo lo que pudo por estorbar la "publicidad" que recibía la Décima Musa y su inveterada costumbre de recibir visitas y tener correspondencia con gente del siglo, que le quitaban tiempo a sus deberes como religiosa y esposa de Cristo.

También es comprensible la irritación demostrada por Sor Juana contra las acciones de Núñez, cuando le reprocha las muchas ocasiones en que parecía le había mortificado por muchos años, entre otras, haberla criticado en público. Ella esperaría tal crítica en el confesionario. Nunca sabremos cómo se dirigía Núñez a Sor Juana en su relación espiritual, pero llegó un momento en que ella rescindió su obediencia. En su carta de despedida se leen entre líneas muchas cosas, y una muy importante es que Sor Juana parecía no creer merecer que se le reprochara su falta de escritos religiosos, arguyendo que había escrito mucho para la Iglesia. Núñez mismo había autorizado y corregido algunos villancicos. La monja llegó a la conclusión de no pertenecer a la banda de "mortificadoras" que eran las discípulas idóneas del padre. Lo despide como su confesor, un derecho que le daba la Iglesia a la religiosa que no se sentía satisfecha con él. Hizo algo más, sin embargo; le ofreció su respeto y una contrición a su manera: desearle la bendición de Dios y creer que en su caridad cristiana Núñez desearía lo mismo para ella. Si su voluntad prevaleciera algún día sobre su juicio, lo volvería a llamar como a su padre espiritual[55]. Parece que Sor Juana guardó ese resentimiento contra el Padre Núñez durante muchos años. En un reciente trabajo, Elías Trabulse sugiere que el verdadero objeto de crítica de la *Carta Atenagórica* no fue el Padre Vieyra sino el Padre Núñez[56].

Ya sabemos cómo esa voluntad prevaleció y cómo Sor Juana escribió al Padre Núñez pidiéndole que reiniciara su dirección durante los dos últimos años de la vida de ambos. Fue uno de esos "milagros" de la hagiografía barroca atribuible, según el biógrafo, al jesuita que nunca dejó de encomendar "a Dios a su espiritual hija... y sin duda efecto de sus misas y oraciones". Arrepentida, en interpretación del Padre Oviedo, de su inhabilidad de responder a la misericordia divina, Sor Juana llamó al padre para crucificarse a su vida religiosa. Feliz aunque cauteloso, el Padre Antonio antes de morir llegó a ver cómo "las manos y los pies del alma", la "oración y la mortificación", se llevaban a su Sor Juana volando más que corriendo hacia la perfección. La escisión se cerró con el retorno a la obediencia.

[54] Citas en la biografía del Padre Antonio Núñez por Juan de Oviedo, en DIEGO CALLEJA, S.J., *Vida de Sor Juana*, Antigua Librería Robredo, México, 1936, pp. 50-51.

[55] AURELIANO TAPIA MÉNDEZ, *Carta de Sor Juana Inés de la Cruz a su confesor. Autodefensa espiritual*, Al Voleo-El Troquel, Monterrey, 1993, pp. 31-42.

[56] ELÍAS TRABULSE, "La guerra de las finezas. La otra Respuesta a sor Filotea en un manuscrito inédito de 1691", *La Jornada Semanal*, México, 7 de mayo de 1995, núm. 9, pp. 4-6. El autor publicará en el transcurso de 1995 un estudio mayor sobre este asunto.

La relación entre Sor Juana y el obispo Manuel Fernández de Santa Cruz, quien no era su confesor ni su prelado, fue muy diferente. Entre ambos podía existir una relación intelectual sin que estorbara el voto de obediencia. Sin embargo, Sor Juana le debía respeto al obispo, un príncipe de la Iglesia cuya opinión tenía la autoridad que su cargo le confería. En la correspondencia con el obispo, la *Crisis de un sermón*, la *Carta* de Sor Filotea y la *Respuesta a Sor Filotea* hay dos posiciones: la del obispo, que le critica su atracción por el siglo y las letras humanas, y su recomendación de apartarse de ambos y volver al puerto de la religión, y la posición de la monja, que es una confesión de error y una autodefensa de su libre albedrío. Mi tesis es que en estas tres cartas hay indicios de las estrategias que usaban los prelados y las religiosas del siglo XVII para resolver puntos de disensión y contradicción.

Recordemos que en la *Carta Atenagórica*, Sor Juana repite constantemente el tópico de la obediencia; no se la debía al obispo de Puebla porque fuera "su" prelado, sino que se la debía como a un miembro de la Iglesia. Sor Juana tuvo la libertad de discutir oralmente la teología de Antonio Vieira en sus visitas en la reja de su convento, pero exponerlas de otro modo era quizá arriesgado. Esto se infiere de sus comentarios[57]. Sin embargo, se sintió cómoda con el argumento de que su exposición iba en una carta privada: "Este papel sea tan privado que sólo lo escribo porque V.md. lo vea" (p. 758). También concedió que enviaba el escrito por obediencia "porque conozca que le obedezco en lo más difícil" (p. 733). Al escribir perdía el anonimato que tuvo en su conversación. Podía ser leída. Lo que no se imaginó es que iba a ser "impresa" y expuesta. También escribió bajo el supuesto de que al anonimato se añadirían las enmiendas del obispo: "la propia autoridad de su precepto honestara los errores..." (p. 734), "He obedecido a V. md. en lo que me mandó" (p. 757), "lo sujeto en todo a corrección de Nuestra Sagrada Iglesia Católica y detesto y doy por nulo y no dicho todo aquello que se apartare del común sentir suyo y de los Padres" (p. 758). Éstas no deben tomarse como frases huecas. En aquella época y entre una religiosa y un obispo, la primera sabía cuáles eran sus obligaciones y cuáles eran sus fronteras. La obediencia le permitía defenderse de cualquier acusación posterior de falta de ortodoxia. Una vez salvaguardada su posición, se arroja a la crítica de Vieira y a ofrecer su propia interpretación de las "finezas de Cristo".

En la *Carta* de Sor Filotea, el obispo reconviene a Sor Juana en su papel de director espiritual y pastor de almas. Reconoce el derecho de la mujer a escribir, pero en una religiosa cree que la escritura debe dirigirse a Dios y no a obtener el elogio del mundo. Le recuerda la sumi-

[57] Utilizo la ed. de Georgina Sabat-Rivers y Elias Rivers de las *Obras selectas* de SOR JUANA INÉS DE LA CRUZ, Noguer, Barcelona, 1976. El número de la página irá indicado en el texto.

58 ROSEMARY R. RUETHER (ed.), *Religion and sexism: Images of women in the jewish and christian traditions*, Simon & Schuster, New York, 1974.

sión de la mujer respecto al hombre, establecida en el Antiguo Testamento[58]. La súbdita en casa de Abraham no debía hacerse ilusiones de autoridad. Sor Juana tiene libre albedrío para volver a rendir su obediencia a las letras, pero a las letras religiosas, y así, Sor Filotea la insta a abandonar los intereses del mundo. Además, se equivocaba Sor Juana en sus argumentos teológicos sobre las finezas de Cristo. Dios nunca detenía su amor hacia la humanidad para evitar que le paguemos con nuestra ingratitud. Santa Cruz sigue un argumento teológico más ortodoxo y proclama que la liberalidad de Dios en su amor hacia nosotros nunca se reprime y, mientras más se le reconoce y se agradece, mayor se da. La corrección del prelado requería un acto de atrición en el creyente, aun más siendo miembro de la Iglesia. Para el católico que ha roto algún canon de la iglesia, sea desobediencia de los mandamientos éticos, del dogma religioso, o del modo de comportarse dentro de la institución, la contrición es el acto de renuncia del pecado y parte del retorno a la gracia de Dios. Durante el alto medioevo y hasta el Concilio de Trento (1540-1563) se consideró el estado de atrición como un estado de pena en el cual la renuncia es menos completa y parte de un proceso que lleva a la contrición.

En mi opinión, la correspondencia entre Fernández de Santa Cruz y Sor Juana fue una mezcla de obediencia y desobediencia, de desafío y atrición. Sin negar que la *Respuesta* contiene fuertes elementos "feministas" de defensa de la mujer y su intelecto, merece verse también cuáles son los elementos de subordinación que su voto de obediencia le impuso y las tácticas que usó para mantener la validez de su rebelión dentro de los límites que su estado le permitía. De entrada, Sor Juana confiesa su "ignorancia", táctica que desde Santa Teresa, si no antes, era usada por todas las enclaustradas para dirigirse a sus superiores —y por todas las mujeres que necesitaban mantener la atención de los hombres. Declara, a continuación, ver en la respuesta del obispo un aviso de Dios que le ha dado la oportunidad de reconocer su error. En los primeros cinco párrafos de la *Respuesta* Sor Juana renuncia a su interpretación de Vieira y se humilla negándose toda nota de autoridad, apoyándose en las muletillas clásicas: su sexo y su edad que no le permiten aún remontarse a las alturas de la teología. Se consuela en el hecho de que sus errores no le quitan el derecho de comulgar y oír misa —esto es, mantenerse dentro de su Iglesia sin castigo por su osadía[59]. Y ya, redimida de su error por la aceptación de su derrota teológica, pero dentro de los cánones de la ortodoxia, se propone explicar al obispo quién es ella, cuáles han sido sus intenciones y sus aspiraciones. Lo que sigue es una confesión que tiene su

59 La revisión de los casos inquisitoriales levantados a monjas de su tiempo revelan cuán lejos estaba Sor Juana de caer en ninguna

base en el acto de contrición, ambos elementos en el proceso de reconciliación del cristiano con Dios (pp. 774, 777). El cuerpo de la *Respuesta* es una mezcla de expresión del libre albedrío y de reiteración de obediencia. Se rebela contra sus detractores (pp. 801, 805) pero termina con una promesa de renuncia de las glorias humanas. Al cerrar su escrito, ofrece al obispo una copia de sus ejercicios devotos, prometiendo remitirle lo que escriba en el futuro y esperando la liberalidad y beneficios, de a quien se refiere como su deudor generoso. Si bien es cierto que hay una buena dosis de sorna en el tono de Sor Juana, en mi opinión el estilo no invalida el mensaje. El acto de atrición, tras el emocional debate consigo misma y con su sociedad, ha terminado. Aunque aún le quedaban a Sor Juana varios años de actividad intelectual, el progreso gradual hacia el retiro de las letras y del siglo parece una conclusión lógica de la atrición a la contrición final. El debate entre la obediencia, la humildad, la renuncia de la voluntad, y la integridad final del libre albedrío al que no se renunciaba porque era un don de Dios, fue constante en la vida de Sor Juana, desde su decisión de entrar en San Jerónimo hasta el día que renuncia a vivir en religión "sin religión" y abandona "los estudios humanos para proseguir, desembarazada de este afecto, en el camino de perfección".

NOVICIADO:
EL APRENDIZAJE DE LA VIDA RELIGIOSA

Sabemos que Sor Juana fue novicia en el convento de carmelitas de México pero que tuvo que salir por motivos de salud. No debe suponerse que el noviciado fuera un período de penosas pruebas físicas en todos los conventos, pero las carmelitas vivían una vida muy disciplinada, y el abandono del claustro fue probablemente resultado de la poca salud de Sor Juana y de los rigores del lugar. Refiriéndose al noviciado del convento carmelita del Señor San José en Puebla, José Gómez de la Parra dice que el de la Nueva España era comparable en rigor al del convento de carmelitas de Valladolid. No había recreación sino lecturas al mediodía, se dormía en celdas estrechas, se observaba silencio riguroso y se evitaba el contacto visual con las otras monjas, además se les ordenaba a éstas hacer cosas repugnantes para probar su obediencia[60]. Ningún convento quería aceptar aspirantes con problemas de salud. Al ingresar al claustro de San Jerónimo, Sor Juana comenzó otro nuevo período de noviciado que le fue más propicio, quizá por ser menos rigurosas las horas de devoción y más sustanciosos los alimentos.

transgresión, aunque puede haberle inquietado la idea como a cualquiera otra monja. Exagera para recalcar el arrepentimiento demandado de su obediencia. Véase MARÍA ÁGUEDA MÉNDEZ *et al.*, *Catálogo de textos marginados novohispanos. Inquisición: Siglos xviii y xix*, AGN-El Colegio de México-UNAM, México, 1991, pp. 19, 103, 119-130, 342.

[60] JOSÉ GÓMEZ DE LA PARRA, *op. cit.*, pp. 11, 91-92.

El noviciado era el período de prueba de la vocación religiosa, tras el cual la maestra de novicias informaba sobre el carácter y aptitud de la aspirante, y la comunidad procedía a votar sobre su admisión. El noviciado era más que aprendizaje de la vida monástica. Era fundamental el comportamiento de la candidata, su respuesta a un período de cuestionamiento espiritual propio y de la comunidad, cuyo deber era observarla para saber si podía sobrellevar todas las tensiones y sacrificios que requería encerrarse para siempre en el huerto del Señor. El hecho de que cada religiosa de velo negro votara para la profesión solemne de la novicia, convertía a cada una de ellas en juez cuya opinión se formaba a lo largo del período de noviciado de la aspirante. Ésta sabía que se encontraba bajo el escrutinio no ya de la maestra sino de todas las monjas, lo que podía causarle más angustias de las que conllevaba el proceso.

¿Cómo se enseñaba a las novicias? ¿En qué consistían sus deberes? Posiblemente cada convento tuvo su método, del cual sabemos poco, por cuidadosamente regulado y mantenido dentro de estricta supervisión. Sin embargo, la evidencia sugiere que la maestra de novicias no se escogía por ningún talento especial, sino que el cargo era adjudicado a una religiosa de experiencia, cuya misión era mantener la disciplina, enseñar la regla del convento y las oraciones del ritual. Sigüenza y Góngora describe las tareas de la pedagoga de novicias usando los escritos de Sor Tomasa de San Ildefonso, una de las cronistas del convento de Jesús María. Dice Sor Tomasa, al hablar de cómo cumplía su misión Sor María Antonia de Santo Domingo (profesa en 1655):

> Enseñaba a sus discípulas, y Novicias con tan gran cuydado, caridad y amor como si fuesen nacidas de sus entrañas. No perdonaba diligencia para que fueran buenas religiosas, y cumpliesen sus obligaciones exactamente, y no havía día que no les enseñase muy por menudo las cosas, y ceremonias de la religión, ponderándole lo mucho a que se habían obligado, y quán alta dignidad era el ser Esposas de Jesu Christo... Persuadíalas también a que fuesen humildes, y se amasen las unas a las otras... Su más ordinario consejo era que procurasen vivir retiradas del trato, y conversaciones del mundo de que se seguiría el que mutuamente se amasen en Dios, que es la más poderosa arma para oponerse a las parcialidades que son las que introducen la relajación en los Monasterios[61].

[61] CARLOS DE SIGÜENZA Y GÓNGORA, *Parayso Occidental...*, Juan Rivera Impresor, México, 1683, p. 196.

De acuerdo con la cronista, Sor María de San Antonio imponía disciplina con amonestaciones severas seguidas de expresiones de amor, y supo ganarse el afecto de sus novicias. No hay duda de que el noviciado implicó la imposición de la disciplina; aunque es difícil calcular su rigor. Del entrenamiento de Leocadia González Arizmendi, profesa en las capuchinas de México en 1666 como Sor María Leocadia, nos narra la cronista Sor María Teresa en 1733 que "le sobraban bien penosas mortificaciones; de ordinario tratándola con ásperas palabras, la traían destocada o sin velo, penitencia entre las religiosas tan sensible, como sabe quien tienen manejo de las almas". Con estas penitencias quería "Dios sacar una esposa verdaderamente hija de las llagas"[62]. De hecho, las disciplinas en las que incurrió durante el noviciado le llagaron todo el cuerpo, lo cual no fue óbice para su profesión. No es de esperarse que éste fuera el método seguido por todos los conventos, especialmente los de calzadas. Por otra parte, las capuchinas y las carmelitas pudieron haber permitido a sus novicias dejarse llevar por el deseo de sacrificio. Si las maestras de novicias siguieron algún método de entrenamiento, han quedado muy pocas huellas. Una de ellas pertenece a Sor Manuela de San Antonio, maestra de novicias del convento de San Bernardo, quien escribió un pequeño libro para la adoctrinación de sus hijas espirituales que nos sirve de guía para adentrarnos en el ambiente del noviciado. Guardado entre tapas brillantemente coloreadas y para uso exclusivo de las novicias, este manuscrito ofrece una visión íntima de la metodología pedagógica de su autora[63]. El primer deber de la novicia era adentrarse en su mundo interior y meditar sobre los beneficios que Dios concede a sus criaturas. Este imperativo sigue la orientación de recogimiento y meditación firmemente establecida en el mundo de la espiritualidad desde el siglo XVI. Para las religiosas, la oración interior era no una opción, sino una necesidad idónea a su estado. La religiosa estaba en "la seguridad del puerto" y sus deberes eran orar en el huerto con el esposo, vivir en la virtud y ejercitarse en la perfección.

La meditación la llevaría a comprender la decisión que había tomado. Sor Manuela recuerda a la novicia cuán meritorio es su estado de virgen y esposa de Jesús. No hubo santo en la iglesia que hubiera dejado de alabar el estado virginal: "Iguales os hacéis, o vírgenes santas, a los ángeles con las inestimables joyas de vuestra pureza". El estado de esposa es el mismo que goza la iglesia con respecto a Dios, "con que vienen las religiosas a gozar en esta vida de la profesión, y título más regalado, más tierno, y que más finezas debe a Cristo Nuestro señor". Este estado, sin embargo, requiere un gran sacrificio: negarse a sí misma y abrazarse a la cruz de Cristo. Esta renuncia de sí misma se presenta a la novicia como si estuviera viendo desde den-

[62] *Compendio de las ejemplares vidas del R.P. José de Guevara de la Ca. de Jesús y de su tía la Sra. Da. Leocadia González Arizmendi, naturales de la Imperial Ciudad de México*, Madrid, 1754. La vida de Sor Leocadia fue escrita por Sor María Teresa, abadesa del convento de las capuchinas de Puebla en una carta enviada al Dr. Juan Antonio de Lardizábal y Elorza, obispo de Puebla y electo de México. Sor Leocadia vivió 82 años; murió en 1729.

[63] Madrid, Biblioteca Nacional, ms. 8135, *Los puntos de Regla que han de guardar las sorores del Convento de N.P.S. Bernardo de México* (1744).

tro de los muros la ilusión del mundo tal y cual es, y alabando la decisión de seguir su vocación de servir al Señor. Asumiendo que esa vocación es firme, sólo queda a la novicia tomar la última resolución, despreciar lo que quedó fuera del convento y agradecer a Dios el favor de haberla traído al monasterio:

> Desde aquí, Divino Esposo de mi alma, amabilísimo, dulce y muy amado Salvador mío, desde aquí en la soledad escucharé tranquilamente aquella tu voz, y te comunicaré con la franqueza y dulzura que sueles reservar para tus queridos solitarios. De aquí me tienes, pobrecilla, humilde, pecadora desde mi origen, en fin miserable hija de Adán y heredera legítima de su fragilidad; pero criatura tuya, redimida con la sangre del cordero inmaculado.

Pide la novicia el favor de las mercedes de Dios, siendo la primera consuelo para los familiares que ha dejado y que penan por su ausencia y le otorgue el "espíritu de fervor y devoción para todo lo celestial y eterno, el gran don de la perseverancia final". La carta exuda una serenidad expresada tersa y claramente, sin traza de la teatralidad que se advierte en los sermones y en algunos de los textos escritos por los cronistas de las órdenes religiosas. Aunque aquí sólo puedo sugerir un tema que requiere mayor estudio, la escritura espiritual de la pluma femenina carece de los artificios retóricos de los miembros del sexo masculino. Esta pequeña alocución contiene varios conceptos básicos de la vida religiosa: dirige a la novicia a una comprensión de sus deberes y de sus consuelos, la separa del mundo y al mismo tiempo reconoce el sufrimiento personal y familiar que implica su renuncia. La maestra toma a María Josepha firmemente de la mano, le muestra lo que gana en su estado y la anima a perseverar en sus fines espirituales. La carta, dedicada cariñosamente a "Doña Marianita", logra una aproximación empática al noviciado y, a pesar de un marco íntimo, no pierde la autoridad de un texto didáctico.

Sor Lorenza Bernarda, abadesa del convento de capuchinas de México, en su correspondencia con la poblana doña Ana Francisca Zúñiga y Córdoba, nos ha dejado otros retazos de información sobre el noviciado[64]. Entre 1689 y 1695 la religiosa y la rica patrona intercambiaron noticias sobre el convento y una planeada fundación carmelita en Puebla. Las cartas de doña Francisca se han perdido, pero quedan las de Sor Lorenza. En 1689 le cuenta de cómo forzó su entrada una aspirante a quien se le hacía esperar para el noviciado y así probar su voluntad. Aprovechando un descuido se metió en el claustro y no hubo quien la sacara. Se la describe como "una señori-

[64] AGI, México, leg. 829. Un trabajo mío sobre la correspondencia de Sor Lorenza Bernarda y su patrona y amiga doña Ana de Zúñiga, titulado "La Celda y el siglo", aparecerá en una edición especial preparada por la profesora Mabel Moraña.

ta que aún no tiene quince años", bien nacida, con buena voz y lectora. Se la aceptó como novicia y quedó "con el hábito y muy contenta". Para un mundo tan embebido en los valores religiosos, la vocación, no es de dudarse, fue un hecho psicológico de mucho arrastre. Sin embargo, la abadesa tuvo mucha cautela al escoger a quienes admitir, ya que muchas creían tener esa vocación: "El conocer las que serán a propósito es la cosa más difícil que hay, y como las primeras han menester tan cabales prendas como de fuerzas y salud, y sobre todo, la sangre, porque esa lo mantiene todo". ¿Qué era "la sangre" para Sor Lorenza exactamente? Tal vez una vocación o una fuerza interior difícil de describir; para ella era como algo precioso que corre adentro.

En julio de 1690 había cuatro novicias, "y en particular una sobrina de doña María, la mujer del capitán Joseph de Retes, que es de nueve años y no es posible que en todo el día se quite del torno y portería pidiendo el hábito". Tanto insistió, que el arzobispo permitió la entrada a quien era "hermosa y linda lectora de romance y latín y un talento como de muchos años". La abadesa y la maestra seguían con atención los pasos de las novicias en su entrenamiento para detectar faltas de disciplina o de fuerzas físicas. A través del proceso y su final llegaba la abadesa a sentirse como madre y decía "a todas las he criado las tengo bien conocidas". De las cualidades que menciona era muy importante la perseverancia, mientras que un "natural lindo" indicaba buen carácter y acomodo a la disciplina interior. Pero quizá era la cualidad más importante, ya que de ella dependía la voluntad de cumplir lo que requería el estado. Así, Sor Lorenza se refiere encomiásticamente a una novicia, Sor Oliva, a quien "gracias a Dios le va muy bien que no ha dejado una noche los maitines ni el ayuno desde que empezó, y tiene lindo natural y muy humilde, que es el fundamento de toda la virtud, y ha ido una semana a la cocina y lo ha hecho con grande alegría, Nuestro señor le dé perseverancia". En otra carta se refiere al progreso de Sor Oliva: "Bendito sea Dios que bien parece obra suya, pues va pasando su adviento sin comer un huevo, sólo con sus verduras y pescado y sin haber faltado desde que entró un día a maitines ni a su ayuno, y con tan grande contento que a todas nos tiene edificadas, pareciéndole que sirve de estorbo según es su humildad". Importaba a toda la comunidad ver disciplina en una novicia que, a pesar de su falta de entrenamiento, podía servir de ejemplo a todas, aunque todas también eran sus últimos jueces.

Las capuchinas procuraban enseñar no con reglas escritas, sino con el ejemplo. Así se dice en una carta fechada el 26 de noviembre

65 FRAY JULIÁN GUTIÉRREZ DÁVILA, *Memorias históricas del Oratorio de San Felipe de Neri*, México, 1723, p. 93. Aunque no sabía leer cuando entró en el convento esta monja aprendió por su cuenta y logró escribir poesías religiosas. Vayan de ejemplo los siguientes pasajes: "No la saeta amorosa / es quien me agrava / sino el ver que me escondes / tu hermosa cara"; "Que reprima me dicen / de amor la llama: / ¿Quién jamás vio prudencia / en quien bien ama?"

66 FRANCISCO PARDO, *Vida y virtudes heroycas de la Madre María de Jesús, Religiosa profesa em el Convento de la Limpia Concepción de ... la Ciudad de los Ángeles*, Viuda de Bernardo Calderón, México, 1676. De ella hay otra biografía, FRAY FÉLIX DE JESÚS MARÍA, *Vida y Virtudes y dones sobrenaturales de la Venerable Sierva de Dios, Sor María de Jesús, Religiosa profesa en el V. Monasterio de la Inmaculada Concepción de Puebla de los Ángeles en las Indias Occidentales*, Imprenta de Josepha y Felipe de Rossi, Roma, 1756. Sor María entró al convento contra la voluntad de su padre, un rico obrajero, que pretendía casarla. También usó de una artimaña para entrar el claustro, del cual no fue posible sacarla. Profesó el 17 de mayo de 1599.

67 JOSÉ MARÍA MUNIBE, *Carta edificante que descubre la vida religiosa, y ejemplarísimas virtudes de la R.M. Inés Josefa del Sagrado Corazón de Jesús*, México, 1805.

de 1696, en la cual se negaba a doña Francisca una copia de la Regla de las capuchinas, porque ni aun en Toledo, de donde procedía, se permitía: "En nuestra religión no se acostumbra a darle a las señoras pretendientas la regla. Ni en Toledo ni acá lo he visto, porque primero procuramos que la aprendan con las obras que con leerla, si no y cuando se lee en el refitorio, porque hasta que llega el tiempo de la profesión no se les da a las novicias". Éstas fueron para sus maestras y la comunidad una inversión espiritual y emocional. Para Sor Lorenza Bernarda el prospecto de enviar a algunas a la nueva fundación le permitió describir la naturaleza de su relación con ellas. Sería como "arrancar los pedazos del corazón y que de fuerza han de ser los más pegados a él y duro trance, pero con la consideración de que es voluntad de Dios me conformo con ella".

No cabe duda de la verdadera vocación de algunas novicias. Las capuchinas no fueron las únicas que recibieron a jóvenes que se metían en el claustro a pura fuerza. Sor Josefa de San Lorenzo, del convento de San Lorenzo, tuvo una niñez inclinada a la religión y para lograr la profesión aprendió música, una habilidad que le abría las puertas del convento a quienes no tenían suficiente dote para profesar. Sin embargo, demorábase la profesión, según el cronista que recuerda su vida, y "por artificio" indujo a su hermana a distraer la atención de la portera una mañana muy temprano, logrando meterse en el claustro. El arzobispo Payo de Ribera dio orden de que la dejaran quedarse: profesó en 1676[65].

No debe pensarse que un período tan crítico dejara de presentar serios obstáculos espirituales y aun físicos a las aspirantes. Los altibajos a veces se traslucen en los biógrafos de las monjas al recordar ese período, pero usualmente estos escritos laudatorios se centran en la perseverancia y la disciplina. Así, de Sor María de Jesús Tomellín, dice Fray Francisco Pardo que en el noviciado "tomaba largas y crueles disciplinas a cuya violencia rigurosa corría la sangre por aquel virginal cuerpo"[66]. Estas disciplinas, como otras que se ejercían después de la profesión, fueron voluntarias, no prescritas para el noviciado. El espíritu del noviciado no cambió mucho del siglo XVII al XVIII. Así, del que experimentó Sor Inés Josefa del Sagrado Corazón de Jesús en Santa Teresa la Nueva, dice su panegírico que fue "probación fértil de mortificaciones" donde perfeccionó su virtud[67].

Sin negar la realidad de las prácticas de las aspirantes, se ha de reconocer también que otras fueron menos ejemplares, si bien humanas, en sus dudas respecto al estado religioso y debilidades personales en el proceso de aprendizaje. Un ejemplo de las flaquezas humanas en el noviciado fue el de Josepha Clara de Jesús María en San Juan de la Penitencia. En 1747 fue objeto de una investigación inquisitorial a raíz de haberse rumorado que Josefa Clara había sido curada de cardenales en su rostro de una manera misteriosamente rápida[68]. El origen de estos golpes, si golpes fueron, quedó envuelto en el misterio, y dadas la circunstancias del caso, quizá puedan haber sido unas buenas bofetadas administradas por la maestra de novicias, Sor María de San Pedro, madre biológica de nuestra novicia. La Inquisición no estaba interesada en los problemas de disciplina y personalidad, sino en cualquier alegación de "milagro" que pudiera ser obra del demonio más que de Dios. Al final de cuentas, declaró que este caso no era asunto que competía al Santo Oficio.

Pero nuestro interés no radica en la decisión inquisitorial, sino en la novicia, la comunidad de religiosas y el noviciado mismo. De la investigación se deduce que entre madre e hija se desarrolló una tensión de la cual todo el convento estaba apercibido. Sor María de San Pedro declaró a los inquisidores que su hija daba mal ejemplo en el convento. Tenía mal genio, se peleaba con las otras novicias y le llevaba cuentos a la abadesa quejándose de su maestra, y como resultado la abadesa mortificaba a las otras novicias. Según esta declaración, la abadesa no era la balanza de equidad que debía ser. Pero, ¿quién tenía la razón? Josepha Clara, decía su maestra y madre, se cuidaba y adornaba mucho, se dejaba ver el pelo por el tocado y reclamaba hábito de estameña en vez de sayal corriente para su profesión, estando el primero "tan caro hoy". Quizá Sor Josepha Clara no era un modelo de virtudes, pero la ira de la madre puede haber sido el resultado de la impaciencia natural ante la coquetería núbil de la hija. Otras monjas fueron testigos y añadieron unos cuantos lunares a su carácter. Cinco religiosas que la habían conocido en el noviciado declararon a los inquisidores que era desobediente, vanidosa, se enojaba con frecuencia y era "respondona, aun con la maestra de novicias". Por otra parte, de las 44 monjas escrutinadas, 38 dijeron no haber nada de virtud extraordinaria ni cosa particular en la novicia. Este juicio era positivo, ya que se buscaban signos de irregularidad espiritual, especialmente porque un testigo de fuera del convento había dicho que la novicia ya había sido examinada una vez por el Santo Oficio. Además, la profesa reclamaba haber oído a Dios decir "sean leones para defender a mi paloma", cosa que se tenía por demoníaca.

El problema que más concernía al provincial franciscano era que la comunidad sufría de alborotos, "instándome importunamente con escritos a fin de que estando ya, como está, cumplido el año del noviciado se haga su solemne profesión". Las monjas de San Juan de la Pe-

[68] AGN, Inquisición, vol. 816, exp. 34. El caso de Josepha de Santa Clara está completamente basado en este expediente.

nitencia repetían el comportamiento de otras religiosas en el siglo XVII: resentían que se inmiscuyera en sus negocios y ponían presión comunitaria para forzar la mano de su superior. No querían que se les quitara su derecho de voto sobre la entrada de una novicia al convento. De escándalo y desacato escribía el provincial Fray Bernardo de Arratia en julio 18 de 1747, y de su opinión se hacían eco, hasta cierto punto, otros religiosos que fueron consultados. A pesar de expresarse contra el carácter de la novicia y prever que la profesión de la monja fortalecería la opinión de que Dios la había favorecido y de que su presunto mensaje se había cumplido, los padres aconsejaron se diera la profesión a Sor Josepha Clara, con la esperanza de que fuera "para mayor gloria de Dios".

El examen espiritual de la novicia revelaría un ángulo más de su carácter y evidencia un problema sobre el que aun los biógrafos religiosos no dejaron de discurrir: la sexualidad femenina. La novicia confesó sentir muchas sensaciones extrañas, de ser golpeada, de caer escaleras abajo. Había percibido, no con los ojos corporales sino en la fantasía (resguardo contra la falta de ortodoxia), cosas como el infierno. Pero lo peor eran sensaciones impuras como la de ser tocada por demonios aunque sin congreso carnal con ella. Vívidamente se escriben las que parecen haber sido sus palabras, como "le llegaba a su rostro y boca rostro de varón percibiendo la aspereza de la barba". Se esforzaba Josepha Clara y ponía toda diligencia en no consentir a nada. En una ocasión sintió que "llegaba a su cuerpo otro cuerpo, percibiendo el calor del otro cuerpo y en este caso más urgente no experimentó en su cuerpo aquel efecto que suelen causar las tentaciones de derramar la humana semilla, por todo lo cual su congoja es grande". Sus confesores afirmaban que los tormentos eran una cruz y eran causados por el enemigo. La desazón interior de Josepha Clara fue comunicada a su confesor; debió haber sido tan grande que la llevó a escribirle a éste cartas de sangre provocando su regaño. Fray Joaquín Pérez del Rey declaró que la novicia le había confesado que hiriéndose el brazo con un cuchillito le escribía a su confesor. No fue ésta la única vez que novicias o monjas profesas hicieran el sacrificio más elocuente, el de la sangre, para subrayar la angustia de un momento decisivo en sus vidas[69]. Las visiones eróticas de Sor Josepha no levantaron ni una ceja en los inquisidores que estaban bien apercibidos de las flaquezas humanas. Aconsejaron que se dejara a la novicia en manos de un confesor para su mejor consuelo espiritual y se desentendieron del prurito de autoridad de los franciscanos. Hacía más de cien años que la Orden venía tratando de domar el espíritu de sus monjas, al parecer sin mucho éxito.

[69] Nos recuerda este incidente a las signaturas de sangre que Sor Juana hizo en 1694, aunque por razones muy diferentes. Se trata del uso de la sangre como signo de devoción y determinación.

La denegación de profesión a una novicia ocurrió, sin dudas, con bastante frecuencia, aunque no fue lo mismo no lograr terminar el noviciado por razones de salud que ser devuelta a la familia por problemas personales en la observancia. De esto último no quedan muchas huellas, ya que fue un proceso penoso tanto para el convento como para la familia y se manejó con discreción. José Gómez de la Parra se refiere escuetamente a dos hermanas recibidas en las carmelitas de Puebla en 1614, Catarina y Francisca de Miranda. Catarina logró pasar el noviciado, pero Francisca "no llegó a profesar porque, no acomodándose a la estrechez de la religión, hubieron de despedirla las religiosas"[70]. Un ejemplo del siglo XVIII nos permite una breve vista de esa situación. En 1764, Sor María Dominga Coleta, maestra de novicias en el convento indígena de Corpus Christi de México, escribía al padre Diego Osorio para informarle que la novicia Sor Diega Martina era de carácter muy fuerte y no apta para la vida religiosa. La comunidad había votado en contra de su admisión pero, para salvar "el crédito" del convento, su partida se explicaría como producto de una enfermedad. El provincial franciscano, informado del asunto, hizo una declaración pública en la cual explicaba que la partida de la novicia no se debía ni a matrimonio, promesa de casamiento, o falta de calidad en su linaje, ya que Corpus Christi sólo admitía indias sin mezcla de otra raza. Así se salvaba el honor de la familia de la novicia y el convento quedaba exento de ofrecer una imagen negativa a la comunidad, especialmente la indígena[71]. Una de las monjas "españolas" sacadas de Corpus Christi fue Sor Sebastiana María Josefa de la Santísima Trinidad, quien dejó una muy breve impresión de las humillaciones que sintió a raíz de ello. De natural dada a menospreciarse y sufrir su pesadumbre debido a la falta de dote para profesa, se vio aumentada "en particular [cuando] me sacaron del Santo Convento de Corpus que temieron que me muriera y no dando yo a entender lo que mi corazón sentía, que me traspasaba el alma verme en la calle"[72].

Tras la prueba del noviciado llegaba el momento del desposorio místico: la profesión de velo negro. Como culminación de un proceso de preparación espiritual significaba, para muchas, la apoteosis de su vocación. Para otras menos comprometidas desde su niñez a la vida religiosa, no pudo dejar de ser un momento cuya solemnidad debió dejar profundas huellas espirituales. La ceremonia también fue un espectáculo mundano que atraía a un público deseoso de participar espiritualmente en la dedicación irrevocable de una vida al servicio de Dios. Detengámonos en esos dos aspectos.

[70] GÓMEZ DE LA PARRA, *op. cit.*, p. 219.

[71] AHINAH, Fondo Franciscano, vol. 95. Corpus Christi tuvo serios problemas con la admisión de novicias blancas, lo que estaba vedado por los artículos de su fundación, pero que un provincial franciscano ejecutó *motu propio*. Sólo una vigorosa campaña que llevó el caso al Consejo de Indias logró la expulsión de las novicias españolas.
[72] Biblioteca Nacional de México. Sor Sebastiana María Josefa de la Santísima Trinidad, *Cartas espirituales*. Ms., fol. 114. Sor Sebastiana logró profesar en el convento de San Juan de la Penitencia en 1746, beneficiada de una de las muchas obras pías dedicadas a beneficiar a novicias pobres. Véase también JoSEFINA MURIEL, *Cultura femenina...*, pp. 416-432.

[73] *Orden que se ha de guardar con la que entra en religión y modo de que se ha de vestir el hábito de las religiosas de la Puríssima [sic] Concepción de Nuestra Sra. y de San Gerónimo, sujetas al ordinario de este Arzobispado de México*, México, sin fecha, 40 pp.

La ceremonia de profesión para el convento de San Jerónimo está escuetamente descrita en un impreso sin fecha hecho en México[73]. Se preparaba en una fuente el hábito que se había de bendecir y se ponía en una mesa delante del altar. La profesante se hincaba delante del altar con sus parientes, teniendo velas en las manos. El sacerdote bendecía el hábito mientras oraba. Inmediatamente después cuestionaba a la novicia si entraba de su voluntad, si no tenía deudas, si era casada o libre. Después de responder la profesante besaba la mano del sacerdote y se iba a la puerta del monasterio donde (si era virgen) se cantaba un responso *Veni Sponsa Christo* y un salmo. Si no era doncella se cantaba *Veni Electa Mea*. Después pasaba al convento donde se vestía con el hábito. Cada convento ofrecía diferentes oraciones en el altar del coro. Al final de éstas la novicia se levantaba y abrazaba a la prelada y al resto de las religiosas. Seguía la bendición del velo y la misa de profesión, en la que se le preguntaba de nuevo su edad, voluntad de profesar, etc. Seguía entonces la administración de los cuatro votos (obediencia, castidad, clausura y pobreza), tomando la profesión de manos de la abadesa. Por la promesa de guardar los votos, el sacerdote le prometía vida eterna. Tras otra vuelta de oraciones la profesante se ponía el velo negro que simbolizaba su desposorio con Cristo, recibiendo en señal su anillo y una corona mientras el coro entonaba antífonas. Terminaba el acto cuando el sacerdote la entregaba a la abadesa; después, la profesante recibía el abrazo de todas sus compañeras monjas.

Los sermones de profesión que acompañaban la ceremonia de las novicias, cuyos padres podían costear el predicador y su impresión, son ricas fuentes para el estudio de la espiritualidad reinante en el siglo XVII y la forma de crear y propagar una cultura popular sobre la vida monástica femenina. Desde el púlpito se moldeaban opiniones y se reforzaban valores que cada fiel recogía, asimilaba y perpetuaba con su convicción, formando un consenso general y una mentalidad social. A modo de ejemplo veamos un sermón de 1686, predicado por el franciscano Fray Juan de Ávila en ocasión de la profesión de Sor Mariana de San Francisco en el convento de Santa Clara de México[74]. La profesión tomó lugar el 8 de diciembre, día especial en el almanaque católico, por la celebración de la Inmaculada Concepción de María, una de las devociones favoritas de Sor Juana.

[74] FRAY JUAN DE ÁVILA, *Pureza emblemática discurrida en la profesión de la M. Mariana de San Francisco, religiosa de Santa Clara. Sermón*, Doña María de Benavides, Viuda de Juan de Ribera, México, 1686.

El sermón estaba precedido por una dedicatoria del padre de la profesante, Francisco de Murga, quien llama la profesión "ocasión de mi alegría", un favor de su patrón, Sr. San José, quien con su "bendición... dispuso la entrada y profesión de mi hija en Religión". Sor Mariana era la primera de su familia en tomar el velo. Era práctica usual de los sermones de profesión explicar el significado de los votos. Fray Juan sitúa a la religiosa dentro de la red de sus nuevas relaciones como esposa y en su nueva familia: "Tu esposo es Christo; tú la Esposa, tu madrina es María Santísima; la casa de tus bodas es este convento de Santa Clara, el Tálamo Nupcial, el sacramento donde las almas y Dios son unos..." Explica cómo la profesante ha de ver su relación con Cristo: "Por la vida mía te juro que, de todos mis bienes, y siempre como Esposo te serviré con amparo, para que tu alegre espíritu diga, que de salud del alma, y adorno virtuoso ha servido la Esposa al Esposo". Todo sermón, como oratoria didáctica, llevaba un mensaje personal y otro social. No es difícil ver en esas palabras un mensaje para los matrimonios seculares, pero también sugiere la transición de la profesa a un nuevo hogar, a un lugar de amparo y recogimiento en el cual su estado de esposa le confiere honor y la compañía de otras de su género dedicadas a uno de los objetivos más exaltados para una mujer. La religiosa es un verdadero modelo de mujer fuerte y al mismo tiempo un modelo para toda mujer virtuosa y ocupada en su casa. No menos desechable era la seguridad de un puerto contra las zozobras de la vida y donde era asequible la mayor fortuna, la salvación del alma.

Lo mejor del sermón estuvo dedicado a la exaltación de la virginidad, un atributo de la religiosa ideal y tema de la festividad del día. La imagen de la virginidad es recreada con un pincel oratorio que imitaba "pinturas antiguas" en la cuales se la representaba como "una doncella vestida de acero, con alas y una afilada cuchilla en la mano derecha y en la mano izquierda una madeja de sus cabellos, cerrados los ojos y la boca abierta por la cual echaba cinco respiraciones, cinco hermosos luceros de estrella que caminaban hacia el cielo y con una inscripción que decía: *Spiritus eius repleabit Caelos*. La clausura defendía de lo mundano y protegía a la religiosa, cuyas armas eran la cuchilla del valor personal y la resolución de defender la Inmaculada Concepción de María. Como en la pintura, el cabello sobraba y se debía cortar para que "contra su castidad no quede pelo de pensamiento de lascivia". La ironía de esta dialéctica entre la virginidad y la lascivia es que como ya vimos, y veremos después, ni aun las vírgenes del Señor estuvieron exentas de sus peligros. Pero en la sociedad novohispana del siglo XVII el problema de la frecuencia de uniones consensuales y los nacimientos fuera de matrimonio hicieron de la virginidad de la profesa un paradigma de perfección que debía ser elogiado, repetido y exaltado.

El siglo y las tentaciones

En una sociedad conflictiva y llena de contradicciones como fue la novohispana del barroco siglo XVII, por cada virtud existía un pecado ampliamente practicado. A la abundancia de modelos de comportamiento ofrecidos por los canonistas morales se oponían numerosas situaciones de excepción no ya en la sociedad laica sino aun dentro del claustro. En sus más íntimos escritos, producto de la constante coacción del confesor, las religiosas expresan su angustiada desconfianza en sí mismas, su debate espiritual ante las flaquezas que reconocen, y la solidez de los modelos a que aspiran. Aunque de entrada hemos de dejar sentado que estos conflictos fueron muy íntimos y en la vasta mayoría de los casos quedaron circunscritos dentro del proceso de perfeccionamiento espiritual de cada religiosa, es también importante que conozcamos cómo algunas de esas dudas tuvieron una base real, resultado del acoso que "el siglo" impuso a quienes se retiraban de él.

A pesar de sus muros, los claustros no eran universos encajados en un vacío. Al contrario, la variedad de relaciones con el mundo fue caleidoscópica, fuente de innumerables problemas personales e institucionales. Me interesa aquí explorar el problema de las tentaciones que se ofrecieron a las religiosas y que recibieron la atención de la Inquisición. Al hablar de tentaciones y de la influencia del "siglo" en los conventos novohispanos, entramos en un espacio dentro del cual caben varias formas de transgresión a los votos religiosos y a la disciplina interior del lugar, cuidadosamente explicada en las Reglas de cada Orden. Así, por ejemplo, el interés en poseer comodidades temporales innecesarias para la vida claustral fue una tentación contra el voto de pobreza. Mantener lazos afectivos con la familia y frecuentar los locutorios fue otra tentación que alejaba a las religiosas de la oración y de la completa dedicación a su Esposo. Tales desviaciones fueron criticadas frecuentemente por superiores, quienes nunca lograron erradicar estos problemas de los claustros que crearon muchas fricciones entre prelados y religiosas. En esta sección se exploran otro tipo de tentaciones que acecharon a todos los que prometieron voto de castidad al entrar en religión. Tanto hombres como mujeres tuvieron que resolver el espinoso problema de la sexualidad y de la expresión de fuerzas íntimas que los llevaron a concebir afectos por miembros del sexo opuesto. El huerto cerrado del claustro guardaba para Jesús a sus esposas, las vírgenes cuya pureza era una de las glorias de la espiritualidad católica de los siglos XVII y XVIII. Sobre la pureza de las esposas escribieron largos pasajes los directores espirituales, obispos y arzobispos que dedicaron su pluma a guiar a las profesas en el camino de perfección. Los confesores y prelados sabían que las novicias tenían aún después de la profesión mucho del mundo consigo y uno de los temas favoritos de los sermones de profesión fue el de la castidad de las esposas[75]. La profesión no cerraba la puerta a los asaltos de la carne. Bien lo sabía el carmelita Fray Agustín de la Madre de Dios quien, para encomiar la pureza de una de sus biografiadas, describe sus características con la habilidad de buen conocedor en el confesionario:

> Los descorteses tumultos de nuestra naturaleza, que inquietan tanto las almas; y aquellos incentivos de la carne, que asaltan importunos el corazón del hombre e inflaman todos sus miembros estuvieron tan lejos de esta virgen como del cristal las manchas, y así no supo de las tentaciones que turban la castidad[76].

La historia encuentra pocas huellas de transgresiones sexuales entre las monjas, lo que era de esperarse en mujeres que en muchos casos se criaron en ambientes muy circunspectos y bajo estrecha vigilancia y que, o salieron de su casa para el convento, o vivieron recluidas en conventos o colegios durante su niñez. No es que no existieran, sino que los escritos espirituales que hasta ahora se han estudiado no son la mejor ruta para expresar afectos humanos. Aunque se han hecho varias interpretaciones de su contenido erótico-amoroso hay que estar muy prevenidos contra la posibilidad de inyectar dentro de ellos percepciones no contemporáneas a su época y que más bien reflejan nuestra preocupación por el tema. Esto no significa cerrar la puerta a la investigación del erotismo religioso sino ubicarlo dentro de su contexto histórico. No quedan dudas respecto al hecho de que las religiosas podían establecer "amistades" con miembros del sexo opuesto. Tal amistad se hizo palmaria en el caso de Sor Juana, con su corrillo de amigos literatos y las visitas que de ellos recibía frecuentemente. No queda duda alguna de que Sor Juana, ya monja, no mantuvo ninguna relación criticable con persona del sexo opuesto, pero la mera recepción de amistades de cualquier clase estaba simplemente prohibida por todas las Reglas. No era asunto compatible con el estado de esposas de Cristo el hacerse de amistades del otro sexo. Sin embargo, sabemos que las conversaciones de monjas eran harto frecuentes.

En 1682 llega a Nueva España un provincial franciscano armado de una real cédula del 29 de enero del mismo año, en la cual se exhortaba a los obispos y prelados a que cortaran las conversaciones de

[75] Joaquín Antonio de Villalobos, *Sermón... en la solemne profesión que hicieron en el convento de la santísima Trinidad en la ciudad de los Ángeles las ilustres Señoras Sor María Gregoria de San Javier y Sor María Anna de San Ignacio,* México, 1728; Fray José Antonio Plancarte, *Sermón de profesión que en la que hizo Sor María Ignacia de Rocha, en el convento de San José de Gracia de reverendas Madres Capuchinas de Querétaro,* México, 1799; Joseph Ramírez de Aguilar, *Sermón en la profesión solemne que hizo Sor María Manuela de la Purificación en el convento de Nuestra Señora de la Concepción de la ciudad de Antequera,* Puebla, 1692. Queda citado el sermón de Fray Juan de Ávila, *Pureza emblemática,* 1686.

[76] Fray Agustín de la Madre de Dios, *Tesoro escondido,* p. 307.

[77] México, Biblioteca Nacional, Archivo Franciscano, caja 75, leg. 1259, fols. 15-16. Véanse además, fols. 17-18: "Patente de Fr. Francisco de Ávila, sobre malas costumbres de los conventos fechada a 13 de marzo de 1683 para conservar la decencia y pureza que se debe al instituto regular y estado religioso a que están obligadas". En esta fuente se critican las conversaciones en los coros y locutorios, y se ordena que "las religiosas se abstengan de comunicaciones y devociones procurando vivir con la pureza de costumbres y recogimiento que deben como esposas de Jesucristo".

[78] JORGE RENÉ GONZÁLEZ M., "Clérigos solicitantes, perversos de la confesión", en Sergio Ortega (ed.), *De la santidad a la perversión, o de por qué no se cumplía la ley de Dios en la sociedad novohispana*, Grijalbo, México, 1986, pp. 239-252.

[79] México, Biblioteca Nacional, Archivo Franciscano, caja 75, leg. 1257. Traslado de un *motu propio* de Paulo V del 10 de julio de 1612, revocando la entrada de mujeres seculares en los conventos de monjas; Patente del Ministro Provincial Fray Francisco de Ávila con real cédula del 29 de enero de 1682 para que se eviten las conversaciones con seglares en conventos de monjas; leg. 1259, fols. 15-17, 22-23v.

monjas con seglares por ser "muy frecuentes... en los conventos de las Indias". Los prelados debían controlar tales abusos y escándalos[77]. Cualquier relación entre religiosa y hombre —fuese quien fuese— se consideró potencialmente peligrosa. La razón se encuentra detallada con minucia a veces en los casos inquisitoriales en los cuales queda establecida con rayana claridad las ocasiones en que las religiosas se vieron suficientemente frustradas ya por su propia conducta, ya por la de aquellos que tenían acceso al convento. Estamos en presencia de casos de extrema intimidad que de modo alguno se pueden tomar como "comunes". Su interés no es cuantitativo, sino cualitativo. Descubren para nosotros algunas grietas en el edificio moral de la vida religiosa y, al mismo tiempo, nos aseguran de la humanidad de aquellos que sufrieron las tentaciones y las caídas en su empeño por alcanzar la perfección religiosa. De entrada se nota que mientras los casos de acusación de "solicitación" de favores sexuales entre los religiosos y miembros del clero se elevan a miles, los que implican a las enclaustradas son comparativamente pocos y muy espaciados dentro del período colonial. Esto es testimonio de que la clausura imponía respeto, y de que era eficiente la vigilancia de los prelados, quienes trataron de eliminar toda posibilidad de trato con hombres que no fueran religiosos y toda oportunidad de recordarle a las monjas la existencia de varones, aun aquellos en su infancia[78]. Los franciscanos prohibieron la entrada de "varoncitos" aun de meses en los claustros. Cualquier trabajo de construcción o remiendo del edificio que necesitara trabajadores estaba estrictamente supervisado por religiosas ancianas[79]. Incluso estuvo regulada la entrada de médicos, barberos, confesores y

visitas de prelados[80]. Las Reglas del Padre San Jerónimo establecían que cuando entrare persona extraña al convento debía tocarse una campanilla para que las monjas se recogieran en sus celdas. Ninguna monja debía hablar con oficial o trabajador alguno, quienes estarían vigilados por religiosas ancianas (aparentemente inmunes a las tentaciones)[81]. Las "devociones" o amistades especiales de monjas y seglares escandalizaron al provincial franciscano Fray Francisco de Ávila quien, en patentes dadas en 1682, las consideraba de "engañoso y infernal abuso" y recomendaba a aquéllas "vivir con la pureza de costumbres y recogimiento que deben como esposas de Jesucristo", modelo de "celestiales espíritus". En 1690 otro provincial insta a la abadesa a que no permitiera la entrada de cartas o papeles de afuera. Las monjas estaban en la obligación de entregarlas a la abadesa para su destrucción si contuvieran algo que no fuera "decente al estado religioso"[82]. En su *Práctica de confesores de monjas* publicado en 1708, Fray Andrés de Borda reconoce el problema de seculares y religiosos que abusaban de las conversaciones en los locutorios, sosteniendo manos, hablándoles de amor y otras cosas de las que mejor no era escribir sino ser examinadas en el confesionario[83]. El arzobispo Juan de Ortega y Montañés (1700-1708) se refiere a estas devociones como "perniciosas comunicaciones" de mal llamados benefactores, pero en realidad eran "ardid astuto" del "enemigo común" para distraer a las religiosas de su pureza[84].

A pesar de tales prohibiciones, existieron relaciones entre religiosas y hombres que merecen ser estudiadas. De los lazos afectivos o aun pasionales establecidos entre religiosas y hombres, salta a la vista que se entablaron con aquellos que tuvieron acceso a los conventos y amplias oportunidades de iniciar contactos con las religiosas: sus confesores. El primero, y uno de los más escandalosos, fue la relación amorosa y finalmente carnal entre Fray Juan Plata y Sor Agustina de Santa Clara del convento de Santa Catalina de Siena en Puebla, que establecieron relaciones de amor en la última década del siglo XVI[85]. Ambos eran menores de 30 años y ella, al parecer, atractiva. Aunque la relación duró cerca de seis años entre rumores en el convento, la Inquisición sólo comenzó a mover sus engranajes cuando se les incluyó en un círculo de alumbrados, bajo cuya acusación se les investigó, siendo la relación amorosa incidental, aunque importante moralmente, a la causa principal. La entrada de clérigos a atender a religiosas enfermas para proveerles la Extrema Unción dio pie a deslices como el que cometió esta pareja, que se daba cita en la azotea del convento mientras que reclamaban que Sor Agustina tenía visiones especiales y

[80] México, Biblioteca Nacional, Fondo Franciscano, leg. 1277 (17..-1772).

[81] INAH, Colección Antigua, vol. 792, *Constituciones de las Monjas de la Orden de el bienaventurado Doctor Nuestro Padre San Gerónimo*. Ms.

[82] México, Biblioteca Nacional, Archivo Franciscano, caja 75, leg. 1259, fols. 17-18.

[83] FRAY ANDRÉS DE BORDA, *Práctica de confesores de monjas en que se explican los cuatro votos de obediencia, pobreza, casstidad (sic) y pobreza por medio del diálogo*, México, 1708, pp. 45, 86.
[84] JUAN ORTEGA Y MONTAÑÉS, *Reglas y constituciones que por autoridad apostólica deben observar las religiosas gerónimas del convento de San Lorenzo de la ciudad de México*, México, 1707, p. 39.

[85] El caso se encuentra en AGN, Inquisición, vol. 180 y ha sido resumido por ÁLVARO HUERGA, *Historia de los alumbrados*, t. 3: *Los alumbrados de Hispanoamérica (1570-1605)*, Fundación Universitaria Española, Madrid, 1986, pp. 637-691, 710-711. En 1693, casi un siglo después de este incidente, la noticia del embarazo de una

monja a resultas de sus relaciones con un fraile agustino conmovió a la capital novohispana, pero los detalles no se dieron a conocer. Recientemente el historiador Antonio Rubial García encontró los autos del proceso en el Archivo General de Indias. Comunicación personal. Véase ANTONIO DE ROBLES, *Diario de sucesos notables*, Porrúa, México, 1946, t. 2, p. 197.

[86] AGN, Inquisición, vol. 177, exp. 1.

estaba dotada de calidades superiores. Sor Agustina fue sacada del claustro y pasó varios meses en la Inquisición, a donde también fue enviado Fray Juan, su director espiritual. Ambos fueron condenados como penitentes en el auto de fe de 1601. El castigo para Sor Agustina fue de privación perpetua de voto activo y pasivo en el convento, privación perpetua de su velo de esposa de Cristo, ayuno y disciplinas semanales y obligación de ocuparse en la cocina y otros oficios humildes. Fray Juan fue condenado a reclusión perpetua en el hospital de Oaxtepec, pero la pena fue rescindida en 1610.

También temprano fue el caso del capellán del convento de Regina Coeli, licenciado Frutos García, de 44 años, que requirió de amores a varias de sus hijas espirituales[86]. El incidente data de 1590 y, como otros expedientes demuestran, se trata de relaciones iniciadas por hombres de más de 40 años, débiles ante la juventud, inocencia, y posible gracia de las novicias o recién profesas. Dos de las tres monjas a quienes solicitó eran de 17 y 18 años de edad. El requiebro fue de carácter verbal y siempre iniciado en el confesionario, cuya intimidad y aislamiento permitía una proximidad que de otro modo nunca hubiera sido permitida. Los contactos del cuerpo en el confesionario eran difíciles, aunque no imposibles. Aún así, Frutos logró tocar el rostro de su objeto amoroso, Sor María de San Juan. Frutos usó del acoso verbal, nombrando partes vergonzosas del cuerpo a la monja y permitiéndose decir cuánto ansiaba "holgarse" con ella, con sugerencias de la posibilidad de unión carnal. Se trata de discursos en que se induce a pecar "con palabras amorosas y tiernas, y provocativas de lujuria". Fue la violación sacrílega del sacramento de la confesión y el lugar sagrado lo que enardeció al fiscal inquisidor en este caso. Por otra parte, la indiscreción de la confesada, que habló de los galanteos de Frutos, indica que las monjas que se vieron envueltas en estos casos no eran totalmente inocentes. Los corrillos en el convento y las risas entre las otras monjas jóvenes que estaban enteradas de la situación sugieren que Sor María, su amiga Sor Catalina de San Pedro (a quien Frutos también hizo pequeñas demostraciones), y Sor María de San Miguel, una tercera implicada, se confiaban lo que pasaba en el confesionario. Sor María sabía muy bien de lo que hablaba el confesor a pesar de que había entrado de niña en el convento. De hecho, le preguntó una vez si era posible confesarse teniendo la regla y se asombró cuando el confesor le insinuó que no era virgen y ella se defendió vigorosamente. El intercambio de palabras "sucias y deshonestas" y el hecho de que Sor María permitiera que el padre le tocara la boca y el rostro sin moverse, inclinó al fiscal a concluir que, si la monja era moza y de muy tierna edad, se inquietó de modo "que gustaba de las torpezas que se le decían". El confesor Frutos García fue hallado culpable y condenado a dos años de exilio de las Indias para que su castigo sirviera de escarmiento. De su requiebro quedó un mal soneto dedicado a su "ángel de humano cuerpo revestido" pero no el ejemplo. Si a finales del siglo XVI se intentó cortar de tajo las incursiones de los solicitantes, el esfuerzo fue inútil.

Otros casos más tardíos corroboran la tesis de que las tentaciones del siglo fueron introducidas en el convento por quienes debían haberlas desterrado. De hecho, algunos de ellos fueron descritos como observantes y aparentemente de buena reputación en su feligresía. El franciscano Fray José Aguado, acusado con lujo de detalles de continuo acoso verbal-sexual a una joven donada del convento de La Concepción en San Miguel el Grande en 1784, tenía establecida una reputación de muy dedicado al púlpito, predicador de mucho espíritu y moralidad; eran sus "sermones y pláticas acompañadas de lágrimas, y con tal fervor que se ha azotado con una cadena en una plática de la pasión que predicó el viernes santo del año 84 en la villa de san Miguel..."[87] Pero no cabían dudas, el franciscano, de 37 años, tenía inclinaciones hacia la solicitud, por cuyo defecto ya había sido encarcelado en su convento, habiendo salido con promesa de enmendarse. El objeto de su afecto era una joven de 21 años a quien le había dicho en el confesionario que "la quería gozar, besar, y tocarla torpemente y que hiciera con él lo mismo; que quería hacer de ella lo que gustase, aunque se lo llevara el Diablo, porque la quería mucho, con otras palabras amatorias..." Fray José, como otros, sabía que había actuado mal, y se excusó ante el objeto de sus ansias diciendo que había tomado vino, previniéndola que no dijera nada de lo que había pasado en el confesionario, y si le preguntaban dijera que había sido "con una persona que había hecho voto de castidad[88]". Otras mujeres jóvenes internadas en los conventos fueron objeto de la atención de confesores que no se atrevían a traspasar los límites del respeto debido a las esposas de Cristo[89]. No siempre el objeto de solicitud fue una monja núbil. En el caso de Sor Catalina de la Asunción, del convento de Santa Catalina de Siena de México, la acusante tenía 55 años de edad cuando en 1667 denunció a su solicitante. Instigada por otro dominico, Sor Catalina denunció a Fray Andrés del Rosario, dominicano confesor del convento, quien la había camelado en el confesionario, diciéndole que la quería más que a su vida, pidiéndole le diera un papelito suyo y fuera su devota, y preguntándole si tenía polución. La avezada Sor Catalina evadió respuestas, pretendió no saber de poluciones y trató de disuadir a Fray Andrés diciéndole que no tenía ni edad ni fuerzas para corresponderle[90]. Lo sorprendente es que

[87] AGN, Inquisición, vol. 1277, exp. 3, 1784.

[88] Las jóvenes encerradas en conventos o colegios fueron también objeto de algunos solicitantes, que quizá no se atrevían a insinuarse a monjas profesas. Véase AGN, Inquisición, vol. 722, exps. 21-22, fols. 396-399, el caso del Padre Joseph López, quien solicitó a dos jóvenes del recogimiento de Belén alrededor de 1700.

[89] AGN, Inquisición, vol. 720, exp. 10.

[90] AGN, Inquisición, vol. 610, exp. 8.

otro confesor dominico, informado de la solicitud, persuadió a la religiosa para que lo callara todo. No así el padre Velasco quien no le dio la absolución hasta que denunciara a Fray Andrés a la Inquisición. En 20 de agosto de 1674 Ortega y Montañés dio órdenes para internar al monje en las cárceles de la Inquisición, donde se le pierde el rastro. El encubrimiento de un confesor pecador por sus compañeros no debe sorprendernos. El silencio de las acosadas permitía llamar la atención privadamente y evadir la atención de los de la Inquisición y la "deshonra" de la orden. Ésta no fue siempre la regla. La conciencia de algunos confesores no les permitía arreglos de ninguna clase. Una orden de denunciar a su solicitante compelió a Sor María de la Peña, del convento de La Enseñanza de México, a quien confesaba el bachiller Juan de Dios Castro Tobio. En dos ocasiones que entró al convento a confesarla por razón de enfermedad, dice que:

> cojió la mano y la trajo gran rato y me abrazó y me dijo algunas espresiones de cariño y no me confesó [y] se retiró y entrando segunda vez hizo lo mismo y juntó su rostro con el mío, y me dijo no haberle sucedido con otra lo que conmigo que no sabía que era lo que yo tenía para con su Merced y después de esto me preguntó cuántos me habían pretendido en el siglo y me hizo que lo abrazara y que alsace los ojos para verlo y hubo confesión y me absolvió y antes de ella me tomó la mano y después de todo lo demás reconoció en mí turbación y él también entró en refleja y ya no volvió a dar muestra alguna de este yerro; ni antes lo había dado hasta dichas dos ocasiones...[91]

[91] AGN, Inquisición, vol. 1338, exp. 3, fol. 99.

Cuando Sor María hizo esta confesión, Fray Juan de Dios había muerto, con algún remordimiento sin duda por un par de ocasiones en las que perdió el control. Aquí hay un caso muy humano de una tentación que quedó frenada, pero que confirma las sospechas que los prelados y autores de obras de dirección espiritual tenían de cualquier ocasión de contacto personal entre hombre y mujer dentro del claustro.

La cautela se extendía a las circunstancias y a cualquier motivación, siempre dejando margen para alguna percepción errónea. En 1762 se comenzó a investigar el caso del bachiller Antonio Benítez, de Puebla, acusado por Sor María del Santísimo Sacramento, de un convento no identificado[92]. La denunciante dijo haber encontrado a Sor María Francisca de los Dolores en brazos del bachiller. Procediendo con cautela, la Inquisición se interesó en aclarar si las circunstancias podían explicarse por razones espirituales y no de lujuria: "Diga si fue en el proceso de estarla confesando y si era de modo que manifestase tal acción notable disonancia y que indujese la sospecha de dirigirse a fin

[92] AGN, Inquisición, vol. 1075, exp. 6.

deshonesto, o si por el contrario las circunstancias de la enfermedad u otro motivo honesto precisasen de estar en dicha disposición". Se necesitaba saber si el encuentro tuvo lugar antes o después de la confesión, y si se habían observado expresiones de amor. El método de investigación inquisitorial requería atención al detalle. En este caso, la enfermedad de la acusante le impidió bajar a la portería a declarar, y el expediente se cerró. Cabe preguntarse si algunas de estas acusaciones fueron inventos de las monjas para dañar la reputación de un prelado. Aunque esta situación es plausible y explica la cautela de la Inquisición en la investigación de estas causas, sólo he encontrado un caso en que la monja confiesa haber inventado una superchería. Fue una carmelita de Guadalajara, cuyo nombre se deja en el misterio, y cuya confesión se encuentra en otra de autoacusación de herejía. En enero de 1700 la religiosa confiesa que la acusación de palabras impuras e instigación a actos torpes que hizo contra don Martín Figueroa, clérigo de Aguascalientes, fueron mentiras nacidas de desearle mal y "pidiendo a V.S. me perdone... como a niña y flaca, por fin mujer de sexo débil"[93].

Para prevenir tales situaciones, las acusaciones hechas por mano de monja en el siglo XVIII contra un miembro de la Iglesia requerían una fórmula que comprometiera a la acusante a exonerarse de malas intenciones. Así, antes de firmar, decían, "en cuya atención y cumplimiento de dicha obligación en descargo de mi conciencia y no por odio o calumnia, ni otro motivo siniestro..." En todos estos casos se observa que la Inquisición se abstiene de hacer juicios a priori pero que en ningún caso se asume la culpa de la monja o la reclusa en el convento si la misma se ha portado con la "decencia" correspondiente a su estado. La flaqueza mujeril está presente pero no la asunción de erotismo que era gratuita a otras mujeres. A las esposas de Dios se les concede de antemano el respeto a su estado. Por el contrario, la voz fiscal usualmente se levanta contra el hombre que ha transgredido sus votos y atentado contra los de la parte más escogida del sexo femenino, sobre todo por su especial relación de matrimonio místico con el Hacedor. No hay honor más grande que el de Dios mismo, y no hay peor crimen que el de atentar contra el honor de quien pertenece a Dios[94]. Esta distinción a favor de la mujer es una situación de excepción. La sexualidad de las enclaustradas no está negada, ya que las biografías y autobiografías son bastante explícitas, en algunos casos, sobre las visiones y experiencias lúbricas que asaltaban a algunas religiosas. Cuando se explican se las ve como un juego del demonio, una de las tantas cruces del estado que se han de sobrellevar con humildad y paciencia, y se remite a una cura espiritual[95].

[93] AGN, Inquisición, vol. 720, exp. 22.

[94] El historiador GUIDO RUGGIERO, al escribir sobre la sexualidad en Venecia durante el Renacimiento, apunta, acertadamente, que cualquier acto sexual entre un hombre y una monja convierte a Dios, el esposo místico, en un simple "cornudo", *The Boundaries of Eros: Sex, Crime, and Sexuality in Renaissance Venice*, Oxford University Press, New York, 1985, pp. 72 ss. En la Venecia del Renacimiento la frecuencia de relaciones entre monjas y religiosos y seculares fue frecuente, lo cual no es el caso de Nueva España, donde la vigilancia episcopal fue más efectiva.

[95] Véase de nuevo el caso de AGN, Inquisición, vol. 816, exp. 34.

La posibilidad de rehabilitarse de tales tentaciones era parte del discurso espiritual del siglo.

No hay mejor caso para ejemplificar las tentaciones contra la castidad y el triunfo de la voluntad y la fe que el de la bien conocida monja poblana Sor María de Jesús, profesa en el convento de La Concepción en 1599. Tras escapar del hogar paterno para meterse al convento y vencer los intentos de su padre de casarla, tomó el velo[96]. A pesar de haber muerto en olor de santidad, Sor María de Jesús tuvo sus encuentros con las tentaciones del siglo. Durante algún tiempo tuvo una "devoción" con el hermano de otra monja, que según el biógrafo fue inocente pero causaba dolor a su único Esposo. Rota esta conexión comenzó la religiosa a experimentar no sólo raptos y éxtasis, sino "muchas tentaciones contra la castidad", "ardientes llamas de sensualidades impuras" que se vieron como pruebas para fortalecer su pureza. Se le aparecen figuras de hombres desnudos, jóvenes lascivos y objetos escandalosos, a pesar de lo cual se vence a sí misma, llegando a alto grado de perfección. Las autoridades eclesiásticas no ignoraron los riesgos de los confesionarios. Los condenaron y tomaron sus precauciones. Así, en 1709 el ministro provincial franciscano, Fray Manuel Vigil, emite una Patente a sus subordinados ordenando elegir cuidadosamente a los vicarios y confesores de monjas. Deseaba que "las religiosas sirvan a su Divino Esposo y observen las leyes de finas esposas" y había notado que se estaban nombrando "sujetos menos aptos, así en edad como en virtud y literatura", dándose lugar a que los definitorios estuvieran llenos "de afecciones privadas"[97]. Deseaba ver sujetos mayores de 40 años, doctos y timoratos y que hubieran alcanzado cierta jerarquía en su servicio, como lectores de teología, definidores o predicadores. Como se anotó arriba, la madurez de la edad no fue garantía contra las flaquezas de la carne. Al contrario, pareció excitarlas a juzgar por la evidencia de solicitantes tanto de monjas como de mujeres seculares.

[96] FRANCISCO PARDO, *Vida y virtudes heroycas de la Madre María de Jesús, religiosa profesa en el Convento de la Limpia Concepción de la Virgen María, N. Señora de la Ciudad de los Ángeles*, Viuda de Bernardo Calderón, México, 1676. Todos los datos sobre Sor María de Jesús están sacados de esta obra.

[97] Biblioteca Nacional, Fondo Franciscano, caja 75, exp. 1262, fols. 8-9. Un problema que conspiraba contra la uniformidad de nombramiento fue el hecho de que los obispos y arzobispos reclamaban tener derecho a nombrar confesores para todas las religiosas, mientras que las órdenes luchaban por mantener confesores propios en los conventos de su jurisdicción. Véase un ejemplo en la misma fuente, leg. 1270, 1761-1762, Puebla.

LA VIDA ESPIRITUAL EN LOS CONVENTOS NOVOHISPANOS EN EL SIGLO XVII

Al tomar el estado de religiosa, Sor Juana penetraba en un mundo donde se suponía que la primacía de la espiritualidad era la base del comportamiento. Ya hemos visto que los claustros no eran huertos herméticamente cerrados al siglo y que, de hecho, tal situación era imposible de mantener. La vitalidad de estas instituciones se fundaba, precisamente, en su contacto con el mundo exterior que creaba una tensión heurística entre ambos elementos. El retiro a los espacios interiores de la oración y la meditación era un aspecto de primer orden en la teoría de la vida religiosa pero, de hecho, la irrupción de la vida cotidiana era constante. Apercibidos de esa realidad, los textos dedicados a crear una guía y una imagen de la vida espiritual siguen un curso muy cauteloso entre polos didácticos y espirituales. Los autores de biografías y autobiografías del siglo XVII describen modelos de perfección y de tentación con la pericia de artífices que apelan a los sentidos del lector: color, sonido, tacto y olfato se entremezclan en un cuadro barroco que deja en el lector una impresión emotiva de la vida en el claustro y de sus principales actores. Persiguen la creación de un rico espectáculo mental, contrapunto del espectáculo ritual que se llevaba a cabo en las ceremonias de la iglesia: procesiones, misas, observancia del culto de los santos y de los momentos clave de la vida de Jesucristo y su madre, la Virgen María. Ahora bien, la vida del claustro no sólo comprendía el ritual de la observancia cristiana, sino sus formas propias de observancia, dictadas por la adopción de una forma de vida prescrita en las Reglas de cada instituto.

La vida religiosa tenía sus pautas *sui generis* tanto en la conducta como en la espiritualidad. Para acercarnos a su compleja riqueza usamos textos biográficos de la época en los cuales se entremezclan los objetivos espirituales y los obstáculos materiales, cuyo vencimiento crea el paradigma de ejemplaridad que persiguen dichos escritos. Esos paradigmas son, al menos, de dos clases que nos interesa delimitar: 1) *Espiritualidad*: que dan los modelos de perfección religiosa y la definición de las vías para conseguirlos de acuerdo con las corrientes teológicas contemporáneas; 2) *Religiosidad*: que describen las formas de practicar la fe en la vida cotidiana y la conducta que expresa la espiritualidad.

Veamos cómo se desarrollan estos paradigmas en algunas fuentes del siglo XVII[98]. Los atributos que significan espiritualidad se describen bajo el rubro de santidad, perfección y pureza de espíritu, "contemplación de las cosas divinas". La religiosidad se puede desdoblar en prácticas de devoción con el fin de alcanzar un alto grado de espiritualidad como la asistencia frecuente al coro para la oración vocal y mental, los ayunos, las disciplinas corporales y mentales, la frecuencia de los sacramentos, la abstinencia en el comer y en el vestir[99]. Para las carmelitas, el cronista José Gómez de la Parra menciona humildad (p. 162), que era esmerarse en el desprecio de sí misma; despreocuparse de rangos y al mismo tiempo practicar mortificaciones que se suponía demostraban la capacidad de la persona para humillarse: comer en el suelo, besar de rodillas los pies de todas las religiosas, barrer, fregar o servir en la cocina. También elogia la pobreza, denotada por el

[98] AINAH, Códices Antiguos, vol. 212, *Opúsculos históricos: Notas sobre el Convento de Santa Clara de la Villa de Carrión, Valle de Atrisco, 1621-1678.* El convento de Atrisco fue fundado en 1618; recibía mujeres mayormente pobres y sufrió continuas zozobras económicas a través del período colonial. Las ocho fundadoras salieron del convento franciscano de San Juan de la Penitencia. En 1627, por falta de religiosas, un segundo contingente de monjas salió de Santa Clara de México —la abadesa, dos monjas y una maestra. Dada la pobreza del convento, las religiosas que lo poblaron representaban mujeres más cercanas a las normas y vivencias de la mayoría del pueblo que las aspirantes de conventos capitalinos de mayor alcurnia. Véanse también FRAY AGUSTÍN DE VETANCURT, *Teatro Mexicano. Crónica de la Provincia del Santo Evangelio de México. Menologio Franciscano*, Porrúa, México, 1971; FRAY AGUSTÍN DE LA MADRE DE DIOS, OCD, *Tesoro escondido en el Santo Carmelo Mexicano*, Probursa-Universidad Iberoamericana, México, 1984; JOSÉ GÓMEZ DE LA PARRA, *Fundación y primero siglo del muy religioso convento de Sr. S. Joseph de religiosas Carmelitas descalzas de la Ciudad de Puebla de los Ángeles*, Universidad Iberoamericana-Comisión Puebla V Centenario, México, 1992.

[99] Véase el compendio de virtudes de Sor Marina

de la Cruz, en el elogio del Dr. Alonso de la Mota y Escobar, confesor de Sor Marina de la Cruz, en CARLOS DE SIGÜENZA Y GÓNGORA, *op. cit.*, pp. 49-52.

abandono de las propiedades y cuidados materiales: donar sus bienes a su convento; comer de lo que le ofrecen las otras, vestirse con un hábito roto o viejo[100]. La caridad aceptaba expresiones que favorecían al convento económicamente. Durante las décadas de estrechez que sufrieron casi todos los conventos novohispanos en la primera mitad del siglo XVII, las obras pías y fundaciones espirituales de las religiosas fueron esenciales para el mantenimiento del culto. Aun la más nimia

[100] GÓMEZ DE LA PARRA, *op. cit., passim*.

cantidad era agradecida pues la compra de cera para las velas y el pago de cuotas para las misas fueron necesidades inexcusables y constantes. Las monjas mismas fueron una fuente segura y a veces bien lucrativa de patronazgo dentro de los conventos. Por ejemplo, la madre María de la Santísima Trinidad, de Santa Clara de Atrisco, empleaba las cortas rentas de una obra pía establecida por sus padres para "remediar sus necesidades" en la celebración de la fiesta de Nuestra Señora del Rosario el primer domingo de octubre[101].

Hubo otras formas muy apreciadas de expresar la religiosidad en el siglo XVII. La conducta dentro del convento era un ejercicio de religiosidad. Se citan la humildad y paciencia para con las demás, el trabajo de manos, la prudencia en el habla, la caridad con las otras religiosas, la obediencia ciega a los superiores[102]. Lo emotivo no quedaba fuera. La frecuencia de lágrimas indicaba estados de empatía especialmente aptos para la pasión de Jesucristo. Sor Teresa de San Juan, clarisa del convento de México, "se dio a la contemplación de la pasión del redentor con tanta abundancia de lágrimas que no cesaba de llorar en todo el día". Sor Beatriz de Buenaventura, profesa en Atrisco en 1619, fue muy devota de la Sagrada Pasión, "con tanto fervor que al oír cualquier paso se derretía en copiosas lágrimas, y se quedaba extática por mucho tiempo..."[103] Resultado de la Contrarreforma, la oración en el coro, mental o vocal, se convierte en uno de los cimientos de la vida religiosa. La monja debe ser adepta a esta práctica, a través de la cual se llega a rangos más elevados de la espiritualidad. De hecho, para un cronista religioso, la oración es suficiente para lograr "alto grado de contemplación y unión con Dios"[104].

La espiritualidad tiene su imaginario propio basado en las facultades que se dicen poseen las religiosas y que las hacen especiales dentro de su sexo. Estos atributos pueden ser de carácter positivo, en los cuales el sujeto establece una comunicación especial con la divinidad, o recibe la capacidad de actuar con fuerzas especiales para beneficiar a los seres humanos o a las ánimas del purgatorio. Recibir la facultad de obrar milagros o ser objeto de un milagro proyectar la visión del futuro a través del don de la profecía fueron signos importantes del privilegio espiritual de algunas religiosas. En rasgos generales, el mundo visionario de las religiosas del siglo XVII fue rico en la variedad de las experiencias, pero se centró en Jesucristo y la Virgen, aunque hubo casos extraordinarios como el de la madre María de Jesús Tomellín, concepcionista poblana, cuyas experiencias incluyeron viajes místicos a Etiopía, España y Francia, y la visión de un ataque a la flota española en 1628 por un pirata holandés[105]. Más frecuentemente se trata de

[101] AINAH, Colección Antigua, vol. 212, *Opúsculos Históricos.*

[102] Fray Agustín de Vetancurt, *Menologio...*, pp. 91, 110.

[103] *Ibid.*, pp. 120, 130.

[104] José Gómez de la Parra, *op. cit.*, pp. 162-163.

[105] Francisco Pardo, *op. cit.*, pp. 137-40.

visiones en las cuales "Su Divina Magestad" o la Virgen María entablan diálogos con las profesas comunicándoles la respuesta a una pregunta, consolándolas con gestos de amor o, al contrario, expresando a veces reproches o desaprobación. Estas comunicaciones místicas se desenvuelven dentro de una atmósfera de intimidad en la cual el trato con lo divino tuvo una familiaridad que sólo se explica por la "elección". Fray Agustín de la Madre de Dios, un cronista de muy barroca visión y escritura, se enorgullecía del amor que Jesucristo tenía a las religiosas de su orden. Como ejemplo de esa intimidad que fue parte de la espiritualidad barroca, se recuerda el caso de Melchora de la Asunción, carmelita que según el cronista dejó tantos ejemplos de virtud. Con ella llega Jesucristo al gesto físico-alegórico como muestra especial de su afecto. El confesor le había prohibido a Sor Melchora pensar en la humanidad de Cristo, posiblemente en vista de su irreprensible empatía emotiva con la pasión. Para demostrar su aprobación por el amor que la religiosa le tenía, después de que comulgó, Cristo se le presentó y le dio "un tan tierno abrazo que la metió en su pecho, uniéndola toda a sí con vínculo amoroso"[106]. El oído era ya en el siglo XVII un medio muy frecuente de comunicación mística. Las "voces" son interiores en la mayoría de los casos, pero había grados de audición, y la ortodoxia canónica no negaba la posibilidad de oír voces físicamente. La comunicación oral es breve y se reduce a mensajes de consuelo y especial afecto personal como el que recibió una religiosa que ofreció su amor a Dios, a cuya oferta responde Jesucristo: "Hija, tú eres mi flor y tú eres mi regalo, y como a blanca azucena te tengo en mi corona". Otras veces el mensaje indica un deber, como cuando Teresa de Jesús entiende que Cristo desea que fuera priora: "Bernarda mía, mira la cruz que llevo y tú descansas, siendo bien me la ayudes a llevar"[107]. Iguales mensajes recibía Sor Marina de la Cruz no sólo de Dios sino de la Santa de Ávila, de quien precisamente se subraya su "familiaridad con su querida virgen Santa Teresa"[108].

La visión, sin embargo, conlleva el mensaje más vívido y más barroco, un estilo de vida que privilegió la pintura y el sentido de la vista. Melchora de la Asunción tuvo, entre otras, la siguiente visión: "Un día le hizo el Señor un singular beneficio, con que quedó su alma enternecida y consolada en extremo... vio de improviso delante de sus ojos a Cristo nuestro bien, llevando la cruz a cuestas... [y] cayó delante de ella con el madero pesado, teniendo los cabellos cubierto lo más del rostro, que todo estaba bañado en sangre muy reciente..."[109] Otra de las más populares habilidades de las monjas del siglo XVII fue la de "ver" a familiares y amigos en el cielo o en el purgatorio. La carmelita

[106] *Ibid.*, p. 308. Otras monjas también recibieron esa gracia. Así, Sor Isabel de la Encarnación tuvo un día de la Natividad una visión del Señor con su cruz, tras la cual "sintió repentinamente que nuestro Señor la recogió en sus brazos, comunicándole gustos y regalos celestiales y después la volvió a dejar en sus tribulaciones", p. 331.

[107] FRAY AGUSTÍN DE LA MADRE DE DIOS, *op. cit.*, pp. 308, 376, 400. Para la experiencia mística femenina, véase FRANCES BEER, *Women and mystical experience in the Middle Ages*, Boydell & Brewer, Rochester, NY, 1992.
[108] SIGÜENZA Y GÓNGORA, *op. cit.*, pp. 92-96; EVELYN UNDERHILL, *Mysticism*, 2nd ed., Doubleday, New York, 1990, pp. 266-278.
[109] FRAY AGUSTÍN DE LA MADRE DE DIOS, *op. cit.*, p. 308.

Sor Beatriz de los Reyes "vio subir a los cielos con indecible gloria a un criado de su casa..."[110] A Sor Marina de la Cruz, concepcionista de Jesús María y después carmelita, la Virgen le concede el don de ver a su hija muerta y el conocimiento de que se encontraba entre los serafines del cielo[111]. Pero son las visiones del cielo las que merecen aparte especial en el imaginario conventual porque fueron pocas las que lograron esa gracia. En 1630, Sor Isabel de la Encarnación, a quien Fray Agustín llama "venerable madre" y "sagrada virgen", tuvo el regalo de ver "la gloria y el infierno", a invitación de Santa Teresa de Jesús. Como una de las muestras del imaginario conventual, merece tenerse en cuenta como ejemplo del mundo interior que la espiritualidad barroca creó para las esposas de Cristo. "Gozó de esta vista en la manera que se permite al hombre", advierte Fray Agustín, cuidándose de la ortodoxia de su narrativa. Sor Isabel vio a los santos, a la Santísima Trinidad, a la Virgen, quien apareció como "si la fuesen descubriendo una cortina", una multitud de ángeles, profetas, patriarcas, apóstoles y evangelistas en perfecta jerarquía descendiente. La narrativa es teatral, mostrando a la monja como espectadora de un gran espectáculo deslumbrante, pero participando al mismo tiempo con reverencias, alabanzas, y actos de humillación que son recíprocos a la atención y bienvenida de los seres celestiales[112]. Estas visiones tuvieron una base pictórica en las obras de Juan Correa (1645-1716), Cristóbal de Villalpando (1650-1714) y Antonio de Torres (1666-1731), artistas muy influyentes de la época y cuyas representaciones ilustran la pintura hagiográfica de la literatura conventual[113]. Es idílica la visión del cielo que tiene otra religiosa, Sor Inés de la Cruz, toledana de nacimiento, profesa en Jesús María y luego fundadora de las carmelitas. En "las riberas del cielo" corría "un río de cristal cercado de muchas florestas y corría un airecito tan delicado, y suave, que deleitaba el alma". En este bosque volaban muchos "con el traje que pintan a los ángeles"[114].

La espiritualidad también se expresó a través de atributos especiales de conflicto: la resistencia a los ataques del demonio o de las huestes del infierno. Así, lo único que recuerda Vetancurt en su *Menologio* de Sor Polonia de los Ángeles, natural de Puebla y profesa en Santa Clara en 1623, fue cuántas batallas tuvo con el enemigo común y de las cuales salió airosa[115]. Estas batallas con el demonio sustituyen en la mujer los atributos viriles y marciales del arte militar en el hombre, o el martirologio aun esperado y experimentado por los misioneros del siglo XVII. Dentro del recinto claustral se libran los más formidables encuentros entre religiosas y demonios, descritos con la mejor pluma barroca por Fray Agustín de la Madre de Dios. Algunas

[110] *Ibid.*, p. 306.

[111] SIGÜENZA Y GÓNGORA, *op. cit.*, pp. 92-92v.

[112] *Ibid.*, p. 331.

[113] Véanse los ensayos de ELISA VARGAS LUGO y las ilustraciones correspondientes en *Arte y mística del barroco*, CONACULTA, México, 1994.

[114] SIGÜENZA Y GÓNGORA, *op. cit.*, pp. 92, 143.

[115] Sobre el demonio en Nueva España, véase FERNANDO CERVANTES, *The Devil in the New World: The impact of diabolism in New Spain*, Yale University Press, New Haven, 1994.

de estas batallas, se sobreentiende, son metáforas de la vida religiosa; en otras ocasiones el cronista asevera que los combates son "en el cuerpo y en el alma juntamente". El demonio se resiente contra la devoción de las carmelitas, contra sus virtudes y su fe, y está constantemente en guerra con ellas: "Y así han visto varias veces en forma de un ejército con banderas, con pífanos, y cajas venían alistadas las infernales furias y cercaban el convento; dando tan gran batería a todas las religiosas que bien habían menester las fuerzas de la gracia".

De Sor Isabel de la Encarnación dice que luchó contra tres demonios que la combatieron toda la vida. Tomaban la forma de serpientes, de mancebos atractivos y lúbricos, de varias bestias como leones, tigres, perros rabiosos y jabalíes, con cuernos y uñas: "Andaban en ocasiones encima de su celda y debajo de ella como con carros armados, y con picos y barretas daban en las paredes queriendo echarla abajo; como manadas de yeguas entraban otras veces en su celdilla". Al parecer, la religiosa sufría ataques epilépticos que se describían como ataques en los que los demonios la tiraban "para arriba como si fuera pelota, con tan grande violencia que aunque la teníamos asida muchas monjas daban con ella en el techo de la celda ... otros la arrojaban contra las paredes y con la cabeza tan grandes golpes en ellas que era lástima mirarla..."[116] La lucha con el "enemigo común" tomó cientos de formas en el imaginario barroco pero, contrariamente a las visiones que experimentaron personas seculares, las de las monjas levantaron dudas con mucho menos frecuencia[117].

La hagiografía del siglo XVII elogia otras muchas virtudes especiales, por ejemplo, el don de profetizar sucesos como la fundación de conventos, terremotos, accidentes en el convento, la muerte de otras personas y la propia. El don de profecía, según Fray Agustín de la Madre de Dios, era "una participación de la divina ciencia, una luz derivada de la que el mismo Dios goza... es un pasar los términos de la inteligencia humana y un subirse más allá de la noticia angélica; pues ni ángeles ni hombres pueden saber lo futuro, si no se lo revela el mismo Dios" (p. 333). Otras formas de gracia fueron los éxtasis o arrobos, signos de elección que son marcados a veces con la levitación, cuya veracidad se empeñan los cronistas en verificar con los testimonios de varios testigos. Estas manifestaciones contrarias a la realidad no perturbaban la mentalidad aún no científica de la gente del siglo XVII. Resplandores en el cuerpo o en el claustro marcan momentos trascendentales como la muerte de una profesa[118]. También fueron de gran importancia las visiones del purgatorio. Las religiosas —como María— cumplían un papel de intercesoras de las ánimas del purgatorio, y una

[116] Fray Agustín de la Madre de Dios, *op. cit.*, pp. 307, 320, 339. "Torcíanle la cabeza alrededor; doblábansela a las espaldas; tirábanle los ojos y la boca hacia el cerebro; doblábanle el cuerpo por medio de las cintura hacia las espaldas..." Esta descripción de uno de los ataques de los demonios sugiere un ataque epiléptico.

[117] Sor María de Jesús Tomelín estuvo bajo sospecha de las autoridades eclesiásticas por sus visiones. Sin embargo, las "beatas" fueron mucho más cuestionadas por la Inquisición.

[118] Agustín de Vetancurt, *Menologio franciscano* en *Teatro Mexicano*, pp. 9, 73, 97, 98, 123.

de sus grandes preocupaciones era la oración para sacar a quienes allí cumplían su castigo y ayudarlos a alcanzar la salvación final. La poblana Sor María de Jesús, urgida por las mismas almas en pena que sabían tener en ella una aliada poderosa, rezaba con tal fervor que se reclama "sacaba a millares, y redimía portentos aquéllas de los incendios del Purgatorio, y a éstos del estado lamentable de eterna condenación". Muchas de estas almas eran de religiosas y criadas que habían vivido en el claustro de La Concepción. La numerología del biógrafo Fray Francisco Pardo llega a exageraciones barrocas al reclamar que Sor María de Jesús salvó 140 millones de almas del purgatorio el día de los Inocentes, y también logró sacar a "un emperador" cristiano que estaba allí hacía 500 años[119].

Es fácil comprender una de las muchas razones que hicieron de los claustros centros de la fe popular y a algunas religiosas objeto de culto popular. Las monjas que acreditaron tener estas gracias especiales cobraron fama fuera del convento, ganando no sólo ellas en la estimación popular, sino por extensión, la institución que las albergaba. En términos prácticos, la estimación de "santidad" que tuviera cualquier convento podía muy bien significarles una dádiva monetaria, el legado de una obra pía o la atracción de novicias, elementos esenciales para su perpetuación. Sin querer eludir este objetivo práctico detrás de la escritura de la hagiografía barroca, creo que es más importante su contribución a la creación de un estereotipo de la cultura popular. Ya José Antonio Maravall ha subrayado el gusto del siglo XVII por lo sobrenatural y extraordinario, los milagros y los prodigios[120]. La cultura religiosa, como la popular, se nutría de maravillas improbables que atizaban la imaginación. Las crónicas, biografías o sermones funerales mantenían vivo ese gusto por lo dramático. Los sujetos eran mujeres de virtudes heroicas, de fuerzas inimaginables en su sexo y, sobre todo, mujeres que por su exclusión del tráfico social eran totalmente inasequibles. Perpetuamente encerradas, estos paradigmas de perfección se convirtieron en leyendas que nutrían el imaginario religioso y daban al género femenino un espacio dentro de la cultura popular.

¿Dónde cabe Sor Juana en este cuadro? Definitivamente no en la construcción de ningún modelo de santidad, ni en la posesión de ninguna capacidad visionaria o una religiosidad extraordinaria. Su "fama" como escritora, la apoteosis de su figura como genio sin rival en su género, fue parte de esa cultura que se recreó con prodigios barrocos y en la cual las mujeres tuvieron su lugar. De entrada tuvo la ventaja de ser monja y, como tal, la de vivir en un espacio dentro del cual se le permitía a la mujer tener experiencias no sólo diferentes, sino espe-

[119] Véase FRANCISCO PARDO, *op. cit.*, pp. 62-65; también JACQUES LE GOFF, *The birth of Purgatory*, Chicago University Press, Chicago, 1986.

[120] Cf. JOSÉ ANTONIO MARAVALL, *Culture of the Baroque. Analysis of a historical structure*, University of Minnesota Press, Minneapolis, 1983, trad. de *La cultura del Barroco* (1975). Véase el capítulo 9 y apéndice; y JOSÉ L. SÁNCHEZ LORA, *Mujeres, conventos y formas de la religiosidad barroca*, Fundación Universitaria Española, Madrid, 1988.

ciales. El acceso a Dios, a la Virgen, a los seres celestiales y profetizar, no eran los únicos dones especiales que ostentaban las profesas en los claustros. Escribir con soltura sobre asuntos teológicos, componer versos y comedias, sacar cuentas y llevar el manejo del convento, tocar instrumentos, componer música y cantar con buena voz, eran talentos que les eran permitidos y en los cuales podían exceder "con ventajas los límites de la mujer"[121]. Así, el claustro tenía que ser, por necesidad, el espacio de Sor Juana, tal y como lo deseaba Antonio Núñez, porque sólo en el claustro podía desempeñarse su genio. Había cierta logicidad en su empeño, y Sor Juana pagó con creces la expectativa de sus mecenas en cuanto a desarrollar plenamente todas sus habilidades intelectuales. Donde los defraudó fue en lo de ser un ejemplo de mortificación, silencio, humildad o penitencia. Nunca confesó tener visiones o conversaciones personales con la Virgen o con Cristo. Y, sin embargo, cuando tomó la decisión de dejar sus estudios humanos, supo cuál era el modelo que debía seguir para alcanzar la perfección de la *religiosidad* barroca. En cuanto a su espiritualidad, Sor Juana la expresó en sus composiciones religiosas, teatro, villancicos, loas y ejercicios. Por ser quien fue, sus composiciones religiosas se salvaron del olvido, de la destrucción, de la pérdida y del plagio intelectual. Muy pocas religiosas del siglo XVII lograron ver sus escritos impresos. Sólo en el siglo XVIII comienzan a aparecer obras impresas de religiosas, tales como ejercicios, pláticas espirituales y libros de devoción. La bien conocida poblana Sor María Águeda de San Ignacio fue afortunada en vivir en el siglo XVIII, cuando se comenzó a reconocer la autoridad de la mujer en la escritura. Lo que es manifiesto es que en el siglo XVII los confesores, los cronistas y los biógrafos esperaban el silencio de sus discípulas y tomaron sus palabras para contar ellos lo que era la esencia de la experiencia femenina[122]. Sor Juana fue afortunada porque, al ser extraordinaria, su excepcionalidad hipnotizó la imaginación barroca de tal modo que le fue posible arrancar a sus contemporáneos hombres el derecho de expresarse por cuenta propia.

El claustro donde se movió Sor Juana fue un mundo donde lo material y lo espiritual se mezclaron íntimamente. Se podía fregar en la cocina como ejercicio de humildad entre las horas de oración. Al mismo tiempo, en la sociedad que creó el claustro, se hermanaban los pruritos raciales para seleccionar a las esposas de Cristo con una fe intensa y a veces ingenua que se nutría con emocionales actos de piedad. Algunos padres dedicaban a sus hijas al servicio de Dios; otros hicieron lo indecible para evitar que sus hijas profesaran. Dentro del claustro se juntaban actos de penitencia extrema y el regalo del cuer-

[121] AGUSTÍN DE LA MADRE DE DIOS, *op. cit.*, p. 399.

[122] Véanse JEAN FRANCO, *Plotting women; Gender and representation in Mexico*, Columbia University Press, New York, 1989; KATHLEEN ROSS, *The Baroque narrative of Carlos de Sigüenza y Góngora: A New World Paradise*, Cambridge University Press, New York, 1993, especialmente el epílogo; y GEORGE H. TAVARD, *Juana Inés de la Cruz and the theology of beauty*, University of Notre Dame Press, Notre Dame, 1991.

po con tazas de chocolate y buenas cenas. No hay un rasero simple para medir las incongruencias que parecen minar todo intento de hallar un patrón que defina la vida conventual. Obediencia, humildad, caridad, fe, castidad y otras virtudes se codean con indisciplina, orgullo, sequedad espiritual, y tentaciones que pululan en el claustro asediando la voluntad de quienes se retiraron del mundo. Estos juegos de luz y sombra sirven de marco para la vida de la más insigne de las religiosas novohispanas y explican lo especial de su mundo interior.

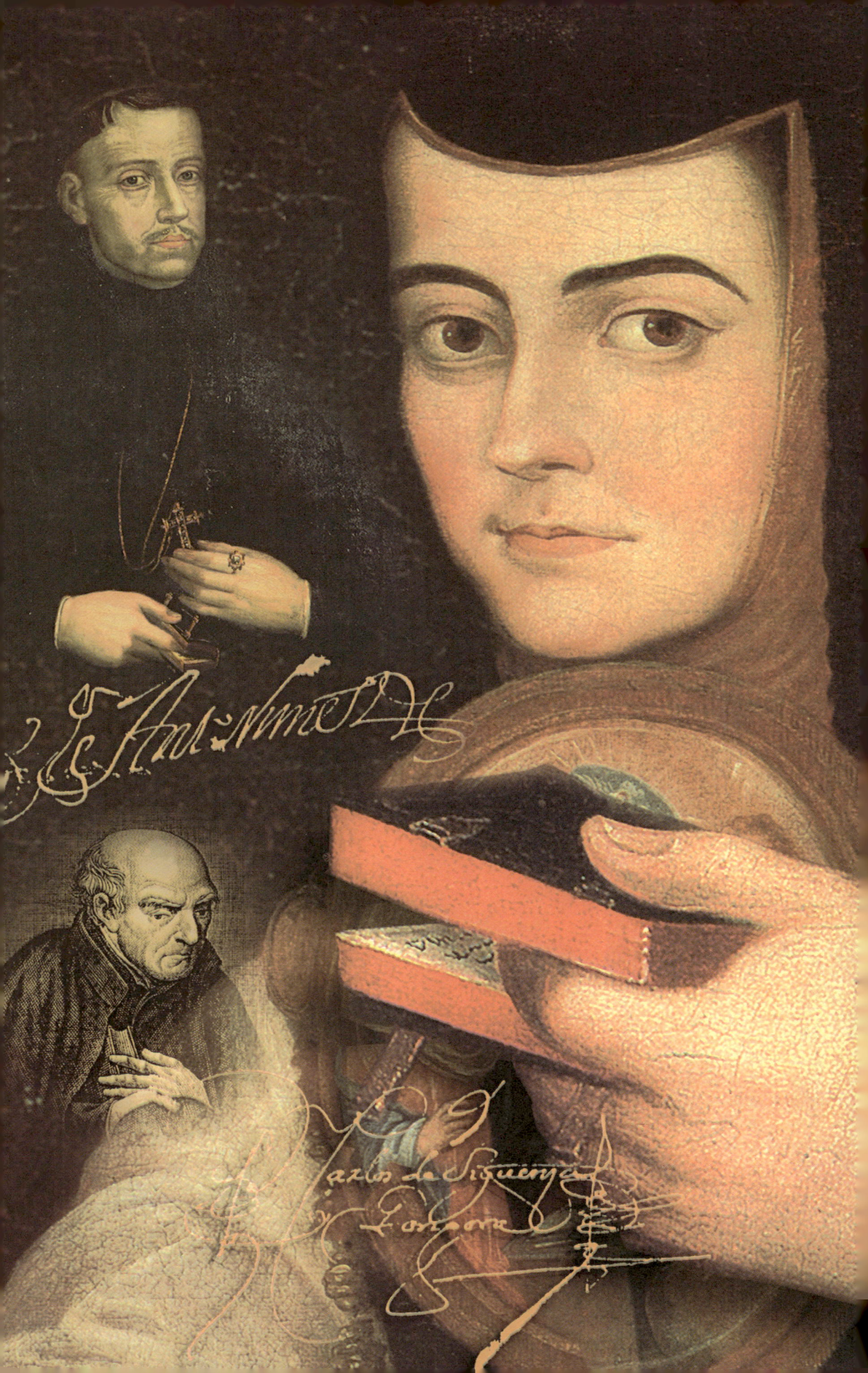

III

SIGNOS RELIGIO SOS Y GÉNEROS LITERARIOS EN EL DISCURSO DE PODER

MARÍA DOLORES
BRAVO ARRIAGA

D[o]n Carlos de Siguenza y Gongora Professor de Astrologia y Cathedra[tico]
propietario de Mathematicas en esta R[ea]l Univ[e]rsidad = Dice que
como acostumbra todos los años tiene calculado y dispuesto para el a[ñ]o
venidero de 1675 el Lunario y pronostico de temporales y para po[de]r
der imprimirla.

A V[uestra] S[eñoria] R[everendisima] Pide y Suplica que hauiendo precedido la censura de los M[uy]
R[everendos] P[adre]s Calificadores deste S[an]to Tribunal se sirua de concederle licencia p[ar]a que qualquiera Impressor deste Reyno pueda darselo a la estampa, en que espera recebir m[erce]d de la grandeza de V[uestra] S[eñoria] Il[ustrisim]a.

Carlos de Siguenza
y Gongora

Pres[enta]da en el s[an]to off[ici]o de Mex[i]co a
tre[s] de Agosto de s[etecien]tos y setenta
y quatro ab estando en aud[iencia] de
la mañana los s[eñore]s Inqu[isido]r el Liz[encia]do
[...] de orrez y el s[eño]r obis[p]o
de [G]oadrana y[lesia] D[oct]or D[o]n Martin
[...] oto

Ill[ustrisim]o s[eño]r
quele vea el R[everendo] P[adre] M[aestro] Antonio Nuñez Calificad[o]r
de este s[an]to off[ici]o

SIGNOS RELIGIO SOS Y GÉNEROS LITERARIOS EN EL DISCURSO DE PODER

Introducción

SI estudiamos la textualidad de una época en su dimensión más compleja y profunda, veremos que tiene, entre otros posibles, dos niveles de significación primordiales: describe y designa. En el primer nivel describe, refiere un transcurrir inmediato contemporáneo e inevitablemente perentorio de la realidad de su entorno. En este aspecto, la palabra es testimonio y cobra la significación de "recuperar el tiempo perdido"; es el único adversario eficaz contra el olvido.

A más de esta primera significación "descriptiva", "testimonial", de textualidad enraizada en un devenir histórico-cronológico, existen otros signos que operan en niveles de representación más profundos. No describen ni dan testimonio de su tiempo, sino que lo transforman en modelos y categorías culturales; son los símbolos que dan un sentido trascendente al comportamiento espiritual de la historia.

Es indudable que existen épocas en que la autoridad de la palabra es más influyente que en otras. La vitalidad verbal se vuelve casi hipnótica, en períodos históricos en los que la ideología dominante y sus vicarios se recubren de metáforas y figuras retóricas casi rituales; así, los valores y esquemas de la realidad se imantan en la constante convicción de la palabra.

Es innegable que esta forma de representación de la realidad y su significación ideológica y espiritual se da en el período colonial y, sobre todo, en la paradójica etapa conocida como el Barroco novohispano. Nos interesa la segunda mitad del siglo XVII, la época de Sor Juana, Sol innegable de un sistema que en la posteridad gira inevitablemente alrededor de su figura.

La complejidad de este período estriba en varios factores de índole muy diversa. Nos proponemos, a través de una serie de textos muy variados y de distintos registros genéricos e ideológicos, reconstruir la descripción y la significación del entorno en el que ella vive.

Uno de los primeros planteamientos y reflexiones que arroja la investigación es el hecho de que la cultura en este período está creada y manejada por criollos religiosos. Criollos pertenecientes al clero, ya sea regular o secular, son Carlos de Sigüenza y Góngora, Francisco de Florencia, Agustín de Vetancurt, Antonio Núñez de Miranda y, por supuesto, Sor Juana Inés de la Cruz.

La actitud espiritual del criollo es compleja, por un lado su definición única y posible es la de un "español americano", ambigua y poco clara identidad histórica. Si bien son súbditos leales de la corona española, lo cual se demuestra con la solidaridad apoteósica o funesta, según sea feliz o desgraciado lo que ocurra en la Metrópoli, también se sienten desligados de ella debido a la ruptura emotiva e ideológica del cordón umbilical que los ata a la Península.

Esta dualidad de pertenecer a la Vieja y Nueva España se refleja también en las artes y las letras. Los estilos provienen de España pero el novohispano establece y crea sus modalidades criollas. De ahí, que el Barroco artístico mexicano tenga ese sello tan peculiar y distintivo del europeo. En las letras ocurre algo similar: es innumerable la secuela de seguidores de Góngora, pero también la incorporación de tópicos que se traducen en lo que Méndez Plancarte sintetizó acertadamente al decir: "La Nueva España matizó sus frutos poéticos con la savia y el aire de su historia y sus sitios, y de sus costumbres y gentes"[1].

Junto al hecho contundente de una cultura creada por criollos encontramos que la mayoría son también religiosos, miembros del clero secular o regular. Son profesores de universidad y de los colegios dependientes de las diversas órdenes. Para entender cabalmente la importancia medular que las obras de los criollos religiosos tienen en

[1] ALFONSO MÉNDEZ PLANCARTE (ed.), *Poetas novohispanos*, UNAM, México, 1943, t. 2, p. xxi.

la sociedad novohispana de fines del siglo XVII, es conveniente tratar de comprender las múltiples e imprescindibles funciones espirituales, ideológicas, políticas, culturales e incluso lúdicas o de entretenimiento que cumplen en el entorno en el que fueron creadas.

En un Estado en el que, a imagen y semejanza de la Metrópoli, el virrey es el patrono de la Iglesia es lógico que los valores contextuales, que rigen y controlan la moral social, estén dictados por la Iglesia para lograr en cada individuo la perfección del ciudadano de una verdadera "República Cristiana". De ahí que la palabra escrita por el criollo religioso recorra los públicos más variados y tenga muchas y muy versátiles funciones receptivas, pues va desde la más austera teología pastoral de los sermones, hasta la sabrosa sazón de chismes y noticias de crónicas y diarios; se desplaza de la impresionante advertencia de la muerte corporal, a la novelesca ejemplaridad en las Vidas de monjas y frailes. Es así que la variedad de funciones proyectivas que estos textos despiertan en el oyente-lector cumplen y llenan registros catárticos y de identificación entre el escritor y su receptor.

Para lograr este propósito de internarnos en la época de Sor Juana a través de una diversa, rica y sorpresiva textualidad, planteamos nuestra investigación en varios apartados. En el primero analizaremos los escritos que comprenden lo que antes denominamos como un nivel de significación "descriptiva" y que comprende crónicas, diarios, testimonios, relaciones, y que llamaremos "El criollo, cronista y espejo de sí mismo". El segundo apartado se cifra en las manifestaciones que el poder pone en escena para ritualizar su propia autoridad. En estas obras se cala hondamente en la significación de la fiesta pública, en la importancia que tiene para la vida social y espiritual de la sociedad novohispana. Este apartado se denomina "Fiesta y ritual religioso y cortesano".

La última parte del trabajo se centra en una serie de escritos, la mayoría hasta hoy prácticamente desconocidos, que nos adentran en dos aspectos primordiales del modelo del mundo y de la realidad que determinan el inconsciente colectivo del ser novohispano: la religiosidad y su omnipresencia en todos los resquicios del espíritu de la época. Este capítulo se intitula "El modelo religioso: guía edificante de la vida terrena y perdurable". En él tratamos la palabra de autoridad religiosa que contempla la normatividad del individuo según su lugar y jerarquía en la "República Cristiana", en función de la trascendencia y de la vida perdurable.

La investigación está íntimamente relacionada con la forma de expresión inherente al Barroco; expresión alusiva y elusiva a la vez.

Sus ricas y transtornantes metáforas; su esplendente y espectacular verbalización; sus símbolos y emblemas culturales característicos; su teatralidad. En igual medida e importancia se manifiestan los grandes temas de la época como el desengaño; la idealización de los valores criollos y la recreación de sus propios mitos; la línea casi etérea que divide lo fáctico de lo imaginario, lo natural de lo sobrenatural.

Deseo concluir estas palabras preliminares con una elocuente cita de Edmundo O'Gorman sobre la fascinante y compleja espiritualidad del tiempo de Sor Juana:

> Pero estamos también en una época en la que el arrobo de una monja, la milagrosa curación de un agonizante, el arrepentimiento de un penitenciado o los vaticinios de una beata son más noticia que el alza de precios de los oficios o la imposición de una alcabala; de una época en que son de más momento los viajes al interior del alma que las expediciones a las Californias o a Filipinas; de una época, en fin, para la cual el paso del régimen de la encomienda al del latifundio, resulta preocupación accidental frente al desvelo ontológico de conquistar un ser propio en la historia[2].

[2] EDMUNDO O'GORMAN, *Meditaciones sobre el criollismo*, Centro de Estudios de Historia de México, Condumex, México, 1970, p. 27. Considero que este ensayo es imprescindible para todo estudioso de la espiritualidad novohispana.

GRANDEZA
MEXICANA
DEL BACHILLER BER
nardo de Balbuena,
DIRIGIDA AL ILVS
trísimo y Reuerendísimo Don Fr.
García de Mendoza y Zúñiga
Arçobispo de Mexico, Del
cõsejo de su Magestad.

CON PREVILEGIO
En Mexico Por Melchior Ocharte.
Año De. 1 6 0 4.

EL CRIOLLO, CRONISTA Y ESPEJO DE SÍ MISMO

Durante el siglo XVI, la mayor parte de los testimonios de la realidad inmediata novohispana son emitidos por peninsulares; en el XVII, especialmente en la segunda mitad, son los criollos quienes nos dejan una descripción vivencial de su entorno. Crónicas, diarios, cartas, historias, son los principales géneros empleados por los novohispanos para darnos razón de la realidad que los circunda. Incluso encontramos algunas relaciones y descripciones en verso de certámenes, inauguraciones de templos y otras festividades. No en vano la gran obra que inicia el siglo XVII es una singular crónica cultista de la más alta calidad poética: *Grandeza mexicana*, del peninsular Bernardo de Balbuena.

La prosa descriptiva, testimonial, de los grandes cronistas de la última parte del siglo, muestra una serie de múltiples, diferentes e interesantes facetas en relación con el siglo anterior. En primera instancia, el criollo barroco siente ya la presencia fuerte y determinante de un pasado al que da ya una significación específica. Después de más de ciento cincuenta años de gobierno colonial ya existe una cultura y un deseo de consignarla como devenir y antecedente de una historia actual. Por ello se escriben muchas relaciones e historias de órdenes, fundaciones religiosas, ciudades, etc. También el pasado indígena reviste una significación, ésta tal vez más profunda, la del pasado ya nunca recobrado que alcanza los niveles de mito clásico y de grandeza utópica.

Otro de los temas, aludido antes, es la ciudad de México como centro y *omphalos* del mundo americano. El centralismo espiritual y fáctico de la sede de los poderes eclesiástico y civil se revela en instituciones, calles, construcciones, interpretados en edificios textuales de múltiples significaciones.

Los prosistas criollos nos hablan de diversos aspectos de la realidad histórica y social: calamidades naturales, insurrecciones de los variopintos pobladores de su territorio; de la vida cotidiana, de sus fiestas y ceremonias, de la vida civil y de la piadosa, en fin, de innumerables aspectos que, a más de ser una relación inmediata y epidérmica de la realidad, reviste una serie de afecciones y de posturas históricas e ideológicas, muy probablemente inconscientes para aquellos que escriben. En estos textos, como en casi todos, hay un doble nivel de lectura, el qué "dice" y el qué "quiere decir"; ambos están manifestados en estos escritos. No sólo nos enteramos de las manifestaciones de rebeldía de castas y de indígenas ante el Estado español, sino que estos sucesos nos arrojan una reveladora y conflictiva convivencia entre las clases subordinadas y la dominante; de la incomprensión flagrante entre los miembros del mosaico racial y económico que componen lo que conocemos como "sociedad novohispana". Un verdadero escenario de vida y de acontecer para ellos, y de historia y textualidad para nosotros, resultan esos escritos que nos hablan de lo cotidiano aunado a un modelo de la realidad tal vez no premeditado. Éste es concebido por los autores como un rico y versátil número de géneros que revelan los resquicios más sustanciosos de una compleja sociedad, referida por los más sensibles miembros de su clase ilustrada.

El *Diccionario de Autoridades* define así la palabra *Theatro*: "Metaphóricamente se llama el lugar donde alguna cosa está expuesta a la estimación o censura universal. Dícese frecuentemente el theatro del mundo".

La concepción de la vida con sus constantes inherentes, tiempo y espacio, como gran escenario de la realidad, traspone la teatralidad de la fiesta y de la ceremonia religiosa a la historia y a los diversos géneros que la manifiestan. Ya vimos que Sigüenza llama *Theatro* a la época en la que se desarrolla la cultura indígena; no sólo eso, sino que otorga un sentido admirativo y ejemplar —digno de "verse" y de "admirarse"— a las cualidades de los monarcas mexicanos. Qué mejor escenario para la verdad que el espejo de la historia y la realidad que en ella se ha reflejado. De ahí que gran parte de las crónicas de la época ostenten el nombre de *Teatro*.

El siglo XVII se cierra con una espléndida crónica llamada sugestivamente *Teatro/ Mexicano/ descripción Breve/ de los Sucessos Exemplares, Históricos, Políticos,/ militares, y Religiosos del nuevo mundo/ Occidental de las Indias...* En México por Doña María de Benavides, Viuda de Juan Ribera. Año de/ 1698.

Obra de Vetancurt, ésta es una verdadera enciclopedia de los aspectos más relevantes sobre su patria. Reconoce el autor que mucho se ha escrito sobre la materia pero está consciente de que: "...el tiempo... es el que descubre lo escondido y revela lo secreto. Mucho se sabe hoy que se ignoró ayer, y vemos en la naturaleza, y aun conocemos de los sucessos que se saben cosas de presente que los antiguos ignoraron en los passados"[3].

El escritor no pretende la originalidad, concepto que el Renacimiento y el Barroco no sustentan; por el contrario, la noción de *mimesis* o *imitatio* garantiza la erudición y el prestigio de un autor, especialmente si escribe sobre historia. El cronista manifiesta sus fuentes y destaca a los autores que más influyen en él como es el caso del también cronista franciscano Juan de Torquemada.

Vetancurt sigue a sus antecesores en la estructura general de partir de la "historia natural" o sea de la descripción geográfica, del clima y de la naturaleza toda. Al igual que otros historiadores, muestra a la cultura indígena con la mancha de la idolatría. Sin embargo, dentro de la tendencia del criollo novohispano de insertar el pasado indígena dentro de un contexto universal, establece la analogía (procedimiento recurrente del discurso barroco) entre los dioses de la gentilidad mexicana y los del paganismo grecorromano. Como sus antecesores, Mendieta y Torquemada, Vetancurt escribe la historia de la evangelización franciscana en su *Crónica de la Provincia del Santo Evangelio*. Los sucesos registrados por el cronista llegan hasta sus días, lo cual le otorga al texto la frescura de un diario de acontecimientos contemporáneos.

[3] AGUSTÍN DE VETANCURT, "Al curioso lector", en *Teatro mexicano*, Porrúa, México, 1982, s.p.

No obstante, lo más atractivo del *Teatro* de Vetancurt es la minuciosa crónica de la ciudad de México, mítica en su magnificencia. Sin embargo, "la originalidad de Vetancurt radica en ser la primera obra en prosa que quiere mostrar al mundo, en un tratado, la grandeza de la ciudad de México"[4].

El autor plasma una ciudad relevante, tanto por sus historias como por la importancia de sus instituciones. Propone la solidez de los estados eclesiástico y civil como base verdaderamente firme de civilización. Oriundo de la capital del virreinato, el cronista es un criollo orgulloso de la simbología cultural y política que la ciudad ostenta como gran urbe americana. Es interesante la defensa que hace de los nacidos en estas latitudes, desmintiendo el prejuicioso e ignorante concepto que los europeos tenían de los nativos de las tierras cálidas, idea absurda que se prolongará hasta bien entrado el siglo XVIII y que originará la sólida y erudita defensa de la cultura mexicana en Eguiara y Eguren, al contestar a las insensateces del deán de Alicante con la monumental *Biblioteca Mexicana*.

El español americano se siente agredido por los mal fundados juicios eurocentristas de españoles, italianos y otros europeos que escriben a la ligera y sin conocer estas tierras. La autoestima y el deseo de desmitificar estas apreciaciones hacen exclamar a Vetancurt bajo los siguientes incisos:

NATURAL:

> El natural de la gente comúnmente es apacible, el lenguaje de lo más proprio que puede desearse, los Cavalleros y Nobles son muchos como ramas de lo más ilustre de España, muchos ay de órdenes militares de Santiago, Calatrava y Alcántara, y apenas ay calle de las principales donde no vivan muchos cavalleros.

CRIOLLO:

> Los que nacen acá son agudos y profundos en todo género de sciencias... y lo que más admira a los discretos es que tan temprano amanesca el uso de la razón a los niños y que todos sean en general de tan levantados ánimos que son pocos los que se inclinan a las artes y a los oficios mecánicos que sus Padres exercitan, y es que el clima, la abundancia y la riqueza de la tierra les lebanta los ánimos y les ennoblece los pensamientos[5].

Es claro que esta larga cita nos manifiesta la orgullosa sensibilidad del criollo hacia su entorno y hacia sí mismo. La psicología de los nacidos en la Nueva España se afirma cada vez más en sus rasgos de identidad y en el sentimiento de autoestima de pertenecer a la Corona españo-

[4] ANTONIO RUBIAL, Prólogo a *La ciudad de México en el siglo XVIII (1690-1780). Tres crónicas*, CONACULTA, México, 1990, p. 40.

[5] AGUSTÍN DE VETANCURT, *Tratado de la ciudad de México*, Porrúa, México, 1982, fol. 3. El texto que Vetancurt escribe sobre la capital del virreinato se incluye en el *Teatro*, aunque se puede ver como una obra autónoma.

la, pero al mismo tiempo de ser parte de un contexto que paulatinamente va encontrando los signos distintivos de lo propio.

Tal vez la parte más atractiva y novedosa para un lector de nuestro tiempo del *Teatro mexicano* de Vetancurt resulte el *Menologio franciscano*, que se inscribe como otra modalidad dentro de la misma vertiente del criollo y la postulación de sus más valiosos signos de identidad.

El *Diccionario de Autoridades* define así la palabra *menologio*: "el Martirologyo o Kalendario de los Griegos, dividido por cada mes del año. Es voz griega, que significa Mes y discurso".

Vetancurt no es el único en su contexto que escribe una obra así; el jesuita Francisco de Florencia redacta un *Menologio jesuita*. Ambos escritores pretenden alabar y recordar a los miembros más ilustres de su orden, escribiendo una breve biografía, insertada en el día en que murió el personaje. Es una especie de original santoral criollo de santos no canonizados. Tanto Vetancurt como Florencia buscan resaltar el destino de santidad de estas tierras que se cumple en la elección de la Virgen de Guadalupe, para instaurar el auténtico y duradero *Paraíso Occidental*.

El *Menologio franciscano* de nuestro cronista, a diferencia del jesuita, incluye las vidas de las monjas clarisas, lo cual le otorga un toque más versátil y variado como texto literario. A más de esto, la captación que hace el franciscano de sus protagonistas alcanza, con largueza, los niveles de lo sobrenatural y lo prodigioso que el *Menologio* de Florencia que es mucho más mesurado.

De impacto literario y ajustado al modelo de la época por los efectos tremendistas, las descripciones sorpresivas y por los climas desmesurados, el libro de Vetancurt corresponde a la perfección al gusto barroco del siglo XVII.

En una realidad en la que la influencia de la religión es determinante para los ideales y para normar la conducta, el comportamiento de los héroes de santidad es de primera magnitud para el individuo de este tiempo. Al criollo le interesa poner de relieve cómo en su patria, tierra de elección, la santidad es pródiga y se da con excelencia en cada uno de estos personajes que componen el ameno texto de Vetancurt. Como decíamos, se resalta el hecho de que la labor excepcional de cumplir el destino de santidad se realiza en la Nueva España. Aunque el protagonista haya nacido en la Península, es aquí donde se cumple su destino trascendente.

La estructura del libro se organiza en los doce meses del año, distribuidos en sus días corrrespondientes, cada uno de los cuales es ocupado por uno o varios religiosos, si es que más de uno coincide según el día de su muerte.

Notable como característica literaria, a pesar de la brevedad de las biografías, es la manera como el autor privilegia y da énfasis significativo a los episodios más importantes para que queden impresos en el ánimo de los lectores.

Vetancurt hace hincapié en las acciones impresionantes para sus lectores, como son las levitaciones de los religiosos (las religiosas), el padecer martirio en aras de la fe y la predicación; y entre otros rasgos espectaculares, la valoración de las reliquias y los milagros obrados después de muertos.

De Fray Matheo Manzano, "mexicano", a quien velando su cuerpo la multitud atraída por sus virtudes lo rodeó, cuenta:

> Acudió gran concurso con la fama de sus virtudes, le cortaban el hábito y llegándole a picar, viendo tan flegibles sus miembros, salió la sangre viva que recogieron en lienzos; una Señora padecía flus de sangre, y estaba ya por la debilidad, de los Médicos desasusiada (*sic*), se puso en el estómago un pedazo de lienzo, y al punto quedó sana y confortada; claro es que sangre que fluyó sobrenatural al de un cuerpo muerto havía de dar sanidad natural a un cuerpo vivo[6].

[6] AGUSTÍN DE VETANCURT, *Menologio franciscano*, Porrúa, México, 1982, fol. 53.

Como miembro de la Provincia del Santo Evangelio de la religión seráfica, Vetancurt sabe que el altísimo designio de los franciscanos al venir a la Nueva España es la evangelización. Recordemos que el espíritu providencialista de los "primeros doce" consiste en venir a predicar el Evangelio y el vivir la humildad y la pobreza enseñada por San Francisco de Asís.

El gran impacto y la identificación que sienten los misioneros hacia los indígenas es por su espíritu de humildad y de pobreza. Vetancurt, como criollo que es, no sólo tiene presente este destino de los primeros frailes, sino que resalta la personalidad de aquellos religiosos que cumplen la elegida tarea de convertir almas para el verdadero Dios. Este propósito ideológico y de realce misionero de su orden se observa a la perfección cuando habla del legendario Fray Martín de Valencia, quien al mando de "los doce" se convierte por elección, según el cronista, en "el primer apóstol de las Indias". En una de las más reveladoras y hermosas visiones que tiene Fray Martín, "...ve unas ovejas que se apascentaban, y comían la yerba de nieve llena; y se le dio a entender eran los de la Nueva España que con la frialdad y tibieza de su espíritu se pacentaban del Evangelio" (fol. 95).

En otro tono, de convicción doctrinal e ideológica, habla del gran maestro y humanista, Fray Bernardino de Sahagún de quien dice espléndidamente: "Zeló la honra de Dios contra la idolatría". Admira y reconoce la talla intelectual de Fray Bernardino quien:

> Fue electo en segundo lugar... Lector de Tlatilulco en la fundación del Colegio de Santa Cruz, donde lució como luz sobre el candelero, porque era en todo género de ciencias consumado, supo con tanta propriedad la lengua mexicana, que nadie hasta ahora le ha igualado (fol. 213).

Una de las biografías más extensas de toda la obra, dada la importancia del personaje, es la de Sebastián de Aparicio, auténtico mito de santidad para el fervor novohispano. Su trascendencia en el tiempo y en la fe de los fieles llega hasta nuestros días. Hablamos del "Beato San Sebastián de Aparicio" como le llaman sus muchísimos devotos, ignorando que caen en una flagrante equivocación doctrinal, pues Aparicio es sólo beato y no santo como lo consideran por sus múltiples milagros los católicos mexicanos, en especial los poblanos.

El orgullo criollo de Vetancurt, al hablar de este hombre extraordinario, se manifiesta en la misión que el beato cumple en la Nueva España, tierra para la que fue elegido. Sebastián viene no sólo como misionero, sino como civilizador: a su cargo está el enseñar a los naturales el cultivo del olivo y la transportación por medio de las carretas. El escritor no deja a un lado las múltiples vicisitudes sufridas por el religioso, entre ellas el peligro de perder la vida a manos de "los Bárbaros Chichimecos". Los episodios se suceden en un amenísimo relato en el que resalta su castidad, ya que nunca conoció el trato carnal, a pesar de haber estado casado dos veces; al enviudar, "...viéndose libre de los dos matrimonios en que guardó la castidad, porque ordinariamente decía que avía enviado al cielo dos palomitas" (fol. 18), confirma su voto de abstinencia.

Entre los regalos que Dios le otorga está el don de Profecía, del que gozan sólo los verdaderos elegidos. Uno de sus milagros más espectaculares es la resurrección de un niño:

> ...en Huexotzinco en la estancia de Juan Cavallero, y Elvira Rodríguez passó una carreta sobre un niño hijo suyo, de onze meses, haciéndole pedazos el hombro izquierdo, la pierna y cabeza, de allí a dos horas llegó Aparicio, halló la casa de su bienechor alborotada, y al niño amortajado: lastimólo la desgracia, hizo oración y cogiéndole en sus brazos, puso su rostro sobre el rostro deshecho de la criatura, y al punto quedó sano y vivo... (fol. 22).

De este Varón excepcional se puede admirar hasta la fecha su cuerpo incorrupto. Incomparables son las palabras con las que el cronista declara lo siguiente, que aún conserva vigencia en nuestros días: "La ciudad de Puebla lo tiene jurado por Patrón, las Religiones todas con esa providencia solicita su Beatificación que solicitemos su intercesión. Su cuerpo está en su caja, entre los demás, entero, fresco y oloroso, esperando la resurección universal" (fol. 24).

De entre los escritos más interesantes a pesar de su brevedad y de su carácter efímero, se cuentan los lunarios, almanaques o pronósticos de temporales. Son remotos antecedentes de los "Calendarios de Galván". Generalmente los elaboraban profesores de Matemáticas, de Medicina y de Astrología de la Real y Pontificia Universidad de México. Son textos de gran interés sobre todo para comprender la contradictoria mentalidad del novohispano en lo que a religión y ciencia atañe. El más ilustre creador de almanaques de la segunda mitad del XVII es el ya mencionado don Carlos de Sigüenza y Góngora, quien fue catedrático de Astrología y Matemáticas, y quien suscribe lunarios desde 1672 hasta el año de su muerte, en 1700. Junto al enorme interés que tienen como índice de una paradójica mentalidad entre la fe y la ciencia, se aúna el que son fuente directa e insustituible de la descripción de la vida cotidiana.

Veamos uno de ellos, el de 1692, año del aciago motín del que Sigüenza es puntual testigo presencial y del que nos ofrece una de las crónicas sociales más vívidas y relevantes del período virreinal.

A propósito de los almanaques o lunarios, Carmen Corona nos dice:

> La popularidad de los almanaques y, en consecuencia, su auge o amplia circulación está relacionada con las costumbres de la época. El hombre siempre está tratando de explicarse lo que ocurre a su alrededor en forma racional o irracional. Los lunarios eran una suerte de explicación de lo que pasaba o habría de pasar. ¿Cómo no había de acogerse a ella el pueblo, clase en eterna búsqueda de compensaciones a la pobreza, la enfermedad y el hambre?, ¿cómo no buscar la ventura en los cielos? (ambos tipos, el astrológico y el religioso) ¿y justificar, también en ellos, el temor en que vivía inmerso?[7]

[7] CARMEN CORONA, "*Lunarios* (Calendarios novohispanos del siglo XVII)", en *El Día en Libros*, México, 1991, p. 80.

Ahora bien, en esencia, ¿qué son los almanaques? Son textos que describen el año, mes por mes, con base en dos criterios fundamentales, complementarios pero de campos de conocimiento diferentes: el religioso y el científico. Desde el primer aspecto se consignan las principales fiestas de la Iglesia: se marcan con dos asteriscos las festividades de Cristo y con uno las de la Virgen; las de los santos no se marcan. Ésta es una muestra más de la jerarquización obsesiva del hombre virreinal, implantada también para el trasmundo. No obstante, la sección más interesante de estos textos no es la religiosa, aunque sea la que aparece primero, sino la científica. Son varias las ciencias que aparecen conjugadas en los lunarios: Medicina, Astrología, Higiene, Astronomía, Náutica, Agronomía, etc. Los lunarios son en realidad consejeros de las sencillas almas populares. Veamos qué dice Sigüenza en el primer mes del citado y conflictivo año de 1692. El calendario se inicia con el doble asterisco que recuerda al fiel una de las grandes festividades litúrgicas, la Circuncisión del Niño Jesús. Sabemos que el primer día de ese año es martes; después de la celebración religiosa se avisa como "día prohibido". Un lector más familiarizado con los "pronósticos de temporales" sabe que esta expresión es de índole médica: no es día propicio para hacer curaciones o llevar a cabo otros remedios. De ese mismo mes se señalan el miércoles 16 y el jueves 17, buenos para agricultura y también para purgas vomitivas y para baños de cabeza.

No faltan, ya que los lectores tienen estos textos como la más veraz información al respecto, las noticias esencialmente astrológicas: cambios de estación, fases de la luna, posición de los astros, etc. Asimismo contienen consejos para las recién paridas y advertencias para los agricultores.

Estos textos, como señalábamos, reflejan en gran parte la mentalidad de la época, mezcla de conocimiento científico y creencia religiosa. Por último, diremos que los almanaques eran enviados, ya fuera por el autor o por el impresor, al Tribunal del Santo Oficio para que los calificadores dieran su veredicto. Si había una leve sospecha de que las apreciaciones del autor tocaran el plano de la astrología judiciaria, o sea la adivinación, el texto era expurgado, es decir, se suprimía esa parte; si el veredicto era satisfactorio, y no se hallaba "cosa digna de censura", podía imprimirse. Para concluir con estos escritos que tan bien nos trasmiten el ritmo vital de la gente de todos los estratos sociales —de casi todos ellos provenían sus lectores—, veamos una interesante "calificación o parecer" para el lunario de 1674, de don Carlos de Sigüenza y Góngora, emitido por el jesuita Antonio Núñez de Miranda, de quien ya hemos dicho que es célebre para la posteridad por haber sido el confesor de Sor Juana durante más de veinte años:

> En todo él [el lunario] no ocurre cosa que quitar sino sólo los últimos renglones del 1er. párrafo de la edad cronológica donde absolutamente informa: "no faltarán disturbios, pesadumbres y disgustos..." que incluyen actos libres y por consiguiente tocan en la judiciaria prohibida no obstante que la realidad sólo pretende significar la posibilidad ocasionada: por la condición del humor colérico; pero, como el cuaderno corre en la plebe y ella no es la más enterada, suele ocasionar error...[8]

[8] JOSÉ MIGUEL QUINTANA, *La astrología en la Nueva*

Se ordenó testar lo indicado y se ordenó licencia. Es preciso hacer notar el concepto despreciativo que los criollos cultos tienen sobre la ignorancia y la insustancialidad cultural de la "plebe", que era la parte más desconfiable y lejana de los heterogéneos miembros de la muy contradictoria sociedad virreinal.

España en el siglo xvii, Bibliófilos Mexicanos, México, 1969, p. 146.

El presbítero Antonio de Robles, un tenaz y paciente relator de acontecimientos ocurridos en la Nueva España y de noticias provenientes de otras partes del ya decadente pero muy vasto imperio, nos ofrece una clásica radiografía de su sociedad desde 1675 hasta 1703. El autor, al igual que los almanaques, registra el tiempo día a día del año respectivo. No obstante, son textos completamente diferentes: mientras los lunarios atienden esencialmente a sucesos litúrgicos y naturales, el Diario del presbítero Robles refiere acontecimientos sociales, políticos y religiosos, sin descuidar la vida cotidiana novohispana. La intención de este sacerdote es continuar el diario escrito por su predecesor, Gregorio de Guijo, inconcluso debido a la muerte de su autor en 1664. Robles, en 1700, se determina proseguir la tarea del otro escritor, para lo cual hace una minuciosa investigación retrospectiva de lo más sobresaliente ocurrido desde 1665 hasta 1703. Se basa en testigos presenciales de los acontecimientos y en otro diarista como Antonio de Calderón Benavides y seguramente también en la eficacia de su memoria. Divide cada año como es lógico y metodológico por meses, los cuales se distribuyen en días. Ahora bien, ¿qué criterio emplea el diarista para seleccionar los acontecimientos que a él le parecen notables? Creemos y esto es lo más interesante de la obra que el juicio empleado por él se basa en una peculiar óptica emanada de su posición como parte de la institución más poderosa, la de mayor influencia moral e ideológica: la Iglesia. El autor permite que ante nosotros desfilen calles, ceremonias, anuncios luctuosos, autos de fe inquisitoriales, ejecuciones a mano de la justicia civil, mascaradas y manifestaciones espirituales que combinan en equilibrio una acendrada fe con una inevitable carga de superstición. A todo lo anterior agreguemos las calamidades naturales como son los temblores, sequías, inundaciones y sus terribles consecuentes derivados: pestes, hambres, incendios y, como producto final, insurrecciones y reveladoras inconformidades de una sociedad que sólo en la superficie parece inamovible y tranquila. Como señalamos, Robles pertenece a la institución eclesiástica, lo que imprime en él un sentido innato de las jerarquías y un obsesivo propósito para lograr el orden de su sociedad.

Veamos el año de 1695, los acontecimientos que Robles reseña y la relevancia que les otorga. Tal como es costumbre en cada año, inicia con los nombramientos de alcaldes, a principio del mes de enero. Es muy importante la obsesión que el eclesiástico manifiesta por la muerte de cada personaje más o menos relevante y que ocupa un determinado puesto dentro de lo religioso o lo civil. Por ejemplo, consigna la muerte de ciertas figuras de su entorno, resaltando más el cargo que desempeñaban que a la propia persona. Es sólo a través de la muerte como la inamovible estructura social permite el cambio y el relevo. Además recordemos que en el mundo novohispano la función última de la vida se legitima por el fin trascendente de la vida futura. Se describen acontecimientos "notables" como el cumpleaños del virrey, la llegada de la flota, los nombramientos de funcionarios, algunas órdenes para el saneamiento de la comunidad, por ejemplo que "echó bando la audiencia del crimen para que todos los vagamundos tomen oficio dentro de un mes, pena de China"[9]. Como decimos, es más importante la función, el rol social que juegan las personas, que ellas como entidades.

En ese año muere Sor Juana, el 17 de abril; dos meses antes había fallecido el Padre Núñez de Miranda, su confesor. La nota del diarista es la siguiente:

> Muerte. Jueves 17 de (febrero) murió el padre Antonio Núñez, predicador apostólico, del orden de la Compañía, a los sesenta años de su edad y más de treinta y cinco años gastó en servicio de la Congregación de la Purísima (p. 12).

Dos meses exactos después, el 17 de abril de ese mismo 1695 muere la gran figura del Barroco colonial. El diarista Robles lo consigna así:

> *Muerte de la insigne monja de San Gerónimo*. Domingo 17, murió a las tres de la mañana en el convento de San Gerónimo, la madre Juana Inés de la Cruz, insigne mujer en todas facultades y admirable poeta; de una peste han muerto seis religiosas; imprimiéronse en España dos tomos de sus obras y en esta ciudad muchos villancicos; asistió todo el cabildo de la Iglesia, y la enterró el canónigo Dr. D. Francisco de Aguilar (p. 16).

Es significativa la importancia que Robles otorga a Sor Juana sobre su confesor. A pesar de su filiación eclesiástica, es seguro que la opinión del presbítero refleja la fama y la opinión que de "insigne" tenía Sor Juana. Sin saberlo quizá, Robles se inscribe en el juicio de la historia y de la posteridad.

Como último testimonio de un criollo hacia su entorno, volveremos al ya citado Sigüenza, quien por su carácter de polígrafo y su va-

[9] Por ser uno de los pocos testimonios directos del siglo XVII, o por tener edición moderna, la obra de Robles se ha vuelto un clásico de los estudios novohispanos; ANTONIO DE ROBLES, *Diario de sucesos notables (1665-1703)*, Porrúa, México, 1946, t. 3, p. 32.

riedad de registros textuales es un autor tan consultado cuando de estudiar su contexto se trata. Una de las radiografías ideológico-sociales más incisivas y reveladoras que conservamos es una larga epístola que Sigüenza y Góngora le envía al almirante Andrés de Pez; Irving A. Leonard al darla a conocer en este siglo le puso el acertado nombre de *Alboroto y motín de los indios de México*. Este texto ha sido uno de los más debatidos de don Carlos, debido a lo acerbo de los juicios sociales que sobre las clases bajas el cronista exterioriza, opuestos a la idealización magnificada que expresa hacia los indígenas del pasado. Esta obra es una espléndida crónica documental que en su apariencia de carta da una explayada y no muy común libertad a la primera persona del escritor, quien se ubica en el nivel de la descripción de los sucesos inmediatos y en un segundo plano de interpretación de los acontecimientos, desde su visión ideológica de criollo intelectual privilegiado. La carta se inicia con una consideración muy barroca sobre el alternante cambio de fortuna; cómo, después de las alegres fiestas públicas que se celebran para conmemorar las bodas del monarca Carlos II, empiezan las calamitosas lluvias que desembocarán en plagas y falta de alimentos, causas que ocasionan el motín del 8 de junio de 1692. Sigüenza respeta la secuencia cronológica y relata los sucesos con especial orgullo de criollo:

> Distribuyéronse las máscaras por los gremios y, emulándose unos a otros en galas propias, en libreas a los lacayos, en lo ingenioso de las ideas... en el gasto de la cera con que las noches, con que consecutivamente regocijaban la ciudad, se equivocaban en días... Hiciéronse corridas de toros, sainete necesario en estas españolas fiestas... ¡Qué regocijada la plebe! ¡Qué gustosos los nobles! ¡Con cuánta complascencia los tribunales! ¡Qué alegre por todo esto nuestro buen virrey![10]

[10] CARLOS DE SIGÜENZA Y GÓNGORA, *Alboroto y motín de los indios de México*, UNAM-Miguel Ángel Porrúa, México, 1986, pp. 160-161.

Es el "buen virrey" el protagonista de los elogios que el autor prodiga en la primera parte de la crónica; refiere al conde de Galve como mandatario de la legendaria Edad de Oro. La naturaleza americana, en este caso el agua incontrolable, se impone al hombre y causa la catástrofe de la ruina y el hambre. Al mal tiempo los supersticiosos novohispanos agregan un fenómeno astrológico "en que según lo habían prevenido los almanaques y pronósticos se eclipsaba el Sol".

A partir de ese momento, el año de 1691 empeoró a tal punto que se presentó "malísimo". Junto a la crónica de las desgracias naturales, causantes de la insurrección, se manifiesta constantemente una espléndida descripción de la ciudad, de la organización de sus barrios, de sus divisiones étnicas, de sus costumbres, de obras tan importantes y vitales para ella como el drenaje. La obra se torna paulatinamente una involuntaria pero por ello muy veraz y sincera crónica social. El texto refleja y se convierte en un tratado de la alteridad, en el que el autor es el "nosotros", blanco, criollo, clase en el poder; los indios y las múltiples castas son "ellos, los otros". Ante la falta de alimentos y la gran carestía de los pocos existentes se desata una inconformidad explosiva que por unos días tambalea el aparentemente seguro edificio de la autoridad virreinal. Se insubordina "la plebe" que incluye españoles pobres, negros, mulatos, zamabaigos, mestizos, moriscos y naturalmente indios, de quienes Sigüenza dice: "[son] gente la más ingrata, desconocida, quejumbrosa e inquieta que Dios crió, la más favorecida con privilegios y a cuyo abrigo se arroja a iniquidades y sinrazones y las consigue" (p. 184).

De harto interés, por la situación sincrética de la fe de los naturales, resulta la descripción que el cronista hace de la supervivencia de sus creencias y de cómo éstas son usadas contra la clase gobernante:

> Se sacó debajo de la puente de Alvarado, infinidad de cosillas supersticiosas. Halláronse muchísimos cantarillos y ollitas que olían a pulque, y mayor número de muñecos o figurillas de barro de españoles, todas atravesadas con cuchillos y lanzas que formaron del mismo barro o con señales de sangre en los cuellos, como degollados... Preguntáronme uno y otro príncipe que qué era aquello; respondí ser prueba real de lo que en extremo nos aborrecen los indios y muestra de lo que desean con ansia a los españoles... (pp. 186-187).

El motín estalla el 8 de junio y es reprimido drásticamente por las autoridades. Sigüenza concluye su relación el 30 de agosto cuando ya la situación ha sido controlada, incluso, después de aplacar a inconformes de regiones vecinas a la ciudad de México.

La carta rebasa sus propósitos iniciales y permanece para nosotros como uno de los textos antropológicos, históricos y sociales que más incisivamente nos dan una disección profunda de la época de Sor Juana, tiempo crucial en la cultura y la vida novohispanas.

FIESTA Y RITUAL CORTESANO Y RELIGIOSO: LA CELEBRACIÓN COMO *GRAN TEATRO DEL MUNDO*

Es casi un lugar común hablar de la fastuosidad y el esplendor desplegados por el Estado hispánico en las más ricas y variadas demostraciones para articular el sentido abstracto del Poder, expresado en vistosas y espectaculares manifestaciones que lo hagan corpóreo e impresionante. Al respecto, Antonio Rubial sintetiza con gran precisión la premeditada conjunción de lenguajes y de signos que despiertan en los ciudadanos el deseo de ser, al mismo tiempo, espectador y protagonista en la "puesta en escena" de los principios esenciales de la ideología dominante:

> Las obras artísticas se popularizaron, se divulgaron, y se integraron en un gran espectáculo que enseñaría por medio de la imagen e impactaría con lo grandioso: la fiebre barroca. La pintura, la escultura, el teatro, la música y la poesía salieron a las calles en procesiones, mascaradas, autos sacramentales, corridas de toros, arcos triunfales y carros alegóricos, para asombrar y evadir las conciencias atónitas ante el lujo y la suntuosidad[11].

[11] ANTONIO RUBIAL, *DOMUS AUREA. La capilla del Rosario de Puebla*, Gobierno del Estado de Puebla-Universidad Iberoamericana, México, 1990, p. 24.

El ámbito natural para las diversas celebraciones lo conforman los múltiples espacios de la ciudad: plazas, calles, atrios de templos, edificios públicos, entornos controlados por el poder eclesiástico o civil o por la conjunción de ambos. Cuando de grandes celebraciones se trata, es la conmemoración de la fiesta solemne en la que se pierde, aunque momentáneamente, la severa y rígida separación jerárquica de los diferentes estamentos sociales. La llegada de un gobernante (civil o eclesiástico) se celebra con los famosos arcos triunfales, puerta simbólica por la cual la ciudad recibe gozosa al nuevo mandatario que la ha de colmar de dones. El arco es el augurio agradecido por un período futuro de bonanza. Ahora bien, para recibir y halagar con magnificencia al nuevo Señor, los cabildos, tanto el eclesiástico como el civil, congregan una peculiar sinestesia de lo plástico, lo verbal y lo cromático para lograr una feliz conjunción de lenguajes artísticos. Son exactas las palabras de Sor Juana en su "Explicación del Arco" del *Neptuno Alegórico*:

> este Cicerón sin lengua,
> este Demóstenes mudo,
> que con voces de colores
> nos publica vuestros triunfos[12].

El arco triunfal es la manifestación más alta, jerárquicamente hablando, del escenario novohispano, y sólo se ofrenda a la entrada de los más elevados representantes de la monarquía española: el arzobispo y el virrey. Las enormes construcciones o "fábricas", como eran llamadas en la época, representaban emblemas en los que, verbal y plásticamente, se identificaba al gobernante con algún dios, héroe o semidiós de la Antigüedad clásica. La intención subliminal de estos sofisticados aparatos arquitectónicos y literarios era impresionar al pueblo con la figura divinizada del Poder. El funcionario alcanzaba el rango de un ser supremo. El arco, como todas las otras "puestas en escena" montadas por el Estado, es un muy sofisticado antecedente de los actuales métodos audiovisuales, para hacer que el individuo como tal, y como miembro de una colectividad, se conmueva y se adhiera psicológicamente a los signos de poder que se le presentan. Las palabras del investigador Bonet Correa al respecto son muy ilustrativas:

> Conscientes de ser agentes de un orden superior que se doblegaba ante los dictados de la jerarquía, los responsables de las fiestas sabían que sus sujetos eran actores y no autores y que su tumultuoso comportamiento, sus multitudinarias reacciones eran perfectamente encajables en una sociedad estamental y nada permisible en materias de dogma político, y en el caso español, religioso[13].

[13] ANTONIO BONET CORREA, "La fiesta barroca como práctica del poder", en *El arte efímero en el mundo hispánico*, UNAM, México, 1983, pp. 46-47.

Estas palabras se hacen extensivas a cualquier fiesta organizada por la autoridad, tanto civil como religiosa, pues en todas ellas el pueblo era la gran comparsa, el gran público que asiente y acepta su integración y fidelidad hacia el sentido sacralizado del poder. Vemos que esta imantación pueblo-espectador-actor se logra asimismo en las dedicaciones de templos, fiestas de los santos patronos, muertes de grandes personajes, autos de fe y en todas las celebraciones organizadas por la autoridad. Es importante señalar también que estas "representaciones" tienen como escenario la ciudad de México, ya de por sí centro y espacio mitificado del Poder civil y religioso.

Es indudable que los "montajes" de la autoridad son los más complejos y sofisticados. Verdaderos jeroglíficos y emblemas visibles ante la atónita admiración de los heterogéneos habitantes de la capital de la Nueva España son los arcos triunfales y los túmulos; desde el punto de vista de su significación, los más ricos y creativos ejemplos del arte efímero del virreinato. Al estar construidos de madera, cartón y tela, duraban un tiempo relativamente corto; no obstante, su duración bastaba para que todos los estamentos de la población los admiraran.

Tanto arcos como túmulos eran como la doble máscara de los *hipocrates* griegos, expresión alterna del gozo o del dolor de la clase en el Poder.

Los dos intelectuales criollos más importantes de su contexto, Sor Juana Inés de la Cruz y Carlos de Sigüenza y Góngora, son los elegidos; la primera, por el cabildo eclesiástico, el segundo, por el civil. Ambos elaboran los textos y, en suma, la idea que debía guiar a los artistas plásticos para los respectivos arcos triunfales. Éstos simbolizan la entrega de la ciudad al virrey, su nuevo señor. El de la jerónima se conoce como: *Neptuno/ Alegórico, Océano/ de Colores, Simulacro Político,/ Que/ Erigió la Muy Esclarecida,/ Sacra, y Augusta Iglesia/ METROPOLITANA/ DE/ MÉXICO/ EN LAS LUCIDAS ALEGÓRICAS IDEAS/ de un Arco triunfal... Conde de Paredes, Marqués de la Laguna...* 1680.

Sor Juana sigue los lineamientos convencionales del código analógico barroco tradicional: el de relacionar al personaje homenajeado con una deidad clásica. En este caso, el dios ajustado al nuevo mandatario es Neptuno. Es indudable que de la obra de la monja, ésta es, junto con el *Primero Sueño*, la más compleja en cuanto alusiones históricas, herméticas, y sobre todo, más que en el gran poema, en el *Neptuno* se concentra una gran erudición cultista, de la que hacen gala, en general, los autores de estas "fábricas". No obstante, lo que más nos interesa es la relación entre la autora como criolla novohispana y la actitud que como objeto ritual de fiesta entraña su texto.

Asimismo, y en este sentido plenamente paralelo al de Sor Juana, está el arco escrito por Sigüenza para la misma festividad: *THEATRO DE/ VIRTUDES POLÍTICAS/ QUE/ Constituyen a un Príncipe: advertidas en los/ Monarchas antiguos del Mexicano Imperio, con/ cuyas efigies se hermoseó el/ ARCO TRIUMPHAL,/ Que la muy Leal, Imperial ciudad/ DE MÉXICO/ Erigió para el digno recivimiento en ella del /Excelentíssimo Señor Virrey/ CONDE DE PAREDES/ MARQUÉS DE LA LAGUNA,* 1680.

El polígrafo en esta ocasión se muestra mucho más original que la monja y que todos los autores de arcos, que no dejan, a lo largo del siglo, de plagar los lienzos con idealizados Cadmos, Ulises, Apolos y otros artificiosos héroes del mundo clásico. Para don Carlos, "patricta mexicano y principal exponente en la Nueva España del hermetismo cosmológico del barroco austriaco" como lo llama Brading[14], es más importante enlazar a su nación con los grandes mitos de origen como la Atlántida de Platón, que seguir el trillado camino de halagar al gobernante en la persona convencional de un dios griego.

Además del mito de origen platónico y de Misraim, fundador legendario de Egipto, su otro propósito, ante el cual los habitantes de México han de haber quedado totalmente asombrados, es el de personificar, en los emperadores mexicanos, las virtudes emblemáticas e ideales de todo gran gobernante. Al unir al referente real con los alegóricos (los reyes aztecas), Sigüenza escribe estas significativas palabras:

[14] DAVID A. BRADING, *Orbe Indiano. De la monarquía católica a la república criolla, 1492-1867*, F.C.E., México, 1991, pp. 395-396.

Y si era destino de la Fortuna, el que en alguna ocasión renaciesen los Mexicanos Monarchas de entre las cenizas en que los tiene el olvido, para que como Fénizes del Occidente los inmortalizase la Fama: nunca mejor pudieron obtenerlo, que en la presente, por haver de ser V. Exa. quien les infundiese el espíritu como otras veces lo ha hecho su real, y excelentíssima Casa con los que ilustran la Europa[15].

[15] CARLOS DE SIGÜENZA Y GÓNGORA, *THEATRO...*, UNAM-Miguel Ángel Porrúa, México, 1986, p. 4.

Es cierto que el autor ensalza al gobernante, pero al proyectar históricamente el pasado indígena con el concepto de la Fama, critica veladamente la ignorancia y el eurocentrismo cultural que no sabe nada o casi nada de América, y al que Sigüenza eufemísticamente llama "olvido".

En Sor Juana opera, al igual que en Sigüenza, la magnificación del príncipe por medio de la actualización de mitos también enraizados en Egipto y Grecia. En ambos, lo que se pretende es cumplir con creces con el rito reverencial del Poder.

En los dos autores es relevante el ser portavoces de los cabildos civil y eclesiástico de la "muy Noble, muy Leal, Imperial Ciudad de México" que es la que delega en ellos el homenaje real y alegórico a su nuevo mandatario. La "puesta en escena", el lujo de los lienzos, la vistosidad de la pinturas, la riqueza compleja de los emblemas, la magnificencia de la "fábrica", sirve en realidad para que la colectividad se impresione y venere a los símbolos deificados del Poder.

Con frecuencia se citan los dos textos que nuestras máximas figuras del Barroco dedican al gobernante civil; prácticamente desconocido es otro arco dedicado a un discutido y aborrecido personaje, íntimamente ligado a Sor Juana. En 1683, entra solemnemente bajo palio Su Ilustrísima, el arzobispo de México don Francisco de Aguiar y Seijas. En otro trabajo nos hemos ocupado con amplitud de este interesantísimo texto. En esta ocasión queremos sólo complementar el ritual de Poder que la colectividad dedica a una autoridad religiosa. El título del escrito es tan impresionante y barroco como el de los arcos dedicados al virrey: *TRANSFORMACIÓN/ THEOPOLÍTICA,/ YDEA MYTHOLÓGICA/ DE PRÍNCIPE PASTOR/ SAGRADO PROTEO, Alegorizada en imágenes, descifrada en números/ QUE/ En el aparato magnífico del Triumphal Arco... dispuso y consagró/ Al Ilustmo. y Revmo. Señor DR. D. FRANCISCO DE AGUIAR, SEIJAS Y ULLOA... La siempre augusta Iglesia metropolitana de México...* En México, por la Viuda de Bernardo Calderón. Año de 1683.

La unción pastoral del Poder se revela en la expresión "theopolítica", es decir, el gobierno designado por Dios. El anónimo autor (seguramente un erudito humanista, alto funcionario de la Catedral), siguiendo la trillada senda de la tradición culta, elige a otro personaje de la Antigüedad clásica, el pastor divino Proteo, para alegorizar al dignatario eclesiástico. Coincidentemente Proteo es hijo de Neptuno, a quien ya vimos que Sor Juana elige como protagonista metafórico y al que Sigüenza usa también para mitificar el origen del pueblo indígena. En el trabajo aludido decíamos:

> El dios Padre Neptuno aparece invistiendo a su hijo Proteo con el tridente, que simboliza la mitra episcopal. También hacen su aparición las deidades marinas menores, que son las iglesias sucedáneas que rinden obediencia al Arzobispo. Las leyendas que acompañan las imágenes están en latín y eran seguramente incomprensibles para el vulgo inculto, pero quizá por ello mismo le causaban más impresión[16].

Al igual que en los otros arcos, se pretende la simultaneidad de lenguajes (plástico y verbal) para lograr un impresionante panegírico del personaje homenajeado. En la introducción al escrito se dice: "Pide a su divina Magestad, guarde edades largas la Ilustma. persona de V. Señoría para el bien general de su rebaño, y su gloria feliz"[17].

La metáfora del pastor es recurrente para enunciar al sacerdote y más aun al prelado; lo es también la docilidad y entrega del "rebaño", el pueblo todo quien recibe con beneplácito al nuevo dignatario. La participación pueblo-fieles seguramente fue más nutrida y convencida que en los arcos al virrey, pues la autoridad espiritual del arzobispo era mucho mayor que, en ocasiones, la discutida de los virreyes. Sabemos de insurrecciones al poder civil durante el siglo XVII; ninguna en contra del eclesiástico que significaba (y significa todavía) el paliativo al sufrimiento y la esperanza de la trascendencia.

La entrega apoteósica de la colectividad se refiere en la "Explicación del arco", en versos octosílabos: "Donde la Imperial, Augusta, / sabia, ilustre, y grande siempre / Mexicana Iglesia, una alma / de muchas hecha os ofrece".

En esta cuarteta se significa elevadamente la reunión de todas las almas concentradas en la de la iglesia Catedral. Recurrente y de gran eficacia es la metáfora del templo como Esposa: "Entrad donde vuestra Esposa / Con cánticos y placeres / para ser eterno el gozo / sacro thálamo os previene" (fol. 29v).

La alusión al *Cantar de los Cantares*, supremo canto amoroso, se percibe en la conjunción Esposo-Esposa. La fiesta colectiva alcanza

[16] MARÍA DOLORES BRAVO, "El arco triunfal novohispano como representación", en *Espectáculo, texto y fiesta. Juan Ruiz de Alarcón y el teatro de su tiempo*, ed. de J. Amezcua y S. González, UAM, México, 1990, p. 90.
[17] *TRANSFORMACIÓN /THEOPOLÍTICA*..., s. fol.

su máxima expresión en este arco que conjuga las imágenes del Poder visible con los signos sagrados de la eternidad.

El arco triunfal es el culto al inicio del ejercicio de la autoridad; el túmulo funerario cierra el ciclo de la existencia y culmina con la muerte y con ella, la reflexión del desengaño y de lo efímero del Poder. Los túmulos más célebres de la Nueva España están, en su mayor parte, dedicados a exequias de un miembro de la familia real. Veremos la funesta ceremonia de la erección del túmulo al piadoso monarca Felipe IV, organizada en 1666 por el Santo Tribunal de la Inquisición de la Nueva España. Éste es otro texto prácticamente inédito, y uno de sus mayores atractivos es que quien lo escribe en coautoría con Francisco de Uribe es el célebre y celoso custodio de conciencias, sacerdote jesuita, confesor de Catharina de San Joan, la "China Poblana", y de la más célebre de sus hijas espirituales, Sor Juana; nos referimos al Padre Antonio Núñez de Miranda de quien, por ironía de la muerte y la fatalidad, se cumplen también trescientos años de su fallecimiento, ocurrido el 17 de febrero de 1695, dos meses exactos antes de que muriera su rebelde hija de confesión. De él dice Guillermo Tovar de Teresa: "Resulta sumamente interesante que el P. Núñez sea uno de los autores, pues además de ser el famoso confesor de Sor Juana, este jesuita fue uno de los personajes más extraordinarios del siglo XVII"[18].

Sin detentar nunca un cargo público de gran importancia, la influencia conciencial del jesuita es manifiesta. Entre los puestos que se le encomiendan debido a su solidez moral y al amplio conocimiento de la ortodoxia católica está el de calificador del Santo Oficio. Demos sólo como ejemplo el hecho de que diversos tipos de textos como los almanaques, que año con año se imprimían, tenían que ser revisados por un calificador para evitar que en ellos hubiera filtraciones de astrología judiciaria o de otras desviaciones heterodoxas. En su calidad de funcionario del Tribunal de la Inquisición, Núñez redacta junto con otro jesuita este túmulo. De la misma manera que en los arcos, se establece la analogía con un protagonista de la antigüedad, y a lo largo de toda la descripción literaria y de la decoración plástica se hace la identificación entre el personaje mitológico aludido y el difunto homenajeado. En esta ocasión, los autores eligen a un rey romano legendario, Numa, quien instaura en la primitiva ciudad el culto a los dioses:

[La Inquisición] le sobrevistió en su Honorario Túmulo, las funestas sombras del Pompilio Numa, el quarto en orden de los Romanos

[18] GUILLERMO TOVAR DE TERESA, *Bibliografía novohispana de arte, de los siglos xvi y xvii*, Primera parte, F.C.E., México, 1988, p. 196.

Reyes, y el primero en su religión que lebantó Templo a la Fe Romana; y por el mismo caso digno de pagarés como en la mesma moneda de sus, con este pensil templo y portátil sagrario[19].

La analogía resulta totalmente ajustada, pues el monarca español fue en vida un celoso guardián de la fe católica, que tenía como lema "En favor de la Inquisición no doy ventaja a ninguno de mis antecesores".

Eran enormes la veneración e impresión manifestadas por la colectividad en estas funestas celebraciones. Asimismo, en pocas circunstancias la autoridad infundía en el ciudadano la adhesión a sus valores. Como señala Bonet: "Nada más significativo del respeto que suscitaba el poder que las honras fúnebres de los monarcas o los nobles. Nada también que mida mejor la categoría del difunto"[20].

Al igual que en los arcos, en el túmulo se puede apreciar la doble unión de lenguajes, el plástico y el verbal. A más de las descripciones de los cuerpos arquitectónicos, es muy interesante la contextualización que se hace de la gran y solemne ceremonia del pésame. Es el virrey, en este caso, el representante directo del monarca. En pocas ceremonias como ésta, se percibe la importancia y la rígida verticalidad de las jerarquías en que vive la sociedad estamental hispánica. El gobernante que vive esta fúnebre ocasión es el marqués de Mancera, quien recibe las condolencias de las altas personalidades y de la más alta nobleza que guardan, como dicen los autores elocuentemente, "posición y gravedad de sus personas".

No obstante, la culminación y el cumplimiento de las fiestas luctuosas se dan con la participación de la masa, la muchedumbre sin rostro, gran protagonista de la fiesta, y su destinatario último y principal. Al llegar el día en que se erige el túmulo, los autores manifiestan: "Llegó el día asignado, Miércoles 25 de agosto, tan deseado del nobelero pueblo, para su vulgar divertimento, quanto esperado de la Religiosa República, para admirar y respetar las acordadas disposiciones, y ajustadas demostraciones del Santo tribunal"[21].

En estas palabras se encierra la conflictiva necesidad que el estamento alto tiene de la plebe: ella es la indispensable protagonista que da lucimiento a las festividades y que legitima la autoridad de los gobernantes. No obstante, el criollo ilustrado la siente totalmente distinta (casi otra población) de la "religiosa república". La profunda separación de estos estamentos tan radicalmente escindidos es parte de toda la conformación jerárquica de la sociedad novohispana.

Entre las festividades más sobresalientes de la cultura virreinal se cuentan los certámenes poéticos, ya que se convocan siempre para

[19] ANTONIO NÚÑEZ DE MIRANDA y FRANCISCO DE URIBE, *HONORARIO/ TÚMULO pompa exequia POMPA EXEQUIAL,/ Y/ IMPERIAL MAUSOLEO, QUE/ LA MÁS FINA ARTEMISA LA FE/ Romana, por su Sacrosanto Tribunal de Nueva España, erigió y celebró gloriosa Egeria, a su Cathólico Numa y Amante Rey/ PHILLIPO QUARTO/ EL GRANDE...* en México, en la Imprenta del Secreto del Santo Oficio/ Por la Viuda de Bernardo Calderón... 1666, fol. 2v.

[20] ANTONIO BONET CORREA, art. cit., p. 57.

[21] ANTONIO NÚÑEZ y F. DE URIBE, *op. cit.*, fol. 45r.

alguna gran festividad civil o religiosa y en ellos participan los ingenios más brillantes y celebrados de la ciudad. Dentro de las celebraciones organizadas por la cultura oficial son las que más erudición despliegan y son muestra fehaciente de las más variadas y extravagantes formas de la poesía barroca.

En 1672 la ciudad de México admira una de las festividades más impresionantes vistas en la capital del virreinato. Se conmemora la canonización de San Francisco de Borja, el tercer provincial general de la Compañía fundada por San Ignacio. Fue este personaje quien un siglo antes había enviado a los primeros sacerdotes jesuitas. La ciudad de México se atavía con sus mejores galas y se desborda de júbilo con las diferentes celebraciones. En un trabajo anterior hablamos de las máscaras escenificadas en vistosos desfiles y divertidas representaciones realizadas por los alumnos de los colegios jesuitas. En este ensayo nos centraremos en el certamen, relacionándolo con otros dos concursos contemporáneos que nos dan una visión unitaria de estas festividades de gran trascendencia en nuestro tiempo y que son importantes para la investigación de la poesía colonial. Recordemos que es preferentemente con base en estas justas poéticas como Alfonso Méndez Plancarte forma su ya clásica colección de *Poetas novohispanos*.

El certamen poético no sólo convoca a los más celebrados y famosos escritores de su tiempo, sino que en él encontramos lo que podríamos llamar un cenáculo, una pequeña *maffia* de elegidos en la que todos se prodigan elogios mutuos. Éste es un fenómeno de elitismo cultural propiciado además por la reducida clase intelectual de la Colonia. Lo observamos, por ejemplo, en las "aprobaciones", "pareceres" o "licencias" dadas a los sermones, relaciones, o cualquier otro género; los censores autores se alternan para cumplir con el rol respectivo. Demos un ejemplo: Sigüenza califica una obra de Florencia, y poco después este jesuita da un dictamen aprobatorio sobre un texto del autor de los *Infortunios de Alonso Ramírez*.

Los certámenes que estudiamos a continuación nos dan una clara idea de cómo se convocaban y de la función ideológica inherente que tenían dentro de la celebración. En el certamen se da también un lineamiento que los concursantes deben cumplir; éste, al igual que en los arcos y en los túmulos, es la comparación poética, casi épica, entre un héroe o divinidad clásicos y el personaje celebrado. Es muy interesante observar la variedad de géneros, metros, poemas en latín y en castellano que se postulan para cada convocatoria. En la justa celebrada para conmemorar la dedicación del templo de las religiosas capuchinas de 1673, se hace la siguiente e interesante aclaración: "Se pide a los «Cisnes Mexicanos» que acuden a la «Palestra armónica» que cumplan las leyes establecidas de [presentar] escritas las poesías de buena letra y Ortografía"[22]. También la de entregar las composiciones antes del plazo señalado. La premiación se anuncia con la excelsa presencia del virrey marqués de Mancera.

En la justa poética celebrada en la canonización de San Francisco de Borja, los autores se engloban en la colectiva denominación de "Parnaso Mexicano / invidia de las Musas, dulce Coro". En este concurso los artistas se tienen que ajustar a la comparación entre Hércules y San Francisco de Borja. Los heroicos trabajos sobresalientes del Alcides mitológico se corresponden a las acciones más sobresalientes del que fuera Grande de España y virrey de Cataluña.

En el certamen a la inauguración del templo de las franciscanas, el símil se establece entre las vestales antiguas y las religiosas; San Felipe de Jesús, el santo patrono de la ciudad, bienamado de los criollos por ser oriundo de México, se equipara con Neptuno.

Los premios en ambas justas son por demás interesantes para nosotros. En lugar del prosaico dinero dado en la actualidad, los "cisnes mexicanos" recibían objetos de plata tan valiosos y significativos como una "salvilla y vaso de plata".

Tan importantes e imprescindibles como el premio eran, para el triunfador, los versos que el redactor del certamen componía en su honor y que llevaban el nombre de epigrama o vejamen. Muy ingeniosos, tal como el "arte de ingenio barroco" lo dictaba, son los que compone Sigüenza y Góngora, como secretario de los certámenes de 1682 y 1683. Este texto de Sigüenza es conocido como *TRIUMPHO/ PARTHÉNICO/ QUE/ EN GLORIAS DE MARÍA,/ Santíssima inmaculadamente concebida/ celebró/ la Pontificia Imperial, y Regia/ Academia Mexicana...* DESCRÍBELO/ D. Carlos de Sigüenza y Góngora/ Mexicano, y en ella cathedrático propietario/ de Mathemáticas./ EN MÉXICO: Por Juan de Ribera en el Empedradillo... 1683.

Tovar de Teresa lo consigna como uno de los textos más estudiados del siglo XVII, testimonio de historia del arte virreinal. Dice: "Se advierte que Sigüenza tenía ojos para ver pintura; su testimonio en el *Triunfo Parthénico* es uno de los escasos textos virreinales en que se glorifica al arte y se menciona a los artistas"[23].

[22] Diego de Ribera, *BREVE/ RELACIÓN/ DE LA PLAUSIBLE POMPA,/ y Cordial regocijo, con que se celebró la Dedicación del Templo del ínclito Mártir S. FELIPE DE JESÚS,/ Titular de las Religiosas Capuchinas...* Por la Viuda de Bernardo Calderón, Año de 1673, fol. 13v.

[23] Guillermo Tovar de Teresa, *op. cit.*, p. 285.

En varios factores radica además la celebridad de este certamen: la relevancia de su autor dentro de la cultura de su tiempo; la participación de Sor Juana en ambos concursos poéticos, ocultando su identidad ingeniosamente; y el concurso de todos los talentos de la época. No obstante, creemos que es importante señalar que lo convoca la Academia Mexicana, o sea la Universidad, de la cual es profesor el propio Sigüenza. En la época de Sor Juana, y a pesar de algunas manifestaciones de inconformidad por parte de los estudiantes, la Universidad como institución es un crisol de los valores de la monarquía y de la religión. Los certámenes de 1682 y 1683 lo reflejan de manera patente.

En su prólogo a la edición moderna de la obra, Rojas Garcidueñas sintetiza a la perfeccción el tema:

> Para los lectores a quienes ese libro iba destinado, es decir, para el público letrado, único entonces formado en la acendrada tradición clasicista del Renacimiento, el título de la obra ya de por sí sugiere claramente su propio contenido, pero la decadencia de las humanidades vuelve oscuro lo que antes fuera obvio; por ello acaso no resulte superfluo recordar que si Parthenos equivale a virgen, *Triumpho Parthénico* será la virginal victoria de María al aclamarse el misterio de haber sido concebida sin la mancha del original pecado...[24]

[24] José Rojas Garcidueñas, Prólogo a *Triunfo Parténico*, de Carlos de Sigüenza y Góngora, Biblioteca Mexicana de Libros Raros y Curiosos, México, 1945, p. 10.

La celosa salvaguarda que la Universidad hacía de la ortodoxia católica se revela elocuentemente en estas palabras de don Carlos de Sigüenza:

> Ordenamos que cuando los catedráticos desta Universidad llegaren a leer materias en que suele tratarse la questión de la limpieza de la Virgen María Nuestra Señora en su Concepción puríssima, no la passen en silencio sino que expressamente lean y prueben cómo fue concebida sin pecado original, so pena de perder la Cáthedra y los Estudiantes que no denunciaren ante el Rector, pierdan también los cursos, el cual hecha información del caso, ponga luego edictos de oposición a la Cáthedra, y el que la perdiere por esta causa, no pueda ser admitido a ésta ni a otra de oposición (p. 47).

El control ideológico y la regulación de la ortodoxia se presentan de una forma eficaz con los procedimientos típicos de la Inquisición: la vigilancia mutua y la denuncia obligatoria hecha bajo el indicio de cualquier sospecha.

Uno de los premios lo obtuvo Sor Juana, bajo el ingenioso seudónimo que la encubre con un anagrama de su nombre: Juan Sáenz del

Cauri. Participa con el espléndido romance "Cuando invictísimo Cerda..." Se le premia con dos bandejas de plata.

Después de que se otorgaba el premio se recitaba el ya citado pequeño poema chusco llamado vejamen. El que Sigüenza compone para esta ocasión dice así:

> ¿Qué importará que te encubra
> Sáenz, tu nombre en este trance
> si espíritu en tu romance
> hay que tu nombre descubra?
> Mas por que no formes quejas,
> ya que te costó desvelo,
> como a dos te premian, vélo,
> pues te han dado dos bandejas (p. 315).

El epigrama hace alusión a su identidad y al hecho de que, al premiarla con dos bandejas, se reconocen sus dos personalidades, la real y la poética.

Los textos analizados anteriormente están escritos para ceremonias y festividades de carácter público; su gran espacio de representación es la plaza, la "Academia", el atrio de un gran templo. Sus espectadores pertenecen a lo más variado y contrapuesto de los estamentos sociales. El ritual se cumple con la adhesión fiel de toda una colectividad a los valores y a los signos de representación religiosos o civiles de la más alta y colectiva jerarquía. Para concluir este apartado veremos otra celebración completamente distinta, si bien está organizada y puesta en escena por lo más alto de la jerarquía de la nobleza y del poder civil. La fiesta es privada, tiene lugar en casa de uno de los funcionarios más importantes de la corte virreinal, el contador don Fernando Deza. Además de la muy célebre comedia de capa y espada *Los empeños de una casa*, en esta ocasión se representa una serie de pequeñas piezas que complementan el festejo; nos referimos en especial a la loa inicial, que establece una relación muy importante entre el señor y el súbdito: un vasallaje espiritual que se concreta literariamente en toda una poética y muy elaborada metáfora de la adulación. Sabemos que gracias a la estrecha amistad de Sor Juana con los virreyes condes de Paredes, marqueses de la Laguna, la monja hace de su celda conventual la prolongación de una añorada vida cortesana y universitaria.

Esta pieza llamada "Loa que precedió a la comedia que se sigue" se enlaza con la obrita final del festejo, el llamado "Sarao de cuatro naciones", pues ambas son panegíricos a los gobernantes. No obstante, nos interesa la loa como parte de una faceta de la obra de Sor Juana muy poco estudiada, las loas palaciegas dedicadas a los virreyes.

Estas obras dramáticas están entre los escritos de Sor Juana que menos atención han recibido. De ellas dice Octavio Paz:

> ...la sor Juana de las loas cortesanas y mitológicas no fue menos fecunda ni menos inspirada que la de los villancicos... pero lo poco que se podía decir de los príncipes y los grandes de este mundo se compensaba con el recurso a la mitología, los emblemas y la erudición. Sorprende que con una materia vil como los cumpleaños de los poderosos, sor Juana haya logrado pequeñas obras que, en su género, son perfectas[25].

Tal vez lo que a nuestro Premio Nobel le parece "materia vil" no lo haya sido tanto para una sensibilidad del siglo XVII, en la que el concepto de "público" y "privado" era distinto al nuestro, ya que la urbanidad era algo íntimo.

Estamos plenamente de acuerdo con Paz cuando dice que estas piezas son perfectas. Ahora bien, ¿en qué consiste su perfección y el indudable interés que como teatro cortesano despiertan en nuestros días? Creemos que la respuesta reside en varios aspectos que convierten estos breves textos en obras interesantes y atractivas para nosotros, a pesar de su indudable carácter limitado a su época y contexto, ya que son piezas de circunstancia. Tal vez el aspecto esencial es que poseen una funcionalidad dramática. La loa encomiástica se plantea como un emblema a descifrar, en el cual participan una serie de personajes alegóricos quienes, a manera de debate, concilian sus argumentaciones para terminar ensalzando al protagonista homenajeado. Ésta sería, en síntesis, la mecánica de las loas cortesanas de Sor Juana. Agreguemos que el lenguaje es marcadamente culterano y, como ocurre en este tipo de poesía, lleno de alusiones mitológicas y de términos suntuosos y ornamentales.

La loa que inicia la representación cumple su doble función sémica de ser una alabanza a los virreyes y de introducir al espectador al festejo escénico. Contienden cuatro personajes alegóricos, distribuidos en dos parejas antagónicas: Mérito-Diligencia, Fortuna-Acaso. Cada uno de los participantes designa su función y, a la manera de un debate escolástico, defiende su postura. La Música, elemento común en este tipo de textos, conduce la acción y anima la teatralidad de la escenificación. Finalmente irrumpe la Dicha, que concilia los ánimos y las elaboradas discusiones, señalando que la verdadera felicidad que ella encarna no radica en ninguno de los contendientes ni en sus alianzas, sino en la persona de los virreyes, de quienes se hace una magnificación:

[25] OCTAVIO PAZ, *Sor Juana Inés de la Cruz o Las trampas de la fe*, F.C.E., México, 1982, pp. 442-443.

> la venida dichosa
> de la Excelsa María
> y del Invicto Cerda,
> que eternos duren y dichosos vivan.
> Ved si a Dicha tan grande
> como gozáis, podría
> Diligencia ni Acaso,
> Mérito ni Fortuna, conseguirla (vs. 404-411).

La loa prosigue y se cierra triunfalmente en el "Sarao de cuatro naciones", en el que participan españoles, negros, italianos y mexicanos junto con instancias alegóricas (Obligación y Amor) y deidades grecolatinas (Venus, Diana, Marte, Júpiter). Se hace también una alabanza de los gobernantes surgida de las "cuatro naciones" que deben sumisión al virrey, por ser o haber sido sus súbditos. Al final se organiza una jácara, pieza que se canta y se baila; se concluye la fiesta con la metáfora de la adulación, no necesariamente insincera, de los cortesanos que en expresión de la escritora rinden vasallaje espiritual y apasionado a sus nuevos señores.

EL MODELO RELIGIOSO, GUÍA EDIFICANTE DE LA VIDA TERRENA Y PERDURABLE

Entre los géneros más populares y divulgados en su contexto, y menos estudiados en la actualidad, se encuentran los sermones. No obstante, el interés que en nosotros despiertan se debe al conjunto de funciones catárticas y hagiográficas que este género tiene en la época. En uno de los ensayos medulares sobre la cultura novohispana, Jorge Alberto Manrique emite la siguiente consideración:

> Los sermones eran la forma pública más socorrida para reafirmar las virtudes religiosas. En español, en náhuatl, en otomí o en las otras lenguas indígenas, el sermón era lazo de unión de la comunidad, reafirmación de las virtudes morales y fustigamiento de las desviaciones... Los hombres más distinguidos se disputaban el honor de ocupar el púlpito en las grandes iglesias y en las grandes ocasiones: canonización de algún santo, proclamación de un patrón, dedicación de un templo, honras fúnebres por la

muerte de reyes, virreyes... La función primera del sermón... era la didáctica, pero para las ocasiones señaladas se convertía en pieza literaria de gran importancia... establecía paralelismos, oposiciones, simitudes simbólicas, alegorías, referencias a la virtud de los personajes exaltados, y demás... El público asistía a oírlos con verdadera fruición. Algunos, los doctos, entendían las sutilezas y las finezas del sermón; otros, los más, iban como quien va a un espectáculo, como quien va a la ópera, de que disfruta sin necesidad de entender todo lo que se dice. Los sermones importantes fatigaban pronto las imprentas y salían a la luz pública, para beneficio de quienes no los habían escuchado, y perpetuidad de autor[26].

[26] JORGE ALBERTO MANRIQUE, "Del Barroco a la Ilustración", en *Historia general de México*, El Colegio de México, México, 1976, t. 1, pp. 667-668.

Aunque larga la referencia, designa a la perfección todos los registros culturales que el sermón tenía para los novohispanos y nos ubica perfectamente en el porqué de la gran popularidad del género.

Uno de los sermones más espectaculares pronunciados en la época es el del jesuita Francisco de Aguilera, en la fiesta de Epifanía de 1688, y que versa sobre un personaje por demás fascinante y ya mítico desde su tiempo, Catharina de San Joan, quien ha pasado a la posteridad como la China Poblana. La obra se titula: *SERMÓN/ EN QUE SE DA/ NOTICIA DE LA VIDA ADMIRABLE,/ Virtudes heroicas y preciosa muerte de la Vene-/rable CATHARINA DE SAN JOAN...* predicó el padre Francisco de Aguilera... En la Imprenta Nueva de Diego Fernández de León, Puebla, 1688.

A más del extraordinario clima de enrarecimiento y de prodigio que tiene el texto de Aguilera, lo que nos interesa en primer término es contemplarlo como sermón. Se inicia con una efectista salutación en la que el autor acude a sus más conocidos recursos retóricos, como una elegíaca exhortación hacia la muerta: "Prorrumpa ya tu voz, elocuencia muda rhetórico silencio" (fol. 1r).

Es importante señalar que Aguilera, habilísimo escritor y dueño de muchos recursos, es además una personalidad extrovertida y emotiva, lo cual se trasluce a lo largo de todo el sermón. Le interesa dar constancia de que lo que narra se lo refiere la prodigiosa beata. Este hecho merece una mención especial sobre cómo se manejan las reglas del juego en cuanto al secreto de confesión. Es cierto que éste era obligatorio al administrar el sacramento y que no debía ser violado; no obstante, si de servir a propósitos ulteriores se trataba, era frecuente que los confesores se sirvieran de los cuadernos o "diarios" y de las intimidades que los penitentes les confiaban para escribir testimonios en pro o en contra de aquéllos, como ocurrió por ejemplo con las numerosas "ilusas" procesadas por la Inquisición. De las declaraciones confiadas en la penitencia, también se hacen en contrapartida los expedientes de santidad y se toman los datos más preciados para construir las Vidas tan populares en su tiempo. Así pues, el hecho de que el autor tenga el testimonio directo, el último confesor de la mítica China Poblana, le confiere un carácter fidedigno y de autoridad moral plenamente reconocida. No obstante, y junto a la exaltación biográfica de la perfección, el interés primordial de Aguilera es conmover a los oyentes, y posteriormente a los lectores, a seguir el ejemplo de la práctica de las virtudes de la que Catharina dio muestra durante toda su vida.

La protagonista es ante todo un modelo edificante para el fiel y es por ello que, en su calidad de sermón, se establece el nexo entre la vida de la protagonista y la enseñanza moral inherente a toda prédica, fin último del género. Así cuando Catharina para conservarse casta, y no ser motivo de tentación a quienes la miran, pide envejecer y hacer desagradable su rostro, Dios se lo concede, y de este modo el autor dirige las siguientes palabras a su auditorio:

> ¿Quién ha oydo tal petición en el mundo en una muger hermosa, y en la flor de la edad, celebrada y pretendida de todos por su gran belleza? Vengan aquí cuantos pierden a Dios, por no perder una hermosura caduca: Oygan este ejemplo y córranse avergonzados hasta los abysmos (fol. 9v).

Paralela a la incitación didáctica y al ejemplo moral, se encuentra la amenidad y la sustancia biográfica que hace de este texto un singular escrito situado en el medio camino entre la prédica y la hagiografía. Aguilera se cuida de repetir que Catharina, como todas las grandes figuras de santidad, está marcada por el designio y por la elección. Se hace hincapié, asimismo, en su origen noble y en cómo desde su nacimiento está marcada por el prodigio y la excepción. Al igual que Moisés, la arrastra la corriente de un río y milagrosamente es encontrada viva y ¡seca! Novelescas son las peripecias de su larga navegación por diversos rumbos. Se pueden percibir reminiscencias de la novela bizantina, así como de caballerías, cuando es raptada por los piratas. Su carácter de privilegio se patentiza cuando en este elevado símil: "...se le abrieron los cielos como al Señor en el Jordán y se le hicieron presentes las Soberanas Magestades IESÚS, MARÍA, IOACHÍN Y ANA, mirándola con ternura, acariciándola con cariño" (fol. 5r).

El autor intercala pasajes de la vida de Catharina con impresionantes imágenes y visiones ultraterrenas, constantes barrocas de hacer que en el mundo cotidiano se interpolen lo natural y lo sobrenatural. Entre los pasajes más atrayentes para el lector se encuentran aquellos que, dejando el transcurrir exterior de la beata, se concentran en los más íntimos resquicios de su vida interior, como son las penitencias y los coloquios con Dios. Vemos descripciones de un fuerte erotismo en los que la China: "...aprovechándose de la liberalidad de su Amado: entraba las manos en el costado de Christo, y sacándolas llenas de Sangre se llenaba con ella la voca, y se bañaba todo el cuerpo" (fol. 16r).

También es significativo el énfasis que se hace del desprecio y castigo del cuerpo en una sociedad que lo reprime para alcanzar la perfección. Es sabido que la materia es considerada la cárcel del alma, y en el modelo ideológico dominante en ese entorno la anulación del cuerpo se da por medio del castigo para así lograr su sublimación.

La intensidad del sermón se manifiesta cuando se narra la ceremonia de las exequias de Catharina. En un final rico en efectos, Aguilera nos refiere, con cierto mórbido gusto barroco, cómo incluso los más selectos asistentes a la ceremonia fúnebre pugnan por arrancar al difunto cuerpo pedazos de ropa e incluso de carne. Éste es un signo inequívoco de la creencia en las reliquias como permanencia de la aclamada santidad.

La popularidad de Catharina de San Joan convierte en un verdadero culto a la santidad y al orgullo criollo de ser esta tierra de elección en la que ella florece. Si bien extraordinaria, la "China Poblana" no fue nunca religiosa. La monja es indudablemente uno de los más valorados roles sociales dentro del contexto novohispano. Más que hablar de la vida conventual, tema que trata magistralmente Asunción Lavrin, yo me ceñiré a dos textos predicados para la profesión de monjas. Uno de ellos es de 1679; lo escribe el venerado y temido Padre Antonio Núñez de Miranda, confesor de Sor Juana. Está dedicado a una religiosa del convento de San Lorenzo, también de regla jerónima. El otro es de 1694, dedicado a una monja concepcionista. En ambos textos se coincide en que el día de la profesión, cuando se pasa de novicia a profesa, se debe tomar el compromiso de convertirse en Esposa de Cristo. Doble juramento de índole material y de índole mística. En el primer caso, la nueva religiosa se compromete a cumplir con el código normativo que ha de regir su vida: las Reglas y Constituciones de su orden; en el compromiso místico, la simbología se cifra en los objetos que la consagran en sus nupcias con Cristo: el anillo, el velo, la corona y la palma. Es así que el predicador Diego Dias da a conocer un ingenioso símil que hace corresponder a la Magdalena del Evangelio con la nueva religiosa: "...pues como Magdalena en la continuación de su penitencia, ha de ser nuestra Magdalena en la observancia y ajuste de su regla"[27].

El autor de este sermón prefiere la retórica de las alegorías bíblicas, y así las futuras monjas del convento de la Concepción al despre-

[27] DIEGO DIAS, *Sermón Que/ en la Solemne Professión de la Madre MARÍA MAGDALENA DE LA SOLE-*

ciar los vicios se asemejan a la Virgen Apocalíptica que pisa la cabeza del dragón. Al hablar de los votos, el orador retoma hábilmente los símiles y dice lo siguiente:

> Ésta es pues la pintura de la muger; y es sin duda la madre María Magdalena el original; muger por Magdalena; obediente, pobre y casta por María; ya tiene en los quatri votos que ha de hacer, yugo en el cuello para ser obediente, rueca en la mano para ser pobre, cíngulo en la cintura para ser casta, grillos en los pies para estar en la clausura (fol. 10r).

El sermón predicado por el fraile Dias es menos drástico y terrible que el del Padre Núñez, llamado *Plática Doctrinal a la profesión de una señora religiosa del convento de San Lorenço*. Este texto es uno de los más impactantes escritos de poder del siglo XVII. Despliega las mejores estrategias retóricas del discurso jesuita: la eficacia realista de las imágenes trascendentes; la amenaza de la condenación por medio de un despliegue verbal que mezcla lo corpóreo con lo metafísico; la autodenigración del alma ante la magnificencia de Dios. El propósito de San Ignacio y de los miembros de su milicia es impresionar al fiel y convencerlo de seguir el camino del servicio de Dios. El texto de Núñez persigue impactar al oyente-lector. Desde el principio en tono casi profético declara:

> Pues en la nupcial professión, y Canónicos desposorios de una Virgen Reyna con Christo: de qué avía de tratar el Orador sagrado, sino de sus obligaciones y essencia? Qué es profesar? Qué es desposarse con Christo una señora Religiosa?... Es quedar toda de Christo con todas sus dependencias, quereres y haberes, en nada suya, ni aun en el alvedrío: porque toda se ofrece en holocausto por virtud de su Professión[28].

Es interesante ver cómo maneja Núñez el nivel consciente y el subliminal para enajenar la voluntad de la profesa y entregarla toda al servicio de su Creador. La palabra "holocausto" tiene un peso conceptual definitivo para convencer y animar a la monja a una absoluta renuncia del mundo marcada por el cumplimiento de los cuatro votos también resaltados por Dias: obediencia, pobreza, castidad y clausura. Los que por decreto de la palabra simbólica se cumplen para "vivir o morir crucificadas con Christo en la Cruz de la Religión con los quatro clavos de los quatro votos" (fol. 7v).

El sermón de Núñez concluye con la recepción de los ya referidos objetos simbólicos y culmina con los desposorios entre la religiosa y Cristo. Se establece la paradoja de la muerte en vida, es decir de estar muerta al mundo para vivir en Dios. Se reitera obsesivamente

DAD, predicó..., por la Viuda de Rodríguez Lupercio, México, 1694, fol. 8r.

[28] ANTONIO NÚÑEZ DE MIRANDA, *Plática/ Doctrinal, QUE HIZO/... En la professión de una Señora Religiosa del Convento de San Lorenço...* México, por la Viuda de Bernardo Calderón, Año de 1679, fol. 2v.

la idea de la muerte a los afectos terrenos, con la fuerza de un imperativo categórico:

> ...antes de llegar al comulgatorio, que es el Tálamo de sus bodas, postrada a lo de difunta, le dizen las Letanías de agonizantes... Professar es morir al mundo, y al amor propio y a todas las cosas criadas; para vivir a solo su Esposo. Para todo ha de estar muerta y sepultada... un cuerpo muerto es vivíssimo geroglífico de y toda la perfección Religiosa, Votos, Reglas y Constituciones (fols. 6v-7r).

La reiterada mención de la muerte es síntesis de la renuncia al mundo exterior, al aceptar el voto de la clausura. El sermón borda sobre el mismo tópico con variaciones alternas de tono para, al final, lograr el efecto climático esperado cuando el autor se hace portavoz de la profesa al pronunciar, en una primera persona femenina, las siguientes apasionadas palabras:

> O, Señor, y si yo fuesse ya toda vuestra; toda, toda, nada mía nada, nada. Tomad allá mi coraçón y mi voluntad, poseed mi cuerpo, y mi alma: tomad mis potencias y sentidos: disponed de todo como en cosa propria: mandad, desmandad: hazed y deshazed; que toda estoy a vuestra disposición y albedrío, etc. O y assí sea! Y sea para siempre, sin fin ni interrupción. Amén (fol. 17r).

Estas palabras sellan la anulación de la voluntad y la renuncia patética del libre albedrío.

Después de admirar el profundo nivel de persuasión del Padre Núñez comprendemos a la perfección el juicio que otra personalidad de la época, Isidro de Sariñana, orador célebre, obispo de Oaxaca y antiguo discípulo del jesuita, vierte sobre su maestro. Compara las prédicas del confesor de Sor Juana con el sabor del universalmente aceptado gusto por el pan:

> Y como los manjares del alma son los Sermones, al Retórico agrada en ellos la dulçura de la elegancia, al Docto sabe muy bien la Sal de la Sabiduría, al deseosso de su aprovechamiento lo agrio de la reprehensión, al desengañado lo amargo de la verdad. En éste y los demás sermones que predica el R. P. Antonio Núñez resplandecen las calidades del Pan, pues lo hallan todo todos[29].

[29] ISIDRO DE SARIÑANA, "Sentir" al *Sermón/ de Santa*

Estas palabras se incluyen como aprobación a un sermón de Núñez predicado en ocasión de un suceso extraordinario que nos arroja significativas luces sobre la época. Desde 1648,

> ...molidos los panecitos de la ínclita Santa Teresa de Jesús y reducidos a menudos polvos y puestos assí en una ollica... por mano de D. María de Poblete... en breve tiempo se reintegran, se unen y consolidan aquellos polvos, reduciéndose a la misma forma de panecitos íntegros que tenían antes de molerse, con la misma hechura, señales, y imagen de la misma gloriosa Santa, con que en su primera formación fueron hechos y sellados[30].

Después de treinta años de realizarse continuamente este prodigio, el entonces arzobispo de México, Fray Payo Enríquez de Ribera (a quien Sor Juana dedica dos romances, uno de ellos célebre), emite un Auto para declarar el suceso como milagro; es decir, un documento con valor de precepto y de sentencia incuestionable. Este escrito episcopal denota la unidad indisoluble de la fe popular reafirmada por la autoridad. También revela profundamente la validez de lo sobrenatural en la vida cotidiana y en el mundo fáctico. La publicación de este documento propicia un sinfín de celebraciones y de sermones que reafirman el valor ideológico del suceso. Fray Payo termina su disposición canónica con estas palabras:

> Declaramos, que el referido hecho, caso, y sucesso de la reintegración de dichos Panecitos de Santa Theresa de Jesús: y en virtud de la facultad que para ello nos da el Santo concilio Tridentino. Declaramos que el referido hecho, acto y suceso de la reintegración de dichos Panecitos de Santa Theresa de Jesús, según y como se ha referido y según consta de su comprovación, es y a sido sobrenatural y milagroso, y permitimos y damos licencia que como tal, y como milagro se pueda publicar y predicar para que Dios Nuestro Señor sea también por esta causa glorificado, u ofresca en los Fieles la devoción y culto de su gloriosa Santa Theresa de Jesús (s. fol.).

La solemnidad de esta ocasión hace que en el convento carmelita de San José[31] se predique el sermón de Núñez al que antes aludíamos.

Al cambiarse de orden, la futura gran escritora se libera del rigor extremo al que se sometían las carmelitas descalzas, aunque entrega su existencia a la regulación de una vida en comunidad que se norma por

Teresa de Jesús... en la Declaración del Milagro de los Panecillos..., México, por la Viuda de Bernardo Calderón, Año de 1679, s. fol.

[30] Fray Payo Enríquez de Ribera, *AUTO/ EN QUE... Declara por milagro la reintegración de los Panecitos de la/ Gloriosa Virgen SANTA THERESA DE JESÚS*. En México, por la Viuda de Bernardo Calderón, 1677, s. fol.

[31] El claustro es el mismo en el que Sor Juana estuvo un año como novicia, y que debido a lo estricto de la disciplina la insta a pasarse después al de San Jerónimo.

las *Reglas y Constituciones del Convento de San Gerónimo de Puebla*, dispuestas por Manuel Fernández de Santa Cruz, asociado a Sor Juana como Filotea de la Cruz. La Regla de una orden es la que dicta el fundador; las jerónimas se rigen por regla agustina. Ahora bien, las Constituciones pueden tener ligeras variantes, ser más concisas, prolijas, tener más capítulos, pero en esencia contienen los mismos preceptos. Las de Puebla tienen el indudable interés de ser contemporáneas a la escritora y de estar emitidas por Santa Cruz. Se componen de treinta y cinco capítulos distribuidos por orden de importancia; en primer término se habla de las autoridades del convento, de su forma de elección y de la manera en que las monjas deben ejercer la votación. En un universo tan rígidamente jerarquizado, es de gran importancia determinar el territorio de acción de cada miembro de la comunidad. Es interesante comprobar que la estructura normativa de un convento de monjas se parece al de la familia. Al igual que en el núcleo familiar, se obedece a un "padre", y a una "madre", y se contemporiza tolerantemente con unas "hermanas". Sin embargo, también podemos establecer paralelismos con el modelo castrense: en la uniformidad de la ropa, en la obediencia incuestionable de las órdenes; en la organización cotidiana regulada y monótona, distribuida en quehaceres siempre iguales. No se escapa tampoco la comparación con una cárcel, sobre todo en el encierro elegido o impuesto pero canónicamente obligatorio; en la imposición de asignarle a la monja una madre "escucha" que, al igual que en una cárcel, ronda constantemente para oír la conversación entre la profesa y sus visitantes; en la regulación de tiempos y espacios determinados para poder hablar, como son ciertas horas señaladas y el locutorio como lugar impuesto para la conversación. No en vano, por ejemplo, algunos de los capítulos de las constituciones tratan del silencio y tiempo

que se ha de observar y de las "zeladoras" y "de los locutorios y lugar donde se puede hablar"[32].

Creemos que es significativa la similitud que hemos encontrado entre estos tres esquemas sociales y la vida conventual. En común con los tres, se da la obligación indiscutida de la obediencia. De los cuatro votos hechos al profesar, éste es quizá el más importante ya que regirá la conducta y la esencia misma de la vida de clausura a lo largo de toda la existencia.

Después de hablar de las autoridades del convento, un inciso importante es el relativo al confesor de una religiosa. En primer término, se indica que el confesor de monjas es un sacerdote de altas virtudes morales, de cierta edad e intachable en su comportamiento moral. Debe al mismo tiempo tener una gran preparación doctrinal y teológica. Generalmente se le asigna a la religiosa, la que no puede confesarse con otro sin previa licencia. Esto explica el porqué la ruptura de Sor Juana con Núñez tuvo que haberle causado a ella un grave conflicto ante sí misma y ante su comunidad. También es de llamar la atención el señalamiento referente a la guarda de la clausura, como voto de profesión y como régimen cotidiano impuesto durante toda la vida. Demos sólo el título del capítulo XIV que es el referente a este voto: "De la clausura perpetua que han de guardar las monjas y todo lo demás que a ella pertenece, y que ninguna persona de qualquiera estado o condición que sea pueda entrar en ella" (fol. 24r).

Sabemos que había excepciones y que era frecuente que las virreinas entraran a algunos claustros. En la *Carta* de Sor Juana al Padre Núñez hallada por el Padre Tapia en Monterrey, la escritora dice lo siguiente sobre la deferencia que le hacen los virreyes:

> Y si el Excelentíssimo Sr. Marquez de Manzera entraba quantas vezes quería en unos conventos tan santos como Capuchinas y Theresas, y sin que nadie lo tuviesse por malo, ¿cómo podré yo resistir que el Excelentíssimo Sr. Marquez de la Laguna entre en éste? (demás que yo no soy prelada, ni corre por mi cuenta su govierno)[33].

Esta cita confirma lo que sabemos acerca del relativo rigor de los conventos que dependía, como siempre ocurre, de la personalidad de las superioras y de la jerarquía y posición de los visitantes.

Por último, en lo que respecta a las Constituciones de San Gerónimo, hablaremos de los capítulos referentes a la culpa. Éstos son de medular importancia, ya que designan el castigo al comportamiento, pero en un nivel más profundo, el acoso a la conciencia que las religiosas experimentaban al transgredir las disposiciones señaladas. La gradación

[32] *REGLA... que han de guardar las Religiosas del Convento de San Gerónimo...* Mandadas guardar por el Ilmo. y Excm. Señor Doctor D. Manuel Fernández de Santa Cruz... Puebla, 1691.

[33] *Carta de la Madre Juana Inés de la Cruz escripta a el R. P. M. Antonio Núñez, de la Compañía de Jesús*, en ANTONIO ALATORRE, "La *Carta* de Sor Juana al P. Núñez (1682)", *Nueva Revista de Filología Hispánica*, México, 35 (1987), p. 621.

va desde "la culpa leve" hasta "la culpa gravíssima". La primera se refiere a ligeros y pueriles descuidos como: "...si alguna hiziese ruido en el dormitorio... o provocare a alguna de las otras monjas a riza"[34].

La culpa gravísima, extremo de la anterior, se cifra esencialmente en la soberbia y la desobediencia a los superiores así como "no hazer las penitencias que ordenan las Constituciones" (fol. 37v), y merece la sanción siguiente:

> Séale quitado el hábito de la Religión por el Prelado, puesto que la q' obra de esta manera parece haverse apartado y olvidádose de su professión, y sea tenida en todas las cosas como muger seglar, y descomulgada, y ninguna de las monjas hable con ella, y sea puesta y encerrada en la cárcel... (fol. 37v).

Antípodas de estas no deseadas monjas transgresoras son aquellas y aquellos religiosos que llevaron una existencia tan perfecta y ejemplar en la imitación de Cristo y en el cumplimiento de las virtudes, que merecen que sus vidas se escriban para edificación de sus lectores. A falta de novelas, los escritores se vuelcan en este género que, como la ficción picaresca por ejemplo, nos da la historia de una vida a través del tiempo y del espacio. Asimismo y como motivo primordial, el intelectual criollo busca afanosamente que sus ejemplos de santidad pertenezcan a

> un territorio que ya había acrisolado, en rico mestizaje, elementos occidentales, indígenas y africanos. Una población para la que la *potentia* de los santos, al igual que la de los antiguos dioses que aún sobrevivían, era lo único efectivo en la solución de las numerosas y lacerantes necesidades materiales... Al igual que en el cristianismo primitivo, la existencia de santos locales llenaba de sentido una tierra que no lo tenía aún. Así la canonización de santos autóctonos se convirtió, para los criollos novohispanos, en algo de vital importancia, pues si su tierra era fértil en frutos de santidad, quedaba demostrada su igualdad con los europeos[35].

Así pues, la literatura hagiográfica de la Nueva España cumple una doble misión: deleitar al lector a la manera de la ficción y cumplir con la ideología criolla de que los protagonistas, en una sociedad eminentemente religiosa, se conviertan en los más ricos y elevados signos de identidad novohispana.

La literatura hagiográfica colonial es abundantísima en los siglos XVII y XVIII, por lo que nos ceñiremos a algunos textos estrechamente ligados al contexto de Sor Juana, ya sea por estricta coincidencia cronológica o bien por la asociación vital que con ella establecieron los biografiados.

---

[34] *Reglas y Constituciones*... fol. 34r.

[35] ANTONIO RUBIAL, "Los santos milagreros y malogrados de la Nueva España", en *Manifestaciones religiosas en el mundo colonial americano*, Universidad Iberoamericana-INAH-Condumex, México, 1993, t. 1, pp. 76-77.

Obra fundamental para comprender los amplios registros espirituales y textuales acerca de la literatura de la santidad femenina es el *Parayso Occidental...* de Carlos de Sigüenza y Góngora. El libro oscila entre la crónica histórica y la prodigiosa narración de sucesos de santidad condimentados con un marcado regusto barroco por lo extraordinario y desmesurado, expresado en una escritura que recorre las gamas de lo objetivo hasta el más apasionado retorcimiento de largos y complejos períodos sintácticos que sólo así definen el enrarecido mundo interior de las religiosas. De ahí que: "Las historias de autoflagelación —penitencias, cilicios, golpes— y autocompasión son impresionantes y dignos de estudio para un trabajo sobre las mentalidades del barroco en México"[36].

La intención de Sigüenza, además de la manifestada de escribir una crónica patrocinada por las mismas monjas para incitar al débil monarca Carlos II a que continúe con el patronazgo otorgado por su antecesor Felipe II, se remonta a un propósito ideológico criollo de la ya sabida consagración de la santidad que tienen las tierras occidentales. Es de nuevo la representación de la Nueva España como el paraíso dotado de excepcionales dones; así al establecer la funcional analogía entre el paraíso original y el americano expresa:

> Si en aquél triunfó de la original pureza la primera culpa; en éste tiene pacífica habitación la divina gracia: si en aquél conducidos de la inobediencia se enseñorearon de la humana naturaleza todos los vicios; en éste la reducen a su ser primitivo las virtudes todas: y si de aquél desterró un Cherubín a una sola muger, que lo habitaba, por delinquente; en éste viven como Serafines abrazadas en el amor de su Esposo innumerables Vírgines[37].

Las tres partes de que se compone el libro dan al lector un sentido interno de la variedad, efecto de amenidad buscado por la literatura barroca. En la primera, Sigüenza relata la historia del convento de Jesús María, de sus fundadores y de su ubicación. Es significativo el hecho de que la obra se inicie con una relación sobre las vírgenes indígenas y su consagración a los dioses. Sigüenza insiste en que hay una gran similitud entre la clausura prehispánica y la católica, lo cual fortalece la tesis de la Nueva España como una tierra de elección. El libro segundo es una *Vida* como las muchas escritas en la época, centrada en una sola protagonista, la Madre Mariana de la Cruz, notable "o por la antigüedad de su profesión o por lo sobresaliente de sus virtudes" (fol. 48v).

Esta parte del libro guarda las características de los relatos hagiográficos de la época: en los capítulos iniciales se refiere el origen del personaje, su linaje, su vida exterior y, como corolario, sus virtudes y

[36] Guillermo Tovar de Teresa, *op. cit.*, p. 290.

[37] Carlos de Sigüenza y Góngora, *PARAYSO / OCCIDENTAL... PLANTADO Y CULTIVADO/ POR la liberal mano de los muy Cathólicos Reyes de España...* en su magnífico Real Convento de JESÚS MARÍA...*, Juan de Ribera, México, Año de 1684.

los sucesos prodigiosos realizados por la protagonista en vida e incluso después de su muerte. Hacemos hincapié en esta distribución del Libro II del *Parayso...* porque en términos generales es así como se estructuran las *Vidas* barrocas. Se narra la amistad de Mariana de la Cruz con el eremita Gregorio López, otra insigne figura de santidad. Se refieren sus levitaciones, visiones, penitencias y las visitas que la Virgen le hace:

> Con resplandores del cielo se le representó MARÍA Santíssima ocupando un admirable trono, qá que assistían innumerables millares de hermosos Ángeles, desde él inclinó sus misericordiosos ojos a la enferma, diziéndole al mismo tiempo con cariño grande "Mariana, quieres que Yo te cure?" Qué podrán responderle sino el que no mereciendo su indignidad tan soberanos favores, no podía quedar al aceptarlos a la elección de su arbitrio sino a las disposiciones benigníssimas de su gusto... Entonces la Soverana Reyna llegándose al lecho, y poniendo su sagrada mano, lo mismo fue ungirle los ojos a la enferma que quedar sana (fol. 73v).

Literariamente es de gran interés ver cómo el autor intercala la narración directa con los testimonios de otros personajes, lo que da al texto una gran variedad y combinación de estrategias discursivas. En el Libro tercero el autor, al centrarse en una sola protagonista y, a la manera de las *Vidas* de Mendieta o Torquemada, o de los menologios, verdaderas misceláneas biográficas, abandona las breves historias de varias monjas destacadas. Para muchas de estas biografías, Sigüenza deja constancia de los testigos presenciales que le han referido sucesos fidedignos. Curiosamente, el último capítulo del libro versa sobre un hombre, el capellán del convento Mathías de Gámez, igualmente receptáculo de las características emblemáticas de la santidad como son los castigos corporales, la penitencia y la castidad.

Para concluir con el valioso texto de Sigüenza, quisiera referirme a una declaración que también es común a todas las hagiografías y que era obligatoria para comprobar la ortodoxia y fidelidad a la Iglesia que tenían los autores de *Vidas*. Nos referimos a la *Protesta del Autor* que don Carlos declara y que, repetimos, era obligatoria en escritos de esta índole. El escritor manifiesta apegarse a los decretos pontificios de Urbano VIII que manda que "no caygan los elogios de santidad sobre las personas sino sobre las virtudes" ("Protesta", s. fol.).

El juramento termina con estas palabras que nos ubican a la perfección en la desbordada barroca novohispana:

> Y assí las palabras "Santidad"; "Santa"; "Bienaventurada"; "Gloriosa"; "Virtud heroyca"; "Revelación"; "Visión"; Profecía"; "Milagro", y otras

semejantes que se hallarán en la vida de la V.M. Mariana de la Cruz, y en las de otras personas que aquí se expressan, de ninguna manera son para que se les dé culto, veneración ni opinión de Santidad, pues ésta sólo la califica la Cathólica Iglesia, á quien me postro, y humillo como su hijo; y si por descuido, e inadvertencia (y sólo assí puede ser) hubiere algo que bien no suena, tíldese, bórrese, etc. ("Protesta", s. fol.).

Organizado en dos Libros, como la mayoría de las biografías de santidad, la vida del Padre Núñez de Miranda, confesor de Sor Juana, reviste por este solo hecho un interés especial para nosotros. De este austero jesuita se refiere la historia de su vocación religiosa, los principales puestos dentro de la Compañía, su función de maestro, confesor, dictaminador de conciencias, pero lo más notable es el capítulo V del Segundo libro, intitulado "Dase noticia de la Madre Juana Inés a quien hizo Religiosa el P. Antonio"; en el capítulo IV el autor, Juan Antonio de Oviedo, introduce al lector en "quanto aprovechó en espíritu a las religiosas". Lo que pretende el biógrafo con la secuencia de estos dos asuntos es convencer al lector de la generosa cercanía de Núñez con las monjas y de exonerarlo de culpa por su actitud con Sor Juana, a quien se refiere como "milagro de la Naturaleza, celebrada como tal no sólo en este Nuevo Mundo que la produxo, sino en todos los reynos de la Europa"[38].

La postura tomada por Oviedo es de defensa de Núñez: "Y aunque se han engañado muchos, persuadidos que el Padre Antonio le prohibía a la Madre Juana el ejercicio decente de la poesía santificando con los exemplos de grandes siervos y siervas de Dios, estorvábale sí quanto podía la publicidad" (p. 134).

Se maneja el mismo argumento de inclinación por lo profano en desdén de lo religioso, que Santa Cruz va a esgrimir en su Carta como Sor Filotea:

> ...le aconseja que trate con empeño de leer el de JESÚS Crucificado, y que ya era razón se mejorasse el estudio de los Philósophos y Poetas convirtiéndolo en el de la propia perfección. Y bastantemente se lastima que un tan grande entendimiento se abata a las rateras noticias de la tierra que no desee penetrar lo que pasa en el cielo (p. 136).

Con este texto y por algunas dedicatorias de Núñez al obispo poblano, sabemos cómo ambos reprobaban el genio intelectual y profano de la monja jerónima. Es la evidencia del acoso de las figuras de poder hacia una personalidad tan atípica y excepcional como lo fue Sor Juana Inés. Cierta delectación da al autor el arrepentimiento de la religiosa cuando ésta lo busca nuevamente:

[38] JUAN ANTONIO DE OVIEDO, *VIDA EXEMPLAR,/ HEROICAS VIRTUDES... DEL V.P. ANTONIO NÚÑEZ/ DE MIRANDA...*, Viuda de Francisco Rodríguez Lupercio, México, 1702, p. 132.

> ...y con el entendimiento iluminado ya con luces superiores, y la voluntad encendida con el fuego del amor divino se sugetaba a todo quanto el padre Antonio Nuñes la decía. Hizo por su dirección una confesión general de toda su vida; y en testimonio y prueva de las veras con que trataba ya de amar sólo a su Esposo se deshizo de la copiosa librería que tenía (p. 137).

El remate de la satisfacción que da al autor la "conversión" de Sor Juana se manifiesta en las consideraciones finales del capítulo:

> ...entregó su alma en las manos de su Esposo, como de su misericordia esperamos, a los dos meses cabales de la muerte de su Padre espiritual y director el padre Antonio Nuñes, dexando más edificada con su resolución heroica a toda esta ciudad de que la avía admirado con su ingenio, escritos y talento (*id.*)

Es tendenciosa la intención del biógrafo de resaltar el arrepentimiento de la monja por encima de su talento literario e intelectual.

Como ocurre con todas las figuras de santidad, Núñez tiene una "santa muerte". Y como a las grandes personalidades, se le construye un túmulo que sintetizó sus "Virtudes, empleos y ministerios" (p. 207).

Para concluir, el biógrafo deja constancia de las personalidades que favorecieron a este humilde espíritu, entre ellos el arzobispo Aguiar y Seijas:

> Tan ardientemente zeloso del bien espiritual de sus ovejas, viendo lo que por él trabajaba el P. Antonio Nuñes lo amaba con gran ternura y muestras de estimación promoviendo y ayudando en quanto podía con su authoridad... quanto le pedía en orden al bien espiritual de los próximos (p. 213).

Como conclusión grandiosa de la santidad en la Nueva España, el criollo barroco no contento sólo con las biografías de espíritus excepcionales, va más allá: elabora todo un culto a la Virgen en su decisión de hacer de esta tierra una parcela de la Gloria. De sobra se sabe el culto promovido a la Virgen de Guadalupe en el siglo XVII. Francisco de Florencia, uno de estos "Evangelistas Guadalupanos" como los llama De la Maza, rebasa el culto local de la Virgen del Tepeyac y escribe un tratado mariano que física y espiritualmente, abarca toda la geografía novohispana. El jesuita Florencia, de quien también se cumplen trescientos años de su muerte en 1995, da a su libro el barroco y simbólico nombre de *Zodíaco mariano*... Esta obra es póstuma y la publica el Padre Oviedo, autor de la biografía de Núñez. El voluminoso libro se divide en cinco

partes, cada una de las cuales se centra en la descripción de las imágenes
marianas de los obispados que constituyen el territorio novohispano. La
dedicatoria a la Virgen, "Soberana Reyna", alude al favor otorgado por
Cristo en conceder tantas imágenes marianas a la América septentrional,
"que han sido el instrumento y medio de tantas maravillas"[39].

Dentro de la descripción del prodigio, llaman la atención las constantes que Florencia privilegia en las imágenes del altiplano central: la
de Guadalupe, la de Ocotlán y la de los Remedios. Las tres se aparecen
a indios recién convertidos, quienes coincidentemente se llaman Juan.
Para refuerzo del prodigio, el de Ocotlán se llama Juan Diego, como el
favorecido por la guadalupana. Al igual que en la del Tepeyac, existe
cierta reserva para confiar en la palabra de un indígena recientemente
cristianizado:

> Llevólo la benigníssima Señora a una quebrada... a mano derecha de la
> loma escabrosa... brotó un copioso manantial de agua que hasta hoy día
> dura. Y de esta agua mandó la Santíssima Virgen a su favorecido Juan
> Diego que sacasse la que quisiesse, asegurándole que quantos bebiesen
> de ella sanarían... Y Juan Diego luego quenta de todo lo sucedido a los
> Religiosos de San Francisco. Los quales aunque veían comprobado quan-
> to al felisíssimo Indio les decía con la salud repentina de quantos bebían
> de aquella prodigiosa agua, como prudentes suspendieron por entonces
> el juycio temiendo no fuesse sueño o delirio de un neófito tierno todavía
> en la Religión y dogmas christianos (pp. 212-213).

Los paralelismos entre los dos Juan Diegos son evidentes, como
lo es el lugar yermo, escarpado e inhóspito en el que se aparecen
ambas imágenes. Sin poder explayarnos más en esta extraordinaria
obra, diremos que recoge a la perfección la fe colectiva, el providen-
cialismo de la Nueva España y la vocación criolla de hacer de su tierra
el promisorio "Parayso Occidental".

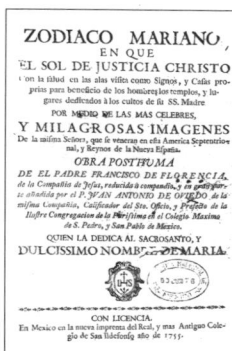

[39] Francisco de Florencia, *ZODÍACO MARIANO/ EN QUE/ EN QUE EL SOL DE JUSTICIA CHRISTO... POR MEDIO DE LAS MÁS CÉLEBRES/ Y MILAGROSAS IMÁGENES... añadida por el P. JUAN ANTONIO DE OVIEDO...* Imprenta del Real Colegio de San Ildefonso, año de 1755, s. fol.

Reiterativo parece afirmar cómo la vida de los novohispanos se enfila hacia la recompensa del mundo trascendente; las acciones de la existencia se centran en este propósito. Para concluir nuestra investigación y para cerrar este panorama de la espiritualidad de la época, aludimos a dos escritos que nos registran este vivir muriendo, para la gloria, del hombre barroco.

El franciscano Clemente de Ledesma escribe durante varios años un significativo texto llamado *Despertador Republicano...*, "[para] que tengan los que intentan agradar a Dios en sus officios y estados un Despertador, que les avise la más segura y perfecta observancia q. de su preccisa obligación desean"[40].

40 CLEMENTE DE LEDESMA, *Despertador/ Republicano/ por las letras del ABC... para despertar las obligaciones de los estados y oficios...* Doña María de Benavides, México, 1699.

La obra es una especie de diccionario ético que empieza por la consigna de cómo debe ejercer su quehacer cada miembro de la sociedad. Se incluyen las precisiones y, desde luego, las transgresiones de cada ocupación. Por ello, y sin ser para el autor un propósito deliberado, es un censo interesantísimo de las diversas profesiones civiles y religiosas. Es asimismo atractiva la cala que se hace de la vida cotidiana. Ideológicamente es quizá el mejor pulso de la forma de ejercer la censura moral y de la conducta en la sociedad novohispana, que hemos encontrado en un texto impreso. Cada letra se inicia con la advertencia "De varias noticias morales que apunta y despierta la letra..."

Veamos algunas consideraciones tomadas de este tratado: "Albacea: pueden hacer grandes méritos para su salvación si con caridad ejecutan... todo lo que se les ordena en los testamentos, pagando luego las deudas de justicia que el testador en vida no pudo pagar" (p. 40). La intención socio-moral se expresa por ejemplo al hablar de los aprendices de barberos "...que sin saber sangrar ni conocer las venas, se ponen a sangrar en los hospitales a los pobres indios, pecan contra caridad mortalmente" (*id.*)

Sobre los casados se explaya ampliamente el autor, hablando acerca de las obligaciones morales, materiales y sexuales, que Ledesma llama técnicamente "débito".

Citamos lo sobresaliente de este inciso:

El modo del débito debe ser natural, sin peligro de efusión fuera del vaso. El fin debe ser *bonum prolis* (la reproducción) o por evitar la incontinencia y no por sólo delectación carnal que ésta no carece de culpa aun venial... El *cohere* dice que el débito no ha de ser delante de los hijos: El lugar dice que ha de ser en secreto (pp. 65-66).

De este apasionante y desconocido libro veremos por último, y como mezcla de la moral social y cristiana, lo que se dice de los médicos:

> La [condición] es la ciencia para el conocimiento de las enfermedades
> y saber aplicar los medicamentos a sus grados... No debe aplicar el
> medicamento dudoso. La condición del médico es el temor que debe
> tener... que le ordena que a los enfermos de peligro les mande dispo-
> ner sus cosas y que reciban los Sacramentos (p. 157).

Este texto nos descubre cómo la moral social y la moral cristiana están
fusionadas y cómo el *ethos* religioso está en todos los resquicios de la
vida colonial.

A lo largo de nuestro trabajo hemos insistido en que la existencia terrena no tiene sentido si no es en la vida más allá de la muerte.
De ahí que los sermones fúnebres sean muy abundantes y den al lector contemporáneo la clave del vivir novohispano, marcado por la esperanza y el temor cristianos de la vida perdurable. Claro ejemplo de
ello es una preciosa pieza oratoria de este género, el *Sermón fúnebre*
dedicado al benefactor del templo de San Bernardo, el capitán Joseph
de Retes, uno de los hombres más acaudalados de su tiempo. Al entrar
al *thema* el autor invoca con una salutación elegíaca: "O ciudad
nobilíssima de México, mucho perdiste quando se ausentó de tus ojos,
por la muerte, el capitán don Joseph de Retes"[41].

La prédica del orador se centra en la analogía entre esta vida y la
eterna, en la ejemplaridad de las buenas acciones: "...siendo el cuerpo
cárcel del alma será morir soltarse las prisiones. No fue otra cosa que
dar libre Joseph de las prisiones o morir, que hallar en sus manos el
oro y la plata, bolviéndose la plata, por la virtud de la limosna como
un oro" (fol. 123v).

En una socorrida metaforización barroca Sol-Poderoso, Sol-Bon-
dad, se reviste al difunto con la luz relumbrante de la eternidad:
"Buelve el sol a su primera cuna. Qué muchos! que aun después de
muerto empieza el Sol a vivir. Assí nuestro Joseph, Sol en su nombre
y sus obras restituye a su primer lugar en este último sepulcro goza en
el Ocaso de sus sombras el oriente de sus luzes" (fol. 126r).

Esta espléndida imagen, tan del gusto conceptista-culterano del
siglo XVII, parece una metáfora de Sor Juana misma, de su lugar central
e inamovible como Sol del firmamento de la espiritualidad y de la
paradójica cultura de su tiempo.

[41] DIEGO DE LAS CASAS, *Sermón/ fúnebre/ a la tras-lación De los Huesos De el Capitán D. Joseph de Retes*, en ALONSO RAMÍREZ DE VARGAS, *SAGRADO/ PADRÓN Y PANEGÍRICOS SERMONES/ A LA MEMORIA DEBIDA AL SUMPTUOSO/ MAGNÍFICO TEMPLO de SAN BERNARDO...* Viuda de Rodríguez Lupercio, México, Año de 1691, fol. 112r.

IV

PARADIGMAS CULTURALES: LA TEMPORA LIDAD

MARTA GALLO

PARADIGMAS CULTURALES: LA TEMPORA LIDAD

EL siglo XVII en el virreinato de Nueva España ofrece una coyuntura espacio temporal (que quizá podría llamarse cronotopo según Bajtín) de singulares características. Sus rasgos generales son, por supuesto, de todos conocidos: a un siglo de distancia de la conquista española y del consiguiente derrumbe del imperio azteca, se han ido configurando y consolidando una sociedad y una cultura con lengua, instituciones, religión, tradiciones y valores, trasplantados desde un occidente cristiano a un espacio, físico y social, en el que todavía sobreviven la lengua, religión, instituciones y valores del pueblo vencido. Aún ahora, a cinco siglos de esa conquista, y contando con tres siglos de intensa colonización española, esa sobrevivencia persiste, indudablemente debilitada, aunque a veces su vitalidad sorprenda y en ciertos casos llegue a inquietar.

Sorprende más, creo, la vitalidad de esa cultura trasplantada a un espacio tan ajeno, y que a poco más de un siglo de ese trasplante haya llegado a articular, entre otros, un discurso de calidad literaria como el de Sor Juana Inés de la Cruz, para no citar sino el ejemplo más destacado.

Intriga sobre todo cómo los hombres y mujeres que durante esos primeros siglos de la Colonia vivían en la América española, y en Nueva España en particular, integraron un tiempo (tradiciones, hábitos, valores, etc.) dislocado de su espacio propio en este otro espacio cuya vivencia temporal en él gestada había quedado segada por la conquista. Si para los sobrevivientes de la cultura precolombina se inicia un proceso de des-conocimiento, enajenación y transformación de ese mismo espacio por ellos hasta entonces conocido, para los integrantes de la cultura postcolombina se inicia un proceso de conocimiento de un espacio ajeno, en el que había que establecer o re-establecer conexiones con un tiempo vivido hasta entonces en un espacio ahora lejano.

Como observa Carlos Fuentes: "la conquista fue empresa de utopía para unos, de evangelización para otros, de lucro, de poder político y de afirmación individualista para los más"[1]. La Colonia supone la puesta en obra, la praxis, de esos diferentes proyectos que constituyeron el objeto del deseo para los conquistadores. Esos senderos divergentes del deseo fueron recorridos o proyectados durante la Colonia a partir de una situación espacio temporal compartida que se iba configurando durante la segunda mitad del siglo XVI, pero sobre todo en el XVII, como resultado de acciones y reacciones de quienes actuaban en ese proceso de colonización. Me interesa ver su despliegue en el transcurso de ese siglo XVII en Nueva España, proceso que supongo fundamental para una vivencia posterior del tiempo y del espacio novohispano en particular e hispanoamericano en general.

Este estudio se propone rastrear en obras publicadas durante el siglo XVII las diferentes etapas de esa configuración de la temporalidad en la cultura dominante en el virreinato de Nueva España. Espero establecer así, en función de ese proceso, el marco discursivo en el que se inscribe a finales de ese siglo la temporalidad según el discurso de Sor Juana.

Las obras escogidas lo han sido teniendo en cuenta su calidad literaria y el prestigio de sus autores, lo que hace suponer que de alguna manera incidieron en la obra y el pensamiento de Sor Juana. Por otro lado, si bien es verdad que las ideas expresadas en estos textos no necesariamente corresponden a las que gravitaban entonces en la vida cotidiana de la Colonia, es lícito reconocer que sí forman parte del imaginario colectivo de la época y constituyen por lo tanto un paradigma cultural.

[1] *Valiente Mundo Nuevo. Épica, utopía y mito en la novela hispanoamericana*, F.C.E., México, 1990, p. 49.

El *corpus* con el que he trabajado comprende los siguientes textos: *Grandeza mexicana* (1604) de Bernardo de Balbuena; *Monarquía indiana* (1615) de Fray Juan de Torquemada; *Los sirgueros de la Virgen* (1620) de Francisco Bramón; *Infortunios de Alonso Ramírez* (1690) de Carlos de Sigüenza y Góngora; y las *Obras completas* (*ca.* 1680-1690) de Sor Juana Inés de la Cruz.

Como es lógico suponer, los autores de las primeras obras nacen en España, aunque pasan la mayor parte de su vida en las Indias. A medida que avanza el siglo, los autores ya son mexicanos de nacimiento, y viven y mueren en Nueva España. Así, Bernardo de Balbuena nace en España en 1561, aunque pasa la mayor parte de su vida en Nueva España y Puerto Rico, donde muere en 1627; Fray Juan de Torquemada nace también en España, probablemente en 1557, desde muy joven pasa a Nueva España y muere en Santiago Tlatelolco en 1624; de Francisco Bramón se ignora su fecha de nacimiento, aunque sí se sabe que nació en Nueva España, donde muere en 1654; Carlos de Sigüenza y Góngora también nace en México, en 1645, y allí muere en 1700; finalmente Sor Juana, contemporánea suya con diferencia de pocos años, nace y muere en Nueva España (1651-1695). Todos ellos pertenecen a la cultura colonizadora y en ella actúan en posiciones más o menos cercanas a las altas esferas del poder colonial.

En cuanto a las obras aquí consideradas, pertenecen a diferentes géneros literarios; es de notar que cada género responde en cierto modo a las circunstancias históricas de la época en que se escribieron. *Grandeza mexicana* se inscribe en la tradición de la retórica medieval de raíces clásicas, el *genus demonstrativum* o epideíctico, tradición recogida en los países europeos y en España en particular, con las loas o eulogías a un país o sus habitantes, o bien a un personaje o mecenas bajo cuyos auspicios se escribía o publicaba una obra[2]. En las virtudes y méritos atribuidos ya sea colectiva o individualmente, la epideixis puede alcanzar rasgos épicos. Para el autor de *Grandeza* gravita aún, por la cercanía histórica, la dimensión heroica de la conquista de América, aparte de su interés particular por el género épico, como lo prueba su *Bernardo*; en *Grandeza*, las alabanzas al gobernante de Nueva España: "Es un príncipe heroico... que hoy rige esta ciudad y su nobleza" (cap. 8, pp. 56-57)[3] y a los "católicos hijos belicosos... / que en estos nuevos mundos espantables / pasaron tus católicas banderas, / hasta volverlos a su trato afables" (cap. último, p. 84), son clara muestra de esta gravitación.

Monarquía indiana, publicada unos diez años más tarde que *Grandeza*, es una crónica que compendia, como se sabe, la historia

[2] Cf. ERNST ROBERT CURTIUS, *European literature in the Latin Middle Ages*, tr. by W. R. Trask, Harper & Row, New York-Evanston, 1953, p. 157.

[3] Cito por la edición de la *Grandeza mexicana*, introd. de Francisco Monterde, UNAM, México, 1963.

de Nueva España pre y postcolombina. Torquemada recopila con sentido crítico y entrelaza con los suyos otros textos de crónicas anteriores; si bien hay quienes restan importancia a esta obra y hasta llegan a considerarla plagio de otros cronistas previos, su valor consiste precisamente en esa recopilación, especie de *summa* de crónicas producidas a lo largo de un siglo de dominio español. *Monarquía* establece un balance de la historia transcurrida en el siglo XVI, y cierra una etapa en la que la cultura conquistadora ha dado los primeros pasos para conocer, re-conocer y vivir, y hasta crear, e imaginar, un espacio que quiere hacer suyo. En Torquemada las crónicas, y especialmente su recopilación y reelaboración, intentan configurar una incipiente memoria de estas vivencias.

Los sirgueros de la Virgen, publicada en 1620, se inscribe en otra vertiente, la larga tradición literaria del género bucólico o pastoril que se extiende desde los griegos y romanos; España, como toda Europa, la ha continuado en diferentes épocas, especialmente en el Renacimiento, y con variadas peculiaridades; así, el tema erótico que la caracteriza puede ser desplazado por el religioso: los pastores espirituales (como aquí los sirgueros de la Virgen) ya han aparecido antes de la traducción castellana de *La Arcadia* de Sannazaro en 1549: el *Tratado llamado el Desseoso y por otro nombre Espejo de religiosos* se publica en 1530 y es versión castellana de un original en catalán de 1515[4].

En la tradición europea, el auge del género pastoril corresponde a períodos posteriores a tensiones sociales, por ejemplo bélicas, y a un deseo de huida de la realidad; esto podría aplicarse también a *Los sirgueros*, que se escribe casi un siglo después de la llegada de Cortés y cuando la conquista española es, o se la considera, un hecho consumado. En *Los sirgueros* sin embargo, más que una huida de la realidad, podría considerarse el desplazamiento o rechazo de una realidad para dar cabida a una irrealidad arcádica; creo significativo que el argumento de la obra sea la marcha de unos pastores por prados idealizados (o quizá mejor sería decir convencionalizados) que se suponen situados en Nueva España, marcha que termina en el lugar donde se representa un auto para celebrar las festividades de la Virgen: ficción dentro de la ficción, ambas en diferente grado de irrealidad, ésta por la idealización, aquélla por la dimensión religiosa mítica o trascendente.

Infortunios de Alonso Ramírez, que aparece en 1690, es una crónica, pero ahora no de descubrimientos y conquistas sino de desventuras (ya que ni siquiera aventuras) individuales desprovistas de toda dimensión épica. Los viajes por mar y los naufragios constituyen un tema de amplia tradición literaria (Ulises, Eneas, Jasón, etc.).

[4] Cf. CURTIUS, *op. cit.*

Pero *Infortunios...* es un relato que no evoca esta tradición ni en la dimensión épica clásica ni tampoco en la más contemporánea y elegíaca de las *Soledades* de Góngora; en todo caso, si la evoca, lo hace por negación.

Después del siglo XVI, el de los grandes descubrimientos, en el XVII los azarosos viajes por mar, con la inminencia de naufragios y ataques de piratas, llegaron a ser en las colonias españolas de América temas cotidianos ya no reservados a héroes ni a gestas heroicas; esta trivialización de los hechos narrados en los *Infortunios* permite sin embargo el patetismo del sufrimiento personal y abre el camino a la figura del náufrago con su desamparo en un entorno hostil, en una situación espacio temporal muy diferente a la de las pasadas gestas heroicas.

En esta muestra un tanto aleatoria se ven desfilar en el siglo XVII novohispano varios géneros literarios; cada uno responde a una circunstancia diferente en la historia de la Colonia. El dinamismo optimista con resabios de la época heroica de la conquista en los primeros tiempos de la consolidación colonial se refleja en el discurso panegírico de *Grandeza*. El resumen historiográfico de Torquemada marca el cierre de esa etapa. El intento de insertar en el nuevo espacio conquistado un espacio imaginario largamente transitado por la tradición literaria europea refleja en *Los sirgueros* el esfuerzo por hacer propio un espacio aún ajeno, y la cancelación que el género bucólico supone de la dimensión heroica. *Infortunios* contribuye a esa cancelación al poner de manifiesto la falta de sentido heroico en un viajero desorientado que sin habérselo propuesto da la vuelta al mundo en medio de una serie de infortunios; el relato, que podría llamarse crónica, es un testimonio autobiográfico que al no pretender insertarse en una tradición literaria parece haber perdido también la brújula temporal. A fines del siglo XVII, en plena época barroca, en esta pérdida de orientación espacial y temporal parece reflejarse el desengaño frente a la ilusión optimista del siglo anterior, e inclusive el de comienzos del siglo.

Finalmente, la obra de Sor Juana, también de fines del XVII, abreva en esta tradición incipiente colonial[5] aunque a la vez no pierde de vista los modelos literarios europeos tradicionales ni los contemporáneos que llegan de la metrópoli: Góngora, Calderón, Lope, y otros muchos escritores peninsulares, tienen asiduos lectores e imitadores en Nueva España y en América española en general. Así, Sor Juana continúa con un giro propio el discurso panegírico de Balbuena, sobre todo, por ejemplo, en sus poemas dedicados a los virreyes; utiliza y adapta en *El divino Narciso* los datos históricos precolombinos recopilados por Torquemada; sus autos sacramentales, si bien siguen

[5] Cf. ROBERTO GONZÁLEZ ECHEVARRÍA, "Álbumes, ramilletes, parnasos, liras y guirnaldas", en *Conquista y contraconquista. La escritura del Nuevo Mundo*, eds. Julio Ortega y José Amor y Vázquez, El Colegio de México-Brown University, México, 1994, pp. 489-503.

especialmente a Calderón, establecen una continuidad con el auto incluido en *Los sirgueros* sobre todo por el tema de la Inmaculada Concepción; en *Primero Sueño* y en la *Respuesta a Sor Filotea* presenta diversas versiones de un relato autobiográfico que ofrece puntos de contacto con el de Alonso Ramírez: ambos intentan traspasar los límites de su realidad cotidiana, ambos vuelven a ella como hijos pródigos y la aceptan o se resignan a ella como al mejor de los mundos posibles. La aventura que cada uno emprende para conocer el mundo, aunque cada uno busca un diferente tipo de conocimiento, resulta para ambos una forma del desengaño barroco; ambos, como Naturaleza Humana en *El divino Narciso*, prefieren las aguas mansas.

EL COMPLEJO ESPACIO-TIEMPO

Antes de estudiar con más detenimiento las obras propuestas, considero que algunas observaciones sobre las ideas subyacentes en mi análisis contribuirán a poner en claro mis puntos de partida, así como la selección y elaboración de los datos que recojo.

La concepción del tiempo que intento dilucidar a continuación en estas obras se definiría mejor como temporalidad, entendiendo en ella la configuración que las vivencias de pasado y futuro asumen al converger en el filo siempre elusivo de un presente; mejor dicho, en la formulación de Heidegger: "El 'ser ahí' sólo puede *ser* sido propiamente en tanto es advenidero. El sido surge en cierto modo del advenir"[6]. La temporalidad así entendida estructura los estados de ánimo, el modo de encontrarse en un ahí; además, ese ahí, el espacio, está en íntima relación con el tiempo vivido y contiene en sus infinitos alveolos tiempo comprimido[7].

La sociedad colonial, sobre todo la novohispana y especialmente en el siglo XVII, ofrece una situación crítica, en un proceso de reacomodo entre la vivencia del tiempo y la del espacio, que han quedado dislocadas después de la conquista. La cultura española trasplanta una tradición plasmada en un espacio del que se encuentra ahora separada por la extensión del océano; ese trasplante se realiza a su vez en un espacio en el que se ha plasmado otra tradición, la de la cultura vencida. La sociedad colonial va configurando, en el proceso de su propia consolidación, la integración de un espacio y un tiempo ajenos entre sí, un tiempo y un espacio que han formado cada uno diferentes unidades espacio-temporales. Esta integración podrá detectarse en las obras aquí tratadas si, como dice Bajtín, "in literature and art itself, temporal

[6] *El ser y el tiempo*, trad. de José Gaos, F.C.E., México, 1951, p. 375.

[7] Véase GASTON BACHELARD, *Poetics of Space*, Beacon Press, Boston, 1964, p. 8.

and spatial determinations are inseparable from one another, and always colored by emotions and values"[8].

[8] *The dialogic imagination*, University of Texas Press, Austin, 1981, p. 243.

Sobre la base de estas consideraciones previas, enfocaré en cada obra el modo como aparece el pasado, tomado de cuáles vertientes culturales, en qué relaciones espaciales, investido de qué valores, asociado con qué estados emotivos, con qué vigencia en el presente de la obra. Con respecto al futuro, trataré de dilucidar cómo se concibe en cada obra el sentido del trascurso temporal, qué expectativas lo rigen, o dicho de otra manera cuál es el objeto del deseo. En relación con ambos, cómo se conciben y se valoran el cambio y las transiciones.

Si bien las ideas explícitas sobre el tiempo formuladas en cada obra esclarecen el tema, los comportamientos discursivos (como ya se vio brevemente al tratar los géneros), los encadenamientos lógicos, las constelaciones semánticas, ofrecen quizá mayor interés para poner en evidencia, a veces inadvertidamente, los paradigmas espacio temporales vigentes.

GRANDEZA MEXICANA:
EL NUEVO PARAÍSO TERRENAL

En *Grandeza mexicana* el tema del discurso, la ciudad de México, es un espacio en proceso de configuración, donde "todos los espacios, terrenos y celestes" se concentran (p. 26), y donde "todo el año es aquí mayos y abriles" (cap. 6, p. 48). México está presentada como el Paraíso terrenal en los momentos de un nuevo Génesis; en ella encuentra su lugar el utópico Edén bíblico, pero surgiendo ahora, en el siglo XVII, con una sociedad cuyos gustos y aspiraciones no tienen nada en común con la utopía evangélica ni con el ascetismo de un Motolinía que predominaron en el siglo anterior[9].

[9] Cf. JACQUES LAFAYE, *Quetzalcóatl et Guadalupe. La formation de la conscience nationale au Mexique*, Gallimard, Paris, 1974, p. 79.

Para Balbuena, como para la mayor parte de los españoles que llegaron a Nueva España, el tiempo empieza a trascurrir desde ese punto marcado por su presencia, y así dice de México que "nació esta gran ciudad como de nuevo", pues para él, o por lo menos para su discurso, sólo existe lo que él ha vivido y visto ("sólo diré de lo que soy testigo"). Si hubo un pasado antes de la llegada de los españoles, no cuenta para él sino como "...las quimeras / del principio del águila y la tuna" (p. 16), diluidas en una lejanía temporal que les quita realidad. La gente que ha vivido como pasado propio esas "quimeras del águila y la tuna", "allí son algo donde está la nada, / ...gente mendiga, triste, arrinconada, / que como indigna de gozar del mundo / está dél y de sus bienes desterrada". Y podría decirse que más que desterrada, exiliada en un destiempo. La ciudad de México goza de una nueva antigüedad que recibe de los españoles: "que México por pasos diferentes / está en la mayor cumbre de grandeza / que vieron los pasados y presentes" (p. 17).

El pasado, para Balbuena, confiere grandeza; la larga duración en el tiempo, o individualmente un rancio linaje, son garantía de excelencia y acreditan el presente, como se ve en el Elogio al conde de Lemos: "nuevo Mecenas, gloria de la casa / más noble y más antigua... / los nobles hechos de tu ilustre casa / y ufana en las edades venideras, / irán respecto de su heroico vuelo / las más altivas nubes por el suelo" (pp. xxxv-xxxvi).

Esa antigüedad es el fundamento para instaurar el nuevo orden del tiempo en este otro mundo. Nueva España no ha tenido un pasado propio, o por lo menos no uno aceptable como real, puesto que allí no había sino una parodia satánica del verdadero culto cristiano; pero ese pasado ha quedado anulado y la ciudad de México goza de una nueva antigüedad, la que recibe de los españoles, "que México por pasos diferentes / está en la mayor cumbre de grandeza / que vieron los pasados y presentes" (p. 17). México, como en un nuevo nacimiento, "se va como fénix renovando... Suben las torres, cuya cumbre amaga / a vencer de las nubes el altura, / y que la vista en ella se deshaga" (p. 45).

Ese espacio vaciado de un pasado espurio está ahora ocupado por la cultura conquistadora en plena vía de expansión, segura de un pasado propio y de que ese pasado confiere al presente el impulso hacia un futuro de "siglos excelentes" (cap. 7, p. 60). El texto de *Grandeza* acumula en enumeración caótica largas series de sustantivos, adjetivos, verbos, como intentando llenar un vacío, o pretender que tal vacío no existe; este espacio textual refleja así una vivencia del espacio físico y social en el que la obra se inserta.

Del futuro se espera crecimiento y prosperidad; no precisamente progreso en el sentido en que se entiende en la actualidad, sentido que según Maravall[10] aparece mucho más tarde, pero sí como una marcha para recuperar el tiempo perdido y reestablecer en México el Paraíso terrenal; vale decir, una marcha hacia el origen prístino mediante una especie de segunda Creación de un mundo nuevo. Llama la atención el carácter mundano de goce de los sentidos en este Edén quizá demasiado humano.

Allí, el futuro no borra el pasado, aquel del que Balbuena ha sido testigo en Nueva España y el que ha recibido como tradición en Europa; le confiere por el contrario más esplendor, y supone la satisfacción

[10] Véase JOSÉ ANTONIO MARAVALL, *Culture of the Baroque. Analysis of a Historical Structure*, University of Minnesota Press, Minneapolis, 1986.

del deseo, tanto humano como divino. El objeto de ese deseo es el retorno a un mundo mítico, donde el tiempo no pasa sino para intensificar el placer: "Aquí... / la primavera sus tesoros goza, / sin que el tiempo le borre la hermosura" (p. 49).

Balbuena se instala en el presente, en el aquí y ahora de Nueva España; se apoya en el pasado y se orienta hacia un futuro que concibe como proyección del presente en el que a su vez se actualiza el pasado. De la insistencia en marcar el presente es síntoma textual la frecuencia en el uso de los adverbios *hoy* y *aquí*: "Aquí... la primavera sus tesoros goza, / sin que el tiempo le borre la hermosura"; "...y aunque grande en todo / hoy goza y tiene otra mayor grandeza"; "mas la [grandeza] que hoy la gobierna es sola una"; "Es un príncipe heroico /.../ que hoy rige esta ciudad y su nobleza" (p. 57). Esta insistencia en el *aquí, hoy, ahora* supone por elisión una doble polarización con el *allá* (España) y el *antes* (precolombino): un nuevo espacio y un nuevo tiempo ("es [México] toda un feliz parto de fortuna, /.../ pues no ha cien años que miraba en esto / chozas humildes, lamas y laguna; / y sin quedar terrón antiguo enhiesto, / de su primer cimiento renovada / esta grandeza y maravilla ha puesto", p. 82). La sustitución del antes por el ahora está presentada como una transformación radical, sin proceso o sin prestar atención al proceso sino al resultado, que es el inicio de un nuevo tiempo y un nuevo espacio.

Resumiendo, en *Grandeza* quien emite el discurso se sitúa, y sitúa su discurso, en un aquí y ahora, México y los inicios del siglo XVII. En ese presente, el pasado incide a varios niveles. En primer término, una larga tradición literaria europea, la de la loa, con rasgos épicos e inclusive visos de pastoral, configura el género de la obra; en el molde de esta tradición se inscribe el espacio representado en el texto, la ciudad de México y lo que de ella se dice. Las alabanzas a la ciudad recurren a los valores tradicionales europeos: la nobleza y antigüedad en el linaje de sus gobernantes y de sus ciudadanos, como garantía de excelencia y de rasgos heroicos, si no propios, heredados. El pasado continúa así su vigencia en el presente, tanto que tener antepasados heroicos es condición suficiente para serlo.

Esta capitalización del pasado puede ser una convicción no racionalizada, pero de todos modos permite, aunque tácitamente, que la gesta ya pasada de la conquista confiera valor y derechos a quienes no participaron en ella; la memoria de esa gesta contribuye a desplazar otro pasado, el de los vencidos, y confiere el impulso para transformar ese espacio en otro, material e imaginario. Desde el punto de vista material, la febril construcción arquitectónica que *Grandeza* alaba, transforma rápidamente el escenario, acomodándolo a los propios hábitos y necesidades; desde el punto de vista imaginario, el espacio así transformado evoca y sirve de punto de apoyo para las creencias, tradiciones, vivencias, el nuevo orden temporal hasta entonces ajeno a ese espacio.

Este nuevo orden temporal y espacial representado en el México de *Grandeza* es una nueva versión del mito originario de la humanidad según el cristianismo: el Paraíso terrenal, la conjunción mundana del cielo y de la tierra; un espacio de eterna primavera donde el tiempo no pasa sino para hacer más perfecto el retorno al origen. Es ése el sentido de la proyección al futuro en *Grandeza*, un progreso (una marcha) que es en última instancia un regreso, en el que el poder del deseo se considera intérprete de los designios divinos.

MONARQUÍA INDIANA: UNA MEMORIA PARA EL PORVENIR

Los tres tomos de Fray Juan de Torquemada, publicados en 1615, recogen como se sabe la historia de Nueva España pre y postcolombina. También recopila con sentido crítico su historiografía, naturalmente con especial referencia a la escrita por españoles después de la llegada de Cortés. Si bien, como ya dije, hay quienes restan importancia a esta obra, y hasta llegan a considerarla plagio de cronistas anteriores, su valor es notable precisamente como uno de los puntos iniciales para este panorama del siglo XVII que aquí propongo. Torquemada presenta un compendio donde se entrelazan textos producidos a lo largo del siglo anterior, y proyecta hacia el futuro la vigencia de esta síntesis; podría decirse que convierte estos textos entretejidos con el suyo en memorias para el porvenir.

Llama la atención en Torquemada su segura orientación cronológica; sitúa los datos que ha obtenido, ya sea en fuentes escritas o por relatos orales, o por experiencias vividas personalmente, con fechas exactas: día, mes, año, y hasta día de la semana; establece además una relación con otros hechos anteriores o posteriores a los que ha hecho o hará referencia en su narración. A menudo, junto a esas fechas del calendario secular consigna las correspondientes al calendario litúrgico cristiano: "Entró Luis Ponce en México este año de 1526, una mañana a 2 de Julio, día de la Visitación de Nuestra Señora" (t. 1, libro 5, p. 597)[11]. Inclusive, al tratar sucesos de la época precolombina, suele dar las correspondencias en el calendario azteca.

[11] Cito la *Monarquía indiana* por la edición de Porrúa, México, 1969, 3 ts.,

En la organización de su texto, Torquemada se desplaza por diferentes niveles temporales: el secular o cotidiano, frente al de una trascendencia que a veces llama Eternidad, otras Gloria; el histórico frente al mítico de la antigüedad grecolatina, tanto como al bíblico. Los grados de realidad que atribuye a estos diferentes niveles temporales (y, quizá debería decir, atemporales) corresponden a las creencias de su época. Así, los límites entre tiempo y eternidad se diluyen cuando se refiere a las Sagradas Escrituras; por eso quizá su celo cronológico debe a veces resignarse a la incertidumbre, por ejemplo cuando habla de Caín como el primero que instituyó el sacrificio religioso y reconoce la imposibilidad de dar una fecha exacta. También, como se verá, el tiempo del mito, aunque incierto, es para él continuación del histórico. A todos estos niveles temporales les atribuye un mismo grado de realidad.

Sin embargo, abunda el uso del plural *tiempos* que, aunque corriente aún en la actualidad, en Torquemada tiene una frecuencia inusitada: "otros tiempos", "aquellos tiempos", son expresiones que se reiteran a lo largo de su texto; o bien al referirse al asiento de los olmecas: "con estar, como están de presente, todas tan arruinadas, por los muchos tiempos que han pasado" (t. 1, libro 3, p. 252). Este uso del plural se extiende también a *pasados* ("ruinas de los pasados") aunque con menor frecuencia. Por obra y gracia de estos plurales, el tiempo objetivo aparece como en unidades discretas, disgregadas entre sí, en contradicción evidente con la continuidad que intenta establecer entre los diferentes niveles temporales cuando busca el origen común universal de manifestaciones culturales como el sacrificio humano, o la familia, o las ciudades; por ese origen universal intenta integrar en un pasado común a las sociedades precolombinas con las conocidas en Europa. Frente a este intento de unificación, el uso plural de *tiempos* o *pasados* esboza una contradicción.

Otros tiempos, aquellos tiempos, suelen aparecer contrapuestos a un *aora*, su presente. Esta contraposición opone a veces el tiempo de los españoles en América frente a la época precolombina; otras, su propia época *versus* la Antigüedad clásica; otras veces, su presente cotidiano *versus* el tiempo/eternidad de las Escrituras. Y en conjunción espacio temporal, la oposición llega a establecerse entre Nueva España y antigua España (t. 1, libro 5, p. 634).

Otra contraposición bastante frecuente se establece entre los indios antiguos y los de "aora"; así, en la toponimia, suele dar nombres indios presentes y pasados para un mismo lugar: "[una ciudad] llamada Tecalpán (que aora se dice Tecali)"; o nombres presentes dados por los indios frente a los dados por españoles (en contraposición de dos pre-

y pongo entre paréntesis el tomo y número de página.

sentes): "hacia la otra Sierra Nevada, que los naturales llaman Poyauhtecatl, y nosotros los Españoles Sierra de Perote" (t. 1, libro 3, p. 262).

Otras veces se oponen al *aora* los tiempos primeros de la conquista; en este caso, observa y lamenta un deterioro moral ante el idealismo (que quizá él idealiza) del pasado. Pero no siempre valora positivamente el pasado, y así a los indios antiguos, frente a los de *aora*, los juzga por supuesto negativamente al referirse a sus "dañosas Antiguallas", refiriéndose a los cultos y creencias precolombinos, que los indios deben olvidar. No les atribuye culpa sin embargo, pues los considera víctimas de las tretas del demonio. Inclusive trata de justificar en cierto modo esa idolatría, o de otorgarle un cierto prestigio, tratando de establecer un paralelo entre los dioses paganos grecolatinos y los precolombinos; así, considera a Huitzilopochtli una versión de Marte; a Tezcatlipoca, equivalente a Zeus.

En otros aspectos, Torquemada acepta, o tolera, la validez y vigencia del pasado indio en cuanto a costumbres (no religiosas) y comidas (t. 3, libro 17, p. 256 y *passim*).

Es notable la diferencia con Balbuena en esta valoración del pasado y del presente indios. Balbuena decide obliterar ese pasado, y en cuanto a los indios del presente los considera como gente reducida a la nada, que no merece ni siquiera vivir. Torquemada quiere que parte de ese pasado, el religioso, se olvide, pero reconoce la supervivencia de la cultura india en su propio *aora*, o por lo menos se da cuenta de que no puede negarla. Además, a diferencia de Balbuena, se interesa por conocer el pasado precolombino y hasta, como he dicho, en cierta manera redimirlo.

En cambio el otro pasado, el europeo, por él conocido y vivido, el de las Sagradas Escrituras y el clásico pagano, sirven de punto de referencia frecuente e indiscutible. Este pasado, o estos pasados, tanto el histórico cuanto el textual (Platón, Séneca, Eurípides, Cicerón, San Isidoro, etc.), o sea la tradición judeocristiana, la grecolatina, la patrística, constituyen el fundamento de su acervo cultural. Otros textos (Mendieta, Motolinía, etc.) y otros hechos, los de la conquista, son también parte de su pasado más cercano, y su propio discurso contribuye a configurarlo, teniendo conciencia de que está plasmando una memoria para el porvenir.

Unos y otros le sirven para ese interés que predomina en Torquemada por establecer el principio, el punto inicial u origen de su presente. Así, estudia el posible origen del sacrificio religioso, o de la primera ciudad, etc., basándose en los datos que le proveen los textos del pasado, de su propio pasado; a través de ellos intenta explicar también el pasado precolombino, e integrarlo en una tradición universal.

En Nueva España se siente en terreno seguro con respecto al origen: la llegada de Cortés, con la que establece la línea demarcatoria entre dos tiempos, el de la verdadera fe (su presente, su pasado y futuro) y el de los falsos dioses (el pasado precolombino, sin presente ni futuro).

Hay dos puntos de origen que se le aparecen muy claros: la Creación, principio del tiempo a cuya tradición él pertenece; el principio de Nueva España, de un tiempo nuevo cuya tradición él contribuye a plasmar: "aquí [Dios] crió de nuevo un Mundo" (t. 3, libro 10, p. 244). Y los españoles fueron evidentemente sus colaboradores: "El origen que esta Nueva España tuvo en su gobierno, fue en la Villa Rica, o ciudad de la Veracruz" (t. 1, libro 5, p. 586).

Con lo cual hay en realidad dos órdenes de tiempo diferentes, y por lo tanto dos mundos, a pesar de que a la vez, como ya señalé, trata de integrar ambos tiempos y ambos mundos en la búsqueda de un origen universal, y en la continuidad que intenta establecer mediante su preocupación por la cronología.

Este mismo continuo fluir temporal se vislumbra en su concepción del cambio como un proceso paulatino y no como sustitución o quiebra de la continuidad, como parece más bien el caso de Balbuena. Así, al narrar lo que ocurre en Nueva España a partir de la llegada de los españoles, usa a menudo perífrasis verbales progresivas: "las iban ocupando [...] avían de llegar a ser Señores suyos, los que antes avían recibido por Huéspedes" (t. 1, libro 3, p. 259); "Estas tierras se fueron poblando, en tiempo de este Virrei Don Antonio de Mendoza" (t. 1, libro 3, p. 611); "y ennobleciéndose más cada Día, fueron en crecimiento los ganados menores de ovejas... En su tiempo se començaron los Obrages de Paños y Sayales, y el trato de las Lanas fue en mui grande crecimiento, porque los Indios començaron a vestirse de Mantas de Lana". A pesar de ver la llegada de los españoles a Nueva España como una nueva Creación, obra de Dios, su concepción del cambio es la de un proceso obra del hombre.

Hay en Torquemada una aguda conciencia del fluir temporal ("Las cosas de esta vida no tienen permanencia", dice en t. 3, libro 17, p. 214); reconoce cómo se ven "los altos y bajos de este mundo... y se truecan las suertes... [y] el interés anda con el tiempo" (t. 1, libro 5, p. 598). Así ha ocurrido durante el siglo de permanencia de los españoles en Nueva España según él, y añade con sentido crítico que el caudal de los españoles no es "aora el que tenían en Años pasados" (t. 3, libro 18, p. 215), si bien "en las cosas naturales es dicho muy trillado del Filósofo, que procedemos de lo imperfecto a lo perfecto" (t. 2, libro 10, p. 243).

Vale decir, si bien el paso del tiempo puede causar deterioro, en última instancia el sentido es el de una mayor perfección. El presente para Torquemada no es, como para Balbuena, un nuevo Paraíso terrenal, un retorno al tiempo perdido y deseado. La mirada que Torquemada dirige hacia el origen de su presente no tiene como objeto el retorno a esos orígenes sino una mayor comprensión de su situación en su *aora*, o sea su enriquecimiento en función del pasado.

En la transición de las culturas precolombinas a la española, este cambio tiene para Torquemada visos sobrenaturales; en la progresión de los tiempos, los cambios suelen ser un develamiento, y perfeccionamiento de lo que Dios nos permite conocer, "estampando (en ellos) la figura de lo figurado; así Pentecostés, la venida del Espíritu Santo sobre los apóstoles, estaba ya figurado en la entrega que Dios hace a Moisés de las tablas de la ley" (t. 2, libro 10, p. 244). En cierto modo semejante, los cultos precolombinos parodiaban por obra del demonio, pero también figuraban por obra de Dios, el culto verdadero que los españoles fueron los encargados de revelar; pues es la mano de Dios la que ha trasfigurado y convertido los falsos cultos idólatras en los verdaderos cristianos.

Hay por lo tanto, según Torquemada, cambios que ocurren en la dimensión temporal humana, pero otros que ocurren en manifestación de una voluntad sobrenatural, para revelación del verdadero ser, por obra y gracia de Dios. En este segundo caso se cumple con más claridad la dirección temporal hacia lo perfecto.

En ambas dimensiones es de notar un rasgo común: así como en lo sobrenatural opera la mano de Dios, oculta o ausente, su equivalente en lo temporal humano, la mano del rey o sus mandatos, operan en Nueva España desde la lejanía, o sea en ausencia.

El tiempo marcha, como ya se ha dicho, de lo imperfecto hacia lo perfecto; la perfección futura última es la gloria, o la Eternidad, de acuerdo con la fe cristiana. En la breve historia de Nueva España, aquellos que han sido instrumentos de Dios para la revelación de este sentido contribuyen, por intereses demasiado humanos, a desviar ese rumbo: Torquemada no deja de señalar la ambición de poder y riquezas que ha llegado a veces a enturbiar la marcha de la historia. Los primeros tiempos de la conquista tenían algo de ese Paraíso terrenal (como el que ve Balbuena) que ahora se ha perdido. En esto intervienen también los indios, o la supervivencia de ese pasado pagano cuyas huellas subsisten; en su idolatría,

...temían solamente el castigo presente, y temporal, y no... el eterno del otro mundo... y aun aora... parece averles quedado algún rastro de sus Abuelos en esto, de temer los más de ellos, en común, el açote, y castigo temporal, y no considerar tanto el eterno del Infierno, ni tratar mucho del deseo de la gloria (t. 2, libro 6, p. 81).

Evidentemente, en el *aora* de Torquemada, la revelación de este Nuevo Mundo está todavía en camino de cumplirse.

Tanto Torquemada como Balbuena se encuentran instalados en un aquí y ahora del que tienen o creen tener clara conciencia. Ambos se sienten respaldados por una sólida tradición que sustenta sus creencias y sus hábitos, tradición que han acumulado en sus experiencias vividas pero sobre todo en lecturas especialmente bíblicas y clásicas.

En Balbuena sin embargo su presente condensa todo ese pasado que se actualiza en él hasta el punto de parecer una especie de eterno presente, en el que sólo falta configurar imaginariamente un espacio, la ciudad, que lo contenga. El espacio que Torquemada visualiza abarca no una sino varias ciudades (México, Villa Rica, Toluca) que forman parte de su propio presente y a la vez son testimonio de un reciente origen, o sea de un pasado que se extiende hasta incluir su *aora*. Abarca también los restos de poblaciones precolombinas, como el asiento de los olmecas ("con estar, como están de presente, todas tan arruinadas, por los muchos tiempos que han pasado", t. 1, libro 3, p. 257), vale decir un espacio poblado de un pasado convertido en ruinas; o bien espacios ocupados por un pasado que se ha transformado ("Estos tres Pueblos, en su Gentilidad tenían muchos Templos y Torres mui levantados... y ahora son Monasterios de Religiosos Franciscos", t. 1, libro 4, p. 450) en el nuevo orden temporal. Otras zonas de Nueva España, el Valle de Tepepulco, Tzompanco (t. 1, libro 5, p. 610) y otras donde "fueron en crecimiento los Ganados menores de ovejas" (p. 611) forman parte de su vivencia del *aora* en el que se integra un pasado.

El espacio de Balbuena es casi un *hortus conclusus*, aunque también un espacio del futuro, en febril construcción quizá como bastión defensivo de la eternidad, o de la permanencia, contra el tiempo. En Torquemada predomina en cambio una mirada expansiva hacia un espacio abierto donde se ve la huella del pasado, o de los pasados, tanto el reciente y lozano de la conquista, cuanto las ruinas precolombinas, ya integradas algunas en el nuevo orden temporal, o bien otras sumidas en un pasado muerto.

En el presente de Torquemada convergen diferentes pasados: algunos firmes e indiscutibles en los que se funda su identidad de español y cristiano; algunos lejanos y de incierta cronología por su nebuloso origen, como los mitos clásicos o algunos episodios bíblicos; otros deleznables y cercanos como los cultos precolombinos. Estos pasados tienen diferente vigencia en su presente y por eso quizá trata de relacionarlos buscando un origen común que establezca una continuidad cronológica y a la vez explique la diversidad a partir de una unidad de origen común.

Como Balbuena, Torquemada ve en Nueva España, en su descubrimiento y conquista, una segunda Creación de un mundo nuevo, con un nuevo orden temporal. Su preocupación por los orígenes se encuentra satisfecha en el caso de Nueva España: puede fechar la primera ciudad, el primer gobierno, los primeros pasos de una sociedad en una historia tan reciente que él mismo se siente parte de ese origen, de ese pasado. Su presente es, o será para los lectores de su obra, una memoria del pasado.

En esto precisamente consiste la diferencia entre *Grandeza* y *Monarquía*. En *Grandeza*, el presente del nuevo orden temporal se parece mucho a un retorno al origen, al Paraíso terrenal. En *Monarquía* en cambio hay una mayor conciencia del fluir temporal ("como las cosas de esta vida no tienen permanencia" dice en t. 3, libro 17, p. 214) y una definida orientación hacia el futuro; ese futuro es en última instancia la Gloria, o Eternidad; pero el tiempo, si bien progresa hacia esa perfección, tiene sus altibajos (t. 2, libro 5, p. 598: "porque se vean los altos y bajos de este Mundo, y como se truecan las suertes... el interés anda con el tiempo"), aun ya en los inicios de esta nueva Creación que es Nueva España; estos altibajos aparecen en su narración de las riñas entre facciones castellanas durante la conquista, si bien al cabo "se començó a vivir en esta ciudad con orden, quietud y temor de Dios" (t. 1, libro 5, p. 606).

Podría decirse que en Torquemada todo es transición, o tránsito hacia la Gloria atemporal, pero el fluir del tiempo sirve para que por designios divinos, y quizá también por obra del hombre, se vaya revelando a los ojos humanos el ser hasta entonces oculto.

LOS SIRGUEROS DE LA VIRGEN:
TIEMPO DE REGENERACIÓN O DE METAMORFOSIS

Los sirgueros traslada al ámbito novohispano un pasado literario de larga tradición europea, la del género pastoril. En todas las obras de este género las coordenadas espacio-temporales se apartan del tiempo y

espacio cotidianos; en *Los sirgueros* no ocurre exactamente así, o
bien ocurre de una manera peculiar.

La obra se inicia con la descripción de un prado idealizado, típico
locus amoenus en una de sus versiones más convencionales y artifi-
ciosas, con "copados árboles", "frescas" o "apacibles arboledas", "fres-
cos y diferentes árboles", "verdes sotos", "profundos valles y frescas
riberas", una "clara fuente donde el ganado caluroso refrescase", "par-
leras y risueñas aves", "nevadas cumbres", etc. Ningún rasgo que haga
pensar en el paisaje mexicano ni aun más o menos idealizado. Hay sin
embargo expresa referencia a la Catedral de México, a "estos mexicanos jardines y abundosas lagunas", a "la populosa ciudad, asombro del
mundo, tesoro de riquezas, cifra de hermosura, dechado de ingenios y
milagro de milagros" que no puede ser sino México, dadas las referencias anteriores. No cabe duda que el prado, o *locus amoenus*, se encuentra en un lugar ninguno, utópico, cerca de la ciudad de México.

Algo semejante ocurre con las coordenadas temporales. Se dan
en la obra referencias cronológicas exactas: el 5 de junio de 1616 una
procesión ha llevado a la Virgen de los Remedios a la Catedral de México para conjurar una sequía, y esto ocurrió el año anterior a la celebración de la Inmaculada Concepción, el domingo tercero de diciembre,
a la que los sirgueros se dirigen. Pero nombrar una fecha con su número resulta tan convencional como describir el espacio con "frescas
arboledas" y "claras fuentes". Se señala con una fecha un punto en el
calendario secular y su correspondencia en el litúrgico; en ambos
casos, un tiempo concebido como ciclos que se repiten a la manera
de un esquema gráfico pero sin ninguna vivencia temporal. Dado que
la obra fue publicada en 1620, la fecha cercana sitúa los acontecimientos narrados en un pasado tan inmediato que puede integrarse en
el presente de sus receptores contemporáneos.

Se da además otra dimensión temporal, en la que se encuentran
los pastores: la sucesión, también cíclica, de días y noches, y la descripción de amaneceres y atardeceres, que es otra manera de presentar un
tiempo que se repite, una especie de imagen móvil de una eternidad.

En estas coordenadas espacio temporales, los personajes, pastores y pastoras, o a la manera de tales, tocan rabeles, flautas, zampoñas,
añafiles, liras, etc., instrumentos que contribuyen al efecto de ficción
literaria, mientras cantan loores a la Virgen y sostienen conversaciones
espirituales con citas de Ovidio, y por supuesto bíblicas, todo esto
cuando marchan hacia un templo donde celebrarán las fiestas de la Inmaculada Concepción que culminarán con la representación de un
auto. Amaneceres y atardeceres se suceden pautando el itinerario ha-

cia ese no lugar y no tiempo del escenario donde personajes alegóricos actuarán en la atemporalidad en la que se supone que ocurre el misterio de la Inmaculada Concepción.

Básicamente, se encuentran en *Los sirgueros* dos categorías de coordenadas espacio temporales; la de los pastores en el prado, con un tiempo cíclico pautado por el calendario y por la sucesión de días y noches; la de los personajes alegóricos en el espacio de un escenario y en la atemporalidad del mundo trascendente postulado por la fe cristiana. Ambas categorías convergen durante la representación del auto, cuando los lectores, como espectadores, comparten (compartimos) el presente de los pastores.

El prado, dentro de la dimensión temporal cíclica de la naturaleza, evoca, además de una tradición literaria, y con esa tradición, un pasado mítico. Así, el sol es el "padre de Faetón" o el "gallardo Febo"; es notable sobre todo que la vegetación de ese prado (jacintos, narcisos, ágaves, álamos, laureles) evoque personajes míticos (Jacinto, Narciso, Ágave, Driope, Dafne) y con ellos el tema de la metamorfosis, el tránsito de una temporalidad humana al tiempo cíclico vegetal. Este prado utópico, pero mexicano, está poblado por una ausencia de ser, por una temporalidad perdida.

Los personajes que en él transitan se mueven también en ese tiempo cíclico, en la sucesión de amaneceres y atardeceres; sus nombres (Anfriso, Florinarda, Palmerio, etc.) subrayan su calidad de ficción literaria; carecen de temporalidad, y en sus conversaciones la memoria que evocan, la del pecado original, recuerda un pasado no vivido sino en el imaginario colectivo, pero que además tiene vigencia en su presente. Las alusiones a un pasado personal son mínimas: se refieren sólo a Anfriso, de quien se sabe que viene de México, donde ha presentado sus oposiciones académicas, y allí volverá después de la fiestas.

Los personajes del auto se mueven en otra diferente categoría espacio temporal. Algunos son alegóricos, como el Pecado, o el Tiempo, y trascienden por lo tanto el tiempo y el espacio. Otros, provenientes de la historia sagrada como Caín, Jeremías, San José, la Virgen María, corresponden a diferentes e inciertos tiempos de esa historia; podría decirse que el tiempo que alguna vez vivieron se encuentra trasmutado en el auto a un eterno presente, que durante la representación coincide con el presente de los espectadores aunque en diferente nivel de realidad, diferencia marcada por los límites del escenario. Aquí, los lugares representados pertenecen también a otro nivel de realidad trascendente, como la cueva que figura el Purgatorio.

En esta acronía y atopía, se presenta la Virgen y habla de su Inmaculada Concepción:

> Si Adán en tiempo nació,
> yo *ab aeterno* fui escogida
> y con gracia prevenida
> pues de culpa me libró (p. 95)[12].

A la doble estructura de *Los sirgueros*, de ficción dentro de la ficción, drama dentro de la narración, corresponde un doble sistema de coordenadas espacio temporales y en consecuencia dos tipos de presente. Pero si bien el auto se encuentra contenido en la narración, sin embargo es el presente del auto el que contiene el presente de lo narrado.

En el auto están re-presentados diferentes pasados transferidos a otra dimensión más allá del tiempo humano: el pasado del pecado original, el de Caín, el de Jeremías, el de San José; y como anterior a todos los pasados, la eternidad de la Inmaculada Concepción.

Otro pasado más reciente se encuentra representado, también en esa dimensión que trasciende al tiempo, en otro personaje alegórico: el Reino Mexicano. El espacio en que se mueven los otros personajes es, como su tiempo, de otro mundo, la cueva del Purgatorio. El del Reino Mexicano es por el contrario un "aquí" compartido por los espectadores (en la ficción) y por los lectores, en el mundo cotidiano fuera de la ficción. Dice el Reino: "De esta fértil laguna / las márgenes sagradas piso ufano"; tres estrofas de su parlamento reiteran el *aquí* en que se encuentra: "Aquí la rica mina / me rinde parias de las rojas hebras"; "Aquí de mis riquezas / ofrezco parte al ínclito Felipo"; "Aquí de ardientes rayos / que abrasan al ligero pajarillo" (p. 98). El presente del Reino Mexicano, instalado en ese aquí de este mundo, tiene una más concreta integración en el mundo cotidiano que el resto de los personajes del auto.

La Inmaculada Concepción hace posible la regeneración de la humanidad. La llegada del Tiempo, otro personaje alegórico, hace posible la regeneración del Reino Mexicano:

> Nuevas de gozo te traigo,
> nuevo placer te presento
> ...
> Después de edades cansadas,
> después de largos deseos,
> después de esperanzas muchas
> y después de mil consuelos
> que tuvo el limbo esperando

[12] Cito la obra de BRAMÓN por la ed. de *Los sirgueros de la virgen* y JOAQUÍN BOLAÑOS, *La portentosa vida de la muerte*, pról. y sel. de Agustín Yáñez, UNAM, México, 1944.

> la clemencia de los Cielos,
> se concibió la Princesa
> Virgen, que es Madre del Verbo (pp. 101-102).

Con la llegada del Tiempo se asiste en el auto a la regeneración del Reino Mexicano. O quizá podría interpretarse como una metamorfosis puesto que, lo dice el Tiempo, el pasado no vuelve, y su fue nunca vuelve a ser.

Este Reino Mexicano, a pesar de sus galas y su gallardía, a pesar de los seis caciques "nobles y de buen linaje", "con preciosísimas ropas aderezados" que lo acompañan, no es el pasado que vuelve, ni tampoco sus sobrevivientes, que en 1620 se encuentran reducidos a la nada de la que ya habla Balbuena. Este personaje pareciera más que una regeneración una metamorfosis del pasado, en una re-presentación que podría muy bien ser el presente de Nueva España y de los nuevos mexicanos que son quienes ahora gozan de esa grandeza.

El tema de la metamorfosis ya está evocado al principio de la narración, en el otro sistema de coordenadas espacio temporales, con la descripción del prado; sólo que aquí la metamorfosis, de procedencia mítica clásica, supone una destemporalización, el tránsito a una vida vegetal. Y precisamente los pastores se mueven en el prado también dentro del ciclo de la naturaleza, en la sucesión de amaneceres y atardeceres.

Si se consideran ambos niveles de ficción, el del mundo narrado y el del auto representado, las dos referencias, regeneración y metamorfosis, se confrontan y complementan, aludiendo a una atemporalización en un mundo trascendente, y a una destemporalización, o pérdida de ser, en el mundo inmanente.

En resumen, en el auto, asistimos a un presente que re-presenta y condensa diversos pasados (el del pecado original, episodios de la historia sagrada, y la de Nueva España); además, asistimos a la Eternidad, como pasado anterior a todos los otros, pero siempre presente. Pasados que mantienen su vigencia en el presente de los espectadores, y que configuran el proyecto del futuro: la regeneración del linaje humano y, posteriormente, la del Reino Mexicano. Este proyecto del futuro es designio divino desde la eternidad. Se cumple para el Reino Mexicano mediante la llegada del Tiempo; paradójicamente, el objeto del deseo en el Reino mexicano es detener el Tiempo, mantener su presencia constante:

> Tiempo, Tiempo, escucha, aguarda,
> advierte, detente, espera,
> detén tus alas veloces,
> que de mí fuera me dejas.

Y repite como estribillo: "Que siento tanto el rigor de ausencia, / que muero por no hallarme en su presencia" (p. 104). Vale decir, pide al Tiempo que deje de ser tal como él mismo se ha definido: "parto, llego, corro y vuelo" (p. 100).

En suma, se da en el auto un tiempo, o mejor dicho una atemporalidad, donde el pasado es presente y también futuro.

En el mundo narrado de los pastores, en esa ficción que es figura de lo cotidiano, el tiempo parece haber cumplido el deseo del Reino mexicano: no corre ni vuela; parece siempre estar volviendo a lo que fue, en la sucesión, según el curso de los astros, de días y noches iguales a sí mismos, sin dejar huella de un pasado; en todo caso, si la hay, es la huella de una temporalidad perdida en los personajes míticos metamorfoseados en flores y árboles sujetos al ciclo vegetativo.

En sus conversaciones espirituales, los pastores evocan un pasado, no vivido por ellos sino heredado desde Adán, el del pecado original, cuya vigencia continúa en el presente. La proyección al futuro consiste en la celebración de una fiesta litúrgica, también un pasado que cíclicamente continúa su vigencia en el presente, que vuelve a ser, o sigue siendo.

Como síntoma evidente de la destemporalización en el mundo de los pastores, abundan en el texto las construcciones sintácticas con verbos en forma no temporal, sin concordancia con un sujeto que gramaticalmente resulta destemporalizado o ausente. Dice uno de ellos, Florinarda, a Anfriso:

> o por ventura será, y entiendo lo más cierto, haber salido a levantar el espíritu despertando el ingenio, que en ti es el mayor deleite, causa de salir a visitar alamedas, prados, jardines, deshojando flores y componiendo guirnaldas, y oír murmurar las fuentes, brillar sus aguas correr los mansos ríos y claros arroyuelos (p. 11).

Hay en este pasaje verbos en infinitivo y gerundio, cuyo sujeto se entiende que es Anfriso, aunque no hay concordancia verbal que establezca una relación con el sujeto, ni una forma que le confiera temporalidad. En otros infinitivos (*brillar*, *correr*) los sujetos, aunque no personales, también se encuentran destemporalizados y desligados de la forma verbal.

Este tipo de construcción sólo aparece excepcionalmente en el auto, pero en el mundo narrado de los pastores se reitera por lo menos unas cuatro o cinco veces, como otro nivel de la destemporalización que lo caracteriza.

A pesar de lo que dice el Tiempo como personaje alegórico en el auto ("que paso con ligereza y a lo pasado no vuelvo"; "parto, llego, corro y vuelo"; "Nunca mi fue vuelve a ser"), el tiempo, en el mundo narrado de los pastores en el prado, ni corre ni vuela, y si no vuelve a lo pasado es porque nunca sale de él. Lo dice expresamente la voz narrativa: "Bien diferentes eran las materias que los discretos pastores, por no sentir del perezoso tiempo los lentos pasos, que para unos con pies de plomo caminaba, y para otros iba con ligeras alas, en sí trataban" (p. 49). Tampoco se sale del pasado en el auto, donde se lo representa trasmutado en eternidad.

En el mundo de los pastores, y en el trascendente del auto, los cambios ya han ocurrido. En el auto, la regeneración del linaje humano y del Reino mexicano en particular. En el prado, su descripción se inicia con la alusión a las metamorfosis míticas clásicas, o sea al resultado de un cambio que supone una temporalidad perdida; la voz narrativa consigna el continuo fluir de ese tiempo objetivo en el que la personificación reemplaza a la deshumanización ("Cuatro veces amaneció con rostro alegre la rosada aurora", p. 39), mientras los pastores transitan hacia ese punto de convergencia del tiempo con la eternidad, en la fecha de la Inmaculada Concepción. Durante ese tránsito, aun los cambios de la naturaleza están formulados por la voz narrativa con la reiteración de un *ya* que los trasmuta en pasado y en resultado de un proceso previsto[13]:

[13] Véase MARÍA MOLINER, *Diccionario de usos del español*, Gredos, Madrid, 1988, t. 2, *s.v. ya*.

> Ya de la guiñadora Venus... el rostro se vio desde la tierra; ya mil y veintidós diamantes...; ya en las espejadas ondas bañaba sus veloces caballos... el luminoso padre de la luz; ya el silencio del casi mudo tiempo... el sueño a tentar... y a consolar con la ya cercana noche... (p. 46).

Si algo más ocurre entre los pastores, un lazo de amistad entre Anfriso y Menandro, o el incipiente amor entre Menandro y Arminda, son ocasionales esbozos sin consecuencia en la línea argumental, y presentados como ocurriendo de manera casi instantánea, sin las transiciones que podrían señalar la acción del tiempo y una vivencia temporal. Si hay alguna transición en *Los sirgueros*, ésta se encuentra entre el mundo de los pastores y el trascendente de la eternidad, entre el estado de culpa original y la regeneración por la Gracia de la Inmaculada Concepción, transición en la que tampoco media el tiempo, puesto que esa regeneración ocurre *ab aeterno*. Lo que ocurre en el prado es la imagen móvil de esa eternidad.

Si todo cambio ya ha ocurrido en el pasado, es importante conservar la memoria, para que ese pasado siga siendo presente. El tiempo debe pasar sin cambios, pero siempre deja "un borrón oscuro", dice Anfriso (p. 18), y trae consigo el olvido; por eso el Reino mexicano en el auto reclama la presencia constante del Tiempo, vale decir, su trasmutación en eternidad.

Recapitulando lo que hasta ahora he dicho, se puede observar desde Balbuena una presencia dominante del pasado, y cómo se intensifica su gravitación a medida que avanza el siglo. En particular, se puede ver que el pasado precolombino, que Balbuena considera anulado, reaparece con Torquemada aunque bajo la forma de ruinas de algo que fue y no volverá a ser; en *Los sirgueros*, como personaje alegórico, el Reino mexicano, si bien en el nivel atemporal del auto, se presenta en su antiguo esplendor. Cabe preguntarse a quién representa este personaje, si al pasado indio que no volverá a ser, o si a un pasado metamorfoseado en los nuevos mexicanos, los criollos de la Colonia. De todos modos, la dimensión del pasado cobra, a medida que avanza el siglo XVII, una importancia cada vez mayor, si bien con significativas variantes.

Balbuena ve en la grandeza de México la recuperación del Paraíso perdido, de la Gracia original, en el inicio de un nuevo orden temporal por obra de una segunda Creación; un pasado heroico y un rancio linaje garantizan este nuevo orden. El Paraíso terrenal recobrado es un *hortus conclusus*, la ciudad de México, reducto en el que el otro pasado, el precolombino, ha quedado obliterado; el proyecto del futuro consiste en la restauración del verdadero origen, el de la fe cristiana.

Torquemada amplía su horizonte temporal; intenta conciliar todos los pasados, el clásico pagano y hasta el precolombino, integrándolos como prefiguraciones de creencias e instituciones de su propia cultura cristiana. Su proyecto consiste en cimentar una memoria, en la que incluye como pasado su propio presente, en función del porvenir. Según Torquemada, el sentido del tiempo lleva hacia la Gloria o Eternidad. Vale decir, en relación con Balbuena, Torquemada organiza el tiempo con una perspectiva más amplia hacia el pasado.

Balbuena vive su presente orientado hacia el pasado, que visualiza también como futuro en un espacio limitado y en construcción. Torquemada en cambio se orienta hacia el futuro, aunque no pierde la perspectiva del pasado, visualizando en el espacio que lo rodea las huellas del pasado (las ruinas precolombinas) y el atisbo del porvenir. En *Los sirgueros* el pasado está siempre presente, re-presentándose, y llega a ocupar el lugar del futuro, semejante en esto a Balbuena; a diferencia de Torquemada, no hay en el curso del tiempo en *Los sirgueros* una revelación del ser, puesto que todo ha ocurrido *ab aeterno*, inclusive la segunda Creación, con Cristo, que en cambio según Balbuena ocurre con la conquista de Nueva España. En *Los sirgueros* se clausura la dimensión épica y se abre el camino de regreso (con regeneración y metamorfosis) para otro pasado, el del reino mexicano.

INFORTUNIOS DE ALONSO RAMÍREZ:
"...SIN SABER DÓNDE ESTABAN NI LA PARTE A QUE IBAN..."

Con estas obras escritas y publicadas a lo largo del siglo XVII hemos pasado por diferentes géneros literarios: loa, crónica, novela pastoril, y llegamos a finales del siglo, con *Infortunios de Alonso Ramírez*, a lo que podría llamarse relato, o crónica, de aventuras. Cada uno de estos géneros, si bien corresponden a obras elegidas como muestra aleatoria, no obedecen al azar. A comienzos del siglo, la loa responde a una necesidad de afirmar el pasado propio, tanto desde el punto de vista de la forma como del contenido, y establecer una continuidad de la cultura conquistadora para asegurar su trasplante a un espacio ajeno.

La crónica de Torquemada se propone consolidar en ese pasado su perspectiva de tal, inclusive incorporando en él un pasado reciente, y hasta el precolombino, en una síntesis de lo que los españoles han llevado a cabo en Nueva España, sellando así la gesta de la conquista e iniciando una nueva etapa.

La novela pastoril aparece en Nueva España en un período del siglo XVII en el que la conquista se considera cumplida, dando lugar a una idealización del espacio conquistado. La falta de verosimilitud del prado bucólico trasladado a México es síntoma del grado extremo de disonancia con el espacio conquistado. En cuanto a las coordenadas temporales, presentan una dimensión mítica y de eternidad, en escasa relación con el pasado heroico de la conquista.

A finales de siglo, en un salto de setenta años, *Infortunios de Alonso Ramírez* narra un pasado muy reciente, y autobiográfico, a diferencia de las obras anteriores donde se trata de una empresa común, a un grupo social o a toda la humanidad. Si puede considerarse crónica, lo sería más en el sentido moderno periodístico, por la inmediatez del pasado que registra y por la clase de acontecimientos que narra. Sin embargo, a semejanza de Torquemada, por ejemplo, la voz narrativa se propone también incorporar estos hechos a la memoria colectiva.

En *Infortunios* se cuentan las aventuras vividas por un individuo corriente; su origen familiar es humilde y su línea de antepasados no puede ser más breve, pues se remonta sólo a sus padres. El protagonista emprende un viaje que inesperadamente lo llevará a dar la vuelta al mundo: sale de Puerto Rico, recorre Nueva España, llega a Acapulco, de allí a Filipinas, luego a la costa del África, cruza el Atlántico hasta la costa del Brasil, y de allí llega a la de Yucatán. Estas aventuras distan de ser hazañas puesto que no hay en ellas despliegue de valor sino humillaciones, hambre y castigos; más que enfrentar peligros, huye de ellos para salvar la vida. No motiva su viaje la conquista de tierras desconocidas, ni la propagación de la fe; en todo caso, la curiosidad de ver otras tierras y otra gente, y sobre todo el logro de riquezas.

Los relatos de viajes por mar y de naufragios eran materia común en esa época de recientes descubrimientos de regiones hasta entonces desconocidas; tienen además una larga tradición literaria, aunque con visos épicos. Sigüenza y Góngora posiblemente tenía como punto de referencia esta tradición, y muy seguramente la más cercana en su tiempo, la versión elegíaca con el náufrago de las *Soledades* de Góngora; teniendo en cuenta tal contexto, este nuevo náufrago aparece como una versión paródica: "lastimado", "desvalido", "peregrinación lastimosa", son las palabras con las que Alonso Ramírez se refiere a sí mismo y a sus aventuras. O quizá más bien las palabras de quien las escribe, Sigüenza y Góngora.

Ciertamente todos estos náufragos comparten un rasgo común: el alejarse del entorno en el que han nacido, de su pasado familiar y de su tradición cultural. Alonso Ramírez carece de la dimensión épica, como también el náufrago de las *Soledades*; pero mientras éste al alejarse de su entorno se encuentra en un ambiente arcádico, con una tradición más rancia y genuina, Alonso Ramírez se encuentra con un afuera de barbarie y amenazador.

Hay en este relato muy pocas referencias a un pasado que no sea el biográfico del protagonista. Las que se refieren a su origen familiar parecen ignorar casi agresivamente la importancia de un rancio linaje, como ya se esboza en *Los sirgueros*. Sí se da importancia a la pertenencia a una tradición, por ejemplo cuando condena la conducta de un sevillano que ha abandonado sus creencias y los valores en los que se ha criado (cap. 4, pp. 83-84)[14]; y cuando regresa a Nueva España después de sus desventuras, se percibe el placer del reencuentro con el ambiente que reconoce como suyo, en la mención de comidas (plántanos asa-

[14] Cito por Carlos de Sigüenza y Góngora, *Infortunios de Alonso Ramí-*

rez, Cordillera, San Juan de Puerto Rico, 1967.

dos, chocolate), de lugares (iglesia parroquial, santuario de Ytzamal), de días de fiesta (día de Santa Catalina, la Pascua), de la gente y su organización en jerarquías sociales (indios encomendados, alcaldes, vicarios, sargento, negro esclavo, escribano real, gobernador, virrey); lugares, comidas, fiestas, jerarquías, que presentan a grandes rasgos la vida colonial, y que Alonso Ramírez evidentemente reconoce como su mundo, con el alivio de quien ha reencontrado su rumbo. Esto, sin embargo, a pesar de algunos episodios en los que señala con amargura la falta de acogida amistosa y leal por parte de quienes él considera su grupo. Evidentemente no siente que regresa a un paraíso perdido.

Durante el itinerario de su largo viaje, es notable su falta de orientación temporal; el título del capítulo V lo dice claramente: "Navega Alonso Ramírez y sus compañeros sin saber dónde estaban ni la parte a que iban" (p. 85).

Fuera del entorno al que pertenece, el protagonista pierde todo sentido de orientación, temporal y espacial. En la relación de su viaje, aparecen detalles minuciosos de su derrotero, con mención de puntos cardinales y la medida del espacio en grados y minutos de longitud y latitud; esta información ha sido muy posiblemente añadida por el transcriptor de su narración (Sigüenza), puesto que Alonso Ramírez declara en una oportunidad que no entendía ni los mapas ni los instrumentos de navegación (p. 85), o bien que ignora los nombres de las islas (p. 88), incluso cuando se trata de las cercanas a Puerto Rico, su tierra.

La mayor parte de las veces da el recorrido de su viaje en medidas espaciales, y las que da de tiempo, además de escasas, carecen de puntos de referencia y de organización, como se verá más adelante. Lo que quiero señalar aquí es la escisión entre la dimensión espacial y la temporal. Aquélla predomina sobre todo en las primeras páginas, donde el espacio está minuciosamente medido pero como leído en la formalización de un mapa; o bien más adelante, se da la extensión del espacio recorrido en leguas, aunque sin relación con el tiempo empleado en recorrerlas. La sucesión de cambios espaciales se reduce la mayor parte de las veces a una enumeración caótica de topónimos, o de gentilicios ("Estuve en Madrastapatan, antiguamente Calamina o Meliapor... Estuve en Malaca... Estuve en Batavia... El concurso que allí se ve de navíos de Malayos, Macasares, Sianes, Bugifes, Chinos, Armenios, Franceses, Ingleses, Dinamarcos, Portugueses y Castellanos, no tiene número... Pero con decir estar allí compendiado el Universo lo digo todo", pp. 55-56) sin especificar duración ni orden.

Se sitúan durante la narración algunas fechas precisas que permiten conocer el tiempo trascurrido en sus infortunios: sale de Puerto Rico en 1675 y vuelve a Nueva España en 1690. En estos quince años sus peripecias son muchas, sobre todo los ataques de los piratas, su cautiverio y su vida a bordo, la llegada a diferentes poblaciones, etc. Esto se presenta sin embargo en una sucesión que podría muy bien ser otra. Por otro lado, los hitos temporales se marcan también de manera caótica, ya sea por la falta de puntos de referencia al dar una duración temporal (ejemplo: "por haber barloventeado catorce días su costa occidental", p. 67), sin establecer cuándo empieza o termina esa duración, o bien "no muchos meses antes de que allí llegásemos" (*id.*), aunque no se sabe cuándo llegaron; o "En tres días que allí estuvimos [en Cicudana] los piratas reconocieron el lugar y al punto de la medianoche [¿del tercer día?]"; a menudo se da la hora exacta de un día que no se sabe cuál es. Aparece así el punto temporal, o la duración, con exactitud, pero dentro de un todo indiferenciado.

Hay sin embargo, aparte de las fechas ya citadas, otra de exactitud absoluta: "eran entonces las seis de la tarde del día martes cuatro de marzo de mil seiscientos y ochenta y siete" (p. 58); hito temporal importante pues se trata del día en que cayeron prisioneros de los piratas ingleses él y sus compañeros. Esta exactitud cronológica aislada y desconectada da la impresión de que el tiempo pasara a saltos, o más bien de que el narrador hiciera de pronto pie en su noción del tiempo, para perderse luego en un vértigo temporal, o en un tiempo sin solución de continuidad. Otras indicaciones temporales dan indicio de su vaga noción del tiempo: "no muchos meses antes", "en pocos días", "a cosa de cuatro meses o poco más".

Si al comienzo de la narración se da la medida de la distancia recorrida sin consignar el tiempo, al avanzar la narración se da la medida del tiempo sin consignar la distancia.

Al llegar a la costa de Yucatán, las coordenadas espacio temporales se organizan: "después de haber caminado aquel día [el de su llegada] como cuatro leguas" (p. 94); "comenzamos a caminar por la misma marina la vuelta del Norte... y en llegar a un arroyo dulce... que distaría del primer sitio menos de cuatro leguas, se pasaron dos días" (p. 97). No solamente se establece una relación entre tiempo y espacio y una clara orientación con respecto a los puntos cardinales, ahora los cambios tienen un sentido concreto (aquí, llegar a un arroyo).

En el nivel lingüístico, la construcción que presenta una forma verbal de infinitivo dejando al sujeto desligado se reitera con frecuencia ("supieron de nosotros ser españoles y nosotros de ellos que eran ingleses", p. 86; "Sabiendo de mí ser español", p. 87; "reconociendo no ser continua la fábrica", p. 43; "Dicen los que la habitan ser aquella ciudad [Puebla] inmediata a México", p. 45; "hallaron rastros antiguos de haber estado gente en aquel paraje", p. 70). Ya hice notar la frecuencia de esta construcción en *Los sirgueros*, como síntoma de la destemporalización que aparece también en otros niveles; aquí es aun más evidente en la desconexión de la forma verbal con sujetos animados e inanimados; lo considero síntoma de la deshumanización del tiempo y la destemporalización, o deshumanización, del espacio. Y sobre todo, una carencia del ser, a la deriva en un caos espacial y temporal.

A veces esta construcción se combina con el polisíndeton, en una enumeración caótica que contribuye a dar la impresión de que el tiempo no trascurre: "Llegar casi inmediatamente sobre nosotros las dos embarcaciones... y arriar las de gavia... y entrar más de cincuenta ingleses con alfanjes... todo fue uno" (p. 57).

En *Infortunios*, el pasado que la narración abarca se reduce al de una parte de la vida del narrador, vida sin realce en ningún sentido, y que no hubiera merecido ser contada a no ser por los sinsabores sufridos en un viaje involuntariamente largo y accidentado.

A pesar de que el narrador explícitamente declara como motivo de su viaje, aparte del lucro, una curiosidad por conocer otros mundos y otra gente, lo que recuerda, o por lo menos lo que cuenta, delata un interés superficial por los lugares en los que estuvo y por la gente que allí vio. Así como enumera topónimos, también enumera gentilicios (chinos, ingleses, etc.), sin dar impresiones personales. Los piratas son los más individualizados, aunque también parece verlos con una lente de estereotipos, o quizá en medio del vértigo de su desorientación.

Al nombrar algunos de los lugares que ha conocido, evoca su historia, por ejemplo dando el nombre antiguo además del actual (p. 54: "Madrastapatan antiguamente Calamina o Meliapor", y agrega que allí murió el apóstol Santo Tomé); sin embargo, es muy probable que haya intervenido en este caso la pluma de su amanuense, Sigüenza y Góngora.

Ya de regreso a Nueva España, pasa por lo que serían unas ruinas precolombinas, y lo que de ellas dice muestra su escasa curiosidad por ese otro mundo del pasado (p. 103: "llegaron a un edificio, al parecer antiquísimo... supe el que no sólo éste, sino otros que se hallan en partes de aquella provincia, y mucho mayores, fueron fábrica de gentes que muchos siglos antes que la conquistaran los españoles vinieron a ella"). Quizá sea suya la mención de Borriquen (p. 42), el nombre precolombino de su tierra, Puerto Rico; sin embargo me atrevo a conjeturar aquí también una mínima intervención, o la curiosidad, de su escriba, sabiendo, como se sabe, el particular interés de Sigüenza por las antigüedades precolombinas.

Alonso Ramírez parece arraigado en cambio al presente de Nueva España, sus comidas, fiestas religiosas, jerarquías sociales, a una tradición que rige su presente y fuera de cuyos límites se encuentra en la intemperie.

En cuanto al proyecto del futuro, las expectativas para el tiempo venidero varían según las exprese el protagonista del viaje o el transcriptor de sus memorias. El deseo que impulsa a Alonso Ramírez es sobre todo el lucro, pero también el conocer otros mundos y gente ("me prometí para lo venidero bastante logro... ver diversas ciudades y puertos de la India en diferentes viajes", p. 54); muy pronto sin embargo, ante la crueldad, codicia e impiedad que en ellos ve, ese deseo se convierte en el de salvar la vida y buscar el abrigo del entorno del que se apartó.

Para Alonso Ramírez el futuro depende de la Divina Providencia más que de los méritos propios o de su esfuerzo personal; su fe religiosa no le proporciona un sentido de trascendencia sino una fuente de recursos; en el sentido puramente humano, las cajas reales hacen las veces de divina providencia: su futuro reside en estas dos fuentes y su única contribución para merecerlas es el sufrimiento.

Las expectativas de quien trascribe las memorias se dirigen más seriamente al conocimiento (alaba, por ejemplo, la "crisis de hidrografía y geografía" que en estas memorias se encuentra); otro sentido importante de la relación y de su publicación, para el informante y para el escriba, es salvar del olvido esta experiencia, y "que la eternice la prensa". El logro de una recompensa del virrey es la finalidad inmediata y práctica; el mérito reside según Sigüenza en el sufrimiento ("solicitar lástimas") y no tanto en la importancia del saber, ni por supuesto en las hazañas del protagonista.

La expectativa de logros continúa para Alonso Ramírez también cuando se reintegra a su propio ambiente; espera el cumplimiento de su deseo sin apoyarse en su esfuerzo personal (aunque sí en sus desventuras), ni en plan alguno de largo alcance, sino en la invocación de una providencia, ya sea la divina, la del rey o sus representantes.

Alonso Ramírez desea cambiar sus circunstancias, medrar económica y socialmente, y cree poder conseguirlo cambiando su aquí y ahora. En sus desplazamientos espaciales y durante el período de quince años en el que esos desplazamientos transcurren, se sustituye un escenario por otro, un contratiempo se sucede a otro (tempestades, cautividad, castigos, privaciones, naufragios, etc.); pero no puede decirse sin embargo que haya cambios sino variantes de una misma situación de desamparo en diferentes marcos espacio temporales.

Las dos variantes principales consisten en, una, salir de su entorno familiar, y la otra, en regresar a él. Ya antes de salir de su mundo cambia repetidas veces de lugar (después de pasar por La Habana y San Juan de Ulúa, llega a Puebla, luego a México, Huasaca, etc., vuelve a México, luego a Puebla). En realidad, al salir al afuera de su mundo no hace sino repetir el mismo esquema, sólo que ahora los nombres de lugares son otros y sus contratiempos se intensifican.

Inclusive al regresar finalmente a Nueva España reanuda su peregrinación, y continúan sus sinsabores, aunque mitigados por sentirse de nuevo en su entorno familiar.

Alonso Ramírez se encuentra siempre en un espacio del que se siente desligado, o del que él mismo se exilia ("quise darme por pena de este delito [frente a su propia conciencia, el de ser inútil] la que se da en México a los que son delincuentes, que es enviarlos desterrados a las Filipinas", p. 49). Vive, sobre todo en la intemperie que encuentra en el afuera, como en un tiempo suspendido, en la transición que siempre una huida, o el esfuerzo por salvar la vida, supone. Vale decir, sin espacio ni tiempo, fuera de un aquí y un ahora.

Su regreso a Nueva España mitiga esa ausencia de sentido espacial y temporal, por el reconocimiento de lugares y hallarse entre gente con la que comparte hábitos de vida y creencias. A veces sin embargo le parece reconocer situaciones que vivió en su accidentado viaje y entre bárbaros (p. 112: "quise pasar a las playas a ser ocular testigo de la iniquidad que contra mí y los míos hacían los que por españoles y católicos estaban obligados a ampararme y socorrerme con sus propios bienes"); pero ahora tiene una memoria, un pasado, en el que reconoce quizá su presente.

SOR JUANA INÉS DE LA CRUZ: A LA CONQUISTA DEL TIEMPO PERDIDO

Finalmente llegamos a la obra de Sor Juana, con la que culmina el siglo XVII, y de la que, de algún modo, todos los textos que hasta aquí he considerado constituyen un palimpsesto. Por lo menos, ésta ha sido la hipótesis de trabajo que hasta aquí me ha guiado: todo gran autor crea sus precursores (Borges *dixit*), o dicho de otro modo, en la sucesión histórica de discursos (sobre todo literarios) y en su confrontación, cada uno se inscribe en el otro y presenta una respuesta, o réplica (en ambos sentidos, el dialógico y el especular) a otro u otros (Bajtín *dixit*).

Una dimensión insoslayable en todo discurso humano es la situación dentro de un marco espacio temporal, situación que revela un modo de encontrarse en su mundo la sociedad y la cultura en las que ese discurso se inscribe. Con respecto a esta dimensión, las diferentes propuestas y respuestas, además, no son sino el modo de configurarse la identidad (el ser, o el estar siendo) de un grupo social, en este caso la sociedad mexicana en particular.

Alonso Ramírez y sus infortunios, e *Infortunios de Alonso Ramírez*, son contemporáneos de Sor Juana y de su obra. A primera vista, parecen encontrarse en polos opuestos: Sor Juana, mujer, monja, culta; Alonso Ramírez, hombre del común en procura de logros económicos, con tenues visos de pícaro, y de escasa cultura. Esta primera impresión se problematiza al tener en cuenta que quien transcribe las memorias de Alonso Ramírez es Carlos de Sigüenza y Góngora, también contemporáneo y amigo intelectual de Sor Juana.

Dejo este problema pendiente, mientras analizo el discurso de Sor Juana en su concepción espacio temporal. No me limitaré a una de sus obras, para poder estudiar diferentes aspectos de su discurso. Haré sin embargo especial referencia a *El divino Narciso* y a *Primero Sueño*[15].

En las obras de los otros autores hasta aquí considerados, he llamado la atención sobre el progresivo predominio del pasado, y sobre las diferentes maneras en que aparece. En el autor contemporáneo de Sor Juana llama la atención lo contrario, la exigua referencia al pasado, si no es sobre todo el autobiográfico.

A diferencia de él, en los textos sorjuaninos coexisten diversos pasados: el precolombino, el histórico y literario español, el bíblico, el histórico y el mítico de la Antigüedad clásica, y también el autobiográfico. En un mismo texto, las referencias a uno o varios de estos pasados llegan a establecer ya sea una contemporaneidad entre diferentes épocas, por ejemplo al mencionar nombres de personajes históricos como Escipión junto a Alejandro; o bien se borran también las diferencias entre diversos niveles temporales, el histórico y el mítico, como lo hace también por ejemplo Quevedo, entre otros escritores españoles del Siglo de Oro, al mencionar a Jasón junto a Licurgo y Orfeo[16].

Con excepción del precolombino, todos estos pasados han ocurrido, imaginaria o realmente, en espacios ajenos a México. Cuando Sor Juana evoca personajes históricos, míticos, bíblicos, y los hace presentes en su discurso, está tratando de consolidar la memoria de un tiempo desarraigado de su propio espacio, una memoria acumulativa y a la vez discontinua desde el punto de vista cronológico.

[15] Cito por las *Obras completas*, ts. 1-3, ed. de A. Méndez Plancarte; t. 4, de A. G. Salceda, F.C.E., México, 1951-1957.

[16] Cf. la nota de Méndez Plancarte, en las *Obras completas*, t. 1, p. 38.

Es muy diferente su relación con el pasado precolombino. Se trata de un tiempo que ha ocupado un espacio, el único que ella conoce; tiene además presentes sus restos en esos indios de la Colonia, en quienes en lo que aún comen, cantan, bailan, hablan, subsisten fragmentos de ese pasado. En la época de Sor Juana, a poco más de un siglo y medio de la conquista española, la población india seguía hablando el náhuatl; ella misma conoce esa lengua, como lo prueban dos de sus villancicos (224 y 241). Esto, y sus referencias a instrumentos musicales y danzas precolombinas como el tocotín, permiten suponer que esos vestigios del pasado formaban parte de su mundo.

Es verdad que también escribió villancicos imitando la variedad de español hablado entonces por los negros esclavos, y hasta un poema en portugués, gentes y lenguas que formaban su entorno. La pregunta es si consideraba todas esas lenguas, incluido el náhuatl, como la lengua del otro, aunque muy católicamente las incorporara a su mundo. Es lo más probable, puesto que si bien en reiteradas ocasiones Sor Juana hace alarde de ser americana, su adhesión se refiere a su tierra nativa, pero como espacio social instaurado a partir de la llegada de la fe verdadera.

Y en efecto, si los personajes o hechos de la tradición europea, sobre todo la literaria, que ella evoca en sus textos "están sin envejecerse" (43, v. 105), sus referencias al pasado precolombino llevan la marca de un tiempo que ya no existe ("donde yace la grandeza / de gentiles Moctezumas, / nacen católicos Cerdas", 24, vs. 42-44); o dirigiéndose al marqués de la Laguna: "Vos... cuyas victoriosas plantas / al Águila de las Indias / la coronan de laureles / más que la huellan vencida" (22, vs. 37-40). En la loa del *Divino Narciso*, la conquista de México, hecho histórico, queda destemporalizada al ser representada por personajes alegóricos.

En la memoria novohispana del siglo XVII, los avatares de este pasado han seguido tortuosas sendas. Balbuena lo considera obliterado por esa segunda Creación que la llegada de los españoles ha hecho realidad; Nueva España se convierte para él en un segundo Paraíso terrenal, en un retorno al origen de la historia. Pero las huellas de ese pasado precolombino subsisten, durante la vida de Balbuena y después de él, como reclamando un derecho desde un espacio en ruinas. Y si la gente que lo vivió como suyo está reducida a la nada, según dice Balbuena, esa nada tiene todavía en el siglo XVII una presencia y hasta en algunos casos socialmente prominente; el conde de Moctezuma, virrey de Nueva España durante los últimos años de Sigüenza, o la familia de Alva Ixtlilxóchitl, también contemporánea y amiga de Sigüenza, y descendiente de los reyes de Texcoco, lo atestiguan[17].

Después de Balbuena y a pesar de él, Torquemada, al interesarse por la historia precolombina, se encarga de integrar ese pasado en la memoria colectiva novohispana, quizá para convencerse de su status de tiempo ido.

Siguiendo su línea, en *Los sirgueros* aparece ese pasado re-presentado en todo su esplendor, como personaje alegórico, el Reino Mexicano, que se encuentra y dialoga con el Tiempo; es el encuentro de la antigua cultura con el tiempo de la Gracia, vale decir el de la conquista espiritual. Esta escena es similar a la de la loa del *Divino Narciso* de Sor Juana, donde figuran, también como personajes alegóricos, América y Occidente, pareja de indios, que se encuentran y dialogan con Religión y Celo, pareja española que consigue convertirlos a la fe cristiana.

En uno y otro caso surge la pregunta sobre la intención y el efecto de esta re-presentación de la antigua grandeza. Es dudoso que se tratara de revivir en los indios de la Colonia el orgullo de su pasado, pues ni en *Los sirgueros* ni en *El divino Narciso* eran ellos los receptores a quienes estas obras se dirigían.

Es más lógico suponer una manipulación o capitalización de ese pasado, idealizado es cierto, por parte de quienes podían considerarse sus herederos al ser hijos de la tierra. En otras palabras, sin rechazar la tradición española a la que pertenecen, se intenta con ello cimentar una conciencia novohispana, y más allá de la hispana, fundada en una especie de empatía, o simpatía, con las vivencias que este espacio todavía rezuma.

Esto no significa necesariamente empatía o simpatía con los indios del presente colonial, a quienes Sigüenza menosprecia (en la carta al almirante Pez[18]); también Sor Juana trata a esos indios, aunque sin la arrogancia de Sigüenza, con cierta condescendencia paternalista, de manera semejante a como trata a los esclavos negros, cuando les presta su voz poética, hablando en náhuatl, una voz tan diferente de la que América y Occidente tienen, hablando en español por cierto, en la loa del *Divino Narciso*.

La tradición en la que Sor Juana se sitúa, y se propone situarse, es la española, y por lo tanto, la occidental y cristiana; en la Dedicatoria que escribe para el segundo volumen de sus obras, en la edición de Sevilla de 1692, lo expresa así: "y los arroyuelos de mis discursos tributen sus corrientes al mar a quien reconocen su origen" (t. 4, 403, p. 411).

[17] Cf. Giovanni Francesco Gemelli Carreri, *Viaje a la Nueva España*, Libro-Mex, México, 1955, 2 ts.

[18] Cf. Irving A. Leonard, *Don Carlos de Sigüenza y Góngora. A Mexican savant of the seventeenth century*, University of California Press, Berkeley, 1929, p. 244 y *passim*.

Su información sobre historia sagrada, teología, historia y mitología clásicas, historia y literatura españolas, aparte de la literatura española contemporánea, resulta evidente en sus temas, en sus citas y referencias, en sus ideas.

El *Neptuno Alegórico* es ejemplo de erudición y de transposiciones y correspondencias que ella puede establecer entre los mitos clásicos y el presente; en *Los empeños de una casa*, en la loa, el parlamento de Fortuna despliega un sólido conocimiento de la Antigüedad clásica ("En la destrucción de Persia, / donde asistí, ¿qué importó / tener Darío el derecho, / si ayudé a Alejandro yo?", vs. 119-122; o "Cuando quise hacer a César / en Farsalia vencedor, / ¿de qué le sirvió / a Pompeyo / el estudio y la razón?", vs. 131-134). En fin, los ejemplos abundan para demostrar la adhesión de Sor Juana a su cultura occidental y cristiana; y sobre todo su afán por absorber todo ese pasado al que ella quiere pertenecer.

También parece querer abarcar todo el espacio relacionado con ese pasado. Curiosamente (o quizá no tan curiosamente) sus obras teatrales ocurren en *otro* lugar, que Sor Juana conoce de oídas, o por sus lecturas: *Los empeños*, en Toledo, *Amor es más laberinto*, en Creta, con mención de Atenas, Tebas, Epiro como mundo circundante; los sainetes sí suelen situarse en palacio, terreno muy familiar aunque ya ajeno para Sor Juana. En cuanto a los autos, el de San Hermenegildo se sitúa en las provincias y época del imperio romano, espacio y tiempo que para Sor Juana se igualan al nivel mítico; en la loa sin embargo incorpora su aquí y ahora al mencionar a América. *El cetro de José* presenta un Egipto bíblico, también en un nivel mítico, o utópico. En *El divino Narciso* el espacio es el *locus amoenus* de un mundo trascendente, atemporal y atópico, pues en él se representa la aventura del alma humana en un nivel metafísico o teológico, la muerte de Narciso-Cristo y su metamorfosis o resurrección o transubstanciación en la Eucaristía.

Este *locus amoenus* recuerda el de *Los sirgueros*, pero ha pasado en Sor Juana al nivel trascendente o de la eternidad, poblado de personajes alegóricos y atemporales, mientras que en *Los sirgueros* se encuentra en el mundo cotidiano de los pastores.

En general, cuando aparecen en Sor Juana personajes alegóricos, éstos se mueven en un espacio y tiempo abstraído de la realidad cotidiana, en una especie de eterno presente que mantiene, como el pasado mítico o histórico representado en sus obras, una vigencia en el presente de la temporalidad humana.

Recordemos que a comienzos de siglo Balbuena goza de su Paraíso terrenal muy mundano y establece los límites de su espacio concreto (la ciudad de México) donde el nuevo orden del tiempo, su ahora, se inicia desde una segunda Creación.

Torquemada, al ampliar su perspectiva hacia el pasado, amplía también la espacial, sobre todo la de su entorno especialmente cuando dirige su mirada a las ruinas del pasado precolombino. Pero su tiempo tiene un sentido trascendente, la Eternidad.

Los sirgueros intenta una transmutación del espacio novohispano en el espacio imaginario elaborado por una tradición secular europea; a la vez, en la temporalidad de los pastores (o en su carencia) converge una dimensión trascendente reflejo de la eternidad según la concepción cristiana.

En las obras de Sor Juana el espacio novohispano es una gran ausencia, salvo su *hortus conclusus* del palacio virreinal, su Paraíso perdido, o rechazado. Como en *Infortunios*, se nota en estos textos una tendencia a abarcar el mayor espacio posible, siempre *otro*. En *Infortunios* se da, contradictoriamente (y digo contradictoriamente porque el mismo Alonso Ramírez se ha impuesto ese exilio), un rechazo de ese espacio abierto para volver al entorno que le es familiar, o sea a Nueva España; de manera semejante, en Sor Juana se trata, en *El divino Narciso*, del ansiado retorno a la Gracia después de las desventuras de Naturaleza Humana en su exilio espiritual, o el retorno al mundo cotidiano de la vigilia después de una frustrada aventura del conocimiento en *Primero Sueño*.

Entre los textos sorjuaninos, es precisamente en *Primero Sueño* donde con más evidencia la voz poética, al imaginar un ambiente onírico, se encuentra por lo tanto en una situación inespacial e intemporal, exiliándose del aquí y ahora de la vigilia. Como el protagonista de *Infortunios*, la voz poética regresa con desengaño de ese exilio voluntario; y como Alonso Ramírez, quizá tampoco siente en el regreso la recuperación de un Paraíso perdido.

Primero Sueño condensa la cifra del discurso sorjuanino, sobre todo en lo que se refiere a la vivencia espacio temporal, al exilio del aquí y ahora. Es cierto que en *Primero Sueño* el discurso trascurre en un "ahora" (señalado en dos o tres ocasiones por un *digo*, en vs. 226, 460, 795), aunque sin ninguna referencia a un espacio correspondiente, que en todo caso no es sino el texto mismo.

En cuanto al mundo representado, la aventura del conocimiento, los tiempos verbales usados en la narración, en pasado, señalan, más que un tiempo pasado, un diferente nivel de realidad[19]. A la atemporalidad onírica del mundo narrado corresponde un espacio cósmico, poblado de mitología, que la memoria y la fantasía muestran al alma "en el

[19] Cf. HARALD WEINRICH, *Estructura y función de los tiempos en el lenguaje*, Gredos, Madrid, 1968, p. 77.

modo posible / que concebirse puede lo invisible" (vs. 288-289). El alma, en este espacio, siente que "a otra nueva región de sí salía" (v. 434). Si hay en *Primero Sueño* un aquí y un ahora, éstos son el de la enunciación y el de la página donde el discurso imaginario se proyecta.

En cuanto a la autora Juana de Asbaje, si bien tiene presente, quizá como paraíso perdido, su infancia en la hacienda familiar, hay que tener en cuenta que también se exilia de su mundo para emprender mejor su aventura intelectual; o sea una manera de rechazar su aquí y ahora, aunque opuesta en sus fines a la de Alonso Ramírez, sin embargo equivalente.

La voz enunciadora en los textos sorjuaninos, el yo implícito o explícito, asume diferentes personas (máscaras) en diversos grados de identificación con la persona histórica de la autora. En la *Respuesta a Sor Filotea*, el yo obviamente se identifica con Sor Juana. También se encuentra explícita como de ella la voz de algunos de los romances epistolares, en una gradación que va desde un discurso en tono cotidiano (cuando el tema es el envío de nueces, o un andador de madera, o peces y aves para Pascuas, o un zapato bordado y chocolate, en 23, 31, 44 respectivamente), hasta diversos grados de elaboración literaria, generalmente por irrealización del interlocutor mediante comparaciones o identificaciones con personajes míticos, históricos, o literarios.

En los poemas donde Fabio es el interlocutor (5, 6, 75, 76) de la voz poética, o el tema de su discurso (4, 211, 212), esta voz podría identificarse con la de la autora, o bien es posible suponer que la de la autora es voz vicaria de una tercera. En otros poemas, la voz se ficcionaliza en la de una mujer amante que padece la muerte de su esposo, cuyo nombre es precisamente Fabio (213), o bien en la voz de la condesa de Galve (63), o de la Virgen (60), o la de una señora de la Corte (361); la ficcionalización puede llegar inclusive a asumir la identidad masculina (10).

Estos diferentes registros en el discurso, y grados de ficcionalización, implican el situarse en fluctuantes circunstancias espacio temporales, reales o imaginarias.

Para el tema que aquí me interesa, la forma epistolar, que domina sobre todo en los romances, establece, por la naturaleza de esa situación comunicativa, un peculiar diálogo en el que el aquí y ahora del hablante difieren con los del receptor; y en Sor Juana se privilegia el aquí y ahora del interlocutor ausente, vale decir que la voz enunciadora se traslada a otro espacio y tiempo: "Allá voy a verte; pero / perdóname la mentira: / que mal puede ir a un lugar / el que siempre en él habita" (42, vs. 53-56, a la condesa de Galve).

Ese aquí y ahora trasladado al del interlocutor no puede sino ser imaginario, pero se presenta con diversos grados de realidad, según los poemas. La voz poética suele entablar un diálogo epistolar no sólo con personas ausentes, a veces lejanas, o desconocidas (37, a doña María Guadalupe de Alencastre), y hasta ficticias; también el interlocutor puede ser una persona muerta (185, a Felipe IV después de su muerte), o más aun que ha vivido en un pasado remoto (209, a San José). Cuando el receptor es alguien contemporáneo y cercano (el Padre Kino, o los virreyes, por ejemplo), las imágenes y comparaciones, con referencias literarias o míticas, contribuyen a alejarlo también de su propia circunstancia mundana, y a trasmutarlo por lo tanto en un ente situado fuera de su espacio y tiempo.

En el mundo verbal creado por la voz enunciadora, el interlocutor puede inclusive ser un ente mental, atemporal e inespacial: el pensamiento (2), el discurso (4), la "prolija memoria" (70). Así, la voz poética en diálogo epistolar se separa de su propio aquí y ahora para trasladarse al de su interlocutor; pero también el interlocutor suele quedar despojado de su mundanidad.

Correlato de estas estrategias discursivas dialógicas es en los textos sorjuaninos el tema de la ausencia, reiterado en varios poemas: la ausencia del esposo muerto, lamentada por la voz de una mujer amante (213, al que ya me he referido); fantasías tristes de un ausente (70); el dolor de una ausencia (6); a la virreina, por la ausencia del virrey (30); a la ausencia de don Diego Velarde (39). En una lira (211), la voz poética se traslada imaginariamente a donde está el ausente, y donde a su vez la ausencia de la voz poética se hace sentir; o sea, diálogo entre dos ausencias: "y ya que a ti no llega mi voz ruda / óyeme sordo, pues me quejo muda" (vs. 11-12).

Es notable la explícita formulación de su propia ausencia en la voz enunciadora, sobre todo en los casos en que más se identifica con la autora; así, en un romance epistolar a Filis (19); "Ser mujer, ni estar ausente, / no es de amarte impedimento" (vs. 109-110). Las referencias a su retiro (prisión lo llama) en el convento ("Rompa, pues, mi amante afecto / las prisiones del retiro", en 17, vs. 25-26; o "Si porque estoy encerrada / me tienes por impedida", en 42, vs. 21-22) señalan otra manera de vivirse ausente, vivir su propia ausencia en el otro.

En estos diálogos epistolares se construye así un aquí y ahora no sólo escindido entre los interlocutores, sino negado por partida doble en ambos.

En general, llaman la atención las escasas referencias que se encuentran en los textos de Sor Juana a circunstancias espaciales y temporales, a menos que se trate de los "bocados de siglos" y lugares lejanos, o míticos, o el mundo de las esferas celestiales. Los poemas que celebran natalicios y aniversarios parecieran contradecir esta afirmación, pero hay que tener en cuenta que en ellos se señala un punto dentro de un ciclo temporal.

En ocasión de un festejo en San Jerónimo (68), se reitera un anafórico *hoy* (se supone, el día del festejo); sin embargo, las referencias locativas que lo complementan abarcan la extensión del universo: "Hoy, que las lunas divinas / de uno y otro Luminar / se avecinan a la tierra / sin ocultarse en el mar" (vs. 1-4); "hoy, que Venus de sus cisnes / desunce el carro triunfal, / y por América olvida / de Chipre la amenidad" (vs. 9-12). Sólo en los versos 33-36 aparece la referencia al convento donde se celebra el festejo ("hoy, en fin, que en esta Casa / humanada la Deidad, / cuanto está más disfrazada, / tanto está más celestial"), aunque trasmutada a una dimensión mítica, sin que falte la alusión a una Esfera universal. En otro romance (69) también relacionado con el mismo festejo, las metáforas sitúan a la virreina, que a él asiste, en un espacio sideral: "pasó su luz matutina, / brillando Estrella en Italia, / a lucir Sol en las Indias" (vs. 18-20).

Estos textos sorjuaninos parecen habitar un aleph borgeano *avant la lettre*, o, si se me permite la paradoja, parecen tener en el aleph borgeano un precursor póstumo.

En el discurso de Sor Juana predominan en mayor grado que en sus predecesores otros espacios y otros tiempos, diferentes de su aquí y ahora, o mejor dicho ocupando el lugar de su aquí y ahora.

En el nivel mundano, también el pasado perdura en el presente para Sor Juana. En poemas que celebran el cumpleaños del marqués de la Laguna se enumera la larga e ilustre ascendencia del marqués, considerando que ese pasado constituye y garantiza en el presente la excelencia del personaje; las virtudes de héroes históricos y míticos, de la Biblia y de la Antigüedad clásica, se evocan como modelos que se actualizan como presente en la figura del marqués. Vale decir, el pasado ilustre aquilata el presente, pero también se constituye en modelo y meta deseable para alcanzar la perfección.

Por lo tanto el pasado es, en una vida humana, el objeto del deseo. Esto ocurre en el nivel mundano; algo semejante ocurre en el nivel espiritual, en el que la aspiración del alma consiste en un retorno al estado de gracia e inocencia anterior al pecado original. Como se dice en los *Ejercicios de la Encarnación*: "...restaurar en nosotros la imagen de su Hijo y nuestro Dios" (ls. 666-667); el proyecto del futuro consiste aquí en restaurar un pasado remoto o mítico. O sea, borrar la culpa original de Adán y Eva.

Balbuena también aspira a esa regeneración, cuando quiere hacer de Nueva España un segundo Paraíso terrenal en una segunda Creación y en un orden nuevo del tiempo, libre del pecado original. En *Los sirgueros*, el tema de la Inmaculada Concepción deja ver cómo aflora una obsesión por la culpa del pecado original, del que Balbuena se siente redimido. En *El divino Narciso* también Sor Juana presenta la angustia de Naturaleza Humana por haber perdido la Gracia, y su ansiedad por recuperar un pasado, el reflejo en ella de la imagen de Cristo.

En Nueva España en general, es conocido el particular culto a la Inmaculada Concepción mucho antes de que fuera declarado dogma oficial por la Iglesia. Ese peso de una culpa original podría muy bien ser sentido por los novohispanos en partida doble: no sólo la culpa de Adán y Eva, sino también la más reciente de la idolatría precolombina.

El pasado que gravita en el presente de los novohispanos se va desplazando a diferentes zonas del tiempo, sobre todo hacia el futuro, y con diversas valoraciones.

A principios del siglo XVII, en la breve historia de Nueva España, un pasado heroico, el de un linaje individual, o el de una gesta colectiva como la conquista, gravita en el presente, individual y social. Esto es válido en *Grandeza mexicana* y lo sigue siendo hasta cierto punto a fines de siglo para Sor Juana, aunque ella no pueda vanagloriarse de su propio linaje familiar, como ocurre también con Alonso Ramírez. Con sentido del humor, Sor Juana responde a un caballero que quiere "enfenizarme": "Lo que me ha dado más gusto, / es ver que, de aquí adelante, / tengo solamente yo / de ser todo mi linaje" (49, vs. 129-132).

Ya en *Los sirgueros* se nota la desaparición de la dimensión heroica, cuando en el auto San José trata infructuosamente de defenderse del castigo que él como todo ser humano merece por la culpa original, aduciendo, sin ningún resultado favorable, su linaje como descendiente de reyes.

Tanto Sor Juana como Alonso Ramírez sienten sin embargo el valor de participar de una tradición, y que un largo pasado los respalda, aun cuando no sea el de un linaje individual. Sólo que Alonso Ramírez insiste en reclamar los derechos que esa participación le confiere; Balbuena en cambio no necesita reclamarlos, los goza en la grandeza mexicana por derecho propio.

Después de Balbuena, Torquemada adopta una perspectiva más amplia y abarca otros pasados; quiere llegar al origen de todos los tiempos para apreciar mejor su presente y en función de éste explicar el pasado como una progresiva revelación del ser en el tiempo.

Sor Juana sigue esa dirección, quiere conocer todo el pasado posible, pero busca también en él modelos para el presente que no deben perderse en el olvido, para que su vigencia continúe inmutable como presente. De manera similar a lo que ocurre en *Los sirgueros*, hay sin embargo en el pasado algo que la inquieta: la culpa del pecado original.

La mirada hacia el origen propuesta por Torquemada llega en Bramón y en Sor Juana a un nivel atemporal, más allá del tiempo, y más allá del pecado original; en ese *ab aeterno* anterior a la culpa reside el origen de la redención: en virtud de la Inmaculada Concepción y el nacimiento del segundo Adán, Cristo, el hombre se regenera. La segunda Creación, el nuevo orden temporal, como se ve, ya no data de la llegada de los españoles a Nueva España, sino *ab aeterno*. El regreso al origen y la ingerencia del pasado en el presente no tiene ya (y en el caso de Sor Juana, no tiene solamente) una dimensión heroica sino teológica, como se ve en el auto de *Los sirgueros* y en *El divino Narciso*.

Frente a Sor Juana, Alonso Ramírez también quiere volver al origen; pero su pasado tiene una dimensión demasiado humana, su paraíso terrenal tiene un lugar y un tiempo mundanos y no tan paradisíacos, Nueva España. Éste es su pasado antes de la culpa, o del castigo que él mismo se inflige, el exilio; exilio equivalente al de Naturaleza Humana en *El divino Narciso*, a partir de la culpa original y la pérdida de la Gracia. Pero como Naturaleza Humana, también Alonso Ramírez prefiere las aguas mansas (Naturaleza Humana dice en *El divino Narciso*, vs. 216-218: "bien que los raudales torpes / de las aguas de mis culpas / toda mi belleza borren"; y en vs. 1179-1181, a la "Fuente Sellada" de la Gracia: "No vayas tan ligera / en tu corriente clara; / para, para") y teme la intemperie, volviendo al refugio del pasado.

En algún momento del siglo XVII, después de Torquemada, el hombre novohispano, al volver la mirada al pasado, queda cautivo en él. Y en esa cautividad, como para liberarse de ella, desea un espacio siempre *otro*.

Para una monja católica como Sor Juana en Nueva España, donde y cuando la fe cristiana y su propagación constituía el pilar fundamental como justificación ética del dominio español, el futuro institucionalizado era la Gloria; todo cristiano vive o debe vivir para alcanzar esa meta, el fin y la finalidad del tiempo humano: "pues a mejor mundo nace, / cuando parece que muere" (320, vs. 45-46). Pero en la vida de este mundo se plantean otras metas y otras expectativas que no necesariamente convergen con el que conduce a la Gloria. En los textos de Sor Juana la Gloria tiene importancia prominente, pero es sabido que ella proyecta su vida en el estudio y en el conocimiento, inclusive como guía en el camino a la Gloria.

Para ella la medida de su tiempo se encuentra en función del saber adquirido, en los libros o en la realidad circundante. El saber es el futuro hacia el que se proyecta la voz poética en *Primero Sueño*, o la voz de Sor Juana en la *Respuesta a Sor Filotea*. Pero el conocimiento aparece como proyecto individual; en la sociedad en que vive, y para quienes la rodean, Sor Juana vislumbra en el porvenir augurios de larga vida, de duración y permanencia: "Y la muy Noble Ciudad /... de vuestro feliz gobierno, / eterna esta dicha logre" (396, vs. 603 y 609-610); y "¡vivan, para que eternicen, / en largas generaciones, / las altas glorias de tanto / altivo ascendiente héroe!" (vs. 553-556). El futuro puede traer perfección, a pesar del tiempo (y de su labor destructiva), si el pasado perdura, es decir, si ocupa no sólo el lugar del presente sino también el del futuro: "Vive, sin que el tiempo ingrato / te desluzca; y goza, igual, / Perfección de Original / y duración de Retrato" (89, vs. 109-112).

En el porvenir acechan la amenaza de la caducidad de la vejez y del olvido: "éste [el retrato], en quien la lisonja ha pretendido / excusar de los años los horrores, / y venciendo del tiempo los rigores / triunfar de la vejez y del olvido" (soneto 145, vs. 5-8); el tiempo destruye y ultraja: "que es fortuna morirte siendo hermosa / y no ver el ultraje de ser vieja" (soneto 148, vs. 13-14).

El objeto del deseo no se encuentra en el futuro, a menos que ese futuro sea la Gloria de la vida trascendente, o sea un retorno al origen *ab aeterno*, o bien, como dije al referirme al pasado, la memoria de un pasado atesorada, conservada.

En el discurso sorjuanino el tiempo ha de marchar hacia un pasado que debe adquirirse por el estudio, o mantenerse inmutable; el pasado ocupa así el lugar del presente y se proyecta en el futuro.

La permanencia, la eternidad, es lo deseable, en la vida trascendente como en la de este mundo. El pasado, su inmutabilidad, se ha convertido en objeto del deseo, y en paradigma de vida.

En el discurso de Sor Juana "...la mudanza /.../ es de su ser propio / caduca dolencia" (70, vs. 81-84). Un cambio trae consigo el peligro de alterar un orden establecido, en el universo y en el mundo inmediato cotidiano. La variedad de los tiempos se despliega en círculos previstos: "Ya sabéis lo que es vivir: / pues, dado un círculo entero / a vuestra dichosa edad, / quien hace un año, hará ciento" (25, vs. 105-108). Los cambios están en el ser de las cosas mismas, desde la eternidad; vale decir que no son cambios sino revelaciones de diferentes facetas del ser, a veces contradictorias entre sí: "que vivo asegura, sólo / en fe de que por ti muero" (19, vs. 187-188).

El lenguaje, la escritura, diseña en las obras de Sor Juana un modelo del mundo, por lo menos de esa visión del mundo en continuo movimiento, pero como imagen móvil de la eternidad: un mundo siempre igual a sí mismo, atemporal e inespacial, en el cual todo está ya incluido, y cuyas transformaciones no son sino el despliegue de sus muchas posibilidades intrínsecas. Las glosas ilustran ese despliegue; o los juegos de eco, en los que las palabras se transforman para revelar otra posibilidad pero sin dejar de ser ellas mismas.

En las diferentes obras aquí tratadas, he señalado en el nivel lingüístico estrategias discursivas que tienden a la progresiva abstracción del espacio y a la destemporalización del sujeto. El discurso sorjuanino recoge, si no específicamente estas mismas estrategias discursivas, sí el proceso de destemporalización y de abstracción del espacio, y en consecuencia de disolución de identidad, al que ellas apuntan; hasta llega a situar ese proceso en la lengua misma, en sus juegos verbales de eco, enálage, etc., haciendo que una palabra sea la misma y otra diferente, o una y varias a la vez.

En resumen, a fines del siglo XVII en el discurso sorjuanino trascienden rasgos que, considerando obras anteriores, ya han ido esbozándose por lo menos desde principios de siglo, desplegando posibilidades que a veces se mantienen constantes, otras se deslizan hacia diferentes valoraciones. Se va configurando así un predominio del pasado que permanece en el presente y llega a convertirse en proyecto del futuro: recuperar un tiempo perdido, atesorarlo en la memoria y convertir su retorno, o su permanencia, en objeto del deseo. Ese retorno sin embargo tiene sus acechanzas en un borrón de un pasado que el espacio novohispano del siglo XVII conserva, en sus ruinas físicas y sociales. En ellas se ve el estrago del tiempo, aunque, paradójicamente, trasuntan su permanencia.

CONCLUSIONES

El discurso sorjuanino se mueve en un mundo mental; contribuyen a esa impresión, en los autos sobre todo, los personajes alegóricos, que representan conceptualizaciones y, como entes de razón, se sitúan fuera de las coordenadas espacio temporales; en sus comedias, personajes que sin ser alegóricos existen en un espacio y tiempo ya sea mítico (*Amor es más laberinto*), o bien de un mundo trascendente (*El divino*

Narciso), o cuya lejanía geográfica los equipara en cierto modo a los anteriores (*Los empeños de una casa*, que ocurre en Toledo); en sus poemas predomina un ambiente onírico (*Primero Sueño*) o bien un universo de ingeniosos y complicados juegos de palabras y conceptos.

La lejanía o la abstracción del espacio produce en estos textos un efecto semejante al que tiene la clásica fórmula "había una vez", vale decir una suspensión del aquí y ahora del mundo objetivo.

Referencias a personajes y hechos de la historia mítica, sagrada, profana, todos en un mismo nivel de realidad imaginaria y convergentes en un mismo tiempo y espacio textual, contribuyen además a ese efecto.

Este mundo discursivo surge de los contenidos de una memoria acumulada sobre todo mediante lecturas que a su vez atesoran una larga tradición; o sea, memoria de memorias, o memoria sin historia.

Toda memoria, como es sabido, tiene sus propias reglas para elaborar, ordenar, clasificar, y hasta borrar y modificar, el pasado; esto por supuesto puede resultar una deliberada manipulación del pasado, o bien con motivaciones más o menos inconscientes. Sor Juana, sin embargo, la cree y la quiere, o la pretende, indeleble y siempre igual a sí misma, lo cual es una manera de manipulación ("Que ésas [tus memorias], en el alma escritas, / ni el tiempo podrá borrarlas / ni otro objeto confundirlas", 18, vs. 42-44).

En el caso de Sor Juana, la memoria de su vida real tiene lapsos u omisiones evidentemente conscientes que han dejado vacíos de información en su biografía, pero no es esto lo que aquí me interesa. Interesa aquí su obra como discurso literario representante de una mentalidad social, y el modo como se inscribe ese discurso en la tradición de otros precedentes y contemporáneos.

Reconozco sin embargo que sería también de interés conocer todos los detalles de su vida, ejemplo, aunque quizá excepcional, de la vida de una monja en Nueva España en el siglo XVII, como un capítulo de historia social.

En el transcurso del siglo XVII, y según los textos que hasta aquí he considerado, se puede apreciar en las coordenadas espacio temporales, además de una creciente abstracción del espacio, un progresivo dominio de la memoria del pasado, aunque en cambiantes aspectos.

Los textos de Sor Juana, a finales de siglo, mantienen esta tendencia de tal manera que la configuración resultante puede considerarse una síntesis y a la vez una peculiar y propia versión de la vivencia espacio temporal durante el siglo XVII.

Creo lícito postular que Sor Juana participa de su época en su modo de situarse en su mundo (en términos de Heidegger, en su "estar siendo"), tanto en la tendencia general cuanto en la diferencia, marcadas ambas, como ya he dicho, por la abstracción del espacio y por ese peculiar dominio del pasado. Prueba de ello sería cómo ella y su contemporáneo Alonso Ramírez, según ya he señalado, siguen el mismo paradigma que podría corresponder al cronotopo del exilio de su aquí y ahora; es claro, cada uno en su estilo: entre las desventuras de Naturaleza Humana o la aventura del conocimiento en la voz poética de *Primero Sueño* y los infortunios de Alonso Ramírez la relación podría considerarse equivalente a la que existe entre las andanzas de don Quijote y las de Sancho Panza.

Este particular "estar siendo", o cronotopo del exilio de un aquí y ahora que se encuentra en Sor Juana (y en su contemporáneo Alonso Ramírez), se ha ido configurando a lo largo del siglo en el marco de una vivencia espacio temporal en la que las coordenadas del espacio y del tiempo no consiguen conectarse en un aquí y ahora.

El espacio mental que caracteriza los textos de Sor Juana se perfila ya en *Grandeza mexicana*: si bien se trata aquí de un espacio concreto, la ciudad donde el futuro se está construyendo, la voz poética lo vive como un retorno al origen del género humano, una segunda Creación en un segundo Paraíso terrenal.

Los límites que *Grandeza mexicana* impone al espacio vivido como real (inmanente) e imaginario (trascendente) se extienden en Torquemada para incluir en el espacio de Nueva España las ruinas precolombinas, extrapoladas de un pasado que él considera ya sin vigencia, transformadas y absorbidas por el nuevo orden temporal. *Los sirgueros*, y luego Sor Juana, idealizan ese pasado (como alegorías: el Reino Mexicano en el auto de *Los sirgueros*; la pareja América y Occidente en la loa del *Divino Narciso*), situándolo en la inespacialidad de los entes de razón.

El mundo de los pastores en *Los sirgueros* existe en un espacio poblado por un pasado otro, utópico, proveniente de la tradición literaria europea: personajes míticos que han pasado por metamorfosis a una vida vegetal; o bien figuras de pastores cuyos movimientos están pautados por el tiempo cíclico siempre igual a sí mismo de los astros.

Infortunios de Alonso Ramírez se sitúa en un espacio ajeno, sin límites ni puntos de referencia ni orientación, en cierto sentido trascendente y contrapuesto al de Nueva España, espacio éste inmanente y supuestamente familiar, al que el protagonista retorna como a su pasado. Pero éste resulta en muchos sentidos igualmente hostil, si bien una tradición reconocida le provee aquí señales de orientación espacial y temporal.

Los textos de Sor Juana, su contemporánea, discurren en un espacio igualmente trascendente con respecto a la realidad cotidiana, pero en otro sentido por tratarse de un espacio interiorizado, cuyo contenido temporal (histórico, mítico, literario, onírico) surge de la memoria como un pasado que "nunca envejece".

En resumen, Balbuena une su aquí y ahora con un mundo trascendente, es decir la tierra y el cielo, en un nuevo orden por el que se vuelve al origen de la humanidad, como en un renacimiento. Su objeto del deseo es la perfección de la inocencia con el retorno a un nuevo Paraíso terrenal.

Torquemada separa el mundo trascendente, la Gloria, o Eternidad; en el mundo inmanente de la temporalidad Dios va revelando, figurando, la perfección de ese otro mundo, que es el objeto del deseo.

Los sirgueros mantiene la separación de dos mundos; la Eternidad sigue siendo el objeto del deseo, pero los pastores aspiran, más modestamente, a recuperar la inocencia perdida por el pecado original y recuperar la posibilidad de merecer la Eternidad. Esta redención existe *ab aeterno*, desde más allá de todo pasado, por gracia de la Inmaculada Concepción y el nacimiento del segundo Adán, Cristo. El objeto del deseo consiste aquí en que ese pasado anterior a todos los otros, que reside en el mundo trascendente, se realice en el mundo cotidiano en la fiesta de la Inmaculada Concepción.

Como en Balbuena, el deseo se dirige al origen, pero no como en Balbuena para renovar el pasado mediante un nuevo nacimiento, sino para que ese pasado *ab aeterno* se haga presente en el mundo humano. Vale decir, no se trata aquí de la coexistencia del aquí y ahora con un nuevo origen trascendente, sino de la incidencia de la Eternidad en el tiempo, su presencia en el mundo humano (ya destemporalizado, como se ha visto) mediante la celebración de la Inmaculada Concepción.

De Torquemada a *Los sirgueros* se invierte el sentido de la relación entre el aquí y ahora con el mundo del más allá: Torquemada dirige la mirada hacia el allá y el futuro; en *Los sirgueros* se espera que el más allá y el pasado *ab aeterno* advengan al aquí y ahora mundanos, en cierto modo destemporalizándolos, o mejor dicho atemporalizándolos.

En el discurso de Sor Juana el espacio trascendente se traslada igualmente pero a un mundo mental poblado de contenidos de la memoria y por ella trasmutados en un eterno presente, o un pasado perdurable que desplaza el lugar y tiempo del aquí y ahora, alienándolos.

El objeto del deseo es la perduración del pasado en el presente, la inmutabilidad temporal.

En cuanto a *Infortunios*, contemporáneo de Sor Juana, el aquí y allá se distinguen por su trascendencia e inmanencia en un sentido más concreto: el espacio familiar y el desconocido; ambos resultan casi intercambiables en cuanto a la sensación de intemperie que producen en el protagonista.

El siguiente esquema puede quizá sintetizar los cambios en la vivencia de esta relación entre el aquí y allá:

Balbuena	⇧ aquí ⇧
	⇩ allá ⇩
Torquemada	aquí ⇨ allá
Bramón	aquí ⇨ allá
Sigüenza	aquí ⇨ allá
	⇦
Sor Juana	[aquí]
	⇧ allá ⇧

Como el pasado tiene en el discurso de Sor Juana vigencia de presente, para ella, como para Balbuena, la antigüedad de un linaje perdura en los descendientes. Esto (y una concepción heroica semejante a la de Balbuena) por lo menos se trasunta en sus poemas dedicados a personajes importantes de su época. El acopio de historia casi abrumador evidente en los textos de Sor Juana sugiere una determinación por incorporar el conocimiento de todo el pasado posible, como para crear su linaje propio, de por sí exiguo por herencia.

Como a Torquemada, le interesa el origen en el tiempo, pero a diferencia de él busca en ese origen modelos para imitar, aunque también, como en Torquemada, una progresiva revelación del ser; esto se puede ver en el parlamento de Profecía, en *El cetro de José* (vs. 883-888):

> de Quien éste es figura, que asentada
> por testimonio de la edad pasada,
> les quiere Dios dejar en Su Escritura,
> porque después cotejen la Figura
> con lo ya figurado
> y entiendan el Misterio que ha encerrado.

Desde esos orígenes, la duración (o eternidad), puesto que supone la ausencia de cambios, es lo deseable. El tiempo con sus mudanzas ("la mudanza /.../ es de su ser propio / caduca dolencia", 70, vs. 81-84) es una fuerza que aniquila y destruye, sin crear nada, sino peligros y calamidades:

> Yo pido a Dios, que el estado
> del Tiempo tan permanente
> esté, que siendo Presente,
> nunca llegue a ser pasado;
> sino que en Siglo Dorado,
> de variedades seguro,
> conserve el estado puro
> en que reine su Beldad:
> conque, siendo Eternidad,
> no haya que esperar Futuro (379, vs. 292-301).

O en *Neptuno Alegórico*, "...nuestro Excelentísimo Príncipe, con quien espera gozar estables felicidades, sin que turben su sosiego inquietas ondas de alteraciones ni borrascosos vientos de calamidades" (ls. 887-889).

Como para Bramón, para Sor Juana todo existe *ab aeterno*. A diferencia de la concepción medieval según la cual el tiempo se dirige desde la Creación hacia el Juicio Final[20], para ambos el sentido del tiempo recorre un círculo cerrado que empieza y termina en la Creación, o mejor dicho, oscila entre dos Creaciones, la de Adán y Eva en el tiempo, y la de Cristo *ab aeterno*. El tiempo deseado es una unidad inmutable, o la imagen móvil de la eternidad, y mantiene el movimiento en reposo, oculto en el reposo[21]. Sus mudanzas son contradictorias, producto de tensiones internas entre las cuales el tiempo fluye, o intenta hacerlo ("tiempo congelado" según Paz[22]; yo diría más bien tiempo aprisionado). Puede producir diferentes efectos para una misma causa ("Que con el mismo amor que la temía / con ese mismo amor se la causara [la muerte]" (155, vs. 13-14); o igual efecto para diferentes causas ("padezco en querer y en ser querida", 166, v. 14).

No parece ser ésta la concepción del tiempo en *Infortunios*. Alonso Ramírez aspira a un cambio, aunque limitado a su situación individual; sin embargo, el procurarlo le ocasiona "borrascosos vientos de calamidades" y retorna a su pasado, corroborando así el temor de Sor Juana al cambio.

Me pregunto si en todos estos casos el cambio que se rechaza no es la posibilidad de un retorno a ese otro pasado, el precolombino, y

[20] BAKHTIN, *op. cit.*, p. 206.

[21] J. A. MARAVALL, *op. cit.*, p. 201, citando a Gabriel Bocángel.
[22] OCTAVIO PAZ, *Sor Juana Inés de la Cruz o Las trampas de la fe*, Seix Barral, Barcelona, 1982, p. 79.

si la abstracción del espacio que hasta aquí se ha visto no es una manera de conjurar este pasado que persiste en el espacio conocido. Sobre todo teniendo en cuenta que desde Balbuena el cambio (el nuevo orden temporal) parece concebirse como un retorno al origen.

A pesar de esa resistencia al cambio y de una tal insistencia por fijar el pasado hasta convertirlo en proyecto para el futuro, llama la atención que en el transcurso de este siglo XVII novohispano recurran con frecuencia temas que aluden al cambio. Ya *Grandeza mexicana* es un heraldo del "nuevo orden temporal"; pero se trata de un cambio que se considera ya realizado, y además en última instancia, como ya se vio, regresivo. Torquemada también recibe el cambio de buen grado aunque interpretándolo como revelación del ser en un progresivo acercamiento a la Gloria trascendente, o sea a la Eternidad.

En estas dos obras priva el punto de vista español peninsular, o sea de quienes se sienten portadores del cambio. A partir de *Los sirgueros* el punto de vista es de quienes han nacido en América, instalados ya en la cultura española y cristiana; separados espacialmente de los centros de su irradiación (la Providencia divina y la humana, el rey), se entiende su insistencia en fijar y hacer suyo un pasado que los justifique, y su casi obsesión por la idea de cambio, puesto que existen como epígonos de uno muy reciente y fundamental.

Los sirgueros, desde su párrafo inicial, evoca la metamorfosis de héroes míticos de la Antigüedad clásica. Otro cambio más importante, que incluye a todo el género humano y supone su regeneración, se refiere en *Los sirgueros* a borrar la huella de un pasado remoto, el pecado original, y acceder así a la redención. Éste es el tema del auto incluido en la obra y también el que ocupa a los pastores en sus diálogos. Una variante del mismo tema aparece en *El divino Narciso* de Sor Juana: Naturaleza Humana procura su regeneración, recuperar la Gracia que ha perdido en el Paraíso terrenal; el título de este auto sacramental alude además a la metamorfosis de Narciso como metáfora de la transubstanciación del cuerpo de Cristo en la Eucaristía.

Se presentan así, a lo largo de este siglo XVII, diferentes posibilidades de cambio: en la metamorfosis clásica[23], aludida en *Los sirgueros*, una pérdida del ser, su destemporalización al pasar a un estado vegetal; en la regeneración, un retorno a la perfección original; en la transubstanciación, ya en el nivel de la divinidad, la participación de la Eternidad trascendente en lo temporal (o inmanente).

Sor Juana juega con la posibilidad de otros cambios, en apariencia intrascendentes: en *Amor es más laberinto* y en *Los empeños de una casa* hay personajes que provocan confusiones de género e iden-

[23] BAKHTIN, *op. cit.*, p. 111 y *passim*.

tidad, sugiriendo una imposible metamorfosis en un juego propio del barroco, la separación entre apariencia y esencia.

Aparte de esta confusión de identidades, se presenta en Sor Juana la inconstancia del deseo (en *Amor es más laberinto* Ariadna se siente atraída por Teseo, luego por Baco; en *Los empeños*, don Carlos ama a Leonor pero luego a doña Ana, y ésta primero a don Juan, luego a don Carlos y finalmente otra vez a don Juan). Esta fluctuación del deseo supone una discontinuidad con el pasado individual de cada personaje; por la sustitución no motivada del objeto del deseo, se refleja esa discontinuidad en la proyección al futuro.

En el discurso de Sor Juana estos juegos de confusión de identidades y de sustitución del objeto del deseo apuntan a una disolución o disgregación del yo, o a sus diferentes posibilidades de ser.

De manera semejante, en el trascurso del siglo XVII, y en las obras aquí consideradas, incluyendo a Sor Juana, los temas de metamorfosis, regeneración, renacimiento, resurrección, transubstanciación, han ido desplegando, en lo humano, lo mítico y lo divino, diferentes posibilidades de ser, dejar de ser, volver a ser, ser otro y/o el mismo.

En la obra contemporánea a la de Sor Juana, *Infortunios*, no se encuentran estas posibilidades de cambio, o por lo menos, si se encuentran, se trata de una variante por negación, vale decir, un estado de transición en el que el protagonista ha dejado un estado sin ingresar en otro, y sólo para volver al original.

Los desplazamientos de identidades e inconstancia en el objeto del deseo, y todas estas posibilidades de ser que suponen diferentes situaciones con respecto a las coordenadas espacio temporales, se resumen en el problema de la configuración de la identidad, del "estar siendo".

En el discurso de Sor Juana se encuentran condensadas y resueltas en lo que he llamado cronotopo del exilio del aquí y ahora, en un espacio como "Firmamento divino donde están las estrellas de las virtudes fijas" (*Ejercicios de la Encarnación*, ls. 198-200), y en un tiempo como el que pide el personaje alegórico Presente:

> Yo pido a Dios, que el estado
> del Tiempo tan permanente
> esté, que siendo Presente,
> nunca llegue a ser pasado;
> sino que en Siglo Dorado,
> de variedades seguro,
> conserve el estado puro

en que reine su Beldad:
conque, siendo Eternidad,
no haya que esperar Futuro (379, vs. 292-301).

Este presente es en realidad un ahora vicario, alienado en un pasado que permanece, o mejor dicho que debe permanecer y proyectarse como futuro. Porque se trata de un pasado que se ha gestado en otro espacio pero del que los novohispanos del siglo XVII se empeñan en participar. Vale decir, su proyecto de futuro consiste precisamente en llegar a incorporar una tradición, la occidental y cristiana, de la que no pueden menos que sentirse en la periferia, como efectivamente lo están.

El espacio en el que han nacido y que forma su entorno evoca otra tradición, la de una cultura vencida, la presencia de cuyas huellas es difícil ignorar.

Ante esta tradición, los novohispanos adoptan en el trascurso del siglo XVII una actitud ambivalente; se complacen en evocar (e idealizan) su grandeza pasada que de algún modo sienten que les pertenece. Aunque, claro, se trata de un pasado un tanto espinoso, con rasgos negativos que la memoria debe olvidar, o redimir.

Este pasado también permanece, pero disociado de su presente degradado, en los indios de la Colonia. La actitud de Sigüenza y Góngora es ejemplar en este sentido: estudioso y admirador de las antigüedades precolombinas, pero despectivo con los indios del presente postcolombino.

Para los novohispanos del siglo XVII, el pasado se presenta como una ecuación con dos incógnitas, de cuya solución depende su "estar siendo" y su situación en un aquí y ahora elusivos.

V

UN SIGLO ARQUITEC TÓNICO

JOSÉ ROGELIO
ÁLVAREZ NOGUERA

ORIENTE

LA NOBILISIMA
Ciudad de Mexico divi
dida en quarteles, de or
den del Ex.mo S. Virrey D.
Martin de Mayorga.
Diziembre 12 de 1782.

PONIENTE

UN SIGLO
ARQUITEC
TÓNICO

EN los primeros años de esta centuria se consolidó la sociedad novohispana, e incluso algunos historiadores afirman que en esa época comenzó a formarse la nacionalidad mexicana. Ello ocurrió después del largo período de conquista y colonización que había principiado en el tercer decenio del siglo XVI. Cada vez fueron más ostensibles las diferencias entre los españoles de Europa y los de América; mientras, en las comunidades nativas se iniciaba parcialmente el proceso de integración al nuevo orden de cosas por la vía del mestizaje.

En aquella época, muchos de los descendientes de conquistadores ya participaban en la organización social y económica de Nueva España. Eran hacendados, comerciantes o mineros prósperos, cuya riqueza los inclinaba francamente al lujo y a los excesos. Esta tendencia pronto se expresó en el campo de la arquitectura.

Las ciudades, en general formadas hasta entonces por áreas destinadas a los españoles y por barrios para los naturales, ya reflejaban en esos años la polarización de la sociedad, fenómeno manifiesto también en los usos y costumbres que daban una cierta cohesión a cada uno de esos sectores. Al mismo tiempo, en los centros urbanos y en muchas comunidades pequeñas habían comenzado a aparecer edificios que no sólo resolvían nuevas demandas de espacio, sino que reproducían las distintas tendencias estilísticas y plásticas que predominaban en la cultura española que se importaba[1].

Aunque desde el principio de la dominación fue claro que en arquitectura religiosa se hicieron algunas adaptaciones para ajustar las obras a las condiciones específicas del virreinato, habiéndose llegado a producir algunas invenciones como la capilla abierta, desde una pers-

[1] Véase JOSÉ ROGELIO ÁLVAREZ NOGUERA, "Arquitectura", en *Enciclopedia de México*, 3ª ed., México, 1977, t. 1, p. 406.

Barrios indígenas del Siglo XVI
según Alzate y Alfonso Caso

■ Traza original española
Calpulli de Teopa
Calpulli de Moyotla
Calpulli de Atzacualpa
Calpulli de Quepopan o Cuepopan
Antiguos barrios indígenas
que subsisten en 1811
Antiguos barrios indígenas
que subsisten en 1882

1. Nonoalco
2. Iztatla
3. Tolquechiuhca
4. Tlaxoxiuhco
5. Acozac
6. Capoltitlan
7. Xolalpan
8. Cohuatlan
9. Hueypantoco
10. Tlatelolco
11. Atezcapan
12. Azozolocan
13. Tepocticaltitlan
14. Atenantitech
15. Atenantitlan
16. Apohuacan
17. Tepiton
18. Teocaltitlan
19. Mecamalinco
20. Zacatlan
21. Tomatlan
22. Tzahualtonco
23. Coatlan
24. Cotolco
25. Teocaltitlan
26. Tezcazonco
27. Copalco
28. Tlaquechiuhca Cuepopan
29. Analpan
30. Teocaltitlan
31. Iztacalecan
32. Atlampa
33. Chichimecapan
34. Tzapotlan o Tepiquehuya
35. Huipantoco
36. Huehuecalco
37. Macpalxochtica
38. Tlaxilpa
39. Tecpancaltitlan
40. Atlampa
41. Tecuicaltitlan
42. Teocaltitlan
43. Yopico
44. Chihuateocaltitlan
45. Aztacalco
46. Tlacocomulco
47. Amalco
48. Tepetitlan
49. Atizapan
50. Tlatilco
51. Xiuhuitonco
52. Tequesquiapan
53. Mecatitlan
54. Xoloco
55. Cuauhcotzinco
56. Ometochtitlan
57. Atlixco
58. Tultenco
59. Temazcaltitlan
60. Cuescontitlan
61. Acatlan
62. Ateponazco
63. Tlaxcuititlan
64. Huiznahuatonco
65. Otzolocan
66. Tzoquiapan
67. Tultenco
68. Otlica
69. Tzacatlan
70. Mixiuca
71. Macuiltlapilco

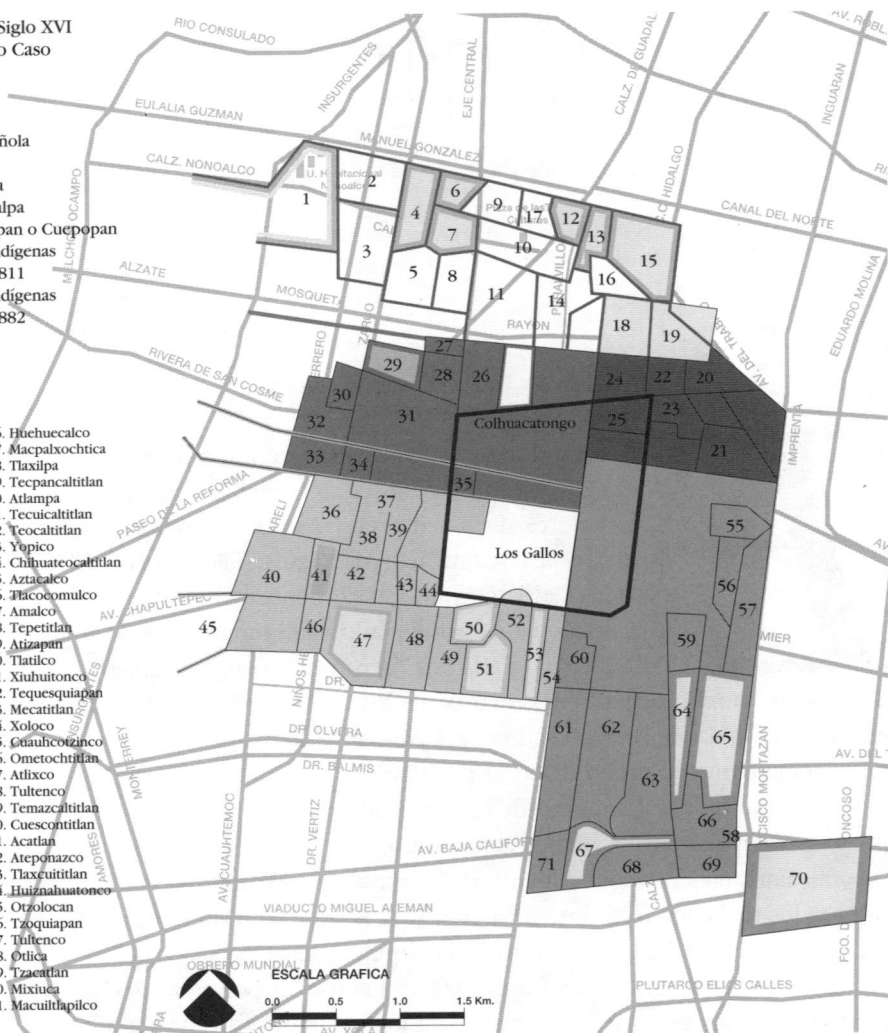

pectiva amplia se advierte que en la actividad constructiva privó la imitación de modelos peninsulares. Las formas arquitectónicas a las que mayormente se recurrió durante el siglo XVI fueron las que había propuesto el Renacimiento. Sin embargo, alarifes procedentes de ambientes culturales distintos reinterpretaron en Nueva España otros estilos y crearon interesantes versiones locales. Aparte de la notable portada del convento de Acolman, o del interior de la Catedral de Mérida, piezas excepcionales del Renacimiento que perduran en México, se realizaron espléndidos trabajos de evocación gótica en muchos claustros conventuales y en la Catedral de Guadalajara; obras platerescas en la casa de Montejo, en Mérida, y en la portada de la iglesia-fortaleza de Yuriria; propuestas mudéjares en la fuente de Chiapa de Corzo y en la torre de vigilancia de Tepeaca; un templo de ascendencia románica en Soyatitán, Chiapas, y hasta soluciones reminiscentes del bizantino en la noria del convento de Mama, en Yucatán[2].

[2] Cf. JOSÉ ROGELIO ÁLVAREZ NOGUERA, "Arquitectura", en *Enciclopedia de la Iglesia Católica en México*, Enciclopedia de México, México, 1982, t. 1, pp. 349-351.

Hacia principios del siglo XVII comenzaron a desarrollarse esquemas y formas que correspondían a la sensibilidad, al gusto y sobre todo a las necesidades del nuevo país. Un poco más adelante, hacia 1630, se abandonaron las propuestas plásticas renacentistas y de otros orígenes, y se adoptó un nuevo estilo, el Barroco, conforme al cual ya se hacían muchos edificios en Europa tras su aparición, en los veinte o treinta años anteriores[3].

En un principio, el Barroco tuvo en México las características de una escuela de vanguardia. Acaso por ello no se adoptó de inmediato en las obras que se habían iniciado antes. Ése fue el caso de las catedrales. Salvo la de Yucatán, en Mérida, que se concluyó en el propio siglo XVI, las de México, Puebla, Oaxaca, Michoacán —en Pátzcuaro—, Chiapas —en San Cristóbal de las Casas— y Guadalajara se continuaron con apego a los planos originales, aunque incorporando algunas soluciones y detalles tomados de diversas tendencias en boga. Lo mismo ocurrió en general con los conjuntos conventuales, cuyos esquemas de composición siguieron basándose en patios porticados, alrededor de los cuales se disponían las dependencias. Con mayor o menor afiliación a este modelo, las órdenes evangelizadoras erigieron casas de conversión en los territorios poco explorados del Norte. Los franciscanos fundaron misiones en áreas que hoy pertenecen al estado norteamericano de Nuevo México, en las regiones de Tampico, Río Verde y Cuatro Ciénegas, y en varios lugares de Nuevo León, Zacatecas y Guanajuato. Los jesuitas, por su parte, penetraron a Sinaloa, al país de los tepehuanes, a la sierra tarahumara y a extensas comarcas de Sonora, California y Nayarit[4].

Entre los constructores cuyas obras contribuyeron a caracterizar la primera mitad del siglo XVII, se destaca Fray Andrés de San Miguel, hermano lego de la orden de carmelitas descalzos. Con una visión tan renovadora como sólida, proyectó y construyó, según su propia interpretación de la corriente mudéjar, el conjunto del Santo Desierto de Cuajimalpa, el Colegio de San Ángel y los conventos de Querétaro, Salvatierra y San Sebastián de México, e hizo reparaciones a los de Celaya y Valladolid (hoy Morelia)[5]. Además, dejó varios tratados sobre arquitectura en manuscritos que se conservan en la biblioteca de la Universidad de Texas, en Austin, Estados Unidos[6].

La arquitectura civil, o sea el conjunto de habitaciones y edificios de uso comunitario que fue formando el tejido urbano de las poblaciones, se enriqueció también desde los primeros lustros del siglo XVII. Las principales aportaciones a los géneros domésticos fueron las "casas solas", construcciones relativamente pequeñas que abrieron la posibi-

[3] Véanse YVES BOTTINEAU, *Iberian-American Baroque*, Benedikt Taschen, Lausanne, s.a., p. 8; y PAL KELEMEN, *Baroque and Rococo in Latin America*, 2nd ed., Dover, New York, 1951.

[4] JOSÉ ROGELIO ÁLVAREZ NOGUERA, "Arquitectura", en *Enciclopedia de la Iglesia...*, p. 350.

[5] Cf. DIEGO ANGULO ÍÑIGUEZ, *Historia del arte hispanoamericano*, Salvat, Barcelona, 1950, t. 2, pp. 11 y 16-17.
[6] Cf. la edición de Eduardo Báez Macías de las *Obras* de FRAY ANDRÉS DE SAN MIGUEL, UNAM, México, 1969, pp. 9-16.

lidad de ofrecer un alojamiento de cierta calidad a un considerable número de criollos; los "pares de casas", que resultaron de la división practicada en la planta de las casas tradicionales, lo cual permitió conservar el patio como centro distribuidor de las dependencias de una y otra secciones; y, desde luego, las "vecindades", en las que también se aprovechó ese espacio abierto para ubicar servicios, disponer en torno o longitudinalmente las viviendas, y brindar acceso a todas ellas[7].

A esos tres principales modelos de habitación, que a partir de entonces adoptaron las familias españolas, criollas y mestizas, se debió que ocurriera una primera etapa de densificación en los centros de varias ciudades. Propuestas espaciales y estructurales semejantes, aunque en dimensiones y proporciones amplificadas, rigieron asimismo el diseño de los edificios gubernamentales, los espacios para la enseñanza y las instituciones hospitalarias. En estas obras, además, se construyeron galerías con arcadas, amplias escaleras y por lo menos dos plantas.

Entre los géneros de arquitectura religiosa, los conventos de frailes y las catedrales fueron los ejemplos más representativos del siglo de la conquista, igual que las parroquias seculares y los conventos de monjas lo fueron durante el XVII[8]. Las sedes episcopales y los curatos respondieron a la actividad creciente de las diócesis, y las casas religiosas para uno y otro sexo, fundadas y organizadas bajo el amparo de los obispos, cubrieron otras necesidades de la sociedad y de la Iglesia, entre ellas la evangelización, la educación cristiana de las jóvenes, el apacible retiro de las viudas y la práctica constante de la oración.

Las parroquias, como en parte se han conservado hasta finales del siglo XX, se dispusieron sobre plantas en forma de cruz latina[9] y originaron un elemento prácticamente nuevo en el México del siglo XVII: la cúpula, un tipo especial de bóveda que se levantó para cubrir el centro del crucero, a partir de trazos circulares u octagonales, sobre un tambor y casi siempre apoyada por pechinas. La fachada de esos templos se resolvió con una portada ubicada entre las dos torres de los campanarios, o al lado de una sola, según su importancia o jerarquía. Las parroquias tuvieron también accesos laterales, sacristía, bautisterio y capillas patrocinadas por las cofradías, a la manera de las erigidas en las catedrales. La techumbre dejó de ser de viguería, como había sido la cubierta de las iglesias conventuales del siglo XVI, y se hicieron de bóvedas, de cañón corrido con lunetos, o de arista, divididas en tramos, como fueron las de aliento neogótico construidas en la centuria anterior.

[7] JOSÉ ROGELIO ÁLVAREZ NOGUERA, "Arquitectura", en *Enciclopedia de México*, p. 406.

[8] DIEGO ANGULO ÍÑIGUEZ, *op. cit.*, p. 6.

[9] Véase GUILLERMO TOVAR DE TERESA, *México barroco*, SAHOP, México, 1981, p. 64.

La ciudad de México empezó a expandirse a partir del esquema que definió su traza en 1525. En el curso de ese siglo se extendió hacia el norte y el oriente, y un poco antes de finalizar ya se había ensanchado a lo que serían sus límites durante muchos años. El conjunto urbano llegaba por el oriente al actual Anillo de Circunvalación, y por el otro rumbo terminaba en Tlatelolco, población agrupada en torno de un eje, la Calle Real de Santa Ana, hoy Avenida Peralvillo. Más tarde se consumaron otros avances: al oeste se desarrolló hasta Santa María Cuepopan (o La Redonda) y San Hipólito; y al sur, a lo largo de lo que ahora es Balderas, tendencia ésta última en la que influyó la fundación —a cargo de Bernardino Álvarez— del Hospital de los Convalescientes y Desamparados, junto al templo de San Hipólito, en 1567[10].

Una excelente imagen de la ciudad en el tercer decenio del siglo XVII es la que ofrece el dibujo que realizó el arquitecto Juan Gómez de Trasmonte en 1628 y en el que se reproduce el conjunto urbano visto desde una perspectiva aérea de poniente a oriente[11]. En este documento se observan iglesias con techos a dos aguas y una mayoría de casas de un solo piso. Destacan, como también lo hicieron en otros planos formulados en el mismo XVII y después, las acequias, es decir, las calles o vías acuáticas de comunicación que estuvieron en uso desde la época prehispánica[12]. Había entonces varias vías principales y algunas docenas de secundarias que recorrían buena parte del casco: una se originaba en el canal de la Viga, tomaba ese nombre en su recorrido de sur a norte y, antes de modificar su dirección para encontrar la de Zorrilla, a la altura del Palacio de los Virreyes, daba lugar a otra, transversal, que conducía hacia el poniente, bordeaba la plaza frente al Ayuntamiento, y seguía por lo que hoy es 16 de Septiembre para perderse, un poco más allá del convento de San Francisco, en las huertas que hoy estarían sobre Bucareli; una segunda seguía el trazo del actual Eje Central; otra ocupaba el lugar que actualmente corresponde a la calle de Perú, y la última se extendía por detrás de La Merced, continuaba en diagonal entre los predios que ocuparon los conventos de Regina y San Jerónimo, y ahí cambiaba de rumbo para terminar a espaldas de San Agustín.

Los accesos a la ciudad seguían siendo las calzadas trazadas por los antiguos mexicanos; en el siglo XVII sólo se agregó la de Guadalupe. Dentro del perímetro urbano las calles estaban comunicadas entre sí por unos cincuenta puentes, varios de ellos de cal y canto, y muchos otros de madera[13].

Consta que la arquitectura civil del siglo XVII aportó elementos que acentuaron el señorío de la capital del virreinato. Sin embargo,

[10] Véase ARTURO SOTOMAYOR, "Ciudad de México", en *Enciclopedia de México*, México, 1974, t. 8, p. 509.

[11] JOSÉ ROGELIO ÁLVAREZ, *Imagen de la gran capital*, Enciclopedia de México, México, 1985, p. 51.

[12] FRANCISCO DE LA MAZA, *La ciudad de México en el siglo xvii*, F.C.E., México, 1985, pp. 13 y 15.

[13] *Ibid.*, pp. 15 y 16.

Plano de la ciudad de México
siglos XVI y XVII con base en
el plano atribuido a Alonso de
Santa Cruz 1556-1562

- Construcciones
- Calzadas
- Orilla de la laguna
- Acueductos
- Acequias
- Albarradones

En números romanos
están indicadas las
principales acequias
de la ciudad

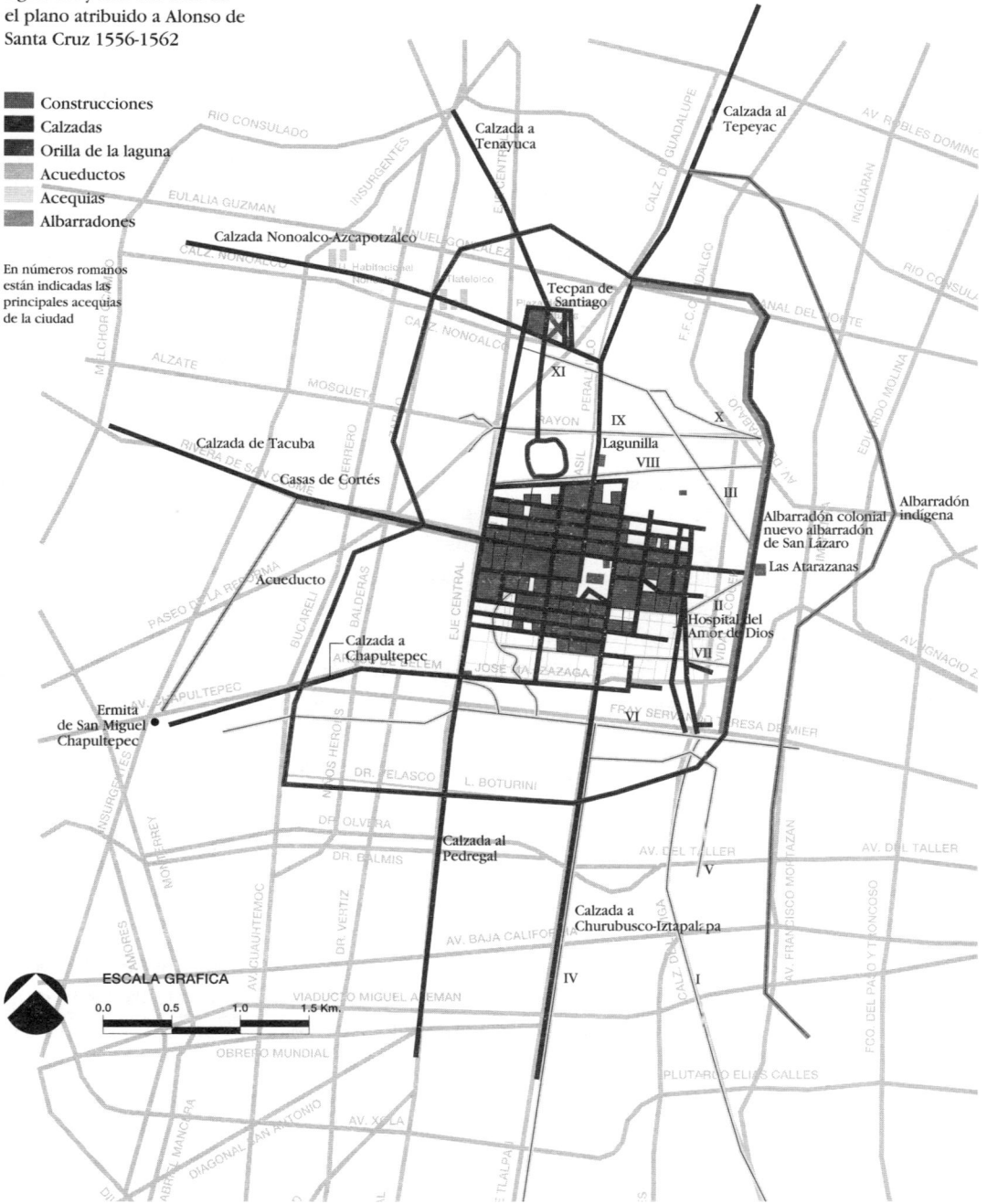

RÍO CONSULADO

Calzada a
Tenayuca

Calzada al
Tepeyac

AV. ROBLES DOMING

CALZ. DE GUADALUPE

INGUARAN

EULALIA GUZMAN

RÍO CONSULA

Calzada Nonoalco-Azcapotzalco

CALZ. NONOALCO

Habitacional

Tecpan de
Santiago

F.F.C.C. HIDALGO

CANAL DEL NORTE

EDUARDO MOLINA

MELCHOR

ALZATE

MOSQUET

XI

RAYON

IX

X

Calzada de Tacuba

RIVERA DE SAN

GUERRERO

Lagunilla

VIII

Casas de Cortés

III

Albarradón colonial
nuevo albarradón
de San Lázaro

Albarradón
indígena

PASEO DE LA REFORMA

BUCARELI

BALDERAS

EJE CENTRAL

Acueducto

Las Atarazanas

II

Hospital del
Amor de Dios

VII

Calzada a
Chapultepec

JOSE MA. PAZAGA

Ermita
de San Miguel
Chapultepec

FRAY SERV

TERESA DE MIER

VI

DR. VELASCO

L. BOTURINI

DR. OLVERA

MONTERREY

DR. BALMIS

Calzada al
Pedregal

AV. DEL TALLER

AV. DEL TALLER

V

AV. CUAUHTEMOC

DR. VERTIZ

Calzada a
Churubusco-Iztapalapa

AV. BAJA CALIFORNIA

IV

I

FCO. DEL PASO Y TRONCOSO

ESCALA GRAFICA

0.0   0.5   1.0   1.5 Km.

VIADUCTO MIGUEL ALEMAN

OBRERO MUNDIAL

AV. XOLA

PLUTARCO ELIAS CALLES

pocas muestras se conservaron. Al Palacio de los Virreyes se le agregó en 1640 el "balcón de la señora virreina", por encargo de Diego López Pacheco Cabrera y Bobadilla, decimoséptimo gobernante de Nueva España[14]; el caserío se extendió siguiendo las líneas rectas de la traza de Alonso García Bravo; el acueducto de Santa Fe se construyó entre 1603 y 1620, y en 1619 se terminó el segundo edificio del Ayuntamiento, con portales hacia la plaza. El balcón que se puso a la fachada del Palacio fue una pieza de ascendencia andaluza resuelta con una amplia repisa, celosías de madera y un techo inclinado al que cubrían tejas de plomo. Por ahí empezó el incendio de la Casa Real el 8 de junio de 1692, debido a un violentísimo tumulto popular ocasionado por la escasez de maíz[15]. Destruido en su mayor parte, el edificio se reedificó casi inmediatamente dándole una longitud de 197 metros de fachada.

En la década final del siglo XVII, a la ciudad la caracterizaban los colores de sus casas: el rojo y ciertos tonos de lilas y morados en los muros de tezontle, así como el gris blanquecino de las jambas, dinteles y cornisas de cantera, que se usaron prácticamente en todos los edificios. En no pocos casos, las jambas de puertas y ventanas continuaban hasta las cornisas, originando áreas rectangulares en las fachadas, idóneas para colocar en ellas decoraciones de distinto tipo labradas en relieve: cruces, monogramas religiosos, fechas y escudos nobiliarios a modo de cartelas[16].

Las crónicas informan acerca del empleo de la argamasa en el arreglo de las fachadas, y de cierta preferencia por las almenas en los remates. Entre las casas hubo muchas diferencias según las posibilidades económicas de sus dueños. Una de las más célebres por la riqueza de su diseño fue la denominada El Rastro, que ostentaba torreones medievales en las esquinas y portadas de orden toscano, que se terminaron hacia 1619[17]. En contraste, las habitaciones más humildes fueron de un solo piso, con techos de terrado y a menudo acondicionadas con accesorias y entresuelos.

La arquitectura religiosa también contribuyó a modelar los perfiles de la capital: la Catedral —el edificio más importante de este género— que había sido comenzada en el siglo XVI es en realidad un monumento que procede de los trabajos que se emprendieron durante el XVII. El proyecto original de Claudio de Arciniega, que rigió la obra desde 1573, se modificó varias veces por distintas razones: así ocurrió en 1615, cuando hizo un levantamiento Alonso Pérez de Castañeda, y cuando el rey Felipe III ordenó un nuevo proyecto a Juan Gómez de Mora, ejecutado sólo de manera parcial[18].

[14] RAFAEL CÓMEZ RAMOS, *Andalucía y México en el Renacimiento y Barroco*, Eds. Guadalquivir, Sevilla, 1991, pp. 69-74.

[15] JOSÉ ROGELIO ÁLVAREZ, *Imagen de la gran capital*, pp. 49-52.

[16] FRANCISCO DE LA MAZA, *op. cit.*, p. 12.

[17] *Ibid.*, pp. 61-62.

[18] Véase MANUEL TOUSSAINT, *Arte colonial en México*, 3ª ed., UNAM, México, 1974, p. 99.

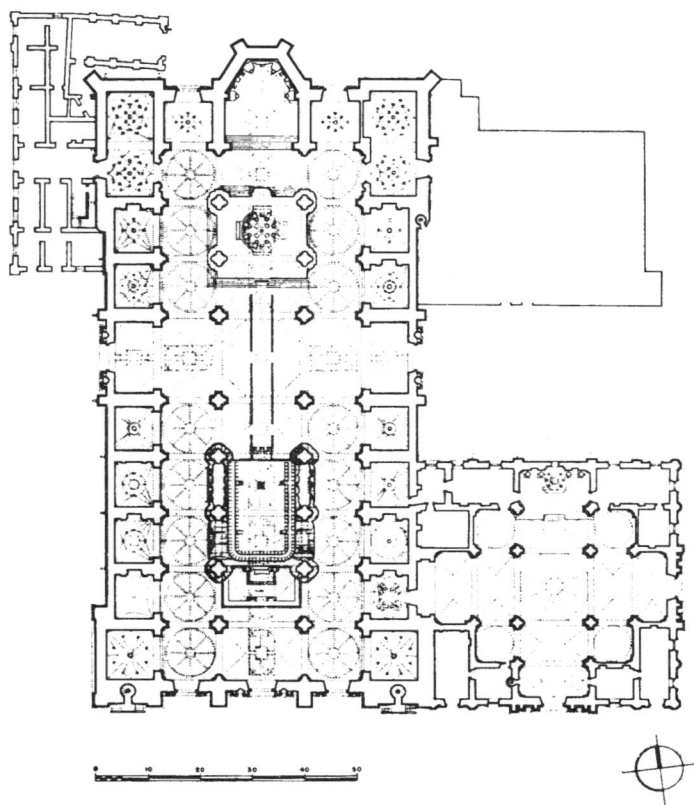

La construcción continuó por mucho tiempo: en 1623 se terminó la sacristía; en 1627 se acabaron las dos capillas de la entrada, una con bóveda gótica y la otra con techumbre renacentista; diez años más tarde se desplantaron las bóvedas de las naves, y la última de éstas se cerró en 1667. Mientras se hacían las cubiertas, la iglesia funcionó con techos provisionales de maderos entrelazados a la manera de un alfarje. La torre del oriente se erigió entre 1645 y 1654; el altar del Perdón se concluyó en 1650, y el coro de piedra, que sustituyó al anterior de madera, se estrenó en 1653. Aparte hubo otros trabajos de no menor interés; en 1662 se armó el segundo cuerpo de la portada principal, y en 1680 se puso término a las portadas de las naves laterales, obras con las cuales, a juicio de algunos historiadores del arte en México, se inició el período del barroco salomónico en la capital[19]. Los arreglos interiores del templo comenzaron también en el siglo XVII, pero de esa centuria sólo se conservan los retablos de las capillas del Santo Cristo de las Reliquias, de San Pedro y de La Soledad, así como las pinturas de Cristóbal de Villalpando y de Juan Correa en la sacristía.

[19] GUILLERMO TOVAR DE TERESA, *op. cit.*, pp. 65 y 82.

[20] FRANCISCO DE LA MAZA, *op. cit.*, pp. 56 y 57.

En el siglo XVII se fundaron diez parroquias en la ciudad de México, cuatro para los criollos y españoles y seis para los indios y los integrantes de las castas[20]. El Sagrario, la principal de las primeras, estuvo en la segunda capilla del lado oriente de la Catedral; las otras fueron las dedicadas a Santa Catarina, la Santa Veracruz y San Miguel. Las que se erigieron para el servicio del pueblo bajo fueron las de San José de los Naturales, en el atrio de San Francisco; Santiago Tlatelolco, Santa María la Redonda, así conocida por su presbiterio ochavado y separado del cuerpo de la nave; San Pablo el viejo, San Sebastián y Santa Cruz Acatlán.

Diez hospitales funcionaron en la ciudad durante el mismo período: el del Amor de Dios, que fundó el obispo Zumárraga y que después dejó su lugar a la Academia de San Carlos; el de Jesús Nazareno, promovido por Hernán Cortés y que ha permanecido hasta la fecha casi inalterado; el de San Juan de Dios, el Hospital Real de Indios, el del Espíritu Santo, el de La Misericordia, el de San Hipólito, reedificado en el siglo XVIII; el de San Lázaro, para leprosos, igual que el de San Antonio Abad, aquél del siglo XVI y éste terminado en 1687; y el de Betlemitas, establecido en 1675 y al que se agregó la iglesia en 1687[21].

[21] MARIANO CUEVAS, *Historia de la Iglesia en México*, Imprenta del Asilo Patricio Sánz, México, 1926, t. 4, pp. 414-417.

A pesar del proceso creciente de secularización de las parroquias durante el siglo XVII, los conventos de religiosos siguieron siendo los principales centros de donde partían al interior del país los agentes de conversión y de enseñanza cristiana. No sólo formaban parte del paisaje arquitectónico, sino que rubricaban, en el contexto social, la conspicua presencia de la religión católica en la capital de Nueva España. El de San Francisco fue fundado en el siglo de la conquista y de esa época conservaba tanto el alfarje como la cubierta a dos aguas. En su atrio hubo varias capillas, una de las cuales, la de Aranzazu, fue terminada en 1680; otras de ellas, las catorce dedicadas al Calvario, ligaban al convento con el de San Diego que, como el de San Cosme, también era franciscano[22]. En el de Santo Domingo se hicieron la capilla del Rosario y el claustro, concluidos en 1692. El de San Agustín, que ocupó toda una manzana y parte de la que está detrás de la iglesia, tuvo también varias etapas constructivas: la iglesia original se incendió en 1676, y la que ha perdurado, ahora convertida en una dependencia de la Biblioteca Nacional, se construyó entre 1677 y 1695. Los mercedarios erigieron la iglesia de su convento entre 1634 y 1654; el claustro barroco que completó el conjunto fue una de las últimas obras de gran importancia que se emprendieron en ese siglo, al tiempo en que los mismos religiosos levantaban la iglesia de Belén. Hubo también casas comunitarias de carmelitas, de jesuitas y de la congre-

[22] FRANCISCO DE LA MAZA, *op. cit.*, pp. 42-43.

gación de San Felipe Neri, cuya iglesia fue edificada de 1660 a 1668, así como de los benedictinos, que fincaron habitación e iglesia, ésta dedicada a Monserrat, en la parte posterior del monasterio de San Jerónimo[23].

[23] Arturo Sotomayor, art. cit., pp. 516-517.

LOS CONVENTOS DE MONJAS

Antecedente muy conocido de las casas de religiosas en Nueva España es la iniciativa formulada en 1529 por Fray Juan de Zumárraga, primer obispo de México todavía no consagrado, en el sentido de que se fundara una congregación donde se criasen las hijas de los naturales, debiendo haber en ella "religiosas profesas que las doctrinen..."[24] Aunque al principio el presidente del Consejo de Indias desestimó la petición del prelado, la presencia de monjas en Nueva España terminó haciéndose necesaria, sobre todo para dar atención a la enseñanza cristiana de las niñas y jóvenes, y en general para que las mujeres tuviesen una guía moral y la posibilidad de abrazar la vida religiosa.

[24] Mariano Cuevas, *op. cit.*, p. 176.

Los conventos de monjas formaban parte de la estructura y del cuerpo místico de la Iglesia Católica, en cuyo nombre, asociado al del rey, se emprendieron las memorables empresas del descubrimiento y la conquista de América. Es claro, según advierte Josefina Muriel[25], que durante los períodos más intensos de consolidación del virreinato de Nueva España, es decir, cuando fue necesario definir la organización política, social, económica y cultural de los nuevos territorios, se decidió incorporar a los conventos de monjas dentro del régimen conforme al cual empezaba a desenvolverse el país, probablemente a partir de mediados del siglo XVI, pero con mayor certeza en los últimos años de esa centuria y con todo vigor en los primeros del XVII.

[25] *Conventos de monjas en la Nueva España*, Edit. Santiago, México, 1946, pp. 21-29.

La sociedad novohispana, igual que su modelo español, tenía entre sus principales características la de remitirse a la religión en prácticamente todos sus actos. La religiosidad del medio, en esa medida, bastaría por sí sola para comprender las razones que impulsaron la fundación de conventos femeninos. Una visión completa de los grupos sociales que actuaban en la capital y en otras ciudades del virreinato indicaría en esa virtud que los monasterios de esta índole formaban parte consustancial de un estilo de vida que no podía prescindir de la oración ni de la penitencia.

La aparición de los conventos de monjas en Hispanoamérica, y en especial en México, estuvo vinculada a otros fenómenos entre los que parece conveniente subrayar los siguientes: mientras en la Europa protestante se decidió cerrarlos[26], las comunidades católicas buscaron en ellos la oportunidad de reafirmar conceptos que dieran mayor cohesión a la Iglesia. De ahí que, particularmente en España, los institutos religiosos tanto de hombres como de mujeres mantuvieran mediante los votos —solemnes para las órdenes, simples para las congregaciones— una fidelidad jurada que garantizaba fundamentalmente la obediencia, además de la castidad y la pobreza relativas.

Adicionalmente, la colonización de Nueva España ofreció la ocasión para consagrar la misión corredentora de la Virgen María, o sea una opción adicional para redimir o liberar al hombre del pecado o de las insatisfacciones y sufrimientos de la vida, lo cual sedujo al espíritu de los creyentes, especialmente a los indígenas, tan devotos de "nuestra madrecita". No fue de ninguna manera casual que las apariciones de la guadalupana hayan ocurrido en México[27] antes que las de Lourdes en Francia. De estas observaciones se derivaría la comprensión de los estímulos que recibió el culto mariano en Nueva España. Presencia tan augusta —*Non fecit taliter omni nationi*: no quiso igual a ninguna nación, según dijo Benedicto XIV— debió alentar aun más la formación de vocaciones religiosas entre las mujeres.

El culto mariano, sin embargo, requería ideas y símbolos: aquéllas fueron, junto con las de la emulación de su obra, las de Santa Teresa de Jesús. Los segundos se convirtieron en argumentos de varias concepciones arquitectónicas en todo el país, como lo demuestra el diseño del interior de la Catedral de Guadalajara, uno de los espacios en que con mayor vigor se expresó la relación entre santos, personajes y conceptos y la Virgen María, a quien se evoca escultóricamente en su Asunción mediante una pieza colocada sobre el presbiterio. Una lectura de los símbolos que vinculan a los altares secundarios y a éstos con los temas de las pinturas y los vitrales en los muros laterales de la sede del obispado tapatío, en efecto, recuerda que a la salvación se podía acceder con el auxilio de María, concepto que pronto se extendió por varias regiones del territorio colonizado de Nueva Galicia y Nueva España como una propuesta para aproximar la arquitectura a la devoción a María.

[26] JOSEFINA MURIEL, *Las mujeres de Hispanoamérica. Época colonial*, Mapfre, Madrid, 1992, pp. 129-130.

[27] FRANCISCO DE LA MAZA, *El guadalupanismo mexicano*, F.C.E., México, 1984, pp. 13-27.

Fray Juan de Zumárraga se acogió finalmente a la prerrogativa que constaba en la bula de erección de la Catedral de México, del Papa Clemente VII[28], en el sentido de que el obispo tenía la facultad de establecer monasterios y colegiatas. En 1540 llegaron a México las primeras monjas de La Concepción[29], comunidad que el prelado había conocido en Toledo y a la que pertenecía una sobrina suya. Su regla fundamental era la de San Francisco, pero de hecho nunca fueron realmente hijas del santo de Asís, por las variaciones que impusieron a su vida y a sus costumbres. Este primer convento de monjas de Nueva España, mediante breve del Papa Paulo III y acuerdo del virrey de Mendoza, se instaló a manera de beaterio, y con el mismo nombre de La Concepción, en la última manzana al poniente del marco urbano de la ciudad de México. Se le consideró formalmente como convento hasta 1586, cuando el Papa Sixto V, conforme a la bula correspondiente, determinó que los votos simples —pobreza, castidad, obediencia y clausura, dispensables por el prelado en turno— se elevasen a profesión solemne, es decir, a ser solamente concedidos por la autoridad de la Santa Sede[30].

La pobreza caracterizó la primera época de esta fundación. Estuvo instalada en casas que fueron del capitán y conquistador Andrés de Tapia. La primitiva iglesia desapareció, y la segunda, que se conserva, fue abierta en noviembre de 1655; la inundación de 1629 destruyó esa finca, reconstruida con fondos de Simón de Haro[31]. Esa obra, acometida con prontitud y generosidad, dotó al monasterio de un gran edificio, huerta, jardines, lago y hasta circulaciones interiores para unir las habitaciones de sirvientas, niñas huérfanas y otras mujeres piadosas que se habían agregado a la comunidad. De esta agrupación salieron, en los años siguientes, las monjas fundadoras de los conventos de Regina, Balvanera, Jesús María, Santa Inés, San José de Gracia y la Encarnación, en la capital del virreinato, y los de La Concepción de Puebla y de Yucatán.

El convento de Regina Coeli se erigió entre 1570 y 1573. Poco trascendió la historia de sus primeros años, pero se sabe que su instalación definitiva, a principios del siglo XVII, se debió a las aportaciones económicas del benefactor Melchor de los Terreros. De Regina salieron las iniciadoras de los conventos de Oaxaca en 1596, de San Bernardo de México en 1636, y de San Miguel el Grande (hoy de Allende) en 1756[32].

En alguna información se fecha el establecimiento del convento de Balvanera en 1573, pero otras fuentes afirman que a partir de aquella fecha lo que funcionó fue tan sólo un recogimiento de mujeres

[28] JOSEFINA MURIEL, *Las mujeres de Hispanoamérica*, p. 131.
[29] MARIANO CUEVAS, *op. cit.*, pp. 178-179.

[30] *Ibid.*, p. 179.

[31] FRANCISCO DE LA MAZA, *Arquitectura de los coros de monjas en México*, UNAM, México, 1973, p. 27.

[32] MARIANO CUEVAS, *op. cit.*, p. 180.

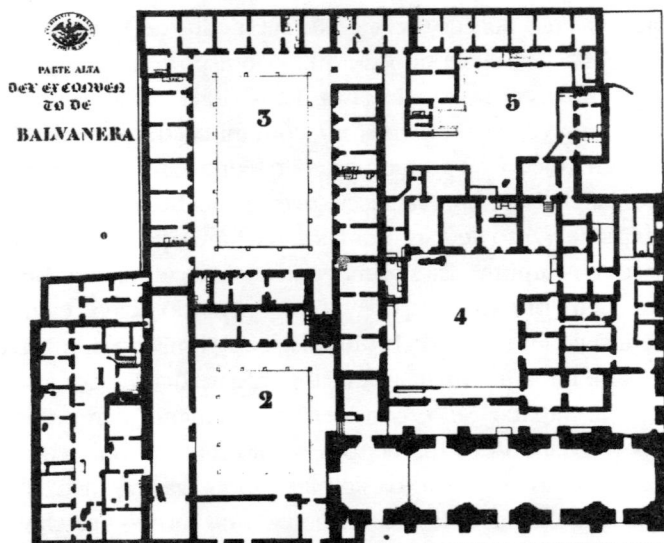

seglares conocido con el nombre de Santa Mónica. Hasta el primer tercio del siglo XVII se convirtió en monasterio concepcionista, bajo la advocación de Jesús de la Penitencia[33]. El edificio se construyó entre mayo de 1663 y noviembre de 1671, volviéndose a cambiar la denominación por la de Nuestra Señora de Balvanera[34].

Pedro Tomás Denia y el sacerdote Gregorio de Pesquera, apoyados por Bernardino de Albornoz, fundaron en 1578 el convento de Jesús María con nueve monjas procedentes del de La Concepción y con novicias elegidas entre hijas de conquistadores pobres. Su primer alojamiento fue en varias casas situadas cerca de la iglesia de la Santa Veracruz, que se hallaban en condiciones de cierta precariedad. Cuando el rey Felipe II acogió el instituto bajo su real patrocinio, se dispuso de mayores recursos y la comunidad se mudó al sitio en el que perdura el templo de aquella advocación, cuyas obras se concluyeron en 1621[35].

El convento de Santa Inés, también de linaje concepcionista, fue promovido en 1600 por los marqueses de la Cadena. Estuvo destinado a congregar doncellas españolas pobres a quienes no se exigía dote, lo que obviamente se reflejó en la austeridad de la construcción, pues se trató del conjunto menos extenso y menos ornamentado de cuantos fueron edificados por esa orden en la ciudad de México[36]. Ahora, sus espacios alojan a uno de los museos de arte contemporáneo más interesantes de la capital

[33] *Ibid.*, p. 184.

[34] FRANCISCO DE LA MAZA, *Arquitectura de los coros...*, p. 33.

[35] JOSEFINA MURIEL, *Conventos de monjas en la Nueva España*, p. 70.

[36] FRANCISCO DE LA MAZA, *Arquitectura de los coros...*, p. 33.

Fernando de Villegas fue el benefactor, en 1610, del convento de San José de Gracia. De la primera época de esta congregación se conocen muy pocos datos. Se sabe que su instalación en la casa que donó su patrocinador sufrió algunas dificultades que las religiosas tuvieron que sortear con la ayuda de las propias sirvientas y niñas recogidas que habían sido sus vecinas[37].

Obra de otras calidades, éstas realmente notables, fue la fábrica del convento de la Encarnación. Aunque en 1594 las concepcionistas estuvieron de acuerdo en contribuir a la fundación de un cuarto monasterio con el auxilio del canónigo Sancho Sánchez Muñón, no fue sino hasta el siglo XVII, bajo el patrocinio de Álvaro de Lorenzana, cuando fue posible edificar el amplio conjunto[38], sede actual de la Secretaría de Educación Pública.

La orden de las clarisas tuvo un principio peculiar en Nueva España, pues no se formó esa casa con religiosas que llegaran a México con ese propósito, sino a partir de una pía unión que la Santa Sede confirmó a finales del siglo XVII. El convento posterior, que estuvo anexo al templo de Santa Clara, fue una edificación que se inició a mediados del XVII. En el primer tercio del siglo XVII otra rama de las franciscanas, conocidas como "urbanistas", abrió un monasterio, dedicado a Santa Isabel, que estuvo en el predio que luego ocupó el Teatro Nacional. De las comunidades de clarisas en la ciudad de México salieron las fundadoras de los conventos del mismo nombre en Querétaro, Puebla y Atlixco[39]. El primero de éstos es uno de los más célebres del país por la riqueza de los arreglos barrocos con que se terminó su templo. El segundo también gozó de amplia fama por las aportaciones que hicieron las profesas a la gastronomía poblana.

El convento de San Bernardo surgió de una desavenencia entre las monjas de la casa de Regina. Aunque quienes lo fundaron se separaron de la congregación original en 1635, la construcción de su templo y de su monasterio se realizó entre 1685 y 1691[40]. Este conjunto fue uno de los más importantes de la capital virreinal desde el punto de vista plástico, pero finalmente desapareció el claustro a mediados del siglo XIX. El de San Lorenzo, por su parte, se debió a la iniciativa de cuatro monjas, tres procedentes del convento de San Jerónimo y una del de Jesús María. La comunidad adquirió personalidad en 1598, y su templo fue terminado en 1652[41]. Es una de las obras más interesantes de la ciudad porque, aunque sólo se conservan sus fachadas, se sabe que fue un edificio suntuoso, que el templo tuvo la forma de basílica y, desde luego, porque Sor Juana se ocupó de elogiar la fábrica en unas "letras sagradas" que escribió para su dedicación.

[37] MARIANO CUEVAS, *op. cit.*, pp. 183-184.

[38] FRANCISCO DE LA MAZA, *Arquitectura de los coros...*, p. 32. Véase también JOSEFINA MURIEL, *Conventos de monjas en la Nueva España*, p. 86.

[39] Cf. MARIANO CUEVAS, *op. cit.*, pp. 187-189, y JOSEFINA MURIEL, *Las mujeres de Hispanoamérica*, p. 135.

[40] FRANCISCO DE LA MAZA, *Arquitectura de los coros...*, pp. 34-35.

[41] JOSEFINA MURIEL, *Las mujeres de Hispanoamérica*, p. 142.

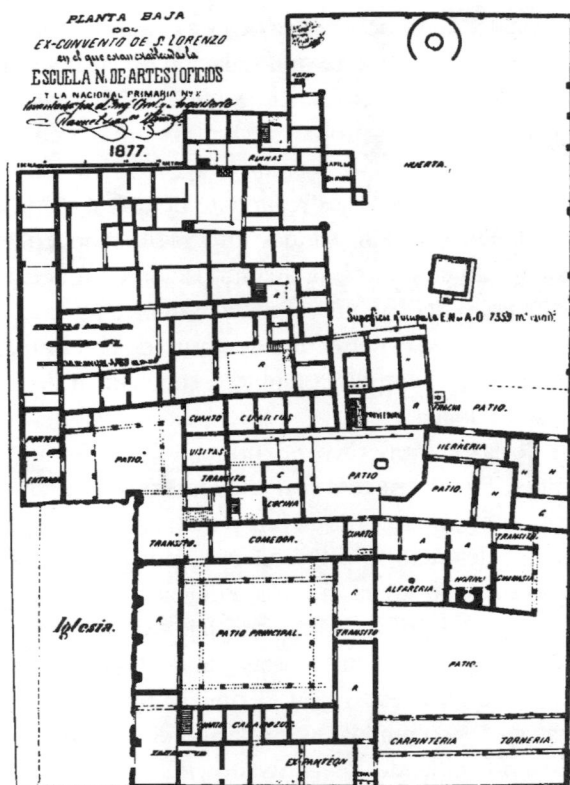

La orden de las capuchinas, vinculada en cierto modo con la regla de las franciscanas, se estableció en México en la segunda mitad del siglo XVII. Sus fundadoras llegaron de Toledo a la capital del virreinato en 1665 y, aunque el templo conventual se abrió al culto en 1673[42], la casa propiamente dicha se adaptó primero, y se reparó después, siguiendo normas de notable austeridad. Religiosas capuchinas de la ciudad de México fundaron, a principios del siglo XVIII, casas de la misma índole en Puebla, Querétaro, Santa María de los Lagos y en la Villa de Guadalupe.

Varias de las comunidades de religiosas que se fundaron en Nueva España tuvieron rasgos peculiares que les atrajeron especial consideración y respeto por parte de la sociedad. Su importancia y celebridad se debió más a la intención con que se establecieron, ya próxima a reconocer la igualdad de oportunidades, que a la pura espiritualidad que las distinguiera. Ése fue el caso del convento de Corpus Christi, destinado exclusivamente a religiosas indígenas. La fundación

[42] MARIANO CUEVAS, *op. cit.*, p. 191.

se hizo hasta 1724[43], pero tuvo importantes antecedentes durante el siglo anterior, principalmente en cuanto a su organización. A mediados del XVIII partieron de ahí las monjas que erigieron las casas de Cosamaloapan y de Oaxaca, ésta última bajo la advocación de los Ángeles.

Dos profesas del convento de Jesús María promovieron y lograron en 1616 la fundación de una nueva casa de religiosas, la de la Santa Madre Teresa de Jesús. La primera instalación se conoció con el nombre de Santa Teresa la Antigua a partir del momento en que se abrió la segunda, llamada Santa Teresa la Nueva. Ésta se edificó en un costado de la Plazuela de Loreto a principios del siglo XVIII[44]. Las teresas, como también se denominó a esta comunidad, tuvieron otros conventos en Querétaro, creados a principios del XIX, y en Morelia, cuya apertura ocurrió hasta 1824.

Monjas de la orden de Santa Brígida procedentes de Vitoria, España, también fincaron conventos en la capital del virreinato. Veinticuatro de ellas se establecieron en 1743 y por varias razones no se expandieron más allá del ámbito de la ciudad[45]. Otras religiosas, organizadas por la hermana María Ignacia Azlor, formaron la Compañía de María, expresamente dedicada a la educación de las niñas, de donde le vino a la comunidad el nombre popular de La Enseñanza. En una primera etapa se instalaron en la casa de Regina; su convento y el templo anexo quedaron listos para su uso a principios de la segunda mitad del siglo XVIII[46]. La Compañía se expandió después a Irapuato, Aguascalientes y Guadalajara.

Los conventos de monjas no fueron obras que aparecieran únicamente en la ciudad de México entre finales del siglo XVI y el curso del XVII. La orden de las dominicas, una de las más importantes no sólo desde el punto de vista de su inscripción en la sociedad, sino también por sus aportaciones al quehacer arquitectónico[47], inició su labor en Oaxaca cuando Fray Bernardo de Alburquerque, obispo de la antigua Antequera (1562-1579), decidió establecer un convento primero con monjas que irían de España, luego con dos clarisas que fueron de México y se regresaron, y finalmente con diez novicias a las que guió, en una primera etapa, uno de los frailes de Santo Domingo. El monasterio de Santa Catalina de Siena, que así se denominó aquella fundación probablemente desde el último cuarto del siglo XVI[48], fue el origen de los otros que las mismas religiosas crearon en Nueva España: el de Santa Catalina de México, organizado en 1680; los de Valladolid (Morelia) y Guadalajara, ambos en 1697, y el de Catarinas de Pátzcuaro, abierto tiempo después.

[43] *Ibid.*, p. 189.

[44] *Ibid.*, p. 193.

[45] *Ibid.*, pp. 194-195.

[46] *Ibid.*, pp. 195-197.

[47] JOSÉ ROGELIO ÁLVAREZ NOGUERA, *El centro histórico de la ciudad de Oaxaca*, Gobierno del Estado, Oaxaca, 1986, p. 33.

[48] Véanse MARIANO CUEVAS, *op. cit.*, pp. 186-187, y ALBERTO GONZÁLEZ POZO, *Oaxaca, monumentos del centro histórico*, SEDUE, México, 1987, pp. ix-xxvii.

Las carmelitas descalzas de Puebla se congregaron inicialmente como una pía unión formada en Veracruz a finales del siglo XVII. La formalización de su convento ocurrió en diciembre de 1604, cuando al parecer ya contaban con el edificio y el templo en los que desarrollaron sus labores.

Por su particular interés, los conventos de monjas constituyen prácticamente un género especial dentro del contexto de la arquitectura religiosa mexicana[49]. Aunque algunos de los edificios de este tipo se iniciaron en el siglo XVII, en términos generales se considera que los institutos religiosos femeninos se expresaron arquitectónicamente a partir del primer tercio del XVII. Varias órdenes, organizadas y que funcionaban previamente en España, aportaron la espiritualidad, las reglas y los modelos de vida de las fundaciones novohispanas. Aun así, el desarrollo de esos conceptos y de las formas en que se expresaron en términos de arquitectura a lo largo del siglo XVII no fueron importados sino que coincidieron sólo en parte con los modelos implantados en la Península.

Algunos conventos femeninos españoles, como los de Las Dueñas, del Corpus Christi y del Espíritu Santo, en Salamanca, son muestras que ejemplifican una versión muy interesante del plateresco salmantino, según proposiciones de Juan Gil de Hontañón y Juan de Álava en el primer tercio del siglo XVI[50]. En esas y en muchas otras obras españolas son evidentes las influencias renacentistas italianas y las aportaciones locales a ese estilo. Los conventos de monjas, además, no se desplantaban sobre partidos específicos, sino a partir del esquema de patios y galerías, de fachadas y ornamentaciones que ya habían consagrado los conjuntos públicos y domésticos tradicionales, es decir, los colegios, los palacios, los hospitales y hasta las residencias de regiones tales como Toledo, Valladolid, Alcalá, Segovia, Ávila y la propia Salamanca, entre otras.

El principio del siglo XVII en España fue el momento en que se asimilaron los principios de la arquitectura barroca, en especial la de las escuelas italiana y francesa. A diferencia de lo que se hacía en esos países europeos, en las posesiones españolas de América la riqueza decorativa del Barroco no se limitó al interior de los edificios, sino que se desbordó hacia las fachadas y los exteriores en general. Otro distingo consistió en que no se adoptaron los trazos y las plantas orgánicas, sino que se conservaron, salvo algunas excepciones tardías, las concepciones espaciales logradas por medio de modulaciones rectilíneas.

La arquitectura barroca española —culta, clásica en parte y ciertamente vinculada con la de los países vecinos— acusó durante un tiempo la influencia que ejercieron en el medio de la construcción los arquitectos Juan de Toledo, Juan de Herrera y el fraile Antonio de Vi-

[49] MANUEL TOUSSAINT, *op. cit.*, p. 98

[50] DIEGO ANGULO ÍÑIGUEZ, *Historia del arte*, 9ª ed., Raycar, Madrid, 1980, t. 2, pp. 34-37.

llacastín, autores del monasterio de El Escorial —construido entre 1563 y 1586— y que Felipe II había ideado para alojar un panteón real, un palacio y una casa de religiosos[51]. Las obras más importantes del primer tercio del siglo XVII en España, y en la región castellana en particular, proyectadas y dirigidas por Juan Gómez de Mora, no ocultan aquella ascendencia: la portada de la Encarnación, terminada en 1611 en Madrid[52], es de enorme sobriedad, y la Clerecía de Salamanca, hecha pocos años después, es una interpretación ostensible de las propuestas de Vignola.

En otras obras realizadas también en la Península durante la primera mitad del XVII, se observan soluciones de diversa naturaleza: en la Catedral de Madrid, de 1622, proyectada por Francisco Bautista y Pedro Sánchez, sobreviven los modelos jesuíticos derivados de las enseñanzas de Vignola; en la iglesia de San Antonio de los Portugueses, también en Madrid, edificada en 1624, y en las inmediatamente posteriores de la Compañía, en Sevilla y en Málaga, el arquitecto Pedro Sánchez adoptó las plantas ovalada y circular, respectivamente, postuladas por el Barroco, un poco después de que lo hizo en 1617[53] el autor del templo de las Bernardas en Alcalá de Henares, presumiblemente Sebastián de la Plaza.

La riqueza barroca se expresó finalmente en la arquitectura española, y madrileña en particular, hasta cerca de la mitad del siglo XVII, cuando se terminó en 1642 la capilla de San Isidro, en San Andrés, que proyectó Pedro de la Torre, y a quien auxiliaron los principales arquitectos del momento. Fray Lorenzo de San Nicolás, tratadista de este período y autor de *Arte y uso de arquitectura*[54], diseñó la iglesia de las Calatravas de Madrid, prácticamente en la medianía del siglo, probablemente al mismo tiempo en que Alonso Cano propuso, en la iglesia de la Magdalena y en la portada de la Catedral de Granada, los rasgos que definieron las características del Barroco de Castilla y Andalucía en el resto del XVII[55]. Él aportó las decoraciones a base de follajes gruesos y abundantes, y tableros superpuestos que producen intensos efectos de claroscuro.

El partido general arquitectónico de los conventos de monjas en Nueva España derivó del programa de necesidades que debían satisfacerse con facilidad en un espacio determinado, tomando en cuenta lo dispuesto en las constituciones de los institutos y el servicio que era indispensable prestar a la sociedad. La concepción de estos edificios no sólo se apartó de los modelos peninsulares existentes, sino que contribuyó a vigorizar la arquitectura española en los dos lados del Atlántico. Al igual que en México, en España aparecieron, durante la

[51] *Ibid.*, pp. 50-57. Véase además CONRADO MORTERERO SIMÓN *et al.*, *El Escorial*, Gerencia del Patrimonio Nacional, Madrid, 1967.

[52] DIEGO ANGULO ÍÑIGUEZ, *Historia del arte*, pp. 287-290.

[53] *Ibid.*, p. 288. Véase también HARALD BUSCH y BERND LOHSE, *Arquitectura del Barroco en Europa*, Eds. Castilla, Madrid, 1966.

[54] Véase DIEGO ANGULO ÍÑIGUEZ, *Historia del arte*, p. 291. Angulo cita a Lorenzo de San Nicolás y su obra *Arte y uso de arquitectura*.

[55] *Ibid.*, p. 291. Véase también RAFAEL CÓMEZ RAMOS, *op. cit.*, p. 99.

[56] DIEGO ANGULO ÍÑIGUEZ, *Historia del arte hispa-noamericano*, p. 10.

[57] Cf. JOSÉ ROGELIO ÁLVAREZ NOGUERA, "Arquitectura", en *Enciclopedia de la Iglesia...*, p. 352; y HARALD BUSCH y BERND LOHSE, *op. cit.*

[58] JOSÉ ROGELIO ÁLVAREZ, *Summa Mexicana*, Bancomer, México, 1991, pp. 92-101.

primera mitad del XVII[56], varios templos de una sola nave construidos sobre un eje paralelo a la calle que les daba acceso, o sea, el rasgo que en mayor medida identifica a los monasterios de religiosas.

Los conventos de monjas permitieron a la Iglesia aprovechar las nuevas oportunidades que se le presentaron en el Nuevo Mundo y ofrecer respuestas innovadoras a las exigencias que empezaron a generalizarse en Europa y luego en América desde principios del siglo XVII. La Iglesia, que entonces buscaba renovarse, encontró en Nueva España, y en los géneros arquitectónicos que requerían la incorporación de novedades[57], el terreno propicio para intentar otras formas de expresión. Así, los monasterios femeninos pueden verse como un hecho cultural de gran interés dentro de ese contexto específico.

El nuevo país en que se estaba convirtiendo el virreinato novohispano daba ocasión para trasplantar usanzas españolas tradicionales y para brindar a las mujeres expectativas de vida atrayentes, acordes con la idiosincracia de la sociedad. A pesar de su recogimiento, a las monjas se les atribuía un papel activo en la misión salvadora de la Iglesia: la de fortalecer la fe mediante la práctica constante de la oración, lo cual vigorizaba, a su vez, el nuevo estado de cosas en todos los órdenes, propendía a garantizar su continuidad y proporcionaba al clero secular servicios que le eran indispensables. Por todo ello, la Iglesia requería del apoyo de las mujeres, igual que muchas de ellas necesitaban el aliento y aun el cobijo que sólo esta institución podía ofrecerles.

A diferencia de los frailes, cuyas más tempranas labores de evangelización les exigieron actuar en el medio exterior, en el corazón mismo de los pueblos, a menudo distantes y dispersos[58], las religiosas no tenían la menor posibilidad de establecer contactos personales con la vida pública. Además de los votos solemnes —obediencia, pobreza y castidad—, prometían el de clausura, condición de su existencia que en mucho contribuyó a delinear uno de los géneros más interesantes de la arquitectura en Nueva España.

La función religiosa de las comunidades incluía, desde luego, la asistencia a las más diversas funciones del culto, de manera que uno de los principales elementos del programa arquitectónico de los conventos femeninos fue el templo. A causa de que los monasterios casi siempre se construyeron en áreas urbanas, la iglesia —por lo general con la categoría eclesiástica de capilla— debía estar abierta también a la feligresía popular. En esas circunstancias, se dispuso que las monjas concurrieran a las celebraciones desde el coro, que no sólo se situó en el primer tramo de la nave y en lo alto, sino que se duplicó en la planta baja. Los coros transformaron las plantas de trazo rectangular que se habían utilizado hasta entonces y obligaron a abrir los accesos al público sobre uno de los muros longitudinales[59].

[59] MANUEL TOUSSAINT, *op. cit.*, p. 98.

Por su disposición, los templos de los conventos femeninos fueron un espacio peculiar de reunión: los fieles entraban por los accesos abiertos en la fachada lateral y las religiosas, sin ser vistas, se instalaban en los coros. Era frecuente que la superiora participara en la misa desde una tribuna. Los recintos reservados a las monjas estaban protegidos de las miradas de los fieles por rejas, celosías y cortinajes. Se materializaba así el principio de unicidad de la Iglesia. La concurrencia simultánea del pueblo y de las religiosas a los servicios del culto hacía evidente una de las principales ideas de base que soportaban la estructura eclesiástica. Se buscaba que la Iglesia fuera militante, triunfante y purgante. A lo primero lo representaba la asamblea de fieles; a lo segundo, los santos que se veneraban en los altares, entonces al frente y no detrás de los ministros; y a lo tercero, las monjas, quienes abogaban mediante sus cantos por la salvación de los vivos y de los cristianos muertos que no habían llegado al cielo. La totalidad o las parcialidades de esta triple imagen de la Iglesia aparece con frecuencia en los grandes lienzos que Cristóbal de Villalpando[60] y otros pintores realizaron con destino a las catedrales, como la de México, y a otros edificios religiosos.

[60] *Ibid.*, p. 121.

Los templos de monjas reunieron así a quienes en conjunto simbolizaban la acción de la Iglesia. Los esquemas arquitectónicos de esos recintos no procedieron de ajustes o de adaptaciones, sino de la comprensión profunda de los postulados teológicos de la época. Ya antes, desde los primeros tiempos del Renacimiento, los coros se habían mudado de su lugar central en las naves de las iglesias para situarse en la parte alta de los accesos; dejaron de estar entre el pueblo y fueron ubicados donde podían tener mayor efecto la dulzura y la suavidad de las voces o de los sonidos de los instrumentos musicales que acompañan a las celebraciones litúrgicas, creando de ese modo un puente espiritual entre la tierra y el cielo.

El eje de los templos se trazó paralelo a la calle adyacente. La fachada, a su vez, se remetió respecto del alineamiento, con dos propósitos: dejar espacio para la torre del campanario, que por lo general se levantó adosada a la fachada, con acceso independiente y del lado de los coros, y proporcionar un vestíbulo, a modo de atrio, entre la vía pública y el recinto consagrado. Fue práctica común que la entrada al templo se hiciera por dos puertas gemelas alojadas en sendas portadas, disposición que también caracterizó a estos conjuntos.

El acceso a estos conventos no miraba a un atrio que los antecediera, sino a la calle, de donde se pasaba directamente a un vestíbulo, a la sacristía, o a la portería. Las monjas entraban una sola vez por esa puerta y ya no salían. Para el contacto puramente verbal de éstas con el exterior se utilizaba el locutorio, cuando se recibían visitas de parientes o amigos; el torno, armazón giratoria ajustada al hueco de la pared, útil para pasar objetos de una parte a otra sin que las personas se vean; y la cratícula, ventana pequeña por donde se les daba la comunión[61].

Además de la función primordial de elevar desde ahí las plegarias al cielo y asistir al sacrificio de la misa, los coros eran el sitio donde las religiosas comenzaban y terminaban buena parte de sus labores cotidianas. Ahí mismo se reunían y, como algunos fueron tan grandes, llegó a convertírseles prácticamente en capillas. Las monjas recibían su hábito en el coro bajo, por lo general comunicado con el subterráneo destinado a las sepulturas. A la cripta[62] se penetraba levantando una pesada losa relativamente alejada de la reja que señalaba la división con el templo.

En el vocabulario arquitectónico, coro es el lugar de las iglesias que se reserva al conjunto de cantores y, en los conventos de monjas, el sitio donde se reúnen éstas para asistir a los oficios y demás prácticas devotas, o bien el recinto del templo donde se junta el clero para entonar sus rezos; pero en estricto sentido, coro es la reunión de voces en el canto. Éste, a su vez, se ha considerado desde antiguo como oración potenciada, cabe mejor decir, sublime o celestial. Hay que recordar, por ello, una de las frases de San Agustín respecto a las plegarias formuladas desde los coros: "Quien bien canta ora dos veces".

En las iglesias mexicanas el coro estuvo siempre, salvo en los más tempranos esquemas de las catedrales, por encima de la asamblea, en un sitio en el que se pudiera cantar a nombre de la comunidad y por la salvación de quienes lo necesitaban y, desde luego, en un lugar que permitiera que se le imitara. Los coros en los templos de monjas no sólo recogieron esa tradición sino que la sublimaron al repetirse en las plantas bajas, o a los lados del presbiterio, en la base de los altares. Su función principal fue la de brindar espacio al canto de las profesas[63]. Las rejas que siempre protegieron estos recintos no fueron elementos que los dividieran de la nave del templo sino un recurso constructivo que permitió la participación de las monjas al lado de la asamblea.

Los conventos propiamente dichos se desarrollaron adosados a los templos, a cuyos coros y tribunas se tenía acceso tanto en la planta baja como en el piso alto. No siempre el monasterio se dispuso en

[61] Véase VICENTE MEDEL MARTÍNEZ *et al.*, *Vocabulario arquitectónico ilustrado*, SAHOP, México, 1980, p. 154.

[62] Cf. FRANCISCO DE LA MAZA, "El sepulcro de Sor Juana Inés de la Cruz", en *Arquitectura de los coros de monjas en México*, pp. 18-22.

[63] JOSÉ ROGELIO ÁLVAREZ NOGUERA, "Arquitectura", en *Enciclopedia de México*, p. 406. Véase también *ibid.*, pp. 13-15.

torno de un patio, pues hay ejemplos de distribución alrededor de varios de esos espacios abiertos. En general, las celdas no se proyectaron en fila con salida a un andador común o a las galerías de un claustro, sino con una gran libertad en cuanto a su emplazamiento. Llegó a haber comunidades formadas por muchas pequeñas casas independientes, en las que cada monja disponía de recámara, cocina y un anexo para la servidumbre[64]. El monasterio franciscano de Santa Clara de Querétaro alcanzó cierta celebridad por haber sido casi una ciudad pues, además de las habitaciones de las profesas y de las capillas, tuvo circulaciones a modo de calles, plazas y jardines, además de lavandería, ropería y otros servicios comunitarios. En el extremo opuesto, no faltaron los conventos austeros o francamente precarios, en los que las celdas eran iguales entre sí, reducidas e inhóspitas. Tal fue el caso de los monasterios de religiosas capuchinas.

Los refectorios fueron relativamente distintos de las instalaciones semejantes que tuvieron los conventos de frailes, pues sus características dependían de las preferencias de las monjas, muchas de las cuales tuvieron su propia cocina. El monasterio de Santa Rosa en Puebla se distinguió desde un principio por la sobriedad de su comedor, en contraste con la suntuosidad de los recubrimientos de azulejo con que exornaron su magnífica cocina, gusto exquisito que también se manifiesta en el claustro y en el coro alto del propio convento.

Entre los varios conjuntos edificados en el curso del siglo XVII, se cuentan quizá los más interesantes del género: el de La Concepción, en cuya iglesia se destaca la primera cúpula que se construyó en la ciudad de México[65]; el de Santa Clara, al que se agregó, en el período de

[64] Véanse OCTAVIO PAZ, *Sor Juana Inés de la Cruz o Las trampas de la fe*, Seix Barral, Barcelona, 1982, pp. 168-169; y JOSEFINA MURIEL, *Conventos de monjas en la Nueva España*.

[65] FRANCISCO DE LA MAZA, *La ciudad de México en el siglo xvii*, p. 47.

[66] GUILLERMO TOVAR DE TERESA, *op. cit.*, p. 82.

[67] FRANCISCO DE LA MAZA, *La ciudad de México en el siglo xvii*, pp. 53-54.

[68] *Ibid.*, pp. 47-49.

[69] *Arquitectura de los coros...*, pp. 68-71.

[70] *Ibid.*, pp. 79-84 y 103-104. Véase además DIEGO LÓPEZ COGOLLUDO, *Historia de Yucatán*, con notas y acotaciones de José Ignacio Rubio Mañé, Academia Literaria, México, 1957.

1620 a 1661, el templo que ha perdurado, aunque con otros usos[66], y el de Santa Teresa la Antigua, también en la capital y cuya iglesia presenta dos portadas que son valiosos ejemplos de los planteamientos barrocos que ya animaban a la arquitectura en 1684[67]. Otros edificios cambiaron de apariencia en el curso del siglo XVIII. Por las noticias que trascendieron, se sabe que el templo de Regina tuvo un alfarje de ascendencia mudéjar; el de Jesús María también estuvo cubierto con una estructura de madera y tuvo un gran retablo que llevaba pinturas de Luis Juárez; y al de La Encarnación, construido entre 1639 y 1648, se le añadieron la torre del campanario y la cúpula, ambas parcialmente recubiertas de azulejos[68].

Fuera de la ciudad de México, y de la misma época, por razones diversas llaman ahora la atención algunos establecimientos semejantes. El convento de Santa Teresa, en Puebla, construido completo —monasterio y templo— entre 1608 y 1626, fue el primer conjunto de carmelitas que hubo en Nueva España y es uno de los pocos, al decir de Francisco de la Maza, del que se tiene una descripción virreinal, la formulada y publicada por Pedro Salmerón en 1675[69]. Los templos de Santa Clara y de Santa Rosa de Viterbo, en Querétaro, el primero fundado en 1605 y el segundo antes de la mitad del siglo XVIII, se terminaron hasta fines de esa misma centuria y han perdurado casi intactos. Y el de Las Monjas, de Mérida, comenzado en 1596, no se consideró concluido hasta que se abrió su templo, edificado de 1610 a 1633[70].

LA ORDEN DE LAS JERÓNIMAS Y EL CONVENTO DE SOR JUANA

Los investigadores del arte en México, y los historiadores que se han ocupado de reconstruir la situación social del siglo XVII novohispano, coinciden en poner de relieve la importancia de las funciones que tuvieron los conventos de monjas en la capital del virreinato y en otras ciudades del interior de la Colonia. Los temas que han tratado esos autores, y algunas de las conclusiones que proponen, incluyen desde luego datos y reflexiones en torno a la figura de Sor Juana Inés de la Cruz, el personaje más distinguido de la cultura de la Nueva España en esa época.

En su obra *Arte colonial en México*, Manuel Toussaint, uno de los precursores de la investigación estética, dedica unas cuantas líneas a la descripción de los principales elementos arquitectónicos de los monasterios de religiosas desde finales del siglo XVII hasta que la preferencia por las formas barrocas acabó por caracterizar las construcciones del

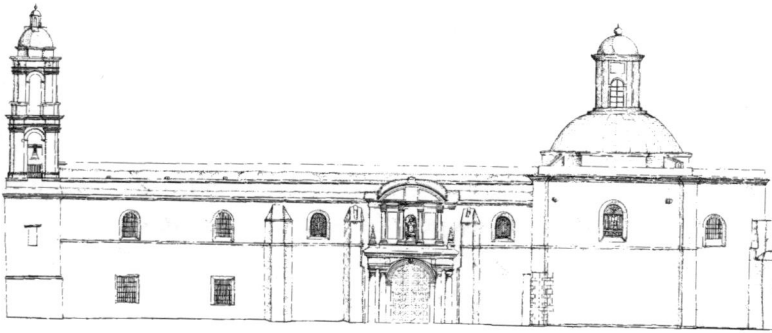

XVII. El trabajo de Toussaint, orientado a presentar sistemáticamente y con un sentido crítico las grandes corrientes del arte durante el virreinato, contiene noticias y análisis formales de las obras, pero sobre todo sugerencias fundamentales para la cabal comprensión de las ideas que presidieron el diseño y el uso del espacio en edificios tan complejos.

En sus libros *Historia del arte hispanoamericano* e *Historia del Arte*, el español Diego Angulo, personaje destacadísimo entre los historiadores del arte y la arquitectura en México, resume los principales detalles que con mayor vigor singularizan a los conventos de monjas; subraya, al analizarlos someramente, las coincidencias entre las obras españolas y las mexicanas en el trazo de las plantas; se ocupa de modo marginal de algunos de los monumentos clave que se construyeron en la ciudad de México y llama su atención, sobre todo por la celebridad de la poetisa, la portada del convento de las jerónimas, para la cual propone una fecha, no sin hacer un breve comentario acerca de su ascendencia formal.

Francisco de la Maza, puntual observador de las características que han dado a México un lugar eminente en el mundo del arte, se refiere en dos de sus libros, *La ciudad de México en el siglo xvii* y *Arquitectura de los coros de monjas en México*, a las obras realizadas por los distintos institutos religiosos, y naturalmente al convento de Sor Juana. Identifica con precisión la inscripción histórica y los principales rasgos de los monasterios femeninos, aunque limita sus consideraciones al contexto urbano, el cual sólo sugiere el ambiente social en que surgieron y prosperaron esos conventos. De la Maza formula, además, una serie de interesantes reflexiones que se le suscitaron cuando tuvo oportunidad de explorar el sepulcro de Sor Juana, aprovechando las obras de restauración que se hicieron en el claustro de San Jerónimo en 1964 y 1965. Al término de éstas, se publicó el texto del distinguido maestro.

Josefina Muriel, investigadora que ha profundizado en el estudio y análisis de las condiciones en que se desenvolvió la vida de las comunidades femeninas durante el virreinato, reúne en sus trabajos, *Conventos de monjas de la Nueva España* y *Las mujeres de Hispanoamérica*, un valioso acervo de informaciones, datos y detalles básicos para el análisis de las circunstancias que rodearon la existencia y las actividades de Sor Juana Inés de la Cruz en el convento de San Jerónimo. A esto añade el estudio de la situación y aun del medio social en que actuaron otras mujeres ilustres.

Las aportaciones de estos y otros investigadores han logrado acotar el marco de referencia que permite poner de relieve los rasgos de la historia social de Nueva España en el siglo XVII, y por consiguiente definir las condiciones que parecen haber influido de manera decisiva en la aparición y desarrollo de varias formas artísticas y diversas corrientes arquitectónicas a lo largo de ese período. La arquitectura fue una de las principales actividades creativas de la sociedad novohispana, toda vez que, desde el inicio de la dominación, una de las aspiraciones de los colonizadores fue la de construir un nuevo país, que por eso se llamó Nueva España. Esta expectativa cobró mayor fuerza desde los primeros años del siglo XVII, cuando ya fueron ostensibles las notables diferencias entre los descendientes de los conquistadores que empezaban a tener una noción de patria y los que seguían llegando de la Metrópoli sólo en busca de fortuna o a expandir los negocios que ya tenían en la Península.

La construcción del país, en el sentido más estricto de la expresión, exigió planeación, arrojo, inventiva y gran capacidad para producir. Esto último se manifestó no sólo en la explotación masiva de la mano de obra indígena y del trabajo de los esclavos negros, sino también en el adiestramiento de muchos de los sometidos y en la implantación de conceptos culturales que permitieron a los grupos novohispanos hacer suyas nuevas manifestaciones artísticas y espaciales prácticamente sin dificultad. Fundándose en la simple observación de los rasgos vernáculos incorporados a las formas arquitectónicas europeas, José Moreno Villa propuso considerar la existencia de un primer estilo nacional, al que denominó *tequitqui*[71]. Éste revela la participación activa de las sociedades nativas en la interpretación de las propuestas españolas, lo que conduciría, además, a postular un primer grado de integración hispano-indígena en el orden social y religioso, emergente en el siglo XVII.

Los edificios novohispanos ilustran momentos culturales de gran importancia. Los conventos de monjas aparecieron como resul-

[71] Cf. José Moreno Villa, *Lo mexicano en el arte*, México, s.a.; y José Rogelio Álvarez (director), *Enciclopedia de México*, México, 1977, t. 9, p. 261.

tado de la madurez de un complejo proceso social particularmente dotado de símbolos, referencias, evocaciones y aspiraciones. La arquitectura no fue sólo el instrumento sino la proveedora de un lenguaje formal del que se sirvieron tanto quienes tuvieron la oportunidad de orientar a la sociedad, como aquellos que recibían y ejercitaban las enseñanzas religiosas prácticamente en todos los órdenes de la vida.

El convento de San Jerónimo se fundó en 1585 o 1586[72] con cuatro monjas concepcionistas, cinco doncellas e Isabel de Guevara[73], quien patrocinó el establecimiento del monasterio, previa la autorización de Pedro Moya de Contreras, arzobispo de México de 1573 a 1591. Algunas fuentes señalan que el primer alojamiento de la comunidad fue la propia casa de la viuda de Guevara y que se escogió la regla de San Jerónimo sólo por establecer diferencias con las concepcionistas, dominicas y franciscanas que ya profesaban en la ciudad. Se dice, inclusive, que esa afiliación estuvo influida por las preferencias de Carlos V y de Felipe II[74]. Es probable, sin embargo, que el prelado novohispano haya tenido la posibilidad de sugerir no sólo la orientación sino también la denominación de la nueva casa de religiosas. El convento comenzó a funcionar con el nombre de Santa Paula de la Orden de San Jerónimo[75], y no como una extensión del de las concepcionistas. Esto pudo deberse a la intención de subrayar algunos aspectos del desarrollo de la Iglesia en Nueva España, que tanto al diocesano como a la Corona les importaba mucho enfatizar.

Josefina Muriel[76] anota que el nombre de la congregación fue sólo el de Santa Paula y que tal denominación se debió al propósito de honrar a la patricia romana que cedió su casa a San Jerónimo para que en ella edificase un convento. Desde finales del siglo XVII y con mayor intensidad en el XVII, la Iglesia católica, influida sobre todo por la urgencia de reaccionar frente a la contrarreforma, buscaba reorientar su espiritualidad y sus acciones y volverlas más congruentes con los primeros tiempos del cristianismo, pródigo en heroísmo religioso. La emulación de tan edificantes ejemplos debió haber aconsejado como protectores de la incipiente comunidad la elección de Santa Paula, la romana seguidora de San Jerónimo, fundadora de órdenes en Medio Oriente y benefactora de numerosos conventos, y del propio patriarca de la Iglesia occidental, doctor máximo y traductor de la Biblia que se utilizó hasta el Concilio de Trento. Acaso de esta manera se quiso contribuir a consolidar el concepto de la renovación de la Iglesia, sobre todo en tierras americanas.

[72] Véanse OCTAVIO PAZ, *op. cit.*, p. 173; y JOSEFINA MURIEL, *Conventos de monjas en la Nueva España.*

[73] FRANCISCO DE LA MAZA la identifica como Isabel de Barrios, hija del conquistador Andrés de Barrios, lo que indica que se trata de su nombre de soltera (*Arquitectura de los coros...*, p. 7).

[74] *Ibid.*, pp. 7 y 8.

[75] OCTAVIO PAZ, *op. cit.*, p. 173.

[76] Véanse sus trabajos ya citados *Conventos de monjas en la Nueva España*, y *Las mujeres de Hispanoamérica.*

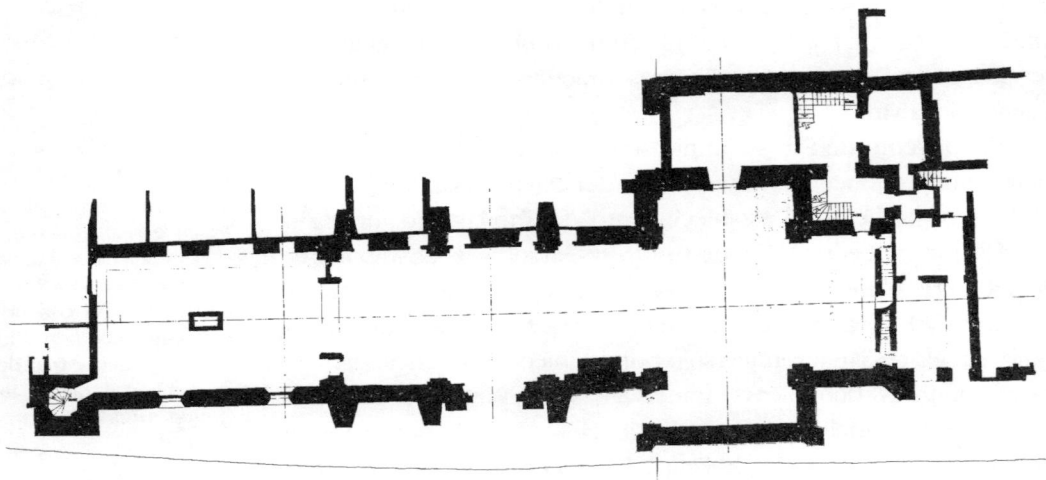

La voluntad de reafirmar a esta institución se mantuvo vigente durante todo el siglo XVII. La noción del futuro se nutría entonces de su apreciación por el pasado. La Iglesia, en esta perspectiva, se enfrentó al porvenir con la seguridad de contar con el prestigioso apoyo de sus propios antecedentes, concepto igualmente utilizado por el Concilio Vaticano II, en años más recientes, cuando decidió poner en práctica otra renovación que mucho consistió en actualizar las líneas de pensamiento a las que debió su solidez durante largo tiempo.

La presencia de este espíritu de búsqueda en los orígenes no se limitó a definir orientaciones, apegos o filiaciones, sino que abarcó el ámbito de todas las manifestaciones del arte. Así se explicaría que en muchas obras en los conventos de monjas se haya recurrido a experiencias aparentemente superadas. Si bien las plantas de los templos de los institutos femeninos se hicieron de trazo rectangular, en muchos casos se utilizaron los alfarjes y los artesonados para resolver las cubiertas, en una época en que las bóvedas de cañón de medio punto corrido eran práctica habitual en otro tipo de establecimientos[77]. Más tarde se emplearon bóvedas divididas en tramos, que se terminaron con soluciones neogóticas, para entonces ampliamente rebasadas por

77 Cf. José Rogelio Álvarez Noguera, "Arquitectura", en *Enciclopedia de la Iglesia...*, p. 350.

las propuestas renacentistas y ya también desplazadas por los elementos del Barroco.

La actualización que la Iglesia parece haber perseguido en su propia historia influyó en quienes realizaron los trabajos de arquitectura destinados a satisfacer las necesidades de espacio que se plantearon en el siglo XVII. Ello explicaría que el templo del convento de San Jerónimo, a pesar de lo relativamente temprano de su construcción —se terminó en 1626—, sea una obra más bien austera y hasta con cierta reminiscencia herreriana[78], cuando muchas otras en iguales circunstancias ya empezaban a ser producto del aliento barroco. La doble mirada del siglo XVII, orientada tanto al pasado como al futuro, condicionó asimismo a otras artes. La sillería del coro de San Agustín, hoy celosamente guardada en El Generalito del excolegio de San Ildefonso, pudo haberse resuelto, por citar un solo ejemplo, con escenas de la vida del obispo de Hipona, pero a influjo de aquella tendencia reivindicadora representa pasajes del Antiguo Testamento[79], enmarcados en una decoración escultórica suntuosa. Esto revela una vez más la coexistencia de la tradición y la vanguardia en el ánimo de quienes interpretaban el sentir de la Iglesia de ese entonces en Nueva España.

El convento de Santa Paula, que pronto se conoció con el único nombre de San Jerónimo, se organizó en torno del templo de esta advocación. Aunque son muy pocos los datos que finalmente trascendieron de su fábrica original, de sus diversas etapas constructivas y de su integración durante la segunda mitad del siglo XVII, se sabe que en 1623[80] se hallaba en obra la cubierta del templo, que la disposición espacial que conoció Sor Juana no es la que parcialmente perduró —pues procede de finales del siglo XVIII— y que buena parte de los archivos de la comunidad desaparecieron en 1867, cuando el convento fue clausurado y salieron de él las últimas monjas.

Es presumible que en una primera época la construcción del convento coincidiera con la edificación del templo. Aunque éste requirió más tiempo y cuidado, es de suponerse que el alojamiento de las monjas estuviera terminado mucho antes de 1626. En todo caso, y dadas las condiciones que encontró Sor Juana en 1669, el edificio primitivo bien pudo ser de planta rectangular[81] o cuadrada, de dos pisos y con la mayor parte de sus dependencias dispuestas alrededor de un patio, comunicadas por medio de andadores y pasillos hacia los vestíbulos que conducían a los coros, y al poniente del presbiterio del templo, hacia la portería.

La regla de San Jerónimo, sin duda el principal elemento del programa arquitectónico del monasterio, permitió construir habitaciones

[78] DIEGO ANGULO ÍÑIGUEZ (*Historia del arte hispanoamericano*, p. 11), afirma que es de "portada única y de estilo muy herreriano aunque con importantes libertades barrocas...", pero no indica en qué consisten. TOVAR (*op. cit.*) sostiene, a su vez, que "el barroco realmente triunfa hasta la segunda mitad del siglo XVII" y que "aún el uso de columnas salomónicas no indica que se trabaje en estilo barroco".

[79] JOSÉ ROGELIO ÁLVAREZ NOGUERA, *Enciclopedia de la Iglesia Católica...*, t. 1, pp. 261 y 262.

[80] FRANCISCO DE LA MAZA, *Arquitectura de los coros...*, p. 7. También véase RAMÓN CARRASCO VARGAS, *Arqueología y arquitectura en el Exconvento de San Jerónimo*, INAH, México, 1990, pp. 17-18.

[81] OCTAVIO PAZ, *op. cit.*, p. 178.

82 FERNANDO BENÍTEZ, *Los demonios en el convento. Sexo y religión en la Nueva España*, Era, México, 1985, pp. 46-47.

individuales a las que también se denominó celdas[82], como en los conventos de frailes. Hubo, desde luego, recintos especiales para el gobierno interior, la biblioteca, la cocina, el comedor y probablemente alguna capilla; varios locales para el alojamiento de las niñas, las sirvientas y las esclavas de las religiosas, y adicionalmente una huerta. Terminado el templo, y en vista de las funciones comunitarias y hasta la oración individual de las profesas, los espacios de mayor importancia conceptual fueron los coros.

El conjunto de San Jerónimo debió una de sus primeras etapas constructivas al patrocinio de la señora Guevara, y su conclusión fue posible gracias a los donativos de Luis Maldonado del Corral, regidor del Ayuntamiento a principios del siglo XVII. No trascendió el nombre del arquitecto autor del proyecto y probablemente encargado de la dirección de la obra, pero se acepta, a juzgar por los rasgos formales y estructurales del templo, que pudo ser un miembro del equipo que encabezó Alonso Pérez de Castañeda[83], el introductor en la capital del virreinato de los sistemas constructivos que hicieron posible las bóvedas de planta circular sobre pechinas, consideradas como los antecedentes más directos de las cúpulas.

83 Véase FRANCISCO DE LA MAZA, *Arquitectura de los coros...*, p. 7.

Como fue habitual en ese tipo de obras, el templo se hizo a partir de una planta rectangular; el principal sistema constructivo incluyó cimentaciones, muros y contrafuertes a base de sillares de piedra, aplanados en la mayor parte de los paramentos y trabajo de cantería en la portada. La planta, como también fue práctica en otros conventos de monjas, se alargó un tanto hacia la base con el propósito de alojar los coros holgadamente; y la techumbre, en esas condiciones, se resolvió con una solución mixta, pues la nave lleva bóvedas de arista mientras los coros se techaron con viguerías de madera.

En la fachada del conjunto dominan los altos muros que cerraron las dos plantas del convento. Hacia el centro se encuentra la iglesia, compuesta por tres elementos principales: la torre del campanario, probablemente agregada en época posterior a la de Sor Juana, a la altura de los coros; el paramento de la nave, en el que se inscribe la portada; y el volumen con que se resolvió la ampliación del presbiterio, rematado por la cúpula y su linternilla. El paño de la fachada está dividido en franjas horizontales, según lo determinaron las secciones de los contrafuertes y del propio muro; y el tramo más alto, definido por molduras, hace las veces de remate, pues es la base de una sucesión de almenas.

En esta fachada, al igual que en muchos otros edificios religiosos de esa época en todo el país, se combinaron con la mayor libertad rasgos formales, soluciones arquitectónicas y sistemas estructurales de la más diversa procedencia. La Iglesia en la Nueva España había emprendido un tardío aliento medieval que se advierte en las bases de los muros, en la disposición de los contrafuertes, y sobre todo en la forma y el ritmo de las almenas, elementos cuyos orígenes conceptuales pueden encontrarse en las obras tempranas del siglo XVII, originadas por la necesidad de prevenir el riesgo de los sismos, y más profundamente por la búsqueda de sus raíces. Vale señalar, además, que especialmente las almenas tenían la función de proteger el edificio, así fuera tan sólo para efectos visuales, pues la apariencia de fortaleza que asumieron la mayoría de los conventos sirvió para evitar que fueran víctimas de asaltos. Semejante recelo influyó también en la determinación de construirlos siempre en contextos urbanos, separados de los campos abiertos y de las costas.

La portada del templo de San Jerónimo es un elemento de cierto interés arquitectónico sobre todo por su antigüedad, pues junto con los frontispicios de las iglesias de Jesús Nazareno, Santiago Tlatelolco y San Pedro y San Pablo, es una de las obras más representativas del

primer tercio del siglo XVII. La portada está situada junto al tramo que limita el presbiterio, entre dos contrafuertes y viendo al norte; su sistema de composición incluye dos cuerpos y un remate; el primero aloja al vano de acceso, que aparece protegido por un arco de medio punto moldurado en el que resalta la clave; y la puerta va flanqueada por columnas pareadas de orden dórico, cuyas proporciones revelan más bien una interpretación que el deseo de aportar algo nuevo. En atención a las normas del orden dórico, a los cuerpos los separa un entablamento con arquitrabe, friso almohadillado y cornisa prominente. En el segundo, el sistema visual de soporte se resolvió con pilastras adosadas y pirámides apuntadas que enmarcan el nicho en el que se aloja una escultura que representa a San Jerónimo. El remate, limitado por el tramo superior de la fachada, consta de un sencillo frontón curvo, también moldurado, que deja espacio para una cartela que permaneció inconclusa. Las ventanas, de distinto trazo, cambiaron de herrería varias veces; en cambio, se conserva la puerta original de madera.

En la nave del templo hubo varios retablos de los que poco se sabe pues fueron retirados a finales del siglo XVIII, en una etapa de modernización, o a principios del XIX[84], cuando se adoptaron los esquemas de composición neoclásicos los cuales rigieron el diseño de los altares laterales y en general la apariencia que conservó el presbiterio hasta principios del último tercio de esa centuria.

En la segunda mitad del siglo XVII, cuando Sor Juana se incorporó al convento de San Jerónimo, la distribución del espacio en el monasterio había sufrido algunos cambios importantes en relación con el período anterior. La casa en que vivían las religiosas estaba ya convertida en una pequeña ciudad[85], debido a las ampliaciones y adaptaciones que se habían hecho en las celdas para satisfacer las necesidades o gustos de las profesas. Estos alojamientos eran de dos pisos, cada uno con su propia escalera, lo cual les daba un grado considerable de independencia, útil para la oración, la meditación y el trabajo en el tiempo libre que dejaban las obligaciones de la clausura. Estas habitaciones, muy semejantes a una casa, no estaban ocupadas sólo por una monja, sino también por las mujeres que cada una cuidaba, fueran niñas o personas mayores, esto sin contar a las sirvientas.

Además de lo necesario para el simple alojamiento, los aposentos estuvieron dotados de múltiples servicios que rodeaban de confort la vida cotidiana: pequeñas áreas de trabajo, cocina, alacena, en el baño una tina y braceros para calentar el agua, y en el caso de algunas religiosas distinguidas, entre las que brillaba Sor Juana, hasta una biblioteca[86]. La regla de las jerónimas permitía esas y otras inter-

[84] RAMÓN CARRASCO VARGAS, *op. cit.*, p. 21.

[85] FERNANDO BENÍTEZ, *op. cit.*, pp. 46-47.

[86] Cf. OCTAVIO PAZ, *op. cit.*, pp. 596-608. Aunque el tema de la biblioteca de

pretaciones o adecuaciones de la disciplina, de modo que, inclusive, cada monja podía arreglar su celda según sus capacidades o recursos. Por otra parte, la clausura debe haber tenido cierta elasticidad en el período de 1630 a 1650, pues en ese tiempo se construyó un buen número de obras de distinta importancia, que convirtieron el convento en el pequeño mundo o gran laberinto que Sor Juana encontró en 1669[87]. Las divisiones, adaptaciones, tapancos, patios y fuentes que aparecieron por todo el conjunto al restaurarlo[88], seguramente se encargaron a grupos de albañiles y otros operarios que, al igual que quienes surtían o entregaban los materiales, tuvieron acceso libre al interior del convento.

Este monasterio funcionaba en toda su capacidad desde el segundo tercio del siglo XVII. Juana Ramírez de Asbaje llegó al templo desde la calle, fue luego conducida al convento por su familia y tomó los hábitos en el coro bajo; eso fue el 24 de febrero de 1669[89]. Ese coro, y también el alto, fue una ampliación del espacio de la nave. Por sus funciones, sin embargo, ambos estuvieron separados del área de los fieles, aunque vistos desde otra perspectiva realmente se les debe considerar integrados a los oficios religiosos, por más que la presencia de las monjas en ellos se haya ocultado detrás de rejas y celosías para impedir las miradas directas.

Los dos coros del templo de San Jerónimo formaron una especie de fachada interior. En el bajo, la abertura no abarcaba todo el ancho de la nave; era más bien una gran ventana abierta en el muro que soporta el alto. En los dos hubo espesos cortinajes y dobles rejas de trazo sencillo, a base de cuadrados y rectángulos. Al parecer, el bajo estuvo flanqueado por una puerta falsa y por la cratícula, pequeña ventana enrejada por la que se administraba la comunión a las profesas, mientras el alto tuvo las rejas de lado a lado, apoyadas en el coronamiento del muro y terminadas a la altura de los capiteles de las pilastras. Sobre éstas, mucho mayores que aquellas que marcan los tramos de la iglesia, se alza el arco que define ese frontis. A modo de remate, y en el tímpano de ese arco, muy probablemente hubo una celosía de madera de sencilla manufactura que acaso se ornamentó con alguna representación escultórica.

Los coros se comunicaban con el convento por medio de grandes puertas. Es presumible que los de San Jerónimo hayan tenido altares sobre los muros laterales o en el testero. Lo que sí pudo comprobarse es que bajo el piso del sotocoro se dispuso la cripta para el entierro de las religiosas. Tiempo después de ser sepultadas se trasladaban sus restos al osario común. Desde el 19 de abril de 1695 se

Sor Juana ha sido estudiado en múltiples ocasiones, conserva su atractivo y sigue siendo objeto de estudios y aproximaciones.

[87] FERNANDO BENÍTEZ, *op. cit.*, p. 46. Véase también O. PAZ, *op. cit.*, p. 179.
[88] RAMÓN CARRASCO VARGAS, *op. cit.*, pp. 57-78.

[89] FRANCISCO DE LA MAZA, *Arquitectura de los coros...*, pp. 18-20.

90 *Ibid.*, pp. 20 y 21.

91 Octavio Paz, *op. cit.*, p. 179.

92 Cf. Sor Juana Inés de la Cruz, *Obras escogidas*, sel., notas, bibl. y est. prelim. de J. C. Merlo, 2ª ed., Bruguera, Barcelona, 1977, pp. 22 y 23.

93 Véase la ed. de J. C. Merlo de las *Obras escogidas* de Sor Juana, p. 24.

94 Véase *Convento de San Jerónimo. Libro de cocina*, selección y transcripción de Sor Juana Inés de la Cruz, Enciclopedia de México, México, 1979, p. 13.

encuentran ahí, junto con los de sus hermanas de regla, los restos de Sor Juana Inés de la Cruz[90].

Sor Juana pasó 27 años de su vida en el claustro de San Jerónimo. Según la tradición, su primera celda estuvo en el piso alto, frente al jardín interior del convento y de cara al paisaje meridional del valle de México[91]. Es probable que la ubicación precisa de su alojamiento haya sido la esquina que ahora forman la calle de Isabel la Católica y la avenida José María Izazaga. Se sabe que en 1692 se le vendió otra celda[92], a la que se cambió de inmediato. Ello demuestra que, a pesar de su recogimiento, las monjas contemporáneas de Sor Juana realizaban actividades que, si bien se formalizaban en el exterior, producían ganancias a las profesas. El voto de pobreza, según observa Octavio Paz (p. 178), fue también objeto de observancia respetuosa aunque no de manera estricta. De ello quedaron pruebas en el arreglo que de su celda hacía cada religiosa. A juzgar por las pinturas que se hicieron de Sor Juana, la biblioteca de esta ilustre monja tuvo un ambiente de orden y de distinción muy próximo a la elegancia.

Algunos conventos, especialmente el de San Jerónimo, tuvieron cierta participación en la vida social. Se ha dicho que llegaron a ser escenario de prácticas cívicas y culturales, pues algunos visitantes distinguidos gustaban de pasar largos ratos en compañía de las religiosas antes o después de asistir a misa, o al término de sus oraciones personales en el templo. Sor Juana encabezó la etapa más brillante que tuvo el monasterio de San Jerónimo. A ella, y a su conversación fina y erudita, se debieron las visitas y acaso las tertulias más interesantes que pudo haber en la capital del virreinato durante la segunda mitad del siglo xvii[93]. En esas circunstancias, los espacios que adquirieron justificada relevancia en la disposición arquitectónica del convento fueron el locutorio y sus locales anexos.

Las labores personales y comunitarias que desempeñaba Sor Juana contribuyeron a darle especial valor a varias áreas del convento. Pasaba largas horas en el coro, al igual que sus hermanas; atendió por temporadas la contaduría y el archivo; frecuentaba la cocina común y la propia, pues siempre tuvo gran afición por la gastronomía[94]; y en la biblioteca de su celda escribió prácticamente toda la obra que de ella se conoce. Las reformas hechas al convento en el siglo xviii y el largo período en que el edificio fue destinado a otros usos terminaron con los espacios en que vivió, brilló y trabajó la mujer y monja más ilustre del virreinato mexicano.

Llama la atención la ausencia del tema del convento en la obra de Sor Juana. Aficionada como era a estudiar diversas ciencias, incluida la arquitectura, e inclinada a consignar en versos la mayoría de sus vivencias, resulta incomprensible que no se refiera a su casa, al ámbito en que se movía, al ambiente que la rodeaba o a los altos muros que la confinaban, a excepción quizá de algunas reflexiones contenidas en la *Respuesta a Sor Filotea de la Cruz*[95], acerca de los momentos que intentaba dedicar al estudio en su celda y a las interrupciones que sufría por parte de sus hermanas.

Las referencias que hace Sor Juana a su estancia en el convento de San Jerónimo no son directas ni definidas. Sus alusiones a la vida religiosa que adoptó, según se advierte en muchos de sus textos, son alegóricas, incidentales y demasiado breves. Las investigaciones acerca de las obras de Sor Juana que se perdieron, particularmente la que parece haber sido sustraída de México por un militar estadounidense en 1847[96], constituyen el material a partir del cual suele especularse sobre las noticias que la poetisa pudo haber dado en relación con el convento. Otras observaciones sugieren que el monasterio fue tan sólo un tema marginal en la obra de Sor Juana. A la casa de religiosas se refirió de modo indirecto y a propósito más de su calidad de monja que de habitante o usuaria de un espacio arquitectónico.

Es presumible, por ello, que Sor Juana no mirase el convento como una construcción material sino como un modo de vida. El centro de su mundo —afirmación en la que coincide la mayoría de sus biógrafos— eran la Iglesia de Dios y la potestad de la Corona, representadas en Nueva España y en la óptica de la mujer, de la monja y de la poetisa, por ambos cleros aquélla, y ésta por la corte virreinal. El convento, que hubiera tenido que ser un estímulo constante dadas las condiciones del momento en que eligió la vida de clausura, en ocasiones se volvió un obstáculo, en especial cuando recibió la *Carta Atenagórica* que le envió Manuel Fernández de Santa Cruz, obispo de Puebla, firmada con el seudónimo de Sor Filotea de la Cruz. La posición de Sor Juana frente al contenido de esa misiva y del poder definitorio de la Iglesia personificado en el remitente se expresó en la *Respuesta a Sor Filotea de la Cruz*, uno de sus textos de mayor significado.

La autoridad moral que se le pudo atribuir a Sor Juana se fundaba no sólo en su conducta religiosa, sino en la finura de su sensibilidad y en la profundidad de sus conocimientos. De ahí que haya incluido en su *Respuesta* algunas agudas observaciones acerca del papel que tendrían que desempeñar en la Iglesia tanto los hombres como las mujeres. Sor Juana no solicitó, ni entonces ni después, nada que no hubiera tenido presente cuando tomó los hábitos. Su posición respecto de las expectativas espirituales y materiales que podrían tener las personas de

[95] SOR JUANA INÉS DE LA CRUZ, *Obras escogidas*, p. 489.

[96] Cf. *ibid.*, pp. 51-53.

uno y otro sexo no hacía sino aceptar y dar vigor a la idea que animó a la Iglesia en Nueva España desde finales del siglo XVII y a todo lo largo del XVII; esto es, el convencimiento de que la práctica religiosa estaba representada por dos brazos, el de los varones y el de las mujeres.

El conjunto conventual de San Jerónimo fue también casa temporal de las monjas de Balvanera y de San Bernardo, en el período de 1861 a 1863. En esta última fecha se exclaustraron todas las religiosas, pero antes de que acabara diciembre, las jerónimas volvieron para un nuevo y último período de tres años. Al ocurrir la salida definitiva de las monjas en 1867, el edificio conventual se utilizó para albergar enfermos, más tarde fue cuartel y, a la postre, se vendió en fracciones que fueron ocupadas por casas y vecindades hasta 1964[97]. En este año se realizó la primera obra de restauración, esa vez sólo en el ámbito del templo y en particular en los coros. Entre 1970 y 1980 una nueva intervención abarcó todo el conjunto: se renovaron las áreas que fueron comunes en el convento, se redefinieron casi todos los espacios interiores, se consolidó la estructura y se reintegró al edificio buena parte de la apariencia que llegó a tener a mediados y finales del siglo XVIII, mucho tiempo después de que muriera Sor Juana.

[97] FRANCISCO DE LA MAZA, *Arquitectura en los coros...*, p. 12.

LA ORGANIZACIÓN SOCIAL Y EL ARTE BARROCO EN NUEVA ESPAÑA

Los autores que se han ocupado de analizar los orígenes del conjunto de manifestaciones de todo carácter que luego se denominó estilo barroco coinciden en señalar que, en su principio, esa tendencia apareció como campo de expresión de corrientes y concepciones complicadas y sinuosas. En esa virtud, también se le identificaba con algunos de los sistemas de pensamiento de la lógica medieval. Por otra parte, el Barroco, en su etapa primitiva, se inspiró en la intención de actualizar la pasión y la excitación religiosas, reacción que se estimuló frente a la Contrarreforma con el propósito de provocar nuevas y más hondas tensiones espirituales entre los hombres. Desde otro ángulo, el Barroco significó para los artistas la oportunidad de apartarse de los órdenes clásicos y, para los arquitectos, la coyuntura para desarrollar las muchas posibilidades de lo que ellos consideraban una nueva fuerza creadora[98].

La complejidad, el retorcimiento, la exuberancia y la riqueza aparente del Barroco en arquitectura, se prestaron muy fácilmente en México para expresar incluso los puntos de vista de una clase que ya había conseguido el ascenso económico y social, y cuyo éxito debía

[98] JOSÉ ROGELIO ÁLVAREZ NOGUERA, "Arquitectura", en *Enciclopedia de la Iglesia...*, p. 349.

desde luego manifestarse por medio del lujo. Al igual que en otros centros de gran actividad arquitectónica, el Barroco transitó en México de una etapa sobria a fases posteriores de exuberancia y complicación verdaderamente notables. Se trató por lo menos de tres períodos, según propuso Manuel Toussaint (pp. 102-103), o de cuatro al decir de otros autores.

La arquitectura barroca europea fue modelo de la novohispana a lo largo del siglo XVII. Cuando finalmente parecía que en Nueva España se abandonaban los ejemplos inspirados en la antigüedad grecolatina, que había importado la corriente renacentista, se buscó adicionalmente dar expresión plástica a los anhelos libertarios de los criollos limitados en sus oportunidades de vida pública por los españoles peninsulares. En el orden de la creación artística, tanto en Europa como en Nueva España se exploraron nuevas opciones compositivas y se enriquecieron las formas arquitectónicas con la participación más activa de la luz, el color, la pintura y la escultura.

A pesar de las similitudes que resultaban de la dominación política y de la importación indiscriminada de modelos, hubo desde una

época temprana varias diferencias entre las propuestas arquitectóni-cas barrocas europeas y americanas. En Italia y en España, la novedosa concepción del espacio produjo muros y apoyos estructurales que subrayaron la centralidad en los edificios religiosos y los esquemas orgánicos en las construcciones de carácter civil. En Nueva España, la privanza estilística en las construcciones religiosas pasó de la influen-cia gótica, renacentista o plateresca, a la barroca, aunque sin alterar la forma de las plantas y la recta disposición de los paramentos; y en obras civiles buena parte de las soluciones formales se agregaron sola-mente a las fachadas. Estas consideraciones han conducido a varios investigadores[99] a señalar que en México el Barroco tuvo sólo un ca-rácter ornamental.

A pesar de todo, buena parte del siglo XVII novohispano se carac-terizó por las aportaciones que en materia de arquitectura religiosa hicieron los alarifes que aprovecharon las libertades formales del Ba-rroco. En la segunda mitad de aquella centuria, y en muchos casos con un decidido aliento regional, se alteraron las proporciones de las co-lumnas y los apoyos clásicos en los retablos y colaterales lo mismo que en las fachadas, aquéllos construidos sobre todo con madera, y éstos con piedra. Más tarde se labraron ornamentaciones profusas y super-ficiales prácticamente en todos los elementos arquitectónicos; se que-braron los planos de acceso a los templos, provocando entrantes y salientes cuyo claroscuro acentuó el valor plástico de las pilastras ado-sadas, los nichos, las hornacinas y las cornisas; las puertas y las ven-tanas de coro se exornaron con dinteles de grandes dimensiones, enfatizando la sucesión de dovelas a las que se agregaron complicados moldurajes; y ya en etapas avanzadas, desde principios del XVIII[100], se modificaron los frontones con diversas fracturas o francamente con-virtiéndolos en conchas y aun en tímpanos.

Sin duda alguna, el Barroco es el estilo predominante en el siglo XVII de Nueva España, pero no fue la única fuente de recursos formales que utilizaron los artistas y los arquitectos. Su aparición en el panora-ma cultural del virreinato ocurrió en un momento que no ha sido posi-ble precisar por razones de índole diversa, aunque es evidente que coincidió con los cambios en la organización social a principios del siglo, con la más extensa penetración y el mayor poder de la Iglesia, ostensible en su enorme actividad constructiva, y con el afianzamien-to de los lazos económicos que unían a la metrópoli con sus posesio-nes americanas. Los rasgos formales del Barroco se manifestaron sobre todo en la arquitectura y fueron producto de una intensa actividad cul-tural y un constante intercambio de ideas, fenómenos que ocurrieron

[99] Cf. GUILLERMO TOVAR DE TERESA, *op. cit.*, p. 64.

[100] Cf. JOSÉ ROGELIO ÁLVAREZ NOGUERA, "Arquitectura", en *Enciclopedia de la Iglesia...*, pp. 350 y 351.

más intensamente en las concentraciones urbanas y en los medios directamente relacionados con la metrópoli[101].

Guillermo Tovar de Teresa y Jorge Alberto Manrique[102] sugieren que el primer escenario del Barroco en la arquitectura novohispana fue la etapa de renovación a que se sometió a la Catedral de México por iniciativa del arzobispo Pedro Moya de Contreras. Aunque esas obras se comenzaron en vísperas de que terminara el siglo XVII, y a pesar de que los trabajos incluyeron propuestas de aliento manierista, parece un hecho que a partir de entonces se transitó sin mayores interrupciones por el camino de las apariencias francamente barrocas.

La ampliación de la capacidad económica y de penetración del clero diocesano contribuyó de manera notable a consolidar las ciudades. El volumen de obra en el siglo XVII, aparte de las catedrales, se destinó a los agrupamientos urbanos, coincidiendo con la declinación de las encomiendas, la secularización de las parroquias, la creación de la diócesis de Durango y la ausencia de nuevos conventos-fortaleza, desde los cuales había sido alentada la evangelización en los decenios posteriores a la conquista. Las obras cultas, es decir, las que fueron planeadas por arquitectos y en las que intervinieron artistas de mérito, comenzaron a distinguirse de la impresionante cantidad de creaciones populares que surgieron, imitando los modelos citadinos, en muchas comunidades de tamaño pequeño y medio en todo el país. Desde su época más temprana, la arquitectura religiosa barroca tuvo dos grandes campos de expresión, que en mucho y con el transcurso del tiempo han contribuido a caracterizar al país: las creaciones de origen académico y las aportaciones de aliento popular.

Al estar en auge los sistemas comerciales, y situadas las ciudades de México y Puebla en la ruta que vinculaba a España con Oriente, puede presumirse, como también lo indica Guillermo Tovar de Teresa (p. 38), que justamente en esos dos centros de tránsito y de intercambio hayan aparecido durante el virreinato las primeras obras barrocas. De esas ciudades, en poco tiempo y gracias a los nuevos edificios, se originaron las influencias que luego se propagaron a todo el territorio de Nueva España. Salvo las propuestas de carácter decorativo que se agregaron a los edificios catedralicios, las primeras manifestaciones del Barroco, que terminaron por consagrarse como rasgos característicos del arte colonial mexicano en los siglos XVII y XVIII, fueron los muebles u objetos —retablos y colaterales— y las decoraciones —portadas y otros arreglos— que se colocaron sobre los muros de los templos erigidos conforme a plantas en forma de cruz latina.

[101] Diego Angulo Íñiguez, *Historia del arte hispanoamericano*, t. 2, pp. 24-26.
[102] Cf. Guillermo Tovar de Teresa, *op. cit.*, p. 38.

A excepción de un par de ejemplos y de algunas soluciones parciales diferentes, la planta de los edificios destinados al culto por el clero secular —parroquias y capillas— conservaron la cruz como su esquema principal. Por esta razón, el Barroco novohispano ha sido considerado como un estilo ornamental o superficial. El trazo de las plantas y sus resultados espaciales no revelan una adopción parcial de la corriente barroca, escasez de imaginación o la sencilla continuidad de una tradición no establecida, sino más bien, como lo han propuesto varios autores, el apego a una fórmula que ostensiblemente identificaba los templos católicos, según las recomendaciones que, a su vez, se basaban en los consejos de San Carlos Borromeo[103]. En sus textos acerca de las construcciones eclesiásticas, éste aconsejaba privilegiar el carácter simbólico, aludido en la cruz, que debía significar los recintos destinados al culto.

Desde una época ciertamente temprana, las técnicas constructivas españolas tuvieron que adaptarse a las condiciones geológicas y geográficas de las distintas regiones del país. Los movimientos sísmicos en la costa del Pacífico y en el altiplano, y la inestabilidad de los suelos en varias regiones serranas, por ejemplo en el área de Oaxaca, obligaron a adoptar procedimientos de edificación que luego se generalizaron, al grado de que muchos trabajos de estereotomía y cantería se volvieron repetitivos. Los edificios destinados a las prácticas religiosas adquirieron un carácter inconfundible. Además, desde los primeros decenios del siglo XVII, había ya entre la población una sólida noción del espacio individual y del colectivo, que lo mismo comprendía los trazos urbanos que las fachadas y aun los interiores de los edificios públicos y privados.

La composición de espacios arquitectónicos en Nueva España partió siempre de conceptos simbólicos. La capacidad de observación y no sólo la conveniencia de los constructores españoles del siglo XVII, que hicieron posible la participación de los naturales y la incorporación de expresiones nativas en los grandes conjuntos, tuvo el efecto de conservar el espíritu de los esquemas simbólicos en las obras comunitarias, destinados a volver más clara y expresiva la naturaleza de los espacios en que se desenvolvía la vida de la comunidad. Las propuestas del Barroco, que en un principio se habían adoptado en Italia y en España como simples recursos decorativos, adquirieron un valor espacial del mayor interés en las ciudades americanas: México y Puebla primero, y decenas de centros urbanos después.

Durante la primera mitad del siglo XVII en Nueva España, el conjunto de la sociedad experimentó un fenómeno de polarización de

[103] *Ibid.*, pp. 64 y 65.

clases que llegó a constituir uno de los rasgos principales de la nacionalidad mexicana. La vasta amalgama multirracial, la convivencia a menudo obligada y tolerada y aun las separaciones que imponían las Leyes de Indias, dieron origen a la clasificación de los pobladores conforme a la situación estamentaria de cada grupo. La cultura de entonces, es decir, la que se sintió identificada con el nuevo estilo, acogió y dio impulso al Barroco que prácticamente lo alcanzó todo, era exclusiva de los españoles, los criollos y muy parcialmente de algunos mestizos. A todos ellos, igual que a la Corona, a las autoridades del virreinato y a la Iglesia, les resultaba indispensable mantener avasallados a los peones del campo, y conservar una férrea sujeción sobre la mano de obra en las minas y en los ingenios. Aunque no en lo material, la esperanza en la salvación transfería la felicidad al cielo, materializado en la deslumbrante decoración de los templos.

Sin nociones de patria, lejos de un proceso de integración social y sin perspectivas de una mejoría colectiva, la mayoría de la población de Nueva España abrazó la intensa religiosidad como uno de sus rasgos peculiares. El poder que acumuló la Iglesia, manifiesto en todas sus actividades y en aumento durante el siglo XVII, le permitió organizar y dominar la vida intelectual e inclusive prescribir el destino de ciertos sectores de la comunidad. A las mujeres, por ejemplo, sin distinguir fortuna, sólo les ofreció una alternativa: el matrimonio o el convento[104]; y a las francamente pobres, la servidumbre. Vale por ello subrayar la determinación con que la Iglesia apoyó la adopción de esquemas de composición barrocos, y sobre todo la intención de aprovecharlos para transmitir los mensajes de la fe, la resignación y la obediencia, útiles para consolidar su preeminencia.

[104] *Ibid.*, p. 55.

El diseño de los edificios relevantes, y el de muchos otros de menor importancia, se resolvió con trazos barrocos aun cuando en el tratamiento de algunos aspectos parciales se había propiciado la intervención de creadores regionales. Las yeserías que se aplicaron a varias iglesias poblanas en el primer tercio del siglo, consideradas como precursoras de esta escuela, no cumplieron sino funciones ornamentales y sólo fueron intentos de transformar visualmente el espacio. En la capilla de San Nicolás, ya desaparecida, y en las del templo de Santo Domingo, que se terminaron de construir en 1632[105] y aún perduran, se echó mano de recursos más bien manieristas, cuyo contacto con el Barroco se produjo en la adaptación de los elementos arquitectónicos.

[105] *Ibid.*, p. 67.

Las construcciones en las que privaron el espíritu y las formas del arte barroco, como éste se entendió en Nueva España, realmente aparecieron hacia mediados del siglo XVII. En un primer momento todavía se utilizaron recursos plásticos renacentistas, platerescos, manieristas y hasta herrerianos, los cuales se combinaron con curiosidad y libertad, siguiendo patrones ornamentales y procedimientos de composición ya claramente vinculados con la nueva tendencia. Lo que se pretendía era dar movilidad a los edificios, en contraposición a la estabilidad que ostentaban.

En una segunda etapa de la evolución del Barroco, correspondiente a los tres últimos decenios del siglo XVII y los tres primeros del XVIII, se utilizaron las columnas helicoidales o salomónicas prácticamente en toda la Nueva España. Por la abundancia de ejemplos de esta índole, sobre todo en portadas y en retablos, se advierte que este tipo de apoyo desempeñó el papel principal en materia tanto de decoración como de argumento para gustar y persuadir. Cabe aquí señalar que los retablos en los interiores y las portadas en los exteriores fueron parte fundamental de los muros en que se apoyaron, pero sin extenderse sólo sobre los planos, sino también desprendiéndose de éstos para producir efectos de volumen que sugirieron la existencia de espacios de distintas dimensiones. A unos y a otras se les completó con piezas artísticas cuyo acomodo siempre obedece a un orden preestablecido. Las pinturas y esculturas en los retablos y sólo las esculturas en las portadas, tuvieron la función de volver visibles los conceptos, de materializarlos.

Esas dos primeras épocas del Barroco fueron sustentadas todavía por esquemas de origen renacentista, circunstancia que se ha considerado como peculiar en la arquitectura de España[106] y sus posesiones. En Nueva España, además, se destacaron algunas escuelas regionales que pronto se diferenciaron debido a los diversos medios empleados por los arquitectos y los artistas, para producir los elementos de sus decoraciones[107]: acabados y recubrimientos a base de aplanados y argamasa, en el área de Texcoco; aplicaciones de ladrillo y azulejo, en el valle de Puebla; trípticos escultóricos en la zona de Guadalajara; cuidadosas labores de cantería en Zacatecas, San Luis Potosí y en algunas áreas del valle de Atemajac; conjuntos y escenas en altorrelieve en las comunidades de Oaxaca y en la ciudad de México, y motivos policromados a la cal en el valle de Toluca.

La relativamente rápida expansión por todo el país de las propuestas de aliento barroco dio lugar a expresiones populares muy interesantes en el campo de la construcción, en especial entre los autores no académicos, quienes encontraron toda clase de facilidades para manifestarse dentro del clima de libertad propiciado por la nueva corriente. La arquitectura barroca, sin embargo, no constituyó tan sólo

[106] Cf. DIEGO ANGULO ÍÑIGUEZ, *Historia del arte hispanoamericano*.

[107] JOSÉ ROGELIO ÁLVAREZ NOGUERA, "Arquitectura", en *Enciclopedia de México*, pp. 406-410.

los escenarios de las celebraciones religiosas y algunas sedes de la actividad civil, sino que dio forma y espacio a una gran cantidad de ideas que, en conjunto, representaron a la sociedad. Kurt Gerstenberg afirma que "el barroco introduce una cultura de los sentidos que se enriquece y refina a lo largo del siglo XVII y que se supera en el XVIII"[108].

[108] Véase la Introducción de Kurt Gerstenberg, en HARALD BUSCH Y BERD LOHSE, *op. cit.*

ARQUITECTURA Y ARTE EN LA ÉPOCA DE SOR JUANA

Sor Juana fue uno de los personajes más destacados de Nueva España en la segunda mitad del siglo XVII. Nacida en 1651 en una pequeña población del actual Estado de México, pronto pasó a la capital y antes de intentar incorporarse a la comunidad de las carmelitas descalzas ya había adquirido notoriedad en la corte, como dama de honor de la virreina Leonor María Carreto, marquesa de Mancera. Juana Inés ingresó como novicia al convento de las carmelitas descalzas en agosto de 1667, donde estuvo sólo unos cuantos meses, pues quizá la regla de aque-

Plano de la ciudad de México basado en el
plano de Juan Gómez de Trasmonte 1628

Construcciones
Calzadas
Acueductos
Acequias
Albarradones

1. Iglesia del Carmen
2. Convento de Santo Domingo
3. Parroquia de San Sebastián
4. Catedral
5. Iglesia de La Profesa
6. Palacio Nacional
7. Universidad
8. Casas de Cabildo
9. Hospital de Jesús
10. Convento de San Agustín
11. Iglesia de Regina Coelli
12. Convento de San Jerónimo
13. Iglesia de San Pedro y San Pablo

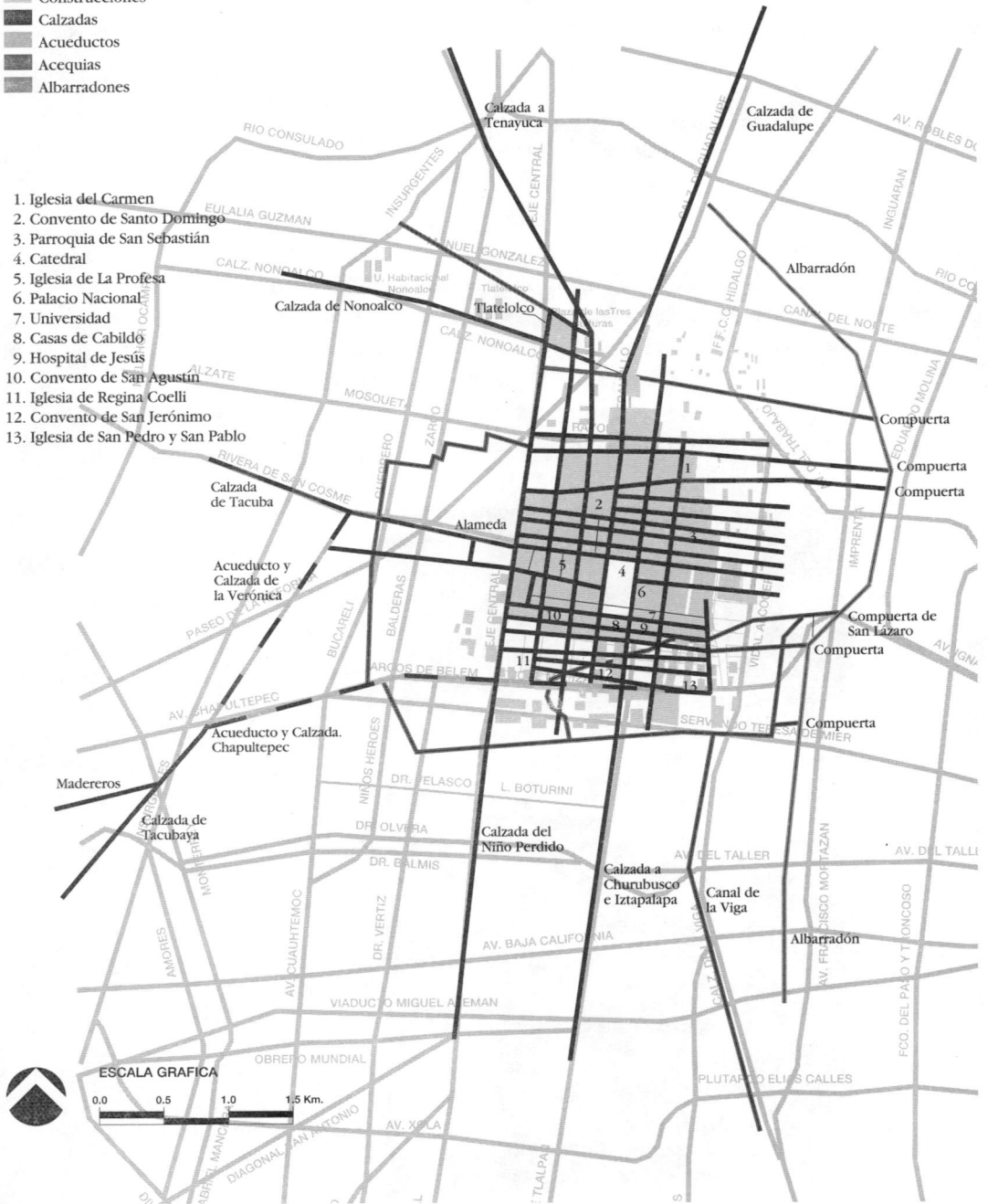

Calzada a Tenayuca
Calzada de Guadalupe
AV. ROBLES DO
RIO CONSULADO
EULALIA GUZMAN
INSURGENTES
EJE CENTRAL
MANUEL GONZALEZ
Albarradón
RIO CO
INGUARAN
CALZ. NONOALCO
U. Habitacional Nonoalco
Tlatelolco
Calzada de Nonoalco
Tlatelolco
Plaza de lasTres Culturas
F.F.C.C. HIDALGO
CANAL DEL NORTE
CALZ. NONOALCO
EDUARDO MOLINA
ALZATE
MOSQUETA
Compuerta
RIVERA DE SAN COSME
GUERRERO
ZARCO
RAMO
CALZ. DEL TRABAJO
Compuerta
Compuerta
Calzada de Tacuba
Alameda
1
2
3
IMPRENTA
Acueducto y Calzada de la Verónica
PASEO DE LA
BUCARELI
BALDERAS
EJE CENTRAL
4
5
6
10
8 9
Compuerta de San Lázaro
Compuerta
VIga A CORTÉS
AV. IGNA
ARCOS DE BELEM
11
12
13
AV. CHAPULTEPEC
SERVANDO TERESA DE MIER
Compuerta
Acueducto y Calzada. Chapultepec
NIÑOS HEROES
Madereros
DR. VELASCO
L. BOTURINI
Calzada de Tacubaya
DR. OLVERA
Calzada del Niño Perdido
AV. DEL TALLER
AV. DEL TALLI
MONTERREY
DR. BALMIS
Calzada a Churubusco e Iztapalapa
Canal de la Viga
AV. FRANCISCO MORTAZAN
AV. CUAUHTEMOC
DR. VERTIZ
Albarradón
AMORES
AV. BAJA CALIFORNIA
FCO. DEL PASEO Y TRONCOSO
VIADUCTO MIGUEL ALEMAN
OBRERO MUNDIAL
PLUTARCO ELIAS CALLES
ESCALA GRAFICA
0.0   0.5   1.0   1.5 Km.
DIAGONAL SAN ANTONIO
AV. XOLA
CALZ. TLALPAN

llas religiosas —bajo la denominación de Santa Teresa— le pareció o le resultó demasiado severa. Entonces tenía dieciséis años y parte de su juventud la había pasado cerca de la corte virreinal. Casi dos años después, en febrero de 1669[109], tomó los hábitos en el monasterio de San Jerónimo, donde profesó y vivió en clausura hasta su muerte el 17 de abril de 1695. Nunca salió de ahí y sus restos fueron inhumados, como los de muchas de sus hermanas, en la cripta situada en un nivel inferior al del coro bajo del templo.

Haber figurado en un medio tan restringido como el que rodeaba a los gobernantes de Nueva España fue debido a su talento, su cultura y su belleza. Es un hecho que conocía de cerca muchas de las manifestaciones del arte, mediante las cuales se expresaban las ideas y los gustos de la sociedad de su tiempo. Su formación cultural, particularmente su dominio del latín y el conocimiento que tuvo de la mitología clásica y de la filosofía aristotélica, le permitió aproximarse con gran detalle a las antiguas creaciones de la inteligencia, en las cuales se basaba buena parte del avance en el pensamiento de Europa y de Nueva España durante los siglos XVI y XVII.

La ciudad de México que conoció Sor Juana fue una capital en continua transformación. Muchas obras arquitectónicas se habían emprendido después de la inundación y de los motines de 1629 y, aunque en el campo del urbanismo el conjunto no hacía sino consolidar con nuevos edificios y unos cuantos ensanches[110] los trazos del siglo anterior, el paisaje citadino mudó de iglesias con techumbres de madera y casas o palacios terminados con almenas a construcciones eclesiásticas en las que ya aparecían las cúpulas, algunas bóvedas y torres de campanario, cuyos perfiles o siluetas presidían las panorámicas en que las casas ya no eran tan fastuosas.

Las obras eclesiásticas eran naturalmente las más importantes, no sólo por sus dimensiones sino por el apoyo que recibían de los grupos económicamente más fuertes. Cada edificio religioso era además el repositorio de una multiplicidad de objetos en cuya hechura intervenían grupos considerables de artistas, técnicos y auxiliares. En torno de la Iglesia prosperaban movimientos intelectuales y tendencias artísticas. Las novedades arquitectónicas de la ciudad, en la que vivía Sor Juana, fueron edificaciones importantes, tales como la portada original del templo de la Santísima Trinidad, comenzada en 1659; la iglesia de Santa Clara, en proceso de construcción alrededor de 1661; la reconstrucción de San Agustín, que encabezaba Diego de Valverde en 1676[111], y la realización del templo de San Bernardo por Juan de Cepeda hacia 1680.

[109] JEAN FRANCO, *Las conspiradoras. La representación de la mujer en México*, El Colegio de México-F.C.E., México, 1994, p. 54.

[110] JOSÉ ROGELIO ÁLVAREZ, *Imagen de la gran capital*, pp. 50-54.

[111] DIEGO ANGULO ÍÑIGUEZ, *Historia del arte hispanoamericano*, pp. 13-16.

Esos edificios, aparte de sus peculiares valores individuales, ocupan un lugar sobresaliente en la historia del arte, la cultura y la arquitectura en México. La situación general que los hizo posible habría de culminar en la tercera década del siglo XVIII, cuando ya las creaciones novohispanas estaban a la vanguardia del movimiento barroco. Sedes del poder espiritual consustancial al virreinato, los templos e instalaciones eclesiásticas enfrentaron una cierta complejidad en la concepción e integración de su programa arquitectónico. La composición de los espacios obligó a desarrollar técnicas y temáticas pictóricas y escultóricas que mucho contribuyeron a redondear el ambiente cultural en el que se formó y actuó Sor Juana. Muchas de las actividades de la monja estuvieron vinculadas con el arte, en ocasiones con gran profundidad y a veces casi como un pasatiempo. La poetisa, por su fina sensibilidad y por sus inclinaciones artísticas, apreció todas las manifestaciones culturales de su época: la arquitectura estuvo entrelazada con la pintura, la escultura, la música y la literatura.

En cuanto a la pintura, a mediados del siglo XVII figuraba José Juárez como uno de los artistas más distinguidos. De carácter y estilo barrocos, en varios de sus lienzos es ostensible una cierta influencia tenebrista. En los trabajos que realizó de 1642 a 1658, una época durante la cual dio muestras de singular habilidad técnica, se observan influencias de Rubens, de Murillo y sobre todo de Zurbarán. Un discípulo suyo, Antonio Rodríguez, se apegó mucho más a los lineamientos de la pintura barroca, aunque a juicio de algunos críticos su obra presenta escasa libertad en el dibujo y soluciones cromáticas todavía sombrías. Pintó, sin embargo, cuadros de enorme mérito como *San Jerónimo*, *San Nicolás dando limosna* y *San Agustín escribiendo*, que se conservan en la Pinacoteca Virreinal; *San Antonio*, actualmente en la parroquia de San Juan Bautista de Coyoacán, y *Ánimas del Purgatorio*, ahora en la sacristía del templo de San Diego, del exconvento de Churubusco; son obras realizadas entre 1665 y 1677[112].

Baltasar de Echave Rioja trabajó también con Juárez y se considera uno de los artistas plásticos más importantes del Barroco en la segunda mitad del siglo XVII. Sus influencias también proceden de los grandes maestros europeos. Siguió a Murillo en la ejecución del *Martirio de San Pedro de Arbués*, cuadro que le solicitó la Inquisición en 1667; y a Rubens, a cuyo tipo de pinceladas se afilió cuando hizo en 1675[113] los lienzos murales de la sacristía de la Catedral de Puebla, los cuales representan los *Tributos de la Eucaristía, la Fe y la Iglesia*. Pintor de gran talento, Echave Rioja contribuyó a depurar la técnica de dibujo y, aunque en su obra se advierte una cierta etapa de transición

[112] Cf. Beatriz Espejo, "Pintura", en *Enciclopedia de México*, 2ª ed., México, 1977, t. 10, pp. 328-329.

[113] *Ibid.*, pp. 329-330.

que termina con los escenarios oscuros y los contrastes entre luces y sombras, alcanzó amplia notoriedad por trabajos tan excelentes como *El entierro de Cristo*, firmado en 1668, que hoy se conserva en la Pinacoteca Virreinal.

El gran volumen de obra de arquitectura que patrocinó la Iglesia en la segunda mitad del XVII multiplicó los encargos a los pintores. Muchas telas no tuvieron como destino solamente los retablos o la decoración de los templos, sino también otros espacios eclesiásticos: palacios episcopales, residencias de canónigos, tribunales, hospitales, colegios y recogimientos. Los temas de estas obras siempre estuvieron vinculadas al medio religioso, inclusive los retratos, pues la mayoría son de benefactores, sacerdotes y monjas. Artistas muy conocidos participaron de ese movimiento y llegaron a formar una verdadera escuela. Pinturas de excelente calidad fueron adquiridas también por los particulares. En la vasta nómina de creadores de aquella época se destacan los nombres de Rodrigo de la Piedra, Antonio de Santander, Bernardino Polo, Juan de Villalobos, Juan Salguero y Juan de Herrera, quienes siguieron en mayor o menor grado a los grandes maestros del período: Juan Correa y Cristóbal de Villalpando.

Juan Correa trabajó intensamente de 1671 a 1716[114] y alcanzó gran prestigio y fama por la calidad de su dibujo y por la considerable dimensión de algunos de sus cuadros más conocidos: entre otros, *Apocalipsis*, en la Catedral de México, *La conversión de Santa María Magdalena*, hoy en la Pinacoteca Virreinal y *Santa Catarina* y *Adán y Eva arrojados del Paraíso*, este último conservado en la colección del Museo del Virreinato en Tepotzotlán.

Villalpando, quien murió en 1714, ha sido considerado el pintor más representativo de la segunda mitad del siglo XVII novohispano[115]. Esa distinción se originó tanto por su talento y fecundidad como por el virtuosismo de que hizo gala en muchos de sus lienzos. Igual que otros artistas de su tiempo, trabajó más para la Iglesia que para las instituciones civiles o los particulares. Sus obras más conocidas, entre las que se cuentan desde piezas de pequeño formato en lámina hasta lienzos de proporciones murales, forman parte de las pinacotecas de los templos. Pinturas suyas como *La apoteosis de San Miguel*, *Los desposorios de la Virgen* y *La huida a Egipto*, se consideran fundamentales para comprender cabalmente las calidades de la pintura barroca en Nueva España.

Sor Juana tuvo un profundo interés por la pintura. Así lo demuestran numerosos poemas cuyo contenido ha sido ya largamente examinado por varios investigadores y críticos. Algunas de las reflexiones

[114] GUILLERMO TOVAR DE TERESA, *op. cit.*, p. 299.

[115] BEATRIZ ESPEJO, art. cit., p. 330.

de Sor Juana a propósito de los retratos —copias, como aclara Paz (p. 357) que se les decía a este tipo de cuadros— de María Luisa Manrique de Lara dieron pie a la suposición de que la poetisa muy bien pudo haber tomado los pinceles y trabajar con ellos en varias ocasiones. Aunque a lo largo de la historia muchos escritores habían incursionado en las artes plásticas, lo que no atribuiría a Sor Juana en este campo una condición excepcional, lo cierto es que los pintores y escultores de su tiempo no se refirieron a la obra de la monja a pesar de que reconocían su talento en varias artes.

Las relaciones de Sor Juana con la pintura fueron más bien alegóricas o pasivas; lo primero porque cuando trató el tema de los retratos que haría, o de los pinceles con que iba a ejecutarlos, lo que anunciaba, según Octavio Paz, era el propósito de hacer la descripción literaria de una persona; y lo segundo, porque se sabe que algunos pintores hicieron retratos suyos, aunque todos los que se conservan, a juzgar por lo que Paz dice, son copias de otros que se perdieron. Uno de ellos, rodeado de misterio como muchos otros pasajes de la vida de la poetisa, es el que pintó Juan de Miranda. En algunas relaciones se menciona el cuadro como fechado en 1713, lo que probablemente lo convertiría en una copia de un primer retrato que el mismo artista hizo de la monja entre 1680 y 1688. El lienzo, hoy en poder de la Universidad Nacional, no lleva la fecha, de modo que tal vez podría tratarse del original, hipótesis que plantea el multicitado Paz (p. 307). Otro ejemplo es el excepcional trabajo de Miguel Cabrera, firmado en 1750, copia desde luego del de Miranda. Cabrera tuvo muchos méritos y se le ha elogiado como a pocos pintores, especialmente en el siglo XIX. Su aportación a la pintura, barroca y dieciochesca, es múltiple y consistente; en el caso de Sor Juana, admira que tratándose de una versión de otro lienzo, haya logrado no sólo una pieza de inmenso valor sino de un parecido notable con el grabado de Lucas de Valdés, hecho en vida de la monja, que aparece en la edición del segundo volumen de las *Obras* de Sor Juana publicado en Sevilla en 1692.

Al lado de la pintura floreció la escultura en Nueva España, sobre todo en el ámbito eclesiástico y en la segunda mitad del siglo XVII. Podría afirmarse que los relieves, las imágenes de bulto y las grandes composiciones que llegaron a cubrir todo el espacio de la portada en varios templos, desempeñaron una función mucho más eficaz que los lienzos. De hecho, la mayoría de los argumentos de aliento teológico que se divulgaron en el interior de los recintos de culto quedaron expuestos en retablos y colaterales, especialmente durante la época barroca.

Una vez que Sor Juana ingresó al convento de San Jerónimo, su contacto con el mundo de la cultura se estableció en las reuniones que se organizaban a su alrededor en el locutorio y por medio de una copiosa correspondencia con varios personajes de la época. Francisco de la Maza afirma que la poetisa escribió unas "letras sagradas" que fueron cantadas durante la dedicación del templo conventual de San Bernardo, en 1690[116]. Si bien es improbable que la poetisa conociera físicamente ese edificio, es un hecho que debió saber cómo se había construido, en especial el remate de la reja del coro alto, donde se encontraba una imagen de aquel santo.

Ésa no es la única alusión a la escultura en la obra poética de la monja; hay otras muchas, inclusive aquella en que se refiere a un retrato pintado como "bronce frío", calidad de ciertas imágenes que Paz analiza con larguez. El conocimiento que Sor Juana debe haber tenido acerca de la escultura de su tiempo quizá se originó en el apre-

[116] FRANCISCO DE LA MAZA, *Arquitectura de los coros...*, pp. 35-36.

cio que merecieron las obras de Miguel Jiménez, quien realizó alrededor de 1687 los relieves y la imagen de San Pedro en la fachada principal de la Catedral de México[117]; acaso también en la bien ganada fama de los escultores queretanos y hasta en las estatuas de benefactores que se colocaron en templos conventuales como la de Buenaventura Medina Picazo en la capilla que lleva su nombre en el conjunto de Regina en la ciudad de México.

En el propio convento Sor Juana tuvo contacto con la música que fue uno de los más lucidos blasones de San Jerónimo. Parte de la fama de que gozó ese monasterio se debió a la calidad con que se enseñaban el canto, la danza y la ejecución de instrumentos. La misma Sor Juana impartió lecciones y aun intentó, según afirma Manuel de Elías[118], un *Tratado de armonía* al que se refiere en un romance que dedicó a la condesa de Paredes.

Los músicos de la época de Sor Juana trabajaron y compusieron especialmente para la Iglesia; ellos escribieron partituras de la más diversa índole e hicieron las copias de las obras que se interpretaban al órgano, y con otras voces y cuerdas, en las misas y celebraciones religiosas. Entre los contemporáneos de la poetisa, se cuentan músicos cuyas obras revelan conocimientos e inspiración acordes con la espiritualidad de la segunda mitad del siglo XVII. Antonio Sarrier es autor de varias piezas en tres movimientos a las que llamó oberturas, aunque en realidad son pequeñas sinfonías cuya última parte, a tono con la vanguardia de la época, se resolvió en forma de fuga. Juan Matías, de origen indígena, activo en el período de 1617 a 1667, fue también compositor y maestro de capilla en la sede diocesana de Oaxaca y autor de un *Tratado de armonía*. Y Antonio de Salazar, maestro de capilla de la Catedral de México entre 1688 y 1715[119], tuvo méritos semejantes.

La música de aliento religioso, es decir, la que muy probablemente conoció Sor Juana como obra de los compositores novohispanos, experimentó un período de esplendor entre 1621, momento en que se admitió el contrabajo en la Iglesia, y mediados del siglo XVIII[120], cuando esa expresión asumió temas y tonos de carácter profano. La ilustre monja debió tener un estrecho contacto con algunos compositores, arreglistas y ejecutantes, pues a ellos correspondía relacionar la poesía con la música en las melodías preparadas para las comedias, las loas y los autos sacramentales. En este sentido Sor Juana no hacía sino continuar una tradición española, fielmente sostenida por los autores de piezas de teatro[121].

Sor Juana disfrutó de una pequeña colección de instrumentos musicales, además de que también sobresalió en la crítica y en la teoría

[117] BEATRIZ ESPEJO, "Escultura", en *Enciclopedia de México*, ed. especial, México, 1987, t. 5, pp. 2522-2523.

[118] "Música", en *Enciclopedia de México*, 2ª ed., t. 9, p. 292.

[119] *Ibid.*, p. 292-293.

[120] *Ibid.*, p. 292.

[121] Cabría recordar, en este punto, que la primera ópera española se debió a Lope de Vega y que los

del arte de los sonidos. Es presumible que haya estado al tanto de la vanguardia de su tiempo en ese campo. El ritmo, las alusiones y las metáforas de Sor Juana en torno de alegorías poéticas y teológicas, corresponde a ciertas estructuras de la música barroca de su época. Sus villancicos entrelazan su arte literario con la música virreinal. Puede ser que haya tenido acceso por lo menos a una parte de la producción de Joseph de Torres y Vergara, quien vivió entre 1661 y 1727 y a quien se deben algunas composiciones en las que Felipe Ramírez[122] ha encontrado notables afinidades con las creaciones para órgano de los grandes maestros europeos incluyendo a Bach, sin que por ello dejen de ser originales algunos aspectos rítmicos y armónicos de la obra del músico novohispano.

El sistema conceptual y estructural del estilo barroco constituyó a lo largo del siglo XVII, y en especial de su segunda mitad, una línea de pensamiento que permeó prácticamente todas las actividades vinculadas con la cultura en Nueva España. La literatura se desarrolló también de acuerdo con lo que entonces se consideró un nuevo gusto estético. La corriente barroca, expresada por medio del lenguaje, dio ocasión a que se manifestara el culteranismo y se pusiera énfasis en la retórica[123]. Lo que en arquitectura tuvo la apariencia de sinuoso y recargado, en literatura fue erudito y exagerado. Y como en las otras artes, el Barroco en las letras exigió no sólo habilidad sino talento. Algunos de los autores que fueron conocidos hacia mediados del siglo habían incursionado con éxito en el terreno de los juegos y caprichos literarios —anagramas, emblemas, laberintos y símbolos—, y en la poesía lírica, la narrativa y la dramaturgia.

José López Avilés escribió por esa época una biografía en verso de Fray Payo Enríquez: *Debido recuerdo de agradecimiento leal*; Matías Bocanegra alcanzó un grado importante de popularidad por su *Canción a la vista de un desengaño*, y a Sor Teresa de Cristo, profesa del convento de la Concepción, se le recordaba constantemente, pues sus composiciones en verso solían repetirse en las ceremonias civiles y religiosas que se organizaban en la ciudad de México. Carlos de Sigüenza y Góngora disfrutó fama de hombre sabio. Fue un escritor barroco, y entre sus muchas obras de este estilo son notables la *Relación de los infortunios de Alonso Ramírez*, relato del género de ficción que había prohibido el Santo Oficio, y *Primavera indiana*[124], un poema en el que abordó a fondo el tema de la Virgen de Guadalupe.

El personaje más importante de las letras por aquellos años, y a lo largo de todo el virreinato mexicano, fue sin duda Sor Juana Inés de la Cruz. Objeto de las más profundas reflexiones y de los más encendidos elogios, la Décima Musa, como la llamaron sus contemporáneos,

antecedentes de la zarzuela son atribuibles a Calderón de la Barca, según apunta Octavio Paz.

[122] *Tesoro de la música polifónica en México*, Cenidim-INBA, México, 1981, pp. 7-17.

[123] JOSÉ ROGELIO ÁLVAREZ (dir.), *Enciclopedia de México*, 2ª ed., t. 8, p. 110.

[124] *Ibid.*, pp. 110-111.

sigue causando asombro, sobre todo por la universalidad de su pensamiento. Mujer de invaluable talento, desde la literatura pareció abarcarlo todo: su lenguaje, barroco y alegórico, a la par que cristalino y directo, rebasó los temas que la ocuparon para sugerir o provocar evocaciones, alusiones a la cultura universal y a las condiciones de su tiempo, y desde luego para crear figuras simbólicas de las que se sirvió para exaltar la libertad, el orgullo de su sexo y la gloria del amor a la vida, como éste podía verse y sentirse desde la perspectiva de una monja en su convento.

Las aportaciones de Sor Juana al mundo de la cultura siguen siendo inestimables. Su presencia en el arte parece acrecentarse en la medida en que se la estudia, habida cuenta de que nada le fue ajeno. Mucho de cuanto investigó y estudió, y parte de lo que trazó con su pluma, es todavía motivo de suposiciones y especulaciones. Ello se debe a la manera como se despojaba de sus papeles y a la pérdida de su biblioteca y sus instrumentos, que repartió, ya desfalleciente, poco tiempo antes de su muerte. Al igual que la música, la pintura y la escultura barrocas, sus trabajos literarios corresponden a la grandeza de la arquitectura novohispana, que tanto contribuyó a modelar los espacios que de manera tan profunda se identifican con los rasgos de lo mexicano. Ella misma advierte, como lo analiza Octavio Paz (p. 444), acerca de la posición conjunta de ojos y oídos ante la obra de arte:

> Si en proporciones de partes
> sólo consiste lo hermoso
> que no entienden los oídos
> y que lo escuchan los ojos (384, vs. 1-4).

VI

ARQUITECTURA EFÍMERA E IMA GEN DEL PODER

FERNANDO CHECA

PHILIPPO QVARTO

ARQUITECTURA EFÍMERA E IMA GEN DEL PODER

EL presente estudio tiene que ver con el tema de las relaciones entre arte y literatura en uno de los momentos en que ambos campos de la creación se encontraban profundamente interconectados[1] y en un ámbito social, la sociedad cortesana, que los eligió como los medios privilegiados para transmitir a sus súbditos, retórica y elocuentemente, aquello que más le interesaba: una determinada y precisa imagen del poder. El momento y el lugar elegidos, la corte novohispana de la segunda mitad del siglo XVII y la persona en torno a la cual giran las presentes páginas, Sor Juana Inés de la Cruz, constituyen un punto de mira privilegiado como pocos para hacerlo; se trata de uno de los instantes en que con mayor claridad una sociedad fuertemente jerarquizada opta por una cultura simbólica y jeroglífica como medio favorito para manifestarse.

La expresión jeroglífica invade en el Barroco los más diversos ámbitos de la vida; no sólo gran parte de la literatura, sino también

[1] Véase RESENLAER W. LEE, *Ut pictura poesis. La teoría humanística de la pintura*, Cátedra, Madrid, 1982.

[2] Padre JUAN EUSEBIO NIEREMBERG, *Oculta Filosofía, y Antipatía de las cosas, artificio de la naturaleza, y noticia natural del mundo, y segunda parte de Curiosa Filosofía*, Barcelona, 1645, cap. 11: *El mundo es un laberinto poético. Trátase de los laberintos de Porphirio poeta*, p. 106.

[3] Véanse ANDREA ALCIATO, *Emblematum Liber* [1ª ed. Augsburgo, 1531], Akal, Madrid, 1975; HORAPOLO, *Orus Apollo de Aegyptae de la signification des notes Hieroglyphiques des Aegyptiens...* [1ª ed. Venezia, 1505; Paris, 1543], Akal, Madrid, 1991; FRANCESCO COLONNA, *Hypnerotomachia Poliphili*, Venezia, 1499; CESARE RIPA, *Iconologia overo Descrittioni dell´Imagini universali cavate dall´antichitá et da altri luoghi* [1ª ed. Roma, 1593; 1ª ed. ilustrada, Roma, 1603], Akal, Madrid, 1987. Sobre el caso de la influencia de estas ideas en el arte español del siglo XVII véase JULIÁN GÁLLEGO, *Visión y símbolos en la pintura española del Siglo de Oro*, Aguilar, Madrid, 1972.

[4] Sobre este tema, de muy abundante bibliografía, véase KARL GIEHLOW, "Die Hieroglyphenkunde des Humanismus in der Allegorie der Renaissance, besonders der Ehrenpforte Kaiser Maximilians I. Ein Versuch.", *Jahrbuch der Kunsthistorischen Sammlungen des Allerhöchsten Kaiserhauses*, 32 (1915), 1-232.

amplias parcelas de la actividad artística: la pintura, la escultura y la ornamentación arquitectónica, y aun la misma sociedad.

El sistema de jerarquización ordenada propio de la sociedad estamental, su manera de mostrarse al exterior mediante liturgias sagradas y profanas, y ceremonias, se tiñe continuamente de un simbolismo, a menudo intrincado y complejo, que sólo podía desentrañarse en su integridad a través del estudio, a veces un tanto laberíntico, del mundo del emblema y del jeroglífico. Un personaje tan cercano a la cultura de los personajes que vamos a tratar como el jesuita Juan Eusebio Nieremberg, en su *Oculta Filosofía*, no dudaba en presentar al mismo mundo como un amplio y enrevesado jeroglífico poético:

> Plotino —dice— llamó al mundo Poesía de Dios. Yo añado, que este Poema es como un laberinto, que por todas partes se lee, y haze sentido, y dicta a su Autor... Todo este Panegírico consta de diez y siete laberintos artificiosíssimos, juntando, y eslavonando un verso con otro de diversas maneras, celebrando las alabanças del César por todas partes, por los principios, por los medios, por los fines de los versos, y al través, desde la primera letra del primero hasta la última del último, atravesando por las demás de los de enmedio, la segunda del segundo, tercera del tercero con otras mil ocurrencias de sentidos en loores del César. Assí imagino yo el Mundo ser un Panegírico de Dios[2].

También la historia pasada, real o mítica, era un ámbito donde se entraba a saco para ser utilizado con estricta finalidad política y operativa sobre el presente. La actividad artística se cargó de sentidos ocultos y, entre sus muchos géneros, el arte del siglo XVII privilegió un campo como el simbólico que se había comenzado a explorar desde la anterior centuria. No obstante el valor autónomo que había adquirido a partir de libros como el de Alciato, el descubrimiento y traducción del tratado de Horapolo, la aparición de novelas simbólicas como la *Hypnerotomachia Poliphili* de Francesco Colonna o la influyentísima *Iconologia* de Cesare Ripa, fueron ancontecimientos que pronto se utilizaron con amplia discreción en infinidad de cuadros y esculturas[3].

De ello se beneficiaron tanto el mundo de lo sagrado como el de lo profano y, dentro de éste, el campo de la política. La representación del poder, sobre todo a partir del ejemplo que a fines del siglo XV y principios del XVI proporcionaron las amplias series grabadas en honor del Emperador Maximiliano I, encontró en el campo de lo simbólico y lo jeroglífico uno de los medios más adecuados para la presentación exterior de una serie de imágenes fuertemente cargadas de sentido que pronto se convirtieron en tópicas[4].

Es en torno a este ambiente de la representación del poder, alrededor del cual van a girar las siguientes páginas centradas en un momento privilegiado para su estudio como es el de la sociedad cortesana virreinal en Nueva España en la segunda mitad del siglo XVII, donde destacaron personalidades tan poderosas como Sor Juana Inés de la Cruz y Carlos de Sigüenza y Góngora, que supieron revestir una cultura importada de Europa de las especificidades políticas e históricas del momento en que vivieron.

Junto a la idea del mundo, sus personajes, arquitecturas y ciudades concebidas como jeroglífico, se impone otra premisa general. La Edad Moderna encontró en la retórica clásica el medio idóneo para transmitir ordenada y elocuentemente no sólo su cultura y su literatura, sino la imagen exterior que de sí misma proponía. La capacidad persuasoria de mitos, emblemas e imágenes se buscaba de continuo y ello se hacía con más fuerza en un lugar como el Nuevo Mundo, que había de ser ordenado de una nueva manera según el modelo de la Metrópoli. La retórica, y especialmente la retórica sagrada, tan decisiva en la España del Renacimiento y el Barroco, se utilizó no sólo como medio de enseñanza práctica para los habitantes de América, sino como factor decisivo de ordenación de una sociedad que había que conformar. No en vano el importante tratado que en 1579 publicó en México Fray Diego de Valadés se llamó *Rhetórica Christiana* y se adornó de una expresiva serie de imágenes con el fin confesado de mostrar lo que él llamaba "tres géneros de expresión" de la elocuencia, y que no eran otros que el ínfimo, el medio y el supremo "que se refieren a los tres oficios del orador: enseñar, deleitar y mover"[5].

Al aludir al tema de las imágenes hemos tocado uno de los puntos esenciales de nuestro estudio: el de la profunda interrelación que en lo emblemático existe entre expresión literaria e imagen, al que se refieren sin cesar todos los tratadistas del género y al que remiten nuestras fuentes específicas; y así, una de las más famosas imágenes del libro de Valadés, aquella que muestra al sacerdote predicando y enseñando la doctrina mientras señala unos cuadros con las historias de la pasión, se explica con las siguientes palabras:

> Como los indios carecían de letras, fue necesario enseñarles por medio de alguna ilustración; por eso el predicador les va señalando con un puntero los misterios de nuestra redención, para que discurriendo después por ellos, se les graben mejor en la memoria[6].

Ningún género mejor para estudiar las cualidades retóricas y persuasivas de las imágenes simbólicas que el de la arquitectura efímera

[5] FRAY DIEGO DE VALADÉS, *Rhetórica Christiana*, F.C.E., México, 1989, p. 19.

[6] *Ibid.*, pp. 477-481.

que se levantaba con motivo de especiales y solemnes acontecimientos y, sobre todo, en ocasión de entradas triunfales y celebraciones funerarias. Son precisamente estos momentos los que hemos elegido para nuestro estudio, y que centraremos en tres situaciones muy concretas, en una de las cuales tuvo especial relevancia Sor Juana Inés de la Cruz: los de los funerales mexicanos de Felipe IV en 1666 y Carlos II en 1700 y el de la entrada en 1680 del virrey de la Laguna.

Los ejes por tanto de nuestro trabajo son las relaciones entre literatura e imágenes que aparecen en las siguientes obras:

Isidro de Sariñana: *Llanto del Occidente en el ocaso del más claro sol de las Españas. Fúnebres demostraciones que hizo, pyra real que erigió en las exequias del Rey N. Señor D. Felipe IIII el Grande el Excmo. Señor D. Antonio Sebastián de Toledo, Marqués de Manzera, Virrey de Nueva España...*, México, 1666.

Agustín de Mora: *El sol eclypsado antes de llegar al zenit. Real Pyra que encendió en la apagada luz del Rey N.S.D. Carlos II el Excmo. Sr. D. Joseph Sarmiento Valladares... en la Santa Iglesia Cathedral Metropolitana de la Ciudad de México*, México, 1701.

Sor Juana Inés de la Cruz: *Neptuno Alegórico, océano de colores, simulacro político que erigió la muy esclarecida, sacra y augusta iglesia metropolitana de Méjico, en las lucidas alegóricas ideas de un arco triunfal que consagró... a la feliz entrada del... señor don Tomás... Manuel de la Cerda, Manrique de Lara... conde de Paredes, marqués de la Laguna...*[7]

Carlos de Sigüenza y Góngora: *Theatro de virtudes políticas, que constituyen a un Príncipe: advertidas en los Monarchas antiguos del Mexicano Imperio...*[8]

LOS ESCENARIOS DEL PODER

El mencionado carácter simbólico de la sociedad cortesana tiene una de sus expresiones más elocuentes tanto en la arquitectura, como en la precisa ubicación de los edificios en la ciudad que adquieren una naturaleza significativa de primera magnitud. Si tratamos de ellos en este trabajo no es tanto por el valor artístico y formal de obras como la Catedral y el palacio virreinal de la ciudad de México, como por ser los lugares donde con preferencia se celebraron las ceremonias a las que nos vamos a referir. No se trata de escenarios inertes sino de partes activas del ceremonial litúrgico y cortesano de entradas triunfales y funerales. Son, y en concreto, el palacio virreinal, una magnífi-

[7] Hemos utilizado la edición de Georgina Sabat de Rivers de SOR JUANA INÉS DE LA CRUZ, *Inundación Castálida*, Castalia, Madrid, 1982, pp. 365-447.

[8] En CARLOS DE SIGÜENZA Y GÓNGORA, *Seis obras*, ed. de G. Bryant, pról. de I. A. Leonard, Ayacucho, Caracas, 1984, pp. 167-240.

ca expresión del especial poder político del virrey, *alter ego* del rey de España, por fuerza ausente, y que se habría de ver representado a través de dos ficciones: la viva del virrey y la pintada de los retratos colgados de sus predecesores en los muros del palacio.

No es pues extraño que en la relación del doctor Isidro Sariñana en 1666, *Llanto del Occidente*, en la que narra los funerales del recién fallecido Felipe IV, la descripción del antiguo palacio virreinal, hoy ya destruido, ocupe un importante lugar y sea en la actualidad la principal fuente para el conocimiento de lo que suponía esta importante arquitectura.

El palacio, cuyo frontispicio era de orden toscano, constaba de tres patios. Otro de sus lados daba a un jardín que caía hacia las casas arzobispales, y el tercero, que miraba al sur, daba a la plaza de la Universidad. Uno de los rasgos más importantes de la fachada principal era que se prolongaba en la del Juzgado de la Provincia, "fábrica de orden moderna, con su lonja de arcos de cantería, y Tres Salas Grandes de Audiencia".

De los tres patios, dos tenían fachada a la Plaza Mayor y entre ambos estaba la Real Cárcel de Corte, mientras que el tercero se comunicaba con la plazuela de la Universidad.

La obra se terminó en los años iniciales del reinado de Felipe II, pues en su escudo de armas campeaba la inscripción PHILIPPUS HISPANIARUM, ET INDIARUM REX, Anno 1564; mientras que en la Real Audiencia, cuya puerta daba también a la plaza, repetía la inscripción, pero con la fecha de 1563.

Al igual que sucedía con el Real Alcázar de Madrid, la planta baja del patio principal se ocupaba por distintos órganos del gobierno político y administrativo, mientras que en la parte alta se situaba la vivienda de los virreyes. El palacio era, por lo tanto, lugar del gobierno y residencia del poder, cuya suntuosidad había de ser pareja a la importancia de estos personajes. Isidro Sariñana lo recalca con énfasis y se refiere al carácter sustitutivo de la dignidad del monarca que poseían estos personajes:

> Divídese —dice— en todas las pieças, camarines y retretes, que pide la sumptuosidad de un Palacio, y necessita la grandeza de Príncipes, que substituyendo la Real Persona del Cathólico Rey de España, participan toda su potestad en otro mundo...

De forma que el edificio no era otra cosa que el trasunto del Alcázar madrileño.

Como en éste, el cuarto de la virreina, situado a mano derecha del piso noble del patio principal, estaba separado de las habitaciones de su marido y constaba de "tres salas principales de estrado, con valcones a la plaza mayor". De esta forma se diferenciaba de la parte del virrey, ubicada al norte y que se componía de una serie de salas ordenadas con fines claramente ceremoniales y jerarquizadores: dos antesalas, "donde assisten de ordinario los pretendientes, y personas, que tienen negocios de goviemo", la galería de Audiencias Públicas y el Salón de Juntas Generales y Acuerdos de Hacienda.

Todo ello formaba una crujía en paralelo a la cual, aunque de menos longitud, y dando a los jardines, se instalaba el Salón de Comedias (algo parecido a lo que sucedía en el Alcázar madrileño a partir de las reformas del siglo XVII), con sus

> valcones [que] tienen la vista à los jardines, y à sus paredes, que desde la solera, a la cenefa están pintadas: trasladó primoroso el pincel, los árboles del monte, las flores del soto, las aguas del valle, los ruidos de la caça, y quietudes del desierto.

Curioso adorno pictórico de orden naturalista que, junto a la vista al jardín, proporcionaba el adecuado marco lúdico propio de una sala de teatro.

Este corredor alto se completaba con salas destinadas a órganos de gobierno como la Contaduría de Tributos y Azogues, la Sala del Consulado y la de la Chancillería, cuya importancia como lugar de administración de la Justicia se simbolizaba por medio de un baldaquino de terciopelo rojo con las armas reales y el *motto* de Carlos V PLUS ULTRA. De manera que en este lugar nos volvemos a encontrar con otra clara referencia al tema del rey ausente, ya que el baldaquino es signo de la presencia real; recordemos, por otra parte, que la principal atribución del Rey de España no era otra que la de la administración de la Justicia.

El patio de la Real Audiencia también se componía de dos alturas comunicadas por una escalera que se trazó de manera que servía para este patio y el siguiente. En su corredor alto se instalaron los secretarios de cámara de la Audiencia, que lo eran de lo criminal y lo civil, la antesala y la Sala del Real Acuerdo que era la principal del palacio.

En ella se multiplicaban los símbolos de la majestad a través de las pinturas y obras de arte. Otra vez volvemos a encontrarnos con el curioso juego sustitutivo de la persona y dignidad real ausente. Un baldaquino de damasco rojo con el retrato de Carlos II, quien así presidía la Sala, se acompañaba de los veinticuatro retratos de los virreyes de

Nueva España en efigies de medio cuerpo, situados en su parte alta. Todo ello se presidía por un singular retrato de Carlos V. Era éste

> un lienço grande con marco dorado, y negro un retrato original del Señor Emperador Carlos V de mano de Ticiano, remitido por su Majestad Cesárea, luego que tuvo la feliz nueva de la Conquista de estos Reynos. Está su Augusta Majestad a cavallo, enteramente armado, con lança en ristre, penacho carmesí, y banda roja.

La presencia de este retrato es del mayor interés. No sólo nos documenta una vez más algo ya sabido como era el aprecio del Emperador por el retrato que Tiziano le pintó con motivo de la batalla de Mühlberg, y cuyo original conserva el Museo del Prado, sino también el valor simbólico que esta efigie adquirió en Nueva España. Al situarse en esta Sala del Real Acuerdo junto al del último representante de la dinastía, el recién coronado Carlos II, cuando Sariñana escribe su descripción, y, sobre todo, al colocarse al lado de los retratos de los virreyes, venía a indicar con claridad el importantísimo papel político de éstos, que los hacía dignos de colgar su efigie en el mismo salón que presidía el difunto emperador.

Este espacio, además, venía a cumplir el papel de imitación del principal salón del Real Alcázar madrileño donde el original tizianesco pendía al lado de otras importantes imágenes de sus sucesores de la Casa de Austria[9].

A esta sala, eje ceremonial del palacio, acompañaban otras ricamente adornadas, aunque de no tan alto valor simbólico: la Sala de lo Civil, la de Menor Quantía y la Real Sala del Crimen, cuya iconografía resulta también ser alusiva a su función ya que,

> entre dos lienços de la Justicia y la Misericordia, [había] uno de Christo Crucificado: Inocente juzgado en Tribunales injustos, cuyos auxilios implora éste, para acertar en el juicio de los Reos, sin apartarse de lo piadoso, ni desviarse de lo justo.

Desde allí, y a través de las salas del Acuerdo del Crimen y la de los Tormentos, se llegaba a la Real Cárcel de Corte, situada entre los dos patios. El conjunto se completaba con la Armería regia, que se situaba encima de la Sala del Acuerdo y de la primera de lo Civil. El tercer patio, de menor importancia, tenía como sala más significativa la del Tribunal de Cuentas.

La descripción termina mencionando la Capilla del Palacio, presidida por el *Martirio de Santa Margarita*, obra del pintor sevillano

[9] Sobre esto véanse STEVEN N. ORSO, *Philip IV and the Decoration of the Alcázar of Madrid*, Princeton University Press, Princeton, 1986; y FERNANDO CHECA (coord.), *El Real Alcázar de Madrid. Dos siglos de arquitectura y coleccionismo en la corte de los Reyes de España*, Cat. Exposición, Madrid, octubre-diciembre, 1994; Nerea, Madrid, 1994.

10 "...(con atención à que quando se colocó era digna consorte del Cathólico Rey de España D. Felipe Tercero, el Piadoso, la más preciosa Margarita de Austria) está pintado el martirio de S. Margarita de mano de Alonso Vázquez, natural de Sevilla, cuya destreza compitió a la de Michael Angelo, en los dibujos: y la del Ticiano, en los colores: cuyo pincel, es cierto, que si no fue primero, no fue segundo à los del Mudo, Becerra, y Monegro; pintores españoles coetáneos suyos, que por excelentes mereçieron la elección del Rey D. Felipe el Prudente, para las pinturas del Escorial; dicha del que le privó en estar en otro mundo. Sus obras, para mayor aprecio, fueron pocas sobre grandes. En éstas descubrió los primores de su inteligencia, dexando en ellas vencidas las mayores dificultades de la pintura, en las variedades, sombras, desnudos, y escorços".

11 Cervantes de Salazar, México en 1554 y Túmulo imperial, Porrúa, México, 1972, p. 44, donde hace una descripción de la ciudad llena de resonancias clásicas y anticuarias. Sobre este palacio véase George Kubler, Arquitectura mexicana del siglo xvi, F.C.E., México, 1982, pp. 193-202.

Alonso Vázquez, regalo de Felipe III, a quien Isidro de Sariñana dedica un interesante elogio[10]. En las sagradas paredes, además de sentencias admonitorias acerca de la justicia que debe presidir la gobernación, se instalaron, en los muros laterales, "con proporción doze lienzos de los Patriarcas de las sagradas religiones, de estatura entera, y de elegante pincel"; era éste uno de los temas iconográficos de más éxito entre los encargos pictóricos que, desde el Nuevo Mundo, se hacían a la Metrópoli.

Al final de esta descripción, que hemos seguido muy al pie de la letra, Sariñana introduce una reflexión muy de la cultura del momento: la razón que lo ha movido a la misma es efectuar un contraste entre el terrible carácter de la muerte y el esplendor del palacio que "haze en la consideración mucho reclamo al desengaño". El virrey en su palacio se relaciona con la metáfora del Buen Pastor, y el mismo edificio se transforma en alegoría de la sepultura. Todo ello, y es algo que nos interesa destacar, se hace no tanto para "la misma persona Real, sino a una mera copia de su poder".

Otra característica se deduce de la descripción que comentamos. Junto a la gran sala del Acuerdo, la principal y la realmente de aparato del conjunto, la mayor parte de los ámbitos descritos se relacionan con la gobernación considerada fundamentalmente como administración de Justicia, una característica, como hemos dicho, peculiar de la monarquía católica que no tenía entre sus funciones tanto la creación del Derecho, como la de su administración. Ésta, como recordaban las pinturas mencionadas, había de ser sustancialmente misericordiosa. Por otra parte, la cualidad esencial del juez es la de la Sabiduría. Ya veremos más adelante cómo los caracteres de sapiencia y misericordia fundamentan la elección, por parte de Sor Juana, de la figura de Neptuno como base de su programa alegórico en la entrada del virrey de la Laguna en la ciudad de México.

La idea del palacio virreinal como Palacio de la Justicia está ya presente, muchos años antes a la descripción de Sariñana, en la de Cervantes de Salazar quien describe el estado del edificio en 1554, destacando sus funciones, en especial la de la administración del derecho en la sala de Real Acuerdo, salón "por cierto grande y bien adornado" que "infunde no sé qué respeto al entrar" y cuyo "estrado está cubierto de ricas alfombras, y los asientos quedan bajo un dosel de damasco galoneado"[11].

El carácter simbólico y expresivo del edificio palaciego se extendía tanto a su ubicación urbanística, como al recorrido que los virreyes realizaban desde su desembarco en América. Se trata de un hecho recordado por Octavio Paz en su estudio sobre la escritora novohispana[12] y que explica la colocación de los arcos triunfales en el entramado urbano de la ciudad.

Por su parte, la Catedral, lugar de los funerales y donde también se levantaban arcos de triunfo, ocupaba uno de los lados de la gran plaza central de la ciudad, muy cercano al palacio.

De esta manera las entradas triunfales y las principales celebraciones conmemorativas se celebraban en los lugares de mayor contenido simbólico urbano: Santo Domingo, el palacio (levantado en el lugar de las casas de Hernán Cortés que, a su vez, se asentaron sobre los antiguos palacios de Axayácatl y Moctezuma[13]) y la Catedral. Su recorrido era una toma de posesión simbólica de la urbe que, además, se adornaba con efímeras arquitecturas, que la transformaban y la convertían en una verdadera metrópoli clásica. Cuando el marqués de la Laguna entró en ella, el arco de la ciudad, cuyo programa diseñó Carlos de Sigüenza, se colocó en la Plaza del Convento de Santo Domingo con las intenciones simbólicas concretas que más adelante señalaremos; era este edificio, al decir de Cervantes de Salazar en 1554, "de grande extensión, y delante hay una grandísima plaza cuadrada, rodeada de tapias, y con capillas u oratorios en las esquinas"[14], y ocupaba un lugar elevado al final de la calle que llevaba su mismo nombre.

LLANTO DEL OCCIDENTE
EN EL OCASO DEL MAS CLARO SOL DE LAS
ESPAÑAS.
FVNEBRES
DEMOSTRACIONES,
QVE HIZO,
PYRA REAL
QVE ERIGIO
EN LAS EXEQVIAS DEL REY N. SEÑOR
D. FELIPE IIII. EL GRANDE.

LA MUERTE DEL REY

Todavía con más intensidad que con motivo de las entradas triunfales, la muerte del Rey era objeto del intenso despliegue simbólico del lenguaje del emblema y el jeroglífico. Catafalco y pirámides funerarias se decoraban no sólo con estatuas alegóricas, imágenes y símbolos del difunto, sino también con una amplia parafernalia de banderas, escudos, antorchas y luminarias[15]. El teatro de la muerte, tan del gusto del Barroco, ocupaba por unos días las iglesias y capillas en un sobrecogedor *memento mori*[16].

[12] OCTAVIO PAZ, *Sor Juana Inés de la Cruz o Las trampas de la fe*, Seix Barral, Barcelona, 1982, pp. 193-194.

[13] GEORGE KUBLER, *op. cit.*, p. 193.

[14] CERVANTES DE SALAZAR, *op. cit.*, p. 49.

[15] Entre la amplísima bibliografía sobre el fenómeno de la muerte del rey y su repercusión en el arte, citaremos dos obras españolas: JAVIER VARELA, *La muerte del Rey. El ceremonial funerario de la Monarquía española (1500-1885)*, Turner, Madrid, 1990; y VICTORIA SOTO, *Catafalcos reales del Barroco español. Un estudio de arquitectura efímera*, Universidad Nacional de Educación a Distancia, Madrid, 1991. Es de destacar, en el ámbito internacional, el estudio de OLGA BERENDSEN, *The Italian Sixteenth and Seventeenth Century catafalque*, Phil. Diss., New York, 1961; y el reciente de LISELOTTE POPELKA, *Castrum Doloris oder "Traurigen Schauplatz"*, Verlag der Österreichischen Akademie der Wissenschaften, Wien, 1994.

[16] Los principales estudiosos que se han ocupado del tema de los túmulos funerarios mexicanos son: FRANCISCO DE LA MAZA, *Las piras funerarias en la historia y en el arte de México. Grabados, litografías y documentos del siglo xvi al xix*, Impr. Universitaria, México, 1946, primera aportación de conjunto, que transcribe numerosos párrafos de las relaciones; JOSÉ MIGUEL MORALES Y FOLGUERA, *Cultura simbólica*

y arte efímero en Nueva España, Junta de Andalucía, Granada, 1991, centrado en los aspectos iconográficos; GUILLERMO TOVAR DE TERESA, *Bibliografía novohispana de arte. Primera parte. Impresos mexicanos de los siglos XVI y XVII*, F.C.E., México, 1988. Se trata de una publicación fundamental tanto por sus amplias transcripciones de raros opúsculos, como por su carácter de bibliografía de fuentes del arte novohispano.

[17] El mejor estudio sobre la ceremonia en Madrid es el de STEVEN N. ORSO, *Art and Death at the Spanish Habsburg Court. The Royal Exequies for Philip IV*, University of Missouri Press, Columbia, 1989. Véase también ANTONIO BONET CORREA, "El túmulo de Felipe IV, de Herrera Barnuevo y los retablos-baldaquinos del barroco español", *Archivo Español de Arte*, 34 (1961), 285-296; CAYETANO MARTÍN, PILAR FLORES y CRISTINA GÁLLEGO, "El Concejo de Madrid y las honras fúnebres en memoria del Rey Felipe IV, Año 1665", *Hispania Sacra*, 35 (1983), 723-738.

[18] Son de especial interés desde el punto de vista iconográfico los estudios de ADITA ALLO MANERO, "Aportación al estudio de las exequias reales en Hispanoamérica. La influencia sevillana en algunos túmulos limeños y mejicanos", *Anuario del Departamento de Historia y Teoría del Arte*, Madrid, 1 (1989), 121-137; "Iconografía funeraria de las hon-

Para la comprensión total de estos acontecimientos no sólo hemos de tener en cuenta sus aspectos arquitectónicos y plásticos. Como una manifestación importante de la jerarquizada y muy ordenada sociedad cortesana, las ceremonias funerales eran una de las mejores ocasiones, si no la mejor, de un despliegue ritual y ceremoniaco en que los distintos grupos sociales y estamentos se ordenaban de manera que su mostrarse hacia el exterior era la imagen más perfecta del universo normado de la sociedad barroca.

La muerte de Felipe IV en 1666 fue motivo de abundantes manifestaciones no sólo en la Metrópoli[17], sino en todos los lugares de su dilatado imperio[18]. De esta manera sucedió en México donde a la sazón gobernaba el virrey Mancera, uno de los grandes protectores de Sor Juana Inés de la Cruz. La relación ya mencionada de Sariñana se ocupó de describir los cortejos funerarios, la procesión del duelo, y la colocación, según el rango de cada personaje, corporación, institución u orden religiosa de la alta sociedad novohispana, en las distintas salas del palacio virreinal.

El edificio abandonó durante unas breves jornadas su habitual tono bullicioso y brillante para mostrar, al decir de Sariñana, sus paredes desnudas, las ventanas entornadas a poca luz, las puertas con cortinas de luto y los suelos revestidos de negro, "y todo un obscuro albergue —dice— del dolor, un funesto teatro, en que vestido de tristeza el amor representaba bien lo que sentía mejor". Al llegar a la Sala de las Juntas Generales, la procesión se encontraba con la persona del virrey. Éste era el lugar

en que estaba el Excmo. señor Virrey Marqués de Mancera, con luto largo, loba, capuz y chía, cubierta la cabeça, representando a la persona del Rey N. Señor Don Carlos Segundo, que Dios guarde, en cuyo nombre recibía los Pésames.

Es el momento en que más a las claras se mostraba el carácter vicarial de la figura política del virrey, verdadero trasunto del nuevo monarca cuyo padre acababa de fallecer.

Antes de llegar al día del funeral las ceremonias eran complicadas de manera que, después de estos pésames, se celebró un novenario de misas en la Capilla Real (así llamada), que presidía el cuadro de Alonso Vázquez. Allí se levantó el primer aparato efímero en forma de tarima con tres gradas en donde se instaló el catafalco, simulacro del féretro real. Lo coronaban los símbolos del poder real: la corona imperial, el estoque y el cetro[19]. Entre esta, que la relación denomina Tumba, y el altar mayor había una esfera terrestre sostenida por las garras de un león de bronce coronado, y allí se colocó un lábaro, de cuya asta transversal colgaba un pendón con las armas reales.

Ahora también resaltan las peculiaridades políticas del virreinato. Felipe IV no poseía la dignidad imperial, pero su dominio de las tierras del Nuevo Mundo hacía considerar a éste como un renovado imperio. De ahí la presencia de la corona imperial y la presencia del lábaro con el signo de Constantino, a través del cual se le otorgaba esta especialísima dignidad[20].

TÚMULO Y PIRA: EL ENTRAMADO ARQUITECTÓNICO

De entre las arquitecturas funerarias del Renacimiento (época en que el género experimentó un giro total con respecto al período anterior) que más influyeron en la posterioridad habría que citar la levantada en Bruselas en 1558 con motivo de la muerte del emperador Carlos V. Aunque ya Pedro de Machuca había erigido en Granada una arquitectura fúnebre en forma de túmulo con motivo de la muerte de la emperatriz Isabel en 1539, de éste sólo conocemos un dibujo que, lógicamente, poco pudo influir en formas posteriores. En cambio, la ceremonia bruselense, preparada con mucho cuidado por Felipe II, gozó de merecida fama debido a la magnífica estampación del cortejo y túmulo que, en 1558, realizó el grabador belga Hieronimus Cock sobre dibujos de Deutecum[21]. En la estampa flamenca vemos ya la combinación de base cuadrada sostenida por columnas, coronada por una estructura piramidal en la que lucían miles de antorchas que, desde este momento, constituirá el modelo para centenares de máquinas funerarias europeas y americanas.

La primera imagen americana de un túmulo es la muy conocida que se levantó en México en honor de Carlos V, del que conser-

ras de Felipe IV en España e Hispanoamérica", *Cuadernos de Investigación. Historia*, 7 (1981), 73-91; "Honras fúnebres de Felipe IV en Salamanca", *id.*, 8(1982), 33-47; "Exequias celebradas en la Universidad de Oviedo a la muerte de Felipe IV el Grande", *Boletín del Instituto de Estudios Asturianos*, Oviedo, 21 (1982), 353-364.

[19] La presencia de la corona sobre un catafalco aparece en el jeroglífico 33 de las exequias de Felipe IV como signo de esperanza tras la muerte; en este programa madrileño es abundantísima la presencia de cetros y coronas como alusiones a distintas propiedades de la realeza. En la *Segunda Parte de las Empresas morales* (Bruselas, 1680) de JUAN DE BORJA, la corona sobre un cojín es símbolo de la realeza: "Que aquel es Rey, que se sujeta a sí mismo", p. 370; en SEBASTIÁN DE COVARRUBIAS, *Emblemas morales*, Centuria I, Emblema 16, la corona sobre una mesa y un libro alude al rey sabio que "Lege et rege".

[20] Éste es también el motivo de la empresa veintiséis de SAAVEDRA FAJARDO, *Idea de un Príncipe político Christiano representada en cien Empresas...*, München, 1640, "In hoc signo".

[21] *La magnifique et sumptueuse Pompe funèbre faite aux obseques et funerailles du... empereur Charles Cinquième... en la ville de Bruxelles*, Amberes, 1559.

vamos el cuerpo inferior formado por doce columnas dóricas que, en grupos de tres en cada esquina, sostienen el entablamento, los frontones y al menos un orden superior del que el grabado apenas muestra las bases y el arranque de las columnas. Su autor Claudio de Arciniega lo levantó lógicamente en el estilo renacentista propio del momento[22].

Cuando más de un siglo después Pedro Ramírez erigió en la Catedral mexicana el monumento a Felipe IV, los gustos habían ya evolucionado naturalmente hacia el Barroco, y la construcción resultó una magnífica estructura que conocemos bien tanto por la descripción de Sariñana como por la estampa que en ella se inserta. La máquina fúnebre se componía de tres cuerpos y se situó en el crucero catedralicio, debajo de la cúpula recién terminada, componiéndose en forma de túmulo, la manera más frecuente de resolver estas estructuras en la época que estudiamos. Como señala Tovar de Teresa, Pedro Ramírez era un verdadero especialista en este tipo de construcciones pues fue el encargado de levantar el túmulo que, para la misma ocasión, construyó el ya mencionado convento de Santo Domingo, el retablo mayor de San Francisco y el mayor de Santa Clara[23], todos ellos a la moda del Barroco imperante.

El orden arquitectónico elegido por Ramírez fue el compuesto, "tan justamente plausible por lo mucho que conduce su variedad a la hermosura", como nos recuerda Sariñana y se levantaba sobre basas y sotabasas, donde se colocaron los jeroglíficos a los que más adelante nos referiremos en unos lienzos "de pincel... tan a lo natural —prosigue— que era necesaria la experiencia del tacto para desengaño de los ojos, que miraban relieves sus lisuras".

Las columnas del primer cuerpo formaban una planta ochavada que albergaba en su centro no sólo al túmulo propiamente dicho sino a doce estatuas alegóricas. Éstas sostenían un friso adornado con el motivo fúnebre de huesos y calaveras y una larga inscripción alusiva a la persona del rey fallecido. El túmulo se protegía por un cielo artesonado con fondos de jaspe y lacerías de bronce que Sariñana describió de la siguiente forma: "...tan en su lugar las sombras; tan ajustadas a la perspectiva sus disminuciones hasta rematar en una piña de relieve dorada, que con las apariencias de hundido desmentía todas las realidades de llano". Una serie de piras, pirámides y antorchas, completaba el conjunto.

El segundo cuerpo se componía de 12 columnas también del mismo orden y, junto a las pirámides, velas y hachones, se instalaron cuatro figuras de muchachos de bronce y, en su centro, la efigie del

[22] Véanse CERVANTES DE SALAZAR, *op. cit.*; GUILLERMO TOVAR DE TERESA, *op. cit.*; y SANTIAGO SEBASTIÁN, "El programa simbólico del túmulo de Carlos V en Méjico", en *De arte. Homenaje a Justino Fernández*, Impr. Universitaria, México, 1977, pp. 55-63.

[23] GUILLERMO TOVAR DE TERESA, *op. cit.*, p. 196.

rey Felipe IV, "en que la destreza de un Escultor, sirviéndole de exemplar un retrato original de su Magestad, le copió tan al vivo, que casi pudo interrumpir las lágrimas, con que le llorábamos muerto". A este cuerpo coronaba el tercero y último, que cobijaba una escultura alegórica de la Fe.

Sin embargo, cuando en 1701 la Catedral de México erigió el correspondiente túmulo al rey Carlos II se abandonó la estructura más habitual del templete y se optó por el otro modelo que había gozado de fama en la época del Barroco: la pirámide[24]. Se trata de una pirámide escalonada con cinco cuerpos de tamaño decreciente, en cuya cúspide se colocó el túmulo; todo ello adornado de jeroglíficos (que se colocaron en la base), rodeado de 12 pirámides y de gran número de luminarias en honor del difunto, tal como nos lo describe en su relación Agustín de Mora, quien señala que los cinco cuerpos estaban "guardando en su disminución las proporciones bien distribuidas hasta formar una piramidal figura". La máquina no poseía una estatua del rey sino solamente, en medio del primer cuerpo, "un lienzo con elogio al funesto mausoleo".

Baldaquino y pirámide son, como hemos dicho, las formas más habituales en estas estructuras funerarias que, en los ejemplos novohispanos que estamos estudiando, no aparecen combinados como sucedió en las celebraciones bruselesas de Carlos V. Ambas formas tienen claras connotaciones de majestad y de tipo mortuorio bien claras desde la Antigüedad clásica y el mundo cristiano.

El baldaquino era el signo exterior de la presencia, real o simbólica del monarca, y como tal fue ya usado en el mundo bizantino. De allí fue tomado como inspiración para los ciborios de las iglesias primitivas del cristianismo que resaltaban tanto el lugar de la presencia divina del altar, como la existencia de la tumba del santo sobre el que éste se había levantado. Se combinaban de esta manera lo sagrado con lo funerario como sucedía en el famoso baldaquino de San Pedro de Roma, obra de Bernini, situado bajo la cúpula de la basílica y encima del altar y tumba del fundador de la Iglesia.

El sentido funerario de la estructura piramidal necesita todavía una ulterior explicación. El prestigio de esta forma egipcia pasó a la misma Roma clásica (pirámide de Cayo Cestio), al Renacimiento (recordemos la pirámide que diseñó Rafael en la Capilla funeraria de Agostino Chigi en la Iglesia de Santa María del Popolo de Roma) y al Barroco, tal como nos lo muestran, por citar un ejemplo tan cercano a la cultura de Sor Juana Inés de la Cruz, los grabados y los textos del jesuita Athanasius Kircher. La abundancia de pirámides

[24] En las *Empresas morales* de Juan de Borja, el tema de la pirámide es utilizado como símbolo de la realeza con el lema "Sic itur ad astra... Porque assí como la Pirámide en la punta es aguda, y estrecha, y después se va ensanchando, y dilatando: de la misma manera el camino de la Virtud al principio es trabajoso, y dificultoso, pero quanto más se passa adelante en èl; tanto más la costumbre le torna sabroso, y fácil...", Primera parte, pp. 90-91.

en los túmulos que estudiamos obedece al carácter funerario y sacro de esta forma geométrica. Y lo mismo podríamos decir de la cúpula que cobijaba el túmulo de Felipe IV. Con su estructura cupuliforme se evocaba el Panteón romano y su simbolismo mortuorio, y con su planta central, no sólo esto, sino a las propias moles hadrianeas y de Augusto en Roma[25] en tópico omnipresente en toda la arquitectura efímera, que no faltó en estos monumentos mexicanos. Eran éstos deudores y trasuntos de las formas europeas, que a través de estampas y relaciones se estudiaban con avidez en la Nueva España.

[25] Sobre el sentido de la muerte en el mundo romano véase JAVIER ARCE, *Funus Imperatorum. Los funerales de los emperadores romanos*, Alianza, Madrid, 1988.

La forma piramidal del túmulo de Carlos II alude también de manera muy directa a una de las formas clásicas utilizadas en las "consecratio" romanas: la pira, nombre que, por extensión, fue utilizado muchas veces en las relaciones escritas novohispanas tanto en su título como en algunas de sus imágenes simbólicas; y así, por ejemplo en la de Felipe IV en la Catedral mexicana, en su primer jeroglífico se nos dice cómo "todo el ámbito de la tierra à de hacer de muchas piras una a su memoria"[26].

[26] ISIDRO SARIÑANA, *op. cit.*
[27] JAVIER ARCE, *op. cit.*, pp. 140-151.

Las piras romanas[27], monumentos en forma de torre escalonada y de los que conservamos descripciones literarias y formas en antiguas medallas, fueron utilizadas con frecuencia en el mundo latino y su destino final era perecer definitivamente por medio del fuego. De ahí la abundancia de antorchas, velas y luminarias en los capelardentes renacentistas y barrocos, y el uso simbólico del fuego como uno de los elementos esenciales de estas construcciones.

La evocación de este sentido clásico de la muerte, servido con estas fórmulas arquitectónicas y decorativas tan conocidas, era muy consciente en los autores de los programas artísticos. Y Agustín de Mora, con motivo de la pirámide levantada en honor de Carlos II, la comparó con un arco triunfal a las virtudes del Monarca:

No es otra cosa levantar un Túmulo en honra de persona Augusta, que erigir un Arco Triunfal para solemnizar sus proezas, y encomendar a la memoria de la posteridad sus hazañas: que si es costumbre levantar estos arcos en las entradas de los Príncipes en las Ciudades de sus Reynos, y Señoríos, pide la razón, que con la misma pompa, y solemnidad se despidan cuando salen de esta vida[28].

Se mostraba así no sólo la íntima unión que ligaba a túmulos y arcos triunfales, sino la función conmemorativa de ambas estructuras, su contenido y sentido heroico y divulgador de la fama de los personajes a los que les era dedicada. La idea resulta todavía más clara si repasamos los adjetivos que los Padres Francisco de Uribe y Antonio Núñez aplicaron a la arquitectura del túmulo que, en honor de Felipe IV, se dedicó en el Convento de Santo Domingo. El cuerpo del mismo era "agigantado", su altura o "descuello" era "magestuoso" y el campo de sus pinturas era "anchuroso"; en la clave de la media naranja de su primer cuerpo se instaló la estatua "magestosa" de la Fe, sobre "una peana magnífica; guarnecida de ocho grandiosas arandelas"[29]. Semejante y continuada serie de adjetivos no sólo ha de interpretarse como manida fórmula de retórica *amplificatio* barroca, sino como descripción del efecto que estas máquinas, deliberadamente monumentales y grandiosas, habrían de producir en aquellos quienes las contemplaran.

Alejado ya del tema arquitectónico, pero muy ligado a la evocación de la Antigüedad clásica inherente a la pira, aparece el tema del águila[30]. Ésta aparecerá, como veremos más adelante, en algunos de los jeroglíficos, y ya se había utilizado en las primeras misas funerales de Felipe IV; pero sobre todo se incorporó a la urna del túmulo, en la que se habían pintado las ondas de un lago en clara alusión a la ciudad de México.

Sariñana cita al respecto el Libro 19 de la *Hierogliphica* de Valeriano en la que aparece un águila sobrevolando una pira, en referencia a una de las ceremonias clave de la *consecratio*, en la que se soltaba este animal que, volando hacia los cielos, aludía al tema romano de la "apoteosis", como también sucedía en el emblema 33 de Alciato, *SIGNA FORTIUM*, en el que de igual manera un águila está colocada sobre una tumba, presta a levantar el vuelo[31].

Un tema que volverá a ser recurrente en las ceremonias funerales de Carlos II, en donde en el jeroglífico número die-

[28] AGUSTÍN DE MORA, *El Sol eclypsado...*

[29] FRANCISCO DE URIBE Y ANTONIO NÚÑEZ, *Honorario Túmulo: Pompa exequial, y imperial mausoleo que más fina Artemisia la Fe Romana, por su Sacrosanto Tribunal de Nueva-España, erigió, y celebró llorosa Egeria, a su Cathólico Numa, y Amante Rey. PHILIPPO QUARTO, el grande. En su Real Convento de Santo Domingo de México... 1666.*

[30] En GIOVANNI PIERIO VALERIANO BOLZANI, *Hieroglyphica sive de sacris Aegyptiorum aliarumque gentium literis*, Basilea, 1556, cap. 19, fols. 137-144v, se dan los siguientes significados simbólicos al águila: "Rerum prosperitas", "Imparatoria maiestas" (es ahí donde se inserta la imagen de la apoteosis), "Rex pius et misericors", "Benignitas".

[31] Véanse JAVIER ARCE, *op. cit., passim*; y LISELOTTE POPELKA, *op. cit.*, pp. 79-84. El símbolo del águila está entre los más recurridos de los libros de emblemas

como símbolo de la majestad y de la renovación. Véase COVARRUBIAS, *op. cit.*, Centuria I, emblema 15 y 79, también en las exequias de la Emperatriz María en Madrid (1603), "Renovabitur ut aquilae iuventus mea", p. 60; el águila aparece igualmente en la p. 59. Véanse el *Libro de las honras que hizo el colegio de la Compañía de Jesús de Madrid, a la M.C. de la Emperatriz doña María de Austria, fundadora del dicho colegio...*, Madrid, 1603; JUAN DE BORJA, *op. cit.*, "Vetustate relicta", pp. 12-13; y SAAVEDRA FAJARDO, *op. cit.*, Empresa 22, "Praesidia maiestatis"; en el túmulo de Felipe IV en Madrid, Jeroglífico catorce. En PIERIO VALERIANO, *op. cit.*, aparece tratado con amplitud.

[32] Otro de los tópicos en torno a este ambiente: COVARRUBIAS, *op. cit.*, Tercera Centuria, emblema 90; Exequias de Felipe IV en Madrid, emblema 19; exequias de la Emperatriz María en 1603, "Con esos hermosos rayos / que rayan en las cenizas / te renuevas y eternizas", p. 49. Véase también PIERIO VALERIANO, *op. cit.*, cap. 20, fols. 144 y 144v con el significado de "Instauratio".

[33] BALTASAR GRACIÁN, *Agudeza y arte de ingenio*, Huesca, 1649, p. 357.

ciséis aparece la imagen del Ave Fénix[32], y en el número diecinueve, en referencia concreta a la ciudad de México, donde aparece Carlos II sobre el escudo del Imperio Mexicano junto a sus elementos símbólicos habituales: un turno o nopal y el águila sobrevolando la laguna, lo que da pie a su autor, Agustín de Mora, a explayarse acerca de los múltiples significados del águila según el libro de Pierio Valeriano que ya conocemos.

LA "PEDRERÍA DEL FINO DISCURRIR"[33]:
LOS JEROGLÍFICOS DE LOS TÚMULOS

...como tratan de las virtudes heroicas de su Majestad apuntadas en alusiones, que muchas veces se reducen a una sola voz para que se conozca clara, y potente su heroicidad, no sólo se dibujó en symbólicas pinturas en que también se usó de su imagen para mejor inteligencia de los más vulgares, a quien en este Reyno les entra aun la fe por los ojos, *signa autem non fidelibus, sed infidelibus*, sino también en sucintos motes, a quien servían de declaración los Poemas.

Así se expresa Agustín de Mora en la introducción de su *Sol eclipsado* que, como sabemos, es el título del programa que eligió para conmemorar en 1701 al fallecido Carlos II, último rey de la Casa de Austria en España.

Similares ideas nos presenta Sariñana más de cuarenta años antes cuando se trató de rendir homenaje fúnebre a Felipe IV. Los jeroglíficos que fueron la base de su programa se presentan como un

discurrir todas las virtudes, y acciones más ilustres de su Majestad... y porque éstas, ceñidas en las cárceles del metro, más se insinúan, que se dizen, añadí las ilustraciones, para que juntas con los versos sirvan de epítome memorial, o compendio histórico de su vida: y también porque sin la luz del escolio no todos alcançan a ver otras alusiones que pide lo arcano de la poesía.

Ambos autores apoyan su idea con la cita de numerosos tratadistas de emblemática. Agustín de Mora, por ejemplo, lo hace en Emanuele Tesauro quien hacia 1629 había escrito uno de los más influyentes tratados del género: *Idea delle perfette imprese esaminata secondo gli principii di Aristotele*, en el que continuando la tradición "cinquecentista" de Andrea Alciato, Paolo Giovio o Girolamo Ruscelli, discurría sobre la definición del tema.

Los dos autores mexicanos se interesan sobre todo por uno de los componentes esenciales del emblema: la oscuridad de su imagen y la dificultad de comprensión de la necesariamente breve frase que se inserta. Lo complicado de su inteligibilidad se diluye a través de dos medios. El primero es el de la explicación escrita en prosa o en verso que, al explayarse, permite el entendimiento; el segundo, y es el que más nos interesa ahora, es el del valor complementario que adquiere la combinación de texto e imagen. Es esta idea una de las justificaciones esenciales del renovado valor que la pintura tenía como arte liberal a partir del Renacimiento; el tópico *Ut pictura poesis* ("La pintura es como la poesía") ocupó largos párrafos de los tratados de arte de los siglos XVI y XVII y sirvió también de justificación teórica para un género tan en boga como es el de los emblemas, jeroglíficos y divisas.

Su utilización en un mundo como el necesariamente exclusivo de la corte (el origen del género se remonta al mundo de fiestas y juegos cortesanos de fines de la Edad Media) explica el gusto, aparentemente sin sentido, de la oscuridad. Pero es este carácter de lenguaje sólo reservado a aquellos pocos que posean la cultura y los conocimientos para acceder a sus claves y, a través de ellas, a su significado, lo que en realidad justifica su aparición. Ello nos explica las desdeñosas palabras de Agustín de Mora, escritas en una fecha en que el género comenzaba a declinar inevitablemente en Europa. La oscuridad proporcionaba, además, autoridad, valor esencial en el sostenimiento de la sociedad cortesana; de manera que, de manos de los escritores conceptistas al estilo de Sor Juana, se convirtió en un aspecto estético muy apreciado en el Barroco europeo. De su origen en el mundo de la corte son muy claro ejemplo estas palabras de Baltasar de Castiglione, escritas en la temprana fecha de 1514, y recordadas por Mario Praz:

> Se le parole che usa il scrittore portan seco un poco, non dirò di difficultá, ma d´acutezza recondita... danno una certa maggiore autoritá alla scrittura, e fanno ch´el lettore va piú ritenuto e sopra di sé, e meglio considera, e si diletta dello ingegno e dottrina di chi scrive[34].

[34] BALTASAR DE CASTIGLIONE, *Carta a Petrus Aegidius*, cit. en MARIO PRAZ, *Studi sul concettismo*, Sansoni, Firenze, 1946, p. 9.

EL TÚMULO DE FELIPE IV EN LA CATEDRAL DE MÉXICO

La base del programa iconográfico del túmulo levantado en la Catedral lo constituían los 16 jeroglíficos descritos por Sariñana de los que poseemos su imagen a través de unas toscas, pero expresivas, estampas insertas en la relación. En su conjunto constituyen un verdadero tratado acerca de las virtudes del príncipe que se adapta al específico mundo novohispano de la segunda mitad del siglo XVII.

Alusiones locales

En el primero de ellos la alusión al carácter americano del programa se resalta ya con claridad. Basado en un epigrama de Marcial ("Iacere uno non poterat tanta ruina loco", esto es, "No podía caber en un lugar tanta ruina", Marcial, Libro 5, Ep. 76), acerca de la pira elevada en Libia a Pompeyo, recoge la tópica idea renacentista del vencimiento y superación de la Antigüedad por el presente, "pues fue tan grande nuestro QUARTO PHILIPO, que no un Mundo, dos Mundos le lloran, dos Orbes en eminentes agujas, altas pirámides... la Europa, y la América".

Se trata de un jeroglífico claramente introductorio al programa, ya que la aparición en él de una nave venía a significar el vehículo que había transportado de un mundo a otro la noticia de la muerte del rey, a la que lloran dos figuras, imágenes de América y Europa, que se simbolizan a través de un mundo partido en dos[35].

Basado fundamentalmente en el tratado de Pierio Valeriano y en el *Libro de los salmos*, en el segundo jeroglífico, la imagen de la muerte como una laguna[36] es también alusión al lugar de celebración de las exequias: la ciudad de México asentada sobre las aguas:

> Por el lago o laguna se significa muchas vezes en las Sagradas Letras, la sepultura; siendo la razón, que assí como el que cae en lo cenagoso de un lago, no puede por propias fechas salir dél, assí el que al fatal golpe de la muerte cae en la sepultura no saldrá de sus horrores hasta que la fuerza del braço divino le restituyan a la vida en el Juicio Universal...

Pero a la vez que alegoría de la inevitabilidad de la muerte, el segundo jeroglífico añade la tópica idea de la sucesión dinástica: mientras Felipe IV cae a la laguna, un niño aparece en una cuna, signo del nacimiento de un nuevo reinado en la figura de Carlos II, estableciendo así, de paso, en la habitual dialéctica cuna-sepultura como necesario destino del hombre, una alegoría de la perpetua continuidad monárquica[37].

[35] La nave es uno de los símbolos más recurrentes en los funerales. Ya apareció en forma de carro, alegorizando la nave del estado, en las exequias de Bruselas de Carlos V en 1558. ALCIATO, emblema 43, "Spes Proxima"; JUAN DE BORJA, "Fortiter occupa Portum", pp. 188-189; SAAVEDRA FAJARDO, Empresa 36, "In contraria Ducet", donde dice: "No menos cuidado ha de poner el príncipe en gobernar la nave de su Estado por el golfo impetuoso del gobierno... El oficio de príncipe y su fin no es de contrastar ligeramente con su república sobre las olas, sino de conducilla al puerto de su conservación y grandeza..."; exequias de Felipe IV en Madrid, Jeroglífico 34, "Cum omni gloria sua accepit in Portum", cita del Evangelio de San Mateo.

[36] PIERIO VALERIANO, *op. cit.*, cap. 38, fols. 184-185.

[37] La dialéctica cuna-sepultura, pero interpretada como alusiva a la vida de Felipe IV, fue utilizada en el jeroglífico 23 de sus exequias en Madrid.

La piedad del rey: devoción mariana y defensa de la religión

Se nos introduce con este tema en uno los ejes ideológicos y religiosos que articulan el programa de Sariñana, como es el de la devoción mariana del Rey de España y, en especial, la defensa que en numerosos escritos se hizo a lo largo del reinado de Felipe IV del dogma de la Inmaculada Concepción[38].

En la imagen, el Rey defiende militarmente una torre que, con fundamento ahora en el lugar del *Cantar de los Cantares* en que se habla de la "Torre de David", simboliza la virginidad y fortaleza de María, tal como fue recogido por San Bernardo y otros escritores cristianos.

[38] Sobre la repercusión de este tema en el arte español del Siglo de Oro, véase SUZANNE STRATTON, "La Inmaculada Concepción en el arte español", *Cuadernos de Arte e Iconografía*, 1988, núms. 1/2, 3-127.

La defensa armada de la religión era uno de los orgullos y una de las justificaciones políticas de la monarquía hispánica. De esta manera, cuadros como el de Tiziano de *Carlos V en Mühlberg* o, del mismo artista, *España defendiendo a la religión* (Museo del Prado), o estampas que, como la obra de Pedro Perret[39], nos muestran a Felipe II armado defendiendo a la Religión. Estas imágenes eran muy habituales en la iconografía religioso-política de los reyes de la Casa de Austria.

[39] En la obra de LUIS CABRERA DE CÓRDOBA, *Historia de Felipe II, Rey de España*, Madrid, 1619.

La estampa mexicana resulta muy clara al respecto, de la misma manera que algunas de las explicaciones de Sariñana:

> Con esta atención se pintó en este jeroglífico su Majestad como Soldado de la Torre, de la qual no solamente se pudo llamar Soldado, pero Soldado de los que antiguamente se llamaban: Sacramenti religati, obligados a la milicia con juramento... Se pintó como Soldado de esta soberana TORRE, que fue pintado responde dando el Nombre de María. Y discurrir en letra la piedad, que quien en la milicia de la vida dio tal nombre, y murió dándole, pues murió en su día, tendría segura la entrada en los Alcáçares del Cielo.

El cuarto jeroglífico es también una referencia mariana ya que nos presenta al Rey como cantor de las excelencias de la Virgen María, basado en la idea de que quien canta la limpieza original de su madre no hace otra cosa que alabar la gloria divina. Asimismo la imagen y su comentario contienen no sólo una alusión a las virtudes conmemorativas

de cánticos y alabanzas, sino al valor persuasivo de la música. Ésta movía con sus letras a dos Bulas, "la de su rezo con Octava, y la del Silencio...", de manera que, siendo éste una de las propiedades esenciales de un buen músico, "se dize que cantó tan bien su Magestad en este punto que, obligando a callar, fue universal el silencio".

Desde un punto de vista religioso, el quinto jeroglífico es igualmente un emblema de la piedad y paciencia del Rey. El monarca es un predestinado de Dios, tocado por su saeta divina, símbolo, a la vez, de la enfermedad que Dios le enviaba y que pacientemente soportó durante siete años, "alusión a las palabras de Job, que la mano de Dios, que le tocaba, al blanco de la gloria lo apuntaba".

En el octavo jeroglífico volvemos a encontrarnos con el tema básico de la defensa de la religión. La figura del armiño, que delimita en torno a sí unos límites inviolables a su libertad, y antes se deja morir que manchar la candidez de su piel en la defensa de los mismos, se convierte en alegoría de la pureza de la religión real[40]. Felipe IV

procuró siempre conservarse y contenerse dentro de la raya de la Purísima Religión Cathólica, observándola tan constante, que daría muchos veces sus Reynos, y su vida, primero, que exceder un solo punto de su pureza.

[40] CESARE RIPA, *op. cit.*, t. 1, p. 230, trata del armiño como atributo de la Continencia y dice: "porque este animal no come sino una sola vez por día; pero además porque con tal de no mancharse, antes consiente en ser presa de los cazadores, quienes para capturar a este animalito rodean de fango el hoyo donde vive".

[41] MARIE TANNER, *The last descendant of Aeneas. The Hapsburgs and the Mythyc Image of the Emperor*, Yale University Press, New Haven-London, 1993, pp. 207-222.

Sariñana se refiere concretamente al decreto de 1643 por el que se vigilaba y castigaban las ofensas hechas públicamente a la Divinidad.

Dentro de este ambiente, el emblema número nueve alude a otro de los aspectos capitales por los que la monarquía católica hacía honor a su calificativo, como era el de la adoración eucarística[41]. Para ello, como igualmente ocurrirá en uno de los jeroglíficos que se incluirán en el túmu-

lo de Carlos II, se emplea aquí también, en un suceso real de 1635, un tema recurrente en la historia de los reyes españoles como es el de la adoración del viático por parte del monarca. El emblema mexicano se completaba, además, con el mote "FESTINANS DESCENDE", refiriéndose a la frase "In domo tua oportet me manera", es decir, "Baxe premioso, conviene que yo quede en tu casa", que hacía alusión al hecho de haber instituido, desde 1639, a la Real Capilla del Alcázar de Madrid como parroquia con un sagrario perpetuo[42].

La fugacidad de la vida y la contemplación de la muerte

En este repertorio de tópicos barrocos en torno a la muerte no podía faltar naturalmente el tema de la fugacidad de la vida, un asunto que ya Sariñana había tratado al terminar su descripción del palacio virreinal. El motivo que se elige para recordarnos esta idea tiene igualmente que ver con la arquitectura: la contemplación de sepulcros y panteones excita el sentimiento de la brevedad de nuestra existencia. Por eso resulta necesario que los reyes mediten ante los enterramientos de sus antepasados:

> A esto conducen los sepulcros, cuya vista nos recuerda lo mortal, y amonesta lo caduco de la vida, siendo sus jaspes testigos de piedra, que para ablandar la dureza del corazón humano le representan la fragilidad del ser.

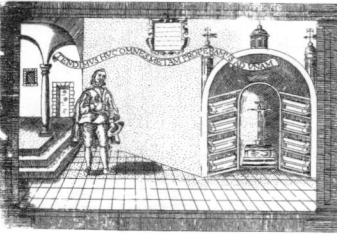

Lo curioso de la referencia del autor es que alude de manera directa, tanto en el texto como a través de la tosca estampa al Panteón Real de El Escorial, cuyas obras iniciadas en tiempos de Felipe II se terminaron, ya con los modos del Barroco en el reinado de Felipe IV, del que constituyen una de las principales empresas arquitectónicas. Aunque de manera harto simplificada, la empresa grabada recuerda al espacio escurialense que fue conocido en México a través de las estampas de Pedro Villafranca y Malagón insertas en el libro que el Padre de los Santos dedicó a El Escorial con motivo de la inauguración de esta parte del edificio, y que gozó de numerosas ediciones en el siglo XVII. Así nos lo cuenta Sariñana[43].

El siguiente jeroglífico redondea el razonamiento en el que el tema de la brevedad de la vida ha de inclinar a buscar la fama a través de las buenas acciones. Asunto éste muy propio de la religión católica en la época de la Contrarreforma, en el

[42] La relación alude igualmente a la protección de la Casa de Austria sobre la Eucaristía desde tiempos de su fundador Rodolfo I, y utiliza para ello el Emblema IX de SOLÓRZANO PEREIRA, en su epígrafe 6, t. 1, pp. 351-354, que se inicia así: "Quando de incultas selvas... en cavallo brioso fatigava, caçando de Austria la mayor Alteza..." Véase el cuadro de Rubens alusivo a este tema en el Museo del Prado, *Acto de devoción de Rodolfo I de Habsburgo*, n. 1645, que se encontraba en el Alcázar de Madrid.

[43] "Ayudaban —dice— lo provechoso destas memorias frequentando su Real Sepulchro del Escurial: el dignamente celebrado Panteón, a que dio principio el señor Rey Felipe III, y complementó su Magestad, erigiendo y distribuyendo en él las urnas...", citando a continuación de manera expresa el mencionado libro del Padre de los Santos. "Se pintó —concluye— pues su Magestad contemplando su sepulcro, y se discurrió en la letra, que sirviéndoles de escudos el Panteón, de libros los pórfidos de sus urnas, y de caracteres los huesos... aprendió en ellas, tantos aciertos como oy dan materia a sus aplausos en su fama, y lágrimas a nuestros ojos su muerte". Nótese la trasmutación simbólica de los objetos y su sentido didáctico y adoctrinador, algo muy propio del mundo del Barroco y en especial del género jeroglífico en el que nos encontramos.

momento de mayor pugna contra el protestantismo que, en este caso, se ejemplifica a través de un ejemplo clásico: cuando César llegó a Alejandría, lo primero que quiso fue admirar el sepulcro de Alejandro. De esta manera al contemplar Felipe IV los sepulcros de sus antepasados se transmutaba, pues, en un nuevo César, y sus progenitores en nuevos alejandros de los que había de tomar ejemplo.

De igual manera estos dos jeroglíficos se convertían en una clara alusión al valor didáctico y ejemplificador del propio túmulo mexicano, que con este sentido había de ser contemplado por todos los que participaban en la fúnebre ceremonia.

El archiconocido símbolo de la vela encendida que se consume —imagen de la brevedad de la vida, tan frecuente en bodegones y "vanitas" europeas del siglo XVII— es el tema del jeroglífico quince, en el que aparecía un niño apagando una vela, denotando de esta manera la rapidez de la enfermedad y muerte del Rey, a la vez que servía para contraponer la luz de la vida con la de la Fe. Sariñana considera el emblema como muy apropiado para los reyes y se basa ahora en otro de los más conocidos libros del género publicados en España, cuyo autor fue D. Juan de Solórzano quien en su emblema veintidós proponía que,

> ...si la candela luze à la comodidad estraña con dispendio propio, el Rey quando cumple con las obligaciones de luz puesta en el candelero del trono para lucir, se gasta, y se consume a cuydados de alumbrar.

Estamos pues muy cerca de los emblemas solares de los que haremos más adelante detenida mención.

Jeroglíficos políticos

En el sexto jeroglífico se inician las reflexiones del túmulo mexicano sobre la majestad del Rey y en las que se recogen gran parte de los lu-

gares comunes en torno a la realeza propios de la literatura y arte simbólicos del Renacimiento y el Barroco.

Basándose en el emblema 33 de Andrea Alciato, que tiene por tema la figura del águila como alegoría de los fuertes, Isidro de Sariñana razona sobre la idea del poder como fortaleza, y sobre la idea de dicho poder basado en la piedad y el perdón: "Por eso, dezía Lignio, que se salen del camino real, esto es, se extravían de Reyes, los que engañados buscan en la crueldad la reverencia, siendo el mejor atractivo de las voluntades à la veneracion la piedad"; y por eso, Pierio Valeriano, como ya hemos señalado, utiliza el animal como símbolo de la generosidad (debido a su comportamiento con sus crías), tal como ya lo entendieron los egipcios. Todo ello resulta alegoría del comportamiento benigno de los reyes españoles, y en especial de Felipe IV, con los indios americanos.

En el siguiente jeroglífico, el séptimo, el león se utiliza como simulacro de la grandeza y la generosidad de ánimo, pues es, de entre todos los animales, el único que "ostenta clemencias con el vencido". Símbolo por excelencia, junto con el del águila, de la majestad, aparece con este significado en la mayor parte de los libros de emblemas del momento[44]. En México, como sucedió en las exequias madrileñas, se asocia con el fulgor de la insignia dorada del Toisón de Oro, orden fundamental para la simbólica regia de los reyes españoles, "significando quán singularmente resplandeció siempre la virtud de la clemencia en el magnánimo coraçón del generoso" Felipe IV. Pero, a la vez, la presencia del Toisón (un cordero dorado que se refiere al mito de los Argonautas) le sirve al autor para una contraposición entre fiereza (león) y mansedumbre (cordero),

ya que el Rey de España es majestuoso con los rebeldes, pero cordero con los vencidos, corrigiendo así, desde el punto de vista de la virtud, el carácter necesariamente heroico de los hechos militares del monarca.

Uno de los temas más recurrentes en la literatura cortesana es el de la contraposición entre verdad y mentira. Si en algunos escritos muy tempranos de la Edad Moderna la corte es vista como el lugar del equilibrio y de la verdad, pronto, sin embargo, pasó a convertirse en sinónimo de engaño y mentira. El hecho se convierte en tópico literario que aparece en los más diversos géneros, desde tratados de usos amorosos como *Il Raverta* de Betussi, al *Enchiridion* de Erasmo, las

[44] Así aparece, custodiando un templo, en el emblema 15 de ALCIATO, "Vigilantia et custodia"; en el número 84 de la I Centuria de SEBASTIÁN DE COVARRUBIAS, un león coronado protege al mundo. Este animal tenía las dos patas traseras a manera de buey, pues "El Rey parte es león, feroz, y horrendo... Y manso buey, del medio cuerpo abajo, nacido para el yugo, y el trabajo"; en el número 69 de la misma centuria, el león se presenta como signo de la generosidad; en el 23 de la centuria tercera, como símbolo de la vigilancia. Con el mismo significado aparece en la empresa 45 de SAAVEDRA FAJARDO, "Non maiestate securus": "El león —dice— fue entre los egipcios símbolo de la vigilancia, como son los que se ponen en los frontispicios y puertas de los templos". Y en el túmulo funeral a Felipe IV en Madrid, el primero de los jeroglíficos utilizados es el de un león con un Toisón de Oro y el siguiente verso: "Mansedumbre, y fortaleza / De Cordero, y de León / Yacen en un Coraçón". En PIERIO VALERIANO aparece ampliamente tratado, cap. 1, fols. 1 al 16: "Robur", "Terrificus", "Dominator", "Summa ingenii", "Furor indomitus", "Vigilantia custodiaq.", "Clementia", "Castigatio", "Virtus", "Animi domitor", "Iustitiae Cultus"...

[45] Véanse BETUSSI, *Il Raverta*, Laterza, Roma-Bari, 1975, pp. 51-53; GUTIÉRREZ DE CETINA, *Epístolas*, Epístola I a don Diego Hurtado de Mendoza, *BAE*; ERASMO DE ROTTERDAM, *Enchiridion*, C.S.I.C., Madrid, 1971, p. 208; FRAY ANTONIO DE GUEVARA, *Menosprecio de corte y alabanza de aldea*, Espasa-Calpe, Madrid, 1975, pp. 58, 93, 103, 128; y sus *Epístolas familiares*: Letra a Enrique Enríquez; Letra al Abad de Monserrate, en el *Libro primero de las Epístolas familiares*, ed. de José María de Cossío, Real Academia Española, Biblioteca Selecta de Clásicos Españoles, Madrid, 1950, t. 1, pp. 99-102 y 208-212. Sobre este tema véase, AMADEO QUONDAM, "Corte e cortegiani: la scena della menzogna", *Psicon*, 1976, núms. 8/9, 4-24. El tema de la corte y la sociedad cortesana ha producido una enorme literatura en los últimos tiempos. Además del fundamental y clásico libro de NORBERT ELÍAS, *La sociedad cortesana*, F.C.E., México, 1982, véanse CARLO OSSOLA (ed.), *La corte e il "Cortegiano". La scena del testo*, Bulzoni, Roma, 1980; ADRIANO PROSPERI (ed.), *La corte e il "Cortegiano" II. Un modelo europeo*, Bulzoni, Roma, 1980; ROSARIO VILLARI, *Elogio della dissimulazione. La lotta politica nel Seicento*, Laterza, Roma-Bari, 1987; y SYLVIE DESWARTE, *Il "perfetto cortegiano" D. Miguel da Silva*, Bulzoni, Roma, 1989.

[46] Véase *infra*, nota 86.

obras de Fray Antonio de Guevara, *Menosprecio de corte y alabanza de aldea* o sus *Epístolas familiares*, hasta poesías, como en alguna famosa de Gutiérrez de Cetina; y tiene su punto culminante en 1538 en la obra de Pietro Aretino, *Ragionamento nel quale figura quattro suoi amici che favellano delle corti del mondo e di quella del cielo*[45].

Es en este contexto en el que hay que situar el tema de la verdad en la corte, tan abundante en la literatura de emblemas; aparece en el jeroglífico catorce del túmulo mexicano dedicado a Felipe IV, donde se conmemora un decreto real de 1643 en torno al problema a través de la imagen de una mujer con un corazón en una mano y una manzana con una hoja en la otra,

...y la razón era como dice Pierio, porque la mançana es muy semejante al coraçón humano, como su oja a la lengua; y dezir verdad, no es otra cosa, que tener en la lengua el coraçón, diziendo lo que se siente...

El último de los emblemas de la relación de Sariñana, el número dieciséis, recoge uno de los temas que más preocuparon a la literatura política y emblemática de la Edad Moderna: el del secreto, quien tanto en Saavedra Fajardo como en Alciato es simbolizado a través de la figura del Minotauro[46]. Sin embargo Sariñana no emplea esta última, sino una historia *ad hoc* entre Alejandro y Efestión, lo que se hizo con el confesado propósito de poner en paralelo las figuras de Alejandro y Felipe, ambos motejados de "grandes".

EL MITO SOLAR Y LA PIRA DE CARLOS II

La comparación entre el poder político regio y el tema apolíneo y solar es uno de los tópicos mejor construidos por la iconografía política de la Edad Moderna. No sólo fue el *leit motiv* simbólico de un monarca como Luis XIV, sino que fue también muy usado por Felipe II, una de cuyas divisas más frecuentes fue el ruscelliano *motto* "IAM ILLUSTRA-

VIT OMNIA" acompañado del carro de Apolo[47]. Felipe IV fue apodado asimismo el "Rey Planeta", por lo que no es de extrañar que en uno de los emblemas de su túmulo mexicano se utilizara, basándose en una cita de Plutarco, la analogía Rey=Sol, "...pintando à su Majestad como Sol, que hazía de sus palabras rayos para el fomento, y alivio de sus basallos", e incorporando un epigrama dialógico cuyo resultado

[47] Véanse FERNANDO CHECA, *Felipe II mecenas de las artes*, p. 195; y MARIE TANNER, *op. cit.*, pp. 223-248.

final era la frase "Lámpara Quarta Grande", como cualidades del Sol, el cuarto planeta de los mayores en el orden astronómico.

Pero es en el túmulo funeral en honor de Carlos II donde, por medio de la metáfora que le da título, *El sol eclipsado*, se articula un programa entero que se fundamenta en el tema helíaco. Con ello no se hacía sino seguir la idea directriz general de los emblemas y jeroglíficos que se había utilizado en las exequias madrileñas de Felipe IV, y que habían sido grabados por Pedro Villafranca en 1666[48].

De esta manera, el tema de la Luna eclipsando al Sol inaugura este metafórico conjunto, aludiendo a la muerte del Rey quien, como el Sol, no desaparece y pasa a mejor vida; sólo llora el mundo, como se muestra en la pequeña estampa, porque éste ha dejado de recibir sus beneficios[49].

[48] Véase STEVEN N. ORSO, *Art and Death at the Spanish Habsburg Court. The Royal Exequies for Philip IV.*

Como el Sol está en medio de todos los planetas, el Rey se sitúa en la mitad de todas las virtudes (jeroglífico tercero), mientras que las estrellas (en el cuarto) se comparan a los vasallos de su majestad, y lloran con su desaparición:

Así lo demostraba la montea del lienço —nos dice el autor en su relación— en que viendo a el Sol en su funesto ocaso se pintaron ellas tan opacas, tan mustias, tan descoloridas, que ni centelleaban sus brillos, ni resplandecían sus fulgores...

El jeroglífico de los tres estados de la realeza, muerto (aquí yace), reinando (en el cielo) y luciendo (el Sol que se eclipsa), se utiliza como segundo del

[49] En el emblema segundo de las exequias de Felipe IV aparece el precedente de esta idea: "En los rayos de la Luna / Vive ardiendo otro farol / No es noche aunque murió el Sol". En el número 8 se alude al tema de las lágrimas y el Sol: "No llore esta Monarchía / Si impedido, no apagado / Mira al Sol, pues le han quedado / otros dos en sólo un día". Otro claro precedente es el emblema 21, "Eclipsado el Real Planeta / Llóranla infausta fortuna / Malpresagio de VII Cometa / Funestos Astros, y Luna". También se centra en el tema del Sol y la Luna el jeroglífico 12 y el 24.

programa. Pero, en una buena parte de estos jeroglíficos a Carlos II, el tema solar no es más que un subterfugio, a menudo forzado, para desarrollar un programa de las virtudes del monarca muy parecido al que empleó Sariñana en 1666 en torno a su padre. Y así, por ejemplo, en el jeroglífico número catorce con el tema del Sol benéfico que extiende su benefactor influjo a los animales se pone en paralelo con la imagen del Rey repartiendo limosnas entre sus súbditos. La imagen de un Monarca liberal, al igual que el Sol, se explica diciéndonos que "es tan igual en sus resplandores, como pródigo en sus luces..."[50]

El tema de la Adoración Eucarística[51], aludiendo de igual manera a una oración de Carlos II en 1685 ante el paso del Viático, sirve para comparar al Santíssimo Sacramento con el Sol (número cinco); y en el número siete se repite la comparación, a la que se añade el tema mariano:

> De la misma suerte se pintó a Su Magestad en medio de dos hermosíssimos Soles..., de manera que es... Custodia del Santíssimo Sacramento, que ya es muy antiguo en el Sol servirle de Solio á su Magestad... El otro (Sol) le servía de lucido Sagrario, si no ya de cambiante adorno a la que por su Pureza admiró San Juan vestida de Sol...

Como señalábamos con anterioridad, y vamos viendo en el programa de este túmulo funeral, la adoración y defensa de la Eucaristía resulta de capital importancia en la elaboración de una imagen de la monarquía hispánica[52]. No podemos dejar de señalar al respecto cómo en tiempos de Carlos II, y por su iniciativa, un lugar tan importante como el altar mayor de la Sacristía de El Escorial fue redecorado en su integridad para celebrar en él la *Adoración Eucarística de la Sagrada Forma de Gorkum*, a través de un célebre cuadro de Claudio Coello en el que aparece el rey Carlos II y su corte, y de todo un sistema de relieves alusivos a esta milagrosa Sagrada Forma profanada por los protestantes. De manera que en México todavía un jeroglífico más (número trece) se dedica al tema. En él, el Rey adora al Sol de la Eucaristía, mientras la luz solar se refleja en un espejo cuyos rayos van a dar al propio Monarca, "En que demuestra S. Majestad el mucho ardor, que había en su Real Coraçón a este Soberano Mysterio"[53]. Y aun sucede lo mismo en el siguiente (número 14), en el que el Sol con sus rayos convertidos en manos se pone en paralelo con la imagen del Rey portando dos custodias. Alusión que se

[50] La misma idea puede leerse en el libro de JULIUS WILHELM ZINAGREFF, *Emblematum ethico-politicarum centuria*, Heildelberg, 1619, en el emblema 38, "Radiis tamen omnia lustrat".
[51] Resulta significativo recordar que un similar acontecimiento fue conmemorado en una conocida estampa de Romeyn de Hooge.
[52] En el túmulo de Felipe IV en Madrid se recogen estas ideas en el emblema 17: "El Sol en el Sacramento, / y la Luna de María, / Harán esta Noche Día".
[53] Resulta interesante el texto de AGUSTÍN DE MORA, pleno de alusiones visuales y al mundo de la pintura concebida como ilusión tan típico del Barroco: "Sucede en la presencia de los amantes, lo que con aquella bruñida lámina de Chrystal, en quien sin empuñar se dibuja, sin dibujar se perfila, sin perfilar se bosqueja, sin colores se pinta, sin pincel se retrata, y sin realçe se perfecciona, lo que sucede, digo a un Espejo puesto a los Rayos del Sol, pues el explendor, con que la embiste se convierte en incendios, con que abraça". Alusiones similares al tema del reflejo se pueden ver en SEBASTIÁN DE COVARRUBIAS, Centuria III, Emblema 69 o en JUAN DE BORJA, Segunda parte, p. 379, "Splendor divini amoris".

redondea en el número diecisiete en que vuelve a aparecer arrodillado entregando su corazón, su cetro y su corona a la Eucaristía envuelta en rayos.

El jeroglífico número ocho, en esta misma línea religiosa, se basa en el tema de cómo la Fe hace resplandecer al rey como un Sol; el número doce mezcla el tema sagrado con el político, al presentarnos al Rey armado de punta en blanco, defendiendo al Sol de las Españas. Esto no es otra cosa que la defensa de la Religión. Otro grupo de jeroglíficos articulan dentro de la metáfora solar el consabido tema de la majestad regia. Basándose en una imagen de Pierio Valeriano aparece el Sol sobre un cocodrilo (número nueve)[54], como símbolo de la velocidad de la vida (el movimiento diario del planeta) y del dolor que produce su desaparición (las lágrimas del cocodrilo). Y en el número once se compara al Rey con la figura de Argos, que es mejor monarca que el Sol por sus muchos ojos. Se trata de una alusión al león vigilante, un tema que aparece, como ya sabemos, en Alciato y en Pierio Valeriano, mientras que la imagen del jeroglífico nos muestra a la Virgen con un manto recamado de ojos y al Rey portando un cetro con un ojo en su extremo pues "a imitación del Sol debe el Príncipe hacerse todo ojos"[55]. Por fin, en el número dieciocho aparece el tema del astro benefactor, repartiendo sus dones a animales, flores, el mar, un volcán..., y nos presenta la efigie real, sentada en un trono bajo un baldaquino, en alusión al Monarca administrando justicia[56].

El jeroglífico más original del programa es, sin duda, el número diez que se refiere a la observación científica del astro solar: de su es-

[54] En el túmulo de México aparece el Sol en un navío sobre un cocodrilo, "Solem pingebant iuvenili, & rotundam facie, eumque in Navi colocabant, quam cocodrilus ferebat". La nave significaba el rápido movimiento, como el del Sol, comparable al de nuestra vida; el cocodrilo simboliza las lágrimas de los súbditos. PIERIO VALERIANO, *op. cit.*, cap. 44. En este capítulo, fols. 325-328, se recoge la amplitud de significados que confiere su autor al Sol: "Deus opt. max.", "Veritas", "Unitas", "Christus", "Claritas", "Imperii Maiestas Summa", "Humanae Vitae"...

[55] El tema de los ojos vigilantes, muy frecuente en el mundo de los emblemas, es recogido, por ejemplo, en torno a la necesidad de ministros vigilantes por SAAVEDRA FAJARDO en su Empresa 55, "His praevide et provide": "Un príncipe que ha de ver y oír tantas cosas, todo había de ser ojos y orejas... Por esto en la presente Empresa se pinta un ceptro lleno de ojos..."

[56] En el emblema octavo de la centuria I de COVARRUBIAS se trata la misma idea: el Sol ilumina ahora a dos ciudades, Babel y Jerusalén: "Este Sol de Justicia en toda parte, / Sin hacer división, o diferencia, / Su clara lumbre de piedad reparte..." El tema solar es uno de los más utilizados en los libros de emblemas: en el de HERNANDO DE SOTO, *Emblemas moralizadas*, Madrid, 1599 aparece en el fol. 77, "Te ipsum, de te

ipso", y en el último dedicado al marqués de Denia, donde explícitamente se la compara con el Sol, "Y tanto por sus méritos, quanto por la privança es con mucha propiedad comparado con el Sol, cuyos efectos son: vivificar, engendrar, resplandecer, y estar en lugar alto y eminente", fol. 128r-128v. En las *Empresas* de JUAN DE BORJA aparece como alusión a la verdad a través de su luz (empresa 12, "Excaecat Candor"), mientras que en la 13 "Censurae patent", dice: "Son los príncipes los planetas de la tierra, las lunas en las cuales substituye sus rayos aquel divino Sol de justicia para el gobierno temporal". Véase también la empresa 77.

[57] El catalejo como signo del conocimiento preciso, del discernimiento y del alejamiento del engaño es utilizado por SAAVEDRA FAJARDO en la empresa 7, "Auget et minuit", donde dice: "Así nos engañan las cosas cuando las miramos por una parte de los antojos de nuestros afectos o pasiones".

[58] Jeroglífico 26: "Retro Rediit Sol, et adidit regi viam", cita tomada del Eclesiastés y que se explica así: "Quando va el Sol a espirar / Buelve a nueba luz su Rueda / Para enseñar al que queda / el camino de Reynar".

tudio por medio de aparatos, aludidos en la imagen, se deduce la inexistencia de manchas en el mismo, al igual que sucede con la figura del rey, considerada perfecta[57].

Ya hemos comentado las alusiones al águila y al fénix, cuyo origen, como sabemos, se remonta al tema romano de la *consecratio* monárquica, y el programa culmina con la única alusión a Apolo y su carro. Se trata del motivo de la apoteosis ya que el carro de Febo sirve para elevar al cielo el alma del Rey, en un jeroglífico (número veinte), que se cuaja de ejemplos bíblicos y mitológicos y que, como dijimos anteriormente, había sido utilizado como uno de sus emblemas favoritos por Felipe II, así como en otro de los realizados para el túmulo de Felipe IV en Madrid[58].

EL MONARCA ENTRONCADO
CON LA HISTORIA Y LAS VIRTUDES REALES

Fuera ya del mundo de los emblemas y jeroglíficos, pero dentro de los habituales contenidos simbólicos, las estatuas que se utilizaban en estos fúnebres aparatos enriquecían sus programas con alusiones a los antepasados míticos e históricos de los monarcas, paradigmas de virtudes y hechos gloriosos. La propia imagen del rey, ya en escultura como sucedió en las celebraciones de la Catedral mexicana en torno a Felipe IV, o ya por medio de una inscripción, caso de las de Carlos II, presidía y ordenaba el conjunto.

La efigie mexicana de Felipe IV se nos presenta con mayor interés pues, lejos de ser una necesaria referencia genérica al monarca fallecido, se utilizó para aludir a un hecho tan importante y concreto como la terminación de la cúpula de la propia Catedral, bajo la cual se instaló el túmulo o baldaquino. Culminando un deseo de la Nueva España desde hacía un siglo, las fúnebres ceremonias se aprovecharon para esta terminación de manera que:

> ...se quitaron las cimbrias a sus bóvedas, que avía más de dos años, que estaba cerrada, y por ser tanta su circunferencia, y tan derramado el buelo de su convexo, para mayor seguridad se la avían conservado tanto tiempo.

Todo ello fue justificado por medio de la inscripción que acompañaba a la estatua, "HOC ERIT MOMMENTUM NOMINIS EIS", procedente de la historia bíblica de Absalón en el segundo libro de los Reyes. Allí se lee que el rey de la Biblia erigió para monumento y memoria un título del que se discutía (y aquí Sariñana cita a Dionisio Cartujano) si era estatua de mármol, edificio o arco triunfal. El autor zanja la cuestión explicando que quizá se tratara de un monumento que lo resumiera todo, "un edificio alto, y hermoso con la estatua de Absalón, debajo de una bóveda". Ello le sirve para enlazar con el tema de la culminación del templo mexicano y criticar, desde el punto de vista de la modestia cristiana, al rey de la Biblia: en Nueva España no se trató tanto de hacer un edificio a la mayor gloria, perecedera del monarca, sino un monumento permanente a la "de Dios en sus cultos", incidiendo, una vez más, en el valor simbólico y funerario de la arquitectura de cúpulas[59].

Si la escultura de Felipe IV-Absalón centraba el segundo cuerpo de la maquinaria fúnebre, ésta se presidía, en su punto más alto, por una alegoría de la Fe. Con todo, lo más interesante del programa escultórico se desarrollaba en su cuerpo bajo donde, agrupadas en grupos de cuatro en cada una de las esquinas, se instalaron nada menos que dieciséis estatuas unidas en bloques temáticos.

El primero de ellos nos mostraba las efigies de Constantino Magno, León Magno, Carlomagno y Alejandro Magno, es decir, la de cuatro personajes históricos que merecieron por sus hechos el calificativo de "magno", en evidente y confesado paralelismo con el apodo de "grande" con que se conocía a Felipe IV[60]. El primero de ellos aludía de nuevo al tema de la defensa de la Religión ya que aparecía armado portando en su mano derecha un mundo y coronado por un morrión con el signo y un clavo, que se refería a la crucifixión de Cristo. Con León Magno vuelve a aparecer el tema de la devoción mariana, ya que este Papa levantó un templo a la reliquia de una vestidura de la Virgen, por lo que se le representó armado y con la maqueta de un templo en sus manos; ahora Sariñana vuelve a contar todo lo referente al dogma de la Inmaculada Concepción.

Carlomagno nos instala en un contexto más profano, ya que su inclusión en el programa se debe a la magnificencia con que restauró y protegió a las ciencias, lo que igualmente sucedió en tiempos del rey de España, pues hace "argumento a su favor a las ciencias la numerosidad de plumas, que con eruditos escritos ilustraron en su tiempo la Monarquía".

Con Alejandro Magno se nos simboliza la humanidad del rey, pues el héroe clásico aparece haciendo intención de quitarse una diadema, símbolo de su poderío[61].

El siguiente grupo recoge a cuatro varones heroicos de la Antigüedad: Teseo, de quien se alegoriza su prudencia en la lucha contra

[59] Véanse LOUIS HAUTE-COEUR, *Mystique et architecture. Symbolisme du Cercle et de la Coupole*, Paris, 1954; y E. BALDWIN SMITH, *The Dome. A Study in the History of Ideas*, Princeton University Press, Princeton, 1950, 1978.

[60] Una idea similar fue realizada en torno a Luis XIV en 1687; véase PETER BURKE, *op. cit.*, p. 35.

[61] PIERIO VALERIANO, *op. cit.*, cap. 41, fols. 302-303, la diadema con el sentido de "Regia Potestas" y "Victoria".

la tiranía a través del atributo de un ovillo, "...como siguiendo el hilo de la razón escogido en consequencias del ovillo del discurso, vence a la tiranía la prudencia"; Jasón, prudente piloto que en su viaje (alegoría de la vida y del gobierno), llega al fin justo deseado; Prometeo, quien libraba a las ciudades de las inundaciones, tema esencial para un lugar como México; y Jano, cuyo ojo observador y vigilante se pone en paralelo con la idea egipcia del cetro y el ojo y, siguiendo a Alciato, Minois y Solórzano Pereyra[62], se pintó a este personaje con cuatro ojos, indicando cómo la vigilancia real llega hasta la cuatro partes del mundo.

La figura de Jano merece un comentario más extenso, como hace Sariñana, pues su bifronte rostro fue utilizado en ocasiones para simbolizar la extensión y el poder de la monarquía hispánica. "Siempre abraçó muchos reinos España", nos dice Sariñana, en evidente alusión a los dominios americanos de la Monarquía. Por eso Pierio Valeriano menciona la relación entre España y las tres caras de Gerión[63], a la que ahora se podría añadir una cuarta por medio de América:

> Y assí se puso la estatua de Jano con dos rostros, en la una mano un cetro, que remataba en un ojo; y en la otra un cartoncillo con este verso de Ovidio: *Videt Ianus quae post sua terga geruntur* (*Fast.* 6),

tratándose por lo tanto de una alegoría a la "Providentia regia", especialmente referida al Nuevo Mundo.

El tercer grupo de esculturas se refería a España y a los cuatro nombres con que su territorio podía ser conocido: Setubalia, Iberia, Hesperia y España, y son de menos interés. El cuarto y último alcanza, sin embargo, una mayor relevancia en el completo perfil que el túmulo nos ofrece en la construcción de la imagen de la monarquía hispánica, ya que las cuatro esculturas aluden al rey como nuevo Salomón.

Ya hemos visto lo repetido de las referencias a monarcas y poderosos como constructores. En torno a esta idea se levantó el mito de Felipe II como nuevo Salomón, debido al levantamiento de un edificio de la envergadura de El Escorial. Por eso, la primera de las imágenes salomónicas mexicanas nos lo presenta con el cetro, símbolo ahora de magnificencia, en una mano y una calavera en la otra: al igual que el Rey bíblico construyó un sepulcro real, "esta Piedad imitó nuestro Grande Felipe, perficionando el Panteón, sepulcro Real". Se trata de una referencia que ya hemos visto en los jeroglíficos del túmulo. Allí se aludía al valor de *memento mori* que producía la contemplación de las tumbas de antepasados; aquí, sin embargo, el tema resaltado es, directamente, la magnificencia de la obra construida.

[62] Véase JUAN DE SOLÓRZANO PEREYRA, *...Emblemata centum, Regio Politica...*, Madrid, 1653.

[63] *Op. cit.*, cap. 32, fol. 228v.

La cuarta de las imágenes salomónicas volvía a insistir en el tema del rey arquitecto y se representaba "en la una mano el diseño, o montea de un Templo, y en la otra un compás; instrumento de la arquitectura", con lo que se ponía en paralelo la construcción del edificio hierosimilitano, y la ya aludida terminación de la Catedral mexicana.

Las menciones al rey de la Biblia se completaban con la imagen del mismo con una espada, símbolo de la Justicia (el otro de los grandes atributos de Salomón y propiedad fundamental, como ya sabemos, de la realeza hispánica) y referencia directa a la riqueza del Nuevo Mundo descubierto. Ahora se trata de presentarnos a un rey rico de tesoros, opulento y abundante de oro y plata en recuerdo de las riquezas que las Indias proporcionan a la monarquía.

LA ENTRADA TRIUNFAL DEL MARQUÉS DE LA LAGUNA EN 1680.
LOS ARCOS TRIUNFALES Y SUS ARQUITECTURAS

Dos fueron los arcos triunfales que se erigieron en honor de don Tomás Antonio Lorenzo Manrique de la Cerda, Enríquez de Ribera, Portocarrero y Cárdenas con motivo de su entrada triunfal en México. Con ello se continuaba una tradición que no sólo era novohispana, sino fundamentalmente europea y renacentista[64]. Esta incardinación en una costumbre tan extendida en el Renacimiento y Barroco es resaltada con toda claridad en el *Theatro* de Carlos de Sigüenza ya desde su "Preludio I" al afirmar "...cuántos arcos triunfales ha erigido la Europa e imitado la América en la primera entrada de los reyes en sus dominios o de los virreyes", y se refiere al origen clásico, concretamente romano, de la misma, con amplia y, según la moda del momento, prolija cita de referencias antiguas.

El arco triunfal era no sólo el signo exterior de la conmemoración de un triunfo bélico, sino también el recuerdo monumental de las virtudes del homenajeado[65]. Sigüenza y Góngora insiste ahora, sobre todo con citas bíblicas, en el carácter de monumental, conmemo-

[64] Véase Roy Strong, *Arte y poder*, Alianza, Madrid, 1988.

[65] Sobre el tema y sus orígenes clásicos véase Ernst Künzl, *Der römische Triumph. Siegesfeiern im antiken Rom*, C. H. Bech, München, 1988.

rativo y gratulatorio con respecto al personaje en cuestión. Todo ello sin olvidarse de otra de las características esenciales como era el sentido admonitorio y de reflejo de las virtudes que han de adornar a un príncipe pues "...según Brixiano... es providencia estimable el que a los príncipes sirvan de espejo, donde atienden a las virtudes con que han de adornarse los arcos triunfales que en sus entradas se erigen para que de allí sus hechos tomen ejemplo..."

El "Preludio I" constituye un excelente resumen teórico del sistema alusivo implícito en estas construcciones, por lo que no olvida tampoco su innegable connotación urbanística. En efecto, los arcos triunfales, si bien habitualmente de carácter efímero y circunstancial, se referían al tema clásico, retomado en la Edad Moderna, de las portadas reales de las ciudades[66]. Y algunas veces —recordemos la toledana puerta de Bisagra, obra de Alonso de Covarrubias en honor de Carlos V— se constituyeron en estructuras permanentes. "No son estas fábricas —dice Sigüenza— remedo de los arcos que se consagraban al triunfo, sino las puertas por donde la ciudad se franquea".

Con esta tipología arquitectónica se emulaba, si bien para una sola ocasión, a la arquitectura real y, más que a esta última, a la que idealmente se consideraba debía ser la de la ciudad. Por breves momentos ésta se convertía en *urbs* antigua, casi en prototipo urbano ideal, y recordaba no sólo al personaje homenajeado, sino a sí misma, a su glorioso pasado, entroncado las más de las veces en una historia aureolada por una antigüedad mítica. Era lo que sucedía en las *joyeux entrées* flamencas, y sin duda lo que pretendió México en esta ocasión, al plantear la sugestiva idea de unir la presente grandeza novohispana no sólo con la mitología clásica, sino también con los dioses y emperadores del panteón azteca.

Estamos pues, no sólo ante un "teatro de virtudes heroicas", sino también ante un verdadero *teatro de las artes*, en el que se sintetizaban, "con admirable variedad y artificio", pinturas, esculturas, inscripciones, emblemas, jeroglíficos y literatura en una poderosa imagen destinada a exaltar y conmover.

Todo ello puede observarse en el interesante cuadro conservado en el Museo de América de Madrid, obra de Peres Holguin y que nos muestra la *Entrada del arzobispo virrey Diego Rubio Morcillo en Potosí*. La escena no sólo nos enseña en su parte derecha el arco de triunfo y sus alegorías, sino la procesión de entrada, señalándonos su orden y la distinta jerarquía de las personas que en ella participaron. La imagen urbana cobra una excepcional importancia resaltando el papel relevante de la Catedral y el adorno de las casas no sólo

[66] Véase E. Baldwin Smith, *Architectural Symbolism of Imperial Rome and the Middle Ages*, Princeton University Press, Princeton, 1956.

con colgaduras, sino también con pequeños cuadros que figuran jeroglíficos. Junto a la Catedral, la Plaza Mayor alcanza también una gran significación de manera que, ya fuera del espacio principal de la pintura, se insertan dos de sus imágenes, una de día y otra de noche, con las celebraciones correspondientes de la entrada. De esta manera, la tardía pintura de Holguin es un buen compendio figurado de cómo se entendían los aspectos urbanos, simbólicos y jerarquizadores en la imagen del poder que se pretendía transmitir por medio de estas celebraciones.

Volviendo al México de 1680, el arco erigido ante la Catedral, cuyo programa fue ideado por Sor Juana, se componía, en altura, de tres cuerpos superpuestos. El primero, de orden corintio, constaba de diez columnas que fingían el material de jaspe y bronce; en el tercio de éstas, se colocaron máscaras que imitaban bronce. El segundo, de orden compuesto, se revestía en su tercio de laurel y joyas de bronce; y el tercero, de orden dórico, se adornó con "seis bichas rústicas [con] cuerpo de bronce y piernas de jaspe"; sin embargo, sus capiteles eran compuestos y corintios. Todo ello se coronaba por un remate en forma de frontón.

El arco cuyo programa diseñó Carlos de Sigüenza se colocó en uno de los lugares decisivos del recorrido triunfal, la Plaza del Convento de Santo Domingo, situada en la entrada de la calle del mismo nombre, que terminaba en la Plazuela del Marqués. Se componía, al igual que el anterior, de tres cuerpos: el primero de ellos de orden corintio, con sus tercios revestidos de hojas de parra, constaba de dieciséis columnas imitando jaspe. El segundo se levantó de orden compuesto, mientras que el tercero adquiría un acusado carácter figurativo pues "se formó de hermatemas áticas y bichas pérsicas, aliñadas con cornucopias y volantes". Todo ello formaba tres calles en cada uno de los lados, en donde se instalaron los elementos iconográficos que estudiaremos más adelante, con la central rehundida "a beneficio de la perspectiva".

De esta manera la similitud de las dos máquinas, en lo que se refiere a los órdenes, confería la necesaria unidad a la entrada triunfal. Variaba en estos órdenes el número de columnas y, por lo tanto, de entrecalles, el remate y el rehundimiento de uno de ellos en su parte central, mientras que en el otro sobresalía.

La utilización de los órdenes merece un breve comentario. Su superposición, corintio en el orden inferior, compuesto en el del medio y esencialmente figurativo el superior, es una idea habitual en los arcos triunfales diseñados en Europa. En el lenguaje clásico de la arquitectura basado en Vitruvio, los órdenes adquirieron no sólo un sentido abstracto, sino también una determinada significación y sim-

[67] Sobre esto véase ERIK FORSSMANN, *Dorisch, Ionisch, Korintisch. Studien über den Gebrauch der Säulenordnungen in der Architektur des 16-18 Jahrhunderts*, Almqvist & Wiksell, Stockholm, 1961.

bolismo[67]. El orden corintio se pensó no sólo como el más apropiado para conmemorar a las vírgenes, de ahí su calificativo de orden virginal, sino como el más adecuado para las entradas triunfales. El compuesto, del que no habla Vitruvio pero del que se conservan muchos ejemplos antiguos reales, fue considerado, a partir del Renacimiento, como uno de los más propios también para este tipo de arquitectura.

El arquitecto y tratadista italiano del siglo XVI Sebastiano Serlio, en su importante tratado, dice al respecto lo siguiente:

> el cual [el orden compuesto] los antiguos romanos, quizá por no poder superar la inventiva de los griegos, que fueron los creadores de la columna dórica e imitación del hombre, de la jónica tomando como motivo las matronas, y de la corintia que toma su forma de las vírgenes, hicieron del jónico y del corintio una composición colocando la voluta jónica con el óvalo del capitel corintio, y de este tipo de columnas se sirvieron especialmente en los arcos triunfales. Y esto lo hicieron con muy buen criterio; porque al ser los vencedores de todos aquellos países, en las que estas formas habían tenido su origen, podían según su voluntad, como señores de aquellos, colocarlas juntas...[68]

[68] SEBASTIANO SERLIO, *Tutte l´opere d´architettura et prospetiva*, Venezia, 1550, libro 4, cap. 9.

Y en otro momento de este mismo libro IV se lee: "No se ven muchos de este estilo Compuesto, a excepción de los arcos triunfales..." Y aunque una similar explicación no aparece referida en ninguno de los dos textos de Sor Juana y de Carlos de Sigüenza, es muy probable que sí fueran conocidos por sus diseñadores arquitectónicos, ya que el tratado de Serlio fue uno de los más difundidos a lo largo de los siglos XVI y XVII.

Una última reflexión ha de hacerse con respecto a estas arquitecturas efímeras en relación con su situación urbanística. El ideado por Carlos de Sigüenza se colocó, como sabemos, en la Plaza de Santo Domingo, "lugar destinado desde la Antigüedad para la celebridad de este acto"; por su parte, el basado en la alegoría de Neptuno se ubicó en la puerta principal de la Catedral.

Se marcaban de esta manera dos lugares de la ciudad cualificados por su importancia simbólica, religiosa uno, política, el otro, que poseían una especial referencia a su pasado histórico. De manera que mientras la portada de la Catedral se convertía en una alegoría de claras resonancias arqueologistas y anticuarias de carácter clásico merced a la presencia de Neptuno, la Plaza de Santo Domingo venía a recordar el pasado mexicano debido a sus referencias iconográficas aztecas. Todo evocaba, pues, un doble pasado prestigioso, sintetizando las preocupaciones políticas criollas que buscaban en este sincretismo uno de los elementos clave de su legitimidad social y política.

LOS DIOSES Y EL PODER:
NEPTUNO Y LA MONARQUÍA CATÓLICA

En este mundo cortesano, el recurso a la mitología como forma de alegorización del poder fue repetido y constante. No es por eso extraño que personajes como Sor Juana Inés de la Cruz y Carlos de Sigüenza y Góngora encontraran en el panteón greco-latino y el azteca el mejor lugar para significar una serie de virtudes que consideraron oportunas utilizar como medio de exaltación del virrey, en el caso que ahora nos interesa, la persona de Tomás Manuel de la Cerda, marqués de la Laguna, que tomó posesión de su cargo de virrey de Nueva España el 7 de noviembre de 1680.

Para la ocasión, Sor Juana Inés de la Cruz ideó un amplio programa simbólico que hizo girar en torno a la personalidad mitológica del dios Neptuno; don Carlos de Sigüenza y Góngora, por su parte, en el *Theatro de virtudes políticas* basó el suyo en un mundo de dioses y personajes diferentes, pues sus figuras, como reza el título de su obra, se agrupan en torno a las "advertidas en los Monarchas antiguos del Mexicano Imperio". Ambas ideas se articularon en el medio más recurrente para este tipo de celebraciones, éste sí, en todo caso de procedencia clásica: el arco triunfal.

La monarquía hispánica a la que el virrey marqués de la Laguna no sólo representaba, sino que, en realidad, sustituía, había encontrado una de sus muchas justificaciones históricas en la procedencia clásica y mítica de su estirpe[69]. La elaboración de una mitología en torno a la Casa de Austria fue uno de los temas recurrentes de historiógrafos, mitógrafos y eruditos desde fines de la Edad Media, y ocupó durante más de dos siglos a todo tipo de artistas de España, Austria, Italia, los Países Bajos y América[70].

Las especulaciones simbólico-míticas en torno al poder y su representación alegórica a través de las artes tuvieron en la Casa de Austria uno de sus receptores esenciales y culminaron en la época de Carlos II, el momento del triunfo definitivo del Barroco, cuando escribieron los autores que ahora nos ocupan.

Resumiendo el problema, y para enmarcar obras como el *Neptuno Alegórico* y el *Theatro de virtudes políticas*, podemos decir que, entre los dioses y héroes del panteón clásico que mejor podían alegorizar una determinada imagen de poder, el personaje favorito que se consideró como ancestro privilegiado de una dinastía gloriosa fue Hércules, el héroe de Tebas[71].

[69] Véanse al respecto ALFONS LHOSTKY, "Apis Colonna", *Mitteilungen des Institut für Geschichtsforschung und Archivwissenschaft in Wien*, 55 (1944), 171-245; y FERNANDO CHECA, "La imagen de Carlos V como protector de la Casa de Austria", en *Spanien und Österreich in der Renaissance. Akten des fünften Spanisch-Österreichische Symposions, Wien, 1987*, Innsbruck, 1989, pp. 71-80.

[70] Hemos estudiado estos temas en FERNANDO CHECA, *Carlos V y la imagen del héroe en el Renacimiento*, Taurus, Madrid, 1987; *Felipe II, mecenas de las artes*, Nerea, Madrid, 1992; y *Tiziano y la Monarquía Hispánica. Usos y funciones de la pintura veneciana en España (siglos xvi y xvii)*, Nerea, Madrid, 1994.

[71] Véanse W. C. MCDONALD, "Maximilian I of Habsburg and the veneration of Hercules. On the revival of Myth and the German Renaissance", *Journal of the Medieval and Renaissance Studies*, 6 (1976), 139-154; y FERNANDO CHECA, *Carlos V y la imagen del héroe en el Renacimiento*.

La estirpe habsbúrgica justificaba en última instancia su poder político en el confesionalismo de la religión cristiana y en la práctica de unas virtudes de tipo eminentemente religioso. No es de extrañar, por tanto, que en el entorno de un monarca como el Emperador Carlos V pronto surgieran voces críticas acerca de cuestiones como la de la guerra, con su consecuencia de catástrofes, calamidades e injusticias, o el de la conquista de las Indias, con el problema del sometimiento violento de sus habitantes.

Desde el punto de vista de la mitología clásica, el dios utilizado con mayor frecuencia como símbolo de poder y autoridad fue, lógicamente, Júpiter, el padre de los dioses y violento dominador de los alborotados y alborotadores personajes del Olimpo. Marte se convirtió en el patrocinador de acciones violentas, guerreras, de las que solían estar ausentes sentimientos como los de piedad, poder y comprensión para con el vencido.

Estos sentimientos, a los que podríamos añadir los de los debates en torno a la guerra justa y los de una justificación del sometimiento que encontraba su última instancia en la defensa de la religión frente a la herejía o la idolatría, explican el surgimiento de una teoría justificativa del poder en torno al concepto de "virtud heroica". Una idea con la que se pretendía sintetizar aspectos en esencia tan contradictorios como los de la violencia implícita en toda guerra y la dominación, y los del perdón y trato humanitario y cristiano del vencido.

Por ello, dioses de carácter tan impositivo como Júpiter o Marte tuvieron una repercusión muy escasa entre los artistas españoles y extranjeros que representaron el poder de la monarquía hispánica por medio de alegorías mitológicas, y el recurso a Hércules, Neptuno o Apolo fue mucho más habitual. De esta manera Carlos V fue concebido como nuevo "Hércules cristiano", y la iconografía del héroe tebano constituye la trama esencial en la elaboración de la figura simbólica del Emperador. Recordemos que su divisa y *motto*, el PLUS ULTRA con las columnas de Hércules, aparece basada en esta idea. Por su parte, Felipe II pensó que su mejor representación jeroglífica estaría constituida por el carro de Apolo, con el lema "IAM ILLUSTRAVIT OMNIA", tal como aparece en el libro de Ruscelli[72]. Y Felipe IV elaboró toda una mitología solar en torno a la idea del "Rey Planeta", como aparece en tantos libros de emblemas, comenzando por el bien conocido de Saavedra Fajardo[73].

¿Qué papel cumpliría, por tanto, la figura mítica de Neptuno, que fue elegido por Sor Juana Inés de la Cruz como elemento inte-

[72] Véanse GIROLAMO RUSCELLI, *Le imprese illustri*, Venezia, 1566; FERNANDO CHECA, *Felipe II, mecenas de las artes*, p. 251; y MARIE TANNER, *op. cit.*, pp. 235-248.
[73] Véase DIEGO DE SAAVEDRA FAJARDO, *op. cit.*

grador del programa exaltatorio del marqués de la Laguna, virrey de
Su Majestad Católica, don Carlos II de Austria?

Aunque Neptuno no había tenido la fortuna de otros dioses como
Apolo y, sobre todo, la del héroe Hércules, no por ello había estado
ausente de algunos de los más significativos programas de exaltación
de la dinastía habsbúrgica en España. Junto con Hércules, había sido el
único miembro del panteón clásico elegido para el adorno, en pleno
siglo XVI, nada menos que del Palacio de Carlos V en Granada, que fue
concebido como el símbolo arquitectónico del poder del monarca en
esta época[74]. En efecto, la figura de Neptuno con su carro en el instante
de calmar las aguas de la tempestad, y este mismo dios en el momento
de su matrimonio con Anfitrite, adornan los dos pedestales principales
de la ventana central de la fachada sur del palacio granadino, en un programa exaltatorio en torno a Carlos V que se completa con las alegorías
de la Fama, la Historia, y la representación de un triunfo, en un contexto claramente militar, figurado en otros relieves adyacentes a través
de escenas de batallas y trofeos. El inevitable Hércules, en los conocidos relieves de Juan de Orea, hace girar, sin embargo, el programa
alegórico de la fachada oeste del palacio de Machuca[75].

Otro momento significativo de un uso indirecto del tema de
Neptuno es la obra de Tiziano enviada al rey de España en 1575, *La
religión socorrida por España*. La pintura fue descrita por Vasari
cuando éste la vio en el taller del artista y era una obra de asunto
mitológico destinada a Alfonso I d´Este, con las figuras de Minerva y
Neptuno. Tras la Batalla de Lepanto, y con motivo de su envío a la corte de Felipe II, la figura de la diosa se transformó en la alegoría de España, y el carro de Neptuno en otro conducido ahora por un turco.
Su sentido, aunque profundamente cambiado, no dejó por ello de
aludir al dominio y control de España sobre los mares. Y cuando la
pintura colgaba en el siglo XVII en los muros de El Escorial, el Padre
de los Santos, interpretando la figura de la religión como la de la Fe,
vio así el sentido final de la obra:

> Descúbrese por el mar, que está aquí con propísima significación, el
> Turco, que en una embarcación, que tiran dos cavallos Marinos, viene
> a lo lexos rompiendo las alborotadas ondas, y le siguen algunas velas,
> que parece enderezan la proa a fomentar el socorrer a los Hereges con-
> tra la Fe; mas según la posición de España, está denotando que la
> defiende, y ha de defenderla por mar, y por tierra...[76]

En el México de 1680, sin embargo, la figura de Neptuno fue
interpretada por Sor Juana como la mejor representación posible

[74] Sobre el palacio véase EARL E. ROSENTAHL, *The Palace of Charles V in Granada*, Princeton University Press, Princeton, 1985.

[75] Sobre estos temas son fundamentales algunos trabajos de EARL E. ROSENTHAL, "*Plus Oultre*: The *idea imperial* of Charles V on the Alhambra", *Hortus imaginum. Essays in Western Art*, Kansas, 1974, pp. 87-93; "*Plus Ultra, Non plus ultra* and the Columnar Device of Emperor Charles V", *Journal of the Warburg and Courtauld Institute*, 34 (1971), 204-228; "Sixteenth Century Drawing of the West Facade of the Palace of Charles V in Granada", en *Miscelánea de estudios dedicados al Profesor Emilio Orozco Díaz*, Universidad, Granada, 1979, pp. 137-147.

[76] FRANCISCO DE LOS SANTOS, *Descripción breve del Monasterio de S. Lorenzo el Real del Escorial única maravilla del mundo...*, Madrid, 1667. Señalemos igualmente que en el reverso de algunas medallas de Leone Leoni para un personaje tan cercano a la casa de Austria como el Cardenal Granvela, también se utiliza la figura de Neptuno; véase al respecto EUGÈNE PLON, *Les maîtres italiens au service de la Maison d´Autriche. Leone Leoni, sculpteur de Charles Quint et Pompeo Leoni, sculpteur de Philippe II*, Paris, 1887, lám. XXXII, núms. 3 y 4.

de un poder político basado en la defensa de la Fe, la práctica de las virtudes y el predominio del catolicismo. La propia autora, en la introducción general a su obra, "razón de la fábrica alegórica y aplicación de la fábula", se inscribe en el marco de ideas que hasta el momento hemos desarrollado. De esta manera, las razones que la movieron a elegir la figura del rey de los mares estaban en "la piedad a que movería el sujeto" antes que "en la fuerza de los argumentos".

Como es bien sabido, el conocimiento de los más famosos tratados mitológicos del Renacimiento y el Barroco no fue ajeno a la cultura simbólica de Sor Juana[77]. De esta manera, en el momento de justificar la elección de una figura como la de Neptuno para alegorizar las virtudes del marqués de la Laguna, echó mano de amplias citas de las obras de Natale Conti[78], cuyo tratado se publicó en 1560, en el que con claridad el dios aparece como dominador del mar y sus islas. Pocas líneas más adelante, y en un razonamiento algo forzado a propósito de Cibeles, la madre del dios, resalta su figura como personificadora del silencio para llegar a la siguiente conclusión: "Y siendo Neptuno rey de tan silenciosos vasallos, con mucha razón lo adoraron por dios del silencio y el consejo". Por otra parte, al ser hijo de Cibeles o, en el mundo egipcio, de Isis (según la idea de la autora), "tuvo no sólo todas las partes de sabia, sino [es origen] de la misma sabiduría, que se ideó en ella". De esta forma Neptuno pasó a transformarse en una alegoría sapiencial y "...desempeñó muy bien su origen con los soberanos y altos créditos de su saber. Lo cual se conoce claramente del acierto de sus acciones".

La justificación de Neptuno como personaje sabio articula la primera parte de los razonamientos sorjuanescos en su pequeño tratado, al ser, naturalmente, su principal afán la exaltación de la sabiduría como una de las principales virtudes del político, si no la principal, "porque —nos dice— la sabiduría, y no el oro, es quien corona a los Príncipes".

Nuestra autora se sitúa así, una vez más con toda claridad, en el ambiente de exaltación cristiana del político que es propio de la monarquía católica, necesario punto de partida para la aplicación directa de estas ideas al sustituto del mismo rey en la Nueva España, don Tomás Manuel de la Cerda, al que, sin la menor duda, no vacila en calificar de "hijo de Isis" y descendiente "de la Sabiduría del señor rey don Alonso, el Sabio por antonomasia".

Junto a esta justificación del personaje como practicante de esta virtud, no olvida el cometido político a que le obliga el cargo. Enton-

[77] ERMILO ABREU GÓMEZ, *Sor Juana Inés de la Cruz. Bibliografía y biblioteca*, Secretaría de Relaciones Exteriores, México, 1934; OCTAVIO PAZ, *op. cit.*, pp. 323-340.

[78] Hemos consultado la edición aparecida en 1616, *Mythologiae sive explicationis fabularum, libri decem*, Patavii.

ces aparece con claridad el componente heroico y de pura práctica del poder, se resalta la importancia de Neptuno como dominador de las aguas marinas y se llama la atención sobre el atributo del dios, el tridente, que si para el mitógrafo Vicenzo Cartari significaba los tres senos del Mediterráneo[79], para Ascensio, comentador de Virgilio, significa la potestad del dios:

> *Alij ad triplicem aquarum naturam referunt: fontium enim sunt dulces, mariane salsae, quae autem in lacubus continentur, non sunt amare illae quidem, sed gustavi sunt ingratae*, así dice Cartari. Y Ascensio: *Ut significetur triplex Neptuni potestas: sicut fulmen trisulcum triplicem Iovis potestatem; et cerberus triceps Plutonis indicat*.

EL RETRATO CORTESANO,
ENTRE LA ALEGORÍA Y LA REALIDAD

Haciendo honor a su nombre, el programa diseñado por Sor Juana traza un coherente sistema alegórico de las personas de los marqueses de la Laguna por medio de una inscripción, diez lienzos y cuatro jeroglíficos. De los diez lienzos, hay ocho que forman el verdadero entramado programático, directamente referidos a los virreyes; los otros dos, que se situaron en los intercolumnios, aluden con un lenguaje puramente simbólico a doña María Luisa Manrique de Lara y Gonzaga.

El programa pensado por Carlos de Sigüenza es de un sistema bien distinto. Nos encontramos ahora ante una fabulación puramente política, en la que se ensalzan las virtudes de un príncipe perfecto, tratando de unir la historia del México antiguo y precolonial con la mitología clásica y la religión cristiana.

Los diferentes sistemas conceptuales de ambos arcos aparecen claros desde los mismos retratos de los virreyes en ellos insertos. En la idea de Sor Juana éstos aparecen efigiados como dioses de la mitología bajo los trazos de Neptuno y Anfitrite en un carro triunfal, que ella misma califica de "real triunfo", inspirado posiblemente, en parte, en la estampa que aparece en el libro de Vincenzo Cartari *Imagini degli dei del Antichi*, una de sus fuentes esenciales. Nos encontramos ante un recurso muy frecuente en la Europa del Renacimiento y el Barroco como era el de representar a los personajes reales e históricos bajo los trazos y con los atributos de un dios de la mitología[80]. Recordemos, por ejemplo, el famoso retrato en que Agnolo Bronzino representó a

[79] VICENZO CARTARI, *Le imagini de i dei de gli antichi*, Venezia, 1580; el tratamiento del dios Neptuno, pp. 240-256; CESARE RIPA dice que: "El Tridente representa las tres naturalezas del agua, es decir, la de las fuentes y ríos, que es la más dulce, la marina, que es amarga y salada, y la de los lagos, que sin ser amarga no es agradable al gusto como la primera", *op. cit.*, t. 1, p. 175. Para PIERIO VALERIANO, *op. cit.*, fol. 388, simboliza la "Aperta vis".

[80] Véanse FRANÇOIS BARDON, *Le portrait mytholo-*

gique à la cour de France sous Henri IV et Louis XIII, éds. A. et J. Picard, Paris, 1974; FRIEDRICH POLLEROSS, *Das sakrale Identifikationsporträt*, Wernersche Verlagsgesellschaft, Worms, 1988; y PETER BURKE, *The Fabrication of Louis XIV*, Yale University Press, New Haven-London, 1992 (trad. española, Nerea, 1995).

Andrea Doria como Neptuno (Milán, Pinacoteca Brera), por citar un ejemplo de la misma deidad que nos ocupa.

La finalidad del retrato alegórico propuesto por Sor Juana es expresada por ella misma en el soneto que acompañó a la declaración. Cuando en los dos tercetos se refiere al tridente, atributo del rey de las aguas, dice:

> Tres partes del tridente significa
> dulce, amarga y salada en sus cristales,
> y tantas al bastón dan conveniencia:
> porque lo dulce a lo civil se aplica,
> lo amargo a ejecuciones criminales,
> y lo salado a militar prudencia.

El tridente, comparado al bastón de mando, viene a significar las tres ramas esenciales de la gobernación (civil, penal, militar) y los caracteres que han de adquirir: dulzura, amargor y prudencia, otorgando un carácter político a la simbología clásica del atributo.

La sistemática propuesta por Sigüenza y Góngora es muy distinta, y aún parece entrar en polémica con la de la religiosa. El profesor de matemáticas no pretende colocar a su excelencia en un carro triunfal, y ello le hace entrar en prolijas consideraciones acerca de lo moderado y ponderado que ha de ser su poder. De esta manera, en el cuadro central de su programa aparecen los retratos reales de los virreyes que entran por una puerta que abren los antiguos emperadores mexicanos, que son sostenidos por Mercurio y Venus. Desde un primer momento es clara la voluntad sincrética de Sigüenza al presentar, en una sola imagen, los elementos figurativos y narrativos esenciales de su programa: el mundo de lo real con los retratos, el de lo mitológico clásico con los dioses, y el de la historia pasada mexicana con los retratos de los antiguos emperadores. Es patente, además, el deseo de entroncar el presente con el pasado, presentando al primero como una continuidad de éste, en un ejercicio figurativo de claras connotaciones políticas. Los virreyes llegaban hasta una alegoría de la ciudad de México, representada en forma de india, con traje propio, tocada de una corona murada y recostada en un nopal.

El motivo de la elección de estos dos dioses se inscribe dentro del simbolismo solar que, como veremos más adelante, tan del gusto era de la época: sus excelencias son dos grandes luminarias, situados, como los planetas Mercurio y Venus, entre el Sol y la Luna.

El contenido político real se acentúa en la ponderación que Sigüenza y Góngora realiza de los retratos. El del marqués, sostenido por los dos dioses mencionados, era un retrato "al vivo" pues, citando a San Juan Crisóstomo, sostiene que "nadie se atreve a agregar algo a una imagen que ha sido hecha a semejanza de algún rey; y si alguno se atreviere, no lo haría impunemente". La verosimilitud del retrato es muestra de la perfección del efigiado, y el retrato de don Tomás es, por sí mismo, como el Sol y Mercurio, un compendio de todas las virtudes y excelencias políticas.

Sistemática narrativa

La sistemática narrativa de ambas relaciones es también significativamente distinta. Mientras que Sor Juana nos cuenta sus invenciones teniendo en cuenta y especificando el lugar preciso del arco en que se instalaron, Sigüenza expresamente prescinde de ello y, una vez descrito el cuadro principal con los retratos, nos explica, por orden cronológico e histórico, las razones de la aparición de los sucesivos emperadores mexicanos.

Ante la idea de Sor Juana nos encontramos con una imagen conceptual y coherentemente puntual de la exaltación política, mientras que con el arco de Sigüenza estamos ante una exposición diacrónica de una idea política que, al prescindir de su ubicación real en el arco, muestra a las claras su finalidad de desarrollo de un tratado de historia, al que llama "teatro", convenientemente instrumentalizado. Mientras que Sor Juana parece interesarse y ser más respetuosa con lo visual, la intencionalidad clara de Sigüenza, que bien sabía el carácter efímero de la máquina construida, sólo pretende dejarnos lo puramente político de su argumentación. La religiosa tiene una cultura visual; ella misma era, al parecer, pintora, y en muchos de sus poemas se refiere al tema del retrato[81], mientras que la del profesor es más racional y argumentativa.

El Neptuno de Virgilio y el de Sor Juana

Páginas arriba comentábamos la utilización que de la figura de Neptuno había realizado la monarquía católica como uno de los personajes mitológicos más frecuentemente justificatorios de su poder. Centrados ya en nuestro tema concreto, habríamos de preguntarnos el porqué de la elección de este dios como elemento articulador del programa del arco de la Catedral.

[81] Por ejemplo el soneto 2, la décima 22, el ovillejo 32, etc., según la numeración de Sabat de Rivers en su ed. ya citada de *Inundación Castálida*.

En su estudio sobre Sor Juana Inés de la Cruz, tras explicar y determinar algunas de las fuentes más utilizadas por la autora, fundamentalmente el *Teatro de los dioses de la gentilidad* de Baltasar de Vitoria, Octavio Paz sostiene el carácter sincrético entre lo clásico y lo egipcio propio de Sor Juana y la transformación a que somete al dios griego:

> Genealogía sincretista: el arquetipo del marqués de la Laguna no era realmente el grecorromano Neptuno sino una divinidad compuesta, en la que se acoplaban distintos atributos y deidades, entre ellas principalmente un dios niño egipcio (Horus) en su forma helenizada: Harpócrates. El proceso de transformación de sor Juana tendía a intelectualizar e interiorizar a Neptuno para convertirlo, de dios tempestuoso y progenitor de monstruos espantables como Polifemo y el gigante Anteo, en una deidad civilizadora cuyos atributos eran la sapiencia, la cultura y el arte[82].

[82] OCTAVIO PAZ, *op. cit.*, p. 219.

No creemos, sin embargo, que éste sea el camino de explicación más adecuado. Al iniciar esta parte de nuestro trabajo con referencia a algunos de los usos de la figura de Neptuno por parte de la Monarquía habsbúrgica, intentábamos encuadrar al dios en el terreno de la alegoría política, precisamente el campo en que se encierran siempre las entradas triunfales de personajes del tipo de nuestros protagonistas. Más adelante comentaremos algunas de las implicaciones ceremoniales y artísticas del problema, pero no olvidemos el carácter de *alter ego* que, con respecto al rey de España, ostentaban los virreyes novohispanos. Ello equivale a decir que, al ser recibidos en México, se trataba de la recepción de prácticamente la figura del rey. Y si Neptuno podía ser una de las principales alegorías de la monarquía, es desde este punto de vista que podemos entender su aparición en las celebraciones de 1680.

Esto ha de entenderse desde la interpretación clásica de su figura, que no veía en él tanto un dios violento y tempestuoso, como una imagen majestuosa, pacificadora de las tempestades con su tridente, ordenadora de situaciones conflictivas, vencedora del mal y aun de sus propias pasiones. Es decir, aquellas características que pretendía mostrar la monarquía hispánica a través, como vimos, de la figura de Hércules y que igualmente podía hacerse a través de Neptuno, que no es en absoluto el "dios tempestuoso y progenitor de monstruos espantables" que sugiere Paz.

La principal fuente para una imagen de la majestad explícita en Neptuno es citada, aunque no en su integridad, por Sor Juana. Se trata, nada menos, que de *La Eneida* de Virgilio, en cuyo Libro I, Eneas, vencido por Aquiles, abandona Troya y comienza su periplo mediterráneo para fundar Roma. Es entonces cuando Juno, que trata de impedir este hecho, incita a Eolo a soltar los vientos en contra del héroe troyano. De manera que cuando éstos llegan a la nave:

> Claman los hombres y las jarcias crujen;
> cielo y luz de los ojos de los Teucros
> arrebozan las nubes: sobre el ponto
> se tiende negra la noche. El éter truena
> deslumbra el rayo de continuo, y todo
> hace sentir el paso de la muerte.

Son pues los vientos los enemigos, y una referencia a ellos aparece en el ya comentado retrato alegórico de los virreyes. Tras la confusión, surge Neptuno como salvador:

> Sintió Neptuno en tanto el sordo estruendo
> con que la galerna el mar bullía
> y el flujo extraño de las quietas aguas
> sorbidas del profundo. El grave enojo
> de lo alto atalayando, disimula
> y alza el rostro entre las olas.

La aparición de Neptuno es, pues, serena, calmada y majestuosa. Es entonces cuando exclama estos famosos versos contra Eolo y los vientos:

> ¿Tanto orgullo os inspira vuestra alcurnia
> que sin mi anuencia os atreváis, oh vientos,
> a trastornarlo y revolverlo todo
> y armara tal confusión? A, yo os lo juro.

Y los envía a su reino subterráneo que no es, obviamente, el del mar:

> No es el reino del mar herencia suya
> ni el terrible tridente, sino mía
> Rey él (Eolo) en sus enormes farallones

y allí encerrados, "en su cárcel los vientos, reine y mande".

Esto explica la aparición de las figuras de los vientos en el cuadro principal de la entrada y el carácter terrible de todos ellos (excluido Céfiro). En la descripción de Sor Juana, Aquilón o Bóreas era de "rostro fiero... y [tenía] por pies dos terribles caudas de serpientes"; Noto o Austro el "conducidor de lluvias" aparecía "destilándolas de la barba y el cabello"; Euro lo hacía en forma de negro etíope y sus rayos "abrasaban más que iluminaban su atezado rostro"; mientras Céfiro, el único viento suave y benefactor, era un "mancebo gallardo, coronado de flores, vertiendo aromas y primaveras del oloroso seno".

El sentido de alegoría política de esta aparición primera de Neptuno en *La Eneida* es explícito en Virgilio:

> Y como en urbe populosa estalla
> repentino motín: del vulgo innoble
> desátanse las iras, raudas vuelan
> teas y piedras que el furor reparte;
> de pronto, a vista de la plebe surge
> un varón grave con ganados méritos
> de virtud y bondad; cércanle todos
> callan y escuchan, y él los pechos rudos
> con razones orienta y emblandece.

A lo largo de su periplo hasta Roma, Eneas es siempre el protegido de Neptuno. Y si la aparición de los vientos se refiere a la primera y determinante presencia del dios en el Libro I, la idea de la representación en el carro se inspira en parte del Libro V, del que la propia Sor Juana cita unos versos. Ahora Neptuno, no menos majestuoso, se acompaña de un cortejo de deidades marinas:

> Ligerísimo sobre la cresta de las ondas vuela
> en el cerúleo carro, y a su paso
> ellas se tienden, humillando hervores
> bajo el eje tonante, y se abre limpia
> de arrumazón la inmensidad del cielo.
> Salen en pos del dios anchas ballenas
> el viejo, Glauco y su senil comparsa
> Palemón... y el ejército del Forco;
> cubren su izquierda, acompañando a Tetis,
> la virgen Panopea con Talía,
> Cimodóce y Espío, Nesa y Melita.

Ya hemos dicho que Cartari es quizá la fuente más directamente inspiradora de la poetisa, así como, en parte, la estampa con la imagen de Neptuno y Anfitrite insertada en su tratado. La presencia de la mujer permitía incluir una figura femenina, y de esta manera aludir directamente a la virreina. No aparecen en la imagen de Cartari, sin embargo, ni los acompañantes virgilianos del libro V, ni los vientos del I, que sí son descritos por la monja, y tampoco aparece muy claro en la estampa el valor majestuoso y pacificador del dios, eje del sentido total del arco.

EL *NEPTUNO ALEGÓRICO* Y LAS ALEGORÍAS DE NEPTUNO

Este valor sí destaca claramente en el desarrollo de las alegorías del arco triunfal. En ellas se entronca con la inmediata realidad de la situación de México en la segunda mitad del siglo XVII.

Desde este punto de vista, los primeros cuadros se refieren de forma directa a la protección que la ciudad de México había de recibir de la gobernación de los marqueses de la Laguna. La historia alude al dios marino, concretamente al episodio correspondiente al apartamiento con su atributo de las aguas de la ciudad de Inaco a petición de Juno[83], que aparecía pintada "con regio ornato en un carro". La comparación con México y sus continuas inundaciones resulta clara. Y lo mismo sucede en el siguiente lienzo en el que Neptuno afirma con su tridente la movediza isla de Delos. Ahora la tutela y protección del virrey sobre la capital novohispana no sólo se interpreta como protección física, sino como específica alegoría política. Ello aparece muy claro en los versos finales explicatorios del sentido general de la entrada:

> Oh Méjico! No temas vacilante
> tu república ver, esclarecida,
> viniendo el que con mando triplicado
> firmará con las leyes el Estado.

Es ahora cuando, al citar como fuente al mitógrafo Natale Conti, Sor Juana inserta dos versos de Virgilio que ya hemos anotado más arriba.

La alegoría, pues, se vuelve práctica y concreta, teniendo en cuenta el lugar real de la ciudad, y se completa con un aspecto teórico y político a través de la promulgación de leyes. Algo que ha de comprenderse por medio de la inserción en el programa de una de las virtudes típicas del príncipe cristiano, como es la de la "Pietas", precisamente la propiedad que Virgilio había atribuido a Eneas.

En otro de los cuadros Sor Juana nos presenta a Neptuno que ayuda al vencido Eneas, en el momento en que desfallece en su batalla contra Aquiles. El troyano, a punto de ser vencido, es auxiliado por el dios, a pesar de sus continuas infidelidades hacia él. "Siempre aportando [Neptuno] —dice Sor Juana— piedades a las ingratitudes de Troya y siempre afecto a su conservación". De esta manera, la Piedad, "virtud tan propia de los príncipes", es el tema que ahora se recordaba a los virreyes como una de las garantías de la conservación y justicia de su poder. Sin embargo, el eje en torno al cual giran las regias virtudes que Sor Juana propone a la mirada de sus excelencias y, muy

[83] Véase el cap. 22 del libro de NATALE CONTI, pp. 479-481, "De Inacho".

84 En las *Empresas Morales* de Borja se recoge también esta idea en el emblema "Tolle moras", "...para acordarse, que conviene poner diligencia y presteza, en lo que se uviere de hazer, es à propósito esta Empresa del Delphin, símbolo muy sabido de la ligereza, y presteça...", pp. 416-417.

85 Pierio Valeriano Bolzano, *op. cit.*, atribuía al Delfín los significados de "Imperiummaris" y "Celeritas", cap. 27, p. 195.

86 Sobre el simbolismo del centauro, véase Walter Deonna, "Le centaure, conseil du gouvernement et gardien du secret", *Genova*, 8 (1959), fasc. 1/2, 73-87. En el libro de Alciato el tema aparece en los emblemas 12, "Non vulganda consilia" y 145, "Consiliarii Principum" (de donde lo toma Sor Juana); en los *Emblemas morales* de Sebastián de Covarrubias, es el tema del emblema 82 de la Centuria I que, con un sentido de enseñanza, inicia sus versos, "deve el maestro ser muy amoroso...", y el del número 11 de la Centuria III, con un significado muy parecido, "Los maestros de escuela rigurosos..."

87 A la vez que este cuadro podría bien tratarse de una recurrencia indirecta a la figura de Carlos V, conquistadora y expansiva de sus dominios. Éste, como es sabido, adaptó su divisa sobre el atributo de las columnas hercúleas y su *motto*, pero despojándole del "Non" como alegoría a sus victorias, no exenta

posiblemente, el motivo principal de elegir la figura de Neptuno, es el tema de la sabiduría y la racionalidad.

En el quinto de los cuadros se representaba a Neptuno como padre de los centauros y a éstos como patronos de las ciencias; en el siguiente, el dios crea la constelación de Delfín su gran y prudente ministro y embajador[84]; en el séptimo, se efigiaba la disputa entre Minerva y Neptuno acerca de Atenas, en la que el dios acepta cortésmente su derrota. Son todas alegorías de la sabiduría: al ser padre de los centauros es, a la vez, padre de ésta; el elegir a Delfín como embajador y negociador de sus cuitas con Anfitrite y colocarlo en el cielo lo convertía en símbolo de la prudencia política (ya que una de las más importantes virtudes del gobernante es la de saber elegir bien a sus ministros)[85]; el reconocer su vencimiento por la sapiencia de Minerva es trasunto de la sabiduría como razón.

La alusión a los centauros es especialmente rica en significados. Sor Juana cita al respecto el emblema 145 de Andrea Alciato, cuya imagen nos muestra al centauro Quirón enseñando la doctrina a los hijos de los héroes[86]. Su texto, en parte transcrito por nuestra autora, es el que sigue:

> Dizen que Quirón instruyó a los hijos
> de los héroes, como al diestro Aquiles
> Y assí ha de ser quien con el rey biviere
> fiero en domar y castigar los viles
> y en lo demás propósitos muy fijos
> tenga, si parecer piadoso quiere.

Obsérvese que todavía aquí aparece una referencia a la piedad, ahora como efecto de la sabiduría del príncipe.

La historia es también, en la interpretación total del programa, una alegoría de los conquistadores. Según Apolodoro, los centauros huyeron de la violencia de Hércules refugiándose en el mar de las sirenas burlando así al héroe tebano, de manera que superaron su orgulloso mote (NON PLUS ULTRA, "No más allá") al convertir en inútil el límite columnario por medio de su ciencia. Y así se convirtieron en claro precedente de los conquistadores: "Viva semejanza... de los primeros invencibles conquistadores de este reino que, con el favor de Neptuno... dejaron burlada la ferocidad de Hércules en su furioso estrecho"[87].

El tablero con la historia de Neptuno y Delfín también merece comentario. En él, Sor Juana recurre, además de a los autores clásicos, a escritores como Pierio Valeriano, Andrea Alciato y Natale Conti. La fuente alciatesca es ahora el emblema veinte, "Maturandum", en el que vemos la imagen de una rémora que envuelve a una saeta, y el ochenta y nueve, "In avaros, vel quibus melior conditio ab extremis offertur", cuyos textos son una alusión a la prudencia, ingenio, ligereza y presteza del delfín, símbolo del ministro sabio. Y todo ello basado en una de las cualidades de la retórica más apreciadas para el buen gobierno como es la "elocuencia persuasiva", que expresamente cita la autora basándose en Natale Conti.

Es éste el mismo ambiente que nos propone el tablero número séptimo pensado por la monja. En la mencionada disputa, mientras Neptuno al herir la tierra con su tridente hace surgir de ella un caballo (siempre considerado como símbolo de violencia, agresividad y sinrazón), Minerva hace nacer una rama de olivo (signo de la paz y la razón). Al ceder Neptuno en la discusión y otorgar preeminencia a Minerva, no sólo se aludía al sobrepujamiento de la razón sobre la irracionalidad, sino al vencimiento de las propias pasiones, al triunfo sobre sí mismo y a la sujeción a las reglas de la razón, que es la verdadera libertad[88].

Estamos, sin duda, ante la culminación de ese concepto de virtud heroica que comentábamos páginas atrás, que era uno de los atributos con que se adornaban los reyes de España desde Carlos V, y que convirtieron al Emperador en héroe cristiano y a su monarquía, en católica. Minerva, diosa de la sabiduría, hace sabio a su padre, Neptuno, que, como en el caso de los centauros, se convierte en el progenitor de esta virtud esencial y aun de la misma libertad pues, al decir de Plutarco, "Ratione servire vera libertas est".

Sor Juana se recrea con sucesivos argumentos sobre el particular citando a mitógrafos como Conti y a especialistas en jeroglíficos como Valeriano, si bien, al final de su declaración, introduce un razonamiento de mayor interés desde nuestro punto de vista, que sirve de base al último de los cuadros.

Ya en el séptimo hace a Neptuno dios de los edificios y construcciones. Ahora vuelve a apoyarse en Natale Conti[89], y dice:

> Haec prima aedificandi viam invenisse dicitur; ut testatur Lucianus in Hermodito: inquit enim fabula, Palladem, Neptunum, ac Vulcanum de artificio contendisse, atque Neptunum taurum fabricasse, Palladem excogitasse domum.

En el octavo y último de los cuadros que, además, coronaba la efímera máquina por encima del retrato alegórico de los virreyes, la autora recupera el tema local. La Catedral de México era un edificio todavía

de alusiones americanistas. Véase MARCEL BATAILLON, "Plus Ultra: la Corte descubre el Nuevo Mundo", en *Estudios sobre Bartolomé de las Casas*, Crítica, Barcelona, 1976, pp. 137-155 y, en versión francesa, en *Les fêtes de la Renaissance. II Fêtes et cérémonies au temps de Charles V*, CNRS, Paris, 1960, pp. 13-27.

[88] La idea de la sabiduría en el gobierno es una de las más recurridas en los tratados políticos del momento, así como en los libros de emblemas. Por ejemplo, SAAVEDRA FAJARDO, en su empresa cuarta, "Non solum armis", afirma que "Para mandar es menester sciencia".

[89] NATALE CONTI, *op. cit.*, p. 84: "Aedificant moenia Troiana Neptunus, qui hac de cause Laomendonti Troianarum regi servivisse dicitur: cum Iovem ligare Dij voluerunt, id Iupiter cognovit è Thetide, ac in caeteros quidem Deos animadvertit; & Neptuno atque Apollini iussit ut Laomendonti servirent, dum Troia edificaret..."

sin terminar, y lo que el arco situado en la puerta de este edificio propone al virrey es su culminación. ¿Quién más apropiado para ello que ese trasunto del sabio y prudente Neptuno, constructor de edificios y reedificador de Troya, que el nuevo virrey marqués de la Laguna, que ahora entraba triunfalmente?

Con todo, y al margen de la coyuntura específica y de la patente alusión personal, nos interesa señalar cómo la escritora culmina su alegoría con la consideración de México como una nueva Troya que ha de resurgir de sus cenizas y al templo en construcción como la mejor alegoría de la destruida ciudad clásica.

Se cierra así el ciclo de la entrada, pleno de alegorías virgilianas: Neptuno (es decir el virrey), que ha protegido con su majestad, soberanía, poder y sabiduría, al "pius" Eneas, retorna a Troya para su reconstrucción. En su tarea será ayudado por Apolo, es decir, por las artes, la armonía y la belleza: he aquí una clara alusión a las artes como garantizadoras de estas últimas virtudes, un tema que lógicamente había de interesar mucho a una poetisa como Sor Juana y a unas personas como los virreyes que sabemos estaban muy interesados en este tipo de mecenazgo.

La arquitectura se convierte en la culminación del programa y Neptuno se pinta como "dueño principal de la obra con muchos instrumentos de arquitectura", mientras que Apolo es efigiado con su lira, símbolo de la armonía y concordancia, propiedades comunes de la música y la disciplina arquitectónica. De esta manera "se levantaban las piedras a componer la misteriosa fábrica, ayudando con sus dulzuras al soberano arquitecto Neptuno". Los versos finales expresan el valor conferido a las artes: el dios con "fuerza y hermosura" garantizaba "el poder de divina arquitectura" y "su perfección al templo mejicano".

EL LENGUAJE DEL JEROGLÍFICO:
SIGÜENZA Y SOR JUANA

El sugestivo programa de Sor Juana no fue del agrado de Carlos de Sigüenza y Góngora. Sus intereses caminaban por muy distintos derroteros, menos conceptuales y culturales, y más crasamente coyunturales y políticos. Aun protestando del valor de la obra poética de Sor Juana, dedica todo un capítulo introductorio de su relación a proponer una idea muy distinta de Neptuno para intentar demostrar nada menos que su entronque con el Nuevo Mundo. Sin entrar ahora nosotros en lo prolijo de su argumentación, indicaremos cómo quiso presentarnos "no su Neptuno quimérico rey o fabulosa deidad, sino sujeto que con realidad subsistió con circunstancias tan primorosas como ser el haber sido progenitor de los indios americanos". De esta manera tituló el capítulo correspondiente a esta idea disparatada: "Neptuno no es fingido dios de la gentilidad, sino hijo de Misraím, nieto de Cam, bisnieto de Noé y progenitor de los indios occidentales".

Semejante pretensión sólo se explica en la sistemática total de su programa, del que ya sabemos se basaba en las imágenes de los doce emperadores mexicanos, cada uno de ellos centrado en una virtud política, que se proponía al virrey como un auténtico *Theatro Político*. Desde Acamapich hasta Cuauhtémoc, acompañados por Huitzilopochtli, que fue quien los condujo a su verdadera patria, el conjunto se concibe, en palabras de su autor, no tanto como una comparación tipológica con los doce patriarcas de las tribus de Israel, o con los doce signos del zodíaco, sino con el fin de "representar virtudes heroicas" que sirvieran de ejemplo al virrey.

Los elogios que Sigüenza y Góngora dedica al arco triunfal se encuentran, sin embargo, fundados en la más genuina tradición de la retórica barroca. El liberal pincel de los artistas José Rodríguez y Antonio Alvarado constituía una "demostración magnífica de poder, que ponía los ojos en suspensión" por medio de su riqueza exterior. Los retratos de los emperadores iban vestidos de matizadas y brillantes plumas, elementos que ya a fines del siglo XVII debían resultar exóticos a la vista y que, con el aire de síntesis américo-europea típica de Sigüenza, se relacionaban, en la metáfora solar, con la idea del brillo y la luz[90].

Como veremos en un siguiente epígrafe, esta simbología se utilizó con mucha frecuencia en la magnificación de la imagen real tanto literaria como artística desde la Edad Media, y constituye uno de los signos exteriores de su potencia y belleza. Algo que expresará con claridad San Basilio, del que Sigüenza se siente especialmente deudor:

> Los que miran aquellas imágenes de reyes que despiden fulgor por el esplendor de sus colores, que hacen resplandecer la púrpura de flor marina, cuya diadema fulgura con los centelleos de la pedrería circundando las sienes, ésos, ciertamente quedan atónitos con tal espectáculo, y al instante, en el arrebato de su admiración, se representan la hermosura del modelo.

Hay en Sigüenza toda una interesante reflexión acerca de la funcionalidad de la pintura, que gira en el valor de la concisión y brevedad del jeroglífico, y en su contenido simbólico, centrada en Athanasius Kircher, uno de los polos de referencia en la cultura mexicana del momento[91] del que se recogió su definición de doctrina simbólica[92].

[90] Véase al respecto Ernst H. Kantorowick, "Oriens Augusti-Lever du Roi", *Dumbarton Oaks Papers*, 17 (1963), 117-177.
[91] Sobre Atanasius Kircher, véase Joscelyn Godwin, *Athanasius Kircher. A Renaissance Man and the Quest for Lost Knowledge*, Thames & Hudson, London, 1979.
[92] "La doctrina simbólica (en que se comprenden empresas, jeroglíficos, emblemas) es una ciencia en que, con breves y compendiosas palabras, expresamos algunos insignes y variados misterios, algunos tomados de dichos de sabios y otros de historias", Sigüenza y Góngora, *op. cit.*, p. 188.

Fernando Checa

93 La bibliografía sobre el sentido y significado del género emblemático y su relación con las artes es amplísima. Sólo citaremos algunos puntos de referencia esenciales: MARIO PRAZ, *Studies in Seventeenth-Century Imagery*, Edizioni di Storia e Letteratura, Roma, 1975 (repertorio bibliográfico con una amplia introducción, ya publicada por Sansoni, Firenze, 1946 con el título *Studi sul concettismo*); ROBERT KLEIN, "La théorie de l´expression figurée dans les traités italiens sur les Imprese, 1555-1612", *Bibliothèque d´Humanisme et Renaissance*, 19 (1957), 320-342, recogido en *La Forme et l´intelligible. Écrits sur la Renaissance et l´art moderne*, Gallimard, Paris, 1970, pp. 125-150; E. H. GOMBRICH, "Icones simbolicae", *Journal of the Warburg and Courtauld Institute*, 11 (1948), 162-192, versión ampliada en *Simbolic Images. Studies in the art of the Renaissance*, Phaidon, London, 1972. Véase también GIANCARLO INNOCENTI, *L´immagine significante. Studio sull´emblematica cinquecentesca*, Liviana Editrice, Padova, 1981; INGRID HÖPEL, *Emblem und Sinnbild. Vom Kunstbuch zum Erbauungsbuch*, Athenäum, Frankfurt, 1984. En relación con España, AQUILINO SÁNCHEZ PÉREZ, *La literatura emblemática española de los siglos xvi y xvii*, SEGEL, Madrid, 1977.
94 Véase E. H. GOMBRICH, art. cit., *passim*.

Y, junto a ello, el reconocimiento explícito del valor retórico del lenguaje artístico de las imágenes, pues la intención de mostrar las virtudes de los emperadores mexicanos se ha de hacer "por el medio suave de la pintura" ya que "parece que es por ser el que con más eficacia lo persuade, como dictamen que es de la sabiduría increada".

Hay también una reflexión estética de carácter neoplatónico en el profesor mexicano, fundamentada en la teoría del símbolo y el jeroglífico de autores como Claude Minois o Mignault, Andrea Alciato, Vincenzo Ruscelli, Joaquín Camerarius, Typotius, Giovanni Ferro y Athanasius Kircher, y apoyada finalmente en algunas citas del Eclesiastés y de teólogos medievales como Hugo de San Claro[93]. Por ello un modelo ideal (en su caso el del príncipe perfecto) se refleja como a través de un espejo, y se muestra por medio de la pintura, el más eficaz procedimiento de la persuasión. Por tanto es la pintura como retórica elocuente, a través de la imagen sintética del jeroglífico, el mejor vehículo de expresión de la idea[94].

No nos extenderemos en el análisis del *Theatro* que muy prolijamente nos narra su autor y sólo resaltaremos cómo se construye lógicamente. Sigüenza recoge las figuras y la historia de los doce emperadores mexicanos y de Huitzilopochtli, de manera tal que de cada una de ellas deduce una virtud propia del príncipe, apoyándola en textos de la tradición clásica y cristiana. Así reconstruye una hábil síntesis entre materiales históricos y narrativos de la historia antigua de México y la entronca con doctrinas europeas, logrando a la perfección su

idea política esencial al mostrar un entramado teórico de gran valor para la sociedad criolla, que buscaba en estos momentos una identidad cultural autóctona con qué diferenciarse de la Metrópoli[95].

Así, por ejemplo, la figura del dios Huitzilopochtli, conductor y caudillo de los aztecas a los que convenció para peregrinar a su lugar de definitivo asentamiento, se pintó entre las nubes portando en el brazo izquierdo una antorcha, en una iconografía que se inspiraba en Virgilio, Guillaume de Choul, Cartari, el Brixiano y otros mitógrafos. El ejemplo que se seguía de esta iconografía era la idea de cómo el príncipe ha de considerar que todo viene de Dios. Este mismo esquema se sigue con los doce emperadores. Acamapich se relaciona con la Esperanza, en una iconografía que procedía del emblema 46 de Alciato[96]; Huitzilihuitl, con la creación de las leyes; Chimalpopocatzin, con la veneración debida al poder; Itzcóatl, con la prudencia; Motecohzuma Ilhuicaminan con la construcción de templos y la oración a Dios; Axayacatzin con la fortaleza; Tizoctzin con la Paz; Ahuitzotl con la sabiduría; Motecohzuma Xocoyutzin con la autoridad mezclada de afecto; Cuitlahuatzin con la razón y Cuauhtémoc con la constancia augusta. Todos ellos, como decimos, si bien vestidos a la india, poseían atributos y rasgos tomados de la tradición europea.

A este respecto es interesante señalar la semejanza entre las descripciones literarias de Sigüenza y uno de los paneles de nácar de la serie *La conquista de México*, que se conservan en el Museo de América de Madrid, obra de Miguel González fechada en 1681; en uno de ellos, que hace el número 21, con el título "Visita Cortés a Motecuhçuma y a los demás los Reyes que le acompañan", se nos representa un ideal palacio azteca con dos tronos sobrevolados por la insignia mexicana del águila, y en cuyas paredes hay ocho representaciones de reyes aztecas con atributos simbólicos[97].

Mucho más convencionales que los de Sigüenza fueron los jeroglíficos que ideó Sor Juana y que adornaban los cuatro pedestales de su arco triunfal. Todos ellos giraban en torno a Neptuno. En el primero de ellos aparecía un globo terráqueo rodeado por el mar y con un tridente, símbolo de la universalidad del dios de las aguas; en el segundo, aludiendo a los gigantes sus hijos (el dios, nos dice, es padre de pensamientos gigantes), se pintó un cielo a quien arrebatan unas manos; en el tercero, en referencia al carácter purificador de las aguas, se nos muestra otra vez un mundo rodeado del mar con un tridente, y en el cuarto, y para simbolizar al príncipe pidiendo auxilio a la Sabiduría divina, se utiliza el habitual recurso a la nave del estado, ahora guiada por Neptuno.

[95] Véanse al respecto las afirmaciones de OCTAVIO PAZ, *op. cit.*, pp. 205-211; también ANTHONY PAGDEN, *El imperialismo español y la imaginación política*, Planeta, Barcelona, 1991, pp. 143-180.

[96] Con el título "Illicitum non sperandum" y el texto "Spes simul et Nemesis nostris altaribus adsunt, / Scilicet ut speres non nisi quod liceat".

[97] Véase MARTA DUJOVNE, *Las pinturas con incrustaciones de nácar*, UNAM, México, 1984, p. 185.

El programa se completaba con otros dos cuadros, también de carácter emblemático, referidos a la figura personal de la virreina. Uno de ellos, con el mar concebido como fuente de hermosuras, del que nacen Venus, Galatea, Tetis y las Ninfas, madre de lo fabuloso y verdadero, es alegoría de la belleza de doña María Luisa Manrique de Lara y Gonzaga. Para ello se pintó un mar lleno de ojos. El otro, y por medio otra vez de una nave en medio del mar coronado por un lucero que influía serenidades, era trasunto de la misma persona, nueva estrella de Venus, la más hermosa del firmamento, presente al fin del día y de la noche, siempre atenta, en lo próspero y lo adverso, a la figura de su marido el virrey.

CONCLUSIÓN

Las cuatro relaciones que han constituido el eje argumental de este trabajo son una excelente muestra de hasta dónde llegaba la cultura simbólica de la Edad Moderna aplicada a uno de sus temas favoritos como era el de la exaltación del Príncipe y del poder político.

Se trataba de una verdadera "construcción" artificial de una imagen que conllevaba todo un peculiar sistema representativo en el que el recurso al mito y a la alegoría constituía un aspecto esencial a la hora de presentar a los súbditos de manera agradable, eficaz y persuasiva, el tema del poder regio cuya presencia a través de la administración, la hacienda pública, los tribunales o la fuerza de las armas, adquiría una imagen a menudo mucho menos amable.

El asunto es de capital importancia en la confección final de una imagen del mundo que ordenadamente se regía desde las cúspides del poder religioso y del político, con frecuencia confundidos en su presentación, como lo estaban en la realidad del ejercicio de su *imperium*. La actividad artística cumplía así lo que era considerada una de sus principales obligaciones y funciones, la de enseñar, adoctrinar y persuadir deleitando.

Estas consideraciones genéricas, que son válidas tanto para el continente europeo como para el Nuevo Mundo, adquieren aquí unas fórmulas y unos contenidos específicos que continuamente hemos tratado de destacar en estas páginas. Queda claro a través de ellas que, aun en los ejemplos en los que la remisión a contenidos vernaculares es mayor, y el caso extremo sería el *Theatro* de Carlos de Sigüenza, la idea estructural y la sistemática organizativa tanto de los aspectos arquitectónicos como de los plásticos de estas celebraciones procedía de la Metrópoli, en definitiva de Europa. La imagen del poder político que de ellas se destila: las comparaciones con Neptuno, el uso y el abuso de la metáfora apolínea y solar, el recurso a los órdenes clásicos y la arquitectura de base vitruviana, la imagen del rey como paradigma de virtudes e incluso la recurrente idea del monarca constructor, fueron elaboraciones de la cultura humanística europea de los siglos XIV al XVIII.

La especificidad novohispana, sin embargo, se resalta continuamente: los emperadores aztecas utilizados por Sigüenza, la continua referencia a la laguna mexicana, la peculiar figura jurídico-política del virrey como *alter ego* del monarca español, y la alusión a las necesidades concretas del territorio, acaban de perfilar los rasgos de una cultura simbólica de recepción que tuvo en la figura de Sor Juana Inés de la Cruz su más alto exponente histórico.

VII

EL ARTE DE LA MEMORIA EN EL *PRIMERO SUEÑO*

JOSÉ PASCUAL BUXÓ

EXCÆCAT CANDOR.

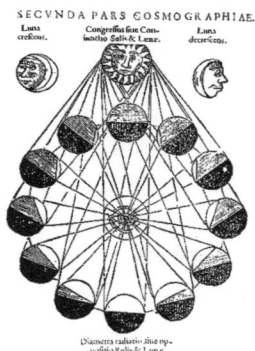

EL ARTE DE LA MEMORIA EN EL *PRIMERO SUEÑO*

Introducción al estudio de un poema enigmático

DESDE su publicación en el *Segundo Volumen de las obras de Sor Juana Inés de la Cruz* (Sevilla, 1692), y seguramente desde antes, en su difusión manuscrita entre amigos y corresponsales, ese "papelillo que llaman *El Sueño*", provocó, a un tiempo, la admiración y el asombro de sus lectores. Se explica así que el reverendo Juan Navarro Vélez, quien tuvo a su cargo la "Censura" o dictamen del volumen, reconociera la extrema complejidad de ese texto poético desbordante de "traslaciones y metáforas", "alusiones recónditas" y "alegorías misteriosas", y lo proclamara la obra en que "este Ingenio grande se remontó aun sobre sí mismo", porque la exterior oscuridad del *Sueño* entraña una "Amalthea de toda mejor erudición". Para alivio de los confundidos lectores, confiaba el Padre Navarro en que "un ingenio bien despierto" se decidiera a ilustrar ese poema jeroglífico con "la luz de unos comentarios" que les permitiera disfrutar los tesoros intelectuales en él recluidos[1].

[1] Quien no tenga a su alcance alguna de las ediciones originales o facsimilares de las obras de Sor Juana, puede ver los textos de los "censores" en *Sor Juana Inés de la Cruz ante la historia. (Biografías antiguas. La "Fama" de 1700. Noticias*

de 1667 a 1892), recop. de FRANCISCO DE LA MAZA. Revisión de Elías Trabulse, UNAM, México, 1980.

[2] Cf. ANDRÉS SÁNCHEZ ROBAYNA, *Para leer el "Primero Sueño" de Sor Juana Inés de la Cruz*, F.C.E., México, 1991.

Testimonio de su inicial desconcierto, no menos que de su incompleto o malogrado intento de vencer las "oscuras tinieblas" del magno poema de Sor Juana, es la *Ilustración al Sueño de la décima/ Musa Mexicana, más despierta en él/ que en todos sus ilustres desvelos, para/ desvelo de muchos*, que dejó manuscrita el poeta canario Pedro Álvarez de Lugo y Usodemar, contemporáneo de nuestra poetisa[2]. Después de haberlo leído unas tres o cuatro veces, confesaba "ingenuamente que le entendí muy poco. Y dándome en que entender el no haberlo entendido, hice empeño de entenderlo". ¿Cuál fue el método aprobado por Álvarez de Lugo para avanzar en la lectura del *Sueño*? Primero —decía— no considerar de prisa lo que Sor Juana hizo muy despacio y "con maduro juicio"; después, ayudarse con las notas con que él mismo procuró dar alguna claridad a las "lobregueces" del texto. Por desdicha, al solitario Álvarez de Lugo no le alcanzaron ni la vista ni el tiempo para ver cumplidos sus deseos; fue —como él mismo aseguraba— el primero en tener la osadía de penetrar en "tan oscura noche" y también el primero en advertir el fracaso de su intento; se consolaba pensando —como el Faetón de Sor Juana— que es digna de gloria la caída del que se atreve a lo más dificultoso:

> Tenerme yo la osadía de haber sido el primero a tanto empeño ha sido riesgo pesado, y que puede infamarme de ligero (para algún Zoilo). Pero en el seguro riesgo de tropezar en tan oscura noche tengo también el seguro de las glorias del osado, por más que quede vencido.

No podemos saber si los poetas de su círculo insular —con los cuales Álvarez de Lugo conferiría una y otra vez sus avances en la exégesis del *Sueño*— se beneficiaron de los comentarios a los 175 primeros versos que su paisano llegó a redactar. Pero si bien en ellos no puede adivinarse cuál haya sido el diseño o idea rectora de la composición del poema, constituyen sin embargo un buen ejemplo de la erudición retórica, histórica, filosófica y científica, corriente entre los poetas culteranos y, en particular, de los más conspicuos tópicos mitológicos, cuya encubierta intención moralizante "esconden las fábulas en sus cuentos". De ahí que —apoyándose principalmente en las *Metamorfosis* de Ovidio, la *Eneida* virgiliana, la *Historia natural* de Plinio y, sobre todo, en la enciclopedia mitológica de Natale Conti—, Álvarez de Lugo se haya esforzado en proporcionar a los lectores de su *Ilustración* las claves indispensables no sólo para desentrañar las alusiones a diversas entidades míticas (Nictimene, Minerva, Baco, Ascálafo, las

Minias, etcétera), sino para poner al lector al tanto de aquellos episodios fabulosos más pertinentes para la comprensión del *Sueño*.

Álvarez de Lugo murió en 1704, sin que —al parecer— hubieran llegado a sus manos las exactas noticias proporcionadas por el Padre Diego Calleja en su "Aprobación" de la *Fama y obras póstumas* de Sor Juana, impresas en Madrid cuatro años antes. Allí, el amigo y corresponsal de Sor Juana —su primer biógrafo y, junto a Tineo de Morales y Navarro Vélez, uno de sus primeros críticos formales— ratificaba el carácter erudito y enciclopédico del *Sueño*, así como el patente deseo de emular al autor de las *Soledades*, y aún quizá de superarlo, puesto que no sólo se ocupaba, como el cordobés, de materias mitológicas referentes al mundo de las pasiones humanas y su metafórico traslado a los movimientos naturales, sino también de asuntos científicos y filosóficos, a saber:

> los principios medios y fines con que se cuece en el estómago el manjar hasta hacerse substancia del alimentado. Lo que pasa en las especies sensibles desde el sentido externo al común, al entendimiento agente, a ser intelección.

O, diciéndolo con otras palabras, de los procesos fisiológicos y psicológicos que coadyuvan en las obras del entendimiento. Y a pesar de ocuparse de asuntos tan áridos para ser tratados con lucimiento poético, era admirable —decía Calleja— el haberlos hecho "florecer" con tanta abundancia de "perífrasis y fantasías" como logró Góngora en sus grandes poemas. Y no se quedó allí la breve y certerísima exégesis del Padre Calleja; también guió a los lectores del *Sueño* indicándoles, no sólo el "angostísimo cauce" o esquema narrativo de su discurso, sino su meollo temático, a saber, la indagación de las leyes que rigen el universo, así como los métodos para emprender esa aventura intelectual y sus desalentadores resultados: "Siendo de noche me dormí; soñé que de una vez quería comprehender todas las cosas de que el Universo se compone; no pude, ni aun divisas por sus categorías, ni a sólo un individuo. Desengañada, amaneció y desperté".

Después de Calleja, y ya en nuestro siglo, han sido muchos los que examinaron el poema de Sor Juana con el propósito de hacer más explícita la trama conceptual y la disposición poética de ese texto, tenido todavía por "lóbrego" y "embrollado". Entre ellos destaca don Ezequiel Chávez, moderno pionero de los estudios sorjuanianos[3] quien, haciéndose eco de la crítica antigongorina aún vigente en México hasta promediar nuestro siglo, caracterizó el *Primero Sueño* por

[3] EZEQUIEL A. CHÁVEZ, *Sor Juana Inés de la Cruz. Ensayo de psicología y de estimación del senti-*

*do de su obra y de su vi-
da para la historia de la
cultura y de la forma-
ción de México*, Araluce,
Barcelona, 1931; 2ª ed.,
Porrúa, México, 1970.

4 De hecho, ocurre todo
lo contrario: las ediciones
del *Primero Sueño* he-
chas a fines del siglo XVII y
principios del XVIII abundan en signos de puntua-
ción, algunos de ellos su-
perfluos; al extremo de
ser tal exceso el que puede confundir al lector
moderno. Otra cosa es su
complejidad sintáctica y,
en particular, su perma-
nente recurso al hipérba-
ton y a las cláusulas o períodos intercalados, de
los que se originan reite-
rados desplazamientos
semánticos.

sus "transposiciones no siempre felices", sus "fatigosos desenvol-
vimientos", así como por sus "alusiones mitológicas que, para ser en-
tendidas, requieren notoria familiaridad con los recuerdos que inti-
man". Reconocía Chávez la sutileza y luminosidad de esa poesía, pero
a condición de que se la desprendiese de "la intrincada complicación
que aquí y allá la desfigura". Y atendiéndose a su profesión de psicólogo más que de crítico literario, Chávez pensó que la apariencia caótica del poema o, en otras palabras, su evidente complejidad sintáctica
y su permanente alusividad semántica, podría explicarse postulando
la idea de que éste fue construido de conformidad con la "armonía
imitativa del sueño mismo" o, como él mismo aclaraba, escrito con
versos "fundidos y desleídos unos en otros, como se funden y deslíen
las imágenes" brillantes y metamórficas surgidas en el curso de los
sueños; más aún, la "carencia casi completa de puntos" (*sic*)4 en las
primitivas ediciones de *El Sueño* eran, no ya una consecuencia de los
usos ortográficos y tipográficos de antaño, sino verdaderas "señales de
su origen y prueba de que efectivamente, si no todo, parte grande
de él fue soñado".

Pero debajo del supuesto desorden reinante en la superficie
textual del poema —originado, según Chávez, por el hecho de que las
imágenes poéticas procedían directamente y como en bruto de sus
sueños reales—, no podían éstas ocultar del todo aquella "sistema-
tización extraordinaria" propia de la mente de Sor Juana, de suerte
que, basándose sin duda en la tripartición temática del poema dis-
cernida por Calleja, aunque sin citarlo, Chávez propuso seis divisiones
del *Sueño*, ligadas todas entre sí y como "formando un solo sistema de
ellos": 1) el "Sueño de la noche y de la vigilancia nocturna"; 2) el
"Sueño del sueño universal del mundo"; 3) el "Sueño del sueño del
hombre"; 4) el "Sueño de los sueños"; 5) el "Sueño de la persecución
del conocimiento"; y 6) el "Sueño del despertar". Sueño de sueños,
sueño del soñar que se sueña, el poema de Sor Juana quedaría todo él
recluido en la experiencia nocturna del espíritu y, por lo tanto, en
el marco de un espectáculo onírico que, sin renunciar al carácter
ambiguo y supuestamente inconexo de sus visiones, confirmaría, por
otra parte, el exacto orden interno o intelectual del poema contrapuesto a su exterior confusión, toda vez que el "estado mental aparentemente caótico que representa" sólo sería un artificio del que se habría valido Sor Juana para "traducir" literariamente sus reiteradas
experiencias oníricas.

Chávez se sintió en la obligación de trasladar a los términos de la
fisiología y la psicología modernas el carácter y función de aquellas

imágenes o figuras de las cosas que —en el poema de Sor Juana— los sentidos corporales, por intermedio del sentido común, van presentando a la contemplación de la fantasía, imágenes que —llegado el caso— habrán también de servir como signos apropiados a las más abstractas elaboraciones del pensamiento. Y esa multitud de figuras fantásticas que se ofrecen al alma dormida van desde la funesta pirámide de sombra que invade un hemisferio terrestre y se proyecta amenazadora sobre el cielo nocturno, hasta la derrota de los ejércitos de la noche a manos de las aguerridas huestes del sol. El reposo corporal propicia la concentración del alma racional en las más altas tareas del entendimiento y, a partir de ahí, en la contemplación de un dilatado desfile de imágenes significativas: las pirámides de Egipto, el faro de Alejandría y —con ayuda de ese "faro" que es, como más tarde tendremos ocasión de precisar, la misma luz del intelecto— la multitud de figuras mitológicas que no dejan de hacer su aparición a lo largo de los 975 versos de la silva (Hécate, Diana, Minerva, Plutón, Proserpina, Thetis, Morfeo, Venus, Alcides, Ícaro, Faetonte, etcétera).

El esfuerzo de don Ezequiel por explicar con "las palabras de los sabios" modernos los conceptos presentados por Sor Juana en su "lengua poética" lo llevaría a traducir en los términos de "harmozones" y "hormones" las teorías de los espíritus vitales y los humores en que se fundó Sor Juana siguiendo las explicaciones científicas de su tiempo, así como a identificar las "figuras mentales" con las "amortiguadas sensaciones" que ordinariamente continúan produciéndose durante el sueño y excitan el organismo engendrando imágenes diversas; con todo, reconocía que las "imágenes de la fantasía de Sor Juana" no eran tan ambiguas o confusas como a primera vista podían parecer, toda vez que pertenecen a un tipo de sueños que él llamaba "razonadores". De ahí que la poetisa se hubiera visto en la necesidad de interpretarlas, considerando que eran portadoras de verdaderos contenidos "epistemológicos" o "gnoseológicos" y, en resumen, constituían la expresión de un ansia de conocimiento que su alma o mente racional podía concretar en aquel "grandioso desorden" de sus sueños[5].

Y ahí reside la fundamental disociación entre los planteamientos propios del psicólogo y los del crítico literario, en suponer que las imágenes poéticas del *Sueño* de Sor Juana no se diferencian de las que surgen de manera involuntaria en la mente del que sueña. Para los psicólogos modernos a los que seguía Chávez —y singularmente para Sigmund Freud— no sólo es evidente que los sueños son una manifestación de la vida psíquica durante el sueño, es decir, que las imágenes oníricas son "una forma que el alma tiene de reaccionar durante

[5] Es costumbre citar el pasaje de la *Respuesta a Sor Filotea* en el que Sor Juana —defendiendo su inclinación al estudio, esto es, sus constantes "cogitaciones"— asegura que "ni aun en el sueño se libró de este continuo movimiento mi imaginativa; antes suele obrar en él más libre y desembarazada, confiriendo con mayor claridad y sosiego las especies que ha conservado del día, arguyendo haciendo versos, de que os pudiera hacer un catálogo muy grande". Nada hay en estas palabras de Sor Juana que permita inferir que tales "sueños" tenían el carácter "confuso" que le atribuye Chávez, pensando en los desarticulados sueños ordinarios y no precisamente en ese intelectual *Primero Sueño*; antes al contrario —y de conformidad, como veremos, con las teorías aristotélicas— para Sor Juana las "especies" o imágenes de sus sueños se le ofrecían tan racional y claramente ordenadas que constituían, ya por sí mismas, la evidente expresión de "razones y delgadezas que he alcanzado dormida mejor que despierta".

6 Cf. SIGMUND FREUD, *Los sueños* y *La interpretación de los sueños*, en *Obras completas*, t. 1, trad. de Luis López-Ballesteros, Biblioteca Nueva, Madrid, 1973.

el estado de reposo a las excitaciones que sobre ella actúan"[6]. Los ensueños o "sucesos" que se nos presentan mientras dormimos son, de manera predominante, "imágenes visuales, acompañadas algunas veces de sentimientos, ideas e impresiones", por más que también intervengan en ellos sensaciones provenientes de otros sentidos. Tales escenas oníricas suelen tener para la conciencia despierta que los recuerda y examina un carácter extraño y poco comprensible; sin embargo, no son infrecuentes los sueños "llenos de sentido, o por lo menos coherentes... y hasta de una fantástica belleza", como aseguraba Freud.

A este tipo de sueños coherentes aludía sin duda Ezequiel Chávez cuando atribuyó al poema de Sor Juana un alto grado de organización ideológica reconocible debajo de la embrollada superficie del relato onírico; de ahí también el aspecto desconcertante de tales escenas y la consecuente necesidad de ser "interpretadas" por la misma Sor Juana, quien —a la manera de un psicoanalista moderno— procedió a desenmascarar los contenidos inconscientes de sus propios "fantasmas" oníricos. Así pues, en opinión de Chávez, el *Primero Sueño* sería el resultado directo de ese tipo de procesos, en cuya materia prima, es decir, en aquellas visiones imaginarias de sus propios sueños, hallaría sustento Sor Juana para la configuración de un itinerario intelectual, y que, a la vez, habrían proporcionado la base expresiva de toda una teoría del conocimiento "nacida de la persecución anhelosa y del ansia" constante de adquirirlo.

En términos generales, es atinada la interpretación de los contenidos temáticos del *Sueño* propuesta por Chávez y son acertadas también, *grosso modo*, sus hipótesis acerca de la primordial función cognoscitiva y no meramente ornamental e independiente de las multiplicadas figuras que pueblan el poema, como parece haber creído un crítico de hoy; pero desde su perspectiva de psicólogo positivista, Chávez insistió en afirmar que las imágenes contempladas en sus sueños fueron las que revelaron a Sor Juana toda "su vida intelectual y su vida moral", como si se tratase de un verdadero proceso de autoanálisis y no, como parece más atinado pensar, resultado de la puesta en obra de un artificio literario y de una tradicional concepción del sueño y los ensueños que desbordan los principios positivistas de la ciencia decimonónica, toda vez que forman parte de una más amplia reflexión filosófica y estética sobre las imágenes en general y sobre el sentido de los sueños en particular. Así pues, nunca llegó Chávez a formularse la hipótesis de que las imágenes poéticas del *Sueño* no fuesen exactamente el producto de las asociaciones más o menos capri-

chosas surgidas en el transcurso de los verdaderos sueños de Sor
Juana, sino imágenes provenientes de un antiguo venero de cultura
humanística, todavía vigente en el tiempo de la poetisa y compuesto
de un rico repertorio de "figuras", tanto retóricas como iconográficas,
canónicamente relacionadas con determinados valores morales, políticos, religiosos, etcétera, y útiles para ejemplificar de manera conden-
sada, pero perfectamente reconocible para los informados, los puntos
fuertes de una argumentación científico-filosófica desarrollada a través
de un discurso literario erudito y elegante.

Pero aún conviene revisar lo que otros estudiosos de la obra de
Sor Juana han dicho o insinuado acerca del tema que nos ocupa: la
función y significado de las imágenes, y especialmente de las figuras
mitológicas, en el *Primero Sueño*. El eminente romanista Karl Vossler
fue de los primeros en reconocer que su punto de arranque o motivación fundamental "es, algo así como [una] admiración o maravilla
ante el misterio natural del hombre y del mundo" y una ingenua lucha
intelectual por desvelarlo[7]; sin embargo —quizá tentado como Chávez
por la obsesión con que los artistas del Barroco identificaron las confusas "sombras" de los sueños con el engaño que las cosas producen
en nuestros sentidos y, consecuentemente también, en nuestra inteligencia despierta— afirmó que la silva se "desarrolla sin cortes bien
marcados, sin interrupción, *como un verdadero sueño*", de suerte
que "el curso de sus ideas va zigzagueando de motivo en motivo, en
inversiones audaces, circunloquios y metáforas". Pero también hizo
hincapié en el programa filosófico y científico, o pseudocientífico,
como él lo llama, del texto sorjuaniano que, si bien se ajusta al esquema medieval del sueño alegórico-didáctico, queda rejuvenecido "por
el ansia de saber". Vossler veía en el *Sueño* un hálito precursor de la
poesía de la *Aufklarung*, por más que reconociera en el poema de Sor
Juana, contra el optimismo ilustrado, la pervivencia de un sentimiento barroco de "anticipada derrota ante la magnitud de la materia y del
cometido". A través de medios intelectuales y expresivos "atrevidos y
pseudoexactos", el poema expone las circunstancias del funcionamiento del sueño, del corazón y los pulmones, la digestión y la res-
piración, así como "el sustento del cerebro", y describe los fenómenos
astronómicos de manera "a medias científica y a medias fantástica",
puesto que en su construcción contribuyen en igual medida "idea e
intuición, investigación y mitología [...] en un esfuerzo creciente y
sostenido que no encuentra descanso ni en la crítica [...] ni tampoco
en un arrebato místico", y que se prolonga hasta el "despertar a la realidad de la mañana".

[7] K. Vossler, "La «Décima
Musa de México», Sor
Juana Inés de la Cruz",
en *Escritores y poetas
de España*, Espasa-Calpe
Argentina, Buenos Aires-
México, 1947.

¿Cuál fue la causa —se pregunta Vossler— de que en un convento novohispano haya surgido este poema que revela una personalidad a la vez ingenua y apasionada en su propósito de investigar los misterios del hombre y el cosmos con relevantes dotes discursivas, las cuales, sin embargo, le resultaron insuficientes para llevar a cabo tamaña empresa? Los tesoros de cultura que las universidades de la Metrópoli habían acumulado durante siglos en México los tenía que alcanzar Sor Juana por su propio y solitario esfuerzo, y es la "frescura" de esa empresa autodidáctica y solitaria la causa de que la escritora diese crédito a "teorías anticuadas desde hacía tiempo, tales como el sistema de Tolomeo", así como de que mantuviera una dispersa curiosidad por la mitología antigua, las ideas de Platón o la linterna mágica de Kircher, y se obstinara caprichosamente, "sin criterio de selección, en una palabra", en una indagación que no hubiera encontrado "ningún favorable ambiente en las severas y pusilánimes Universidades de la vieja España".

No deja de sorprender que críticos tan perspicaces y eruditos como Vossler se hayan dejado confundir, primero, por la idea de que la ciencia de Sor Juana, retrasada respecto de la que se producía en la Europa de su tiempo, hubiera de ser asimismo obsoleta para el intento de dar expresión literaria a los afanes de su espíritu y, segundo, por la presunta semejanza de las imágenes retóricas, o plásticas, con aquellas otras que elaboramos durante el sueño. Lo primero, porque el mundo de ideas de que se sirve Sor Juana en sus obras poéticas (ya sea en el *Primero Sueño* o en sus numerosas loas dedicadas a monarcas, mandatarios y amigos) es el más corriente y reconocible dentro de su contexto cultural y, por ende, el más ajustado a su intento de comunicar por medio de un discurso alegórico, no ya las más recientes novedades científicas, de las que pudo estar razonablemente enterada, sino una concepción armónica del mundo y del ser humano que sólo podrían ser imaginadas —*id est*, expresadas por medio de imágenes— de conformidad con un modelo teológico, cosmológico y psicológico sancionado por la tradición patrística y humanística, a las que propiamente corresponde Sor Juana. Pero ya fuese su imagen del universo concebida a la tradicional manera tolemaica o ajustada a la revolucionaria visión copernicana —aún artísticamente inmanejable, puesto que carecía de su propio estatuto imaginario—, el hecho evidente es que el *Sueño* ha de ser visto como símbolo del humano "afán de conocimiento" y no del conocimiento particularmente considerado y, en consecuencia, de la derrota del entendimiento humano —fatalmente imperfecto y limitado— en su racional empeño por discernir la inextricable creación divina. Fracaso intelectual previsible del que se origina la actitud melancólica ante lo vislumbrado pero inalcanzable, o dicho con términos propios del tiempo, la irrecusable experiencia del desengaño, de la amarga aceptación de no poder saber. Es en ese contexto artístico-filosófico donde las imágenes mitológicas alcanzan su verdadera función de signos paradigmáticos en los que se compendia una vasta, y ya para entonces mostrenca, reflexión sobre el hombre y el mundo.

Ludwig Pfandl, otro hispanista alemán de méritos indudables —por más que la hipótesis central de su libro sobre la personalidad neurótica y narcisista de Sor Juana Inés de la Cruz haya sido causa para desacreditarlo[8]—, se ocupó largamente del *Primero Sueño*, que él veía como un claro ejemplo de transferencia del "ahogo psíquico" de la poetisa a una excepcional obra poética. De acuerdo con Freud, determinados impulsos instintivos ligados de manera implícita o explícita con la vida sexual no sólo desempeñan un importante papel en la causación de las enfermedades nerviosas y psíquicas, sino en la génesis "de las más altas creaciones del espíritu humano"; también de conformidad con Freud, aceptaba Pfandl que durante el sueño queda en libertad "el material psíquico del inconsciente", pero sometido sin embargo a una "censura" equivalente a las represiones de la conciencia vigilante, que es la causante del carácter "deformado" de las imágenes contempladas. De esa suerte, "todo lo obsceno y en demasía humano, todo lo que ya no es aceptable para el refinado cerebro de la civilización" aparece en los sueños bajo un "figurado disfraz".

La colaboración del soñador es indispensable para que el analista pueda interpretar atinadamente los contenidos latentes bajo la ambigua "máscara" de las representaciones oníricas; pero "cuando el soñador [como Sor Juana] pertenece a la muerte y, obviamente, no está en condiciones de proporcionar información acerca de sus *conflictos psíquicos*, entonces —dice Pfandl— sus escritos (cartas, obras poéticas, confesiones...) podrán ser utilizados como documentos *sustitutivos* para que el analista pueda adivinar los contenidos ocultos o latentes de sus sueños bajo su expresión patente"; esto es, para poner al descubierto las llamadas "adulteraciones" de los símbolos oníricos y llegar, por este camino, al descubrimiento de los tendencias originarias de aquellos deseos que dieron paso a las engañosas satisfacciones del ensueño.

Dedicó Pfandl los primeros capítulos de su libro al intento de esclarecer los enigmas que rodean la vida de Sor Juana o, por decirlo con las palabras del autor, "el laberinto de su vida amorosa", "el secre-

[8] LUDWIG PFANDL, *Sor Juana Inés de la Cruz. La Décima Musa de México. Su vida. Su poesía. Su psique*, ed. y pról. de Francisco de la Maza, trad. de Juan Antonio Ortega y Medina, UNAM, México, 1963. (La primera edición del texto alemán: *Die Zehnte Muse von México Juana Inés de la Cruz*, Munich, 1946.)

to de su fuga del mundo" y "la obscuridad en torno al derrumbe espiritual"; enigmas que, en su conjunto, pretenden ser explicados por
causa del narcisismo propio de la poetisa, es decir, de su desligamien-
to tanto "del mundo exterior" como de la comunidad y de su entrega
a la soledad de las cavilaciones y, por consecuencia, del carácter cerrado y autosuficiente de sus representaciones del mundo y de su
propia vida. Los psiconeuróticos —asentaba Pfandl— son soñadores
infatigables y la propia Sor Juana confesó en su *Respuesta a Sor
Filotea* ser en ella constante una actividad cogitativa o caviladora, que
"ni aun en el sueño se libró de este continuo movimiento mi imaginativa". Y esta revelación de la propia Sor Juana es la causa de que tanto
Pfandl, como antes Chávez y Vossler, hayan pensado que la poetisa
escogió para la composición del *Primero Sueño* el verso fluido y libre
de la silva, apropiado —a juicio de esos críticos— para transcribir sin
coacciones los movimientos sueltos e impredecibles de las imágenes
oníricas, esto es, el aspecto de un sueño real, "nebuloso, difuso, sin
orgánica agrupación ni distribución del asunto", en suma, sin lógica y
sin *ratio*. Con todo —y también en consonancia con Chávez, a quien
no citó a este respecto—, sostuvo Pfandl que la "deformidad" del poema es sólo aparente, por cuanto que posee una "cuidadosa y meditada
estructura interna" que lo asemeja a un "tríptico gótico formado por
una pieza dominante de unión y dos secciones batientes que lo flan-
quean a entrambos lados", cada una de las cuales se subdivide en dos;
de modo que el *Primero Sueño* constaría de las siguientes cinco
partes: 1) El sueño mágico, 2) La teoría del sueño, 3) La intuición del
sueño, 4) El paso del umbral del sueño y 5) El nacimiento del Sol.

Por lo que hace al método o principios de interpretación de las
imágenes y "grupos de figuras" utilizado por Pfandl, conviene recordar que —a su juicio— el núcleo central del poema de Sor Juana ("La
intuición del sueño") es "un auténtico sueño nocturno, y por lo
mismo, una original y sublime creación, mientras que todo lo demás
se manifiesta como sueño diurno", esto es, como "visión imaginada"
y, en sustancia, como "poesía del inconsciente"; y será precisamente
en ese núcleo poemático donde se manifieste el anhelo primordial de
Sor Juana: "el deseo infantil reprimido y el desenfrenado afán de saber", mientras que en las partes "laterales" del texto hacen su aparición los símbolos o imágenes sucedáneas de la maternidad fallida o de
las fantasías incestuosas. De ahí también que, en su conjunto, el *Primero Sueño* presente ante nosotros "la Juana Inés cabal, con todos sus
complejos y represiones, con todos sus secretos, deseos y no cumplidos afanes", a los que Pfandl dedicará una particular indagación psi-

coanalítica, acorde con su hipótesis que hace del poema sorjuaniano una verdadera "poesía del inconsciente". De todo ello resultará, pues, que en el *Sueño* se encuentren los símbolos de las formas sustitutivas o sucedáneas de la realización de los deseos reprimidos de la autora —entendida aquí como individuo psicobiológico y no como instancia enunciadora de un determinado discurso lírico— y que tales símbolos sólo ocasionalmente "se ordenen conforme al lógico curso mental de la poesía y que *frecuentemente parezcan tan sólo anodinas y desatinadas reminiscencias de la mitología griega*"[9].

[9] Las cursivas son nuestras.

Sin deseo de aminorar la importancia del estudio de Pfandl ni lo sugerente, y aún convincente, de algunos de sus análisis, el hecho es que su interpretación de las múltiples imágenes mitológicas del texto de Sor Juana privilegia una "lectura" de los símbolos poéticos considerados como parte de un lexicón de arquetipos del inconsciente colectivo inspirado en los trabajos de C. J. Jung. Dichos arquetipos presuponen la presencia de "una cierta filogenética masa hereditaria en el hombre", en detrimento y casi ignorancia de la función semántica y compositiva de los mismos elementos dentro del diseño general de ese texto literario y de sus convencionales contenidos filosófico-morales. De tal suerte que, por ejemplo, la "Diosa / que tres veces hermosa / con tres hermosos rostros ser ostenta..." (Hécate, Diana y Proserpina, es decir, la luna celeste, terrestre e infernal), que aparece en el inicio de la descripción sorjuaniana de la noche, haya sido relacionada por Pfandl con la "mujer fecundada o preparada para la menstruación", tal como ocurre en las mitologías de los pueblos primitivos. Y este "extendido símbolo de la maternidad", junto con una de las aves agoreras, la lechuza (o mítica doncella Nictimene, cuyo encubierto incesto con el padre le ocasionó su degradante metamorfosis), más que ser examinadas en el contexto del *Primero Sueño* —esto es, como parte de la descripción erudita de los diferentes aspectos de lo nocturno—, se convierten para Pfandl en la certeza o, según sus palabras, en la "terrible claridad" que le permite asegurar que Sor Juana fue víctima del "complejo femenino de Edipo". Con ello confirma la hipótesis central de todo su análisis: la creación poética de Sor Juana obedece a las leyes del inconsciente colectivo y a la acumulación simbólica de los procesos oníricos.

De modo, pues, que para Pfandl la presencia conspicua de las figuras mitológicas en el poema de Sor Juana y su evidente raigambre erudita, "no quiere decir mucho: son únicamente cerradura y cerrojo artísticos colocados por la censura de la conciencia vigilante como defensa contra el libérrimo avance de la fuerza motriz del inconsciente; son ensayos de adulteración, tendencias al encubrimiento" de sus presuntas fantasías edípicas, si bien la autora no tenía por qué ser plenamente consciente de su perturbador alcance y significado. Declarándolo así, Pfandl decidió prescindir de toda consideración literaria del *Sueño* y, lo que resulta aún más sorprendente, de toda relación de la obra de Sor Juana con el humanismo cristiano y la cultura española de los Siglos de Oro, de la cual, sin embargo, era un profundo conocedor[10].

II

Que la concepción del sueño y, en particular, de los ensueños, vigente en el tiempo y en el medio de Sor Juana sólo se ajusta de manera parcial y no siempre pertinente a las teorías invocadas por Chávez, Vossler o Pfandl, lo anoté ya en mi discurso de ingreso a la Academia Mexicana[11]. Pero aquí será preciso darle más respiro al asunto, puesto que de su exacta dilucidación depende la comprensión de muchos aspectos formales y sustanciales del *Primero Sueño* y, a la postre, de los fundamentos de su propia composición artística, que debe importarnos tanto o más que el conjunto de ricos materiales incorporados por Sor Juana en su vasto poema erudito.

Como bien sabemos, para la cultura humanística y científica de los siglos XVI y XVII, las tradiciones platónica y aristotélica eran puntos de referencia indispensables; de manera que toda reflexión en torno a las imágenes que contemplamos durante el sueño habría de relacionarse tanto con el fenómeno de la visión en sí mismo considerado, es decir, con la naturaleza de las imágenes directamente percibidas por el ojo, como con su representación por medio del arte... o por medio de los sueños. Sor Juana no podía ser ajena a los presupuestos humanísticos que configuran y determinan toda su producción intelectual no menos que la índole de su fantasía poética.

No olvidemos que el *Fedón* fue uno de los diálogos platónicos más apreciados y difundidos durante los siglos XVI y XVII. En sus largas disertaciones para probar la inmortalidad del alma, Sócrates aduce el hecho de que todos los hombres, si se les interroga debidamente, son capaces de llegar por sí mismos al conocimiento de las cosas, porque "aprender es solamente recordar" aquello de que tuvimos conocimiento antes de nacer. Si esto es así —decía el maestro— hemos de convenir en que toda ciencia se constituye como un proceso de rememoración; de suerte que cuando un hombre percibe alguna cosa por medio de sus sentidos, no solamente "conoce esa cosa que le ha llamado la atención, sino al mismo tiempo piensa en otra cosa que no depende de la misma manera de conocer"; a este proceso por medio

[10] LUDWIG PFANDL es autor de dos importantes libros sobre el particular: *Cultura y costumbres del pueblo español de los siglos xvi y xvii. Introducción al estudio del Siglo de Oro*, Araluce, Barcelona, 1929, e *Historia de la literatura nacional española en la Edad de Oro*, Sucesores de Juan Gili, Barcelona, 1933.
[11] JOSÉ PASCUAL BUXÓ, *Sor Juana Inés de la Cruz en el conocimiento de su sueño*, UNAM, México, 1984.

del cual la percepción de una cosa hace que otra cosa se presente a nuestro espíritu lo llamamos reminiscencia. Y por poner algún ejemplo, Sócrates cita lo que sucede a los amantes cuando ven "una lira, un vestido o algo de lo que sus amores tiene costumbre de servirse" pues, reconociendo esta lira, "enseguida acude a su pensamiento la imagen de aquél a quien pertenece". Ocurre lo mismo cuando, en vez de ser un objeto lo percibido, lo es una pintura; también en este caso la contemplación de una lira, un caballo o un retrato pintados produce los efectos de la reminiscencia. Y lo que es más importante, tanto el parecido como la falta de parecido del objeto representado nos permiten verificar la semejanza o la desemejanza respecto del original; de ahí que la reminiscencia se produzca "tanto por cosas parecidas como por cosas diferentes".

Si bien es verdad que Sócrates había afirmado que el alma razona mejor cuando "encerrada en sí misma prescinde del cuerpo y no tiene con él relación alguna, en tanto que [esto] es posible", y se aferra a sí misma para conocer la verdad, el hecho es que para recuperar aquellos conocimientos que, al decir de Sócrates, adquirimos antes de nacer y perdimos después de haber nacido, es preciso contar con el ministerio de los sentidos, porque "hemos convenido en que es muy posible que el que haya sentido una cosa, es decir, que la haya visto, oído o percibido por cualquiera de sus sentidos, piense a propósito de ella en otra que ha olvidado y con la cual la percibida tiene alguna relación aunque no se le parezca". Como veremos más adelante, Aristóteles partiría de este mismo principio para desarrollar su teoría de la memoria y los recuerdos.

Pero los problemas inherentes tanto a la visión como a la naturaleza de las imágenes que se forman durante el sueño fueron tratados más ampliamente en el *Timeo*[12] platónico dentro del marco de una teoría cosmogónica de la creación del hombre y la formación del alma y, por ello mismo, en el contexto del entendimiento humano y de sus modos de cognición, que tiene en los ojos su principal auxiliar para el conocimiento del mundo[13]. Los primeros vivientes —dice Platón— fueron constantemente sometidos a "las impresiones de los objetos exteriores", las cuales ocasionaban en cada uno de ellos una gran turbación; y, como todos estos fenómenos exteriores llegaban al alma a través de las sensaciones corporales, ésta también resultaba movida y trastornada por los efectos del mundo exterior.

Con el fin de que el hombre pudiera ordenar ese mundo de "sensaciones", el Demiurgo lo dotó de una cabeza, cuya forma esférica repite la figura perfecta del Todo, para que fuera servidora del alma, la

[12] Cito por PLATÓN, *Timeo*, trad. del griego, pról. y notas de Francisco de P. Samaranch, Aguilar, Buenos Aires, 1981.

[13] Dice PLATÓN en el mismo *Timeo* (47, b) que ninguna disertación acerca del Mundo podría haberse hecho si los hombres jamás hubieran visto ni los astros, ni el sol, ni el Cielo. Gracias a los ojos nos ha sido dada esta "especie de ciencia, de tal calidad que nunca ningún bien mayor fue dado ni será dado a los mortales".

parte que "en nosotros hay de más divino". Para ello, la dotó de órganos y en particular de ojos, a través de los cuales se filtrara al exterior "el fuego puro que reside dentro de nosotros y que es hermano del fuego exterior"; con todo, y para impedir que la luz se escapara del interior del ojo, tomó la precaución de dotarlo de un centro muy denso que sólo permitiera salir de él "un fuego perfectamente puro", de modo que cuando la luz del día envuelve esa corriente ígnea de la visión, *lo semejante se encontrara con lo semejante* y, fundidos en un único todo, se formara, "siguiendo el eje de los ojos, un solo cuerpo homogéneo". Se explicaría de este modo que, cuando la luz que emiten los ojos se topa con la luz que proviene de los objetos exteriores, se "forma un conjunto que tiene propiedades uniformes en todas sus partes, debido a su semejanza". Este conjunto constituye, por supuesto, la imagen retiniana en la que reside el fenómeno central de la visión.

Pero, ¿qué ocurre durante la noche cuando el fuego exterior se retira del aire e impide la visión de los objetos? Entonces los párpados se cierran para frenar, a su vez, la salida del fuego interior, y sobreviene el sueño. Con la atenuación o desaparición de los movimientos interiores del alma, provocados por las sensaciones, se produce también el reposo corporal completo y "un sueño casi sin sueños se abate sobre nosotros". Sin embargo, cuando subsisten en el alma "movimientos más notables [...], resultan de ellos imágenes de diversas naturalezas, más o menos intensas, *semejantes a los objetos interiores o exteriores*, y de las que conservamos algún recuerdo al despertar".

Pareciera que Timeo terminara aquí abruptamente su disertación sobre las imágenes contempladas en los sueños, pero el párrafo siguiente que trata sobre los espejos y sus modos de reflejar las imágenes de los objetos son, en realidad, un excurso sobre el mismo tema. Las imágenes reflejadas en superficies pulidas y brillantes tienen la particularidad de presentarse invertidas a la percepción del espectador; ello se debe —según Platón— a que cada vez que la luz ilumina los objetos ésta se une sobre la superficie del espejo al fuego interior, que emite el ojo. Esa luz exterior se proyecta sobre las partes opuestas del "fuego" visual, contrariamente a lo que ocurre en la percepción directa u ordinaria, y así al ojo humano se le aparece del lado izquierdo lo que es en realidad la parte derecha del objeto. Igual deformación ocurre cuando la superficie curva de un espejo hace cambiar la apariencia normal de los objetos y presenta invertidas a la mirada la posición de lo superior y lo inferior. Tales inversiones se corrigen naturalmente cuando la mirada se desvía del espejo y contempla directamente el objeto o cuando el espectador reconoce su posición frente a su propia imagen reflejada, esto es, cuando advierte que el espejo, al invertir su propio punto de vista, lo obliga a un examen más meditado de las imágenes contempladas. No en balde *speculatio* y *speculum* dan origen a las voces castellanas "especular" y "especulación", que no sólo aluden al reconocimiento que se hace con la vista de alguna cosa, sino al conocimiento discursivo o racional de la realidad de tal cosa, como si se contemplara reflejada en el espejo de la memoria.

Esos pasajes relativos a las imágenes del espejo —que son equivalentes ambiguos tanto de la percepción como de la representación o "copia" de las objetos— se relacionan implícitamente con el traslado de esas mismas imágenes por medio de un instrumento semiótico —palabra o pintura— que vuelva a ofrecerlas a la mirada del entendimiento, ya no de conformidad total con la percepción directa de los objetos, sino con la "imitación" o representación de tales objetos por medio de signos verbales o visuales. El problema de la representación o *mimesis* de las cosas por diferentes medios y, en particular, por medio de la palabra, lo trató Platón en su *Cratilo*. El punto central de la discusión entre Sócrates, Hermógenes y el propio Cratilo reside en indagar qué es lo que permite que por medio de "letras", es decir, de fonemas o sílabas, pueda designarse a dioses, personas y cosas. Después de largas disquisiciones sobre lo apropiado o inapropiado de ciertas palabras respecto del ser esencial que poseen las cosas nombradas —disquisiciones que aquí evitamos—, los interlocutores llegan, guiados por la astucia argumentativa del Maestro, a la conclusión de que las expresiones verbales "imitan" ciertamente la naturaleza de las objetos a que se refieren; pero "imitar" —he ahí el meollo— no quiere decir reproducir las cosas mismas, sino representar, prescindiendo de su materia y sus accidentes, la esencia de tales cosas. Casos particulares son la escultura y la representación teatral escenificada; la primera porque incluye las magnitudes físicas del objeto, ya sea con fidelidad al modelo natural, o bien proyectadas a una escala superior o inferior; la segunda, porque el actor se presenta como símbolo de otra persona virtual o fingida, es decir, se presta a sí mismo como significante de un significado que lo desborda en cuanto a su ser individual y es, por tal causa, signo de otro signo o, si quiere decirse de otro modo, magnitud material y perceptible de una inteligible entidad ficticia.

Es memorable el pasaje en que Sócrates deslinda las diferencias que ha de haber entre el objeto y su imagen o entre el modelo y su representación; allí le dice a Cratilo que si alguna divinidad representase su cuerpo no sólo en sus contornos y su color, como hacen los pintores, sino también todo su interior, con su morbidez y su calor, con su movimiento y su alma y su pensamiento, es decir, si todo lo propio de Cratilo se reproduce completamente, ¿qué tendríamos? ¿A Cratilo y la imagen de Cratilo, o más bien a dos Cratilos? Es evidente que las imágenes —ya sean producto de la sensación o resultado de una *mimesis* verbal, pictórica, musical, etcétera— nunca reproducen el modelo por entero, sino sólo sus rasgos distintivos. Y es esa naturaleza esencial de las imágenes, y principalmente de aquellas representadas por medio de la pintura o la palabra, la que las hace intermediarios idóneos para el pensamiento y la comunicación. Las "cosas", pues, no siempre son reconocibles y participables por sí mismas, cuanto por medio de los signos que son sus imágenes; si bien es cierto —según advertía Sócrates— que, puestos en la necesidad de comprobar la adecuación de las imágenes, deberemos acudir sin duda a la consulta de las cosas.

Aristóteles no compartió las ideas antes expresadas por Empédocles y Timeo de que la visión fuese el resultado del encuentro de dos luces, la que sale del ojo y la que reflejan los objetos; en su tratado *De la sensación y las cosas sensibles*, el estagirita compartió la opinión de Demócrito, según la cual el ojo y la pupila son agua y, como el agua, diáfanos o transparentes, que es la cualidad que les permite recibir la luz. Sin embargo, no pudo deshacerse por completo de las hipótesis de Timeo —sin duda aún muy populares en su tiempo—, puesto que alguna vez comparó indirectamente el ojo con los espejos y declaró que las pupilas bien pueden ser concebidas como "una especie de lámpara"; así, cuando por accidente resultan cortados los "poros de los ojos", éstos quedan en la oscuridad, "como una lámpara que se apaga"[14].

Pero será preciso acudir al tratado *De la memoria y de la reminiscencia* para completar, no sólo la teoría aristotélica de la visión, sino —y es lo que más nos importa— su teoría de las imágenes. Si las imágenes de los objetos que percibimos directamente son producto de una sensación, esto es, de una afección o modificación del sentido que corresponda por causa de un agente exterior, cuando recordamos un objeto determinado, la imagen que contemplamos en la mente no está ligada a un objeto presente, sino ausente. ¿De qué manera puede tenerse la sensación y el conocimiento de un objeto ausente?, se preguntaba Aristóteles. Suponiendo —respondía— que "la impresión producida en el alma como resultado de la sensación" es análoga a "una especie de pintura" y que la percepción de esa impresión "cons-

[14] Todas las citas provienen de las *Obras de Aristóteles puestas en lengua castellana* por Patricio de Azcárate, Madrid, s.a.

tituye precisamente la memoria", entonces, lo que se recuerda o evoca es la impresión o huella anímica del objeto y no el objeto mismo en su espesor material[15].

Retomando el símil del que ya se había valido en su tratado *Del alma*, dice Aristóteles que debemos admitir que hay en la memoria "algo semejante a un sello o a una pintura" que nuestra alma puede recordar; pero la imagen del objeto interiormente contemplado, ¿es de la cosa en sí misma o es su representación en el espíritu? De hecho, es ambas cosas; pues si la consideramos en sí misma es propiamente una *imagen*, impronta o huella; pero en tanto que se relaciona con un determinado objeto es la *copia* de un modelo. Además, cuando se considera la imagen del objeto como una noción, es propiamente un signo o sustituto de la cosa pensada, y cuando la remitimos a un modelo del que la imagen representa sus rasgos relevantes, entonces es la "semejanza" o representación del objeto que la produce y que se actualiza en la mente como un recuerdo. He aquí el meollo de la argumentación aristotélica:

> El animal pintado en un cuadro es a la vez un animal y una copia y no obstante ser uno y el mismo es, sin embargo, aquellas dos cosas a la vez. El ser del animal y el [ser] de la imagen no son, a pesar de esto, idénticos y podemos representarnos esta pintura, ya como animal, ya como copia. *Es preciso suponer que con la imagen que se pinta en nosotros sucede absolutamente lo mismo*, y que la noción que el alma contempla, es cierta cosa por sí misma, si bien es igualmente la imagen de otra cosa. En tanto que se considera en sí misma es una representación del espíritu, es una imagen, y en tanto que se relaciona con otro objeto es como una copia y un recuerdo.

Hemos de considerar ahora las diferencias establecidas por Aristóteles entre memoria y reminiscencia, puesto que resulta esencial para comprender el fenómeno semiótico que nos interesa: la función de las imágenes en el proceso de la fijación y transmisión de las nociones intelectuales. La memoria, dijimos, se constituye como un repositorio de imágenes, en tanto que la reminiscencia "es una especie de indagación" que hace el espíritu en las imágenes retenidas por la memoria, de donde se concluye que la reminiscencia es "una especie de razonamiento" privativo del hombre. Según asienta en el tratado *Del alma* y reitera en el *De la memoria y la reminiscencia*, no es posible para Aristóteles pensar sin imágenes: "el fenómeno que tiene lugar en el acto del entendimiento es absolutamente el mismo que se verifica cuando se traza una figura geométrica que se quiere demos-

[15] Téngase presente que, en este caso, el sentido de la voz *copia* es el que nuestro *Diccionario de Autoridades* define como "imitación" del natural, como ocurre, por ejemplo, con los retratos, y no en la "pintura hecha a imitación de otra".

trar"; en tales casos, ponemos una figura ante "los ojos del entendimiento" y, aunque la pensemos haciendo abstracción de sus magnitudes, no cabe duda de que el conocimiento de la idea se adquiere mediante "el mismo principio de la sensibilidad" en que se fundan las imágenes impresas en la memoria. Así pues, si aceptamos que "la memoria de las cosas intelectuales" no puede tener lugar sin el concurso de especies o imágenes, podemos también concluir que la selección y concatenación de las que conservamos en la memoria ha de conducirnos al hallazgo de las ideas.

Tales hallazgos no siempre ocurren de manera directa, es decir, por la presencia inmediata de la imagen invocada; con frecuencia "el espíritu ha de remover una multitud de cosas antes de llegar a ese movimiento que traerá tras de sí la cosa que busca". Y este tránsito o asociación de una cosa a otra para llegar por fin a la deseada, lo ejemplifica Aristóteles proponiendo una serie de componentes A, B, C, D, E, F... entre los que se mueve la indagación memoriosa: el recuerdo que no se encuentre en la relación BC o DE se alcanzará cuando se llegue a F, y así sucesivamente. La causa —afirma Aristóteles— de que una misma cosa, "excite unas veces el recuerdo y otras no, es que el espíritu puede ser dirigido en más de un sentido, partiendo del mismo principio". Así por ejemplo, de la idea de "leche" puede pasarse a la de "blanco", de ésta a la de "aire"; de ahí a la de "humedad" (conforme a la teoría de los elementos —fuego, aire, tierra, agua— y de sus correspondientes atributos: calor, frialdad, sequedad y humedad); y precisamente a partir de la idea de "humedad" podrá llegarse al recuerdo del "otoño", que es supuestamente la que se buscaba.

Quede claro, pues, que la reminiscencia es el resultado de una indagación particular de la mente en el vasto repertorio de las imágenes atesoradas en la memoria y que tales imágenes son doblemente significativas tanto de cosas como de ideas: a través de la imagen o signo del objeto podemos tener el recuerdo de la cosa; a partir de la contemplación o percepción interior de la "copia" de un determinado objeto o conjunto de objetos, la mente puede llegar a las nociones abstractas y al conocimiento sistemático de la naturaleza del mundo y del hombre. Con todo, no sólo en la vigilia ocurren los fenómenos del recuerdo y la reminiscencia; también durante el sueño hacen su aparición en la imaginativa del que duerme aquellos conjuntos progresivos de imágenes que llamamos ensueños. Pero si el sueño implica el "encadenamiento e inmovilidad" del principio sensible, ¿cómo se explica la presencia de esos conjuntos imaginarios durante el sueño?

Recordemos, en primer lugar, cuáles eran para Aristóteles las condiciones fisiológicas del sueño. Son necesarios a los animales para su prosperidad tanto la nutrición como el reposo; de suerte que cuando el alimento llega convertido en sangre al corazón —tal como ya había explicado en un tratado *De los alimentos*— se produce un ascenso del calor que hay en cada animal hasta las partes más altas del cuerpo, llenándolas de una humedad "muy abundante y espesa"; cuando esta humedad desciende y expulsa el calor concentrado en la cabeza, "entonces viene el sueño y el animal se duerme" hasta que, separadas las partes de la sangre, las más ligeras se dirigen hacia arriba y las más espesas hacia abajo. Verificada esta separación, el animal despierta. Pero durante el sueño, la imaginación puede conservar "toda su vivacidad"; de ahí que "hay gentes que estando dormidas se mueven y ejecutan actos propios de la vigilia, pero jamás sucede esto sin que intervenga alguna imagen o sensación, porque los ensueños son una forma de percepción".

Precisamente en ese tratado *De los ensueños* afirmaba Aristóteles que las sensaciones que provocan en nosotros las cosas sensibles "no sólo existen en los órganos cuando las sensaciones son actuales, sino que continúan subsistiendo en ellas después de que la sensación ha desaparecido"; así también la percepción de las imágenes de ciertos objetos durante el sueño no está necesariamente fundada en la sensación proveniente de los mismos, sino del recuerdo de sus imágenes conservadas en la memoria y evocadas o rastreadas de manera —digamos— inconsciente.

Confrontada con estas ideas aristotélicas, se hace evidente la causa por la cual Sor Juana nos advierte en los versos 252 y siguientes que los húmedos vapores que el estómago —esa "templada hoguera del calor humano"— enviaba al cerebro no eran espesos, sino excepcionalmente "claros", de suerte que las imágenes que ocupan la fantasía del durmiente no tenían el carácter difuso que suelen presentar de ordinario, sino que, gracias a su nitidez, permitían a la mente el reconocimiento de sus semejanzas. Así, pues, habiendo superado las dificultades de léxico, estructura e intención del poema de Sor Juana, el lector reconocerá que las imágenes poéticas del *Sueño* no son precisamente ininterpretables por causa de la vaguedad o indeterminación de sus referentes objetivos, como ocurre normalmente a quien recuerda sus sueños, sino por el contrario, perfectamente definidas en su configuración y, por ende, en sus referencias culturales, aspecto este último del que nos ocuparemos más adelante. Por lo pronto, parece evidente que ya no podríamos seguir suponiendo que las dificultades formales y estilísticas del texto sean la causa de su presunto desorden onírico o conceptual. Y aunque es materia que deberá discutirse más ampliamente, puede asegurarse que la imaginería poética sorjuaniana no es un traslado más o menos fiel de las especies o fantasmas realmente contemplados en sus sueños, como han sostenido algunos críticos eminentes, sino resultado de la reelaboración erudita y artificiosa de un repertorio icónico ligado a la *ars memorativa* que practicaron los oradores de la Antigüedad tanto como los humanistas de los siglos XVI y XVII y, aún más especialmente a la literatura emblemática, esto es, aquel tipo de productos semióticos en los que se ponen en estrecha relación un texto verbal (repartido en un mote y un epigrama) con una imagen significante, y cuya influencia en el magno poema de Sor Juana —ya señalada anteriormente por el autor de estas líneas— me propongo ampliar más adelante.

Pero aún hay otras hipótesis acerca el sentido y origen de los fenómenos oníricos tanto en la Antigüedad clásica como durante el período helenístico. En su brevísimo y quizá incompleto tratado *De la adivinación durante el sueño* se ocupó Aristóteles de una creencia practicada y extendida en todos los tiempos y lugares: la *mántica* o conocimiento de las cosas futuras. La opinión de que los sueños tienen un sentido merece ser examinada con prudencia porque, si es verdad que los dioses pueden inspirar tales sueños, no es menos cierto que las revelaciones de lo porvenir obtenidas por ese medio no se conceden generalmente a los hombres más sabios sino a los más supersticiosos. Pero habida cuenta —decía— de que puede creerse que "la adivinación en medio de los ensueños tiene lugar en ciertos casos, y una vez que se admita que hay en esto alguna apariencia de razón, no se está distante de suponer que lo mismo puede suceder con todos los demás ensueños".

No hay duda de que algunos sueños o ensueños son producto de la magnificación de ciertos estímulos exteriores; así, por ejemplo, la percepción de un pequeño ruido se convierte en el estampido de un rayo en la imaginación del durmiente. Pero en otros casos, bien puede ser que "las visiones que aparecen durante el sueño" sean ocasionadas por "ciertas acciones personales" verificadas durante la vigilia y que tales visiones imaginarias tengan "una relación exacta" con esos actos. También puede darse el caso inverso: que "los movimientos que tienen lugar durante el sueño sean muchas veces el principio de ciertos actos que practicamos durante la vigilia". Sin embargo, en las cosas que salen de lo ordinario "y cuyo principio no está en nosotros", sería una mera coincidencia fortuita la verificación de lo visto en los sueños, tal como suele suceder con las adivinaciones que se basan en la interpretación de los fenómenos naturales.

Por lo que toca a la interpretación de los sueños de quienes sufren "transportes extáticos" o, incluso, de los melancólicos cuya imaginación es extremadamente poderosa merced a "la violencia de sus sensaciones", Aristóteles concede que las imágenes de los sueños o las visiones extáticas no representan con exactitud ni los objetos percibidos en la vigilia ni las imágenes de éstos resguardadas en la memoria, porque "las imágenes de los ensueños son, sobre poco más o menos, como las representaciones de los objetos en el agua", o quizá como su reflejo en los espejos. De ahí que su carácter difuso y cambiante dificulte el reconocimiento de su "semejanza", esto es, de su carácter de imagen o simulacro de un determinado objeto o, incluso, de una noción determinada. Así, el mejor intérprete de los sueños sería aquel que tuviera mayor habilidad en distinguir y reconocer los referentes objetivos de "estas representaciones *tan oscilantes e informes*" que, de hecho, no son ya "la copia exacta de las cosas", sino la mezcla o confusión de muchas de ellas.

Pero aun conviene atender otros aspectos de los ensueños que, precisamente por vincularse a las antiguas prácticas adivinatorias o visiones extáticas, incidieron en la invención y composición del *Primero Sueño* y, desde luego, en su interpretación por parte de algunos críticos modernos.

Los breves apuntes de Aristóteles sobre la *mántica* griega fueron desarrollados por Cicerón *in extenso* en un tratado especialmente dedicado al tema: *De la adivinación*. No hay nación alguna, ni salvaje ni docta, que "no piense que las cosas futuras son reveladas por medio de signos y que pueden ser comprendidas y predicadas por algunos", comenzaba diciendo Cicerón[16]; y ello porque las almas —no sólo las más íntegras, sino aun aquellas privadas de raciocinio y de ciencia— pueden ser excitadas de dos maneras: por el delirio profético o por medio del sueño, es decir, por el influjo de un dios y por las visiones extáticas. Hay ciertamente dos géneros de adivinación, uno basado en la conjetura de los "signos" observados y que se constituye propiamente como un "arte" o técnica de razonamiento; otro que, merced a una "agitación del alma", permite la previsión de las cosas futuras, y esto —dice Quinto, a quien en el diálogo ciceroniano toca defender las creencias de los estoicos sobre tales asuntos— es lo que "acontece a los que sueñan". ¿Cómo se explica esto?

Ya en la *República* platónica, Sócrates había disertado sobre el particular: mientras dormimos, "esa parte del alma que es partícipe de la mente y la razón" suspende sus operaciones y permite que a la parte

[16] Marco Tulio Cicerón, *De la adivinación*, introd., trad. y notas de J. Pimentel Álvarez, UNAM, México, 1988.

"agreste" o selvática de la misma se le presenten visiones impúdicas e irracionales ocasionadas por el exceso en la comida y la bebida; sin embargo, cuando el alma se ha alimentado con el manjar de los "buenos pensamientos", entonces queda libre para recibir las "veraces" visiones de la razón. Partiendo de ahí, será evidente que, cuando gracias al sueño el alma se separa "del comercio y contacto con el cuerpo, entonces recuerda lo pretérito, mira lo presente, prevé lo futuro. En efecto el cuerpo de quien duerme yace como el de un muerto; en cambio, su alma está vigorosa y viva". Y explica más adelante que cuando las almas de los hombres, "desembarazadas por el sueño se libran del cuerpo, o agitadas en su mente por sí mismas se mueven libres, incitadas, miran esas cosas que las almas mezcladas con el cuerpo no pueden ver". ¿Quién no recordará aquí aquel pasaje del *Sueño* en el cual Sor Juana describe los efectos corporales del sueño: "los de muerte temporal opresos / lánguidos miembros, sosegados huesos [...] el cuerpo siendo, en sosegada calma, / un cadáver con alma, / muerto a la vida y a la muerte vivo...", y, enseguida, la tarea indagadora emprendida por el alma racional?

De premisas semejantes a las expuestas por el Sócrates platónico, partió también Cicerón para sustentar la verosimilitud del extraordinario sueño relatado por el joven Escipión en el último libro de su *República*, al que más tarde volveremos. No puede dejarse de subrayar la notable coincidencia de los pasajes recién citados con el arranque del *Sueño* de Sor Juana. En todos esos textos se parte de la idea según la cual durante el sueño es posible tener actos de conocimiento, ya que la parte superior del alma —apenas empañada por los ligeros vapores de una digestión apacible— puede contemplar aquellas imágenes por cuyo medio es dable alcanzar el conocimiento de las cosas superiores.

III

Se atribuye al poeta griego Simónides de Ceos (556-468) la invención de un método apto para recordar sin vacilaciones el nombre y los lugares que ocupaban determinadas personas en determinadas circunstancias. Habiendo asistido a un banquete en casa de un tal Scopas, Simónides fue llamado a la puerta por unos misteriosos visitantes, que más tarde identificó con Cástor y Polux, deidades agradecidas por los elogios que el poeta les había hecho en un canto panegírico. Acabando de salir de la casa, ésta se desplomó por causa de un sorpresivo terremoto y quedaron muertos e irreconocibles todos los comensales que permanecieron en el interior. Simónides pudo identificar a cada uno de ellos porque recordó con precisión los lugares que ocupaban en el banquete y fue esta singular experiencia la que dio origen al llamado arte de la memoria (o memoria artificiosa), tan útil a oradores como a poetas. Contó esta historia Cicerón en su *De oratore* y, a partir de ella, infirió que "las personas que deseen adiestrar esta facultad de la memoria, han de seleccionar los *lugares* y han de formar las *imágenes mentales* de las cosas que deseen recordar", de manera que el "*orden de los lugares preserve el orden de las cosas y las imágenes de las cosas denoten a las cosas mismas*". Por su parte, tales imágenes han de ser "punzantemente definidas" y los lugares en que se coloquen iluminados y "ordenadamente construidos".

Entre las partes de que consta la retórica (*inventio, dispositio, elocutio, memoria, pronunciatio*), la memoria ocupaba para los antiguos un lugar relevante, pues no sólo residían en ella las bases para la recordación de los tópicos aptos para componer la fábula o ilustrar los argumentos del caso, sino además, para la rememoración del orden acordado al discurso, así como de aquellas palabras previamente seleccionadas por el orador. A ello se debe que el tratado que un desconocido maestro romano contemporáneo de Cicerón dedicó *Ad Herennium* se ocupase largamente de la importancia capital que se atribuía a esta parte de la retórica. En efecto, el anónimo autor de dicha obra comparaba esos "lugares de la memoria" —como ya antes había hecho Aristóteles— con las tablillas de cera utilizadas para escribir, las cuales resultaban, además, metáfora apropiada a la facultad retentiva de la memoria. Se recomendaba a Herennio y a los aprendices del arte suasoria la formación de un escenario mental, que bien podía afectar la forma de un teatro, un templo o un palacio, en cuyos espacios o recintos alojara el orador las imágenes que le permitieran recordar tanto los asuntos como el orden en que habría de exponerlos en su discurso y las mismas palabras con que éstos alcanzarían su más cabal expresión. Las imágenes que el orador va configurando y depositando en su mental edificio no deben ser imprecisas o desleídas, sino al contrario, han de distinguirse por su carácter insólito o por su extraordinaria capacidad de asociación. Dice el autor del *Ad Herennium*:

> Debemos construir imágenes de tal suerte que puedan adherirse a la memoria por muy largo tiempo. Y obraremos de ese modo si establecemos las similitudes más sorprendentes que sea posible; si logramos construir imágenes que no sean corrientes o vagas sino activas; si les atribuimos excepcional belleza o fealdad singular [...];

en suma, imágenes cuya singularidad les permita presentarse fácil y distintamente al recuerdo.

José Pascual Buxó

A nadie escapará el hecho de que este método de la memoria artificial postulado por Cicerón y por el autor del *Ad Herennium* —recurso que siguió cultivándose a lo largo de la Edad Media y fue retomado con entusiasmo por los humanistas del Renacimiento— remite al aristotélico tratado *De la memoria y de la reminiscencia*. No sólo por lo que atañe al pasivo acervo de imágenes de cosas resguardadas en la memoria, sino principalmente por lo que hace a los procedimientos rememorativos que Aristóteles concebía como una verdadera indagación o razonamiento que la mente lleva a cabo por medio de las correlaciones que se establecen entre imágenes e ideas. Así lo postulaba también Cicerón al señalar la diferencia entre "memoria de palabras" y "memoria de cosas", es decir, entre las imágenes que sirven para recordar las preposiciones, conjunciones y demás voces cuya función es la de relacionar entre sí a otras palabras dentro de la oración —y que, por su naturaleza sincategoremática, no pueden ser formadas a partir de una semejanza con determinadas cosas— y, por otra parte, aquellas imágenes de "cosas" que "podamos imprimir en nuestra mente por medio de la hábil colocación de sendas máscaras ['personas']... *de manera que podamos captar las ideas por medio de imágenes y su orden por medio de lugares*". Gracias a este recurso asociativo —concluía— podrá "sacarse algo de la memoria, si previamente no se tiene memoria por naturaleza".

A propósito de este asombroso recurso utilizado por los oradores antiguos, así para la composición como para la rememoración y pronunciación de sus discursos, Frances A. Yates en su notable estudio de *El arte de la memoria*[17] ha dicho que "hemos de pensar en el orador antiguo como desplazándose, en su imaginación, a través de su edificio *mientras* hace su discurso, sacando de los lugares memorizados las imágenes que ha alojado en ellos". Pero no se trataba únicamente de un artificio del que podrían valerse los oradores durante la actualización o pronunciación de sus discursos y, por ende, limitado a la rememoración de palabras y de nociones previamente seleccionadas, sino —más de conformidad con Aristóteles— de auxiliarlos en el método del pensamiento analógico, esto es, en el establecimiento de correspondencias significativas entre ideas-imágenes provenientes de distintos campos del conocimiento o la experiencia. El autor del *Ad Herennium* ponía por vía de ejemplo el siguiente caso: el orador que haya de defender a un acusado de envenenar a un enemigo colocará en el primer "lugar" de su edificio mental la imagen de un hombre que yace, enfermo, en su cama; a su lado pondrá la imagen de un abogado que "sostiene con su mano derecha una copa, con la izquierda unas

[17] FRANCES A. YATES, *El arte de la memoria*. Versión española de Ignacio Gómez de Liaño, Taurus, Madrid, 1966.

tablillas y con el cuarto dedo los testículos de un carnero". ¿Qué significa todo esto? Pues que, al igual que en los procesos de la rememoración aristotélica en la cual "el espíritu pasa rápidamente de una cosa a otra" con el fin de hallar la noción que buscaba, de esa misma manera el abogado defensor de la causa asociará a la víctima con el enfermo acostado en la cama, la copa con el veneno, las tablillas con el testamento escrito, y los testículos de carnero harán referencia a los testigos. (*Testis* vale tanto para significar al testigo o la acción de atestiguar como para denotar los testículos.)

Pero no se piense que el repertorio de imágenes depositadas en los lugares de la memoria es útil tan sólo en el proceso de la rememoración de ideas o —en el caso de los oradores y poetas— de todo un texto previamente elaborado; la memoria —diría San Agustín en sus *Confesiones*— se constituye en esencia como el vasto territorio en que la mente puede contemplar "innumerables cosas", porque en ella residen tanto las impresiones sensoriales como las afecciones del alma. En resumen, toda la creación divina y Dios mismo están virtualmente presentes en la memoria humana. La mente, dice Agustín,

> contempla en las explanadas y cuevas de mi memoria innumerables [cosas] y entiende que está innumerablemente llena de clases innúmeras de cosas, ya como imágenes, ya como cuerpos; ora en presencia actual, como las artes, ora en ciertas nociones e impresiones, como las afecciones de la mente...

Concebida la memoria como el despliegue en el interior de la mente humana de toda la vastedad del universo, quedaba preparado el terreno para pasar a la idea de la memoria, ya no sólo concebida como un acervo de imágenes útiles al orador, sino como un "teatro del mundo" o exposición concentrada y simbólica de los fundamentos del conocimiento humano a partir de los cuales el filósofo podría ejercitarse en la meditada comprensión de las leyes que rigen al hombre y al universo. Esta idea agustiniana —unida a los antiguos postulados aristotélicos— fue sin duda esencial para el proyecto concebido por un curioso personaje del siglo XVI italiano, Giulio Camillo, quien dedicó toda su vida al diseño intelectual de un "teatro" que fuese el escenario de las evocaciones e indagaciones de su mente escrutadora. Para dar expresión material a su concepción simbólica, Camillo construyó un "cierto anfiteatro, obra de habilidad admirable", puesto que "quienquiera que sea admitido en él como espectador será capaz de discurrir sobre cualquier materia no menos fluidamente que Cicerón"[18]. Este simulacro en madera de un teatro romano —decía

[18] Carta de Viglius Zuichemius a Erasmo, escrita en 1532. Cf. FRANCES YATES, *op. cit.*

Viglius, corresponsal de Erasmo— está "ilustrado con muchas imágenes y llena de cajitas" y se compone de varios órdenes de gradas, con la salvedad de que en éste hay un solo espectador —situado en la parte que ordinariamente corresponde al escenario— que contempla las diversas figuras dispuestas en las siete pasarelas que dividen el graderío. He aquí cómo explicaba Camillo su *Idea del Theatro* (incluida en *Tutte le opere*, Venecia, 1552):

> Así como los oradores antiguos en su deseo de ubicar de un día para otro las partes de los discursos que tenían que recitar, las confiaban a frágiles lugares como frágiles cosas eran, así es razonable que nosotros queramos almacenar eternamente la eterna naturaleza de todas cuantas cosas pueden ser expresadas mediante palabras... les asignemos lugares eternos.

Como puede advertirse, el Teatro de Camillo no estaba destinado a albergar sucesivos conjuntos de figuras a partir de las cuales pudiera actualizarse un discurso u oración particular, sino de un sistema único capaz de proporcionar las claves icónico-conceptuales para la explicación de las verdades eternas; de ahí que —según el propio Camillo— lo más arduo de su empresa hubiera sido encontrar el orden apropiado de los "lugares" de su Teatro; dicho orden lo halló en los *Proverbios* de Salomón, allí donde "dice que la sabiduría se construyó una casa y que la fundó sobre siete pilares" por los que había de entenderse los siete Sefirotas del mundo supracelestial, "los cuales son las siete medidas de la fábrica de los mundos celestial e inferior"[19]. A partir de esta división graderío-escenario, Camillo dispuso siete corredores ascensionales cada uno de ellos regido por el dios de un planeta (Diana, Mercurio, Venus, Marte, etc.) y dividido, a su vez, en seis espacios simbólicos denominados, de abajo arriba, "El banquete", "La cueva", "Las hermanas Gorgonas", "Pasifae y el Toro", "Las sandalias de Mercurio" y "Prometeo". Frances Yates ha estudiado con pormenor el significado esotérico atribuido por Camillo a cada una de esas series de imágenes: al Banquete corresponde el primer día de la creación, que se imagina como banquete dado por Océano a los dioses; la Cueva —que evoca la descrita por Homero en la *Odisea*— representa las cosas creadas; las Gorgonas —que al decir de Hesíodo compartían un solo ojo— aluden a la creación del hombre y a las tres almas que les corresponden según las fuentes cabalísticas asumidas por el autor del *Theatro*; "Pasifae y el Toro" aluden al alma que —según los neoplatónicos— sucumbe al deseo del cuerpo; "Las sandalias de Mercurio" "representan todas las operaciones que el hombre puede

[19] Cito la *Idea del Theatro* de Camillo por FRANCES YATES, *ibid.*, pp. 157 y *ss*.

realizar de manera natural... y sin arte alguno"; por último, la imagen de Prometeo, que robó a los dioses el fuego sagrado, evoca el conocimiento de todas las artes y ciencias, la religión y las leyes.

El lector interesado en discernir la sutileza y complejidad de esa *Idea del Theatro* de Giulio Camillo debe acudir al mencionado estudio de Frances Yates; para nuestro propósito bastará persuadirnos de que, cualesquiera que fuesen los modelos ideológicos prevalentes en ese tipo de constructos simbólicos, los artificios del teatro mnemotécnico constituyeron un fascinante método de indagación de los fundamentos del conocimiento humano a través del poder evocador y sintetizador de las imágenes significantes, y especialmente para quienes —como Sor Juana Inés de la Cruz, siglo y medio más tarde— querían dar a sus afanes intelectuales una expresión poética de conformidad con las normas estéticas de su tiempo, esto es, la agudeza, la erudición y la elegancia.

Al patente interés de los rétores y filósofos cabalistas por la función de las imágenes en la memoria artificiosa, hay que añadir el de los críticos de la pintura y la poesía, ya que ambas artes tienen por objeto la representación mimética de las cosas. A Simónides de Ceos se atribuyó también la inicial comparación de la pintura con la poesía e incluso de la superioridad de las imágenes visuales sobre las verbales, precisamente por la importancia concedida a las primeras en la *ars memorativa*. Ya hemos visto en Platón el establecimiento de tal semejanza entre esos dos tipos de *mimesis*, y todos recordaremos con cuánta insistencia y, al mismo tiempo, cuán someramente —signo de que se trataba de un símil muy común en su tiempo— hace Aristóteles esa misma comparación en diversos pasajes de su *Arte poética*. Al inicio de ese tratado, y refiriéndose a los distintos modos de imitación o representación artística, dice que hay quienes se sirven de "colores y formas", en tanto que otros se valen de la voz —sola o acompañada de ritmos y músicas— para efectuar la representación de las acciones y pasiones humanas, que es la materia prima de toda *mimesis*; de ahí que, al igual que los poetas, los pintores también representen en sus obras a personas mejores, peores o iguales al común de la gente, si bien, claro está, por distintos medios semióticos[20].

Pero fue sin duda el *Arte poética* de Horacio la obra que ejerció un mayor y más permanente influjo en los teóricos renacentistas de la pintura y la poesía. La epístola a los Pisones se inicia precisamente con una colorida e irónica comparación entre el cuadro en que un mal pintor hubiese representado una monstruosa figura compuesta de cabeza humana, cuello equino y negras plumas, con un poema cuyas vanas

[20] Utilizo la traducción de José Alcina Clota en ANÓNIMO, *Sobre lo sublime* y ARISTÓTELES, *Poética*, Bosch, Barcelona, 1977.

imágenes parecieran provenir del "sueño de un enfermo". Y esta risueña censura a los poetas y pintores que "siempre han tenido el justo poder de atreverse a cualquier cosa" era, de hecho, preludio a una admonición para que sólo emprendieran las obras que cada uno creyera proporcionadas a su saber o talento y para que, huyendo de lo superfluo o caprichoso, se ajustaran en ellas a "la virtud y la gracia del orden". Ya bien entrado en su predicación docente sobre el arte, escribe Horacio aquellos versos siempre recordados (*Ut pictura poesis...*), en los que distingue dos modos extremos de composición: la que se ajusta a un "diseño" nítido y que puede ser apreciado por el crítico exigente aun en sus mínimos y bien dispuestos detalles, y la que por causa de su difusa urdimbre —semejante a las imágenes de un sueño incoherente— no resiste el agudo examen, por más que pueda provocar una momentánea complacencia en el espectador:

> Cual la pintura es la poesía; hay una que si más cerca te hallas,
> más te cautiva, y alguna, si más lejos te apartas;
> ésta ama lo oscuro, querrá con luz ser mirada esa otra
> que no tiembla del juez ante la astuta agudeza;
> ésta una vez gustó, ésa gustará repetidas diez veces[21].

Por lo menos desde Francesco Petrarca tales versos fueron interpretados como el firme establecimiento de una comunidad o semejanza entre ambas artes pues, si el pintor imita con líneas y colores todo aquello que se nos presenta a la vista, el poeta, por medio de las palabras, imita no sólo lo que se demuestra a la mirada, sino además lo que se ofrece al entendimiento. Para los críticos del siglo XVI, como Ludovico Dolce y Giovanni Paolo Lomazzo, era ya común referirse a la pintura y a la poesía como artes hermanas, al punto de afirmar que el principal parecido de la poesía con la pintura residía "en la viveza poética de la representación" o más exactamente "en la facultad de pintar a los ojos del espíritu claras imágenes del mundo exterior", de modo semejante a como un pintor las reflejaría en un lienzo[22]. Era precisamente la imitación de las cosas mediante las palabras lo que hace el arte del poeta semejante al del pintor, pues aquél, por medio del recurso que la retórica llama *diatipois* o *evidencia*, hace la descripción vivaz y detallada de un objeto mediante la enumeración de sus particularidades sensibles[23].

Pero, si la poesía puede ser entendida como una "pintura parlante", ¿puede la pintura, a su vez, ser una "poesía muda"? En otras palabras, ¿es capaz el artista plástico de conceder a sus imágenes algún contenido emocional que vaya más allá de la representación de sus

[21] QUINTO HORACIO FLACO, *Arte poética*, introd., versión rítmica y notas de T. Herrera Zapién, UNAM, México, 1984.

[22] Cf. RENSSELAER W. LEE, *Ut pictura poesis. La teoría humanística de la pintura*, trad. de Consuelo Luca de Tena, Cátedra, Madrid, 1982.

[23] Cf. HEINRICH LAUSBERG, *Manual de retórica literaria*, versión española de José Pérez Riesco, Gredos, Madrid, 1967.

pasiones por medio de ciertos gestos o actitudes corporales, siempre sujetos, claro está, a un código convencional? Lomazzo estaba persuadido de que la pintura era perfectamente capaz de expresar, no sólo los aspectos exteriores del cuerpo humano, sino también de expresar "aquellas cosas que padece internamente el ánimo", pues los buenos pintores hacen que

> aquella virtud motriz que está de contino en el corazón escondida, se muestre exteriormente en el cuerpo y haga aparecer sus ramificaciones por los miembros exteriores [...] Así nacen aquellas grandísimas maravillas de los efectos y demostraciones de las figuras, que se ven diversas entre sí, como son diferentes las pasiones de sus ánimos [...] Por esta razón particularmente, la pintura se compara a la poesía.

A Lomazzo y, en general, a los tratadistas del "Cinquecento", les preocupaba fundamentalmente justificar la capacidad que tienen o pueden tener las representaciones figurativas de los seres humanos de hacer visibles las "pasiones de sus ánimos", tal como hacen los poetas, y aún —de conformidad con Horacio— de conceder a sus obras una finalidad, no solamente estética, sino didáctica y moral. Pero, ¿cómo podrían las imágenes de los seres humanos y los entes mitológicos, de los animales y de las plantas, de los monumentos y aun de los astros, ser representativas, no ya de un solo individuo y de sus particulares circunstancias, sino de servir a la manifestación de ideas puras?, esto es, de conceptos alusivos a virtudes o vicios, considerados en su abstracta generalidad y formando parte de ciertos paradigmas filosóficos o religiosos a los que pudiera hacerse referencia inequívoca por medio de una determinada imagen. Evidentemente, la respuesta se halla en la proyección del principio de la analogía, habitual en el campo de la creación poética, al campo de las representaciones iconográficas.

Los principios de ese intento estaban ya dados en diferentes instancias que concurrieron en la invención de la literatura emblemática, donde la correspondencia expresamente establecida entre imágenes y textos realiza el antiguo ideal de la poesía pictórica y la pintura parlante, con la ventaja de que en las *empresas* y los *emblemas*, poesía y pintura ya no serán consideradas separadamente, sino formando un texto icónico-verbal de carácter sincrético en el que las figuras y las palabras fusionan y complementan sus significados. Tales instancias son: a) las teorías de la memoria y la reminiscencia según fueron concebidas y descritas por Aristóteles y sus seguidores, b) la adaptación de dicho sistema de equivalencias analógicas entre ideas e imágenes por parte de los oradores en la formación de

José Pascual Buxó

sus lugares de la memoria y, finalmente, c) la interpretación en clave —natural, moral o teológica— de las diversas acciones cumplidas por los dioses y héroes de la Antigüedad grecolatina, que trajo como consecuencia la constitución de un vasto elenco de figuras alegóricas representativas de particulares vicios y virtudes, y cuyo uso canónico y reiterado terminó por instituirlas como un repertorio simbólico-ideológico al que se concedía un valor permanente y de aplicación universal.

Dejando de lado sus antecedentes medievales (por ejemplo, el *Fulgentius metaforalis* de Ridewall, los *Moralia super Ovidii Metemorphoseos*, de Holkott), la *Genealogia deorum gentilium* de Giovanni Boccaccio[24] representó el primer intento humanista de revisión crítica de las fuentes mitológicas, que fue el antecedente directo de una serie de obras verdaderamente eruditas e influyentes como las de Valeriano, Gyraldy, Natale Conti, Cartario, etcétera. Para cumplir con la solicitud de Domnino de Parma —"egregio soldado" e "ilustre rey", lo llama el autor— emprendió Boccaccio la farragosa reseña del origen, hechos y descendencia de los dioses paganos "según las ficciones de los antiguos", pero, evidentemente, el interés principal de Boccaccio fue el de averiguar "qué pensaron los hombres ilustres de antaño bajo la cobertura de las fábulas" mitológicas. Aunque su libro afecte la estructura de un arborescente entramado genealógico, el hecho evidente es que para su autor importaba más "escudriñar los significados escondidos bajo la dura corteza" de las fábulas. Los antiguos autores, por ocuparse de lo más general o universal de ellas, es decir, lo cosmogónico, dejaron la interpretación de sus significados específicos "al juicio de los que nacieran después de ellos".

Evidentemente influido por la teoría de la exégesis bíblica de San Agustín, no menos que por su intento de establecer las concordancias entre el Antiguo y el Nuevo Testamento, Boccaccio se atrevió a comparar las fábulas mitológicas con "las palabras del libro divino", las cuales aunque "están reveladas por la propia verdad lúcida, cierta e inmóvil" (Dios mismo), se hallan algunas veces "cubiertas de un ligero velo de ficción y son arrastradas a tantas interpretaciones cuantos lectores llegan a ellas". Si, de conformidad con San Agustín, "no debe despreciarse lo bueno que dijeron los autores profanos"[25], tampoco las fábulas mitológicas merecen serlo por lo hombres sabios, pues aquéllos

aun sin ser católicos estaban dotados de tan gran sabiduría que nada creado por el hombre ha sido protegido por el velo de la ficción más

[24] GIOVANNI BOCCACCIO, *Genealogía de los dioses paganos*, ed. de M. Consuelo Álvarez y Rosa M. Iglesias, Editora Nacional, Madrid, 1983.

[25] Cf. SAN AGUSTÍN, *Sobre la doctrina cristiana*, en *Obras completas*, t. 15, *BAC*, Madrid, 1957.

artísticamente ni adornado con más belleza por el cuidado de las palabras. De lo que aparece claramente que aquéllos estaban empapados de la más grande sabiduría del mundo de la que a menudo carecen sus furibundos detractores.

Como se ve, Boccaccio emprendía la doble defensa de los poetas —de los antiguos, pero también de los modernos, dispuestos ya a tomarlos como modelo de sus propias obras— así como de la verdad natural y moral oculta en las fábulas compuestas por ellos; a éstas debía considerárselas como un invaluable repositorio de "grandes misterios" embozados por las ficciones poéticas, y a sus autores como "muy eruditos y dotados de un ánimo divino y de artístico ingenio". Para San Agustín, la oscuridad o ambigüedades de la Escritura eran ocasionadas o por la ignorancia del intérprete respecto de las "palabras" y las "cosas" o por leer el texto en su sentido literal; decía que era una "lastimosa servidumbre tomar al pie de la letra las sentencias figuradas". También para Boccaccio es menester penetrar los significados que se ocultan debajo del "sutil velo" de las ficciones poéticas para descubrir su admirable conocimiento de las cosas del mundo[26]. Pero es aún más de notarse el esfuerzo exegético a que somete cada fábula, es decir, a lo que él llamaba la "recomposición de sus miembros" con el fin de encontrar en sus diferentes aspectos o peripecias de la ficción un significado múltiple y verdadero, relativo ya a la naturaleza, ya a la historia, ya al comportamiento moral de los hombres, ya a los secretos de la divinidad. Por ejemplo, narra cómo a la Noche, hija de la Tierra y de padre desconocido, le fue prohibido por su madre casarse con el pastor Fanete; éste, habiendo pasado de amante a enemigo, la perseguía sin cesar para darle muerte. Así, queriendo librarse de tal peligro, la Noche se unió al Erebo y escapó para siempre a la vista de su amante desdeñado. Después de su relato, Boccaccio emprendió el desentrañamiento de la "verdad" o verdades veladas por la fábula.

Dicen que la Noche es de padre desconocido —comenta el autor de la *Genealogía de los dioses paganos*— porque su madre la Tierra, por causa de la densidad de su cuerpo, ha ocasionado que "los rayos del sol no puedan penetrar en su parte opuesta" y ésta es la causa de que "salga de ella una sombra tan grande como el espacio ocupado por la mitad del cuerpo de la tierra"; entiende que el pastor Fanete es el Sol, que sigue la rápida carrera de la Noche como si desease encontrar a su amada; ella se rehusa al encuentro y huye con rápido paso porque "él da la luz y ella, por el contrario, produce la oscu-

---

[26] Decía SAN AGUSTÍN (*ibid.*) que "el cristiano bueno y verdadero ha de entender que en cualquier parte donde hallare la verdad, es cosa propia del Señor"; ya sea cierto o falso lo que contó Varrón, "no debemos rehusar a la música por la superstición que de ella tengan los profanos".

ridad", de suerte que moriría si se uniese a él, "ya que el sol disuelve con su luz toda la oscuridad". Éste sería el significado natural o astrologal de la fábula; pero su sentido moral, en cambio, se hallaría en la unión de la Noche con el Erebo, que es el infierno, porque nunca penetran en él los rayos del sol. La noche es nociva, concluía Boccaccio, "porque es adecuada para los que obran mal, puesto que leemos: quien obra mal odia la luz; de lo cual se deduce que ama a las tinieblas como las más adecuadas para una mala acción".

Recordemos que también en los versos iniciales del *Sueño* de Sor Juana se hace una descripción de la noche en la que pueden advertirse, aparte de otras, las dos dimensiones semánticas destacadas por Boccaccio en su interpretación del mito: los aspectos naturales del fenómeno astral (aquella pirámide de sombra que emerge del hemisferio terrestre abandonado por el sol y que pretende "escalar" hasta la luna y las distantes estrellas pero que, al final del poema, es perseguida y ahuyentada por el sol naciente) y las implicaciones morales de aquellos habitantes de la noche —lechuzas, murciélagos, búhos— metamorfoseados en aves funestas en castigo por diversas transgresiones a una ley u orden moral establecido[27].

A este tipo de significados simbólicos atentos a la manifestación de conceptos naturales y morales es a los que —si procedemos de conformidad con la tradición agustiniana a la que naturalmente se adscribe Sor Juana— debemos asociar las imágenes evocadas en el *Sueño* para no caer en aquella "servidumbre" consistente en "interpretar inútilmente los signos", tomando como propias las palabras trasladadas o metafóricas o entendiendo unas y otras fuera de sus contextos precisos. En efecto, San Agustín prevenía a los exégetas bíblicos contra los peligros de tomar las palabras iguales como portadoras de un mismo significado no importando cuáles fuesen sus contextos de aparición; una vez averiguado el carácter figurado de la expresión, es necesario considerar que "cada cosa puede significar otra o de modo contrario o sólo diverso"; quiere decirse, pues, que una misma palabra, y por ende la "cosa" que ella significa, puede usarse por semejanza "unas veces de bien y otras de mal", como ocurre, por ejemplo, con la palabra "león", que puede designar tanto a Cristo como al diablo, según el pasaje en que se encuentre. Por lo que hace a la diversidad de las significaciones que, por ejemplo, puede tener la palabra "agua", es evidente que unas veces se refiere al "pueblo", como en el *Apocalipsis*, y otras al Espíritu Santo. No nos vendría mal a críticos y exégetas de la literatura escuchar esta antigua y benéfica lección a la hora en que emprendamos nuestra propia labor.

[27] Cf. JOSÉ PASCUAL BUXÓ, "El *Sueño* de Sor Juana: alegoría y modelo del mundo", en *Las figuraciones del sentido. Ensayos de poética semiológica*, F.C.E., México, 1984, pp. 235-262.

IV

Hablando con estricta propiedad, fue el jurista boloñés Andrea Alcia-to quien acertó a llevar a cabo la perfecta correlación de las imágenes parlantes de la poesía con las imágenes mudas de la pintura en la invención del *emblema*. Ciertamente no fue Alciato el primero en dar a determinadas imágenes un expreso valor conceptual (tuvo en esto como antecedentes cercanos los *Hieroglyphica* del alejandrino Hora-pollo, impresos por Manucio en 1505, y la *Hipnerotomachia Poliphili* de Francesco Colonna, publicada también por la imprenta aldina en 1499), pero fue él quien supo fundir en un mismo texto icónico-ver-bal un conjunto de ideas estrechamente vinculadas tanto a la tradición clásica de filósofos y moralistas como a su renovación y adaptación cristiana por parte de los humanistas del Renacimiento.

En otro lugar he tratado con cierta extensión lo relativo a la invención de Alciato así como al estatuto semiótico de los *jeroglíficos*, las *empresas* y los *emblemas* [28]; a ese trabajo remito al lector intere-sado, por más que aquí no pueda evitarse un resumen de la cuestión. El jeroglífico —ya sea que se reduzca a una sola figura, ya se trate de una serie concatenada de figuras— prescinde del uso explícito del lenguaje verbal y se dirige a unos destinatarios previamente instruidos en los contenidos sapienciales de que son portadoras aquellas imáge-nes que, al propio tiempo, ocultan su significado a la mirada profana; la empresa consta de un mote o título lacónico y una imagen, y el emblema —tal como lo inventó Alciato y como siguieron componién-dolo sus numerosísimos seguidores a lo largo de más de tres siglos— consta de una imagen (*res picta* o "cuerpo" perceptible, que se vuelve en *res significans* una vez que ha sido correlacionada con los textos indicativos de su intención semántica). Sobre la figura o imagen signifi-cante se inscribe un mote o breve leyenda y al pie de la imagen se co-pia un epigrama; ambos constituyen el "alma" intelectual del *emble-*

[28] Cf. José Pascual Buxó, "El 'resplandor intelec-tual' de las imágenes: jero-glífica y emblemática", en *Juegos de ingenio y agudeza. La pintura em-blemática de la Nueva España*, Museo Nacional de Arte, México, 1994.

Temeritas.
EMBLEMA LV.

ma *triplex*. (*Triplex* en comparación con la empresa, que es *duplex*.) El mote indica de manera lacónica el asunto al que aluden tanto la figura como el epigrama; este último, no sólo describe brevemente la figura grabada o alude al objeto u obra de arte de que ésta procede, sino que extrae una lección moral que debe ser meditada por el destinatario del emblema. Una buena parte de este material gráfico "procede de las imágenes de dioses y héroes que el mundo clásico había ido fijando tanto en obras literarias como en pinturas, estatuas, bajorrelieves y medallas"[29]; los epigramas de Alciato son, en gran parte, traducciones hechas por él mismo de los poemas de la *Antología palatina* de Planude[30]. Como se comprenderá, la relación que se establece entre la imagen icónica y el texto literario no es meramente caprichosa u ocasional, sino absolutamente necesaria y codificada, y lo es de tal manera que la imagen no debe confundirse con una mera ilustración de los conceptos que el texto enuncia, como a veces se ha creído, sino que —junto con él— contribuye al logro del principal propósito del emblema: despertar el recuerdo de ciertas ideas que sirvan de pasto a la meditación del lector. El mote y el epigrama, centran, en efecto, el tema se-

Inuidia.
EMBLEMA LXXI.

[29] Cf. *loc. cit.*

[30] Cf. MARIO PRAZ, *Estudios de emblemática*, trad. de José María Pareño, Siruela, Madrid, 1989.

leccionado y desarrollan una de sus posibles líneas exegéticas; la imagen proporciona al destinatario los estímulos necesarios para que explore y enriquezca otras de las ideas "veladas" —para decirlo con Boccaccio— por la *res significans*, toda vez que este constructo icónico-verbal no es otra cosa que un artificioso dispositivo para que cada uno de sus lectores rebusque en la memoria las implicaciones morales o naturales, filosóficas o religiosas que su erudición o su perspicacia le permitan encontrar, pues tales imágenes provienen invariablemente de un abigarrado mundo de nociones familiares a los conocedores de la cultura clásica.

Se comprenderá, así, que los *Emblemas* (Augsburgo, 1531) de Alciato se constituyan como un texto sincrético de "cosas" y "pa-

labras", es decir, como una explicitación verbal de aquellas figuras que los oradores construían en su mental teatro de la memoria; y de modo semejante a como el orador recorría las imágenes colocadas en los espacios prevenidos de su escenario fantástico para guiarse en la rememoración y pronunciación de su discurso, las "cosas" y las "palabras" en la página impresa de los *Emblemas* ayudan al lector, no sólo a precisar el tema o asunto principal de cada caso, sino a generar otro discurso, expreso o interiorizado, en el cual se abunde sobre las implicaciones conceptuales del emblema y se continúe en el ejercicio de su provechosa reflexión.

El *Emblematum Libellus* de Alciato, orientado tanto al deleite intelectual de los caballeros cortesanos como a la educación de los hijos de príncipes y magnates, es, de hecho, un erudito y multifacético repertorio de virtudes y vicios políticos y morales, verdadero y variado paradigma de cultura humanística, así en lo filosófico como en lo literario. Pero los emblemas que para el renacentista Alciato se constituían como un despliegue erudito y multifacético de tópicos e imágenes estimulantes de la libre reflexión llegarían a convertirse para la cultura barroca en un instrumento de sólida y persuasiva propaganda ideológica. En efecto, los libros de emblemas españoles del siglo XVII adquirirán —especialmente con la *Idea de un Príncipe Político Cristiano representada en cien empresas* (Mónaco, 1640) de Diego Saavedra Fajardo y la *Emblemata regio política* (Madrid, 1653) de Solórzano Pereira— el carácter de un tratado, a la vez orgánico y variopinto, sobre materia política, a modo de compendio e ilustración de las virtudes que han de poseer tanto el príncipe católico como sus súbditos; con la *Idea del Buen Pastor copiada por los Santos Doctores, representada en empresas sacras* (León, 1688) de F. Núñez de Cepeda, quedará fijado también por medio de imágenes significantes el ejemplar canónico del gobernante espiritual y de sus virtudes pastorales. No más empezar la dedicatoria de su obra "Al Príncipe Nuestro Señor", Saavedra Fajardo dejó bien en claro la función de la empresa como eficaz artificio ideológico-didáctico: "Propongo a V. A. la *Idea de un Príncipe Político Cristiano*, representada con el buril y con la pluma, para que por los ojos y por los oídos (instrumentos del saber) quede más informado el ánimo de V. A. en la ciencia de reinar, *y sirvan las figuras de memoria artificiosa*". Y en la dedicatoria "Al lector" justifica que una tarea tan grave como la educación del príncipe haya sido llevada a cabo por medio de empresas, puesto que bien podría decirse que el inventor de este género fue Dios mismo, porque ¿qué son la sierpe de metal, la zarza encendida, el león de Sansón, las vestiduras del sacerdote, etcétera, sino Empresas? Saavedra Fajardo asume que el lector —y singularmente el Príncipe— habrá de contemplar en la página impresa sólo la figura con su mote correspondiente, aunque de hecho sus empresas afectan la estructura triple propia del emblema, toda vez que contienen una "declaración" en prosa que funciona simultáneamente como texto suscrito a la imagen y como exégesis o comentario que sustituye —o, por mejor decir, incita— al proceso discursivo que el destinatario deberá realizar por su cuenta, esto es, la meditación interiorizada o explícita de las lecciones imbuidas en la *res significans*. En la segunda de las empresas de su

EMPRESA II·

Idea de un Príncipe Político Cristiano, "Ad Omnia" —cuya figura representa un gran lienzo en blanco desplegado frente a la mano del pintor que sostiene paleta y pinceles—, encarece Saavedra Fajardo el valor de la pintura y, en general, del arte, pues aunque ésta no sea capaz "de dar alma a los cuerpos" sí puede concederle, en cambio, "la gracia, los movimientos y aún los afectos del alma", idea que ya había sido propugnada por Lomazzo cien años antes. En la declaración de esta imagen, descubre el autor la analogía entre la tela en blanco que espera ser llenada por "el poder del arte" con "las tablas rasas del entendimiento, la memoria y la fantasía" del hombre, donde la "doctrina" ha de "pintar las imágenes de las artes y las ciencias" y la educación ha de "escribir sus documentos".

Con todo, no sólo se echará mano del buril y de la pluma en ocasión didáctica tan importante como es la educación de los príncipes y la implícita admonición a sus súbditos; también en las grandes ceremonias cortesanas los emblemas y las empresas serán puestos a contribución para el halago del nuevo gobernante, no menos que para la escenográfica confirmación de los fundamentos políticos del poder civil o eclesiástico, o en la espectacular lamentación por la muerte de un monarca o un dignatario de la Iglesia. En efecto, tanto en la erección de los arcos triunfales para dar "entrada" a un nuevo mandatario como en las piras funerarias para lamentar su desaparición terrena, el sistema emblemático es recurso esencial. Como si se tratara del simulacro de un teatro de la memoria, los edificios efímeros de arcos y piras se construyen de modo que sus diversos espacios (muros, basas, intercolumnios, etcétera) puedan albergar pinturas y versos que no son otra cosa sino empresas o emblemas en los que se representan y explicitan, respectivamente, las virtudes, reconocidas o deseadas, del nuevo gobernante.

En 1680, Sor Juana Inés de la Cruz fue invitada por el Cabildo catedralicio a diseñar o idear el programa emblemático de un arco triunfal para la llegada a México del nuevo virrey don Tomás Antonio de la Cerda, marqués de la Laguna; el resultado fue el *Neptuno Alegórico, océano de colores, simulacro político*, impreso en México en 1680 y reimpreso nueve años más tarde en la *Inundación Castálida* (Madrid, 1689)[31]. Detengámonos un poco a examinar las ideas de Sor Juana sobre la naturaleza y función de los "jeroglíficos" o, por decirlo más claramente, de las imágenes significantes de conceptos. "Costumbre fue de la antigüedad —comenzaba diciéndole a Su Excelencia— , y muy especialmente de los egipcios, adorar a sus deidades debajo de diferentes jeroglíficos y formas varias", pero no porque pensasen realmente que

> la Deidad, siendo infinita, pudiera estrecharse a la figura y término de cuantidad limitada; sino porque, como eran cosas que carecían de toda forma visible, y por consiguiente, imposibles de mostrarse a los ojos de los hombres (los cuales, por la mayor parte, sólo tienen por empleo de la voluntad el que es objeto de los ojos), fue necesario buscarles jeroglíficos, que por similitud, ya que no por perfecta imagen, las representasen.

Por eso, concluye, siendo las proezas y hazañas de Su Excelencia tan grandes que el entendimiento no es capaz de comprenderlas ni la voz de expresarlas, no habrá sido fuera de razón buscar "ideas y jeroglíficos que simbólicamente las representen". Prescindamos del halago cortesano (las "proezas" del nuevo virrey son poco menos que divinas) y atendamos a los aspectos teóricos que subsume el discurso panegírico.

A pesar de la boga en que todavía andaban los libros "egipcianos" de Horapollo y Queremón, farragosamente actualizados por Pierio Valeriano —a cuya *Hieroglyphica* alude Sor Juana—, la doctrina sobre las imágenes a que ella se atiene no es propiamente hermética —la cual atribuía a ciertos animales o vegetales y, claro está, a sus correspondientes imágenes un significado óntico de carácter sobrenatural—, sino canónicamente cristiana. De conformidad con Santo Tomás de Aquino, Sor Juana establece una neta distinción entre "semejanzas" e "imagen" que aquí conviene deslindar. En su *Tratado de la Santísima Trinidad*, Santo Tomás distingue ambas nociones: el concepto de imagen —dice— entra en el de semejanza; sin embargo,

[31] Sigo el texto de SOR JUANA por la ed. de Alberto G. Salceda, *Obras completas*, t. 4: *Comedias, sainetes y prosa*, F.C.E., México, 1957.

no basta cualquier semejanza para obtener el concepto de imagen, y ello es así porque "para que algo sea verdaderamente imagen requiere que proceda de otro como semejante a él en especie o, por lo menos, en algún signo de la especie"; de modo, pues, que "imagen es lo que propiamente procede a semejanza de otro y, en cambio, aquello a cuya semejanza procede algo con propiedad se llama modelo e impropiamente imagen"[32]. Trasladando estos conceptos del campo teológico de las personas divinas al puramente humano, para Sor Juana los "jeroglíficos" o figuras que hacen posible la representación icónica de la nobleza y virtudes del virrey ni siquiera puede decirse que sean "perfecta imagen" del modelo, pues no proceden propiamente de él, sino meras "similitudes" o símbolos suyos; esto es, signos analógicos de un sujeto que —fundándolo tanto en razones semióticas como cortesanas— es imposible copiar. ¿Cómo debía proceder Sor Juana para hallar esos símbolos que "representasen alguna de las innumerables prerrogativas que resplandecen" en el nuevo gobernante? Nos lo dice en la "Razón de la fábrica alegórica, y aplicación de la fábula": siguiendo el "método tan aprobado de elegir idea en qué delinear las proezas del héroe que se celebra" y tomando de las "sombras de lo fingido" —*id est*, las ficciones del mito— el ejemplo o modelo imperfecto de lo que había de representarse. Y este modo alegórico de dar noticia de lo cierto a través de simulacros —justifica Sor Juana— no fue ajeno ni a las divinas letras ni a los mitos fabulosos; en las primeras porque es común que hallen apoyo en "el uso de metáforas y apólogos", y en los segundos porque, como lo pensaba Boccaccio, "las fábulas tienen su fundamento en sucesos verdaderos", de suerte que procediendo por medio de figuras, o quizá sea mejor decir prefiguraciones, pueda hallarse algún vislumbre de la verdad.

Ajustándose, pues, a ese "método tan aprobado" de buscar entre los dioses y héroes que celebra la antigüedad en sus fábulas alguno que pudiera considerarse como "dibujo" o bosquejo del más perfecto héroe moderno, Sor Juana eligió a Neptuno porque en él —dice con hipérbole, aunque desaforada, retóricamente justificable— "quiso la erudita antigüedad hacer un dibujo de Su Excelencia tan verdadero *como lo dirán las concordancias de sus hazañas*"[33]. He ahí el *quid* de la cuestión. Lo que importa destacar no es propiamente la comunidad del modelo remoto con el presente, sino sólo la concordancia o analogía entre la imagen del primero con un modelo actual y superior que, sin embargo, no es posible representar al vivo, pues su misma naturaleza o —en este caso ceñido a la etiqueta áulica— la extrema perfección a él atribuida, excede toda posibilidad de *mimesis* directa.

[32] SANTO TOMÁS DE AQUINO, *Suma teológica*, t. 2: *Tratado de la Santísima Trinidad*, *BAC*, Madrid, 1948,

[33] Las cursivas son nuestras.

A este recurso resueltamente utilizado por el arte barroco llamaba Baltasar Gracián en su *Agudeza y arte de ingenio* (Huesca, 1648) "conceptear con sutileza", y este "modo de concepto —añadía— se llama proporcional, porque en él se atiende *a la correspondencia que hacen los extremos cognoscibles entre sí*"[34]. Así, pues, el *Neptuno Alegórico*, como todo ese género pictórico-literario de los arcos triunfales, se constituye como un monumental libro de emblemas en el cual, por medio de los "colores" de la pintura, se da paso a las "ideas" o imágenes que —bajo la cubierta de las hazañas de un dios fabuloso— representan los ideales políticos del príncipe católico: sabio, prudente, justiciero y generoso. Con todo, este diseño tan aparentemente simple se complica y prolifera de modo extraordinario: no bastan las sutilezas del ingenio para saber hallar esas "simetrías intelectuales entre dos términos del pensamiento", es decir, las correspondencias analógicas entre el rey de las aguas y el marqués de la Laguna; es necesario, además, poner a contribución todos los caudales de la erudición cuya "universal noticia de dichos y hechos" —para volver a decirlo con Gracián— sirve para "ilustrar con ellos la materia que se declara". Las fuentes de tales noticias son múltiples, van de las historias sagradas y humanas a las sentencias de los sabios, "sacados de la filosofía moral y de la poesía". Para la estética culterana, "sin erudición no tienen gusto ni substancia los discursos, ni las conversaciones, ni los libros", pero hay que saberla extraer con oportunidad y variedad del abundante magacén de la memoria y aplicarla con sutileza.

Dentro de este vasto repertorio de citas y referencias eruditas, los emblemas y jeroglíficos eran —para el mismo Gracián— el más preciado adorno, comparable con "la pedrería preciosa" montada sobre el "fino oro del discurrir"; y, en efecto, en los tableros de ese arco del triunfo erigido frente a una de las puertas de la Iglesia Metropolitana de México se colocaron los lienzos en que se representaban "las empresas y virtudes del dios Neptuno", cuyas "inscripciones" o versos —comenta Sor Juana— se llevaban la "atención de los entendidos", en tanto que las coloridas efigies suspendían "los ojos de los vulgares", con notable distinción entre aquellos que "sólo tienen por empleo de su voluntad el que es objeto de los ojos", por decir los ignorantes, y los cultos y discretos que prefieren los conceptos que forma el entendimiento a través de las palabras. Así, por poner un solo ejemplo, una vez establecida

> la grande similitud y conexión que hay entre nuestro Excelentísimo Príncipe y el Padre y Monarca de las Aguas, Neptuno [...] se copió [...]

[34] Cito por BALTASAR GRACIÁN, *Obras completas*, ed., est. y notas de Arturo del Hoyo, Aguilar, Madrid, 1960, pp. 247 *ss.*

> en el principal tablero [...] la sagrada [imagen] de Neptuno, acompañado de la hermosa Anfitrite, su esposa y de otros muchos dioses marinos, como lo describe Cartario...

pero dándoles a los cónyuges míticos las fisonomías del virrey y de su esposa, las cuales excedían —por supuesto— a los hermosos rostros de los antiguos dioses, así como también los superaban en virtudes; todo ello —aclara, prudente, la autora— dicho "con los debidos respetos y merecidos aplausos". Y para confirmación de la estructura emblemática de los "argumentos" del arco, se puso sobre la pintura el mote *Munere triplex* y debajo de ella, en un tarjón, "se escribió de bien cortadas y airosas letras este soneto", que declara precisamente la correspondencia analógica entre las deidades que rinden pleitesía a Neptuno y los mexicanos que se postran ante su nuevo mandatario, así como entre el tridente —atributo del dios marino— y el bastón de mando del marqués de la Laguna, analogía previamente insinuada por el mote respecto al triple oficio o poder del virrey, civil, judicial y militar:

> Como en la regia playa cristalina
> al Gran Señor del húmedo Tridente,
> acompaña leal, sirve obediente
> a cerúlea deidad pompa marina;
>   no de otra suerte, al Cerda heroico inclina,
> de almejas coronada, la alta frente
> la laguna imperial del Occidente
> y al dulce yugo la cerviz destina.
>   Tres partes del Tridente significa
> dulce, amarga y salada en sus cristales
> y tantas al Bastón dan conveniencia:
>   porque lo dulce a lo civil se aplica,
> lo amargo a ejecuciones criminales
> y lo salado a militar prudencia.

El *Primero Sueño* —"ese papelillo que llaman *El Sueño*"— fue sin duda, como decía la misma Sor Juana, la única obra que escribió, no de encargo, sino a su propia contemplación. No es como el *Neptuno*, un súbito y brillante ejercicio de imaginación alegórica aplicado a una circunstancia política, sino un texto largamente meditado en el cual Sor Juana se propuso explorar los confines del conocimiento humano y, claro está, de su propio poder intelectual. Pero a pesar del carácter intimista del *Sueño*, así como de su ambicioso proyecto filosófico, comparte con el *Neptuno* y con tantas otras loas y romances suyos el mismo principio compositivo de la literatura emblemática.

Aún siguiendo el esquema narrativo del sueño de anabasis, esto es, de un itinerario estático por el interior del cosmos y del microcosmos, las imágenes contempladas por la mente humana durante el discurso nocturno de su entendimiento no se fundan en las evanescentes y engañosas imágenes de un sueño verdaderamente experimentado —como sostuvieron algunos críticos de nuestro siglo—, sino en el nítido y vasto mundo imaginario de la erudición clásica, desplegado espectacularmente, como requería la fastuosa estética del Barroco culterano. Y, en efecto —como todos recordamos—, el poema se abre con la avasallante imagen de la noche: la sombra "piramidal" y "funesta" que proyecta el espeso cuerpo de la tierra sobre la luna y pretende opacar las más remotas estrellas:

> Piramidal, funesta, de la tierra
> nacida sombra, al Cielo encaminaba
> de vanos obeliscos punta altiva,
> escalar pretendiendo las Estrellas...
>
>   (vs. 1-4).

EMPRESA

Tal como creo haber demostrado en un trabajo precedente[35], esa imagen de la noche invasora tiene su modelo emblemático en dos empresas de Saavedra Fajardo la número 13, cuyo mote es "Censurae Patent" y en cuyo "cuerpo" se representa la esfera terrestre que proyecta su sombra piramidal sobre el cielo nocturno y arriba hasta el cóncavo de la luna, sin poder pasar más adelante; y la empresa 12 ("Excaet Candor") en la que se representa de nuevo el globo terráqueo, en uno de cuyos hemisferios, el que se opone a la luz del sol y envía su negrura al firmamento, revolotean aquellas mismas aves (lechuzas y murciélagos) que Sor Juana hizo aparecer en el pasaje inaugural de su *Sueño*:

> y en la quietud contenta
> de imperio silencioso,
> sumisa sólo voces consentía
> de las nocturnas aves,
> tan obscuras, tan graves,
> que aun el silencio no se interrumpía...
>
>   (vs. 19-24)

[35] Cf. JOSÉ PASCUAL BUXÓ, "El *Sueño* de Sor Juana: alegoría y modelo del mundo".

Y es a partir de ese modelo erudito y emblemático de donde deberán partir —a mi juicio— todos los intentos de interpretación congruente del magno poema de Sor Juana, tarea a la que estas páginas pretenden servir de prefacio y fundamento.

FIEL COPIA

REQUIESCAT IN PACE.
AMEN

VIII

LOS AUTOS DE SOR JUANA: TRES LUGARES TEOLÓ GICOS

MAURICIO BEUCHOT

LOS AUTOS DE SOR JUANA: TRES LUGARES TEOLÓ GICOS

Introducción

L A filosofía y la teología ocuparon desde muy pronto un lugar relevante en la vida de la Nueva España. Ya el primer siglo de la Colonia, el siglo XVI, tuvo expositores notables, tanto en los conventos y colegios de los religiosos como en la universidad. Fray Alonso de la Veracruz, Fray Tomás de Mercado, el Padre Antonio Rubio, entre otros, fueron representantes destacados de la escolástica. Era una escolástica, la de ese siglo, influida por el humanismo renacentista. Y aunque en el siglo XVII la corriente de fondo siguió siendo la escolástica, se trataba ya de una escolástica en contacto con la filosofía hermética y con la naciente filosofía moderna. Para este siglo se puede hablar de una escolástica barroca a veces culterana y a veces conceptista, tanto en filosofía como en teología. El Padre jesuita Diego Marín de Alcázar es un buen ejemplo de escolástica culterana y rebuscada, mientras que Fray Diego de Basalenque puede servir como ejemplo de escolástica conceptista y mesurada[1]. Ya a principios del siglo se siente un nacionalismo criollo en la filosofía y en la

[1] Así como en el Barroco literario se habla de culte-

ranismo y conceptismo, así he aplicado estas denominaciones a la filosofía, de modo que la culterana abulta el discurso y la conceptista lo lleva a límites precisos.

[2] Respecto a esta influencia de Calderón sobre Sor Juana, cf. PEDRO HENRÍQUEZ UREÑA, "Sor Juana Inés de la Cruz", en *Estudios mexicanos*, F.C.E.-SEP, México, 1984, p. 57: "Ante todo [la obra de Sor Juana consiste en] dos comedias, y esto es importante: una monja que escribe «comedias de capa y espada». En realidad escribió una sola, *Los empeños de una casa*. El título nos indica que estamos en el reinado de Calderón, quien tiene una comedia de título parecido, *Los empeños de un acaso*. La otra comedia, *Amor es más laberinto*,

teología de algunos novohispanos; por ejemplo, en el agustino Fray Juan Zapata y Sandoval (tío del famoso poeta Sandoval y Zapata). Destaca la figura de Carlos de Sigüenza y Góngora en quien, además de la presencia del hermetismo kircheriano, se percibe la de la modernidad cartesiana. Sigüenza, gran amigo de Sor Juana, es un preclaro modelo para ella en estas corrientes, que parecen confluir en su obra.

Sor Juana Inés de la Cruz manifestó un notable conocimiento de la escolástica, tanto en filosofía como en teología. Estos conocimientos, al ser transportados a su poesía, adquieren un ropaje literario con el que no sólo conservan su condición de ideas filosóficas y teológicas, sino que adquieren una fuerza especial que los potencia aún más para lograr llegar al ánimo del público. Singularmente filosófico-teológicos son sus autos sacramentales. En ellos Sor Juana recoge ese tipo de ideas y con amor las engasta en los ornamentos barrocos de su poesía dramática. Ejemplo de estas producciones son sus autos sacramentales *El divino Narciso* y *El Mártir del Sacramento, San Hermenegildo*, así como *El cetro de José*, auto histórico sobre José, hijo de Isaac. Las tres son piezas muy complejas; en las dos primeras se aborda uno de los principales misterios del cristianismo, y en la otra aparece un interesante antecedente de Cristo.

Apreciamos en Sor Juana la habilidad para servirse de la mitología, la historia y la Sagrada Escritura (respectivamente en cada uno de los autos señalados), con el fin de comunicar las ideas filosóficas y teológicas del cristianismo. Precisamente era ése el cometido de los autos sacramentales, algo que también se aprecia en Calderón de la Barca, el gran maestro, a quien Sor Juana sigue de cerca[2]. Sólo que en Calderón encontramos una utilización mayor de vidas de santos, o de personajes creados por él mismo, que de aquellos surgidos de la mitología. Da la impresión de que Calderón es más conceptista y Sor Juana más culterana en este aspecto; en todo caso, él es más parco en esa búsqueda de recursos expresivos y comunicativos del dogma, y Sor Juana parece explorar con mayor libertad otros *lugares teológicos*, o fuentes de donde se podría echar mano para presentar los misterios revelados.

No deja de aproximarse esta idea de los *lugares teológicos*, que fue la preocupación principal del dominico Melchor Cano (1509-1560), a la concepción dialéctica y hasta retórica de los lugares o tópicos. De hecho, la obra de Cano se intitula *De locis theologicis* (Salamanca, 1563), es decir, de los lugares teológicos o, con el otro nombre, de los tópicos teológicos. Tópico se entiende aquí como lugar común, y esto no en el sentido peyorativo de algo trillado puesto que es aceptado por todos, sino que tiene el sentido de lugar o apoyo en el que puede fundamentarse la construcción teológica, o, como en este caso, la edificación de su vehículo comunicativo. Es la concepción humanista y después barroca de la retórica y la poética como actuantes en la teología. Los lugares teológicos eran, por supuesto, la Sagrada Escritura, la tradición de la Iglesia, los concilios, los papas, los santos padres, los teólogos y aun los filósofos y los historiadores. Es decir, también se daba cabida a los filósofos.

La filosofía tenía, obviamente, una acción más reducida, sólo como ayuda ancilar que aportaba el método y muchas de las nociones que servirían en las argumentaciones. Junto con la filosofía, y a veces en ella misma dado que era el saber humano, se ponía lo que ahora llamamos la literatura, o sea, la poesía y la mitología. Éstas eran vistas con más recelo por los teólogos, pero se las destinaba a la labor retórica de transmisión del mensaje cristiano. Los oradores sagrados, sobre todo en el Barroco, daban lugar a la utilización de la poesía y la mitología, llegando inclusive a algunos excesos en su uso. Se veía como parte de la comunicación del misterio cristiano o del *kerigma*, dentro de lo que podría llamarse ya teología kerigmática.

A esta teología kerigmática —pues no otra cosa era la oratoria sagrada, y aun la poética "sacra"— parece haber contribuido Sor Juana con su brillante exposición de los misterios al pueblo, a través de sus autos sacramentales. Éstas son piezas teatrales que transmiten y facilitan la comprensión de ciertos dogmas cristianos a la gente que los veía representar, y a la que había que entregar esos contenidos teológicos digeridos y bien dispuestos, no sólo hechos comprensibles para la mentalidad de los espectadores, sino con los adornos que los hicieran conmovedores y amables. Tenían que afectar emocionalmente a los asistentes y no sólo llegar a su intelecto. Era una labor muy parecida a la que hacían los predicadores u oradores sagrados, que, como decía uno de los mayores entre ellos, Fray Luis de Granada, tenían no sólo que hacerse entender por sus oyentes, sino mover sus corazones al verdadero arrepentimiento, al odio del pecado y al amor de la virtud[3].

En este sentido, Sor Juana fue muy atenta al público que iba a ver sus obras teatrales, los espectadores a los que destinaba su producción. Cosa muy difícil, si se toma en cuenta la disparidad de extracción social, de nivel cultural, etc., y la necesidad de agradar a unos y a otros. Nuestra monja jerónima tuvo que hacer un alarde de inteligencia y de habilidad dramatúrgica para que esas piezas llegaran a la mente y al corazón de sus destinatarios. Era como fabricarse un auditorio ideal (en el sentido de Chaïm Perelman), que en promedio entendiera y gustara sus obras. Lo veremos en cada uno de esos tres autos sacramentales.

es la elaboración de un tema mitológico, aunque los personajes se vistan con capa y espada, pero esta obra no es toda de Sor Juana, pues el segundo acto que tenemos es de otro ingenio, muy inferior a ella: el bachiller Juan de Guevara. Tenemos además tres autos sacramentales: *El divino Narciso, San Hermenegildo* y *El cetro de José*: los autos sacramentales, cuyo principal cultivador fue Calderón, nos recuerdan también su proximidad".

[3] "Mas, como naturalmente suceda que nada hay sublime y grande en las cosas que dexe de ser arduo y dificultoso; es ciertamente tan difícil este sagrado oficio, si se exercita útil y rectamente, quanto tiene de digno y provechoso. Porque siendo el principal oficio del Predicador, no sólo sustentar á los buenos con el pábulo de la doctrina,

sino apartar á los malos de sus pecados y vicios; y no sólo estimular á los que ya corren, sino animar á correr á los perezosos y dormidos; y finalmente no sólo conservar á los vivos con el ministerio de la doctrina en la vida de la gracia, sino también resucitar con el mismo ministerio á los muertos en el pecado; ¿qué cosa puede haber más ardua que este cuidado y esta empresa?" (LUIS DE GRANADA, *Los seis libros de la rhetórica*, por don Plácido Barco López, Madrid, 1793, p. 17).

[4] Son todas las consideraciones que tiene para con la Naturaleza Humana y el alto lugar de dignidad que le concede.

SOR JUANA Y LA EUCARISTÍA: *EL DIVINO NARCISO*

En *El divino Narciso*, Sor Juana toca el misterio de la encarnación del Hijo de Dios. Jesucristo es el divino Narciso, porque, así como el Narciso mitológico se enamoró de su ser (más bien en la dimensión de la existencia), el nuevo Narciso, a saber, el Hijo de Dios, se enamora de su ser en la dimensión de la esencia o naturaleza. Esto es, ama el tener naturaleza humana. En efecto, él tiene dos naturalezas, la divina y la humana, en un mismo supuesto existencial que es el individuo Jesucristo. Por ello, a diferencia del Narciso mitológico, que se enamora de su propia individualidad o de su misma existencia y de su yo, el Hijo de Dios es el divino Narciso que se enamora de una de sus dos esencias, la naturaleza humana, que es la que viene a tomar en la historia además de su naturaleza divina, la cual ya tenía y conocía desde la eternidad. Así, uno de los personajes representa a la Naturaleza Humana, y hay otro personaje que encarna a Eco, la ninfa enamorada de Narciso, y que en la pieza teatral de Sor Juana es la naturaleza diabólica, esto es, la de los ángeles caídos. En su soberbia, Eco quiere con amor de concupiscencia al divino Narciso y envidia a la Naturaleza Humana el amor que éste le tiene; a toda costa, Eco está decidida a evitar que Cristo ame a Naturaleza Humana.

Gran parte del auto sacramental tiene como objetivo mostrar cómo la ninfa Eco, que coincide con la naturaleza diabólica, se empeña en impedir que el galán Narciso ame a alguien que no sea ella, y, sobre todo, que ame a la Naturaleza Humana. El divino Narciso podía sucumbir ante los encantos de Eco, pero se encuentra a la Naturaleza Humana y queda prendado de ella, mientras que la ninfa se transforma, como sabemos por la mitología, en un árbol. El divino Narciso se enamora, pues, de la Naturaleza Humana, y se entrega a ella, que es como Sor Juana quiere resaltar el amor de Cristo hacia el ser humano, por cuya salvación y redención entrega su vida. Al mostrar las finezas[4] con las que el divino Narciso se entrega al amor de la Naturaleza Humana, Sor Juana tiene una intención didáctica, catequética o kerigmática: resaltar con sus mejores tintas el amor de Cristo por el hombre. Mueve al pensamiento de que Cristo tenía la naturaleza divina, y podía haberse cerrado en su carácter de Dios, y no haberse preocupado de la Naturaleza Humana caída, la cual, a diferencia de la diabólica, sí tenía salvación.

Al presentar las cosas de esta manera, Sor Juana manifiesta un notable conocimiento de la filosofía y la teología en su versión escolástica. Se ha comentado su conocimiento de la filosofía moderna de su tiempo, sobre todo de René Descartes[5]. Pero también me parece muy notable su conocimiento de la filosofía (y la teología) escolástica. Voy a dedicarme a subrayar este conocimiento y resaltaré algunos de los trozos como muestra en esta pieza dramática.

Ya en la loa que hace para el auto sacramental del *Divino Narciso*, Sor Juana habla de la conversión de América a la religión cristiana y llega a admitir que primero fue preciso vencerla por la guerra para mejor llevar a cabo la evangelización. Después de que el personaje que representa al Celo menciona la victoria de las armas españolas, y quiere matar a América, se queja de que la Religión le impida hacerlo, y, al preguntarle por qué la deja viva, la Religión responde:

> Sí, porque haberla vencido
> le tocó a tu valentía,
> pero a mi piedad le toca
> el conservarle la vida:
> porque vencerla por fuerza
> te tocó; mas el rendirla
> con razón, me toca a mí,
> con suavidad persuasiva (vs. 210-217)[6].

No admite, pues, Sor Juana la evangelización por la fuerza, sino por la persuasión mediante el razonamiento. Pero acepta que primero tuvo que ser vencida, para España, y luego para la fe cristiana. Con ello vemos a Sor Juana participar en el arduo debate de los juristas, filósofos y teólogos acerca de la conquista y la evangelización, o por lo menos se le ve recoger algunas opiniones de éstos, y a través de sus compactos versos dejar caer su opinión en el ánimo de la gente.

En la propuesta de evangelización que Sor Juana plasma en el parlamento de sus personajes, se nota el aprovechamiento de las deidades indígenas para llegar, a partir de ellas, al Dios cristiano. Todos los efectos que los indios atribuían a muchos de sus dioses son operaciones que ella remite al único Dios. Expone algunos de los predicados o atributos divinos, tan difíciles de entender para los indios, como su inmaterialidad o espiritualidad, su inmensidad, etcétera; pero, al ver el grado de su dificultad, decide poner en boca de Religión estos versos:

> Pues vamos. Que en una idea
> metafórica, vestida
> de retóricos colores,
> representable a tu vista,

[5] Cf. FRANCISCO LÓPEZ CÁMARA, "El cartesianismo en sor Juana y en Sigüenza y Góngora", *Filosofía y Letras*, México, 1950, núm. 39, 107-131; RAFAEL MORENO, "La filosofía moderna en la Nueva España", en *Estudios de historia de la filosofía en México*, 2ª ed., UNAM, México, 1973, pp. 121-167; y BERNABÉ NAVARRO, "La presencia de Descartes", en *Cultura mexicana moderna en el siglo xviii*, 2ª ed., UNAM, México, 1983, p. 94.

[6] Se citará por SOR JUANA INÉS DE LA CRUZ, *Obras completas*, ed. de Alfonso Méndez Plancarte, F.C.E., México, 1955, t. 3. Se pondrá entre paréntesis, en el texto, el número de los versos.

> te la mostraré; que ya
> conozco que tú te inclinas
> a objetos visibles, más
> que a lo que la Fe te avisa
> por el oído; y así,
> es preciso que te sirvas
> de los ojos, para que
> por ellos la Fe recibas (vs. 401-412).

Sor Juana se da cuenta del poder de las imágenes visuales, esto que bellamente llama "idea metafórica, vestida de retóricos colores"; y ella misma dice que "alegoriza" un auto sacramental. También se refiere, muy segura de sí misma, a que ese auto puede representarse tanto en México como en Madrid; y hace gala de su conocimiento de la gnoseología escolástica, al decir también en boca de Religión:

> Como aquesto sólo mira
> a celebrar el Misterio,
> y aquestas introducidas
> personas no son más que
> unos abstractos, que pintan
> lo que se intenta decir,
> no habrá cosa que desdiga,
> aunque las lleve a Madrid:
> que a especies intelectivas
> ni habrá distancias que estorben
> ni mares que les impidan (vs. 462-472).

Es decir, las especies intelectivas, o los conceptos, al ser inmateriales, trascienden el espacio y el tiempo, y por eso no las dañará el que tengan que ir hasta la metrópoli, y nada podrá evitar que representen lo que representan como signos formales, los más perfectos que existen[7].

Ya metidos en el auto sacramental del *Divino Narciso*, la Naturaleza Humana, de la que surgen la Gentilidad y la Sinagoga, dice que, por ser madre de una y otra, "a entrambas es bien que toque / por ley natural oírme" (vs. 25-26). Ella misma nos deja conocer la erudición escolástica de Sor Juana al mencionar que la Sinagoga, a través de los profetas, veneraba a Dios y llegará a darse cuenta de que Cristo es su Hijo, dejando ya de discutir en sus "oposiciones", que eran los alegatos de los maestros en las escuelas.

Además del conocimiento revelado que tuvieron los indios a través de la predicación de los misioneros, Sor Juana acepta el conocimiento natural que algunos gentiles alcanzaron de ciertos misterios

[7] Cf. JUAN DE SANTO TOMÁS, *Ars logica. Secunda Pars: Super Libros Peri hermeneias* (1634), ed. de B. Reiser, Marietti, Taurini, 1930, p. 693b. En castellano, *De los signos y los conceptos*, trad. de M. Beuchot, UNAM, México, 1989, p. 117.

del cristianismo, como *semina Verbi* o semillas del Verbo de Dios, que es su sabiduría. Dice Naturaleza Humana:

> pues muchas veces conformes
> Divinas y Humanas Letras,
> dan a entender que Dios pone
> aun en las Plumas Gentiles
> unos visos en que asomen
> los altos Misterios Suyos (vs. 125-130).

En todos está de alguna manera el Espíritu Santo, quien inspira a los gentiles ciertos vislumbres de la fe cristiana; ésta es una idea que viene de los Santos Padres. Para Clemente de Alejandría, el Espíritu Santo había inspirado a los mismos filósofos paganos como Platón y Aristóteles la verdad que habían proclamado. A ello añade Sor Juana —palabras de Gentilidad— un rasgo del hilemorfismo aristotélico-escolástico, como es la información de la materia o cuerpo por el alma:

> Yo, aunque no te entiendo bien,
> pues es lo que me propones,
> que sólo te dé materia
> para que tú allá la informes
> de otra alma, de otro sentido
> que mis ojos no conocen,
> te daré de humanas letras
> los poéticos primores
> de la historia de Narciso (vs. 140-148).

En boca de la ninfa Eco, que también es la naturaleza demoníaca —y que no soporta la envidia y los celos por el amor que el divino Narciso tenía a los seres humanos—, se menciona la ciencia infusa, que según la teología escolástica es la que no puede adquirir la creatura con su esfuerzo, sino que le ha de ser otorgada por Dios. Es la que tenían los ángeles, tanto los buenos como los malos (o demonios); pero marca con tintas muy fuertes la desgracia que es la soberbia (característica de esa ninfa y de esa naturaleza diabólica). Eco proclama:

> Pues yo os diré lo que infiero,
> que como mi infusa ciencia
> se distingue de mi Propio
> Amor, y de mi Soberbia,
> no es mucho que no la alcancen,

> y es natural que la teman.
> Y así, Amor Propio, que en mí
> tan inseparable reinas,
> que haces que de mí me olvide,
> por hacer que a mí me quiera
> (porque el Amor Propio
> es de tal manera,
> que insensato olvida
> lo mismo que acuerda);
> Principio de mis afectos,
> pues eres en quien empiezan
> y tú eres en quien acaban,
> pues acaban en Soberbia
> (porque cuando el Amor Propio
> de lo que es razón se aleja,
> en Soberbia se remata,
> que es el afecto que engendra,
> que es aquel que todas
> las cosas intenta
> sólo dirigidas
> a su conveniencia),
> escuchadme... (vs. 295-321).

Sor Juana alude aquí a la paradoja de la soberbia, que en realidad impide al individuo amarse a sí mismo, pues lo aparta del sano y verdadero amor propio, que exige el amor a los demás para ser completo. Esto es lo que ahora enseña el divino Narciso, el nuevo Narciso, que por amarse a sí mismo amó al género humano al que pertenecía. Después de un largo poema que entona la Naturaleza Humana a Narciso, y que tiene numerosas resonancias del bíblico *Cantar de los Cantares*, Sor Juana vuelve a hablar de las especies cognoscitivas o conceptos —según la escolástica—, ya que la Naturaleza Humana le dice a la Gracia que tiene de ella las especies tan borradas que no puede reconocerla. Y ella le responde que puede pedirla a Dios, en cuanto que le es imposible alcanzarla con el propio esfuerzo:

> No está en tu mano, aunque está
> el disponerte a alcanzarla
> en tu diligencia; porque
> no bastan fuerzas humanas
> a merecerla, aunque pueden
> con lágrimas impetrarla,
> como don gracioso que es,
> y no es justicia, la Gracia (vs. 1105-1112).

Ésta es una doctrina muy importante en la teología escolástica, la del auxilio de Dios y la respuesta que viene por parte del hombre. Originó muchas discusiones entre dominicos y jesuitas sobre todo en la segunda mitad del siglo XVI y la primera del XVII. Sor Juana recoge de manera muy sencilla la enseñanza de la Iglesia y evita entrar en complicaciones, dado que se dirige a personas no avezadas en esas discusiones. Al punto, la Gracia insta a la Naturaleza Humana a que se refleje en las aguas, ya que Cristo, el divino Narciso, podrá reconocerse en ella, como especie o género a que pertenece:

> Procura tú que tu rostro
> se represente en las aguas,
> porque llegando Él a verlas
> mire en ti Su semejanza;
> porque de ti Se enamore (vs. 1163-1167).

En efecto, Cristo había tomado la naturaleza humana, además de la divina, que ya tenía; con ello había aceptado la semejanza de hombre y, si —según el mito de Narciso— había de enamorarse de sí mismo al verse en el agua, si viera a la Naturaleza Humana, se enamoraría de ella, reconociéndose como miembro de ese género humano, al que él mismo había elegido pertenecer. Cuando Eco se da cuenta de que Cristo está viéndose en la Naturaleza Humana reflejada en el agua, se queja diciendo:

> Si quiero articular la voz, no puedo
> y a media voz me quedo,
> o con la rabia fiera
> sólo digo la sílaba postrera;
> que pues Letras Sagradas, que me infaman,
> en alguna ocasión muda me llaman
> (porque aunque formalmente
> serlo no puedo, soylo causalmente
> y eficïentemente, haciendo mudo
> a aquel que mi furor ocupar pudo:
> locución metafórica, que ha usado
> como quien dice que es alegre el prado
> porque causa alegría,
> o de una fuente, quiere que se ría),
> y pues también alguna vez Narciso
> enmudecer me hizo,
> porque Su Ser Divino publicaba,
> y mi voz reprendiéndome atajaba,
> no es mucho que también ahora quiera

> que, con el ansia fiera,
> al llegar a mirarlo quede muda.
> Mas, ¡ay!, que la garganta ya se anuda;
> el dolor me enmudece.
> ¿Dónde está mi Soberbia? ¿No parece?
> ¿Cómo mi mal no alienta?
> Y mi Amor Propio, ¿cómo no fomenta,
> o anima mis razones?
> Muda estoy, ¡ay de mí! (vs. 1422-1449).

La aplicación del mito de Narciso por parte de Sor Juana tiene mucho ingenio. Por una parte, maneja una identidad de tipo concreto que es la individual o meramente numérica, y pasa a una identidad específica o universal. Es decir, Narciso se había enamorado de sí mismo en un sentido individual, mientras que Cristo, nuevo Narciso, se enamora de sí mismo en cuanto miembro de la raza humana, esto es, se enamora de la especie humana. Es una utilización peculiar de la doctrina escolástica de la identidad, que no solamente era individual, cuando dos cosas eran indiscernibles, sino que también admitía una identidad bajo cierto concepto o naturaleza, esto es, una identidad universal, ya sea de especie o de género. Así, por ejemplo, Sócrates es idéntico a sí mismo y, si "Sócrates" y "El hijo de Sofronisco" designan lo mismo, tienen significados indiscernibles; pero Sócrates y Platón son idénticos bajo el concepto o la naturaleza universal hombre, es decir, son idénticos en cuanto a la especie humana, son idénticamente hombres o miembros de la raza humana. Tal es el juego de identidades —de distinto tipo lógico— que hace Sor Juana. De paso se ve aquí el conocimiento de la escolástica que ella tiene, cuando hace la distinción, en Eco, de la mudez que no se da en ella formalmente, sino causalmente, es decir, como causa eficiente de la misma en quien la ve. También se aprecia cuando, en un parlamento de Narciso, lo hace decir: "que es poca la materia de una vida / para la forma de tan grande fuego" (vs. 1694-1695); otra vez se centra en las causas, esta vez en la formal y en la material, como aspectos del hilemorfismo aristotélico-escolástico.

En el auto sacramental de Sor Juana, Narciso entrega su vida por la Naturaleza Humana, y al hacerlo usa expresiones del Evangelio, poetizadas por la monja jerónima. Igualmente versifica en español el canto latino-gregoriano de la pena de la Virgen María por la muerte de su hijo: "*Oh, vos omnes, qui transitis per viam, attendite et videte si est dolor sicut dolor meum*". Sor Juana lo pone así en romance pronunciado por Naturaleza Humana:

> ¡Oh vosotros, los que
> vais pasando, atendedme,
> y mirad si hay dolor
> que a mi dolor semeje! (vs. 1883-1886).

Pero Cristo resucita; por eso Narciso, después de muerto, resurge con nuevas galas. El poder y la gloria del resucitado son equiparables con su benignidad y misericordia. Le ofrece la salvación a la misma Eco, quien tiene mucha dificultad en comprender esos misterios. Y, al preguntar a Narciso cómo podrá captarlos, éste le dice:

> Pues para darte más pena,
> porque ha de ser el mayor
> tormento el que tú lo sepas,
> y por manifestación
> de Mi sin igual fineza,
> ¡llega, Gracia, y recopila
> en la metáfora mesma
> que hemos hablado hasta aquí,
> Mi Historia! (vs. 2032-2040).

Ya son varias las veces que Sor Juana alude a su estar hablando en símbolos, en locuciones figuradas, haciendo un discurso figurado que aquí personifica en la metáfora, una grandiosa metáfora, o una magna analogía. Pero lo hará en este momento de manera muy especial, pues la Gracia metaforizará los hechos de este divino Narciso que es el redentor. Así, la Gracia narra en compendio lo que hizo Cristo por el ser humano. Primero se refiere a que el Hijo de Dios tenía un glorioso resplandor en el Cielo, al que renunció para bajar al valle de lágrimas que es el mundo inferior. Y lo dice Gracia con variados énfasis poéticos, cuya belleza nos autoriza a transcribirlos con algún detalle:

> Érase aquella belleza
> del soberano Narciso,
> gozando felicidades
> en la gloria de Sí mismo,
> pues en Sí mismo tenía
> todos los bienes consigo:
> Rey de toda la hermosura,
> de la perfección Archivo,
> Esfera de los milagros,
> y Centro de los prodigios.
> De Sus altas glorias eran
> esos Orbes cristalinos

Coronistas, escribiendo
con las plumas de sus giros.
     Anuncio era de Sus obras
el firmamento lucido,
y el resplandor Lo alababa
de los Astros matutinos:
     Le aclamaba el Fuego en llamas,
el Mar con penachos rizos,
la Tierra en labios de rosas
y el Aire en ecos de silbos.
     Centella de Su Beldad
se ostentaba el Sol lucido,
y de Sus luces los Astros
eran brillantes mendigos.
     Cóncavos espejos eran
de Su resplandor divino,
en bruñidas superficies,
los Once claros Zafiros.
     Dibujo de Su luz eran
con primoroso artificio
el orden de los Planetas,
el concierto de los Signos.
     .....
     Maremagnum Se ostentaba
de perfección, infinito,
de quien todas las bellezas
se derivan como ríos.
     En fin, todo lo insensible,
racional, y sensitivo,
tuvo el ser en Su cuidado
y se perdiera a Su olvido (vs. 2045-2102).

Tal era la situación del Hijo de Dios, gracias a su naturaleza divina. Pero por el hombre renunció a su alta jerarquía de Dios, abandonando la gloria que tenía, y se rebajó y tomó la carne del ser humano, haciéndose como un esclavo, y llegó hasta la muerte ominosa de la cruz en su amor por el hombre. Habiendo estado en lo más alto, se abajó hasta lo más ínfimo, todo por amor al hombre. Aquí Sor Juana está siguiendo a San Pablo, en su Carta a los filipenses (2:5):

Sentid entre vosotros lo mismo que Cristo: El cual, siendo de condición divina, no hizo alarde de ser igual a Dios. Sino que se despojó de sí mismo tomando condición de siervo, haciéndose semejante a los hombres y apareciendo en su parte como hombre; y se humilló a sí mismo, obedeciendo hasta la muerte y muerte de cruz. Por lo cual Dios le exaltó y le otorgó el Nombre, que está sobre todo nombre. Para que al nombre de Jesús toda rodilla se doble en los cielos, en la tierra y en los abismos, y toda lengua confiese que Cristo Jesús es Señor para gloria de Dios Padre.

Ese abajamiento tan total es una de las finezas del amor de Dios por su creatura, que Sor Juana se empeña en resaltar. Esto es lo que canta ahora la Gracia en el relato que hace de la acción salvífica de Jesucristo:

> Éste, pues, hermoso Asombro,
> que entre los prados floridos
> Se regalaba en las rosas,
> Se apacentaba en los lilios,
>   de ver el reflejo hermoso
> de Su esplendor peregrino,
> viendo en el hombre Su imagen,
> Se enamoró de Sí mismo.
>   Su propia similitud
> fue Su amoroso atractivo,
> porque sólo Dios, de Dios
> pudo ser objeto digno.
>   Abalanzóse a gozarla;
> pero cuando Su cariño
> más amoroso buscaba
> el imán apetecido,
>   por impedir envidiosas
> Sus afectos bien nacidos,
> se interpusieron osadas
> las aguas de sus delitos.
>   Y viendo imposible casi
> el logro de Sus designios
> (porque hasta Dios en el Mundo
> no halla amores sin peligro),
>   Se determinó a morir
> en empeño tan preciso,
> para mostrar que es el riesgo
> el examen de lo fino (vs. 2103-2130).

En esto resume Sor Juana las finezas del amor de Cristo por el hombre. Pero no paró en la muerte su amor, sino que se quedó con el ser humano a través de la Eucaristía, por su transubstanciación en el pan y el vino, gracias a la cual puede estar a disposición del hombre siempre y continuamente. Esto ya era un gesto de amor insospechado, algo que el hombre no podría con sus solas luces ni imaginar por parte de Dios, y es lo que ha tenido que aprender por revelación de lo alto. Un profundo e incomprensible misterio de amor, que no puede ser abarcado con la mente, sino sólo cantado con el corazón. Por ello Sor Juana canta al Santísimo Sacramento del altar, a la Eucaristía. Y para eso Eco y la Naturaleza Humana entonan el himno que en latín compusiera Santo Tomás de Aquino a Jesús sacramentado, el *Pange lingua*, que la monja jerónima convierte en poema castellano. Dicen Eco y Naturaleza Humana:

> ¡Canta, lengua, del Cuerpo glorioso
> el alto Misterio, que por precio digno
> del Mundo Se nos dio, siendo Fruto
> Real, generoso, del Vientre más limpio!
>   Veneremos tan gran Sacramento,
> y al Nuevo Misterio cedan los Antiguos,
> supliendo de la Fe los afectos
> todos los defectos que hay en los sentidos.
>   ¡Gloria, honra, bendición y alabanza,
> grandeza y virtud al Padre y al Hijo
> se dé; y al Amor, que de Ambos procede,
> igual alabanza Le demos rendidos! (vs. 2227-2238).

Con esto, el auto sacramental de Sor Juana trata de hacer lo que quiso en su momento Santo Tomás: ser el poeta-teólogo del sacramento. Él había logrado, como teólogo, llegar a las profundidades metafísicas más recónditas del misterio de la transubstanciación; pero su aliento místico lo llevaba a la poesía, en la que cantaba su amor a ese misterio de amor.

La pieza teatral de Sor Juana, *El divino Narciso*, al igual que sus demás obras, constituye un testimonio de su capacidad lírica y su acervo cultural. Manifiesta muy a las claras la condición del Barroco, distendido entre la exacerbación de la estructura y la emoción de fondo. No se sabe si en el Barroco se da una alocada carrera de la forma, por hacerse omnipresente, en follajes y pámpanos, en verbosidades y conceptos, o si se trata de una sobrecarga de contenido que fuerza a la forma a expandirse en una especie de hipertrofia de sentido. En todo caso, la obra de Sor Juana es una buena muestra de la difícil tensión entre la forma y el contenido. Es verdad que la forma estética predomina, pero también lo es que esa forma embellece los contenidos que toca. Y esos contenidos son muy profundos, tomados de la filosofía y la teología escolásticas, y llevados a una lograda expresión por la poetisa mexicana.

A veces da la impresión, en el Barroco, que tanto la forma como el contenido llegan a la exacerbación, que ambos se rompen y que se fusionan entre sí. Más que sobredeterminación, hay una conversión del uno en el otro, producida por la sobredeterminación de ambos. La excesiva carga de contenido rompe la forma, que no sólo llega al paroxismo, sino que se confunde con el contenido. Uno y otro están desbordados, desbordados por ellos mismos, desde ellos mismos. A veces se cree que este fenómeno de la sobredeterminación de sentido se da sólo en uno de los aspectos del Barroco, a saber, en el lado culterano. Mas José Rojas Garcidueñas ve que el barroquismo de Sor Juana reúne los dos aspectos que suelen marcarse para el Barroco, a saber, el culteranismo y el conceptismo[8]. Por lo general, esos aspectos se indican como separados, a veces casi como irreconciliables. Para el culteranismo se señala por antonomasia a Góngora y para el conceptismo a Quevedo. El primero es vehemente y exuberante, cargado de metáforas; el segundo es moderado y juicioso, sintetizador de símbolos y alegorías. Sor Juana sabe reunir ambas vertientes del barroquismo; barroca por esencia fue ella misma. A veces muestra la discreción austera del conceptismo, a veces el entusiasmo exacerbado del culteranismo en que se distendía esa época. ¿O serán tan sólo dos tendencias en que se debate el ser humano? ¿No serán, en el fondo, sino dos aspectos cuyo equilibrio cuesta a todo hombre?

[8] Cf. José Rojas Garcidueñas, "Esencia del barroco en poesía y música de Sor Juana Inés de la Cruz", en *Temas literarios del virreinato*, Miguel Ángel Porrúa, México, 1981, p. 100.

Sor Juana y la Eucaristía: *El Mártir del Sacramento*

En su auto sacramental *El Mártir del Sacramento, San Hermenegildo,* Sor Juana se ocupa del tema de la Eucaristía. Como era un misterio teológico muy discutido, en la loa que acompaña a este auto Sor Juana coloca a unos estudiantes en plena discusión. En el modo como relata esa discusión, la monja jerónima demuestra un notable conocimiento de la forma en que se llevaba la disputa escolástica. De ésta se tenían muestras en actos públicos de la universidad y los colegios, y, por supuesto, en los mismos libros se seguía ese esquema. Es claro que Sor Juana pudo conocer esas disputas escolásticas en los libros, pero también es factible que las haya presenciado, y nos viene a la memoria la discusión pública que sostuvo en la corte virreinal con doctores de la universidad, cuando apenas tenía unos quince años de edad y lució tanto sus dotes intelectuales.

En efecto, en la loa es muy vívida y nada libresca la discusión entre los estudiantes, si bien siguiendo los métodos y cánones que se encuentran en los manuales de lógica[9]. Tal se ve en los siguientes versos:

[9] Cf. J. de Santo Tomás, *op. cit.*, pp. 3-5; en la ed. en castellano, pp. 9-11.

ESCENA I

Dentro, ruido de Estudiantes; y dicen:

ESTUDIANTE 1
¡Que niego la Mayor, digo!

ESTUDIANTE 2
¡Y yo digo que la pruebo
y que el supuesto no admito!

ESTUDIANTE 1
¡Yo la consecuencia niego!

(*Salen* DOS ESTUDIANTES)
Pues prosiguiendo en negarla,
de esta manera argumento.

ESTUDIANTE 2
Déjame probarla a mí,
y luego irás respondiendo.

ESTUDIANTE 1
Supuesto que...

ESTUDIANTE 2
                         Ya te he dicho
que no te admito el supuesto,
y así su ilación no sale.

ESTUDIANTE 1
¿Cómo no, cuando del Texto
consta, sin la autoridad
de Augustino, a quien me llego?

ESTUDIANTE 2
¡Si por eso es, mi opinión
no es parto de mi talento,
sino del grande Tomás!

ESCENA II
(*Sale* OTRO ESTUDIANTE [*mayor, y de aspecto grave*].)

ESTUDIANTE 3
Que esperéis un poco os ruego,
y que no tan encendidos
en vuestra opinión, y tercos,
vayáis librando en las voces

> la fuerza del argumento.
> Ésta no es cuestión de voces
> sino lid de los conceptos;
> y siendo juez la razón,
> que será vencedor, pienso,
> el que más sutil arguya,
> no el que gritare más recio.
> En ninguna parte tanto,
> como en las Escuelas, creo
> que es el que lo mete a voces
> el que tiene más mal pleito (vs. 1-32).

Sor Juana nos muestra en esos versos que sabe negar la premisa mayor de un silogismo, y que el oponente la ha de probar, lo cual hace rechazando el supuesto del proponente. También niega la consecuencia de todo el argumento que se le ofreció. El oponente se empecina en mantener su supuesto, y el otro en rechazarlo. Y, pasando al argumento de autoridad, uno se apoya en San Agustín y otro en Santo Tomás. Juiciosamente un tercer estudiante pide que no confundan con la fuerza de los gritos la fuerza de los argumentos; más aún, dice que en las lides escolásticas el que más grita es el que suele llevar la peor parte y la más improbable.

Pero también se nos descubre otro aspecto del pensamiento de Sor Juana, a saber, el del hermetismo, que tenía como una de sus inclinaciones principales la magia natural. Es cierto que este tipo de magia, a veces entendida en el sentido de ciencia y no en el de nigromancia, recorre la Edad Media y se manifiesta en algunos puntos, como en Gerberto de Aurillac o de Auxerre (después Papa Silvestre II) y en San Alberto Magno, pero no era tan propia de los escolásticos como lo fue después de los herméticos renacentistas y barrocos[10]. Tal vez haya que decir que en los medievales esa magia natural era más bien lo que no podían comprender por su ciencia demasiado rudimentaria, y que después comprendería la ciencia moderna. Lo mismo podría decirse en el caso de los renacentistas y herméticos; esa magia natural estuvo a veces vinculada a clérigos piadosos, como en el caso de Kircher y de su asiduo seguidor, el también jesuita Gaspar Schott. Esta presencia de la magia natural en el contexto de Sor Juana se ve en lo que dice uno de los estudiantes, precisamente el que trata de mediar en la discusión:

> Pues ahora,
> ya sabéis que mis desvelos
> a Naturaleza apuran
> los más ocultos secretos

[10] Cf. A. Koyré, *Místicos, espirituales y alquimistas del siglo xvi alemán*, Akal, Madrid, 1981, pp. 69 *ss.*; y F. A. Yates, *La filosofía oculta en la época isabelina*, F.C.E., México, 1982, pp. 38 *ss.*

de la Magia natural,
y que con mis ciencias puedo
fingir, ya en las perspectivas
de la luna de un espejo,
o ya condensando el aire
con los vapores más térreos;
o ya turbando los ojos,
mostrar aparentes cuerpos.
Y cuando aquesto no pueda,
demos que el entendimiento
con alegóricos entes
hace visibles objetos.
Y eligiendo lo segundo,
si no admitís lo primero,
os pretendo mostrar... (vs. 171-189).

Esa magia natural se vale del espejo, obsesión barroca; usando vapores o, engañando los ojos, haciendo ver aparentes cuerpos, lo cual parece tener que ver con la famosa linterna mágica, tan cara a Kircher. Mas, dejando todo ello, con esos "entes alegóricos" que serán los personajes del auto sacramental, se propone dar a conocer el misterio de la Eucaristía, a través de uno de los santos que más ha adorado dicho misterio, hasta dar la vida por él, como lo hizo San Hermenegildo; tal sería el tema del auto.

Además, en boca del primer estudiante que discute, Sor Juana pone autoridades tales como San Agustín, San Bernardo, el cardenal Hugo, que debe ser Hugo de San Caro, dominico y excelente biblista, y Pererio, esto es, Benito Pererio, que también era exégeta de las Sagradas Escrituras[11]. Aquí Sor Juana da también un ejemplo de exégesis literal o histórica y de exégesis alegórica o espiritual, cuando interpreta el lavatorio de los pies de los discípulos por parte de Jesús en la última cena, primero como una costumbre judía y ritual de hospitalidad, pe-

[11] Parece haber una confusión en el estudiante que contesta, pues sigue siendo el Estudiante 1, y es el que acababa de hablar. Tal

ro también como alegoría de la confesión y la penitencia, que limpia no el cuerpo, sino el alma, de los pecados que se han cometido.

Pues bien, San Hermenegildo fue el rey godo que se convirtió al catolicismo, abandonando el arrianismo que tenía este pueblo en España. El arrianismo, la secta del hereje Arrio, negaba la divinidad de Jesucristo, dejándolo en un hombre de Dios muy especial, pero no hijo de Dios. Esta herejía fue combatida por San Atanasio, que proclamaba la divinidad de Jesús. Se veía de manera singular en el sacramento de la Eucaristía. Convertido por San Leandro de Sevilla, San Hermenegildo y su esposa, Ingunda, adoran la hostia. Pero Leovigildo, padre del monarca godo, y Recaredo, su hermano, lo consideran alta traición, y le hacen la guerra. Vencido Hermenegildo, se le pide que abjure de su catolicismo y de su devoción a la Eucaristía; y, al no hacerlo, es martirizado. Pero su padre y su hermano reaccionan y se arrepienten, al grado de convertirse ellos y todo el reino a la fe católica.

Hermenegildo se encuentra en una tienda de campaña, donde duerme y sueña que unas virtudes lo alientan a luchar por su fe y otras a deponer las armas. Él mismo trata de explicar su sueño por el desasosiego que padece, y las palabras que Sor Juana pone en sus labios para hacerlo revelan que ella emplea la doctrina aristotélico-escolástica del sueño[12]. En efecto, en el auto sorjuanino, Hermenegildo mismo explica:

> La gravedad del cuidado
> que me oprime, y las contrarias
> imaginaciones que
> mis discursos embarazan,
> son tales, que aun en el sueño
> no dan treguas a mi vaga
> confusa imaginación.
> Y es que, impresas en el alma
> (aunque falten los sentidos),
> las especies que guardadas
> tiene mi imaginativa,
> mientras el cuerpo descansa,
> se representan tan vivas,
> que lo que es sólo fantasma
> finge tanta corpulencia,
> que aun ya despierto, jurara
> que oigo a la Misericordia... (vs. 214-230).

Las especies son los vehículos o intermediarios del conocimiento, son las representaciones que contienen aquello mismo que representan. La escolástica decía que los entes tienen esencia y existencia;

vez se trata de un error en el número, o de una errata, y es el Estudiante 2.

[12] Como, por ejemplo, lo considera en este libro José Pascual Buxó al tratar la hermenéutica del *Primero Sueño*.

pues bien, en el conocimiento la esencia de la cosa pasa a la facultad cognoscitiva del cognoscente con una existencia intencional o psíquica, distinta de la existencia física que tiene en la cosa misma. Pero es la cosa presente en el cognoscente. La especie es el vehículo que guarda ese contenido cognoscitivo que es la esencia en cuanto conocida. Si el conocimiento se da en los sentidos, se produce una especie sensible; si es de la imaginación, se produce una imagen o fantasma; y si es de la inteligencia, se produce una especie inteligible o concepto. En los versos de Sor Juana se dice que el sueño hace revolotear las especies impresas en la mente, ya sensitivas, ya imaginativas, ya intelectivas. En este caso son las imaginativas, que operan aun sin la presencia de los sentidos, pues están en la memoria, como imágenes o "fantasmas" —según se las llamaba entonces.

Hermenegildo siente en su propio interior la lucha de las virtudes, que parecen contrarias entre sí; unas le piden que pelee y otras que se apacigüe. Hay una reflexión de Sor Juana —en palabras de él— que dice que las virtudes no tienen oposición entre ellas y que debe buscarse su armonía:

> ¿Qué es esto, ínclitas Virtudes?
> Si un vínculo, el que os enlaza,
> es de Caridad, ¿en mí
> cómo parecéis contrarias?
> Si os ayudáis unas a otras,
> ¿cómo ahora en mí batallan
> Virtudes contra Virtudes?
> Mas, sin duda, es mi ignorancia
> quien a conciliar no acierta
> los primores que os engarzan;
> pues en el círculo hermoso
> de la Divina Guirnalda,
> lo que oposición parece
> es lo que más os hermana;
> mas en mí la discreción
> para componeros falta,
> dándoos debido lugar (vs. 323-339).

Ésta es una idea de la filosofía escolástica. No se puede tener sólo alguna o algunas de las virtudes, ya que forman un cortejo y se van acompañando unas a otras dentro de cierto equilibrio armónico. La llave de las virtudes es la prudencia, que tiene entre otros el cometido de darles esa armonía que evita que unas crezcan sin las otras. Asimismo, Sor Juana nos manifiesta de nuevo su saber teológico, bien aprendido; menciona que la caridad es el vínculo que enlaza a todas las virtudes. Y, en verdad, en la teología cristiana ella es la *forma virtutum*, esto es, lo más constitutivo de la vida virtuosa, la clave de bóveda del edificio de las virtudes, sin la cual se derrumbarían todas. Un embajador y consejero áulico, Geserico, cuenta la historia de su linaje real. Ellos han sido arrianos, ¿por qué cambiar al catolicismo? Además, así han tenido unidos a sus súbditos:

> La razón de estado fue
> de tus Mayores más grave,
> mantener a los vasallos
> en la Religión iguales.
> Y ya que en aqueste punto
> quieras seguir tu dictamen,
> ¿qué razón honesta puedes
> hallar para rebelarte
> contra aquél de quien el ser
> y la fortuna heredaste? (vs. 547-556).

Llama la atención la presencia aquí de la famosa *razón de estado*, que pusieron en circulación Maquiavelo y Guicciardini, su seguidor. La objetaron mucho los pensadores españoles de aquel tiempo: Quevedo, Gracián, etc. Y tal vez por eso la pone aquí Sor Juana como la única razón por la que estaban los godos en esa facción herética del cristianismo. San Hermenegildo se debate entre obedecer a su padre, Leovigildo, que por medio del embajador le pide que vuelva al arrianismo, y su fe católica, que lo hace resistir a esa tentación. A resistir le insta su esposa, Ingunda, que conoce el dilema en el que Hermenegildo se debate. Acude también San Leandro, el arzobispo de Sevilla, que le trae un despacho del emperador romano Tiberio, en el cual le promete ayudarlo con las armas, pero al precio de que entregue como rehenes a Ingunda y a su hijo Teodorico. Hermenegildo acepta. Mientras tanto, su padre, que amenaza guerra contra él por su cambio de religión, recibe de su propia fantasía la revelación de la historia de los reyes godos que, en número de catorce, desfilan ante él recitando sus principales acciones. Todos ellos se habían distinguido en punto de religiosidad. Por ello Leovigildo se ve comprometido a seguir su ejemplo de Celo. Llega Geserico, su embajador, ante Leovigildo y le comunica que Hermenegildo no quiso obedecer la orden enviada. Entre otras cosas, Geserico le dice a Leovigildo:

> Llegué, en fin, a Sevilla, que su nombre
> solo la explica; y con la autorizada

> comisión de mi oficio, di en tu nombre
> al Rey Hermenegildo la embajada.
> Sin olvidar lo Rey, mostró ser hombre
> la ternura, que tarde reportada
> del alma, cuanto más se reprimía,
> manifestaba aquello que escondía (vs. 1145-1152).

Leovigildo monta en cólera y da órdenes a su hijo Recaredo de preparar las cosas para guerrear al hijo apóstata. Recaredo se duele, pues ama a su hermano Hermenegildo, no menos que a su padre. Comenta que Tiberio sólo quiere apoderarse de España, so pretexto de ayudar al monarca godo.

Hablan entre sí las virtudes acerca de este suceso, encomiando la entereza de Hermenegildo. Entre las mismas virtudes hay jerarquía, y unas han de imponerse a las otras. Hablan de una innegable prioridad que tiene la virtud de la justicia. Ésta hace que también se dé su lugar a la fe y a la caridad, pues una de las formas de la justicia es la virtud de la religión, que hace dar el culto debido a Dios, y por ello conecta con esas dos virtudes y hace amar a Dios sobre todas las cosas, inclusive más que a la propia vida, o a la familia, etc. La Paz da la definición aristotélico-escolástica de la Justicia así:

> Ahí veréis
> que hago bien en no lidiar:
> porque (siendo, como es,
> la Justicia la Virtud
> que siempre da, recto juez,
> a cada uno lo que es suyo,
> y tú la que más fiel
> conoces lo que es Verdad) (vs. 1292-1299).

Efectivamente, la justicia es la virtud que impulsa a dar a cada quien lo suyo. Entendiendo por este *suyo* lo que le es debido, sea porque se le debe a causa de su necesidad, sea porque se le debe a causa de su dignidad u otros merecimientos[13]. Lo *debido* es lo que le corresponde a cada quien en el intercambio (justicia conmutativa), o por parte de la autoridad (justicia distributiva), o en el ámbito forense (justicia legal); pero siempre trata de conllevar equidad. Pero es una equidad o igualdad proporcional, según lo que cada quien necesita o merece, y no una igualdad sin más.

El poderío bélico de Leovigildo es mayor, y con Recaredo vence a Hermenegildo. Éste se ve derrotado y clama al cielo no tanto por su vida, sino porque no sea su padre quien se la quite. También Recare-

[13] Cf. J. Pieper, *Justicia y fortaleza*, Rialp, Madrid, 1968, pp. 102 *ss*.

do se duele de tener que luchar contra su propia sangre, pero apresa
a su hermano. En el camino, Recaredo conmina a Hermenegildo a rendir obediencia a su padre:

> Pues si de ella te apartó
> de la Religión el celo,
> para moverle la guerra
> no fue bastante pretexto:
> pues la diversidad sola
> de ella (cuando no hay exceso
> de tiranía) no basta
> a dar razón ni derecho
> a los rebeldes, y bien
> sabes que mi Padre en eso
> no ha puesto violencia, pues
> ha permitido en sus Reinos
> libre el uso de la tuya;
> y si tú lo irritas, temo
> que antes con eso la dañas,
> pues lo haces romper el sello
> a perseguirla, y mejor
> les estará a tus intentos
> disimular, hasta que
> goces el Solio Supremo:
> que entonces, ya apoderado,
> podrás mejor, con tu ejemplo,
> reducir a los demás.
>   Nuestro Padre, aunque severo
> se muestra, es tu Padre al fin;
> y si tu propio respeto
> le tiene armados los brazos,
> su amor se los tiene abiertos,
> como de Padre; y en fin,
> ya para llegar a ellos
> no hay en ti, Hermano, elección:
> pues en lance tan extremo,
> cuando el amor no te traiga,
> será la llama o el hierro.
> Ven conmigo y no le temas,
> que yo librarte prometo
> de sus iras, procurando
> que te conserve su afecto,
> como antes, en los Estados;
> pues siendo tú su Heredero,
> será, si a ti te los quita,
> quitárselos a sí mesmo (vs. 1461-1502).

Con todo, San Hermenegildo sigue firme en el fondo de su ser, fiel a la religión católica, aunque podría salvar su vida y aun su reino haciendo caso a Recaredo y fingiendo ante su padre que acepta ser arriano, sólo para dejar de serlo al subir al trono e imponer como obligatoria la fe católica. Por eso, cuando va ante su padre, persiste en su actitud, y éste lo manda encerrar mientras decide qué hacer con él. Leovigildo sigue queriendo que Hermenegildo abjure del catolicismo. Para ello se le dan múltiples argumentos, los cuales vuelven a ser puestos por Sor Juana en la categoría de falaces y malos. Dice Leovigildo a la Apostasía:

> Estas razones de estado
> y estos motivos de afecto,
> se frustran si Hermenegildo
> en su dictamen protervo
> persiste. Ahora, tú mira,
> como docto y como cuerdo,
> qué medio hay de persuadirlo,
> pues ves cuánto importa el medio (vs. 1661-1668).

Esta alusión a la importancia de los medios es referencia a Maquiavelo, cuya idea de razón de estado vuelve a mencionarse. Se le adjudica la doctrina de que el fin justifica los medios, mientras que los escolásticos decían que no, ya que medios equívocos llevan a fines equívocos, es decir, son malos moralmente. Sor Juana habla de esto, al mencionar con sorna la cuestión del medio. En la prisión, Hermenegildo reflexiona sobre la mudanza de la fortuna mundana. Ayer era obedecido por toda Andalucía y ahora estaba a merced de un bajo alcaide. Piensa en su esposa y en su hijo; pero se consuela meditando que todo eso es por su fe, y sus palabras alcanzan un desprendimiento parecido al de Job, y que Sor Juana dice con expresiones tomadas de ese libro bíblico. Hermenegildo habla, igual que Job, a Dios:

> Vos mismo me lo disteis;
> Vos me lo habéis quitado.
> ¡Sed por siempre alabado,
> pues en mí hacer quisisteis
> que tantos bienes juntos poseyese,
> para que qué dejar por Vos tuviese! (vs. 1743-1748).

Todo eso le hace estar en paz y le recuerda la idea de que, aun cuando se perdiera la dinastía gótica, lo tendría todo en su santa fe. La Apostasía se le presenta, como personaje del auto sacramental, en la figura de sacerdote arriano y lo tienta para que abandone sus creencias. Hermenegildo resiste y es ayudado por la Fe, que va encarnada en otro personaje. Otras virtudes acuden en su apoyo, como la Verdad, la Justicia, la Paz y la Misericordia. El sacerdote arriano (la Apostasía) le dice que, sin meterse a discutir otros puntos teológicos, reciba de él la comunión, puesto que coinciden en sostener la Eucaristía. Hermenegildo le responde que no puede ser auténtico sacramento el que él le da. Admite que ambos son cristianos, y que podría aceptar su bautizo; pero no su eucaristía, ya que no puede reconocer como válida su ordenación sacerdotal. Y, como no acepta su comunión, el sacerdote arriano se ofende y pide que se ejecute la sentencia por no recibir los sacramentos arrianos: el degüello. Así es llevado a la muerte, y las virtudes cantan su alabanza por haber preferido el martirio antes que recibir una falsa eucaristía. Recordando el versículo del Salmo 85:11, en que se dice que la Justicia y la Paz se besan, la Verdad habla:

> Y pues Hermenegildo,
> de virtudes ejemplo,
> nos hizo a todas una,
> ¡como una nos portemos!
>   Y puesto que en su muerte
> se llegó el feliz tiempo
> en que Misericordia
> y yo nos encontremos,
>   la Paz y la Justicia
> aquel místico beso
> se den, que signifique
> nuestro vínculo eterno (vs. 1921-1932).

Todas vuelven a cantar la alabanza de San Hermenegildo, que queda como un mártir de la religión católica, pero específicamente sacrificado por su fe en el sacramento de la Eucaristía, que era el objeto del auto sacramental. Es un mártir de la fe en la Eucaristía, en ese misterio de amor por el que Jesucristo se entrega al hombre como alimento que lo robustece contra todas las adversidades y pruebas. Inclusive el martirio, el dar la vida, es, como el propio Jesús lo decía a sus discípulos y aludiendo a sí mismo, la prueba más contundente e irrefutable de amor. Por eso la Paz proclama:

> Y aladas Jerarquías
> a venerar el Cuerpo
> del Mártir, y a adorar
> tan alto Sacramento,

> de las Esferas bajen,
> todos diciendo
> que éste es el Mártir solo
> del Sacramento (vs. 1949-1956).

Después de lo cual repiten los Coros:

> ¡Que éste es el Mártir solo
> del Sacramento!
> ¡Llore, llore la Tierra,
> y cante, cante el Cielo,
> que éste es el Mártir solo
> del Sacramento! (vs. 1957-1962).

Sor Juana logra su intento de hacer ver al espectador de su auto sacramental un ejemplo de seguimiento de Jesucristo hasta las últimas consecuencias. Si Jesucristo había manifestado su amor al hombre dando la vida por su salvación y quedándose con él bajo las especies o apariencias del pan y del vino, quien aceptara creer en él tendría que dar un testimonio de amor no menor. Y eso es lo que hace San Hermenegildo, que no escatima dar su vida por aquel que la dio por él. De esa manera ofrenda su vida por su fe en el sacramento en el que Jesús se da al ser humano con todo su amor.

UNA PREFIGURACIÓN SIMBÓLICA DE CRISTO: JOSÉ, SALVADOR DE SU PUEBLO

Otra muestra del saber teológico de Sor Juana es su trabajo sobre un relato bíblico, *El cetro de José*. El auto es llamado "historial", no "sacramental", ya que se refiere a un relato del libro del Génesis, que es la historia de José, el hijo de Isaac. Demos los elementos imprescindibles para reconstruir someramente una narración tan conocida. José es el hijo de Isaac y nieto de Abraham. Es también el penúltimo de doce hermanos, cabezas u orígenes de las doce tribus de Israel. José era el preferido de su padre, por lo cual fue envidiado y odiado de sus hermanos. El colmo fue cuando José dio a conocer sus sueños, que después resultarían proféticos: sus hermanos lo reverenciarían. Ellos decidieron matarlo y lo llevaron a un sitio despoblado. Rubén, el mayor, insistió en que echaran a José a una cisterna vacía, de la cual pensaba rescatarlo después. Pero Judas propuso venderlo como esclavo a unos mercaderes ismaelitas que lo llevaron a Egipto. Allí trabajó en casa de

Putifar, ministro del faraón. La esposa de Putifar quedó prendada de él, y, al no ser correspondida en sus proposiciones, fingió que José la había querido violar, por lo cual Putifar lo envió a prisión.

En la cárcel José supo que el faraón había tenido unos sueños y que se atormentaba mucho porque sus aduladores sabios no le daban una interpretación satisfactoria. José ya era avezado en sueños, pues desde que estaba en casa de su padre fue celado por sus hermanos a causa de aquellos sueños que les había contado, y lo llamaban "el soñador". Pide ir ante el faraón para resolverle el enigma y revelarle el significado de esos sueños.

En el primer sueño del faraón aparecían siete vacas gordas y después siete vacas flacas que las devoraban. En el segundo sueño había siete espigas lozanas y luego siete tan tristes y mustias, que acabaron por hacer que las otras se marchitaran. José interpretó estos dos sueños como uno solo, ya que decían lo mismo en esencia: la sucesión de siete años buenos y siete malos, lo cual indicaba que en los siete años de bonanza había que guardar lo suficiente para los siete que vendrían de hambre. La interpretación profética satisfizo al faraón, el cual premió a José haciéndolo su ministro, a fin de que administrara las provisiones en el tiempo malo. En ese tiempo malo acudieron los hermanos de José, a quienes su padre Isaac había enviado a comprar víveres, pues ellos padecían también la escasez. José los reconoce con sorpresa, y manda que los atrapen, para ver si no son espías. Los interroga y se da cuenta de que en efecto son ellos, que habían venido y habían dejado al más pequeño, Benjamín, con su padre. Les revela quién es, y ellos se aterrorizan, pensando que se vengaría de lo que le hicieron; pero él los perdona y los abraza. Pide que además traigan a su padre y al hermano pequeño, y de esa forma todos se reúnen otra vez.

José es figura de Cristo, que fue dañado siendo inocente, y lo único que da es perdón. Ha sido vida para los que procuraron su muerte; ha sido la salvación para los que padecían necesidad. De ser víctima se transforma en salvador; o precisamente por ser víctima se convierte en salvador. Esto es algo que obviamente está suponiendo Sor Juana; su pieza teatral implica este simbolismo.

Pero también José es el hombre de los sueños. Soñador y descifrador de sueños. Emisor y receptor adecuado de ensoñaciones. Advertido conocedor de presentimientos y presagios que surgían de lo profundo del ser humano, sus miedos y temores; su temblorosa captación de lo que no alcanza a ver la vigilia racional; su atesorada luminosidad a veces surgida de lo oscuro del inconsciente, revelando alegrías y angustias.

Apenas al comenzar el auto sacramental de Sor Juana, después de que José es vendido por sus hermanos a los ismaelitas, la Conjetura, haciendo gala de conocimiento de la lógica y la argumentación, dice al Lucero, que quiere ponderar la gravedad de ese crimen:

> Eso dirá mejor tu Conjetura,
> pues hija tuya soy y de tu Ciencia,
> y después sacarás la consecuencia (vs. 44-46).

Y el propio Lucero sigue diciendo:

> primicias le dará a la Conjetura,
> para que de uno y otro antecedente
> saque, si no evidente,
> probable conclusión, por ver si acierto
> en el daño, que ya imagino cierto (vs. 96-100).

Por su parte, la Ciencia asegura:

> Y pues tiene retórica licencia
> de fabricar, la Ciencia,
> sus entes de razón, y hacer posible
> representable objeto lo invisible,
> vuelve los ojos hacia el Paraíso
> y verás cómo al barro quebradizo,
> en su culpa infelice,
> dice... Pero ya el mismo Dios lo dice (vs. 113-120).

Es cuando Sor Juana aprovecha para presentar un cuadro en el que aparecen la voz de Dios, Adán y Eva. Se relata el pecado original, a lo cual el Lucero comenta:

> Y añade a ese discurso, que no alcanzas
> el de poner al pie las asechanzas,
> o al carcañal, en que tu luz me avisa
> de cuán distintas cosas simboliza:
> pues la Filosofía, allá en su ciencia,
> por símbolo lo da de la inocencia;
> y por de libertad, el más temido
> jeroglífico ha sido
> en Egipto; y también, de la victoria,
> es en otras naciones. ¡Oh memoria! (vs. 202-211).

Vemos aquí un testimonio palpable del aprecio que tenía Sor Juana por el hermetismo, que se hacía provenir de Egipto, y después de mencionar la filosofía se habla de los misteriosos jeroglíficos egipcios, que tienen simbolismo inagotable. Sigue el Lucero mostrando su saber lógico cuando dice:

> ...Pero no lo entiendo,
> ni discurrirlo por ahora quiero,
> hasta ver las premisas por entero;
> y pues estas figuras, que he mostrado,
> son del tiempo pasado,
> porque saques mejor las ilaciones
> de las que ya sospechas conclusiones,
> queden estos notables, ya pasados,
> para cuando nos sirvan, asentados (vs. 287-295).

En verdad, no conviene discurrir precipitadamente una cosa, sin antes ver con detenimiento las premisas, como se nos aconseja aquí; y mientras, para sacar mejores conclusiones, con válidas ilaciones o inferencias, se dejan asentados los notables o *notabilia*, como les decían los escolásticos, esto es, las cosas que se tenían que hacer notar para que procediera mejor la discusión (*praenotamina, praenotanda*). Cuando el Faraón menciona los misteriosos sueños que ha tenido, y que está triste y asustado porque ninguno de sus sabios los ha podido descifrar, al hablar de que desea el conocimiento cabal de los mismos usa términos de la gnoseología escolástica:

> Pero de cualquiera modo
> que la desgracia conciba,
> o bien como contingente,
> o bien ya como precisa,
> faltan a la provisión
> los medios, pues la noticia
> falta también de la especie
> en que vendrá la desdicha;
> y mal puede, quien la ignora,
> hacer, por más que se aflija,
> diligencias de estorbarla
> ni paciencia de sufrirla (vs. 558-569).

La desgracia que teme le anuncien los sueños puede ser conocida como contingente, en cuyo caso puede estorbarse, o como precisa, y en cuyo caso nada aprovecha hacer. Pero los medios del conocimiento son insuficientes: la noticia, que es lo sabido en el conocimiento, y la especie, que es el medio en el cual y por el cual es conocido aquello, y ese medio mental o intencional coincide con lo que se llama también el concepto. Sor Juana aprovecha este ambiente egipcio para juntar los jeroglíficos con los magos, que también se decía provenían de ese país, todo ornamentado con tintes herméticos, ya que Hermes mismo, el origen de la magia, había surgido de entre sus pirámides[14]. Cuando José descifra los sueños del Faraón, el Lucero pregunta si eso pudo hacerse por medios naturales, a lo que la Inteligencia le responde:

[14] Cf. I. GÓMEZ DE LIAÑO, *Athanasius Kircher. Itinerario del éxtasis, o las imágenes de un saber universal*, Siruela, Madrid, 1990, pp. 41 *ss.*

> No, porque a tener premisas,
> ya en los aspectos celestes,
> ya en los vientos que dominan,
> o ya en los temperamentos
> que diferencian los climas,
> o en otras ocultas causas,
> que aunque nunca comprendidas
> son de los hombres, lo es el
> efecto que pronostican
> ...
> y si hubieran, como he dicho,
> precedido estas premisas,
> se pudieran alcanzar,
> o ya por ciencia adquirida
> o por razón natural
> o Astrológica pericia,
> siendo humana conjetura,
> no Revelación Divina,
> y entonces yo, mejor que él,
> lo alcanzara, y la noticia
> les diera a los Agoreros (vs. 732-769).

Es decir, si no fuera un conocimiento revelado el que tuvo José cuando descifró los sueños, sino un conocimiento naturalmente adquirido, la Inteligencia hubiera podido darlo de manera mejor y más clara a los agoreros del faraón, que eran sabios y entendidos en esas cosas ocultas. Para evitar cualquier mal entendimiento, Sor Juana hace bajar a la Profecía y proclamar:

> Ved que del Solio excelso, donde habita
> Majestad Infinita,
> al mundo Dios me envía,
> pues Su Espíritu soy de Profecía,
> a asistir a Josef, en quien procura
> un bosquejo formar, una figura

del que será en el siglo venidero
Redentor verdadero (vs. 867-874).

De esta forma se aclara que José prefigura a Cristo, quien también
será salvación para las gentes, pero esta vez para todas. La Conjetura se
refiere al objeto de conocimiento y a la substancia, y a las locuciones humanas. Y recurriendo a una estrategia teatral —el teatro dentro del teatro— Sor Juana elabora un meta-discurso, como lo ha hecho en *Los empeños de una casa*. Explicando al público, hace decir a la Conjetura:

> Buscando (vuelvo a decir)
> al Lucero vengo, para
> darle una nueva feliz,
> entre tantas desgraciadas.
> Pero él con la Inteligencia
> viene: que como ella es sabia,
> siempre en orden me precede
> de operación, pues las causas
> y efectos ella primero
> discurre, y las circunstancias;
> y luego entro yo, infiriendo,
> conforme a lo que me alcanza
> a proponer. Ya sin duda
> le habrá dicho lo que pasa;
> mas ahora entraré yo
> pues a inferir hago falta (vs. 1025-1040).

Una función muy importante cumple aquí este personaje de la
Conjetura, tanto porque José ha tenido que descifrar sueños, adivinar y
profetizar, como porque en él se conjetura a Jesús, el Mesías. Sor Juana
le hace establecer un orden muy conforme con el del conocimiento y
el del ser: la inteligencia conoce primero las causas, los efectos, las circunstancias, y luego la razón lanza sus conjeturas, para inferir los resultados que habrán de probarse por contraste con lo que ocurra en realidad. Haciendo esa ostentación de conocimiento de la lógica y la teoría
de la argumentación de la escolástica, Sor Juana pone en boca de la misma Conjetura —en discusión con la Inteligencia— estas palabras:

> Tu proposición es que
> o José miente, o se engaña,
> pues o ignora, o sabe que
> son sus Hermanos. Si alcanza
> que lo son, con fingimiento
> como a enemigos los trata,

> diciendo que son Espías,
> y afirma cosa tan falsa
> por tres veces. Y si ignora
> que los son, es cosa clara
> que padece engaño, pues
> que lo son. En que, por ambas
> partes arguyendo, infiero
> o su culpa o su ignorancia:
> pues si ignora, no es Profeta;
> y no es Justo, si lo alcanza (vs. 1055-1070).

Sor Juana pone aquí un célebre dilema, o, como los llamaba su patrono San Jerónimo —al menos así se lo adjudica la tradición—, un cornuto, esto es, un silogismo con dos cuernos. Ante él repone la Inteligencia:

> Fuerte es tu argumento, porque
> es un dilema, que abraza
> negación y afirmación;
> mas mi ciencia no se sacia
> ni se quieta mi inquietud
> sin ver cuál es la culpada
> de las dos (vs. 1071-1077).

Efectivamente, se trata de un dilema en forma, bien puesto, y cuyos cuernos no pueden romperse o escapar, ya que se han planteado bien y completamente las alternativas, resultando en cada una de las dos algo que el contrario no desea conceder ni que le resulte como consecuencia. Y ya que José salva con el trigo de Egipto la vida de su familia y su pueblo, se encuentra también en él un antecedente de la eucaristía. Así, dice el Lucero, cuando los doce hermanos de José están a la mesa con él, en clara alusión a la última cena de Jesús con sus apóstoles:

> ¿Qué enigmas, Cielos, son éstos?
> ¿Qué otra Mesa? ¿Qué otros Doce
> han de ser éstos? ¿Ni cómo,
> si que es Convite propone
> que hará la Sabiduría,
> sin mentar otros más nobles,
> manjar sólo nombra el Pan? (vs. 1183-1189).

Y da una explicación metafísica u ontológica de la Eucaristía, mediante la noción de transubstanciación, que involucra las de substancia y accidentes, y otras del hilemorfismo aristotélico-escolástico. A pesar de que se veían las cualidades y demás accidentes de pan y de vino, éstos eran sólo aparentes, pues la substancia había ya cambiado y era la del cuerpo y la sangre de Cristo. Sigue diciendo el Lucero:

> Y no que, antes, dice que
> el Pan (¡oh, qué confusiones!)
> ha de dejar de ser Pan.
> Y si acaso se interpone
> la corrupción, para que
> otra nueva forma tome,
> repudiada la primera,
> ya después que se transforme,
> no quedará Pan. Pues ¿cómo
> que un Pan de Vida propone?
> Dejar de ser Pan, el Pan,
> fácil es, si se corrompe
> y admite otra forma: que es
> conforme al natural orden
> que tiene Naturaleza
> en todas sus sucesiones.
> ¿Pero ser Pan, y no Pan?
> ¿Quién estas contradicciones
> podrá concertarme?... (vs. 1203-1221).

Un poco más adelante sigue Sor Juana adjudicando a la Conjetura las premisas con las que tendrá que formarse un juicio, a través de un silogismo o inferencia[15]. Dice el Lucero:

> ¡Qué Conjetura, si tiene
> sólo el ser que tú le das,
> y ahora tan variamente
> discurres, que no la dejas
> que a conjeturar acierte,
> y donde la Conjetura
> las premisas convenientes
> no halla para formar juicio,
> al punto se desvanece! (vs. 1368-1376).

Ahora que ha hablado de la Inteligencia y de la Ciencia, y con base en ellas, Sor Juana sabe contraponer la intelección y el raciocinio. La primera es inmediata, instantánea y reposada, corresponde a la inteligencia o intelecto, que tiene como propia la simple aprehensión; el segundo es mediato, discursivo y cansado, corresponde a la ciencia, que es discursiva. La Inteligencia asevera:

[15] Cf. J. DE SANTO TOMÁS, *Cuestiones de lógica* (1634), trad. de M. Beuchot, UNAM, México, 1987, pp. 243 *ss.*

> Vamos, Lucero, a asistirle;
> que quizá sólo con verle
> obrará la aprehensión simple,
> ya que la ciencia no acierte (vs. 1397-1400).

Al final del auto, Jacob besa el cetro de su hijo, ahora príncipe de los egipcios, un cetro que, para hacer la doble alusión al pan que los salvó y al pan eucarístico, Sor Juana hace adornar con una torta de pan en la punta. Jacob pronuncia algunos versos del cántico litúrgico *Rorate coelis desuper* y, como en un adviento, se dirige a Cristo, del que dice:

> a Quien yo adoro, y a Quien
> (en el Espíritu) miro
> en tu Vara figurado,
> no sólo a mi Carne unido
> con Hipostática Unión,
> mas en el velo escondido
> de esa insignia que, en tu Cetro,
> de tu providencia indicio
> ha sido. Pues, como siempre
> por costumbre se ha tenido,
> en Egipto y otras partes,
> que de la hazaña en que ha sido
> el Héroe más señalado,
> jeroglífico esculpido
> traiga, en que a todos declare
> las hazañas que antes hizo;
> y como la tuya fue
> haber socorrido a Egipto
> con el Trigo, te pusieron
> la empresa también en Trigo
> en el fastigio del Cetro,
> que adoro por sacro Tipo
> del más alto Sacramento
> que los venideros siglos
> adorarán, y por quien
> el Vaso dirá Elegido,
> de mí hablando, que "muriendo
> en la fe, adoré el fastigio
> de tu Vara", adonde veo
> tanto Misterio escondido (vs. 1549-1578).

Después de esta revelación, la Inteligencia queda vencida; por eso el personaje que en el auto la representa exclama:

> Ya yo vencida
> respecto de lo que he visto,
> siendo el Abismo mi cárcel,
> juzgo mi centro el Abismo.
> Para mí no habrá descanso;
> pues siempre me martirizo,
> si con lo que miro, aquí,
> allá con lo que imagino (vs. 1588-1595).

No deja de verse un cierto matiz de ese escepticismo con respecto a la inteligencia que Sor Juana pone en varios de sus versos. Por último, en palabras de Profecía, la monja jerónima luce su erudición y registra a un misterioso rabino:

> (Pero por si algún curioso
> quiere averiguar prolijo
> la erudición, en lo que
> del Cetro dejamos dicho,
> sobre el Génesis, Rabí
> Moisés nos lo dejó escrito,
> citando el lugar de Pablo
> sobre "adorar el fastigio"
> ...)   (vs. 1622-1629).

Eso nos da muestra de una erudición no común que poseía Sor Juana en filosofía, teología y hasta en la exégesis bíblica. Hacía en sus poemas interpretaciones muy sencillas pero muy adecuadas de los textos de la Sagrada Escritura, llenas de unción espiritual y muy racionalmente elaboradas. Por lo demás, la presencia, en este auto, de la filosofía escolástica y la filosofía hermética, nos muestra en pleno el barroquismo de Sor Juana. De alguna manera el Barroco trata de conjuntar el aristotelismo y el platonismo (o neoplatonismo, porque ya es un híbrido muy especial). El aristotelismo había triunfado en la Edad Media, y el platonismo vuelve por sus fueros en el Renacimiento, muy mezclado con otras cosas, sobre todo con hermetismo. Tal vez éste sirvió de cauce para que volviera dicho platonismo. En el Barroco se conjuntan y como que tratan de convivir ambas corrientes, tal como apreciamos en este auto sacramental de Sor Juana. Se manifiestan varios temas aristotélicos o escolásticos, pero también, de alguna manera aprovechando el ambiente egipcio, se nos muestran rasgos del hermetismo, que era de fondo platónico o neoplatónico, aureolado con la pretendida procedencia de Hermes Trismegisto, deidad del antiguo Egipto. Tal es la dialéctica y pugna de corrientes de pensamiento que se dan en el

Barroco. No entraremos aquí a precisar qué tanto de armoniosa convivencia se dio en el encuentro de estas corrientes, si una de ellas predominaba sobre la otra, o si se fusionaron de manera perfecta, ni si lo hicieron con demasiado eclecticismo, de modo que fuera más bien un irenismo o un sincretismo mal estructurado. Lo cierto es que el propio pensamiento de la contrarreforma, el jesuítico, barroco por excelencia, tuvo este sincretismo de manera muy fuerte, y eso marcaba lo que era propio del modo de pensar del Barroco.

CONCLUSIÓN

Por todo lo anterior, vemos que, en efecto, Sor Juana Inés de la Cruz tuvo un conocimiento nada despreciable de la filosofía y la teología escolásticas. También hemos visto que al llevar sus conocimientos a una expresión poética les da una mayor fuerza connotativa. Adquieren un gran poder de evocación imaginativa que los hace llegar a un público muy amplio por la energía dramática con que son transmitidos. De Sor Juana reciben una presencia semántica y, sobre todo, pragmática, que los vuelve más vívidos.

Con eso, nos hace ver muy a las claras esa actitud del Barroco de conjuntar lo conceptual con lo imaginativo y lo simbólico, como si lo simbólico, lejos de distraer de lo conceptual o de disminuir su contenido, lo ayudara a una mejor recepción por parte del destinatario, sobre todo tratándose del pueblo. Tal parece que ese pensamiento barroco, a veces culterano, a veces conceptista —pero sobre todo el primero, a semejanza de don Luis de Góngora—, se complace en el revestimiento "carnal" de las ideas, es decir, literario, en su expresión estética, en su encarnación en formas bellas. De esta suerte se quería dotar con una fuerza mayor a la recepción de las ideas, a diferencia de lo que realizó la modernidad, que poco hizo intervenir a la poética —y aun a la retórica, si exceptuamos a Pascal— en sus reflexiones. Con ello tenemos en Sor Juana un representante de este simbolismo conceptual en el que se fusionaban poesía y conocimiento. Singular escolástica barroca la de la escritora novohispana, que en sus autos sacramentales e históricos da cátedra de filosofía y teología en la que los conocimientos se adornan con la belleza de su poesía.

El saber teológico y filosófico de Sor Juana, por cuanto podemos ver en sus autos sacramentales, es muy notable. El tema sacramental en las tres piezas es en el fondo el de la Eucaristía, pues en *El divino Narciso* se alude a que Cristo se quedó con el hombre bajo las apariencias de pan para hacerle compañía; en *El Mártir del Sacramento* se hace referencia a San Hermenegildo, quien, al comprénder el misterio de amor que se encierra en el pan consagrado, entregó su vida por Cristo; y en *El cetro de José*, los hermanos de este personaje son salvados con el trigo —es decir, con el pan— que éste les consigue en Egipto, donde había sido esclavizado por culpa de ellos, antes de llegar a ministro del faraón. Pero estas presentaciones del tema sacramental van acompañadas de una cristología muy consistente, según se aprecia en su tratamiento de la unión hipostática, en la primera de esas obras; en su ataque de la herejía arriana, como se ve en la segunda; y en su exposición de la misión redentora de Cristo, tal como se contempla prefigurado en José, de acuerdo con lo que transmite la tercera.

Tanto la cristología como la teología sacramental —en el punto de la Eucaristía— llevan como acompañamiento muchas nociones de metafísica muy complicadas y arduas, sin las cuales no puede entenderse la unión hipostática en Jesucristo ni la transubstanciación en el pan y en el vino. Sin llegar a exponerlas de manera directa, lo cual no se podría hacer en esas obras teatrales, Sor Juana deja entrever su competencia nada usual en dichas materias. Claro que estamos haciendo una aplicación o extensión, ya que Sor Juana no era un clérigo, ni mucho menos un teólogo, que por oficio tenía la obligación de entender lo mejor posible esas cuestiones. Más bien, en el recogimiento de su celda, en soledad y sin maestro, aprendió como pudo ciertos temas difíciles y que requieren de alguien que los explique. No en balde se queja de que no tuvo a la mano un maestro que la llevara como de la mano por esos caminos tan ásperos. Con todo, a pesar de esa doblada dificultad, Sor Juana llegó a ser no sólo una monja bien preparada y culta, como ya había habido en otros tiempos, por ejemplo aquella pléyade de monjas germanas o nórdicas (Hedwigis o Eduviges, la abadesa Gerberga, Hrosvita de Gandersheim, y otras), sino que alcanzó una erudición notable de esos temas. Estuvo a la altura de esas grandes mujeres que tuvieron igualmente que estudiar por su cuenta y que, sin embargo, adelantaron mucho en ese camino del saber teológico.

Por lo que hace concretamente a la dimensión filosófica, si bien no era Sor Juana filósofa de oficio ni profesora de filosofía, supo adquirir un apreciable conjunto de conocimientos pertenecientes a dicha disciplina y, sobre todo, plasmarlos en esa enseñanza al público que se daba a través de las obras teatrales. Y, al igual que en la teología, tuvo que hacerse maestra del pueblo, con una enseñanza indirecta, la que le permitían sus autos sacramentales, para hacer llegar a las gentes las ideas que sembraba entre sus versos.

Todo ello fructificó, y así vemos a Sor Juana convertida en una transmisora de la cultura, por medio de su dramaturgia, como habían hecho ya tantos célebres escritores, de la talla de Calderón, Alarcón y Lope, y de muchos otros. La relación de Sor Juana con la filosofía y la teología fue de un profundo estudio y de una gran difusión entre el pueblo, pero no como tratadista, dominio que pertenecía sobre todo a los profesores de la universidad o de los numerosos colegios que tenían las órdenes religiosas. No fue, pues, una filósofa o teóloga en el sentido estricto de estos vocablos, pero lo fue en otro sentido no menos digno e indispensable: el de la enseñanza masiva, el de la difusión. Así como grandes filósofos —desde Parménides, pasando por Séneca, y hasta llegar recientemente a Russell o a Sartre— no desdeñaron ofrecerse a los grandes públicos mediante el teatro, la novela o la poesía, de la misma manera lo hizo Sor Juana. No escribió sesudos tratados de invención o de polémica, sino que se dio a la difícil labor de divulgar generosamente lo que con tanto esfuerzo había aprendido, y empleó como medio de difusión lo que tenía a su alcance: el teatro. En este arte colaboró con la gracia y facilidad que ella misma ingenua y candorosamente confiesa que tenía para casi hablar en verso. Pero sobre todo se alcanza a ver algo mucho más hondo y radical, que es la profundidad del espíritu de Sor Juana, su genio para captar los principios filosóficos y para penetrar los misterios teológicos, sin el cual no hubiera sido posible que los transmitiera como lo hizo.

INVNDACION CASTALIDA

DE

LA VNICA POETISA, MVSA DEZIMA

SOROR JVANA

DE LA CRVZ, RELIGIOSA _____
el Monaſterio de San Ger_____
Ciudad de Me_____

EN VARIOS METROS, IDIOMAS _____
Fertiliza varios aſſumptos

CON

ELEGANTES, SVTILES, CLAROS, INGENIO____
VTILES VERSOS

PARA ENSEÑANZA, RECRE__ Y ADMIRACION.

DEDICALOS

A LA EXCEL.ᴹᴬ SEÑORA SEÑORA D. MARIA
Luiſa Gonçaga Manrique de Lara, Dvqueſa de _____
Marqueſa de la Laguna.

Y LOS SACA A LVZ
D. JVAN CAMACHO GAYNA, CAVALLERO DEL ORDEN
de Santiago, Mayordomo, y Cavallerizo que fue de ſu Excelencia,
____ual de la Ciudad del Puerto
Santa MARIA.

____ IVILEGIO.

Con GARCIA INFANZON. Año de 1689.

IX

VEINTIÚN SONE
TOS DE SOR JUANA
Y SU CASUÍSTICA
DEL AMOR

GEORGINA SABAT DE RIVERS

VEINTIÚN SONE
TOS DE SOR JUANA
Y SU CASUÍSTICA
DEL AMOR

Seis cosas excelentes en belleza
hallo, escritas con C, que son notables
y dignas de alabaros su grandeza:
...
Sin éstas, hallaréis otras mil cosas
de que carece España, que son tales,
al gusto y a la vista deleitosas.
JUAN DE LA CUEVA.
Epístola al Lic. Sánchez de Obregón

INTRODUCCIÓN

LOS sonetos amorosos de Sor Juana Inés de la Cruz se inscriben en la larga y variada tradición de la poesía amorosa occidental, la cual remonta, por lo menos, a la literatura griega[1]. En Homero el estentóreo estilo épico se había prestado a los grandiosos temas masculinos y públicos de la guerra y de la política; más tarde Safo, la primera gran poeta amorosa de Grecia, desarrolló una voz muy diferente, más personal e introspectiva, atenta siempre a los afectos íntimos, entre dulces y amargos, a menudo angustiados y asociados con los síntomas de una enfermedad. En esta poesía, la mujer ocupa el centro de la escena; con ella nace el cultivo típicamente occidental de la personalidad individual, con una gran va-

[1] Véase, por ejemplo, *The New Princeton Encyclopedia of Poetry and Poetics*, Princeton University Press, Princeton, 1993, pp. 705-710.

riedad de emociones sutilmente analizadas. Anacreonte, en cambio, otro poeta del amor, canta, de una manera que se entiende por más masculina, los gustos del vino, del sexo y de la música. La *Antología griega* de Alejandría, muy leída también en Roma, contiene mucha poesía erótica de prostíbulo, tanto heterosexual como homosexual.

Catulo, el primer gran poeta del amor en latín, reanudó la tradición de Safo con los conflictos emocionales que él sintetiza en sus epigramas, que son breves dichos sentenciales: "Odi et amo...": "Yo odio y amo. Quizá preguntas por qué lo hago; / no sé, pero lo siento y me hace agonizar". Este típico epigrama está constituido por un solo dístico elegíaco, es decir, por una pareja asimétrica de versos; el primero es un hexámetro y el segundo un pentámetro. (Más tarde, en la España del siglo XVI, Fernando de Herrera había de identificar genéricamente con el epigrama el soneto, que mantiene la asimetría en las estrofas: dos cuartetos y dos tercetos.) La elegía, o sea el lamento, escrita en una serie de tales dísticos, era el género más conocido de la poesía amorosa latina. Además de Catulo, escribían elegías amorosas Propercio, Tibulo, Ovidio, Ausonio y otros poetas menores. En dísticos elegíacos, Ovidio fue el autor de toda una serie de poemas. En los siglos siguientes, tanto durante la Edad Media como en el Renacimiento, sus elegías más conocidas fueron las *Heroidas* (lamentos de mujeres traicionadas por sus amantes), el *Ars amatoria* (arte amoroso), y los *Remedia amoris* (remedios del amor).

En la naciente literatura vernácula de la Edad Media cristiana, sobre todo en Francia, se desarrolló en el siglo XII otra dicotomía histórica entre la grandiosa poesía épica o *chansons de geste*, recitada oralmente para guerreros, y la nueva poesía de los trovadores, hoy llamada poesía de amor cortés, escrita y cantada para las grandes damas y señores cortesanos en el sur de Francia (la Provenza). Esta poesía, aunque mantiene elementos ovidianos, marca un nuevo concepto y código del amor aristocrático: según este código estilizado y convencional, el poeta masculino, imaginado por lo general como joven sin compromiso y sin grandes recursos, exaltaba y adoraba en secreto a la hermosa dama casada, el *dons* provenzal, quien en las ausencias de su esposo era la omnipotente señora del castillo, y a quien se dotaba de suma belleza física y de insuperables virtudes morales. Este apasionado culto amoroso, este abnegado servicio literario a la dama, imponía una disciplina feudal y ennoblecedora al poeta enamorado, quien aprendía a disfrutar positivamente del sufrimiento causado por la distancia social que lo separaba de su dama inaccesible. Según el código, era la frustración del deseo lo que le provocaba al poeta el canto amoroso, la *cansó* trovadoresca. Además de influencias ovidianas y feudales, hay en el amor cortés evidentes paralelos religiosos con la glorificación del humilde sufrimiento de Cristo crucificado (*gloria crucis et passionis*) y el culto gótico de la Virgen María, fuente de toda hermosura y gracia divina. Desde Occitania, los trovadores viajaban de corte en corte, llevando consigo hasta Alemania, Inglaterra, Portugal, Cataluña, Italia e incluso Sicilia, sus canciones de amor cortés; de este modo, las lenguas vernáculas de cada región iban adoptando todo este mundo poético, e iba formándose en cada región una escuela local de poesía amorosa con sus propios cancioneros.

En la escuela siciliana, precisamente, un culto notario de la corte, Giacomo da Lentino, inventó en el siglo xiii una nueva cancioncilla, o "sonetto", de catorce versos, divididos entre dos cuartetos y dos tercetos de rima diferente: así nació el soneto amoroso. Esta innovación pronto tuvo éxito en el norte de Italia; son notables los sonetos juveniles de Dante dirigidos a Beatriz. Luego, en el siglo xiv, Petrarca durante gran parte de su larga vida fue creando y perfeccionando su cancionero personal dirigido a Laura. Este cancionero es una combinación artística de canciones y sonetos en los cuales el poeta expresa y analiza minuciosamente cada estado de ánimo y cada etapa y matiz de la historia de su apasionado desarrollo espiritual. El cancionero de Petrarca se impuso en el Renacimiento como el *corpus* más influyente de poesía amorosa; el petrarquismo se convirtió en el siglo xvi en un importante movimiento literario, no sólo en Italia sino también en España y en los demás países europeos.

Los primeros sonetos españoles, que son probablemente los primeros escritos fuera de Italia, pertenecen al siglo xv, cuando por fin en castellano se había desarrollado una escuela de amor cortés; en ellos, el Marqués de Santillana (1398-1458) traduce e imita sonetos espirituales y amorosos de Dante y de Petrarca, al impulso de la fama creciente del *dolce stil nuovo*. Pero estos sonetos no se publicaron y, por tanto, su influencia fue escasa en la literatura española posterior. La historia del soneto español realmente comienza, en pleno Renacimiento, con la publicación en 1543 de la poesía de Boscán y Garcilaso; con el verso endecasílabo triunfó en español el soneto, alcanzando en seguida un prestigio que conserva hasta hoy en todo el mundo hispánico.

El soneto español de amor se mantuvo básicamente fiel a su origen italiano y petrarquista en la forma de rimas, en la estructura sintáctica, semántica y de temas; su desarrollo estuvo a la par del soneto italiano, ejerciéndose una influencia mutua durante dos siglos[2]. El argumento, en general, combina el amor cortés con temas y paisajes clásicos y mitológicos, pero los tópicos son muy diversos: van de lo más religioso y espiri-

[2] Para la historia del soneto español en sus primeros siglos, véase el estudio preliminar de ELIAS L. RIVERS, *El soneto español en el Siglo de Oro*, Akal, Madrid, 1993, p. 8.

³ Véase FERNANDO DE HERRERA, *Obras de Garcilasso de la Vega con anotaciones de...*, Alonso de la Barrera, Sevilla, 1580, pp. 66-67. El epigrama español, el cual trataba de reflejar el espíritu satírico y agudo del latino, utilizó metros varios: la décima era el molde más común pero también la quintilla y las redondillas. Véase HENRY BONNEVILLE, *Le poète sévillan Juan de Salinas (1562?-1643). Vie et Oeuvre*, Presses Universitaires de France, Paris, 1969, pp. 337 *ss.* Los de Sor Juana siguen los mismos esquemas semánticos y usan dos redondillas; véase la edición de Méndez Plancarte de SOR JUANA INÉS DE LA CRUZ, *Obras completas*, F.C.E., México, 1951, t. 1, núms. 93-97. Para lo que se dice en el texto en el párrafo que sigue, véase FERNÁN GONZÁLEZ DE ESLAVA, *Villancicos, romances, ensaladas y otras canciones devotas*, ed. de Margit Frenk, El Colegio de México, México, 1989 (sobre la poesía "de cancionero"): "Definida en términos sucintos, se trata de una poesía de carácter eminentemente discursivo y razonador, muy dada al juego con las palabras y los conceptos, a las reiteraciones, las antítesis y las paradojas. En el siglo XV, es una poesía reconcentrada, nerviosa, obsesiva, ajena al mundo de los sentidos y de la naturaleza" (p. 52), juicio que casi se podría aplicar al Barroco.

tual, de las expresiones más delicadas de amor humano, a lo más brutal y grotesco, escatológico. Según avanzamos antes, se debe a Herrera el establecer la conexión entre lo conciso que exigía el epigrama latino, plagado de juegos conceptuales de agudeza mental, y el soneto³. Los poetas barrocos, con sus "argucias", complicaron aún más lo paradójico, antitético, contradictorio y poco común que encontraron en la poesía anterior, recursos a los que eran muy aficionados, como lo era la muy aguda e ingeniosa Juana Inés.

Da Lentino, el ya mencionado inventor del soneto, agrupó los catorce versos endecasílabos de sus "cancioncillas" en los dos cuartetos y dos tercetos que han llegado a nosotros, excepto que en los sonetos posteriores, en Italia y en España, se cambió el esquema métrico de sus cuartetos (ABAB:ABAB) al de ABBA:ABBA; en el esquema métrico de los tercetos, se mantuvieron las dos combinaciones que nos legó: CDE:CDE o CDC:DCD[4], las cuales, según Tomás Navarro[5], han sido las más utilizadas por los sonetistas españoles, prefiriendo éstos la combinación CDE:CDE. El esquema normal de los sonetos españoles se puede representar de la manera siguiente: ABBA:ABBA; CDE:CDE o CDC:DCD; notemos que la última combinación de los tercetos (por cierto, muy preferida de Sor Juana) sólo presenta dos rimas y no tres como la otra combinación (CDE:CDE). Tomás Navarro también nos dice que, además, se desarrollaron otras variantes métricas en los tercetos: CDE:DCE; CDC:EDE; CDE:DEC; CDC:CDC; CDE:EDC, las cuales fueron empleadas por la mayoría de los poetas españoles, aunque cada uno mostrara preferencia por algunas de ellas en particular.

Los preceptistas del Siglo de Oro, a partir de Sánchez de Lima[6], trataron de buscar una definición del soneto. Herrera afirmaba que era "la más hermosa composición i de mayor artificio i gracia de quantas tiene la poesía Italiana i Española" (*ibid.*, p. 66), dándonos una relación de la capacidad del soneto para tratar todo tipo de argumentos así como de su calidad estilística. Una de las notas en las que más se fijan los preceptistas que tratamos es en la gravedad que se debe mantener en el soneto; hacen también mucho hincapié en que se debe exponer un solo concepto "sin que falte ni sobre nada"[7]. La ruptura principal en sintaxis y argumento suele encontrarse entre el verso octavo y el noveno, es decir, entre los cuartetos y los tercetos. Aconseja Carvallo (*ibid.*, p. 246) que los versos de los cuartetos deben servir para exponer la materia "de concepto delicado... haziendo la cama" porque "en los seys postreros versos conviene estar toda la substancia del Soneto", es decir, prescriben que los cuartetos sean las estrofas de exposición del tema, y que se establezca una pausa entre éstos y entre los tercetos, los cuales deben resumir, aceptando u oponiéndose, a lo que se ha dicho en los cuartetos. Hallamos, sin embargo, variaciones a esta regla, incluyendo el encabalgamiento[8] entre versos y entre estrofas, cuando la sintaxis no está de acuerdo con las formas métricas; este tipo de desfase produce llamativos efectos estéticos. Durante el Barroco, a menudo la pausa mencionada se deja para el último terceto y aun para el último verso.

[4] Véase a ELIAS L. RIVERS, "Certain formal characteristics of the primitive love sonnet", *Speculum. A Journal of Mediaeval Studies*, Cambridge, 33 (1958), p. 43.

[5] *Métrica española. Reseña histórica y descriptiva*, Syracuse University Press, Syracuse, 1956, p. 233.

[6] Véase EMILIANO DÍEZ ECHARRI, *Teorías métricas del Siglo de Oro. Apuntes para la historia del verso español*, Eds. Aldecoa, Madrid, 1970, para la relación y comentarios sobre los sonetos de los preceptistas españoles que cita, pp. 244-249.

[7] Véase a Rengifo en *ibid.*, p. 247.

[8] Como es sabido, el encabalgamiento ocurre cuando un verso poético no corresponde a la estructura sintáctica de la frase o de un miembro de la frase, y el verso se enlaza, sin pausa, con el verso siguiente. Cuando esto sucede, obtenemos la impresión de que las ideas que se nos quieren transmitir se desbordan en los versos, adquiriendo un ritmo acelerado que denota estados emocionales.

9 "Macrocomponente textual y sistematismo tipológico: el soneto español en los siglos XVI y XVII y las reglas del género", *Zeitschrift für Romanische Philologie*, Tübingen, 98 (1981), pp. 146-148.

Antonio García Berrio[9], quien ha estudiado miles de sonetos españoles de los Siglos de Oro, nos transmite su convicción con respecto a "la condición temática y tópica con que se organiza la cultura clásica" en el contexto de la tradición literaria de los sonetos. Cada soneto forma parte de una tipología, o sea, de un grupo de tema "unitario" como, en el caso de este estudio, lo constituye el "tipo" de sonetos amorosos; pero siempre estos grupos estarán integrados por "la superposición de dos componentes básicos... [el] semántico y el sintáctico", lo que se llamaba, hace años, el fondo y la forma. Y esto podemos aplicarlo a los sonetos amorosos que vamos a estudiar y a todos los del Siglo de Oro, lo mismo que a los que se escriben hoy. Todo ello refleja, a través de las épocas, la "conciencia tradicional" del soneto, la cual está —siempre que el poeta crea su propio texto— en el fondo, ya sea para adoptarla o para rechazarla.

El *Canzoniere* o *Rime sparse* de Petrarca, en el cual se combinan principalmente canciones y sonetos, tiene un orden poético que pretende ser cronológico, reflejando una relación amorosa más o menos imaginaria; la muerte de Laura divide en dos partes ("in vita" e "in morte") el cancionero entero. El cancionero de Boscán, formado de un conjunto de 10 canciones y 92 sonetos, imita evidentemente el de Petrarca (con ecos también del poeta valenciano Ausias March), pero su división principal es muy nueva, basándose en la abrupta transición de un amor "cortés" —al que pinta de pecaminoso sufrimiento erótico— a un amor casto de felicidad matrimonial. Los treinta y tantos sonetos de Garcilaso, en cambio, no se combinan con las cinco canciones ni forman un conjunto coherente; son sonetos sueltos, en su mayor parte petrarquistas y amorosos, pero también de otros tipos, a veces de gran plasticidad clásica.

Aunque hacia el final del siglo XVI Fernando de Herrera construyó otro cancionero según el modelo de Petrarca, el ejemplo garcilasiano de sonetos sueltos es el que predominó en España y en sus colonias. Es interesante, en el siglo XVII, el caso de Lope de Vega, autor de unos 1,600 sonetos; publicó varias colecciones de sonetos amorosos, religiosos y burlescos que se leían como conjuntos poéticos, aunque eran claramente diferentes del cancionero de Petrarca. De los otros dos grandes poetas barrocos de la época, Luis de Góngora escribió sonetos amorosos sueltos que carecen de intimidad y no llaman la atención por su sutileza sentimental sino por la impresión de color y solidez estética que evocan; y de Francisco de Quevedo, autor de sonetos amorosos de gran intensidad, sí se dice recientemente que su serie "Canta a Lisi" fue ordenada en forma de cancionero coherente.

Sor Juana y sus sonetos amorosos

A pesar de que Sor Juana conocía bien la tradición petrarquista y se han señalado en su obra rasgos de la poesía de Petrarca[10], sus sonetos amorosos no forman un conjunto cancioneril petrarquista. Aunque se pueda formar grupos dedicados a una persona determinada, al considerarlos en su totalidad, vemos que se dirigen a otras personas muy variadas y que no forman una historia de amor definida aunque, obviamente, en ellos Juana Inés nos transmite vivencias de sus experiencias vitales. Falta en Sor Juana el elitismo que se percibe en el *Canzoniere*: su poesía —y quizá es éste uno de los aspectos que la hace lo que se ha llamado "original"—, con toda su ciencia, también respira el ambiente de la gente de su mundo, según comentaremos más adelante. Consideremos a la Décima Musa como la última gran poeta de la tradición que parte de la poesía de Boscán y Garcilaso hasta Calderón de la Barca, y que, del otro lado del mar, en la Nueva España, cierra ese período con su muerte.

Sor Juana era maestra de ese mundo poético de los sonetos que recibió de la tradición hispánica de los grandes maestros, incluyendo a muchos otros poetas menores, tanto de la Península como —podemos suponer— de las colonias[11]. La poesía de Sor Juana recoge la mejor tradición peninsular y también está impregnada de sabor novohispano. En la alta cultura del medio ambiente en que escribía, era la poeta que mejor dominaba el canon poético de la época, y esto incluye a la poesía que venía de ultramar; sabía de la *imitatio* y de la superación de los grandes poetas masculinos según se venía practicando pero, como veremos, su imitación no fue nunca servil; los alteraba con una maestría independiente y conocedora, adoptando lo que mejor convenía a su personalidad y a su sociedad novohispana de letrados grandes y pequeños: el personaje clerical de la gran urbe, el aristócrata de la corte virreinal, el erudito de la ciencia, pero también el mundo medio de aquel momento que sabía componer música y

[10] Véase la tesis de Lisa Rabin, *The Petrarchan poetics of Sor Juana Inés de la Cruz*, Yale University, 1993; UNI, Ann Arbor, 1994, 94-14916.

[11] Para la poesía novohispana de la Colonia, véanse Alfonso Méndez Plancarte (ed.), *Poetas novohispanos*, ts. 1 y 2, UNAM, México, 1942, 1944; Luis de Sandoval y Zapata, *Obras*, ed. de José Pascual Buxó, F.C.E., México, 1986; Bernardo de Balbuena, *Grandeza mexicana*, Bulzoni, Roma, 1988; y *Siglo de Oro en las selvas de Erífile*, ed. de José Carlos González Boixo, Universidad Vera-

cruzana, Xalapa, 1989 (más la muy conocida edición de *Grandeza* de Porrúa, México, 1971); y la edición de Fernán González de Eslava mencionada *supra*, nota 3. Tengo un largo capítulo sobre "La poesía popular y la poesía culta", con subcapítulos: "Mujeres poetas de la Colonia", "Bernardo de Balbuena: enlace entre dos épocas", entre otros, que se preparó hace años (coordinador Giuseppe Bellini) y, por fin, publicará la UNESCO bajo la dirección de Amos Segala. Me pregunto si Sor Juana conocería la poesía de González de Eslava, por ejemplo, la de Balbuena, la de Sandoval y Zapata, la de María de Estrada Medinilla... MARGIT FRENK dice que González de Eslava frecuentaba el convento de monjas de San Jerónimo (p. 46), el cual formaba parte de su clientela predilecta, ¿quedarían allí manuscritos? Véanse las obras aquí mencionadas para estos autores novohispanos que también se citan más adelante.

[12] Véase la nota anterior para estos poetas mencionados.

[13] Para los que se interesen por estos aspectos de Sor Juana, remito a mi artí-

poesía, que escuchaba villancicos en las catedrales, que se encantaba ante las recitaciones de los arcos triunfales y de las fiestas poéticas.

La internacionalización de la lírica, el género más prestigioso de la época, se implantó en América de modo fecundo y vigoroso, como ya nos lo dice Eugenio de Salazar en su *Epístola a Herrera* al darnos las directrices poéticas que regían en el mundo culto de la Nueva España:

> Ya nos envía nuestra madre España
> de su copiosa lengua mil riquezas
> que hacen rica aquesta tierra extraña,
> también Toscana envía las lindezas
> de su lengua dulce a aqueste puesto
> ...
> y ya acudiendo la Proencia a aquesto
> su gracioso parlar le comunica
> y presta de su haber un grande resto;
> también llegó la Griega lengua rica
> a aquestas partes tan remotas della:
> y en ellas se señala y amplifica
> La Nueva España...

Como Salazar, contribuyeron al ambiente lírico de su nueva residencia y ensayaron sonetos —sin que podamos contar a los anónimos— los sevillanos Gutierre de Cetina y Juan de la Cueva, quienes, entre otros, compartieron honores con los sonetos de criollos como Francisco de Terrazas —los suyos realmente delicados—, y los que escribían Francisco Bramón, Miguel de Guevara, y otros poetas que se aclimataron a las tierras novohispanas, tales como el gran Bernardo de Balbuena, el diestro y festivo Fernán González de Eslava y el que fuera obispo de Puebla y virrey, Juan de Palafox y Mendoza. Más tarde, siguieron otros criollos, y otras criollas, que le prestaron atención al soneto, como Catalina de Eslava (de la que nos ha llegado un solo soneto a la muerte de su tío, a quien acabamos de citar), María de Estrada Medinilla y Diego de Ribera, ya contemporáneo de Sor Juana. Es a mediados del siglo XVII, cuando encontramos al excelente Luis de Sandoval y Zapata[12], quien precede, en lo soneteril, muy cerca y dignamente a nuestra poeta. Todo este mundo lírico encontró Juana Inés ya bien enraizado en su México virreinal, para moldear su desarrollo intelectual y poético.

La diversidad de temas, tópicos y voces que ella adopta en su obra nos muestran, no sólo todo un mundo nuevo reflejado y transformado en las manos de una mujer criolla y sabia[13], sino que refleja la conciencia que tenía de su singularidad de mujer escritora e intelectual y de su puesto comprometido, como tal, en la sociedad de su tiempo; así lo percibimos en los ecos de su poesía que nos traen las voces refinadas de la corte, las religiosas del convento y las catedrales, y las del mundo abigarrado de la calle, con sus castas, e indios y negros que cantan, bailan y protestan.

Sor Juana, quien, como nos dice en la *Respuesta*, escribía porque no podía dejar de hacerlo, se aplicaba —al igual que en casi todo el resto de su obra— a escribir todo tipo de soneto como práctica poética, y también en busca de reconocimiento "oficial" dentro y fuera del convento; su propósito, pues, en gran parte era —como se diría hoy— de carácter político: le importaba conseguir el reconocimiento de su derecho a escribir. Su inteligencia y saber buscaban el merecido lugar que le tocaba en el mundo de la corte, en el centro de la intelectualidad de su época; un modo de conseguirlo era exhibir su maestría poética ante todos, probándose capaz de dominar todas las corrientes, todos los temas, todos los tópicos, todas las fórmulas poéticas que se practicaban. Creía necesario probar su virtuosismo, su ingenio, que era lo que contaba en su época, como nos lo dice en su soneto que comienza: "Señora doña Rosa, hermoso amago", cuyos tres versos finales lo explican claramente: "y advierta vuesarced, señora Rosa, / que le escribo no más este soneto / porque todo poeta aquí se roza".

Antes de seguir adelante, hay que ponderar un fenómeno inaudito en estos sonetos que vamos a comentar: no resulta nada ortodoxo el hecho de que sea femenino el "yo" poético. La tradición del amor cortés y petrarquista se basaba siempre en que el poeta enamorado era hombre que adoraba a su dama: Juana Inés, mujer poeta, invierte este *status quo*, es más, incluso lo revoluciona al utilizar distintas voces, según veremos: la femenina que se dirige al amado, la masculina que le cuenta sus cuitas a la mujer querida, e incluso una voz ambigua que no podemos identificar categóricamente como femenina o masculina y que le habla al ser querido; en otras ocasiones, la voz, sea femenina o masculina, hace reflexiones o actúa de consejera o de juez.

Pasemos ahora al estudio de los sonetos amorosos de Sor Juana. Después de una revisión cuidadosa, hemos guardado los mismos veintiún sonetos que Méndez Plancarte clasificó bajo esa denominación[14]. Generalmente, Sor Juana mantiene los preceptos tradicionales del soneto exponiendo, en los cuartetos, lo que constituye la problemática que se presenta y, después de la pausa prescrita, da la resolución en los tercetos. Hay casos, sin embargo, en que la "exposición" se continúa en los tercetos, y sólo en los últimos versos se refuerza o niega lo que se dijo en los cuartetos.

culo: "Apología de América y del mundo azteca en tres loas de Sor Juana", *Revista de Estudios Hispánicos. Letras Coloniales*, Puerto Rico (1992), pp. 267-291.

[14] Es siempre un problema definir lo que se entiende por composición amorosa y qué debe abarcar. Aquí nos atendremos al grupo mencionado de "sonetos amorosos" según la correcta clasificación del crítico mexicano; los sonetos que Méndez Plancarte categorizó como "Histórico-mitológicos", que tienen relación con amores trágicos pero no son de amor en sentido estricto, los hemos analizado en otra parte: "Heroínas de amor trágico en cinco sonetos de Sor Juana"; se publicará en México próximamente (se leyó en el homenaje a Sor Juana, en conmemoración de los tres siglos de su muerte, en UCLA, "Sor Juana Inés de la Cruz and Baroque theatricality"). Nos basaremos en los textos de la edición de Alfonso Méndez Plancarte (MP en lo sucesivo), de SOR JUANA INÉS DE LA CRUZ, *Obras completas*, t. 1: *Lírica personal*, y en los de mi edición de *Inundación Castálida*, Castalia, Madrid, 1982; dando número y página respectiva (no todas las composiciones que aparecieron en la edición *antigua* de *Inundación Castálida* se encuentran en

mi edición; *IC* en adelante) según se advierte en mi "Nota previa", nota 1, p. 83. Haremos cambios de puntuación y en el texto con respecto a la edición de MP y a la mía propia; seguiremos, básicamente, el texto de la edición antigua de *Inundación Castálida* para los textos que ahí se hallan. Véase lo que digo en mi edición del mismo título, pp. 83-84. El v. o vs. que aparecen en el texto remiten a "verso(s)". Como en el resto de su obra —excepto por algunas composiciones que dan datos históricos— no se ha determinado la cronología de los sonetos de Sor Juana. Tampoco hubo, al parecer, un orden determinado en los escritos suyos cuando se publicaron las distintas ediciones de los tres tomos antiguos. De vez en cuando aparecen pequeños grupos de sonetos del mismo tema (lo que señalaremos) pero no hay un orden sistemático sino más bien accidental. Anoté, en otra parte, que oí decir en un congreso que no se podía contar con los manuscritos de las obras de Sor Juana porque era costumbre —que sólo en casos muy especiales no se seguía— destruirlos una vez publicada la edición; sin embargo, últimamente se me ha aseverado lo contrario.

INVNDACION CASTALIDA
DE
LA VNICA POETISA, MVSA DEZIMA,
SOROR JVANA INES
DE LA CRVZ, RELIGIOSA PROFESSA EN
el Monasterio de San Geronimo de la Imperial Ciudad de Mexico.

QVE
EN VARIOS METROS, IDIOMAS, Y ESTILOS, Fertiliza varios assumptos:
CON
ELEGANTES, SVTILES, CLAROS, INGENIOSOS, VTILES VERSOS:

PARA ENSENANZA, RECREO, Y ADMIRACION.

DEDICALOS
A LA EXCEL.ma SEÑORA. SEÑORA D. MARIA Luisa Gonçaga Manrique de Lara, Condesa de Paredes, · Marquesa de la Laguna,

Y LOS SACA A LVZ D. JVAN CAMACHO GAYNA, CAVALLERO DEL ORDEN de Santiago, Mayordomo, y Cavallerizo que fue de su Excelencia, Governador actual de la Ciudad del Puerto de Santa MARIA.

CON PRIVILEGIO.

EN MADRID · Por Jvan Garcia Infanzon. Año de 1689.

Por el "tono" o postura semántica que adoptan las voces de estos sonetos, podemos hacer dos grandes grupos: en uno de ellos (A), se mantienen los conceptos ortodoxos tradicionales de la poesía amorosa provenzal y petrarquista con un punto de vista muy personal; en el otro (B), se nos presentan conceptos heterodoxos, es decir, se nos da una visión contraria a esa postura convencional, parodiándola o tratándola en forma ligera. No quiere decir que en cada caso Sor Juana haya inventado un concepto opuesto a los que nos habían llegado a través de la poesía occitánica y petrarquista, pero sí que no solamente desarrolló los que ya se hallaban en la poesía de su tiempo que satirizaba a éstas, es decir, lo que se ha llamado poesía anti-petrarquista[15], sino que también desarrolló sus propios modos de expresión. Y arriesgamos el aserto de que los sonetos que nos presentan conceptos heterodoxos son los más característicos de Sor Juana.

En esta clasificación, nos hemos basado principalmente en los temas y tópicos de los sonetos, buscando cierta unidad y desarrollo en el orden que presentan, especialmente en los sonetos que hemos colocado dentro de los incisos, los cuales muestran, dentro de cada uno de ellos, una progresión hacia la intensidad. Se notará que los veintiún sonetos amorosos de la monja están casi exactamente divididos entre los dos grandes grupos que proponemos (conceptos ortodoxos, diez sonetos, y heterodoxos, once). En el primero hay seis incisos y en el segundo hay sólo cuatro; o sea, que Sor Juana ensayó en sus sonetos, dentro del grupo de "amor ortodoxo", seis tópicos mientras que en el grupo de los "heterodoxos" ensayó sólo cuatro aunque constituyen mayor número de sonetos. Veamos:

A. *Conceptos ortodoxos del amor* (10 sonetos)
      1) amor correspondido e incorruptible (2)[16]
      2) dolor de amor que no espera recompensa (3)
      3) amor racional (1)
      4) ausencia (1)
      5) "retórica del llanto" (2)
      6) poder de la Fantasía (1)

B. *Conceptos heterodoxos del amor* (11 sonetos)
      1) "encontradas correspondencias" (3)
      2) amor y odio (2)
      3) reprobación del amor (4)
      4) temporalidad del amor (2)

A lo largo del trabajo seguiremos este esquema.

[15] Los sonetos que Méndez Plancarte agrupó bajo el epígrafe de "satírico-burlescos" son seis, de los cuales el primero, a la rosa (del cual hemos dado unos versos antes, en el texto de este trabajo), tiene cierto tono filosófico; los otros cinco, de carácter amoroso, son anti-petrarquistas, entendiendo por tal lo que vaya contra los conceptos amorosos de Petrarca al presentarlos en forma paródica, burlesca o irónica. Vale la pena dedicar trabajos a estas intrigantes composiciones (en todas ellas, MP, núms. 159-163, Sor Juana utiliza voz masculina y de germanía). La poeta lo mismo era capaz de escribir poesía de la más exquisita que, a través de otras composiciones, dejarnos percibir su aspecto burlón e irónico; recuérdese, entre las composiciones anti-petrarquistas, el retrato de Lisarda, donde satiriza al mismo Garcilaso, entre otros, y su afición por el juego de palabras, además de los sonetos burlescos que mencionamos en esta misma nota; sobre ellos, véase FREDERICK LUCIANI, "The burlesque sonnets of Sor Juana Inés de la Cruz", *Hispanic Journal*, Indiana, 1986, núm. 2, 85-99.

[16] Los números entre paréntesis que aparecen al lado de cada inciso indican el número de sonetos que en él se estudian.

A. Conceptos ortodoxos del amor

1. *Amor correspondido e incorruptible*

En este inciso hemos colocado los números 169 y 183 de la numeración de Méndez Plancarte; corresponden a amor correspondido y amor incorruptible, en ese orden. Fabio, vocativo masculino al que se dirige la voz lírica en el número 169 (en *IC*, núm. 6), es el nombre masculino favorito de la poeta; lo vamos a encontrar siempre que se le hable al ser amado por excelencia. Veamos este soneto; en él encontramos una lógica razonadora, que es marca personal de nuestra autora:

Enseña cómo un solo empleo en amar
es razón y conveniencia[17].

Fabio: en el ser de todos adoradas,
son todas las beldades ambiciosas,
porque tienen las aras por ociosas
si no las ven de víctimas colmadas.
5 Y así, si de uno solo son amadas,
viven de la Fortuna querellosas,
porque piensan que más que ser hermosas
constituye deidad el ser rogadas.
Mas yo soy en aquesto tan medida,
10 que en viendo a muchos, mi atención zozobra,
y sólo quiero ser correspondida
de aquél que de mi amor réditos cobra;
porque es la sal del gusto el ser querida,
que daña lo que falta y lo que sobra.

En los cuartetos de este soneto, en el que se utiliza voz de mujer (avalada por el uso gramatical) y alternan el yo/tú clásicos, Juana Inés expone lo que sucede en general: critica la condición femenina de las "beldades" de desear ser adoradas por muchos hombres; si son queridas de uno solo, se quejan de su fortuna porque creen que la hermosura no importa tanto como el ser rogadas de muchos, que es lo que las hace sentirse "deidad". Esta palabra, así como "aras", "víctimas" y "adoradas", nos llevan a los conceptos del amor cortés. Los tercetos nos dan la resolución de la poeta, quien, oponiéndose a estas creencias, nos transmite lo que, analizando su manera de ser "tan medida" —que la hace aturdirse ante la atención de muchos—, ella ha elaborado para sí: prefiere un solo amor *correspondido*, es decir, un amor recíproco y exclusivo. En los tercetos —con rima CDC:DCD— notemos el uso de "réditos"[18] (expresiones espirituales y físicas de cariño) del lenguaje legal-eco-

[17] Recordemos que los epígrafes seguramente no pertenecen a Sor Juana sino a los editores de las ediciones donde aparecen estos sonetos que estamos estudiando. Este epígrafe nos dice que el soneto muestra que emplearse en amar a una sola persona es razonable y conveniente.

[18] *Réditos*: interés; su amor es el capital que produce interés en la persona masculina amada, Fabio.

nómico aplicado al amor, y con ello la importancia de tipo práctico que —según la poeta— tiene el cariño de una mujer para el hombre que "invierte" en ese amor, así como expresiones de tipo popular y doméstico ("la sal del gusto") que le quitan tiesura al soneto. El amor es como la sal: el exceso o la falta puede echar a perder el sabor de un plato.

Pasemos al segundo soneto (núm. 183) de este inciso, que se dirige a la persona amada, Celia. Utiliza "tú" y, al parecer, un "yo" de voz masculina (pero no avalada gramaticalmente). El argumento se basa en los conocimientos escolásticos de Sor Juana; es una exposición de su condición de mujer intelectual aplicada al amor utilizando un silogismo[19] entre los cuartetos y los tercetos:

> *Para explicar la causa a la rebeldía, ya sea firmeza, de un cuidado, se vale de opinión que atribuye a la perfección de su forma lo incorruptible en la materia de los cielos; usa cuidadosamente términos de Escuelas*[20].

> Probable opinión es que conservarse
> la forma celestial en su fijeza

[19] Como es sabido, el silogismo es un argumento que consta de dos premisas (la mayor y la menor) y una consecuencia que se deduce por la primera a través de la segunda.

[20] La gran erudición de MP explicó los "términos de Escuelas" de este soneto que antes había parecido ininteligible. Se basa en el hilomorfismo (hilemorfismo), doctrina cosmológica de Aristóteles y su desarrollo medieval. Según ella, los cuerpos constan de dos elementos esenciales: "forma" (relativo a lo espiritual, al alma) y "materia" (relativo al cuerpo). La materia, siendo substancia "rígida", es determinada por la forma con la cual se combina en una sola substancia. Para Aristóteles, la forma puede existir independientemente de la materia como puro concepto o ser permanente; no así la materia, la cual, al no estar asistida por la forma, se descompone. Sin embargo, esta "composición substancial", al descomponerse, deviene, se "educe" en otra porque nunca pierde la potencialidad, el "apetito" de convertirse en una nueva substancia. Aristóteles creía que los cielos (esferas) y astros eran incorruptibles; de todo esto, la escolástica infirió que la materia de esos cuerpos era diferente a la de los cuerpos sublunares, es decir, de los cuerpos terrestres, o también que esa materia, siendo igual a la terrestre, era "informada", al saciar su apetito, con alguna de las formas celestes. Y todos

estos conceptos escolásticos que se explican en los dos cuartetos de este soneto Sor Juana los aplica, alegóricamente, en los tercetos, al amor de Celia. La explicación que antecede sirve, asimismo, para el soneto de Luis de Sandoval y Zapata.

[21] Seguimos a MP en el cambio de "nobleza" del v. 3 por "firmeza"; p. 538, notas al v. 2. Tenemos también el cambio de "la" por "lo", según explicamos en nuestra edición de *IC*, p. 248.

no es porque en la materia hay más firmeza[21]
sino por la manera de informarse,
5   porque aquel apetito de mudarse
lo sacia de la forma la nobleza,
con que, cesando el apetito, cesa
la ocasión que tuvieran de apartarse.
      Así tu amor, con vínculo terrible,
10   el alma que te adora, Celia, informa;
con que su corrupción es imposible
      ni educir otra con quien no conforma,
no por ser la materia incorruptible,
mas por lo inamisible de la forma.

En los cuartetos de este soneto, la monja nos explica teorías aristotélicas sobre la materia y la forma (cf. *supra*, nota 20), que dicen que los cielos son eternos por su carácter espiritual, por su forma, no por su materia, la cual está sujeta a la corrupción. Esta materia, sin embargo, siempre tiene el "apetito" de "saciarse" y "educirse", es decir, convertirse, en una nueva substancia.

En los tercetos (de rima CDC:DCD), todas estas fórmulas de la época, técnicamente escolásticas, se aplican al amor de "vínculo terrible" que siente la persona que adora a Celia. Al amor de ésta se le otorga la incorruptibilidad de los cielos; como este amor "informa" el alma de su amante, su amor deviene también incorruptible (y éste es el silogismo), no porque la materia, en sí, lo sea, sino porque la suya (la del amante) no admite otra "forma" amorosa que no sea la de Celia. Se trata aquí de un amor permanente que, en última instancia, vence a la muerte, como sucede con "el polvo enamorado" del famoso soneto de Quevedo, eco que se halla asimismo en otro soneto de Sor Juana[22].

[22] Cf. mi artículo sobre las "Heroínas de amor trágico..." citado *supra*, n. 14.

El coterráneo criollo de la monja, Luis de Sandoval y Zapata, trató la cuestión del hilomorfismo en su erudito soneto "A la materia prima" ("Materia que de vida te informaste"); ¿lo leería Sor Juana? En él encontramos reflexiones filosóficas que subrayan las metamorfosis, los cambios que experimenta esta incorruptible "materia prima" al relacionarla con las "formas" que ha "vivido" y a su naturaleza impermeable a la muerte. No vincula estos conceptos, como lo hace la monja, al amor[23].

[23] Véase la ed. de Pascual Buxó a las *Obras* de SANDOVAL Y ZAPATA.

El soneto de Sor Juana presenta, oblicuamente, un aspecto interesante de defensa del derecho de la mujer a la intelectualidad. La escritora adopta voz masculina en varias de sus composiciones; aquí, sin embargo, no se declara explícitamente como perteneciente a ningún sexo específico. Sabe que eran los varones de la época los reconocidos depositarios de estas teorías y, por tanto, los que podían hacer alarde de ellas con sus enamoradas. Puesto que la época no admitía que una mujer incurriera en el atrevimiento de invertir los papeles guardando su voz femenina para instruir, Sor Juana aparece adoptando voz de varón sin que se pueda decir que, claramente, deja de ser una mujer la que habla[24].

2. *Dolor de amor que no espera recompensa*
En este inciso colocamos tres sonetos que expresan distintos aspectos del amor cortés: en la edición de Méndez Plancarte son los números 179, 173 y 172:

Que explica la más sublime calidad de amor.

Yo adoro a Lisi, pero no pretendo
que Lisi corresponda mi fineza[25],
pues si juzgo posible su belleza,
a su decoro y mi aprehensión ofendo.
5   No emprender, solamente, es lo que emprendo;
pues sé que a merecer tanta grandeza
ningún mérito basta, y es simpleza
obrar contra lo mismo que yo entiendo.
Como cosa concibo tan sagrada
10   su beldad, que no quiere mi osadía
a la esperanza dar ni aun leve entrada:
pues cediendo a la suya mi alegría,
por no llegarla a ver mal empleada,
aun pienso que sintiera verla mía.

La "más sublime calidad de amor" es la del amor cortés: el amor más alto es el que no espera nada, con lo cual se acerca al de Dios. La poeta adopta aquí voz de varón: es el trovador que se dirige al *dons* provenzal expresando un amor inalcanzable porque no puede ni aun pretender que aspira a ese amor. Los tercetos (CDC:DCD) son un corolario de las ideas que se introdujeron en los cuartetos: se refuerza la total falta de esperanza de ese amor; la beldad de la amada, y toda ella, es cosa tan sagrada que se mancharía con la posesión, con el mal empleo, si esta posesión fuera posible. El uso de "simpleza" del verso 7 y todo el verso 8 aligeran estos graves conceptos trovadorescos.
    El segundo soneto (el núm. 173) de este inciso es el siguiente:

*Efectos muy penosos de amor, y que no por grandes se
igualan con las prendas de quien le causa.*

¿Vesme, Alcino, que atada a la cadena
de Amor, paso en sus hierros aherrojada,

[24] En la loa al auto *El Mártir del Sacramento: San Hermenegildo*, Sor Juana se opone a la ciencia antigua y propone nuevos términos; lo hace bajo la capa de un "maestro" que argumenta con dos estudiantes pero, al final, se identifica como la autora de la loa. Véase mi trabajo: "Loa del auto a *San Hermenegildo*: Sor Juana frente a la autoridad de la sabiduría antigua" que se publicará a finales de este año (1995) en un número especial de la *Revista Iberoamericana*.
[25] "Fineza": prueba o muestra de amor, es palabra que la monja utilizaba con frecuencia para cuestiones amorosas profanas y en relación con el amor de Dios; el ejemplo más significativo es la *Carta Atenagórica*. (*Crisis sobre un sermón* según título que lleva desde la segunda edición, Sevilla, 1692, del t. 2 de sus obras antiguas.)

> mísera esclavitud, desesperada
> de libertad, y de consuelo ajena?
>
> 5   ¿Ves de dolor y angustia el alma llena,
> de tan fieros dolores lastimada,
> y entre las vivas llamas abrasada
> juzgarse por indigna de su pena?
>
>   ¿Vesme seguir sin alma un desatino
> 10   que yo misma condeno por extraño?
> ¿Vesme derramar sangre en el camino
> siguiendo los vestigios de un engaño?
> ¿Muy admirado estás? Pues ves, Alcino:
> más merece la causa de mi daño.

En este soneto la voz lírica, claramente femenina, se dirige a un confidente masculino, Alcino, a quien le cuenta sus cuitas de amor: cadena, hierros, esclavitud, desesperación y desconsuelo a causa del amor, que hallamos ya en el primer cuarteto. Estas cuitas nos llevan, nuevamente, a los sufrimientos propios del amor cortés, relato que continúa en los versos del segundo cuarteto: el dolor, la angustia, los tormentos y las llamas que sufre el alma son, de todos modos, penas inmerecidas. La amante es indigna del sufrimiento que padece porque la persona amada vale mucho más.

Las anáforas de las distintas formas verbales de "ver" que se hallan en las tres primeras estrofas (y "ves", de nuevo, dentro del verso 2 del terceto final) refuerzan la idea del estado miserable que ofrece la amante a la vista ajena. En este soneto, la poeta no cambia el tema de los cuartetos; continúa en los tercetos la misma idea de sufrimiento que venía contándonos en los versos anteriores; no hay, pues, pausa. Es sólo en los dos versos finales que se resuelve a decirnos que ese sufrimiento no es nada porque "más merece la causa de mi daño": los dolores de amor, por grandes que sean, son inferiores a la persona que es depositaria de ese amor.

Veamos el tercer soneto de este inciso (núm. 172):

> *De una reflexión cuerda con que mitiga*
> *el dolor de una pasión.*
>
> Con el dolor de la mortal herida,
> de un agravio de amor me lamentaba,
> y por ver si la muerte se llegaba,
> procuraba que fuese más crecida.
> 5   Toda en el mal el alma divertida[26],
> pena por pena su dolor sumaba,

[26] "Divertida": tiene aquí el sentido antiguo de "abstraída", "concentrada", "distraída".

> y en cada circunstancia ponderaba
> que sobraban mil muertes a una vida.
>   Y cuando, al golpe de uno y otro tiro,
> rendido el corazón daba penoso
> señas de dar el último suspiro,
>   no sé con qué destino prodigioso
> volví en mi acuerdo y dije: —¿Qué me admiro?
> ¿Quién en amor ha sido más dichoso?

10

Como vemos en este soneto, en el que se utiliza un "yo" masculino, el carácter de poesía amorosa provenzal se intensifica; la persona amada —ausente en el soneto pero de importancia capital— es la causa de los males, cuya relación se concentra en el amante lastimado. En este soneto no se habla ya de los tremendos dolores que sufre el amante del soneto anterior: se llega a la muerte. La "herida" que se menciona en el primer verso se refiere a la herida de amor que, en este caso, el amante busca que se acreciente: "procuraba que fuese más crecida", para que resulte mortal. El segundo cuarteto nos dice que el alma se concentra "toda en el mal", es decir, en el mal de amor, contando, una a una, sus penas y que, en cada caso, se dice a sí mismo, encareciéndolo, que podría sufrir mil muertes si sólo una no bastara para acabar con una vida, la suya.

En cuanto al tema, no hay pausa aquí tampoco entre los cuartetos y los tercetos que siguen (de rima CDC:DCD); éstos continúan la relación de los golpes dolorosos hasta que el corazón, depositario del amor, empieza a dar señales de muerte (reforzadas por el encabalgamiento del primer terceto). Entre la mitad del penúltimo verso y el último, se resuelve la problemática presentada al decirnos que, al volver a su "acuerdo" en medio de los dolores, aún tuvo fuerzas para decir que no había razón para admirarse ya que era tan dichoso de morir por su amor.

Hay otras composiciones de Sor Juana, en variados metros, en las que trata el amor cortés en los mismos u otros aspectos que hemos visto en estos tres sonetos. En el núm. 19 (de MP), un romance (núm. 62 de *IC*): "Lo atrevido de un pincel", dedicado a María Luisa Manrique de Lara (marquesa de la Laguna, condesa de Paredes), hay una larga tirada (vs. 37-108) en donde habla de la marquesa como diosa, de las aras, del sacrificio de sus adoradores, de la ofensa que se haría con esperar la paga... En el núm. 82 (endechas reales): "Divina Lisi mía", se añade el tópico de amor a primera vista, el castigo como premio...; en los números 90 y 91 (ambos en redondillas): "Señora, si la belleza" y "Pedirte, señora, quiero", trata conceptos ya conocidos así como en las glosas que comienzan "Cuando el Amor intentó" (núm. 142). Creemos que estos tres sonetos son, de todos modos, la muestra más exquisita de nuestra monja en el tratamiento del amor que nos llegó de Occitania, y en los que se hallan los rasgos más evidentes de este tipo de poesía. No se percibe en ellos las notas de introspección que examina las emociones propias del amante ante la visión amada, al modo petrarquista.

3. *Amor racional*

El soneto que vamos a ver (MP, núm. 182) fue contestación de Sor Juana a un "curioso" que le escribió pidiéndole "que le respondiese" y así lo hace la monja usando los mismos consonantes métricos utilizados por su admirador[27]. Esto nos indica, no sólo el alto nivel cultural y la llaneza con que la gente de la sociedad novohispana de la capital se dirigía a una monja famosa, sino también la gran afición que existía a esta suerte de juego literario, puro ejercicio de fantasía poética y de ficción. Sor Juana escribió otros sonetos con consonantes ya fijados —que veremos después—; éste se relaciona con el núm. 181: "Dices que no te acuerdas, Clori, y mientes". Es obvio que el señor que le envía el soneto era un lector conocido; esto demuestra que las copias manuscritas de poemas de Sor Juana circulaban entre redes de lectores de sus obras, que las comentaban entre ellos y que hasta se atrevían a intervenir directamente haciéndole envíos y peticiones a la autora, como en este caso. El soneto que veremos a continuación es, entre los de consonantes "forzados" mencionados antes, el único que podemos colocar entre los "ortodoxos", según la clasificación que hemos adoptado:

> *Que respondió la Madre Juana
> en los mismos consonantes.*
>
> No es sólo por antojo el haber *dado*
> en quererte, mi bien, pues no *pudiera*
> alguno que tus prendas *conociera*
> negarte que mereces ser *amado*.
> Y si mi entendimiento *desdichado*
> tan incapaz de conocerte *fuera*,
> de tan grosero error aun no *pudiera*
> hallar disculpa en todo lo *ignorado*.
> Aquella que te hubiere *conocido*,
> o te ha de amar o confesar los *males*
> que padece su ingenio en lo *entendido*,
> juntando dos extremos *desiguales*;

[Marginal numbers: 5, 10]

[27] Véase el soneto enviado a Sor Juana: "*Que escribió un curioso a la Madre Juana para que le respondiese*": "En pensar que me quieres, Clori, he *dado*, / por lo mismo que yo no te *quisiera*, / porque sólo quien no me *conociera*, / me pudiera a mí, Clori, haber *amado*. / En tú no conocerme, *desdichado* / por sólo esta carencia de antes *fuera*, / mas como yo saberlo no *pudiera*, / tuviera menos mal en lo *ignorado*. / Me conoces o no me has *conocido*: / si me conoces, suplirás mis *males*, / si aquello, negaráste a lo *entendido*; / si aquesto, quedaremos *desiguales*. / Pues, ¿cómo me aseguras lo *querido*, / mi Clori, en dos de Amor carencias *tales*?" — Repárese en que el consonante "forzado" del v. 2, "quisiera", difiere del "pudiera" que utilizó la poeta en su respuesta. Cotejados los textos de las ediciones antiguas (en la Biblioteca Nacional de Madrid, septiembre de 1995) del tomo 2 de Sor Juana (Sevilla, 1692; Barcelona, 1693; Madrid, 1715 y Madrid,

con que ha de confesar que eres *querido*,
para no dar improporciones *tales*.

Este soneto —de voz femenina y yo/tú— pertenece al grupo que trata con "amor racional", como lo llama la poeta; nace de los merecimientos, de las prendas, que se advierten en la persona; no es amor "por antojo", como nos dice en el primer verso. Hay un juego con las palabras "conocer", "ingenio" y "entendimiento": éste ha de ser capaz de darse cuenta de las dotes y prendas de la persona para amarla; de otro modo, se darían "improporciones tales" que pondrían en evidencia el poco juicio de la que escribe. Así tenemos un ejemplo más de la gran relevancia que Juana Inés le da a las capacidades mentales. Vemos, en este soneto, la pausa establecida entre los cuartetos y los tercetos (rima CDC:DCD); en éstos se da la resolución propia de la poeta.

En las décimas (núm. 104) que comienzan "Al amor, cualquier curioso", Sor Juana nos explica lo que entiende por "amor racional", contraponiéndolo al amor de "influjo imperioso" (o "afectivo") que está bajo la influencia de una "estrella" (o un astro), y pasa a abundar en la idea de estos amores. Nos dice que el amor al que llama racional es el "que es electivo", y que puede tener varias denominaciones según el "objeto", o sea, la persona a la que se le dirija (vs. 15-20):

> Y así, aunque no mude efectos,
> que muda nombres es llano:
> al de objeto soberano
> llaman amor racional,
> y al de deudos, natural,
> y si es amistad, urbano.

Continúa diciéndonos la poeta en la misma composición que sólo al amor de "elección" se debe "agradecimiento" y "veneraciones" porque es el que nace del entendimiento, es decir, del conocimiento que merecen las virtudes y gracias de la persona a la que se le dirija, marcando la diferencia con el amor imperioso y forzado que trata de violentar al corazón, lo cual no es racional. Sor Juana determina en los dos últimos versos (99-100) de estas décimas que sólo se puede dar el alma entera en el amor racional porque es el que va apoyado por el entendimiento, corroborando su fe en la lógica y la razón. Recordemos que en *Los empeños de una casa* el amor de Leonor está basado en los méritos de Carlos, quien es fiel a pe-

1725; las tres ediciones de Barcelona del mismo año presentan el mismo texto), efectivamente, así aparece. Constatamos, de este modo, que la monja no se avino a seguir del todo la petición del "curioso": no utilizó "los mismos consonantes" en todos los versos. Méndez Plancarte no hace ningún comentario sobre el particular (t. 1, núms. 181 bis y 182, p. 537). A esta práctica poética se la llama *"rispondere per le rime"* utilizada desde Dante. Debo este comentario al hispanista alemán Wido Hempel.

sar de que las apariencias podrían hacerle dudar del amor de Leonor; es cortés, bondadoso y equilibrado, y se trata de un amor correspondido.

Conceptos parecidos hallamos en el núm. 99 que comienza: "Dime, vencedor rapaz", en el que el entendimiento y el albedrío luchan contra "la inclinación" sin que aquéllos se rindan; pero sí se rinde la voluntad aunque se resista la razón. En el 5, "Si el desamor o el enojo", también aparece el tema del amor debido por méritos: "Si de tus méritos nace / esta pasión que me aflige, / ¿cómo el efecto podrá / cesar, si la causa existe?" (vs. 45-48); en el núm. 100: "Cogióme sin prevención", se tratan estos conceptos haciendo un parangón con la toma de Troya. Este soneto que estudiamos, aparentemente, va contra el amor que podemos identificar como "ver=amar"[28] que se halla en la lírica de sor Juana, ecuación que también le sirve en su tratamiento amoroso en relación con el amor cortés.

4. *Ausencia*

La Décima Musa escribió varias composiciones en las que trata la ausencia, tema que, con todas sus variaciones, se ha mantenido constante en la poesía amorosa desde los trovadores de la Provenza. Hallamos, entre las varias composiciones que tratan este tópico, un único soneto (MP, núm. 175; *IC*, núm. 16):

*Sólo con aguda ingeniosidad esfuerza el dictamen de que
sea la ausencia mayor mal que los celos.*

> El ausente, el celoso, se provoca,
> aquél con sentimiento, éste con ira[29];
> presume éste la ofensa que no mira,
> y siente aquél la realidad que toca.
> 5   Éste templa, tal vez, su furia loca
> cuando el discurso en su favor delira,
> y sin intermisión aquél suspira,
> pues nada a su dolor la fuerza apoca.
>   Éste aflige dudoso su paciencia,
> 10   y aquél padece ciertos sus desvelos;
> éste al dolor opone resistencia,
>   aquél, sin ella, sufre desconsuelos;
> y si es pena de daño, al fin, la ausencia,
> luego es mayor tormento que los celos.

Está escrito en tercera persona; en él Sor Juana hace reflexiones sobre qué aspecto es peor en cuestiones amorosas: si los celos o la

[28] Véanse las composiciones núm. 89 y 141 (MP, pp. 221-224 y 272-273) que se ocupan del "ver = amar". Todos los números que se mencionan en este párrafo para identificar a los sonetos remiten a MP, t. 1.

[29] Aclaremos el v. 2 y los siguientes: "aquél", el ausente; "éste", el celoso. Aunque Sor Juana los invirtió en alguna composición, aquí mantuvo lo que indican las reglas de redacción.

ausencia de la persona amada, la lejanía. Hay un contrapunteo entre lo que padece el ausente y lo que padece el celoso, explicándonos la voz lírica las maneras en que cada cual sufre sus penas: la ausencia es una realidad dolorosa "pues nada a su dolor la fuerza apoca", mientras que los celos son pura imaginación. La "pena de daño" (v. 13) se refiere a la que la doctrina católica traduce en la privación de la visión de Dios; es decir, el celoso no está privado de la vista de la amada, pero el ausente sí lo está, por lo tanto, la poeta determina que es peor la ausencia que los celos. El tema de la ausencia fue uno de los que Juana Inés trató con visos de intimidad aunque aquí esa nota no se destaque tanto como en otras composiciones suyas que veremos. En el soneto que estamos estudiando no hay pausa entre los cuartetos y los tercetos (CDC:DCD); se continúa en ellos la relación de lo que se decía antes y es sólo en los dos versos finales que se da la resolución al asunto que se propuso en los cuartetos.

Las otras composiciones de Sor Juana que tratan el tema de la ausencia presentan los siguientes tópicos: la ausencia es gran dolor y hace desear la muerte (MP, núm. 6, "Ya que para despedirme"), tópico que se repite en el que comienza (MP, núm. 81): "Divino dueño mío". En las endechas cuyo primer verso es: "Agora que conmigo" (MP, núm. 78), se intensifican al mezclarse con el deseo de, gritando, sacar las angustias del pecho para proclamar el dolor de la peor ausencia: la muerte; aquí encontramos asimismo el tópico de lo extraño que resulta para el amante el no morir si la persona amada ya no existe.

Es en las liras que lloran la ausencia, "Amado dueño mío" y "A estos peñascos rudos" (MP, núms. 211 y 213), sin embargo, donde hallamos expresadas estas ideas en su forma más hermosa. En la primera (ambas en voz femenina y dirigidas a Fabio) la voz lírica se comunica con el amante ausente a través de las cosas inanimadas que halla en el campo y habla con él en la distancia. En la segunda se tocan tópicos que hemos visto antes: el amor a primera vista, la vida que "rebelde resiste a dolor tanto" y otros que comentamos antes (véase el núm. 78), aquí enumerando las virtudes y distintas situaciones en que quisiera ver a su amado: en brazos ajenos porque los celos —como en el soneto— serían mal muy menor que la ausencia ya que ésta es de muerte, la cual ha traído la separación definitiva a los amantes. Al aproximar la monja este tema de la ausencia a la muerte, le imprime el concepto de un amor trágico haciéndolo, así, perdurable[30].

[30] FRANCISCO DE MEDRANO, *Poesía*, ed. de Dámaso Alonso, Cátedra, Madrid, 1988, p. 295, tiene un soneto en el que nos dice, en el primer cuarteto, que ni la ausencia ni la muerte, hacen olvidar el amor: "Quien te dice que ausencia causa olvido / mal supo amar, porque si amar supiera, / ¿qué, la ausencia?: la muerte nunca hubiera / las mientes de su amor adormecido"; leemos en LOPE DE VEGA, *Antología lírica*, ed. de Luis Guarner, Aguilar, Madrid, 1964, pp. 251-252, este último terceto ("Ir y quedarse..."): "creer sospechas y negar verdades, / es lo que llaman en el mundo ausencia, / fuego en el alma, y en la vida infierno" (he modernizado la lengua en ambos casos). Como vemos, Sor Juana le dio un tratamiento diferente a este tema.

5. *"Retórica del llanto"*

Tenemos dos sonetos en los que Sor Juana trata esta cuestión cuyo título tomamos del epígrafe del primero (MP, núm. 164), que es uno de los más hermosos que escribiera la poeta. La voz "yo/tú" se supone es de mujer aunque no podemos avalarla gramaticalmente:

En que satisface un recelo con la retórica del llanto.

Esta tarde, mi bien, cuando te hablaba,
como en tu rostro y tus acciones vía[31]
que con palabras no te persuadía,
que el corazón me vieses deseaba;
5   y Amor, que mis intentos ayudaba,
venció lo que imposible parecía,
pues entre el llanto, que el dolor vertía,
el corazón deshecho destilaba.
Baste ya de rigores, mi bien, baste;
10   no te atormenten más celos tiranos,
ni el vil recelo tu quietud contraste
con sombras necias, con indicios vanos,
pues ya en líquido humor viste y tocaste
mi corazón deshecho entre tus manos.

[31] "Vía": forma arcaica de "veía", de "ver". "Amor" (v. 5) lo escribimos aquí con mayúscula porque se presenta como personaje.

Se trata de recelos expresados por la persona amada, a la cual se intenta convencer por medio de las palabras, que son incapaces de expresar lo que desean; cuando éstas no obtienen el resultado apetecido, el dolor de amor que produce este recelo e incomprensión hacen que, en vez de palabras, broten las lágrimas para convencer; las lágrimas tienen, pues, un papel retórico. Se utiliza la hermosa imagen del corazón —depositario del amor— que, destilado, sale deshecho en lágrimas por los ojos, las cuales ruedan hasta llegar a las manos del amado como evidencia del amor. En este soneto sí se mantiene la pausa acostumbrada entre los cuartetos y los tercetos (de rima CDC:DCD), en los que se hace la petición que resuelve el "nudo" presentado en los cuartetos.

Entre los ejemplos anteriores a Sor Juana que Méndez Plancarte aportó en las notas a este soneto (p. 529), los más cercanos son el de Alarcón en *El examen de maridos* (I, esc. 2): "Sale en lágrimas deshecho / el corazón", y el de Calderón: "por la boca y por los ojos / todo el corazón deshecho". Hemos encontrado en Garcilaso de la Vega (sonetos VIII y XVIII) un tratamiento anterior de cuestiones parecidas que podemos utilizar para este soneto último y el siguiente; veamos los cuartetos del primero:

De aquella vista pura y excelente
salen espirtus vivos y encendidos,
y siendo por mis ojos recebidos,
me pasan hasta donde el mal se siente;
5   éntranse en el camino fácilmente
por do los mios, de tal calor movidos,
salen fuera de mí como perdidos,
llamados d'aquel bien que stá presente[32].

Vemos en los dos sonetos, tanto en el de Sor Juana como en el de Garcilaso, el intercambio de las miradas y lo que suscita, "enciende", la vista de la persona amada presente; la mención del corazón ("donde el mal se siente") como centro del sentimiento amoroso; y la búsqueda del ser amado al que lleva todo el proceso interior de los "espirtus" de ambos. Reconozcamos el arte poético de Juana Inés que fue capaz de expresar estos conceptos más bellamente que sus antecesores.

Sor Juana misma tiene conceptos parecidos en otras composiciones (MP, núm. 6: "Ya que para despedirme"): "Hablar me impiden mis ojos; / y es que se anticipan ellos, / viendo lo que he de decirte, / a decírtelo primero" (vs. 13-16); habla también, en los versos siguientes, de "elocuencia muda" y de cómo las lágrimas le sirven de "conceptos". En las redondillas que comienzan "Pedirte, señora, quiero" (MP, núm. 91) hallamos estas ideas parecidas: "Que en mi amorosa pasión / no fue descuido ni mengua, / quitar el uso a la lengua / por dárselo al corazón" (vs. 9-12).

El otro soneto que hemos colocado en este inciso trata cuestiones del llanto que "habla" (MP, núm. 177; *IC*, núm. 15):

Discurre inevitable el llanto a vista de quien ama.

Mandas, Anarda, que sin llanto asista
a ver tus ojos, de lo cual sospecho
que el ignorar la causa es quien te ha hecho
querer que emprenda yo tanta conquista.
5   Amor, señora, sin que me resista,
que tiene en fuego el corazón deshecho,
como hace hervir[33] la sangre allá en el pecho,
vaporiza en ardores por la vista.
Buscan luego mis ojos tu presencia
10   que centro juzgan de su dulce encanto,
y cuando mi atención te reverencia,
los visüales rayos, entretanto,
como hallan en tu nieve resistencia,
lo que salió vapor, se vuelve llanto.

[32] Para las transcripciones de los sonetos de GARCILASO DE LA VEGA, utilizamos la ed. de Elias L. Rivers, de las *Obras completas con comentario*, The Ohio State University Press, Columbus, 1974, pp. 86-89 y 114-115.

[33] La nota de MP al verso 7 de este soneto (cf. p. 535) dice que en la edición de Madrid, 1725, se halla "huir". Esto se encuentra *ya* desde la edición *antigua* de *Inundación Castálida*, Madrid, 1689. MP introdujo la co-

rrección de "hervir" en vez de "huir", la cual adoptamos por parecernos justa su explicación sobre el contexto que "vaporiza" y que exige "hervir"; esto se acomoda al "fuego" que tiene el "corazón deshecho" del verso anterior.

En este soneto, Sor Juana se dirige a una mujer (voz de yo/tú); por tanto, puede pensarse que adopta papel masculino aunque, de nuevo, no está aquí avalado por las correspondencias gramaticales. Se trata en este soneto —como en el anterior— del juego amoroso de la fisiología ocular del amor, del mecanismo de las lágrimas. Anarda, según la voz lírica, desconoce o descarta la causa amorosa que produce el llanto de la persona que la ama y lo rechaza (al llanto). Pero la voz lírica le informa que el fuego amoroso de su corazón hace "hervir" la sangre del pecho que, entonces, sube en forma de vapor por "la vista", por los ojos. Abunda, en los tercetos (de rima CDC:DCD), en la explicación de este proceso, al mismo tiempo que lo resume: el vapor contenido en los ojos amantes buscan la presencia reverenciada de Anarda y, al encontrar resistencia en ella a causa de su frialdad ("tu nieve"), el vapor se hace líquido, "se vuelve llanto".

En este soneto de nuestra monja se encuentran conceptos que vimos en el anterior, y ambos los podemos relacionar con el VIII de Garcilaso del que ya transcribimos los cuartetos. Copiemos ahora los tercetos que pueden relacionarse más estrechamente con este último soneto de Sor Juana:

> Ausente, en la memoria la imagino;
> mis espirtus, pensando que la vían,
> se mueven y se encienden sin medida:
> mas no hallando fácil el camino,
> que los suyos entrando derretían,
> revientan por salir do no hay salida.

En estos sonetos, el de Juana Inés y el VIII de Garcilaso, la poeta se dirige al "tú" del ser amado, mientras que el de Garcilaso utiliza la tercera persona siendo ambos, en todo caso, reflexiones sobre el amor que se "confiesan" al ser amado pero que son para conocimiento de todos, de nosotros los lectores.

Veamos el otro soneto (XVIII) de Garcilaso, que mencionamos:

> Si a vuestra voluntad yo soy de cera
> y por sol tengo solo vuestra vista,
> la qual a quien no inflama o no conquista
> con su mirar es de sentido fuera,
> 5   ¿de dó viene una cosa que, si fuera
> menos vezes de mí provada y vista,
> según parece que a razón resista,
> a mi sentido mismo no creyera?

>   Y es que yo soy de lexos inflamado
> 10   de vuestra ardiente vista y encendido
>   tanto que en vida me sostengo apenas;
>   mas si de cerca soy acometido
>   de vuestros ojos, luego siento elado
>   cuajárseme la sangre por las venas.

Nos transmite conceptos —particularmente en los tercetos— que podemos relacionar con los sonetos que acabamos de ver de Sor Juana. Además, hallamos tópicos que la monja trata en otras de sus composiciones: la amada es sol, como en el amor cortés ("cera" es eco del caso de Ícaro), ver es amar; "la razón" cree resistir al amor pero se engaña; la vista de la persona amada inflama y, a la vez, sus ojos hielan la sangre.

6. *Poder de la Fantasía*

El que vamos a analizar a continuación es uno de los sonetos más celebrados de Sor Juana (MP, núm. 165), y con toda justicia:

> *Que contiene una fantasía contenta con amor decente.*

>   Detente, sombra de mi bien esquivo,
>   imagen del hechizo que más quiero,
>   bella ilusión por quien alegre muero,
>   dulce ficción por quien penosa vivo.
> 5   Si al imán de tus gracias atractivo
>   sirve mi pecho de obediente acero,
>   ¿para qué me enamoras lisonjero
>   si has de burlarme luego fugitivo?
>   Mas blasonar no puedes, satisfecho,
> 10   de que triunfa de mí tu tiranía:
>   que aunque dejas burlado el lazo estrecho
>   que tu forma fantástica ceñía,
>   poco importa burlar brazos y pecho
>   si te labra prisión mi fantasía.

En este soneto Juana Inés adopta claramente voz femenina, y el uso de los pronombres es yo/tú. Las palabras utilizadas en el primer cuarteto: "sombra, "imagen", "ilusión", "ficción", son conceptos aristotélicos de raíz latina utilizados en relación con la mente al mismo tiempo que la poeta los usa para dirigirse al ser querido[34]. En el segundo cuarteto establece que las gracias del ser amado son un "imán" que atraen a su pecho —que encierra el corazón— presentado aquí como de "acero",

[34] Para las definiciones de estas palabras, he consultado las que nos dan el *Diccionario de Autoridades* y el *Tesoro de la lengua castellana o española* de COVARRUBIAS; escojo las que me parecen más apropiadas al texto de Sor Juana, modernizando la escritura. "Sombra" (de *umbra*), vale asimismo por espectro o fantasma, que se percibe como sombra; "imagen" (de *imago*) es "figura, representación, semejanza y apariencia de alguna cosa"; "ilusión" (de *illusio*), engaño, falsa imaginación, engañosa aparición; "ficción" o "fición" (de *fictio*) es "simulación con que se pretende encubrir la verdad o hacer creer lo que no es cierto". De "imaginación" (*imaginatio*) nos dicen: "potencia con que el alma representa en la fantasía algún objeto". Es lo que, más largamente y en latín, hallamos en Covarrubias, el cual menciona a Aristóteles e iguala esta palabra a "fantasía" (de la palabra latina *Phantasia*, de origen griego); vale también para "*visio, imago rerum animo insidentium*". En el *Dicc. Aut.* hallamos para "phantasia": "La segunda de las potencias que se atribuyen al alma sensitiva o racional, que forma las imágenes de las cosas", y añade: "Cuando no hay sustento en el estómago, para que el calor natural se ocupe en él, se ocupa en representar, juntamente con el ánima, al sentido común o *phantasia*, diversos simulacros de cosas". "Fantasía" o "sentido común" es el sentido

interior que combina las sensaciones recibidas por los cinco sentidos físicos (la vista, el oído, el gusto, etc.). Todo ello nos remite al lenguaje sorjuanino escolástico que hallamos en el *Sueño*, términos de fisiología aristotélica que la monja había asimilado y convertido en poesía.

palabra que nos transmite la idea de fortaleza ante los embates del amor; es decir, que no estamos aquí frente a la "cera" que encontramos en el soneto último que vimos de Garcilaso. La idea del "imán" de las gracias de él que la atraen se aproximan al concepto de "amor racional" que vimos antes: él tiene méritos suficientes para ser amado pero no es un amor correspondido. Con los dos últimos versos del segundo cuarteto nos enteramos de por qué utilizó "detente" y de por qué recurrió a esos conceptos mentales que mencionamos antes; hay en esos dos últimos versos un reproche: ¿por qué apareces lisonjero enamorándome si luego huyes burlándome? Vemos que la voz lírica se da cuenta del juego tramposo de su amigo y resuelve, en los dos tercetos (con la misma rima que hemos visto hasta ahora), darle una lección: tu tiranía amorosa no triunfa de mí porque, aunque huyas, mi Fantasía te atrapa a pesar de ti; es la posesión imaginaria del ser amado. Nótese que la "forma fantástica" que "burla", que huye del lazo tendido por la amante, es ya producto de la imaginación; esa forma, aun siendo así, logra, al fin, ser atrapada por las facultades del entendimiento: mi mente —le dice— te labra una prisión, estableciendo, de esta manera, una relación estrecha entre los sentimientos amorosos y las facultades mentales. Este soneto, además de todo lo mencionado y del alto lirismo que nos transmite, podemos aproximarlo, en el aspecto personal, a la *Carta Atenagórica* y a la "Carta de Monterrey"; es una prueba más de la confianza y seguridad en sí misma que tenía Juana Inés, en su intelecto: la mente lo puede todo. Y tanto puede que lo mismo forma prisiones que las deshace, como vemos en estos versos (MP, núm. 42), quizá un avance de los conceptos del soneto en cuestión (vs. 25-28):

> Para el alma no hay encierro
> ni prisiones que la impidan,
> porque sólo la aprisionan
> las que se forma ella misma.

Entre los varios y óptimos ejemplos de los mismos tópicos en autores anteriores a Sor Juana que Méndez Plancarte nos transmite en las notas a este soneto (pp. 529-530), destaquemos los más sobresalientes; el primero es de Martín de la Plaza (que ya había apuntado Abreu): "Amante sombra de mi bien esquivo"; de Quevedo: "A fugitivas sombras doy abrazos: / ... / Búrlame, y de *burlarme* corre ufana"; de Calderón: "Adorando estoy tu sombra, / y —a mis ojos aparente— / por *burlar mi fantasía* / abracé al aire mil veces"; y del mismo: "donde hubo el «*Detente, espera, / sombra, ilusión!...*»" Estos con-

CARTA ATHENAGORICA DE LA MADRE JVANA YNES DE LA CRVZ RELIGIOSA PROFESA DE VELO, y Choro en el muy Religioso Convento de San Geronimo de la Ciudad de Mexico cabeça de la Nueba España.

QVE IMPRIME, Y DEDICA A LA MISMA

SOR, PHYLOTEA DE LA CRVZ Su estudiosa aficionada en el Convento de la Santissima Trinidad de la Puebla de los Angeles.

Con licencia en la Puebla de los Angeles en la Imprenta de Diego Fernandez de Leon. Año de 1690.

Hallarase este papel en la libreria de Diego Fernandez de Leon debajo de el Portal de las Flores.

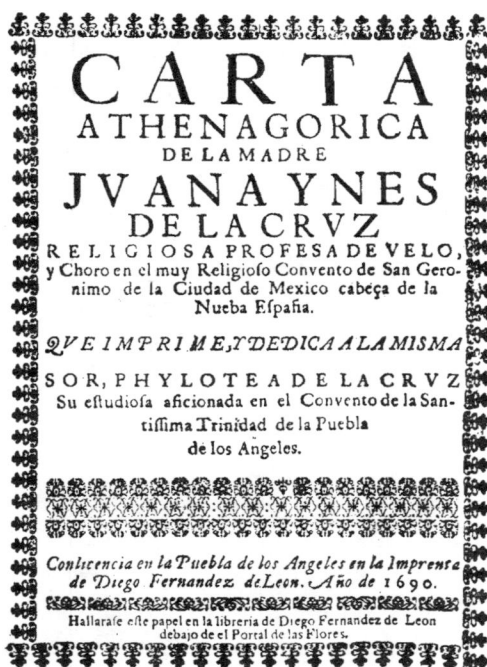

ceptos de psicología aristotélica eran patrimonio de todos; Sor Juana los utilizó en un soneto estupendo añadiéndole la nota personal del gran poder de la mente; lo original es que la poeta centra la acción en sí misma, en la amante, no en el amado que huye, quien es, por fin, atrapado[35].

Sor Juana tiene otras composiciones, décimas y una glosa, en las que trata ideas aproximadas al ocuparse del tema de la ausencia: el amante, a través del pensamiento, no se aparta nunca por muy distante que esté (cf. la composición núm. 101 en MP); en la glosa habla de que tendrá "siempre el pensamiento en ti / siempre a ti en el pensamiento", convirtiendo las ideas filosóficas de este soneto que estamos estudiando en cuestión que se aproxima a lo amoroso-religioso en las glosas, cuando dice: "Acá en el alma veré / el centro de mis cuidados / con los ojos de mi fe: / que gustos imaginados, / *también un ciego los ve*" (MP, núm. 142, vs. 40-44). Son, en todo caso, ejemplos inferiores al soneto en lo sintáctico y en lo semántico.

Recordemos que Sor Juana tiene en el *Sueño* algunos de los conceptos que utiliza en este soneto —incluyendo la palabra "imán", allí con relación a los pulmones que atrapan el aire—; veamos el pasaje en el que menciona al Faro de Alejandría y lo compara con lo que hace la Fantasía. El estómago, dice la poeta (vs. 254-266):

[35] En este soneto amoroso, parecería que la poeta nos presenta una visión más positiva de la mente humana, como capaz de poseerlo todo; en el *Sueño*, donde propone cuestiones relacionadas con el saber, llegó a la conclusión de que el poder de la mente tenía sus límites: una cosa es abarcar a una persona, y muy otra abarcar el universo. OCTAVIO PAZ, *Sor Juana Inés de la Cruz o Las trampas de la fe*, Seix Barral, Barcelona, 1982, en las pp. 380-382, relaciona este soneto a los "fantasmas" eróticos de la poesía occidental y a prácticas de orgasmo solitario. Véanse mis comentarios a estas 4 páginas en mi reseña de la traducción al inglés de este libro de Paz, "*Sor Juana Inés de la Cruz: or The Traps of Faith* by Octavio Paz", *Siglo XX/20th Century*, Boulder, 1990, pp. 153-164 en versión al inglés; o en versión española la en "Sobre la versión inglesa de *Las trampas de la fe* de Octavio Paz", en *Estudios de literatura hispanoamericana. Sor Juana Inés de la Cruz y otros poetas barrocos de la Colonia*, PPU, Barcelona, 1992, pp. 341-355; véanse las pp. 348-349. En resumen: creo que Paz se deja llevar por su buen conocimiento de la literatura francesa, más atrevida que la hispánica, dándole importancia extremada a lo erótico y descuidando la posibilidad de la sublimación de los deseos carnales a causa de su pasión por lo intelectual, y la disciplina conventual que ensalzaba

la práctica de la castidad. Pero, en todo caso, no veo en "bella ilusión" y "dulce ficción" sugerencias claras de tipo carnal; creo que lo que aquí se destaca es el elemento mental, rasgo típico en la poeta, y esto es lo que hace a este soneto sobresalir dentro de la lírica amorosa del tiempo. EMIL VOLEK en su artículo: "Un soneto de Sor Juana Inés de la Cruz, «Detente, sombra de mi bien esquivo»", *Cuadernos Americanos*, México, 38 (1979), 196-211, cree, por el contrario, que este soneto se inserta dentro de la literatura mística. No me parece que, durante la época, se refirieran a Jesucristo bajo las advocaciones de "sombra", "imagen", e "ilusión" y "ficción" (además de "hechizo"), que son palabras que remiten a especulaciones de tipo mental utilizadas para el amor en este soneto.

36 Los "cuatro humores" eran: sangre, flema, cólera y melancolía y eran los "vapores" que intervenían en el proceso mecánico de la psicología aristotélica. La "estimativa" parece tomarse aquí por la "fantasía" o el "sentido común", que combina los datos (o especies) que le proveen los cinco sentidos del cuerpo humano para formar "simulacros" en la "imaginativa" de donde pasan a la "memoria", la cual los almacena y les da forma más "pura", como dice Sor Juana, es decir, más definida o clara; de la memoria los recoge la Fantasía —aspecto activo de la imaginación— y for-

al cerebro envïaba
húmedos, mas tan claros los vapores
de los atemperados cuatro humores,
que con ellos no sólo no empañaba
los simulacros que la estimativa
dio a la imaginativa
y aquésta, por custodia más segura,
en forma ya más pura
entregó a la memoria que, oficiosa,
grabó tenaz y guarda cuidadosa,
sino que daban a la Fantasía
lugar de que formase
imágenes diversas...[36]

En uno y otro poema, el soneto y el *Sueño*, la Fantasía —a la que le conservamos la mayúscula por presentarse, en ambos casos, como protagonista activa— media entre las sensaciones recibidas por los cinco sentidos del cuerpo y el pensamiento; es el "sentido común" que las combina. En el soneto, la Fantasía forma la imagen del amado y la retiene en su mente. Esta facultad del intelecto humano tiene papel preponderante en el soneto que estudiamos; recordemos el que vimos arriba: "Probable opinión es que conservarse" en el cual también la monja convierte en poesía amorosa sus conocimientos científicos.

B. CONCEPTOS HETERODOXOS DEL AMOR

Como mencionamos anteriormente, los conceptos que hemos llamado heterodoxos al examinar los sonetos de Sor Juana se hallan en once de éstos, agrupados en cuatro incisos: 1) "encontradas correspondencias", 2) amor y odio, 3) reprobación del amor, y 4) temporalidad del amor. En ellos, Sor Juana se separa de lo que constituyen los rasgos que se le adjudican al amor cortés y, especialmente, al petrarquista, presentándonos los siguientes conceptos: concibe un amor que se acomoda a las circunstancias, prescindiendo de la persona amada si lo estima conveniente; descubre sus sentimientos de odio y amor juntamente hacia la misma persona, y saca conclusiones sobre esa anomalía; presenta amores que deben reprobarse, expresando sentimientos de culpa; y, en fin, asegura que el amor no es eterno sino temporal.

1. *"Encontradas correspondencias"*

El primer inciso que vamos a examinar se refiere a tres sonetos de la monja y constituye lo que acertadamente se ha llamado, desde el epígrafe del primero de ellos —siempre aparecen juntos— "encontradas correspondencias" (apareció en *Inundación Castálida*, 1689). Estos tres sonetos, como vimos anteriormente en el de "amor racional" (entre los ortodoxos, inciso 3), también se basan en un juego verbal agudo, refinado e ingenioso, exhibición de la maestría poética de la monja al mismo tiempo que analiza aspectos del amor, en este caso atada a ese tópico que quizá le impusieron o que, simplemente, se le ocurrió ensayar. La poeta racionaliza los sentimientos amorosos según observaciones ajenas y seguramente también propias; no creemos, sin embargo, que se basen en conflictos de tipo psicológico o personal, aunque no podamos rechazar alguno de estos aspectos que se han señalado[37]; es posible que alguna experiencia personal la inclinara a escoger este tema. Veamos el primer soneto (MP, núm. 166; *IC*, núm. 3):

> *Resuelve la cuestión de cuál sea pesar más molesto en*
> *encontradas correspondencias, amar o aborrecer.*

>   Que no me quiera Fabio, al verse amado,
>   es dolor sin igual en mí sentido;
>   mas, que me quiera Silvio, aborrecido,
>   es menor mal, mas no menor enfado.
> 5   ¿Qué sufrimiento no estará cansado
>   si siempre le resuenan al oído,
>   tras la vana arrogancia de un querido,
>   el cansado gemir de un desdeñado?
>   Si de Silvio me cansa el rendimiento,
> 10   a Fabio canso con estar rendida;
>   si de éste busco el agradecimiento,
>   a mí me busca el otro agradecida:
>   por activa y pasiva es mi tormento,
>   pues padezco en querer y en ser querida.

El "yo" de la voz lírica se presenta aquí con voz femenina y habla —y esto puede ser significativo— en tercera persona, es decir, no se dirige al ser amado, sino que "cuenta" sus cuitas de amor, lo cual se aplica a los tres sonetos mencionados. En el que acabamos de transcribir nos presenta el siguiente triángulo amoroso: la voz lírica de mujer ama a Fabio pero no es correspondida, sino que es amada por Silvio, al que ella no quiere. Nos explica los infortunios de tener que oír las quejas de Silvio al mismo tiempo que el amado se hace el sordo, el arrogante; sufre por "activa" y pasiva", o sea, respectivamente, por amar a quien no le corresponde su amor y por ser amada de quien no quiere. En este soneto se mantiene la pausa entre los cuartetos y los tercetos (de rima igual a todos los anteriores), en los que se da un resumen de la

ma sus combinaciones variadas de imágenes. Véanse la nota de MP a los vs. 256 y 258-265 del *Sueño*, y mi libro *El "Sueño" de Sor Juana Inés de la Cruz. Tradiciones literarias y originalidad*, Tamesis, London, 1976, pp. 135-136, y *supra*, nota 34.

[37] Véase el libro de Irving A. Leonard, *Baroque Times in Old Mexico*, The University of Michigan Press, Ann Arbor, 1959. El capítulo dedicado a Sor Juana se halla en las pp. 172-192; véanse esp. las pp. 175-178.

situación en los versos 9-12, y una resolución a ésta aún más breve en los dos últimos versos del soneto.

Como vemos, no se "resuelve" (véase el epígrafe) en este soneto la cuestión planteada; sí se le da solución en el último soneto que hemos colocado en este inciso. Quizá el editor utilizó aquí otra acepción de ese verbo[38].

Este juego escurridizo del amor era tema constante durante el Siglo de Oro en las novelas pastoriles y en las cortesanas, y especialmente en las comedias de "capa y espada", y, como vemos, aparece también en la lírica: el amor parece ir de una persona a la otra sin encontrar correspondencia. Sor Juana lo tiene en sus comedias; en *Los empeños de una casa* el solo amor correspondido desde el principio, a pesar de todas las vicisitudes que pasan los amantes, es el de la protagonista Leonor —en quien, como se sabe, se descubren aspectos personales y biográficos de la musa— y el de Carlos. Debemos concluir, pues, que la idea del amor ideal o "perfecto" para Juana Inés era la del amor bien correspondido (que "causas tiene superiores", MP, núm. 4, v. 118), como también vimos en el primer soneto que comentamos y que comienza "Fabio: en el ser de todos adoradas". De todos modos, la fuente de esta tradición de amores encontrados que vale para los tres sonetos en cuestión se halla en los epigramas llenos de antítesis de Ausonio; veamos el número XXII con su epígrafe: "Ad Marcum Amicum de Discordia quam habet cum Puellis", "Hanc amo quae me odit, contra illam quae me amat, odi. / compones inter nos, si potes, alma Venus!" y el LVI: "De Puella quam Amabat", "Hanc volo, quae non vult; illam, quae vult, ego nolo: / vincere vult animos, non satiare, Venus"[39].

[38] Dice el *Dicc. Aut.*: "Vale también reducir y recoger lo dicho por muchas palabras, a la determinación de pocas, en que se afirman y determinan" y "Vale asimismo desatar alguna dificultad".

[39] Véanse las traducciones al español: (XXIL) "A Marcos, amigo de discordia con respecto a las muchachas", "Amo a la que me odia, pero a la que me ama, odio / compón estas diferencias entre nosotros, dulce Venus, si puedes"; (LVI) "De la chica a quien amaba", "A esta yo quiero, que no me quiere; a aquella que me quiere, yo no: / vencer los ánimos quiere, no saciarlos, Venus". LEONARD, en su obra citada, ya menciona a Ausonio como inspiración para Lope de Vega y Calderón (p. 177) remitiendo a otros autores en una nota y, an-

Veamos el segundo soneto de este grupo (MP, núm. 167; *IC*, núm. 5):

Continúa el asunto, y aun le expresa con más viva elegancia.

> Feliciano me adora, y le aborrezco;
> Lisardo me aborrece, y yo le adoro;
> por quien no me apetece ingrato, lloro[40],
> y al que me llora tierno, no apetezco.
> 5   A quien más me desdora, el alma ofrezco;
> a quien me ofrece víctimas, desdoro;
> desprecio al que enriquece mi decoro,
> y al que le hace desprecios, enriquezco.
>   Si con mi ofensa al uno reconvengo,
> 10   me reconviene el otro a mí, ofendido;
> y a padecer de todos modos vengo,
>   pues ambos atormentan mi sentido:
> aquéste con pedir lo que no tengo;
> y aquél con no tener lo que le pido.

No aparece Fabio aquí; los nombres han cambiado, lo cual podríamos percibir como voluntad de parte de la poeta en ofrecer ejemplos de lo que ocurre en casos variados, aunque utilice siempre el "yo" lírico que ya señalamos. No tenemos que estar de acuerdo con el editor al decir en el epígrafe que el "caso" se expresa "con más viva elegancia" en este soneto; lo que sí hay en éste es que la voz se expresa con más vehemencia y con palabras más fuertes; para empezar, las formas verbales de "adorar" y "aborrecer" del verso 1 no aparecen en el soneto anterior, el cual, también, como ya dijo Méndez Plancarte, tiene más intimidad, "más aire de emoción autobiográfica" (p. 531) y, por tanto, debe ser el primero[41]. Feliciano es el Silvio, y Lisardo el Fabio del soneto anterior; la situación triangular es la misma, notándose en este soneto algún rasgo del amor cortés con la palabra "víctimas", que se traduce en servicios en las aras del amor. Los cuartetos exponen el tema; los tercetos (con la rima de todos los anteriores) hacen un resumen apretado de la situación.

El último soneto de este inciso es el que vemos a continuación (MP, núm. 168; *IC*, núm. 4):

Prosigue el mismo asunto, y determina que prevalezca la razón contra el gusto.

> Al que ingrato me deja, busco amante;
> al que amante me sigue, dejo ingrata;

tes de él, Menéndez y Pelayo en su *Bibliografía Hispano Latina*, t. 1, lo había mencionado dando algún ejemplo, que apunta MP. En las notas del crítico mexicano a esta pequeña serie de sonetos, hallamos, para el núm. 168 (p. 531), las citas de Ausonio que, como dice, pueden aplicarse a los otros dos; hay, además, ejemplos de Calderón, Boscán y otros (cf. pp. 530-531). Antonio Alatorre desarrolló estas ideas en un artículo que nunca hemos podido conseguir; tomamos los ejemplos que siguen, de Lope, de una conferencia sobre el tema que presentó Alatorre en la Universidad de Maryland, College Park, hace muchos años: "Amo a quien me aborrece, aborreciendo / a quien me quiere; adoro a mi enemigo" y "Amaba Filis a quien no la amaba, / y a quien la amaba, ingrata aborrecía"; de *El príncipe perfecto* y *El galán de la Membrilla*.

[40] El verso 3 quiere decir: "por el ingrato a quien no le apetezco, lloro".

[41] El orden en que aparecen estos sonetos en *Inundación* (1689) es el siguiente: el que menciona a Fabio y Silvio, el soneto donde no hay ningún nombre y se resuelve la situación como la autora la ve, y aquel donde se habla de los amores de Feliciano y Lisardo. El orden lógico en la escritura de estos sonetos sería el que adoptó MP y seguimos aquí.

constante adoro a quien mi amor maltrata;
maltrato a quien mi amor busca constante.

5   Al que trato de amor, hallo diamante,
y soy diamante al que de amor me trata;
triunfante quiero ver al que me mata,
y mato a quien me quiere ver triunfante.

      Si a éste pago, padece mi deseo;

10   si ruego a aquél, mi pundonor enojo:
de entrambos modos infeliz me veo.

      Pero yo por mejor partido escojo
de quien no quiero, ser violento empleo,
que, de quien no me quiere, vil despojo.

No aparecen nombres en este soneto, lo cual cuadra con la presentación de la "resolución" de los casos que se presentaron en los sonetos anteriores, especialmente los dos últimos, expresándose en correlaciones antitéticas a través de todo el soneto. En los cuartetos se hace un resumen de lo que constituye el "caso" que se ha venido examinando: la amante ama a quien no la quiere y es amada por alguien a quien no quiere, con todos los agravantes que esto conlleva. El primer terceto continúa la relación o exposición de los cuartetos, pero en el último terceto se da la resolución que se anticipaba; la poeta ha mantenido a sus lectores en un *suspense*: es mejor dejarse amar de aquel al que una no quiere, aunque se trate de un "violento empleo", que dejarse humillar por el que no nos ama, aunque sea la mira de nuestro amor. La lógica razonadora y orgullosa de la mujer-poeta se impone una vez más[42].

Entre sus romances hallamos el que comienza: "Allá va, Julio de Enero" (MP, núm. 7), en el que Sor Juana nos comunica, asimismo, su naturaleza altiva en relación con cuestiones amorosas; habla de "enojo que brota furias, / desdén que graniza rayos" (vs. 23-24) y diserta sobre los discursos irracionales del amor como, por ejemplo, al criticar: "[en el mundo] hay caprichos tan extraños, / que conceden al desprecio / lo que al amor le negaron" (vs. 50-52). Termina mencionando a dos personajes femeninos a quienes persiguió Apolo, diciendo que: "vencedor tronco ser quiero / más que vencida ser astro" (vs. 119-120) refiriéndose al árbol en el que se convirtió Dafne, simple madera de laurel, rechazando la posibilidad de doblegarse aunque la convirtieran en astro[43].

En las redondillas cuya primera estrofa es: "Dos dudas en que escoger / tengo, y no sé a cuál prefiera: / pues vos sentís que no quiera / y yo sintiera querer" (MP, núm. 85, vs. 1-4), la poeta presenta un dile-

[42] No sabemos —pero es probable— que Sor Juana leyera a Boscán; el poeta catalán amigo de Garcilaso de la Vega había anticipado una resolución inversa en uno de sus sonetos (LIX); "Si sospiros bastasen à moveros": "Mas es mejor amaros desamado / y en esto vivir yo de mí contento, / que, sin amaros, ser de vos amado"; MP anotó estos versos. Para la transcripción he utilizado *Las obras de Juan Boscán repartidas en tres libros*, Librería de M. Murillo, Madrid, 1875, p. 204. Además del lirismo muy superior de nuestra Juana, la original rotundidad de la expresión está por encima de la del barcelonés, quien prefería vivir "contento" de sí amando antes que dejarse amar de aquélla a quien no quería. Proposiciones opuestas que apuntan al papel que la sociedad del tiempo les otorgaba al hombre y a la mujer en la cuestión de amores.

[43] No he podido identificar, entre las amadas de Apolo, cuál sería la convertida en astro; quizá haya habido cierto contagio con Orfeo, hijo de los amores de Apolo y Calíope (la musa de la poesía épica), cuya lira, de Orfeo, fue convertida en constelación.

ma parecido al que trata en los sonetos de "encontradas correspondencias", decidiendo que:

> Y sea ésta la sentencia
> porque no os podáis quejar:
> que entre aborrecer y amar
> se parta la diferencia.
> ...
> Esto el discurso aconseja:
> pues con esta conveniencia,
> ni yo quedo con violencia
> ni vos os partís con queja (vs. 33-36, 41-44).

Como vemos, aquí la decisión se centra en la solución que se da al amante al que no se quiere, sin que se tenga en cuenta al amado; son reflexiones que se le hacen directamente al Silvio y al Feliciano de los sonetos
anteriores *después* de decidir resolver el dilema en la forma que vimos en
el tercer soneto de "encontradas correspondencias": se queda con el que
la quiere a ella aunque en estos versos acabados de transcribir, a diferencia del soneto último que vimos, dice que *no* queda "con violencia".

2. Amor y odio

Tenemos dos sonetos en este apartado; veamos el primero (MP, núm.
176):

> *Que da medio para amar sin mucha pena*[44].
>
> Yo no puedo tenerte ni dejarte,
> ni sé por qué, al dejarte o al tenerte,
> se encuentra un no sé qué para quererte
> y muchos sí sé qué para olvidarte.
> 5   Pues ni quieres dejarme ni enmendarte,
> yo templaré mi corazón de suerte
> que la mitad se incline a aborrecerte
> aunque la otra mitad se incline a amarte.
>   Si ello es fuerza querernos, haya modo,
> 10   que es morir el estar siempre riñendo;
> no se hable más en celo y en sospecha,
>   y quien da la mitad no quiera el todo;
> y cuando me la estás allá haciendo,
> sabe que estoy haciendo la deshecha.

[44] El "que da medio" quiere decir dar "modo" o "manera".

Este soneto trata el conocido tópico de lo que también podría llamarse "amor a medias": no se puede vivir sin la persona amada ni

con ella, tópico clásico ya recogido por Marcial, Catulo y Ovidio (véase MP, pp. 533-534), y resumido en las conocidas coplas de Cristóbal de Castillejo: "Ni contigo ni sin ti / mis penas tienen remedio, / contigo porque me matas / y sin ti, porque me muero", verso, el último, que tiene conexiones con el amor a lo divino que se desarrolló del "vivo sin vivir en mí" y del "y muero porque no muero" de los cancioneros[45]. No podemos identificar el sexo de la voz que habla (ni de la persona amada), la cual utiliza "yo/tú" para disertar sobre el dolor de amar que reflexiona en modos de cómo aliviarse pero que, aquí, se impone condiciones porque hay sospechas, y el amor, que no es total de una parte, no puede engendrarlo total de la otra.

El "no sé qué" del verso 3, "basado en la inefabilidad de las sensaciones y estados amorosos", tiene su origen en la poesía de Petrarca; se hallan ejemplos en Boscán y en la poesía de San Juan de la Cruz así como en Pedro de Padilla[46]. Nuestra poeta, sin embargo, le da un giro más ligero al volverlo, en el verso siguiente, al "sí sé qué" de las sospechas que tiene sobre el mal comportamiento de la persona amada; ella le ha dado razones suficientes para el olvido por lo que templará su corazón y llegará a aborrecerla. La voz lírica presenta al amor como de "fuerza", decretado por las "estrellas", y ya sabemos que la poeta rechazaba ese tipo de amor por no ser racional, lo mismo que rechazaba un amor que no fuera buena y libremente correspondido. Termina la poeta —que, como mujer, cree en las responsabilidades de igualdad que le caben a cada parte— recriminando, en revancha, a un amor que da sólo "la mitad" porque, además, "sabe" que se la está "haciendo"; así, al mismo tiempo que disimula por guardar su orgullo, se despide, es decir, le da fin a ese amor[47]. Es como si, a través del soneto, la voz lírica estuviera reflexionando consigo misma y considerando distintas opciones, al mismo tiempo que se las va comunicando a la persona con quien habla.

Es éste un soneto de tono conceptista que tiene, sin embargo, la gracia de lo espontáneo, lo coloquial; el ejemplo más llamativo (recordemos el "me la estás allá haciendo") sería el "haya modo" (v. 9) que, como el "ni modo" popular, cualquier mexicano de hoy puede utilizar en su habla diaria. Se siguen las pautas establecidas de presentar la cuestión en los cuartetos y darle solución en los tercetos con un verso final definitivo porque es el "final" de ese amor.

El segundo soneto de este inciso es el siguiente (MP, núm. 178; IC, núm. 42):

[45] Véase DÁMASO ALONSO, *Poesía española. Ensayo de métodos y límites estilísticos*, Gredos, Madrid, 1957, pp. 235-238.

[46] Cf. *ibid.*, pp. 238-242, 285-290.

[47] Véase el excelente artículo de JOSÉ DURAND, "Un soneto conceptista de Sor Juana", *Sor Juana Inés de la Cruz: Selected Studies*, Cedes, Asunción-New York-Buenos Aires, 1989, pp. 88-98, sobre este soneto y en particular sobre las distintas acepciones de "hacer la deshecha". En el *Dicc. Aut.* se hallan varias, entre ellas "disimulo" y "fingimiento"; adoptamos la acepción de "concluir, despedirse, salir" que defiende Durand (p. 96) y que le da una solución con final más enérgico, como cuadraba al carácter de Juana Inés.

*Un celoso refiere el común pesar que todos padecen,
y advierte a la causa[48], el fin que puede tener la
lucha de afectos encontrados.*

[48] "La causa" se refiere a la persona que es la causa de ese amor, la que lo provoca.

    Yo no dudo, Lisarda, que te quiero,
    aunque sé que me tienes agraviado;
    mas estoy tan amante y tan airado,
    que afectos que distingo no prefiero.
5   De ver que odio y amor te tengo, infiero
    que ninguno estar puede en sumo grado,
    pues no le puede el odio haber ganado
    sin haberle perdido amor primero.
        Y si piensas que el alma que te quiso
10   ha de estar siempre a tu afición ligada,
    de tu satisfacción vana te aviso,
        pues si el amor al odio ha dado entrada,
    el que bajó de sumo a ser remiso,
    de lo remiso pasará a ser nada.

De nuevo tenemos aquí el mismo problema amoroso del anterior soneto pero sin su ambigüedad aparente; tema también de raigambre clásica que se halla en un dístico de Catulo (LXXXV): "Odi et amo. quare id faciam, fortasse requiris. / nescio, sed fieri sentio et excrucior"[49].

La "lucha de afectos encontrados" del epígrafe *no* es lo mismo que la de las "encontradas correspondencias" que vimos antes; aquí se trata de los afectos en pugna dentro de una misma persona. La poeta —quien se dirige a una mujer y utiliza voz masculina— va hacia la intensidad en el tema: no mencionó odio y amor en el otro soneto como lo hace al comienzo del segundo cuarteto de éste, aunque esos sentimientos flotaban en el aire con las palabras "aborrecerte", "riñendo", "celo" y "sospecha". De nuevo aquí, bajo su voz de varón, la voz lírica reflexiona con la amada, yendo del "Yo no dudo, Lisarda, que te quiero" del primer verso, a explicarle progresivamente sus dudas ya que, aunque distingue los sentimientos de amor y odio, no sabe cuál de ellos "prefiere", es decir, aquel que siente más, y esto la lleva a concluir que ni uno ni otro ya "estar puede en sumo grado". Los tercetos resumen y dejan bien clara la situación final: el amor "pasará a ser nada", con lo cual la conclusión es la misma que la del soneto anterior: el amor y el odio no pueden coexistir, por lo tanto, este amor se acaba.

[49] "Odio y amo. Por qué lo hago, quizá preguntas / no sé, pero [así] lo siento y agonizo". Véase a MP, p. 535 y su traducción algo diferente; mencionamos este dístico al comienzo de este trabajo. FERNANDO DE HERRERA, *Poesías*, ed. de V. García de Diego, Espasa-Calpe, Madrid, 1952, pp. 16-17, tiene el soneto que empieza "Osé y temí: mas pudo la osadía / tanto..." que nos traen ecos del "Odi et amo" que hemos visto aunque muy dulcificado, tanto más cuanto, al final, confirma su "furor" de amor por la persona amada.

3. *"Reprobación del amor"*

Éste es el inciso que tiene más sonetos (cuatro) de todos los que hemos visto y veremos; podrían constituir, como en el caso de los de "encontradas correspondencias", una pequeña serie que trata el mismo tema (también aparecen juntos, y en el orden que los damos, desde *Inundación Castálida*, 1689). La musa va a considerar en ellos la cuestión del arrepentimiento por haber amado a quien no debía, porque ahora lo considera indigno del amor que se puso antes en él, y el asunto de cómo alejar el recuerdo de su pensamiento; de los cuatro, los dos primeros se enlazan estrechamente, así como los dos últimos. Si tenemos en cuenta los dos sonetos anteriores de "amor y odio" hallaremos una progresión: de la duda entre el amor y el odio, y la consecuente decisión de cortar las relaciones, se va al arrepentimiento y al olvido. Los dos primeros de este grupo se dirigen a Silvio (la persona varón generalmente negativa en la casuística del amor de la poeta que examinamos). Veamos el primero (MP, núm. 170; *IC*, núm. 65):

De amor, puesto antes en sujeto indigno, es
enmienda blasonar de arrepentimiento.

Cuando mi error y tu vileza veo,
contemplo, Silvio, de mi amor errado,
cuán grave es la malicia del pecado,
cuán violenta la fuerza de un deseo.
5   A mi mesma memoria apenas creo
que pudiese caber en mi cuidado
la última línea de lo despreciado,
el término final de un mal empleo.
Yo bien quisiera, cuando llego a verte,
10   viendo mi infame amor, poder negarlo;
mas luego la razón justa me advierte
que sólo se remedia en publicarlo;
porque del gran delito de quererte,
sólo es bastante pena, confesarlo.

Lo básico en este soneto es lo que se nos expone en cuanto al arrepentimiento que causa el recuerdo de un mal amor, el amor que sintió alguna vez por Silvio. Se utiliza "yo/tú" y voz de sexo indeterminado, supuestamente femenina; esto se aplica a los tres sonetos que siguen.

Lo que se nos dice en los cuartetos es que lo que le ha quedado a la persona que habla es la seguridad en el error (que se repite luego en "amor errado") que se cometió a causa de la vileza del ser que se amó, ponderando la violencia y fuerza del deseo amoroso. Nota personal es la mención de la memoria que le recuerda que, una vez, fue causa de sus "cuidados" de amor, aquel que, en el hoy del soneto, ella considera despreciable, lo último en lo que hubiera podido emplear su amor y su tiempo. La resolución de los tercetos nos presenta una dimensión mental del caso presentado: se quisiera borrar de la memoria, negar el "infame amor" pero, como no es posible, su propia razón le dice que sólo puede enmendar, remediar su culpa —a la que se le dan tonos religiosos con la palabra "pecado"— en publicarla, "blasonar" de ella, ya que así pasará por la vergüenza de que todo el mundo se entere, lo cual es la penitencia de la "confesión" que hace.

El segundo soneto de este inciso es el siguiente (MP, núm. 171; *IC*, núm. 66):

> *Prosigue en su pesar, y dice que aun no quisiera aborrecer*
> *tan indigno sujeto, por no tenerle así aún*
> *cerca del corazón*

Silvio[50], yo te aborrezco y aun condeno
el que estés de esta suerte en mi sentido;
que infama al hierro el escorpión herido,
y a quien lo huella, mancha inmundo el cieno.

5   Eres como el mortífero veneno
que daña a quien lo vierte inadvertido,
y en fin eres tan malo y fementido,
que aun para aborrecido no eres bueno.

     Tu aspecto vil a mi memoria ofrezco,
10   aunque con susto me lo contradice,
por darme yo la pena que merezco[51];

     pues cuando considero lo que hice,
no sólo a ti, corrida, te aborrezco,
pero a mí por el tiempo que te quise.

[50] En la poesía amorosa que escribió Sor Juana, no siempre Silvio es el amante al que no se ama; las redondillas que comienzan: "Silvio, tu opinión va errada" (MP, núm. 86) nos lo presentan correspondido en su amor, siendo el que "produce" más belleza en ella a causa de ese amor.

[51] Vs. 9-11: "Yo, por darme la pena que merezco, le ofrezco tu aspecto vil a mi memoria aunque ella, con susto, me contradice (me niega) tu recuerdo". El tópico de este soneto, aunque Sor Juana le haya dado un tono muy de todos los días, es también de raíz clásica, virgiliana, de la *Eneida*; véase a MP, p. 532. Nótese la rima basada en la pronunciación americana del español y que hace rimar, en los vs. 10, 12 y 14, "hice" y "contradice" con "quise".

Las expresiones relativas al rechazo del viejo amor de Silvio, vocativo agresivo con el que empieza, se intensifican en este soneto; ya no se habla sólo de "vileza" y "mal empleo", y se dice que "aun para aborrecido no eres bueno" sino que Silvio sirve de ejemplo a cosas despreciables: un escorpión y el cieno que manchan al hierro que lo ha herido y al pie que lo ha pisado; y es también como el veneno que mata al que, sin darse cuenta, lo vierte sobre sí mismo. Los aspectos negativos se dan de manera más violenta. La "memoria" vuelve a aparecer aquí en los tercetos pero ahora es la voz lírica la que la convoca; no es ella, la memoria, la que espontáneamente ofrece ese recuerdo (que no podía ni creerse) según aparece en el soneto anterior. La voz lírica se ofrece a sí misma "el aspecto vil" del antiguo amado (aunque la memoria lo rechaza con susto) para castigarse —la palabra "pena" remite, también aquí, a lo religioso— por haberlo querido, y esto hace que no sólo lo aborrezca a él sino que ese aborrecimiento se vuelva contra ella por el mismo motivo. El tema que se expone en los cuartetos, pues, se resume en los tercetos dando énfasis al castigo mencionado y al aborrecimiento hacia ella misma.

Tomando como modelo, seguramente, el primer soneto de Petrarca de *Rime sparze*, donde hace "confesión" de sus amores pasados[52], se desarrolló en España el tópico del arrepentimiento o palinodia: el poeta maduro se volvía sobre su vida pasada para arrepentirse de los "pecados" de amor anteriores ante un nuevo amor "puro"; esta actitud cristiana proviene de las *Confesiones* de San Agustín, actitud reflejada asimismo en el amor cortés (cf. *id.*). Veamos algunos versos de los sonetos que Boscán, Herrera y Acuña escribieron siguiendo esta corriente; Boscán: "Un nuevo amor un nuevo bien me ha dado, / ... / Anduvo sobre mí gran pestilencia / ... / Este influjo crüel se fue pasando, / y así de esta mortal, brava dolencia, / con más salud quedó lo que ha quedado". Herrera: "Viví gran tiempo en confusión perdido, / ... Mas cuando de mí tuve más olvido / rompió los duros lazos al cuidado / de amor el enemigo más honrado; / y ante mis pies lo derribó vencido". Acuña: "Amor me dijo en la mi edad primera: / «Seguirás en amar siempre el extremo» / ... / pues [tal pasión] ni quiere que viva ni acabarme, / ni aprovecha dejarme ya en su mano, / ni puedo, aunque procuro, salir della". A esta corriente se relaciona la serie que imita el soneto de Garcilaso, "Cuando me paro a contemplar mi estado", como, por ejemplo, el último terceto de Lope (cuyo primer verso es igual al de aquél): "mas de tu luz mi oscuridad vencida, / el monstruo muerto de mi ciego engaño, / vuelve a la patria la razón perdida"[53]. Los sonetos de Sor Juana que estamos estudiando pertenecen sin duda a esta tradición, pero hay una gran distancia entre los de sus antecesores y los suyos: la palinodia tradicional critica el amor, pero no a la persona amada, mientras que en estos sonetos de la poeta mexicana el arrepentimiento está presente sin que aparezca la voluntad de persistir en la falta sino al contrario; tampoco hay evidencia (salvo quizá en el último soneto de este inciso) de que el arrepentimiento se deba a la llegada de un nuevo amor. La musa va mucho más lejos en su dureza para con el antiguo amante, el rechazo es total y la separación hacia el arrepentido amor, definitiva y cortante. Sor Juana les da a estos sonetos, además, y esto es evidente, un tono de experiencia social envuelta en un dejo de coloquio, que en absoluto se halla en los otros poetas.

[52] El soneto de Petrarca, traducido al español (véase RIVERS, *El soneto español...*, p. 10), dice así: "Vosotros que escucháis en rimas esparcidas el sonido / de aquellos suspiros de los cuales yo alimentaba el corazón / durante mis primeros errores juveniles, / cuando era en parte otro hombre del que yo soy ahora; / por el variado estilo de mis lamentos y razones / entre vanas esperanzas y vano dolor, / dondequiera que haya quien por experiencia comprenda el amor, / espero hallar compasión y no sólo perdón. / Pero ahora veo bien cómo para toda la gente / fui durante mucho tiempo escándalo, / por lo cual a menudo / de mí mismo a mí me avergüenzo; / y de mi vanidad vergüenza es el fruto, / y el arrepentirse, y el conocer claramente / que cuanto gusta al mundo es breve sueño".

[53] Los textos que hemos transcrito, modernizándolos, se hallan en JUAN BOSCÁN, *Obras poéticas*, ed. de Martín de Riquer *et al.*, Universidad, Barcelona, 1957, p. 226; FERNANDO DE HERRERA, *Poesías*, ed. de V. García de Diego, p. 77; HERNANDO DE ACUÑA, *Varias poesías*, ed. de L. F. Díaz Larios, Castalia, Madrid, 1982, p. 275; y LOPE DE VEGA, *Antología lírica*, ed. de L. Guarner, pp. 317-318.

El tercer soneto de este apartado es el siguiente (MP, núm. 180; *IC*, núm. 67):

No quiere pasar por olvido lo descuidado.

> Dices que yo te olvido, Celio, *y mientes*
> en decir que me acuerdo *de olvidarte*,
> pues no hay en mi memoria *alguna parte*
> en que, aun como olvidado, te *presentes*.
>
> 5   Mis pensamientos son tan *diferentes*[54]
> y en todo tan ajenos de *tratarte*,
> que ni saben si pueden *agraviarte*,
> ni, si te olvidan, saben si lo *sientes*.
>
> Si tú fueras *capaz de ser querido*,
> 10   fueras capaz de olvido; y ya era *gloria*,
> al menos, la potencia de haber *sido*.
>
> Mas tan lejos estás de esa *victoria*,
> que aqueste no acordarme no es *olvido*
> sino una negación de la *memoria*.

El nombre de Silvio ha sido substituido aquí por el de Celio, tal vez porque se considera que, con el anterior, se ha terminado el asunto de los amores desafortunados con Silvio, o por mostrar que es una situación que se repite en variedad de personas y circunstancias. Tenemos, de todos modos, la continuación de los sonetos que tratan este tópico de "reprobación del amor". Este soneto es un desarrollo de los dos primeros de este inciso, especialmente de lo que se dice en los versos 7 y 8 del inmediato anterior: "y en fin eres tan malo y fementido, / que aun para aborrecido no eres bueno"; ciertamente, en ése la nota que se destaca es el desprecio y el aborrecimiento, aunque él sigue en la memoria. Aquí se sube un escalón más: lo que se quiere poner de relieve es que el antiguo amado no es bueno ni para el último rincón de la memoria porque no *es* "capaz de ser querido" ni de olvido. Esta idea se repite en varios versos cuando le dice: ni "me acuerdo de olvidarte", "no hay en mi memoria alguna parte", mis pensamientos "ni saben si pueden agraviarte"; lo que se quiere enfatizar es que si Celio fuera capaz de ser olvidado querría decir que había tenido algún significado en su vida, y esto se le niega, o, mejor, se dice que es la memoria la que se niega a guardar ese recuerdo, no presentándose a ella ni como olvidado. La importancia que le da la razonadora Sor Juana a la memoria como cualidad mental pone a este soneto —y al que sigue— en un nivel conceptual superior a los anteriores.

[54] El "descuidado" del epígrafe se refiere a la persona que *ya* no es nuestro "cuidado", tomado en el sentido amoroso de la época. Podría explicarse así: "No quiere que se tome por olvidado el que ya no es cuidado de su amor". El "diferentes" del v. 5 quiere decir "diverso, distinto, o no parecido" (*Dicc. Aut.*). Contrariamente a lo que hicimos en nuestra edición de *IC*, 1982, seguimos a MP en la transcripción que hizo de este soneto en su edición (p. 295); es decir, escribimos en bastardilla las palabras-rimas que también presenta el soneto siguiente ya que ahí se advierte, en el epígrafe, que sigue a las de este soneto. Esas palabras-rimas, en principio, debían ser sólo las últimas palabras de cada verso; Sor Juana se excedió en su saber y juego poético al incluir otras. En el v. 7, también seguimos a MP quien se dio cuenta de que no debía repetirse el "olvidarte" del v. 2 en el 7 —según aparece en todas las ediciones antiguas— probablemente por error tipográfico (MP, p. 536) sino que debía escribirse el "agraviarte" de las palabras-rimas que presenta el que está dirigido a Clori ("Dices que no te acuerdas, Clori, y mientes").

El cuarto y último soneto de esta serie es el siguiente (MP, núm. 181; *IC*, núm. 68):

Sin perder los mismos consonantes, contradice
con la verdad, aún más ingeniosa,
su hipérbole.

Dices que no te acuerdas, Clori, *y mientes*
en decir que te olvidas de *olvidarte*,
pues das ya en tu memoria *alguna parte*
en que, por olvidado, me *presentes*.
5   Si son tus pensamientos *diferentes*
de los de Albiro, dejarás *tratarte*,
pues tú misma pretendes *agraviarte*
con querer persuadir lo que no *sientes*.
Niégasme ser *capaz de ser querido*,
10   y tú misma concedes esa *gloria*:
con que en tu contra tu argumento ha *sido*;
pues si para alcanzar tanta *victoria*
te acuerdas de olvidarte del *olvido*,
ya no das negación en tu *memoria*.

Por este soneto, que conserva las palabras-rimas del anterior (cf. *supra*, nota 54), vemos que el nombre que se le da a la poeta en el soneto anterior es Clori, y que el que contesta en éste es Celio, a quien se dirigió el soneto anterior; por supuesto, todo esto es cuestión ficcional, lo cual nos dice hasta qué punto la poesía se convertía en ejercicio poético y juego retórico. Nuestra musa utiliza en uno de estos dos sonetos voz de mujer para atacar a Celio y, en éste de ahora, la misma adopta voz de varón para atacar a la supuesta persona que escribió el soneto a Celio, que es, siempre, ella misma. ¡Qué *tour de force*! Es decir, que ahora la poeta va a contradecir, bajo la personalidad de Celio, lo que ella misma le dijo en el anterior soneto bajo la de Clori; va a tratar de encontrar razonamientos que contradigan los que antes elaboró.

Los cuartetos niegan rotundamente que Clori haya olvidado a Celio, pues al dirigirle ese soneto —le dice él— ya le ha dado en su memoria "alguna parte" aunque sea la del olvidado; el segundo cuarteto introduce la figura de Albiro (verso 6), la cual resulta un tanto enigmática: ¿quién es Albiro? Celio parece presentarlo como un "nuevo amor" de Clori en el que no cree e insunúa, basado en la suposición de que los pensamientos de ésta sean "diferentes", es decir, que estén en realidad alejados de los de Albiro, que se deje ella "tratar" ya que él es la persona en la que ella aún piensa, pretendiendo agraviarse al querer convencerse a sí misma de lo que *no* siente (el amor hacia Albiro) —todo ello desarrollado a partir de lo que le dice Clori en el soneto que vimos antes. Los tercetos hacen un resumen del asunto según lo ve Celio: ella le ha concedido la "gloria" de ser él "capaz de ser querido" al permitir que entrara en su poema (y en su memoria) la idea de olvidarse "del olvido" y, por tanto, le dice que su argumento ha obrado en su contra. Aunque el soneto anterior nos parece mejor construido que éste, aplaudamos la habilidad de la poeta para encontrar argumentos que niegan los juicios anteriores de modo convincente.

Sor Juana tiene otras composiciones relacionadas con el tema o temas que nos ocupan: la ausencia lleva al olvido y éste a la mudanza (cf. el que comienza "Prolija memoria"), es decir, a la separación de los amantes, a la "deshecha" que vimos antes. En otra composición ya hallamos el olvido cercano al amor ("Si el desamor o el enojo"): "¿Quién no admira que el olvido / tan poco del amor diste, / que quien camina al primero, / al segundo se avecine?" (núm. 5, vs. 49-52).

4. *Temporalidad del amor*

Éste es un tópico implícito en los sonetos que colocamos en el inciso anterior de "reprobación del amor"; la reprobación, o arrepentimiento, marca el fin del amor, y por tanto nos indica que el amor no es permanente, que es mudable. Veamos (de dos) el primer soneto (MP, núm. 174; *IC*, núm. 41):

> ***Aunque en vano, quiere reducir a método racional el pesar de un celoso.***

¿Qué es esto, Alcino? ¿Cómo tu cordura
se deja así vencer de un mal celoso,
haciendo con extremos de furioso
demostraciones más que de locura?

5   ¿En qué te ofendió Celia, si se apura?
¿O por qué al Amor culpas de engañoso,
si no aseguró nunca poderoso
la eterna posesión de su hermosura?

La posesión de cosas temporales,
10   temporal es, Alcino, y es abuso
el querer conservarlas siempre iguales.

Con que tu error o tu ignorancia acuso,
pues Fortuna y Amor, de cosas tales
la propiedad no han dado, sino el uso.

La voz lírica actúa en este soneto como consejera; se dirige aquí a Alcino (nombre pastoril convencional, véase MP, p. 532) tratando de razonar con él en cuestiones que afectan su amor por Celia. El primer cuarteto nos dice que Alcino se ha dejado llevar por los celos, lo cual la poeta cataloga como un atentado contra la cordura porque le hace actuar con furia y locura; en el segundo cuarteto se trata de razonar con él al dirigirle la voz lírica preguntas retóricas que también sirven para hacerle pensar: Celia no le ofendió ni el amor es engañoso, ya que éste no tiene el poder de asegurar para siempre la posesión de la persona amada. En los tercetos se resuelve la cuestión planteada: el amor es temporal, así que no se puede esperar que "cosas tales" van a permanecer siempre iguales; el no entenderlo así es mostrar error o ignorancia, ya que Amor y Fortuna (la alegoría de la rueda que todo lo cambia) tienen en común dar sólo el uso de las cosas temporales, no la propiedad, es decir, la posesión legal. Estas dos palabras, uso y propiedad, nos llevan, de nuevo, a ideas de tipo mercantil aplicadas al amor, así como la lengua utilizada recuerda la llaneza del lenguaje diario; tenemos aquí una idea práctica del amor.

Se le da cierta preponderancia a la cuestión de los celos, que Sor Juana trató en distintas ocasiones, más bien de modo negativo; en un largo romance ("Si es causa amor productiva") lo defendió como prueba de amor pero también nos dice, en la misma composición, que había escogido ese tema porque ya José Pérez de Montoro, al parecer un amigo español poeta, había "probado" que *no* era prueba de amor, y a ella le tocó demostrar lo contrario.

El considerar la temporalidad como parte integrante del amor es idea básicamente anti-petrarquista: para la ortodoxia petrarquista el amor es eterno e inconmensurable, no sujeto a leyes del vivir de todos los días. Los tópicos que más se usaron durante el Siglo de Oro para ilustrar la temporalidad, el desgaste y fin de la vida, de la belleza feme-

nina, fueron el de las ruinas (a partir del italiano "Superbi colli..."), el cual aparece en muy variados sonetistas del Siglo de Oro[55], y el de la rosa; Sor Juana no utilizó el primero, y del segundo dedica los tres sonetos[56] a ilustrar distintas facetas del paso del tiempo y de la hermosura femenina, pero no específicamente del amor.

Copiemos el segundo soneto de este grupo, con el cual cerramos el examen de estos veintiún sonetos amorosos de Sor Juana (MP, núm. 184):

[55] Cf. RIVERS, *El soneto español...*, pp. 14, 84-89.
[56] Véase el artículo de ALESSANDRA LUISELLI, "Tríptico virreinal: los tres sonetos a la rosa de Sor Juana Inés de la Cruz", en *"Y diversa de mí misma / entre vuestras plumas ando". Homenaje Internacional a Sor Juana Inés de la Cruz*, ed. de Sara Poot Herrera, El Colegio de México, México, 1993, pp. 137-157.

> *Que consuela a un celoso, epilogando la serie*
> *de los amores.*
>
> Amor empieza por desasosiego,
> solicitud, ardores y desvelos;
> crece con riesgos, lances y recelos,
> susténtase de llantos y de ruego.
> 5   Doctrínanle tibiezas y despego,
> conserva el ser entre engañosos velos,
> hasta que con agravios o con celos
> apaga con sus lágrimas su fuego.
>   Su principio, su medio y fin es éste;
> 10 pues ¿por qué, Alcino, sientes el desvío
> de Celia, que otro tiempo bien te quiso?
>   ¿Qué razón hay de que dolor te cueste,
> pues no te engañó Amor, Alcino mío,
> sino que llegó el término preciso?

Vemos que este soneto sigue estrechamente al anterior: los personajes son los mismos y guardan el mismo papel; la poeta mantiene el suyo de intermediaria, llamando a Alcino a la reflexión. Pero también este soneto, en los cuartetos, se adhiere a la tradición de los sonetos que trataban de definir el amor[57], que, aquí, consta de un proceso que va del desasosiego y la solicitud, hasta llegar a los agravios y los celos que apagan, con las lágrimas, el fuego del amor. Es decir, los cuartetos tratan del proceso amoroso desde el comienzo hasta su fin y, bien marcada la pausa, los tercetos se aplican al caso particular de Celia y Alcino.

Sor Juana tiene unas redondillas (MP, núm. 84) cuyo epígrafe dice: "*En que describe irracionalmente los efectos irracionales del amor*" ("Este amoroso tormento") que no trata sólo de esos efectos del amor —a través de muchos versos— sino que también es, en parte, explicación del proceso y definición del amor en estado de *fieri*, pero sin llegar al final de los amores ni hablar de su temporalidad; terminan con estos versos (105-112):

[57] Como ejemplos, véanse el de Lope que comienza: "Desmayarse, atreverse, estar furioso" y el de Quevedo: "Es hielo abrasador, es fuego helado"; pero estos sonetos se dedican enteramente a definir el amor, no hay aplicación a un amor específico como lo tiene nuestra poeta.

> Esto de mi pena dura
> es algo del dolor fiero;
> y mucho más no refiero
> porque pasa de locura.
> Si acaso me contradigo
> en este confuso error,
> aquél que tuviere amor
> entenderá lo que digo.

El soneto es, sin duda, superior en la concentración del proceso amoroso que se presenta y en la hermosura de los versos. En el primer verso de los tercetos se da el resumen del proceso del que consta el amor: al igual que todas las cosas de la vida, tiene principio, medio y fin; también nos enteramos de la razón para el fin de este amor: el desvío de Celia. La poeta amonesta a Alcino por su falta de comprensión: si ello es así, ¿por qué protestas? Hay defensa del sexo femenino en la persona de Celia: ella personifica "el fin", "el término preciso" de ese conocido proceso; tiene el derecho, como todo el género masculino, de simplemente dejar de querer. La poeta, quien se erige en árbitro, le exige a Alcino que respete la voluntad de Celia en su decisión; como vemos, no se trata de revertir los papeles tradicionales sino, simplemente, de imponer los mismos derechos para las mujeres.

Estamos lejos de los reproches —incluyendo las burlas hirientes— que hacen los sonetistas masculinos de los desvíos de sus amadas; estamos ante un cambio significativo de situación que trae un

cambio de perspectiva: la poeta es una mujer que actúa de juez, que es quien dictamina sobre la cuestión de amor que se ventila, y que resuelve que el amor es temporal, recrimina al hombre por no reconocerlo así y le da a la mujer la prerrogativa de ser ella la que rompe, la que despacha al hombre. Este soneto es el único, de los veintiuno, en el que cambian las rimas de los tercetos, que aquí es CDE:CDE, es decir, que tienen tres rimas en vez de dos, lo cual puede tener que ver con el "epilogar la serie de los amores" que anuncia el epígrafe, y con su final más controversial y revanchista: "Alcino mío, también los hombres pierden en el amor".

La tradición europea y Sor Juana en su mundo de la Nueva España

El soneto amoroso, con sus raíces en la Edad Media, es el "género" más practicado y prestigioso dentro del extenso género poético, estimado como ninguno durante los siglos XVI y XVII. El amor cortés de abnegado sufrimiento tomó formas diferentes en distintos autores y en distintas épocas: se espiritualizó teológicamente con el *dolce stil nuovo* de Dante y se humanizó con la matizada introspección afectiva de Petrarca.

En el estudio de los sonetos de Sor Juana hay que tener en cuenta que la poética del Renacimiento y del Barroco está lejos de la "sinceridad", intimidad e ingenuidad de las que se hace gala durante el Romanticismo, sensibilidad obviamente más cercana a nosotros. De la sencilla realidad objetiva del Renacimiento que trata de utilizar la experiencia para emitir postulados de interés general, se pasa a la compleja realidad subjetiva del Barroco —dinámica y proteica— aunque esta realidad no sea del todo fiable. Lejos de ello, la voz que habla —y la poeta adopta varias, como hemos visto— *no* es un recuento de experiencias personales; éstas asoman a la superficie como imaginaciones o fantasías de vivencias guardadas en la memoria y que, a través de la habilidad creadora de la mente, se concretan en una fórmula, la del soneto en este caso, que sigue pautas establecidas (lingüísticas, sintácticas y semánticas) y que, en el Barroco, con frecuencia son un juego o un ejercicio poético creado —por agudo y sutil— para impresionar o asombrar. Éste es el arte del conceptismo y del culteranismo, las dos corrientes que lo mismo alternan que se unen en el Barroco, arte creado por el ser perplejo y "agónico" del Barroco (como lo llama Maravall) ante una época conmocionada que lo llevó a adiestrar su mente a resolver lo difícil, a desarrollar su agilidad intelectual y a ser "atento", como aconsejaba Gracián, es decir, "avisado", perspicaz ante los acontecimientos traumatizantes que se sucedían a su alrededor, los que lo hacían dudar de sus propios sentidos. Todo ello lo llevó a múltiples visiones singularizadoras y a la aceptación de un abanico de posibilidades que se consideraban todas válidas aunque fueran contradictorias. No hay, pues, "originalidad" como la entendemos hoy: hay, como hemos dicho, *imitatio* y hay superación, y la manera de conseguir ésta es a través del ejercicio del entendimiento que se destaca en la agudeza mental[58].

Un modo de agrupar las composiciones de los autores ha sido teniendo en cuenta, no la temática, sino el género o tipo de composición, que es lo que hizo Méndez Plancarte con la "lírica personal" de Sor Juana, aunque luego, a su vez, los agrupara por temas (algo similar a lo que mencionamos más abajo sobre el manuscrito Chacón). El caso del soneto es problemático por su enorme variedad semántica, a pesar de su extensión y estructura limitadas, ya que, tradicionalmente, para la consideración de un género *per se*, se requerían combinaciones más o menos fijas que explicaran su coherencia, como sucede con la sátira, la epístola horaciana, la elegía y otros géneros, lo cual es menos fácil de establecer con respecto al soneto.

En los de Boscán y de Garcilaso de la Vega encontramos ya el idealizante neoplatonismo italiano, que ensalzaba la hermosa alma de la dama; el analista más reciente[59] de los casi cuarenta sonetos de Garcilaso los separa en dos grupos: petrarquistas y no petrarquistas. En el manuscrito de Chacón de Góngora los sonetos de este grande, pero poco afectivo poeta, se dividen en los siguientes grupos: sacros, heroicos, morales, fúnebres, amorosos, burlescos y varios[60]. En este trabajo, hemos optado por limitarnos estrictamente a los sonetos amorosos de Sor Juana teniendo en cuenta el tema central, la "invención temática" primaria[61] que creemos descubrir, aunque señalamos, cuando los hay, otros temas. Los hemos dividido en dos grupos principales, el primero de los cuales son los ortodoxos o los que podemos llamar idealistas. Dentro de éste hallamos las siguientes variaciones: evocan un amor permanente y "puro" que no espera reconocimiento ni recompensa. Ese amor puede ser un amor "racional" basado en los méritos de la persona amada; hay llanto ante los celos y hay sufrimiento porque el amante no muere a causa de la ausencia cuando ésta es de muerte. En los heterodoxos, se pondera la problemática relatividad del amor con amores conflictivos de varias personas (en las "encontradas correspondencias"), la mezcla inquietante del amor y el odio, el rechazo rotundo de un amor pasado (que forman una "serie" de cuatro sonetos) y el reconocimiento de su condición no duradera.

[58] Véase a José Antonio Maravall, "Un esquema conceptual de la cultura barroca", *Cuadernos Hispanoamericanos*, Madrid, 1973, núm. 273, 1-39. Véase también mi trabajo: "Tiempo, apariencia y parodia: el diálogo barroco y transgresor de Sor Juana", en *Homenaje a Alfredo A. Roggiano. En este aire de América*, ed. de K. McDuffie y R. Minc, Instituto Internacional de Literatura Iberoamericana, Pittsburg, 1990, pp. 126-149, o en mi libro de colección de ensayos, publicado en Barcelona, que se menciona *supra*, nota 35.

[59] Casi al terminar este trabajo, he tenido en mis manos el libro reciente de Daniel L. Heiple, *Garcilaso de la Vega and the Italian Renaissance*, The Pennsylvania State University Press, University Park, 1994.

[60] Véase el primer tomo de la edición facsimilar de las *Obras de don Luis de Góngora [manuscrito Chacón]*, Real Academia Española, Madrid, 1991.

[61] Véase García Berrio, art. cit., pp. 149-151.

Lo más notable es el hecho de que estamos ante una mujer que re-inventa la poesía porque la conoce profundamente, una mujer barroca que pertenece a ese mundo versátil de cambios e incertidumbres que hemos mencionado; estamos ante una poeta que (entre los sonetos que hemos llamado de "amor ortodoxo") lo mismo canta en voz masculina al *dons provenzal* como trovador doliente del amor cortés, que, con voz de sexo no definido, utiliza sus conocimientos científico-escolásticos para aplicarlos a un amor incorruptible, que contesta a un "curioso" utilizando rimas impuestas para explicarnos lo que entiende por amor "racional", que contrapone los males de los celos y de la ausencia, y filosofa —con un lirismo punzante y sobrecogedor— sobre las interrelaciones entre el dolor del corazón y su conversión en llanto retórico. Entre los heterodoxos, continuamos oyendo esas mismas voces: femeninas en los amores de las "encontradas correspondencias", el último de los cuales dictamina, con un razonamiento de tipo práctico, que es mejor aceptar a quien nos ama que ser "vil despojo" del que nos desprecia; es voz masculina o ambigua en las reflexiones del odio-amor; femenina y masculina en el arrepentimiento, en la reprobación creciente del amor; y reflexiva y dictaminadora en la declaración de que el amor es temporal, y no hay modo de queja contra Celia, con quien, por una vez, una mujer-poeta se alínea y defiende. En los sonetos que hemos colocado entre los ortodoxos se destaca su conocimiento del amor cortés; la internalización petrarquista toma otros caminos menos concurridos: los caminos mentales, que, a menudo, utilizan el saber escolástico de la monja. El entendimiento del amor reside en la cabeza, pero se resuelve también de modo funcional basado en vivencias propias o ajenas, expresándose de modo nunca vulgar pero sí —en la mayoría de los casos— comprensible para el mundo medio de su época: Sor Juana es una poeta que mantiene contacto con la gente que habita la sociedad en que vive, con la clase pujante de los criollos para quienes el sentido práctico de la vida como, por ejemplo, la transacción legal-económica, era parte de su mundo en lucha.

A través de estos sonetos —para evocar las noticias sobre la monja que nos da el cronista Robles— vemos que Sor Juana presidía, desde su convento, gran parte de la alta vida cultural de la sociedad de la Nueva España; la imaginamos en su convento recibiendo cartas, billetes, piezas manuscritas que le enviaban desde fuera. En su poesía se reflejan los aspectos que elaboraba su persona en relación con su ambiente y trato de los grandes y pequeños de su tiempo. Hace gala del saber escolástico que se preconizaba en los jesuitas (pero que ella había adquirido por su ejemplar esfuerzo autodidacta, como nos lo cuenta en la *Respuesta*), que la capacitaba para utilizar esos "términos de Escuelas", analizar teorías neo-aristotélicas y, de este modo, convertirse en reconocida maestra difusora de un alto saber universal. Pero Sor Juana no se limitaba a esto: también vertía en sus sonetos las noticias que recibiría de sus hermanas, amigas y parientes —incluso de las virreinas y damas de la corte— de todo ese cuchicheo de su mundo social interno y externo, el cual le serviría, además de sus vivencias, para ejemplificar conceptos nuevos y utilizables en asuntos de amor, elaborar valientemente modos de ponerse al lado de la mujer de sus días, incluso erigiéndose en jueza —por usar un término actual en femenino— dando lecciones de cómo reaccionar ante el engaño amoroso: hacer "la deshecha", desaprobar el antiguo amor porque no fue merecido y es necesario borrarlo de la memoria, e instruyendo a un amante masculino sobre la temporalidad del amor. Si en la tradición clásica la mujer no tiene voz, en la poesía de Sor Juana la adquiere.

Como era común en la mejor lírica del tiempo, los sonetos de Sor Juana no sólo nos muestran conciencia poética y artificio y además guardan ese aspecto práctico mencionado, sino que —al dirigirse, probablemente, a sus mecenas-mujeres— también reflejaban el sublimado mundo del amor cortés ("Yo adoro a Lisi...", "Vesme, Alcino...", "Con el dolor..."). De la monja Juana Inés, reconocida como la más alta exponente poética del lirismo de su época, se esperaba que trazara pautas, y ella aceptaba el reto del amigo "curioso" que le impone consonantes finales para que le responda ("No es sólo por antojo..."). Es otro aspecto de lo que hacía al escribir juegos completos de villancicos para las catedrales en los que —sin salir de su convento— se ponía en contacto directo con su gente.

Como en el caso de los *Enigmas* que escribió Sor Juana para las monjas portuguesas[62] —las cuales sabían podrían hallar las respuestas en la obra de la mexicana—, la poeta era conocida por los que la rodeaban, debido a su gran agilidad mental y respetada a propósito de lo que ya había dicho en su obra que, posiblemente, había condicionado lo que ellos mismos pensaban sobre esas cuestiones: sabían que la monja creía que la ausencia era mayor mal que los celos, sobre todo cuando era de muerte, aunque éstos, o el desvío, podían provocar mucho dolor ("Esta tarde, mi bien...", "Mandas, Anarda..."); sabían que defendía el aceptar a un enamorado al que no se quiere por ser "menor mal" que forzar la aceptación del que nos rechaza, aunque ésa no sea una solución del todo satisfactoria. La poeta podía afirmar, tan segura de sí estaba, que incluso al amor que se nos escapa es posible

[62] Véanse las ediciones de ENRIQUE MARTÍNEZ LÓPEZ, "Sor Juana Inés de la Cruz en Portugal: un desconocido homenaje y versos inéditos", *Revista de Literatura*, Madrid, 65 (1968), 53-84; y de Antonio Alatorre, a SOR JUANA INÉS DE LA CRUZ, *Enigmas ofrecidos a la Casa del Placer*, El Colegio de México, México, 1994; y el artículo-reseña de la que escribe y ELIAS L. RIVERS, "Sor Juana Inés de la Cruz: Los *Enig-*

atraparlo. Nos preguntamos si esta digna y serena confianza en sí misma y en su maestría tenía raíces en lo que, como criolla, había aprendido a través de la historia de su mundo nahua.

En cuanto al soneto único que queda en el medio de todos ellos, el que ocupa el lugar final de los grupos "ortodoxos" antes de comenzar los "heterodoxos", es realmente la cumbre de los sonetos amorosos de Juana Inés[63] que hemos estudiado; "Detente, sombra de mi bien esquivo" reúne una serie de consideraciones muy estrechamente ligadas a la poeta de las cuales las dos siguientes reflejan los rasgos primordiales de su personalidad: 1) Lo mental: refleja el mundo de la psicología aristotélica; toda una reflexión del proceso de la memoria que hace que los "espíritus" pasen a través de la "sombra", "ilusión" y "ficción" que han captado los sentidos, hasta convertirse en la "imagen del hechizo que más quiero" para que, de este modo, la "Fantasía" pueda encerrarla en su mente y de ahí no tenga escape; 2) Lo femenino: la poeta no cuenta para nada con la voluntad del amado sino con la suya; su acción determinada es, por tanto, profunda y osadamente "feminista". Es reflejo, no sólo de su orgullo de mujer intelectual que es capaz de idear tan tremendo empeño a través de una erudición alcanzada por su propio esfuerzo, sino de mujer simple y llana que busca medios para escapar de la "tiranía" de un amor escurridizo y "burlar" al amado "fugitivo".

La creatividad de Sor Juana se aprovecha de una larga y rica tradición literaria y científica para llegar a nuevas cumbres poéticas, al análisis más fino y sofisticado de una relación especial entre personas de su mundo de la Nueva España que sólo ella conocía, ayudada por su estupendo conocimiento de la literatura y sobre todo por su poderosa intuición humana. Para volver al inciso de los versos del comienzo, entre las "otras mil cosas / de que carece España" que mencionaba Juan de la Cueva en su epístola, vendría, más tarde, la personalidad de una mujer avasalladora que encumbró la poesía a niveles casi imposibles de superar.

mas y sus ediciones", que se publicará próximamente en la *Revista Iberoamericana*.

[63] OCTAVIO PAZ basado en otras consideraciones lo llama "la cifra de su poesía amorosa", *op. cit.*, pp. 380-383, a las que ya remitimos en la nota 35.

X

EL VILLANCICO NOVOHISPANO

MARTHA LILIA TENORIO

EL VILLANCICO NOVOHISPANO

INTRODUCCIÓN

...que el no haber escrito mucho de asuntos sagrados no ha sido desafición, ni de aplicación la falta, sino sobra de temor y reverencia debida a aquellas Sagradas Letras, para cuya inteligencia yo me conozco tan incapaz y para cuyo manejo soy tan indigna...[1]

EN este fragmento de la *Respuesta a Sor Filotea*, Sor Juana explica al obispo Fernández de Santa Cruz por qué no se dedica más a las letras sagradas. La explicación forma parte de su reproche al prelado por haber publicado sin su permiso la *Crisis a un sermón*. Ella dice "sacarles la vuelta" a los escritos religiosos no por falta de gusto o de devoción, sino por creerse intelectualmente incapacitada para ello (cuando prueba de su capacidad es precisamente la *Carta*). Sin embargo, a pesar de que se le reclama su poca producción sacra y de que se supone que está defendiendo su vocación literaria e intelectual, Sor Juana sólo menciona como escritos devotos los *Ejercicios de la Encar-*

[1] Sor Juana Inés de la Cruz, *Obras completas*, t. 4, ed. de Alberto G. Salceda, F.C.E., México, 1957, p. 443. Utilizo también los ts. 1, 2 y 3 editados por Alfonso Méndez Plancarte.

[2] Los autos no se habían publicado aún, quizá por eso no los menciona. *El divino Narciso* aparece en la segunda edición de los *Poemas* (Barcelona, 1691).

[3] En su *Carta* al Padre Núñez, nueve años anterior a la *Respuesta*, Sor Juana sí menciona sus villancicos. Claro, la situación era otra: su confesor estaba enojado porque la monja se dedicaba a escribir versos; ella se defiende diciendo que todo el mundo se los encargaba y que por más que se rehusaba algunas veces había tenido que ceder: "...tales como dos villancicos a la Santíssima Virgen que, después de repetidas instancias, y pausa de ocho años, hice con venia y licencia de V. R. [...] y en ellos procedí con tal modestia, que no consentí en los primeros poner mi nombre, y en los segundos se puso sin consentimiento ni noticia mía, y unos y otros corrigió antes V. R." (A. ALATORRE, "La *Carta* de Sor Juana al P. Núñez", *Nueva Revista de Filología Hispánica*, México, 35, 1987, p. 619)

[4] Méndez Plancarte da los siguientes ejemplos de este desorden: 1) los villancicos a la Asunción 1676 se publican en una ed. aislada (México, 1676), mientras que en la *Inundación Castálida* (1689) aparecen con la fecha de

nación y los *Ofrecimientos de los Dolores*, y no saca a relucir sus villancicos, que ocupan buena parte de toda su obra lírica[2]. ¿Por qué no demostrar al obispo que sí ha escrito lírica religiosa, y mucha? Y ¿por qué el propio Fernández de Santa Cruz pasa por alto la tarea villanciquera de Sor Juana, si en la misma Catedral de Puebla se cantaron tres de sus doce juegos completos (Concepción, 1689; Navidad, 1689; San José, 1690)?, y no sólo eso sino que ahí mismo se publicaron, lo que supone la autorización del obispado. La respuesta es simple: los villancicos no contaban; ni Sor Juana ni el obispo daban importancia alguna a esta producción en serie, labor de encargo, impersonal[3].

Sin embargo, los villancicos junto con las letras sacras ocupan una cuarta parte de la obra total de la monja, y además llenan casi todo el período de su actividad literaria: de 1676 a 1691, sin tomar en cuenta los villancicos atribuibles (que se extienden hasta 1692). A pesar de esto Sor Juana parecía no dar gran importancia a esta parte de su obra, como si la considerara menor, de poca monta. Es de notar, por ejemplo, el descuido con que incluyó o hizo incluir los villancicos en la edición de sus obras: a veces en secciones separadas, otras dentro de las letras sacras; algunos villancicos nunca se recogieron en volumen o permanecieron anónimos o son de atribución dudosa; otros aparecieron en unas ediciones y en otras no[4].

Esta indiferencia era propia de la época; la composición de villancicos era una práctica tan común, tan extendida, que no ameritaba atención alguna. Para Sor Juana, como para sus contemporáneos, el lugar más alto de la escala poética lo ocupaban el *Polifemo* y las *Soledades* de Góngora; los villancicos eran sólo ejercicios de versificación. Sin duda es cierto que no era lo mismo componer el *Sueño* que una jácara; sin duda la elaboración de villancicos estaba limitada por una serie de fórmulas fijas, por una retórica con años de establecimiento, por un estigma de "lírica popular" (con lo que esto implica: temas reducidos, repeticiones, formas "fáciles", etc.), por una Iglesia vigilante. Sin embargo, la composición de villancicos también estaba abierta a las posibilidades creativas y técnicas (de oficio) del villanciquero en cuestión, a la inventiva con que el autor recreara la herencia de gloriosos "letristas" (nada menos que Lope y Góngora), al reto de lograr una lírica con la chispa y la penetración de la popular, y con el sello y el artificio de la culta, a una sociedad ávida de novedades.

El villancico es una forma popular que desde el siglo XV fue abundantemente cultivada por poetas cultos. El trabajo culto imprime a la forma un sello muy especial; no hay que olvidar que, como explica

Sánchez Romeralo en su libro sobre el villancico[5], el autor culto que trabaja con una forma popular nunca pierde su individualidad o, más bien, nunca está dispuesto a perderla. Raúl Dorra trae a colación los ejemplos de García Lorca y de Lope de Vega: García Lorca se sumerge en la corriente de la poesía popular pero su éxito radica precisamente en no haberse disuelto en ella; por su parte, en el Lope "popular" "los críticos han encontrado una individualidad irreductible, los rasgos de un estilo que se reproduce en toda su obra"[6]. Lo mismo puede decirse acerca de Góngora: Dámaso Alonso ha explicado que entre el Góngora popular y el oscuro no hay más que una diferencia de grado, de una mayor, menor o diferente utilización y explotación de los mismos recursos estilísticos[7].

En efecto, los villancicos, como tantas composiciones de la época, eran versos ocasionales ligados a festividades religiosas; versos en "metro músico", expresamente pedidos para ser cantados en las catedrales. Quizá, por la poca importancia que los villanciqueros mismos y la república literaria daban a esta poesía, los autores podían desenvolverse con más libertad: era una cuestión entre ellos y sus clientes, sin que mediara homenaje o alabanza a algún grande ni certamen alguno. Así como había lectores para el *Sueño* (los conocedores) o

1689, con un orden errático e incompletos (falta la letra *La Retórica nueva*); 2) el juego de la Concepción 1676 sólo está en ed. suelta, sin nombre de autor, pero con la siguiente nota manuscrita antigua: "*Los compuso la Mᵉ. Juᵃ. Inés de la Cruz, religᵃ. de S. Gerónimo de Mexᵒ.*", en tanto que la ed. del *Segundo volumen*, Sevilla, 1692, únicamente incluye las composiciones IV y V como letras sueltas; 3) la dedicatoria de los villancicos de San Pedro Nolasco (1677) sólo está en la *Inundación Castálida* y en la ed. de Barcelona, 1693; 4) San Pedro Apóstol 1677: la serie completa se incluye en la *Inundación* y en la ed. de Barcelona (1693), falta en la de 1691 (aclaro que sólo consigno las ediciones que salieron en vida de Sor Juana); 5) Asunción 1679: está en la *Inundación* (con dedicatoria), en las eds. de Barcelona 1691 (sin dedicatoria) y 1693 (con dedicatoria); 6) San Pedro Apóstol 1683 y Asunción 1685 sólo están en la *Inundación,* y vuelven a aparecer en la ed. póstuma de 1725.

[5] Cf. ANTONIO SÁNCHEZ ROMERALO, *El villancico*, Gredos, Madrid, 1969, pp. 42-54.

[6] RAÚL DORRA, *Los extremos del lenguaje en la poesía tradicional española*, UNAM, México, 1981, p. 83.

[7] Cf. DÁMASO ALONSO, *La lengua poética de Góngora*, C.S.I.C., Madrid, 1950, pp. 10-19.

[8] "Domingo 17, murió a las tres de la mañana en el convento de San Gerónimo la madre Juana Inés de la Cruz, insigne mujer en todas facultades y admirable poeta... imprimiéronse en España dos tomos de sus obras, y en esta ciudad muchos villancicos..." (ANTONIO DE ROBLES, *Diario de sucesos notables, 1665-1703*, Porrúa, México, 1946, t. 3, p. 16). El caso de Sor Juana es muy particular. Con toda seguridad fue víctima de su fama: era la poeta de moda, y muy probablemente las catedrales se disputaban el honor de que ella compusiera los villancicos para sus festividades. Sor Juana tenía oficio y sabía lucirse con cada entrega. Podríamos decir que era toda una "profesional" de la poesía pues su tarea, además de ser remunerada, estaba vinculada a una política de relaciones públicas que le permitía una convivencia con la élite política y eclesiástica no sólo armónica sino también ventajosa.

[9] Hago la aclaración porque el aspecto religioso ha sido el que ha dado o quitado valor a los villancicos, según la crítica. En el caso de Sor Juana, por ejemplo, varios autores consideran que el valor de los villancicos radica en la grandeza o diafanidad del sentimiento religioso expresado (entre otros, JOSEFINA MURIEL, *Cultura femenina novohispana*, UNAM, México, 1982; ALICIA SARRE, "El Oficio Divino, fuente de inspiración de los villancicos

para la *Crisis*, había un público para los villancicos, piadoso, aficionado a estas composiciones, también conocedor y con sus propias exigencias. Esto es, los villancicos no eran textos "al aventón" para un vulgo indeterminado; tenían sus seguidores y dignos jueces. Por eso los villanciqueros —y particularmente Sor Juana— buscaban siempre su lucimiento.

La composición de villancicos permitía, además, el conocimiento y reconocimiento popular. No era una labor de mucha altura, pero se lograba cierta popularidad. Así, al consignar la muerte de Sor Juana en su *Diario*, Antonio de Robles considera dignos de mención dos hechos: primero, que su obra se editó y se estaba editando en ese momento en la Península; segundo, que componía villancicos. Lo que dice Robles (ciudadano común y corriente) es muy interesante: la ciudad conocía a Sor Juana por los villancicos ("popular aura", dice Francisco de las Heras); pero había no pocos conocedores refinados ("no popular aura", dice Calleja)[8]. Robles constata algo importante: aunque aparentemente no la tuvieran, los villancicos cumplían una función social y cultural importante, y tenían su lugar dentro de la lírica hispánica, en este caso, colonial.

Hay que hacer hincapié en el hecho de que la composición de villancicos no implicaba ninguna devoción especial ni un fervor religioso mayor o menor[9]. Los villancicos eran obra de hombres (o mujeres) de letras, no necesariamente de religiosos. Margit Frenk sostiene, apoyándose en Marcel Bataillon, que "las personas de letras que componían tales composiciones no aspiraban tanto a expresar su propio fervor como a despertar y entretener el fervor de los fieles..."[10] Los autores componían sus villancicos independientemente de su vocación o afición religiosa, poniendo en juego su conocimiento y dominio de las formas y su talento poético. Que los villancicos son la expresión de cierta piedad es innegable; que la piedad no es suficiente para hacer de ellos la expresión de almas encendidas en amor a Dios, también es innegable: no se trataba de poesía mística.

Creo que el vacío crítico en el que han caído los villancicos obedece a que se los ha visto siempre en relación con la poesía mística (cuyos vuelos no alcanzan ni remotamente); o bien con obras "mayores" (en el caso de Sor Juana, por ejemplo, con el *Sueño*, los sonetos, los romances, etc.). Estas comparaciones son absurdas; se trata de diferentes registros: por un lado, la poesía mística responde a vivencias íntimas y tiene un discurso perfectamente diferenciado; por otro, el *Sueño* responde a una poética, a unas exigencias, los villancicos a otras. Las tres son manifestaciones poéticas de una misma época; y con el mismo derecho se inscriben en la gran tradición lírica del Siglo de Oro.

EN TORNO AL GÉNERO

En su *Arte poética* (1592), Rengifo define el villancico como un "género de copla que solamente se compone para ser cantado"[11]. Covarrubias (*Tesoro*, 1611, *s.v. villanescas*), como "las canciones que suelen cantar los villanos cuando están en solaz. Pero los cortesanos, remedándolos, han compuesto a este modo y mensura cantarcillos alegres. Este mesmo origen tienen los villancicos tan celebrados en las fiestas de Navidad y Corpus Christi". Finalmente en el *Dicc. Aut.* (1737), *s.v. villancico*, encontramos: "composición de Poesía con su estribillo para la Música de las festividades en las Iglesias..." Las tres definiciones destacan, según el momento de desarrollo del género, tres aspectos: su carácter musical (Rengifo), su origen popular y su apropiación por parte de los poetas cultos (*Tesoro*) y su final restricción al ámbito religioso (*Dicc. Aut.*).

Resulta muy difícil dar una definición concreta de un género que se ha manifestado de tantas formas y que a lo largo de su vida poética ha adoptado tantas modalidades. El único denominador común ha

de Sor Juana", *Revista Iberoamericana*, México, 16, 1952, 269-283; EZEQUIEL CHÁVEZ, *Ensayo de psicología de Sor Juana Inés de la Cruz*, Araluce, Barcelona, 1931; MARIE CÉCILE BÉNASSY-BERLING, *Humanismo y religión en Sor Juana Inés de la Cruz*, UNAM, México, 1983; MÉNDEZ PLANCARTE, "Introducción", t. 2). En el otro extremo está ELIZABETH WALLACE quien, haciendo un paralelo desafortunado y erróneo, descalifica los villancicos por no proceder de un auténtico y firme sentimiento religioso: "Si Sor Juana hubiese escrito solamente himnos religiosos, su labor poética hubiera muerto con ella. Era tan sólo un débil eco de Juan de la Cruz, de Fray Luis de León, de Santa Teresa" (*Sor Juana Inés de la Cruz, poetisa de corte y convento*, Eds. Xóchitl, México, 1944, p. 121).

[10] MARGIT FRENK, en su ed. de *Villancicos, romances, ensaladas y otras canciones devotas de Fernán González de Eslava*, El Colegio de México, México, 1989, p. 56.

[11] *Arte poética española*, ed. de J. Vicéns, Barcelona, 1759, p. 44.

Martha Lilia Tenorio

12 "La primitiva poesía lírica española", en *Estudios literarios*, Espasa-Calpe, Madrid, 1920, p. 259.
13 *Apud* MARGIT FRENK, *Estudios sobre lírica antigua*, Castalia, Madrid, 1978, p. 53.
14 Según DÁMASO ALONSO y JOSÉ MANUEL BLECUA (*Antología de la poesía española de tipo tradicional*, Gredos, Madrid, 1956, p. 235, n. 333), no se trata de un villancico sino de una ensalada, aunque bastante primitiva (COVARRUBIAS: "llamaron ensaladas un género de canciones que tienen diversos metros, y son como centones, recogidos de diversos autores"). Al parecer, la designación de *villancico* proviene de dos impresos del siglo XVI que incluyeron el poema (el *Espejo de enamorados*, ca. 1535-1540; y uno de los pliegos sueltos conservados en Praga). En cambio, en el *Cancionero de Palacio*, donde la composición aparece atribuida a Suero de Ribera, se le llama "dezir" (*Cancionero musical de Palacio*, introd. y estudio de J. Romeu Figueras, C.S.I.C.-Instituto Español de Musicología, Barcelona, 1965, vol. 3-A, pp. 137-138). Según MARGIT FRENK, la atribución a Suero de Ribera pudiera ser más probable ("Santillana o Suero de Ribera", *Nueva Revista de Filología Hispánica*, México, 16, 1962, p. 437).
15 *Cancionero castellano del siglo XV*, NBAE, t. 19, p. 259.

sido la presencia de un estribillo. Aunque, según la época, el villancico se ha caracterizado por otros elementos además del estribillo: por el estilo popularizante, por la organización de la estrofa, por el tema religioso y por ser una composición para ser cantada en las iglesias. Con todo, se podría decir que, salvo algunas excepciones (los recitativos de los siglos XVII y XVIII), la característica primordial del villancico ha sido, en efecto, el estribillo. Ante la dificultad que entraña una definición, quizá sea más claro ir trazando una breve historia del género, que lo vaya caracterizando, tanto en sus temas como en su estructura poética.

Originalmente, el término *villancico* se aplicaba a breves cancioncillas de carácter popular y tradicional, con frecuencia de tema amoroso, emparentadas —según Menéndez Pidal— con las cantigas de amigo gallego-portuguesas[12] y muy cercanas a la forma de las jarchas. Menéndez Pidal se refiere al villancico medieval que, en efecto, entronca con las muestras más antiguas de poesía lírica española: "Con amores, mi madre, / con amores m'adormí…"[13]

Para la segunda mitad del siglo XV, este tipo de cancioncillas, muy diferente en lengua y estilo de la poesía cortesana de la época, empezó a aparecer en varios cancioneros. Sin embargo, el nombre de *villancico* no se usa ni en el *Cancionero de Baena* (1445), ni en la *Carta prohemio al Condestable de Portugal* del Marqués de Santillana (1449).

La primera vez que estos villancicos se incluyeron en una composición más larga es en un poema atribuido al Marqués de Santillana: *Villancico fecho por… a unas tres fijas suyas*; ésta es también la primera documentación del término *villancico*[14]. Se trata de uno de los primeros ejemplos de una práctica que luego fue muy común, y que consistía en tomar estas cancioncillas amorosas e insertarlas en estrofas *ad hoc*:

Por una gentil floresta
de lindas flores e rosas,
vide tres damas fermosas
que de amores han requesta.
Yo, con voluntad muy presta
me llegué a conosçellas;
començó la una dellas
esta canción tan honesta:
Aguardan a mí:
nunca tales guardas ui[15].

De esta práctica surgió lo que propiamente conocemos como el género del villancico, producto ya de las postrimerías del siglo XV. Esas cancioncillas son los villancicos primitivos. A ellos se refiere Juan del Encina, cuyo tratado es un siglo anterior al de Rengifo, al explicar la forma del villancico:

> Muchas vezes vemos que algunos hazen sólo un pie y aquél ni es verso ni es copla, ni ay allí consonante, pues que no tiene compañero, y aquel tal suélese llamar *mote*; y si tiene dos pies llamámosle también *mote* o *villancico* o *letra* de alguna invención por la mayor parte. Si tiene tres pies... también será villancico o letra de invención[16].

El villancico glosado (estribillo y coplas) —que el mismo Encina empleó en sus piezas teatrales— era poco cultivado, por lo que la voz *villancico* seguía remitiendo únicamente al estribillo, a la cancioncilla popular.

En el *Cancionero de Stúñiga* (*ca.* 1458) aparece el término *villancete* en una composición de Carvajales ("Saliendo de un olivar..."), formada por estribillo (ABAB) y coplas (CDCDABAB). También con este término se designa alguna composición del *Cancionero de Herberay*:

> La niña gritillos dar
> non es de maravillar.
>
> Mucho grita la cuitada
> con la voz desmesurada
> por se ver asalteada:
> non es de maravillar[17].

Las dos composiciones son villancicos, o por lo menos, como tales se consideraron en su momento (carecen del verso de vuelta, característico de los villancicos posteriores). Para aquella época el villancico no correspondía a ninguna forma ortodoxa; bastaba con el estribillo y con un cierto tono popularizante para hablar de villancico.

El nombre empezó a formalizarse a partir del *Cancionero musical de Palacio* (recopilado a fines del siglo XV y principios del XVI), pero aquí el nombre designa toda la composición, no sólo el cantarcillo inicial. Se trata de las primeras veces en que el término *villancico* se utiliza tanto para composiciones de tipo o tono popular, como para aquellas escritas en el estilo conceptuoso de la poesía amorosa de la época. Esto es: se tomaba una cancioncilla popular como fundamento de una composición más larga; ésta se elaboraba o bien conservando el espíritu original de la cancioncilla, o bien en el estilo y técnica de la poesía cortesana. De cualquier manera, el resultado de esta

[16] "Arte de poesía castellana" (1496), en *Obras completas*, ed. de A. M. Rambaldo, Espasa-Calpe, Madrid, 1978, p. 25.

[17] *Apud* ANTONIO SÁNCHEZ ROMERALO, *op. cit.*, pp. 34-42. De él procede el ejemplo (p. 36).

operación es el villancico glosado, es decir, lo que fue este género a partir del siglo XVI.

Le Gentil presume que el desarrollo histórico del villancico debió ser el siguiente: inicialmente *villancico* significaba una cancioncilla rústica, o que trataba de un tema rústico: "La niña que amores ha, / ¿sola cómo dormirá?" Luego estas cancioncillas irregulares empezaron a aparecer dentro de composiciones de forma fija (del tipo de la atribuida al Marqués de Santillana). Después, por extensión, llegó a denominar una canción compuesta según determinada forma estrófica. De esta manera, para finales del siglo XV el villancico terminó por ser considerado como una composición de forma fija, caracterizada por la estructura de su estribillo, de dos o tres versos[18]:

[18] *La poésie lyrique*, Plihon, Rennes, 1952, t. 2, pp. 246-247.

> *Enemiga le soy, madre,*
> *a aquel caballero yo;*   (estribillo)
> *mal enemiga le soy.*
>
> En mí contempla y adora
> como a Dios que l'es testigo;
> él me tiene por señora,   (copla)
> yo a él por enemigo;
> dos mil veces le maldigo,
> por lo qual no mereció;   (vuelta)
> mal enemiga le soy.

[19] *Ibid.*, pp. 263-290.

El *villancico* estaba destinado al canto, de ahí su relación con la *canción*. Según explica Le Gentil[19], originalmente *canción* era todo poema cantado; sin embargo, con el tiempo empezó a denotar un tipo particular de composición, de forma más o menos fija, con estribillo, en oposición a poemas de forma más libre como el villancico (sobre todo el popular). Ignoro si esta distinción funcionaba en la época, o si se trata de una teorización de la crítica actual. El hecho es que villancicos y canciones eran verdaderos ejercicios técnicos e intelectuales sobre un tema determinado (razonamientos ingeniosos, interpretaciones inesperadas, juegos verbales). Romeu Figueras sugiere una diferencia interesante entre las dos formas: los villancicos eran un género dialogado, en cuyo contenido predominaba el carácter doctrinal y razonador[20]. Esta distinción es importante para entender el desarrollo posterior del género: sus características teatrales y su pronta y prolífica divinización. Por otro lado, la evolución del villancico tiene mucho que ver con la actitud del autor "culto": elaborar a partir del estribillo tradicional una composición en la que entraban en juego, en una especie de certamen velado, su talento,

[20] "Introducción" al *Cancionero musical de Palacio*, p. 33.

su arte, su pericia. Esta actitud dio al villancico uno de sus rasgos definitorios: el ser considerado, básicamente, un ejercicio de virtuosismo.

Se podría decir que para mediados del siglo XVI el término *villancico* designa una composición con estribillo (más bien breve, de 2 a 4 versos) y con una organización estrófica bien determinada. De ahí que Vicéns (1703), el adicionador del *Arte poética* de Rengifo, pudiera precisar con una caracterización formal la abarcadora definición de su predecesor ("composición para ser cantada"):

> En los villancicos hay cabeza y pies; la cabeza es una copla de dos, tres o cuatro versos que en sus *ballatas* las llaman los italianos repetición o represa, porque se suele repetir después de los pies. Los pies son una copla de seis versos que son como una glosa de la sentencia que se contiene en la cabeza. Los pies de los villancicos de ordinario han de ser seis. Los dos primeros se llaman primera mudanza y los dos siguientes segunda mudanza porque en ellos se varía y muda la sonada de la cabeza. A los dos postreros llaman vuelta, porque en ellos se vuelve al primer tono, y tras ellos se repite uno de los versos últimos de la represa. Las consonancias de los pies serán según fueron los de la cabeza (p. 44).

Vicéns identifica perfectamente la estructura básica: cabeza (ABBA), *mudanza* (de rimas autónomas CDDC), *enlace*: rima de enlace con el último verso de la mudanza (C), la *vuelta*: rima de enlace con el estribillo (A) y al final otra vez el estribillo o sus últimos versos.

A lo largo del siglo XVI la forma fue evolucionando, básicamente en dos direcciones: 1) van surgiendo partes dialogadas (cuando se empiezan a cantar a dos o más voces) en una especie de "embrión" de drama lírico; 2) se traspusieron cada vez más "a lo divino" hasta confinarse al ámbito de la lírica religiosa.

En cuanto al primer punto hay que decir que las partes dialogadas ya existían en los villancicos primitivos. Recordemos que uno de sus rasgos estilísticos más frecuentes era la pregunta, que se empleaba como elemento de intensificación expresiva. Esta estructura suponía la existencia de dos personas, entre las cuales podía haber un diálogo. Al apropiarse de estas formas, los poetas cortesanos cultivaron aquellos incipientes diálogos y desarrollaron lo que estaba en embrión:

> ¡Ah Pelayo, que desmayo!
> —¿De qué, di?
> —D'una zagala que ui.
>
> Ah Pelayo, si la vieras,
> tanta es su hermosura,

no bastara tu cordura,
que en ella tú te perdieras,
y penaras y murieras.

—¿Tal es, di?
—Más linda que nunca ui[21].

[21] *Cancionero de Upsala* (1909), ed. de J. Bal y Gay, El Colegio de México, México, 1944, p. 55, núm. xxxiv.

Por otro lado, al mismo tiempo que el villancico se sacralizó, proceso que se llevó a cabo a lo largo del siglo XVI, su forma musical experimentó una transformación que enriqueció la estructura estribillo-copla-estribillo, hasta convertirse en una cantata o en un diminuto oratorio. Seguramente estas necesidades polifónicas favorecían el desarrollo de composiciones dialógicas, de varios personajes y con características de escenificación.

El segundo camino mencionado, el de la divinización, fue el definitivo en la historia del género. La forma del villancico fue una de las preferidas por los autores de "contrahechuras a lo divino":

La forma métrica que más se divinizaba era el villancico... la historia profana de este género nos hace ver cuán fácilmente se prestaba a la versión divina. La "cabeza" era generalmente tradicional, una reliquia de la poesía lírica popular... los poetas tradicionalistas solían inventar desarrollos nuevos a los estribillos, cuyas mudanzas se habían perdido... lo mismo daba glosar un villancico ajeno a lo humano o a lo divino[22].

[22] BRUCE WARDROPPER, *Historia de la poesía lírica a lo divino*, Revista de Occidente, Madrid, 1958, p. 134.

La música favoreció en parte las divinizaciones, pues éstas se cantaban con la melodía original (profana). Según Wardropper las imprentas solían sacar pliegos sueltos con poesías navideñas que, sin ser refundiciones de villancicos populares, se cantaban en el tono de esos cantos populares[23].

En este punto hay que recordar lo dicho por Romeu Figueras sobre el villancico: su "carácter doctrinal y razonador". La estructura dialógica y la trasposición a lo divino son factores estrechamente vinculados que pudieran tener su origen en la tradición de las "disputas medievales". Estas disputas dan forma a buena parte de la poesía religiosa hispánica; su trivial forma de discusión escolástica resultaba, tanto ideológica como poéticamente, bastante efectiva. La forma del villancico está muy cerca de ese género de "preguntas y respuestas":

[23] *Ibid.*, pp. 165-166. Según PEDRO CAHAHORRA, la preferencia por el villancico (frente a la menor aceptación del madrigal italiano) se debía a que "era más fácil llegar al ánimo de los oyentes con las imágenes concretas de un romance o la jocosidad de una palabra en una villanesca, que con el retórico, envolvente y largo recorrido de un madrigal" (*Parnaso español de madrigales y villancicos a quatro, cinco y seys*, ed.

¡Ah, Sosiego, que desmayo!
—¿De qué, di?
—De ver lo que he visto aquí.

—¿Dime de presto, qué has visto?
No desmaye tu memoria.
—Qu'en manjar se nos da Cristo,
para subir a su Gloria.
En fin, pretendo victoria.
—*¿De qué? Di.*
—*De ver lo que he visto aquí*[24].

de Pedro Ruimonte, Diputación Provincial-Institución "Fernando el Católico", Zaragoza, 1980, p. 29).

[24] Villancico de TIMONEDA incluido en el auto *Fuente de los siete sacramentos*, ed. González Pedroso, *BAE*, t. 58, p. 100.

Es cierto que los *contrafacta* eran una moda en España, sobre todo en el siglo XVI. Se divinizaban lo mismo cantos populares o vulgares que poesía culta, lo mismo villancicos o cancioncillas populares que sonetos y madrigales. Pero, a pesar de que las divinizaciones eran parejas, ni el soneto ni el madrigal —por ejemplo— se especializaron en cuestiones religiosas. El villancico sí: acabó siendo una composición religiosa (es sintomático que de las 34 composiciones religiosas del *Cancionero musical de Palacio* —reflejo de lo que ocurría hacia la segunda mitad del siglo XV— 32 sean villancicos). Por otra parte, una práctica común (de mención importante por el curso que seguirá el villancico) era la paráfrasis de los textos litúrgicos. No es difícil encontrar un *Te Deum* adaptado como villancico de Navidad para ser cantado en la iglesia:

A ti, dino de adorar,
A ti, nuestro Dios, loamos,
A ti, Señor, confesamos
Sanctus, Sanctus, sin cesar.

Inmenso Padre eternal
Omnis terra honra a ti,
Tibi omnes angeli
y el coro celestial,
Pues que es dino de adorar,
Querubines te cantamos,
Arcángeles te bradamos
Sanctus, Sanctus, sin cesar[25].

[25] GIL VICENTE, *Auto dos quatro tempos*, en *Obras*, França Amedoi, Coimbra, 1914, t. 3, p. 68.

En el siglo XVI empezaron a aparecer las primeras colecciones que incluyen villancicos en su modalidad religiosa: el *Cancionero de Upsala*, el *Cancionero de Medinacelli* y especialmente las *Canciones y villanescas* de Francisco Guerrero.

Las villanescas de Guerrero (1528-1599) son el antecedente más próximo (en cuanto a temas, estilo, etc.) de los villancicos que encontramos en el siglo XVII. Como éstos, se componían para ser cantados en las iglesias con motivo de alguna celebración del año litúrgico. En lo que concierne a la forma poética podríamos decir que los términos "villancico" y "villanesca" designan un mismo tipo de construcción. Como en el caso del villancico, en la villanesca no existe un metro o combinación estrófica característico; su elemento clave es el estribillo y su tono predominante el popular:

> —*Zagales, sin seso vengo;*
> *ya no hay cosa que me asombre.*
> —*¿Qué's pastor?*
> —*Que pueda vestir amor,*
> *para remediar al hombre,*
> *a Dios como pecador.*
>
> —*Dios hecho hombre por el hombre*
> *asombra la tierra y çielo,*
> *y que descienda hoy al suelo*
> *a poner en él su nombre.*
> *Mas no hay cosa que me asombre*
> *ni ponga mayor temor.*
> —*¿Qué's pastor?*
> —*Que pueda vestir amor,*
> *para remediar al hombre,*
> *a Dios como pecador*[26].

[26] Núm. 23 de la ed. de M. Querol Gavaldá, C.S.I.C., Barcelona, 1955.

Como puede verse, la estructura de esta composición es la misma que la más típica del villancico: estribillo, copla, vuelta ("ni ponga mayor temor") y estribillo; además comparte con el villancico el espíritu festivo, ingenuo y popular.

También en las villanescas son frecuentes los diálogos y en ellas encontramos, como en botón, algunas "maneras" o recursos propios del villancico. Por ejemplo, el motivo de la apuesta. Los pastores (o los personajes en cuestión) apuestan; cada cual toma partido por un aspecto del dogma debatido o de la fiesta celebrada (qué es más grande: que Dios se haya hecho hombre o que la Virgen haya ascendido al Cielo; la negación de Pedro o sus lágrimas de arrepentimiento; ¿es el niño de Belén hombre o Dios?, etc.); y las coplas constituyen el desarrollo de sus argumentaciones:

> *Apuestan zagales dos*
> *por el zagal soberano.*
> *Dize Gil qu'es hombre humano*
> *y Pasqual dize qu'es Dios.*

Dize Gil qu'está llorando,
y qu'es hombre, pues que llora;
mas viendo ángeles cantando,
Pasqual por su Dios le adora.
A un terçero dan la mano
para que juzgue a los dos.
Dize Gil qu'es hombre humano
y Pasqual dize qu'es Dios (núm. 17).

Es evidente que por su tono, estructura, temas, tratamiento y objetivo para el cual se componían, las villanescas eran auténticos villancicos.

Para poder fechar (más o menos) el momento en que el villancico se especializó como canción de Iglesia[27] (bajo pedido) y luego en todo un concierto festivo (los juegos), es importante señalar que, según supone Querol Gavaldá, Guerrero compuso las villanescas durante su madurez, mientras trabajó para la Catedral de Sevilla, esto es, entre 1568 y 1580. Por lo que escribe el mismo Guerrero en su diario del viaje a Jerusalén, para entonces la composición de estas piezas era ya una práctica muy difundida: "Y como tenemos los deste oficio por muy principal obligación componer Chançonetas y Villancicos en loor del

[27] Ha habido algunos intentos, no todos convincentes, por fechar el momento en que el villancico se empezó a utilizar como canción de Iglesia. Véanse, entre otros, MARIANO SORIANO FUERTES, *Historia de la música española desde la venida de los fenicios hasta el año de 1850*, Madrid-Barcelona, 1855-1859, t. 1; ALBERT GEIGER, "Bausteine zur Geschichte des iberischen Vulgär-Villancico", *Zeitschrift für Musikwissenschaft*, München, 4 (1921); FELIPE PEDRELL, "Nuestra música en los siglos XV y XVI" (*apud* SISTER MARY PAULINE ST. AMOUR, *A study of the villancico up to Lope de Vega*, The Catholic University of America Press, Washington, 1940, p. 102); SUBIRÁ, "El villancico literario-musical. Bosquejo histórico", *Revista de Literatura*, Madrid, 22 (1962), pp. 9-10. ESTRADA-JASSO, *El villancico virreinal mexicano*, Archivo Histórico, San Luis Potosí, 1991, pp. 44-45, relaciona el hecho con los versos que, desde la Edad Media, se alternaban con los versículos del aleluya y de los responsorios, en diversas partes del Oficio Divino. ISABEL POPE, apoyándose en Anglés y Spanke, afirma que las primeras formas de la lírica secular y vulgar estaban hechas de acuerdo con formas rítmico-musicales en latín, y que llegaron a introducirse como "adorno" en la liturgia y en los himnos ambrosianos ("El villancico polifónico", incluido en el *Cancionero de Upsala*, p. 27).

28 Querol Gavaldá, ed. cit., p. 21; las cursivas son mías.

29 MARCELINO MENÉNDEZ Y PELAYO, *Historia de la poesía castellana en la Edad Media*, A. Bonilla y San Martín, Madrid, 1911-1916, t. 3, p. 64.

30 *Breve suma de la santa vida del reverendísimo y bienaventurado don Fr. Hernando de Talavera, apud ibid.*, p. 75.

31 Al parecer, por lo que dice ROBERT STEVENSON (*Christmas music from Baroque Mexico*, University of California Press, Berkeley-Los Angeles-London, 1974, p. x), se refiere a un decreto de Felipe II (1596) que ordenaba que en su capilla se cantara únicamente en latín.

santísimo nascimiento de Jesucristo... y de su santísima madre... *todas las veces* que me ocupava en componer las dichas chançonetas..."[28]

Pero esta práctica tenía antecedentes que se remontan a la segunda mitad del siglo XV con unos villancicos de Álvarez Gato (¿1440?-1509); luego con una cantilena citada por Menéndez Pelayo: "Cantilena que hizo Fray Ambrosio de Montesino para cantar en la Misa de devoción de la Santa Hostia" (*ca.* 1508)[29]; y finalmente con la mención de unas composiciones "devotísimas" que incluía el arzobispo de Granada (Hernando de Talavera, 1428-1507) en las lecciones de maitines: "[el arzobispo de Granada] en lugar de responsorios, hazía cantar algunas coplas devotíssimas correspondientes a las liciones. De esta manera atraía el santo varón a los maytines como a la misa..."[30] Por otro lado están las villanescas de Guerrero. Se trata de un período que va (aproximadamente) de 1508 a 1589, es decir, cubre casi todo el siglo XVI. Esta modalidad del villancico como canción de iglesia fue *in crescendo* tanto en solemnidad como en frecuencia e importancia. Al respecto he encontrado una referencia interesante (que hasta ahora no he podido confirmar). Antonio Corona Alcalde, en su presentación del disco *México. Música colonial*, menciona las quejas de un español, Fray Martín de la Vera (*Instrucción de eclesiásticos*, 1630), en relación con esta práctica:

Felipe II quitó los villancicos de su Real Capilla[31]: ya se han vuelto a introducir, y de tal modo que en las fiestas el canto llano del oficio es como de aldea, y no es oído ni visto, y los villancicos se celebran con suma autoridad, y solemnidad, y parece que se tienen como cosa principal, y el Oficio Divino como accesorio... Esto se va introduciendo en muchas otras partes... Del día de Navidad y de Corpus Christi no hablo, porque como Dios en este día se humanó tanto, se puede tomar un poco más de licencia para el consuelo humano, pero siempre debe hacerse con mucha modestia. De aquí es que los villancicos hechos en lengua guinea o gallega o en otras que no son sino para mover a risa y causar descompostura; y otros hechos a imitación o en la letra o en el tono de los cantares o letras profanas y que despiertan la memoria dellas, en ninguna manera deberán cantarse en la iglesia ni en el coro... y como están vedadas hacer representaciones profanas en la iglesia, sería justo lo estuvieran los villancicos, que son de esta data y calidad; pues en lo uno y lo otro corre la misma razón.

Esta admonición de Fray Martín de la Vera nos proporciona varias noticias: 1) que los villancicos se cantaban como parte de una ceremonia religiosa, en ocasiones especiales; 2) que fueron adquiriendo cada vez más relevancia en menoscabo de la ceremonia propiamente dicha (el

Oficio Divino, litúrgico, tenía cada vez menos público, y los villancicos cada vez más); 3) que las celebraciones más comunes eran Navidad y Corpus Christi; 4) que los villancicos se realizaban con características de representación.

Fray Martín de la Vera escribe en pleno siglo XVII, cuando el villancico está ya prácticamente especializado en cuestiones religiosas y consagrado como canción de iglesia[32]. Es también en este primer cuarto del siglo XVII cuando con el nombre de *villancicos* empezó a llamarse casi exclusivamente lo que se cantaba en los maitines de las fiestas litúrgicas. Esta modalidad del villancico es la que agrupa las letras en series o juegos que siguen la estructura de los maitines (tres nocturnos, cada uno con tres salmos, tres lecciones y tres responsorios), o sea: tres *nocturnos*, cada uno con tres composiciones, con lo que los juegos quedan como series de ocho o nueve villancicos (el último podía sustituirse por un *Te Deum*).

Los primeros juegos documentados son del siglo XVII. Es útil dar una idea concreta de la boga del villancico durante los siglos XVII y XVIII en el mundo hispánico. Es un fenómeno único. Según la investigación de los hijos de Palau:

> Catedrales, Colegiatas, Parroquias, Iglesias, si no todas muchas, editaban en el pasado cada anualidad pliegos de 4, 8 o 16 h. con portada o sin ella con título de *Villancicos* o *Letras de los Villancicos que se cantan* seguido del texto a dos columnas dedicadas a la Natividad, a los Reyes Magos, a María y menos cantidad a otras devociones... Todos con distinto texto en torno a temas parecidos siempre devotos y, a veces, con ribetes jocosos. Su número es difícil de calcular pero estimo que 5000 puede ser un número corto aun de los que pueden haber llegado hasta nosotros y que se conservan en gran número en la Biblioteca Nacional de Madrid y el resto en las demás bibliotecas públicas y de cabildos catedralicios[33].

Sólo para dar un muestreo preciso, tomo los villancicos marianos y los navideños. De los primeros, los hijos de Palau registran 146 en 20 lugares diferentes: 72 del siglo XVII, 72 del XVIII, 2 del XIX (1800 y 1848) y 1 del XX (1902). Villancicos navideños se registran 785 juegos, en 50 lugares diferentes: 1 del siglo XVI (Toledo, 1595, el más temprano), 228 del XVII, 501 del XVIII y 154 del XIX (el más tardío de Lérida, 1859). Según Carmen Bravo Villasante[34], si se recopilara todo este material, se podría formar un *corpus* equivalente al de los cancioneros y romanceros.

A lo largo del siglo XVII los villancicos se van complicando; dejan de ceñirse a la tradicional estructura de estribillo y coplas y adoptan

[32] Una de las pocas menciones que he encontrado de villancicos profanos en el siglo XVII es la de B. J. GALLARDO, "Villancicos muy graciosos de unas comadres muy amigas del vino". Se trata de una serie de siete composiciones jocosas, al parecer de la primera década del XVII, que termina, como los clásicos juegos litúrgicos, con un *Laus Deo* (final de cajón) (*Ensayo de una biblioteca española de libros raros y curiosos*, Gredos, Madrid, 1968, t. 1, cols. 1229-1235).

[33] ANTONIO PALAU Y DULCET, *Manual del librero hispanoamericano*, Antonio Palau y Dulcet, Barcelona, 1976, t. 27, p. 145, *s.v. villancicos*.

[34] "Introducción", *Villancicos de los siglos xvii y xviii*, Edit. Magisterio Español, Madrid, 1978, pp. 7-19.

diversas formas. Joseph Vicéns (1703), en un *addendum* titulado "La agudísima variedad de villancicos, que en estos tiempos inventan los poetas... siendo muy distintos de los pasados", enumera algunas de estas formas, por ejemplo, los villancicos que constan de introducción, estribillo y coplas (como muchos del siglo XVII); de introducción, estribillo y recitativo; de recitativo solo o de coplas solas (siglo XVIII). Menciona también, entre otros, el villancico de tonadilla (introducción, estribillo, tonadilla, coplas, tonadilla), el villancico con seguidilla (introducción, estribillo, coplas, seguidilla, estribillo). Asimismo varía la estructura de la copla pues la organización en mudanza, enlace y vuelta resulta casi imposible ante estribillos que eran en sí mismos una composición terminada, acabada. Véanse los siguientes ejemplos tomados de villancicos de León Marchante (1676):

> *Quién me la lleva*
> *la nueva Canción,*
> *que en Belén dio vn coronista,*
> *vn ciego corto de vista,*
> *y largo de relación*
> *y fue galana invención.*

> 1. En el portal se juntaron
> para ver al Dios de amores
> todos aquellos pastores,
> que al Nacimiento se hallaron;
> y apenas entraron,
> con el Padre,
> quando el Sol, que dio la Madre,
> rubio como vnas candelas,
> se encendieron las pajuelas
> sin pedernal, ni eslabón   (vuelta)
> y fue galana invención.

> *Oygan, señores, publicar la paz,*
> *que entre Cielo y Tierra*
> *se establece ya.*
> *Diversas canciones*
> *los clarines formen,*
> *y en ecos suaves*
> *voces celestiales*
> *hagan harmonía,*
> *mostrando alegría*
> *en tal solemnidad:*

cantad, cantad,
tocad, tocad,
la Tierra en olores,
el Ayre en colores,
el Agua en crystales,
el Fuego en fanales,
gozo tal expliquen,
la fiesta publiquen
haciendo la salva
al triunfo del alba,
que luz y paz nos da.
 Oygan señores publicar la paz,
que entre Cielo y Tierra
se establece ya.

1. Sacra admiración explique
de vna noche las grandezas,
en que elevada a la Gracia
se vio la Naturaleza[35].

En el primer ejemplo, la copla incluye verso de vuelta ("sin pedernal, ni eslabón") y sólo se repite el último verso del estribillo. En el segundo caso, el estribillo es en sí mismo un villancico completo, con su propio estribillo, su verso de vuelta ("que luz y paz nos da") y la repetición final del estribillo completo. Formalmente, la(s) copla(s) no emparenta(n) con el estribillo, ni lo anuncia(n) con una rima de vuelta. Así que en plena época barroca el villancico es una composición ya especializada en asuntos religiosos, con estribillo (a veces sin él), sin importar la estructura de las coplas.

Estos juegos "literario-musicales" se componían para diversas fiestas del año litúrgico: Navidad, Circuncisión, Reyes, Concepción, Asunción, Corpus Christi, fiestas de santos, o profesiones de religiosas. Cada vez que había una fiesta que ameritara tal solemnidad se organizaba el "concierto" de villancicos. A semejanza de una feria o de un espectáculo de juegos pirotécnicos, una parte de los festejos era el concierto de villancicos, al que acudían los fieles para oír buena música y buena poesía. Era un acto paralitúrgico, pero también un acontecimiento cultural. En tan solemnes ocasiones los villancicos se intercalaban en los maitines, después del responsorio[36]. Esta práctica fue muy común, aunque al parecer no era muy bien vista por algunos sectores de la Iglesia. Por ejemplo, en la *Cartilla de la doctrina religiosa* del Padre Núñez (confesor de Sor Juana y hacedor de monjas) encontramos lo siguiente (la *Cartilla* está hecha en forma de preguntas y

[35] LEÓN MARCHANTE, *Obras poéticas pósthumas*, Gabriel del Barrio, Madrid, 1722, pp. 2-3.

[36] Cf. FRANCISCO RAMÍREZ, *Tesoro de la música polifónica en México*, t. 2: *Tres obras de la colección J. Sánchez Garza*, CENIDIM, México, 1981; R. STEVENSON, *op. cit.*; SUBIRÁ, art. cit., entre otros.

respuestas; en este caso la aspirante a monja pregunta y contesta el director espiritual):

> —Pues Padre, yo he oído decir a hombres doctos que lo que se prohibe es cantar cosas indecentes; pero ¿letras sagradas no se pueden cantar?
> —Señora, lo que yo sé es que letras por sí [no]* están prohibidas; lo que he leído y puede leer es que su Santidad manda que en las misas cantadas, vísperas y maitines *nada se puede cantar fuera del oficio* porque es pervertir el orden de Nuestra Señora Madre la Iglesia, que en materia de ritos ella sólo puede hacer resolución decisiva[37].

[37] GUILLERMO SCHMIDHUBER, "Hallazgo y significación de un texto en prosa perteneciente a los últimos años de Sor Juana Inés de la Cruz", *Hispania*, Baltimore, 76 (1993), p. 191. Las cursivas son mías. Según el profesor A. Alatorre, parece tratarse de un error de copia: "letras por sí *no* están prohibidas; (lo que sí está prohibido es...)".

Este "aviso" del P. Núñez nos indica dos cosas: que los villancicos se entreveraban con el rezo (o canto) litúrgico, y que la práctica de cantar letras durante el oficio tuvo mucha aceptación, por lo que las autoridades eclesiásticas se ocupaban de ella para prohibirla.

Los villancicos no formaban parte de la liturgia. Eran una ceremonia paralitúrgica, parte del fasto con que la Iglesia se celebraba y se hacía sentir poderosa, solemne. Este hecho no le resta nada a la impronta ideológica que pudieran tener en el oyente, la cual debía ser considerable si tomamos en cuenta que la liturgia era en latín, y los cantos en español.

El siglo XVII marca la cumbre de los juegos de villancicos: la variedad métrica se hizo increíble; los estribillos se complicaron; aparecieron las seguidillas junto a los romances; la jácara y la glosa alternaban con la tonadilla; el verso de arte menor convivía sin complejo alguno con el verso mayor. En la confección de las letras es cada vez más notoria la invención de maneras para tratar los temas clásicos; no hay reparo alguno en entretejer el chiste vulgar con la presentación de algún misterio religioso o de algún pasaje de la Escritura.

En estos juegos es muy frecuente el recurso de "en metáfora de", esto es, se va a contar el Nacimiento de Cristo —por ejemplo— en metáfora de una jornada de caza:

> *Al monte, al llano, a la selva,*
> *Que baxa ya su alteza.*
> *Ataja a la culpa fiera:*
> *Al monte, al llano, a la selva.*
> *Que pues baxa a ser humano*
> *En el llanto hallarse es llano,*

Pues de Dios es la llaneza:
Al monte, al llano, a la selva.
Divino caçador,
Desnudo Dios de amor,
Dispara,
Tira, tira,
A la culpa fiera:
Al monte, al llano, a la selva[38];

en metáfora de una cosecha de trigo: "A Belén Casa de Pan, / los Gallegos, y las Gallegas, / como hoy el trigo ha nacido, / juzgan que van a la siega..." (p. 104); o de un sorteo:

Al Sorteo, al Sorteo, Zagalas,
A la prenda, a la prenda;
Que se remate;
Que el Buey se sortee a dos quartos de entrada.
   Nadie, sin dar limosna, se vaya.
Quién entra? Quién viene? Quién pone? Quién paga? (p. 127);

en analogía con los pregones de un día de mercado:

1. Oygan, escuchen,
   Y al Niño diviertan
   Las voces, los tonos,
   Que imitan, remedan,
   De quantos pregonan,
   En voces diversas.
2. Quieren azufa y fas?
3. Limas de Valencia.
4. Hilu portugués.
5. Castañas ingertas.
6. Quién me la lleva
   la xácara nueva?
7. Lleven por vn quarto
   la Relación nueva,
   Cómo en Dios se hallan
   Dos Naturalezas:

1. Oygan, atiendan,
   Verán que se venden
   Mil cosas diversas[39].

   Estas metáforas no tienen más límite que la inventiva del autor[40]. Junto a estas "invenciones" podemos encontrar delicados pasajes líri-

[38] C. Bravo Villasante, *op. cit.*, p. 71.

[39] León Marchante, *op. cit.*, p. 4.

[40] Aquí viene bien un paralelo entre estos juegos y una serie muy temprana, nada menos que de Góngora (unos villancicos compuestos en colaboración con el músico Juan Risco, por petición de la Catedral de Córdoba, para las Navidades de 1615-1616. Góngora ya había hecho una *serie* de siete para Corpus en 1609). El juego tiene ya las características típicas de esta modalidad del villancico: una de ellas, que Jammes destaca, es la "gradación" de los nocturnos: el primer villancico es pastoril, el segundo pastoril-teológico y el tercero burlesco (ed. de *Letrillas* de Góngora, Castalia, Madrid, 1980, pp. 164-165). Otra es el desarrollo del estribillo, más concretamente, su barroquización: por ejemplo la letra "A la venida de los Reyes" tiene un estribillo dialogado entre tres personajes, de 20 versos, frente a una sola estrofa de 8 versos. En relación con la teatralización, en algunas letras se sugiere cierto carácter escénico por la agilidad de los diálogos y por el poder evocativo de algunos versos. A diferencia de juegos posteriores, el de Góngo-

ra se caracteriza por su tono hermosamente evocador. No siento en él la búsqueda de ocurrencias que señalo en villancicos posteriores. Góngora no parece buscar formas nuevas de contar la historia, sino sólo una manera hermosa de celebrarla.
41 Sólo una precisión: varios autores ven en los villancicos una forma de teatro breve. Por ejemplo, Henríquez Ureña ("El teatro en la América colonial", en *Obra crítica*, ed. de E. S. Speratti Piñero, F.C.E., México-Buenos Aires 1960, pp. 713-714); Menéndez Pelayo los considera una de las primeras formas del teatro español (*Historia de la poesía castellana*, t. 1, p. 256). Mitjana se refiere a los villancicos de Navidad como el último vestigio de las antiguas representaciones religiosas ("La musique en Espagne", *Encyclopédie de la musique et dictionnaire du Conservatoire, apud* M. P. St. Amour, *op. cit.*, p. 104); Isabel Pope sostiene que los villancicos dialogados llegaron en ocasiones a ser pequeñas escenas dramáticas "muchas veces con indicaciones en el texto de estar acompañadas con baile" (*op. cit.*, p. 38). M. Frenk (*Villancicos... de* González de Eslava, ed. cit., p. 83) señala que quizá los villancicos dialogados y las ensaladas se cantaran con un esbozo de actuación. Esta concepción del villancico como "embrión escénico" está avalada por su confinamiento a la ejecución en

cos imbuidos de candorosa piedad, que nos recuerdan los versos de Góngora:

> ¿No me dirás quál frío
> Es el que más, Divino Niño, sientes;
> Del cierço los rigores,
> O del Ábrego cruel de mis desdenes?
>   Pero no me lo digas,
> Que en la imaginación la pena crece,
> Y dudar apetezco,
> Porque mi sentimiento más se aumente (p. 104).

Así, pues, en la segunda mitad del siglo XVII ya no se buscaba sólo componer una canción hermosa para celebrar alguna festividad, se buscaba también la manera novedosa de presentar esa historia, ese episodio que todos conocían. La característica de estas series es la combinación de pasajes líricos con episodios más narrativos y/o teatrales y con danzas y tonos populares (juguetillo, negrilla, tocotín, etc.). En este sentido, los juegos son un verdadero abanico no sólo de formas métricas, sino de ideas, de ocurrencias para presentar más plásticamente esas historias. Por su extensión, por sus limitaciones temáticas, por la frecuencia con que se componían y por la manera como habían proliferado, los juegos de villancicos representaban toda una prueba para los autores, de la que no todos salían bien librados.

La práctica de los juegos continuó durante el siglo XVIII. A partir de la segunda mitad de este siglo se abandonó el término "villancico" y se sustituyó por los de "oratorio armónico", "drama armónico", "oratorio sacro", "drama alegórico", "letrillas místicas", entre otros.

Tengo la impresión, por los villancicos que he podido revisar hasta ahora, que durante el siglo XVII el aspecto musical y el literario estaban equilibrados, esto es, ninguno se superponía al otro. Sin conocer la música, siento que en los juegos del XVIII se dio preeminencia a la música. Esto se ve hasta en la terminología empleada en las indicaciones: tenor, coro, aria, recitado, coreado. Pero donde este hecho es más evidente es en la pobreza de casi todas las letras: huecas, forzadas, más "marciales" que festivas, muy lejanas de aquella idea ingeniosa o de aquel tono alegremente piadoso con los que se recreaba el episodio bíblico. Las letras se fueron transformando es una especie de catecismo cantado, la mayoría de las veces sin mucha chispa. Si siempre había sido difícil conseguir buenos letristas, al parecer para la segunda mitad del siglo XVIII fue imposible. El género estaba en franca decadencia[41].

VILLANCICOS
QUE SE CANTARON EN LA SANTA
Iglesia Cathedral Metropolitana de Mexico, en honor
de Maria Sanctissima Madre de Dios, en su

ASSUMPCION
TRIUMPHANTE

¶ Que instituyô, y dotó la devocion del Sr. Dr, y M. Don Simon
Estevan Beltran de Alzate, y Esquibel, Cathedratico
Jubilado, de prima de Sagrada Escritura, en esta Rl. Vniversidad
y dignissimo Maestre-Escuela de dichaSta Iglesia(que Dios aya)

Compuestos en metro musico; por *Antonio de Salazar*, Maestro de
Capilla de dichaSancta Iglesia.

lugares de culto y por su progresivo acercamiento al carácter y estructura de la loa. En mi opinión, el villancico conservó huellas de esa incipiente dramaturgia sobre todo en los diálogos y en la participación de varios personajes, pero perdió todo rastro de escenificación y afianzó su carácter eminentemente musical: textos para ser *cantados* (no *representados*) por el coro de la iglesia. También creo que el aspecto teatral no sólo es un rasgo de su origen, sino también resultado de la complicación posterior de los juegos de villancicos, hasta tal punto que el villancico puede llegar a ser una especie de pequeña representación teatral. Contra la concepción de los villancicos como literatura dramática, MÉNDEZ PLANCARTE argumenta que a lo más que llegan es a la alternancia de dos o tres voces "con un dialogismo elemental" o con algún esbozo de escena nunca representada, sólo sugerida. Según él todo lo cantaba el coro de la capilla "sin nada que aun de lejos se acercara a la decoración, vestuario y acción teatrales" (Introducción al t. 2, p. lii). (En honor a la verdad, aunque estoy de acuerdo con Méndez Plancarte, debo decir que hay villancicos de León Marchante cantados a 7 voces, y que Sor Juana llegó a utilizar hasta seis voces y un coro, por ejemplo en los villancicos a San José de 1690, y nueve voces y un coro en los dedicados a Santa Catarina de 1691, lo que para mí redunda en complicación formal y no significa un mayor desarrollo escénico.) En última instancia, creo que esta cuestión no es tan relevante. El villancico es una composición lírico-musical. Es cierto que el villancico dialogado tiene ciertos valores o cualidades escénicos, pero predominan y son más significativos los valores propiamente líricos. Se trata de piezas líricas que, como un detalle de virtuosismo, contienen fragmentos en los que se enfatiza la acción dramática. Por otra parte, los lectores de ahora sólo contamos con la *lectura* de los textos; nos faltaría siempre su *representación*. Al respecto, C. A. JONES ("Mexican *juego de villancicos*", en *Studia Hispanica in Honorem Rafael Lapesa*, Gredos, Madrid, 1972, t. 1, pp. 313-321) menciona un hecho importante: la música se adecuaba al texto, lo cual significa que se daba más peso a los versos que a la actualización musical y escénica. He aquí, por ejemplo, el mérito de los villancicos de Sor Juana: los textos siguen disfrutándose aún ahora, independientemente de su música y de su contexto ceremonial.

VILLANCICOS,

QUE SE HAN DE CANTAR EN LOS SOLEMNES
Maytines del Nacimiento de Nueſtro Señor Jeſu-Chriſto
en la Santa Igleſia Metropolitana de Valencia
eſte año de 1771.

PUESTOS EN MUSICA

*POR D. FRANCISCO MORERA, PRESBITERO, MAESTRO DE CAPILLA
de dicha Santa Igleſia.*

VILLANCICO PRIMERO PARA LA SALVE.
Introduccion.

Solo. AI Paſtores! Ai Zagales!
Ai Serranas! Ai de mi!
Ai, quien pudiera contar
todo lo que pudo oiṙ!

A 4. Pues que te para?.. *Solo.* Temer.
A 4. Que te detiene?.... *Solo.* Sentir.

A   *A* 4.

470

El villancico en la Nueva España

El villancico glosado (coplas y estribillo) llega a América como una forma literaria y musical bien definida y estructurada, ya especializada en cuestiones religiosas. Prácticamente en la Nueva España no floreció el villancico profano. Así, de la recolección de villancicos del siglo XVI hecha por Estrada Jasso, de 104 composiciones 99 son religiosas y 5 profanas (las cinco de Pedro de Trejo: una está relacionada con el levantamiento de los hijos del conquistador, y las otras son de tema amoroso[42]). De los siglos XVII y XVIII no he obtenido hasta ahora ninguna noticia de villancico profano. Hablar, entonces, de villancico novohispano equivale a hablar de "canción de iglesia".

En Nueva España se encuentran villancicos religiosos con fechas anteriores a 1610. Por ejemplo, hay dos villancicos a la Virgen, en náhuatl, de *ca.* 1599 ("In ilhuicac ahuapille" y "Dios itlazonantzine"), y éstos, al parecer, son tardíos si tomamos en cuenta que, poco tiempo después de la Conquista, Motolinía relata con gran admiración que algunos indígenas "han ya puesto en canto de órgano... *villancicos* en su lengua, y esto parece señal de gran habilidad, porque aún no les han enseñado a componer, ni contrapunto"[43]. Méndez Plancarte registra un villancico con el que en 1538 se remató la representación del *Auto de la Caída de Adán y Eva*:

> Para qué comió
> la primer casada,
> para qué comió
> la fruta vedada.
>
> La primer casada,
> ella y su marido,
> a Dios han traído
> en pobre posada,
> por haber comido
> la fruta vedada[44].

Es decir, tan pronto como se iba evangelizando, se iban introduciendo las formas divinizadas del villancico. Stevenson supone (por lo encontrado en el *Libro primero de Actas y Determinaciones capitulares*) que hacia 1543 se cantaban en la Catedral de la ciudad de México chanzonetas para Navidad y Pascua[45]. En un principio los frailes misioneros utilizaron villancicos dentro del teatro evangelizador, en parte continuando una tradición propia de la dramaturgia española, en parte

[42] Cf. Méndez Plancarte (ed.), *Poetas novohispanos*, UNAM, México, 1964, t. 1, p. 116.

[43] *Apud* Robert Stevenson, *Music in Aztec and Inca territory*, University of California Press, Berkeley-Los Angeles, 1968, pp. 159-160.

[44] *Poetas novohispanos*, t. 1, p. xviii.

[45] Cf. R. Stevenson, *Christmas music...*, p. 8.

también porque facilitaba la comunicación del mensaje, al condensarlo en unos cuantos versos rimados, de fácil memorización. Quizá resultado de este trabajo de los frailes sean los dos villancicos en náhuatl citados anteriormente. Dos tempranas piezas teatrales: *El desposorio espiritual entre el Pastor Pedro y la Iglesia Mexicana* (1574), de Juan Pérez Ramírez, y el *Triumpho de los Santos* (1579), incluyen cancioncillas llamadas específicamente "villancicos". Así pues, en un primer momento —repitiendo en parte la historia del villancico español— el villancico novohispano se dio dentro del teatro con una función claramente didáctica. Ya fuera de las representaciones religiosas, el villancico fue adquiriendo otras características y otras funciones.

Aparte de las piezas teatrales, la producción villanciqueril fue muy abundante y prácticamente siempre a petición de alguna catedral para celebrar alguna fiesta. Por ejemplo, Stevenson señala que ya en 1591 las autoridades de la Catedral metropolitana daban una licencia de 8 días al maestro de capilla con el fin de que buscara textos poéticos para las fiestas de Corpus y Navidad[46] (prueba de la preocupación por conseguir buenos textos). Esto es lo que Octavio Paz ha llamado el "aspecto institucional" de estas composiciones. Tras su elaboración había verdaderamente toda una industria editorial: no se trataba sólo de los poetas y de los músicos sino del mecenazgo económico que todo ello suponía, y del poder de convocatoria de la Iglesia. Al respecto, Stevenson señala la dificultad que los académicos tenían entonces para hacer publicar sus trabajos, y sin embargo los villanciqueros —nada del otro mundo— lograban imprimir sus textos con gran facilidad, lo que dice mucho de la enorme popularidad del género[47].

Entender esta lírica nos obliga a pensar qué expectativas estéticas, sociales y devotas debía satisfacer. Para empezar, se halla inscrita en todo un contexto de poesía de circunstancia, y fuera de esa circunstancia corre el riesgo de perder buena parte de su sentido. Acercarse a los villancicos es acercarse a esa poesía de circunstancia que refleja cómo una sociedad se gozaba a sí misma, se celebraba: la llegada de un nuevo virrey, la consagración de un arzobispo o la fiesta de un santo, todo acontecimiento extraordinario, civil o eclesiástico, se solemnizaba con arcos triunfales, verbenas populares, representaciones teatrales y certámenes poéticos. Esta procedencia y su inserción en un contexto de fiesta pública da a esta lírica religiosa el carácter ornamental y colectivo que la define. Los villancicos y particularmente los juegos, como parte de esta tradición, conservan el aspecto decorativo, tanto en su artificiosidad como en su insistente búsqueda formal. Pero, por otro lado, los juegos de villancicos también se alejan de

[46] *Ibid.*, p. 4.

[47] ROBERT STEVENSON, *Music in Mexico*, Thomas Y. Crowell, New York, 1952, p. 139.

esa poesía colectiva —digamos "apta para todo público"—, pues dejan de ser aquellas composiciones patrimonio común para ser textos de autor, bajo pedido, destinados a un público urbano más o menos cultivado, más o menos conocedor. Si el villanciquero y el maestro de capilla se lucían con formas novedosas, llamativas o complicadas, era porque sabían que estaban ante una audiencia capaz de apreciar su pericia. Ya no se pretendía evangelizar o remachar en la conciencia de una población cuya ortodoxia religiosa se sentía continuamente expuesta (como sucedía con el teatro misionero). Se trataba ya de entretener a un público criollo-mestizo, atento a las novedades y tendencias culturales de la Península, y perteneciente a una élite cultural bien definida. Así nos podemos explicar que los villancicos se imprimieran en ediciones sueltas que se adquirían en librerías, y que no fueran para ser cantados por el público asistente sino por un coro; el público era sólo receptor, oyente.

En la Nueva España los villancicos destacan, en primer lugar, por su cantidad, principalmente durante el siglo XVII. De acuerdo con la crónica de Thomas Gage era tal la fiesta alrededor de los conciertos de villancicos, que los fieles acudían a la iglesia impulsados no tanto por su devoción como por su afición a la música[48]. Para varias de las grandes festividades religiosas se componían juegos de villancicos. Ningún poeta sentía que se rebajaba al componerlos: era parte de su trabajo; más bien se sentían honrados cuando sus textos eran los seleccionados para ser cantados en las catedrales y ante autoridades virreinales. Por su profusión, los villancicos constituyen un rico repertorio de la variedad de formas poéticas utilizadas durante la Colonia: múltiples combinaciones de versos, en diferentes tipos de estrofas. Tan amplio es este espectro que Henríquez Ureña en su estudio sobre la versificación irregular[49] frecuentemente recurre a ellos para ejemplificar formas raras o novedosas. Sin embargo, hay que señalar, junto con Edward M. Wilson, otro estudioso ocasional del villancico novohispano, que "...the general level of those productions is not very high, and perhaps the wisest course is merely to take lucky deeps into them"[50]. Creo que es importante no sobre o minusvalorar la condición de esta lírica: composiciones por encargo, de vida efímera, generalmente limitadas a la celebración de una festividad concreta y predeterminada (que, además, al año siguiente se sustituían por nuevos textos). Eran elaboradas por los poetas "de cajón", quienes seguramente debían conocer muy bien las fórmulas verbales y poéticas, y sabían cuáles resultaban más eficaces y entre qué límites (poéticos, musicales y dogmáticos) podían moverse.

[48] THOMAS GAGE, *The English-American. A new survey of the West Indies* [1648], George Routledge & Sons, London, 1928, cap. XIV: "Shewing the condition, quality, fashion, and behaviour of the Indians of the country of Guatemala since the Conquest, and especially of their feasts and yearly solemnities", pp. 228-271.
[49] *La versificación irregular en la poesía española*, Revista de Filología Española, Madrid, 1920. Ejemplo recurrente es, naturalmente, Sor Juana.
[50] *Apud* C. A. JONES, art. cit., p. 314.

Al estudiar los villancicos estamos, pues, ante una producción en serie, no siempre afortunada. Dejando a un lado su mérito o demérito, es necesario reconocer que esta parte de la poesía novohispana da un sentido de continuidad a toda la producción virreinal; y que, aunque no es la porción más representativa, sí llena espacios y nos permite un mejor conocimiento de la literatura del período.

Podríamos mencionar como primeras colecciones de letras sacras sueltas (no de juegos o series) publicadas: el *Cancionero* de Pedro de Trejo (1570), unos villancicos del Pbro. Juan Pérez Ramírez a las reliquias enviadas por Gregorio XIII (1577), las *Chanzonetas y motetes* de Juan Bautista Corvera (1551), una "ensalada" y unas letras cantables a San Miguel de Pedro de Hortigosa (1586). Y por supuesto los *Coloquios espirituales y sacramentales y Canciones divinas* de Fernán González de Eslava (1534-1601) publicados póstumamente (1610). Para el siglo XVII, Stevenson menciona una pieza anónima de 1619, el *Coloquio de la conversión y bautismo de los cuatro reyes de Tlaxcala*, que contiene un villancico eucarístico. Por esta misma fecha está también el *Códice Gómez de Orozco* que incluye varios villancicos a la Epifanía, al Corpus Christi, a la Visitación, y sobre todo a la Navidad. Méndez Plancarte registra las "Letras a la Purísima" (dentro de *Los Sirgueros de la Virgen* de 1620, obra que, por cierto, incluye una "danza azteca", antecedente de los *tocotines* de Sor Juana); unas "chanzonetas" compuestas por el Pbro. Arias de Villalobos para la Ermita del Patrón (1623). Todas estas composiciones son todavía letras sueltas, pero a partir de esta última fecha, al parecer, los villancicos se empezaron a organizar en *suites* de ocho o nueve letras para la celebración de los "maitines" (la fiesta, no el rezo) de alguna festividad.

Según Méndez Plancarte, las primeras manifestaciones de estas *suites* datan de poco antes de 1650. Cita unos anónimos "*Villancicos* que se cantaron en la Puebla de los Ángeles en los Maitines y Misa del glorioso *San Laurencio*... año de 1648"[51]. Stevenson registra un juego navideño (Puebla, 1649) y otros dos juegos, pertenecientes a la biblioteca de Salvador Ugarte, uno para San Laurencio (Puebla, 1651) y otro para Navidad (Puebla, 1652)[52]. Medina registra un juego: *Chanzonetas de los Maytines que se cantaron en la Santa Iglesia Cathedral de México, en la fiesta del Príncipe de la Iglesia, N. P. San Pedro...*, de 1654 (juego que, de acuerdo con su propia documentación, Méndez Plancarte juzga "temprano").

[51] Dice MÉNDEZ PLANCARTE, apoyándose en el Padre Oviedo, que entre 1640 y 1644 el Padre Núñez de Miranda, el futuro confesor de Sor Juana, el que la "obligó" a publicar los villancicos con su nombre, era un autor bastante popular de este tipo de composiciones: "era fama común que casi no se cantaba Villancico alguno en las Iglesias de Méjico, que no fuese obra de su ingenio" (*apud* "Introducción", t. 2, p. XXXVI); pero no consta que fueran juegos completos.

[52] *Christmas music...*, p. 5. Medina no los menciona en *La imprenta en la Puebla de los Ángeles*.

Entre 1654 y 1673, hay un vacío de noticias tanto en Méndez Plancarte como en Medina. Stevenson menciona cuatro juegos (Puebla: 1654, 1656, 1659 y 1659; los tres primeros a la Inmaculada Concepción, el último navideño). Jones, por su parte, registra una serie dedicada a la Navidad (ciudad de México, 1657, sin nombre de autor), así como una a la Inmaculada Concepción (Puebla, 1670) de autor desconocido; esta última —según Jones— ya muy del tono de Sor Juana: con ensaladilla, negrilla y juguete (los dos juegos forman parte de la colección Carter Brown). Luego estarían los villancicos a San Pedro compuestos por Diego de Ribera (1673)[53].

Por las fechas que da Méndez Plancarte, se deduciría que los juegos novohispanos más tempranos se remontan a 1648 y, suponiendo que las composiciones del Padre Núñez fueran juegos, las fechas más tempranas serían 1640-1644. Sin embargo, parece ser que la práctica de los juegos de villancicos (particularmente en la Catedral de la ciudad de México) pudiera remontarse a 1638 y haber sido una práctica anual, por lo menos para la fiesta de San Pedro. Así, Antonio de Robles en su *Diario* anota el 29 de junio de 1678:

> Miércoles 29, día de nuestro padre San Pedro predicó en la Catedral Fr. Antonio Leal, provincial de Santo Domingo: asistió el virrey y audiencia; no hubo villancicos impresos sin ejemplar desde que se instituyeron los maitines, que ha más de cuarenta años (t. 1, pp. 242-243).

Y Stevenson cita unas *Actas capitulares* de 1636 en las que el canónigo doctoral Luis de Cifuentes anuncia que anualmente se destinarán 300 pesos para el 29 de junio, con el fin de que la celebración de los "maytines y misa [sea] con canto de órgano, billansicos y chançonetas y con la mayor solemnidad que ser pueda"[54] (nótese que maitines y misa eran dos ceremonias separadas). Además está un "ciclo" navideño, mencionado por Aurelio Tello, con textos anónimos, musicalizado por Gaspar Fernández, compuesto entre 1611 y 1612 para la Catedral de Oaxaca. No he podido consultar el archivo de esta Catedral (por otra parte, tengo la experiencia de que en las catedrales se conservan partituras, casi nunca los textos poéticos), pero la sola mención de "ciclo" por el maestro Tello[55] me hace pensar que se trata de un juego, anterior incluso al de Góngora (1615-1616), pero de autor desconocido.

Sin duda el auge de los juegos de villancicos en la Nueva España se da entre el último tercio del siglo XVII y la primera mitad del XVIII. Ya para 1676 encontramos varios juegos, muchos anónimos y los prime-

[53] Es este Diego de Ribera quien, en el mismo juego de villancicos, incluye una jácara en romance decasílabo, con comienzo esdrújulo, un antecedente —entre otros— del famoso romance 61 de Sor Juana. Como se ve, la experimentación métrica estaba a la orden del día; Sor Juana no estaba sola en el alarde de virtuosismo.

[54] *Christmas music...*, p. 8.

[55] En su presentación del disco *Villancicos de la Colonia*. También STEVENSON (*Christmas music..*, p. 9) menciona estas composiciones de Gaspar Fernández.

ros de Sor Juana. A partir de este momento, la monja es la reina, con un séquito bastante numeroso y productivo[56].

En cuanto a los temas del villancico novohispano, éstos no se reducen (como se cree generalmente) al ciclo de la Navidad (esta reducción temática se dio, en efecto, hacia la segunda mitad del siglo XVIII); abarcan varias fiestas religiosas, de acuerdo con el calendario litúrgico de la época (el de Pío V). La tónica de esta poesía religiosa es laudatoria: se trata de ensalzar a un santo, de cantar un misterio o de conmemorar una fiesta. Su tono es alegre, festivo. Hasta ahora no he encontrado, por ejemplo, ningún villancico a la muerte de Jesucristo[57].

A diferencia del teatro de los misioneros, los villancicos no tenían la finalidad de evangelizar; su función era meramente la de solemnizar las fiestas. Actualizaban un tema en el que todos creían; repetían episodios conocidos por todos, de ahí la limitación de sus temas. Se componían teniendo siempre en mente al público destinatario, casi se podría decir que en colaboración con él. El poeta, por muy de avanzada que fuera, no podía librarse de las prácticas y gustos de la época; trabajaba para un patrón (la Iglesia) y para un público que esperaba ver satisfechas sus expectativas. La gente del templo no esperaba concepciones originales; esperaba sólo una nueva manera de tratar los temas de siempre. Aquí radica, precisamente, la riqueza del villancico: las innovaciones en el tratamiento de las mismas fiestas parecen ser inagotables, y el despliegue de recursos es en verdad digno de atención.

Antes de seguir adelante quisiera dejar muy claro que esta boga del villancico, sus maneras de hacerse, sus recursos, su función paralitúrgica, su papel en la cultura hispánica, es un fenómeno único de todo el mundo hispánico. La Nueva España no es un caso especial. Las modas, las influencias, las tendencias venían de la Península. Aquí se seguían según el talento y la circunstancia de cada autor, y de acuerdo con ciertas particularidades históricas, sociales y culturales que, aunque cercanas al contexto peninsular, no eran exactamente las mismas.

A diferencia del caso español (que cuenta con la colección de Carmen Bravo Villasante y la de Manuel Alvar, además de que los villancicos de varios autores como Lope, Góngora, León Marchante, Pérez de Montoro, están publicados), en el caso de la Nueva España casi todos los villancicos permanecen inéditos. Están los que reúne Méndez Plancarte en sus *Poetas novohispanos* (una muestra más bien raquítica); la colección de villancicos del siglo XVI de Andrés Estrada Jasso; y los villancicos de González de Eslava y Sor Juana. Nada más.

Quizá no haya ninguna diferencia, o las diferencias no sean muy representativas, entre los villancicos españoles y novohispanos; quizá,

[56] Por ejemplo, entre 1677 y 1712, Medina registra 36 juegos (sólo para la Catedral Metropolitana) y, a partir de 1685, encontramos por lo menos un juego por año. Cf. también MÉNDEZ PLANCARTE, "Introducción", t. 2, pp. XXXVIII-XLV, así como su introducción a *Poetas novohispanos*, t. 3, pp. XXXVII-XLV. Es interesante notar la gran penetración y popularidad del género, que siguió cultivándose hasta bien entrado el siglo XVIII (MÉNDEZ PLANCARTE registra unos villancicos a San Pedro, Valladolid, 1769). STEVENSON, después de revisar las actas capitulares de la Catedral, da las siguientes fechas para establecer el período en que se dio la práctica de cantar villancicos (sueltos o en juegos) en las iglesias novohispanas: la fecha más temprana es 1538 (con unas "chançonetas de la pascua y noche santa de navidad"), y la más tardía 1765 (con unos villancicos a San Pedro musicalizados por el maestro Jerusalem), *Christmas music...*, pp. 18-19.

[57] ESTRADA JASSO, *op. cit.*, p. 57, registra, ya en el siglo XVIII, un juego a la Virgen de Dolores, pero a su fiesta.

entonces, lo expuesto en el segundo apartado sirva también para dar un panorama del villancico novohispano. Con todo, a riesgo de repetirme, considero que la Colonia tenía su especificidad histórica y cultural que daba ciertos rasgos a su producción literaria. Esta red de vasos comunicantes podría ejemplificarse con dos casos: 1) Los tocotines o danzas náhuatl adaptadas como villancicos, esto es, vueltas a lo divino, que muy pronto fueron imitadas por villanciqueros españoles (como Pérez de Montoro); la lógica nos diría que Sor Juana, por ejemplo, compuso sus tocotines a partir de esas danzas, de cuya existencia sabía o quizá hasta habría presenciado. Pues no: la monja parte de un referente literario, de los autores españoles (con la diferencia de que para ella el referente no era sólo literario). Esto es, la Península imponía la moda literaria. 2) El caso contrario: los villancicos de Sor Juana atribuidos a León Marchante. Méndez Plancarte defiende con insistencia la autoría de Sor Juana; Antonio Alatorre sostiene que la atribución a León Marchante pareciera ser correcta, porque muchas menciones remiten muy particularmente a un contexto peninsular: el alcalde, la "luz de los sarmientos" (encandilamiento por el vino), los tudescos = alemanes, las "covachuelas" (nombre que en la Corte se daba a las oficinas de los Consejos Reales), entre otras. Esto es, hay ciertos matices que hacen pensar a Alatorre en una procedencia peninsular. Así que existen esos matices; son reales. Podemos deducir entonces que la tradición es una, con realizaciones más o menos distintas a uno y otro lado del Atlántico.

En la Nueva España se componían villancicos con prolijidad y constancia, pero los dos grandes villanciqueros fueron Fernán González de Eslava para el siglo XVI, y Sor Juana para el XVII. Dice Octavio Paz:

> La verdad es que ninguno de los poetas que escribían por esos días se podía comparar con ella [Sor Juana]. Ni pares, ni rivales: coro. Pero un coro de voces bien entonadas y gargantas mejor educadas: aquellos poetas eran los herederos de un siglo y medio de gran poesía, de Garcilaso a Calderón. Hábiles versificadores, dueños de un vocabulario y de un repertorio de imágenes, figuras, metáforas y alusiones mitológicas de gran riqueza, no les era difícil, aunque fuesen talentos medianos, alcanzar un nivel poético al que nunca llegaron ni los neoclásicos ni los románticos[58].

[58] OCTAVIO PAZ, *Sor Juana Inés de la Cruz o Las trampas de la fe*, F.C.E., México, 1985, p. 410.

González de Eslava y Sor Juana, cada uno en su tiempo, son una buena muestra de la renovación del villancico en suelo novohispano: hay experimentación tanto en el estribillo como en las coplas. Destaca la inusual acentuación rítmica y las muy diversas combinaciones de los versos tradicionales. Como ejemplo de estas combinaciones métricas veamos estos dos estribillos, uno de González de Eslava y otro de Sor Juana:

> Oy, para nuestro consuelo,
> la tierra se ha hecho cielo,
> pues en ella a Dios tenemos
> que nos llama
> y con su llama
> nos enciende
> y pretende
> que le amemos
> (núm. 14, p. 114)[59].

> *I*. María, en su Concepción,
> las sombras venciendo obscuras,
> se forma de luces puras
> bien ordenado Escuadrón.
> *2*. De él huye el negro borrón;
> *I*. y viendo de María
> las puras luces bellas,
> *2*. queda la Noche fría,
> y la hace ver estrellas.
> *I*. ¡Triunfe el Día!
> *2*. El Cielo, que venza ordena
> a la Sombra su arrebol,
> *I*. blanca Aurora, hermoso Sol
> y Luna de gracia llena.
> *2*. Déle a la Culpa la pena,
> destruyendo el negro horror;
> muera la Sombra al valor
> que tanta Luz encierra.
> ¡Al arma, guerra, guerra!
> *I*. Con luces de gracia y gloria
> consigue María victoria,
> *2*. y a su pureza el triunfo se da.
> *I*. ¡Es verdad,
> porque vencer a la sombra
> y al Dragón, que se asombra,
> se debe a su claridad!
> (Concepción, 1676, pp. 25-26).

[59] ESTRADA JASSO (*op. cit.*, p. 122) lo reproduce sin la "y" del verso "con su llama"; en efecto, la "y" destruye el tetrasílabo.

En el primer caso son octosílabos y versos de pie quebrado en un esquema irregular (vs. 3 y 8) de pareados. En el segundo se trata de un estribillo tan bien hecho, que es en sí mismo una composición que puede leerse independientemente de las coplas. Los estribillos son, en los dos períodos, una buena muestra de la experimentación formal.

Como ya lo he mencionado, la forma del villancico empieza en México con la evangelización, por lo tanto, dentro del teatro misione-ro. Se pretendía presentar la doctrina y el culto litúrgico en imágenes y música llamativas. De ahí que los primeros villancicos novohispanos se caractericen por su tono altamente didáctico y por la sencillez de su construcción y de sus alegorías e imágenes. No son frecuentes los diálogos (con excepción de algunos villancicos y de las ensaladas de Eslava); el tono es más bien narrativo-expositivo:

Oy dos estremos muy buenos, *cifrados en un compás:* *que no puede dar Dios más* *ni contentarnos con menos.* *Dar Dios a Dios encarnado* por paga y satisfacción, y en la misma obligación ser de la culpa pagado; ser nosotros dél agenos y hazernos dél capaz: *no [pudo] Dios darnos más* *no contentarnos con menos* (González de Eslava, p. 152).	*Virgen de Virgen nacido;* *Ella pura y puro Vos:* *Hombre y Dios por Ella ha sido,* *que antes era un solo Dios.* Ordenó la Trinidad y una esencia poderosa de juntar su calidad con una Virgen graciosa; en Dios ni Ella no hubo cosa más de quererlo los dos. Hombre y Dios por Ella ha sido, que antes era un solo Dios (Pedro de Trejo, *apud*, ESTRADA JASSO, p. 120).

Las dos composiciones responden a estructuras formales sencillas, típicas de la lírica popular: estribillos cortos de octosílabos, estrofas también de octosílabos, de rima consonante perfecta. Las dos están dedicadas a la Encarnación y al Nacimiento. El trabajo metafórico no es muy rebuscado y el "mensaje" resulta bastante claro. La celebración del misterio se hace en un tono expositivo, casi catequístico.

Hay que aclarar que una cosa es el tono didáctico y otra que los villancicos fueran vehículo de hondas disquisiciones teológicas. A ve-ces el mismo Pedro de Trejo ensaya algún tipo de argumentación teo-lógica. Por ejemplo, en un villancico explica que Cristo debe morir precisamente por haber asumido la naturaleza humana: "...y hacerse esto convino / para morir la bondad / de Dios por nuestra maldad, / para que el hombre viviera. / *Muera el galán, muera*" (*Cancionero*, núm. 2); o bien, en otra composición —siguiendo el plan de San Agustín— supone que convenía que Adán pecara para que la bondad de Dios se manifestara plenamente en su redención ("Convino que

Adán pecase / para saber quién es Dios / ... / porque Dios viniese a nos / para nuestra redención", núm. 3)[60]. Sin embargo este tipo de *amplificatio* es más bien raro.

[60] Además de que la argumentación está fundamentada teológicamente, es bastante común la figura del Niño Dios como un segundo Adán que viene a reparar los desaguisados del primero: "Pues albricias, albricias, albricias / feliz mundo, dichosos mortales, / que tenéis hecho Hombre en vosotros / quien de Adán las desgracias repare. / Pues es el Adán segundo / en quien tanta dicha nace, / que es bastante a hacer feliz / del primer Hombre el desastre" (*Villancicos de Navidad*, 1770, Fondo Reservado de la UNAM).

Indiscutiblemente en el siglo XVI el villanciquero de mayor inventiva y posibilidades, y con mejores resultados, es Fernán González de Eslava. Como toda la lírica religiosa del siglo XVI, los villancicos de Eslava se inscriben muy claramente en la tradición de la poesía cancioneril castellana; poesía —como ya vimos— grave, de carácter discursivo y razonador, muy proclive a los juegos lingüísticos, a las repeticiones, a las antítesis. A diferencia de muchos de sus contemporáneos, Eslava logra aligerar esa gravedad doctrinal y flexibilizar las formas gracias a su buen trabajo poético:

> —*¿Quién qual ave encumbra el vuelo?*
> —*Paula, preciosa paloma.*
> —*¿Qué buelos dio en este suelo?*
> —*A Belén boló de Roma*
> *y de Belén boló al Cielo* (p. 299).

Las reiteraciones logran un efecto sonoro que aligera el tono expositivo-doctrinal; son —como bien dice Margit Frenk[61]— "antídoto del seco juego conceptual".

Por otro lado, hay ya en Eslava anuncios del conceptismo del siglo XVII, es decir, de esas asociaciones ingeniosas (tan típicas de los villancicos de Sor Juana) que ligan dos ideas aparentemente muy dispares:

> —*Ángeles, ¿a quién dan grado?*
> —*Al pobre humillado*
> *San Francisco.* —*¿Y danle quinas?*
> —*Sí.* —*¿Por qué?* —*Por obras dignas;*
> *quinas que Dios le ha estampado*
> *de cinco llagas divinas* (p. 124).

Destaca la asociación *quinas* (monedas en lenguaje de germanía) con las llagas representadas en el escudo franciscano y con las llagas que Cristo "traspasó" a San Francisco por sus "obras dignas".

Finalmente, un recurso frecuente en Eslava, escaso en villanciqueros contemporáneos, es el diálogo. Sus villancicos dialogados son muy sencillos, casi siempre a partir de una estructura de preguntas y respuestas entre dos personajes, sin los efectos escénicos de villancicos posteriores. En Eslava los diálogos sirven más a un propósito didáctico que a un afán de teatralización:

> —*¿Qué azéys en el suelo,*
> *pequeño, llorando?*
> —*Ando procurando*
> *hombres para el cielo.*
> —*¿Por qué estáys al yelo?*
> —*Pecador, por ti*
> —*Si yo os ofendí,*
> *¿quién os forzó a vos*
> *a nacer por mí?* (p. 176).

Ahora bien, de las composiciones de Eslava lo más cercano a los villancicos del siglo XVII son sus ensaladas[62]. Éstas resultan muy interesantes por varias razones: 1) porque "mexicanizan" (si se me permite la expresión) el género; 2) son vehículo para la transmisión de mucho del acervo literario folklórico de la Península; 3) son lo más cercano al teatro de Eslava y al villancico ultra "escénico" del siglo XVII; 4) son el punto intermedio entre las primeras ensaladas (más alegóricas) y los villancicos y ensaladas posteriores (siglo XVII), más festivos y plagados de chistes populares; entre la semi-regularidad métrica de las primeras y el despliegue métrico de las ensaladas posteriores (como las de Sor Juana).

[62] La ensalada es una composición más o menos extensa, narrativa, en la que "se van intercalando citas y parodias de cantares, refranes, rimas infantiles, versos de romances, citas bíblicas en latín, etc. [...] Las continuas rupturas de tono, los cambios de métrica, de tema, de escenario; la forma «abierta», que procede por aso-

ciaciones más que por un plan riguroso; la abundancia de diálogos, el estilo coloquial y desenfadado, de alegría carnavalesca, son rasgos característicos de muchas ensaladas" (M. FRENK, ed., *Villancicos, romances... de González de Eslava*, p. 81).

La estructura poética de las ensaladas de Eslava es bastante tradicional, casi un calco de las de Mateo Flecha: estrofas irregulares de octosílabos con intercalación caprichosa de versos de pie quebrado, de rimas variables. Más extensas que las de Flecha, son composiciones muy escénicas, con una ágil combinación de narración y diálogo y con un estilo coloquial bien logrado. Margit Frenk sostiene que "si el «color local» está casi ausente de sus villancicos y romances, en las ensaladas se da con una plenitud comparable al consabido «mexicanismo» de sus coloquios" (p. 82). Este "color local" es muy visible en la "Ensalada del tiánguez", en la cual la redención del hombre se expone por medio de la alegoría de un mercado mexicano, el tianguis que tanto impresionó a Cortés y a Bernal Díaz del Castillo. El asunto es el siguiente: un mercader (Lucifer) instiga a Eva a comprar y probar una manzana; ésta la rehúsa, contestando en náhuatl macarrónico; en eso aparece el "mercader celestial":

> Dios haze ya una barata
> para enriquezer el suelo.
> —Siendo rico, ¿en esso trata?
> —Sí, que da de gracia el cielo,
> y al que nos dio muerte mata.
> Hombre, pues Dios te rescata,
> di con fe viva y entera:
>
> *"Si mi Christo más tuviera,*
> *más me diera, más me diera"* (p. 239).

Resulta también interesante, en relación con las referencias locales, la "Ensalada del Gachopín": Cristo llega a la "celestial Castilla" (Nueva España); esta llegada es una analogía de su venida al mundo para salvarnos. El término *gachopín*, como se sabe, tiene varias acepciones. Góngora lo usa como derivado de *cachopinto* en sus villancicos para referirse al Niño Dios como rubio (güerito). Pero en la Nueva España el término *cachopín* —derivado de *cachopo*: tronco hueco, seco— se empleó para designar al español que se establecía en América (el sentido es peyorativo: connota la torpeza e ignorancia del recién llegado en relación con las cosas americanas). En este caso, el término se usa en el sentido del español que llega a la Colonia. La descripción de la indumentaria de Cristo Gachopín es el punto de partida de una serie de analogías religiosas: los guantes son "de cordero"; las medias sirven para "mediar" (interceder) entre el hombre y Dios. Prácticamente cada término del ropaje adquiere una connotación religiosa: *juntas* [costuras]: unión de las naturalezas humana y divina; *aforro* [forro]: la naturaleza humana por la unión hipostática queda divinizada; *brocado de tres altos*: alusión a la Trinidad, etcétera.

La "Ensalada de la almoneda" alegoriza la redención por medio de una venta pública de esclavos: la cautiva es la Naturaleza Humana, el redentor Cristo. Eslava reproduce el ambiente bullicioso de una subasta pública:

> —Tres blancas. —¿No ay quién dé más?
> Miren que no tiene tacha
> ni habla con Barrabás.
> —Tres blancas. —¿Ay quién dé más?
> —Tres blancas digo. ¡A la una,
> a las dos y a la tercera!
> ¡Buena, buena y verdadera! (p. 225).

Incluye cancioncillas populares que he encontrado en villancicos posteriores. Por ejemplo: la cautiva, a pesar de todo, no está triste, que "assí ha de ser la esclava", la "risa le retoça":

> ¡Ande la loça, ande la loça,
> que la risa le retoça!
> ¡Ande la loça! (*id.*).

Esta misma expresión de gozo aparece en la "Ensalada de las adivinanzas" y en un villancico de Navidad (Puebla, 1653):

> Pues el cielo se viene a la choça,
> ande, ande la loça.
> Pues el Niño risueño nos mira,
> ande, ande la gira.
> Pues el Eterno padece mudança,
> ande, ande la dança
>   (Archivo Condumex).

La "Ensalada de la flota" recrea el ambiente de un puerto: "¡Cierra, cierra!, / ¡las velas de presto aferra!" La nave se dispone a partir con Dios como capitán y el género humano como pasajero. Se trata también de una alegoría de la vida del cristiano y su relación con el redentor. (El tema alegórico-místico de la nave es muy frecuente en la literatura religiosa: las *Cantigas de Santa María*, *Las tres barcas* de Gil Vicente, *El viaje del alma* de Lope, etcétera.)

[63] Sor Juana también la usa para aludir al matrimonio místico de una monja con Dios: "¡Éste sí que es Enamorado / como lo he menester yo; / Éste sí, que los otros no!" (t. 2, núm. 363).

[64] En la Nueva España se registran ensaladas muy tempranas (en relación con las fechas con las que aparecieron en España; las de Mateo Flecha se imprimieron tardíamente, en 1581, pero antes habían circulado en forma manuscrita; cf. M. Frenk, ed., *Villancicos, romances...* de González de Eslava, p. 81). En la *Carta del P. Pedro de Morales... para el P. Everardo Mercuriano, general de la Compañía*, el P. Morales reseña una ensalada de 1578: "Batalla de la Carne, Mundo y Lucifer contra los Santos"; texto narrativo-alegórico donde se plantea una lucha entre las fuerzas de Lucifer —movidas por los emperadores romanos— y los apóstoles, mártires, vírgenes y doctores de la Iglesia. En su primera parte semeja un villancico (estribillo y coplas), para luego seguir la estructura de una ensalada con la inserción, básicamente, de cancioncillas

Este mismo motivo, aplicado también a la Virgen, aparece en un villancico de la Concepción (Puebla, 1674), expresado exactamente en la misma cancioncilla empleada por Eslava: "Esta nave se lleva la flor, / que las otras no"[63].

Finalmente menciono la "Ensalada de las adivinanzas" por su evidente cercanía con la estructura de villancicos posteriores. Se trata de un juego de acertijos en el que un personaje da la respuesta "correcta" y un tercero hace la aplicación a alguna cuestión religiosa. ¿Qué entra al mar y no se moja? El sol, pero también la Virgen que no se mancha (Inmaculada Concepción). Esta forma divinizada de preguntas-adivinanzas es muy didáctica, y por ello se encuentra en varios villancicos y composiciones religiosas (en unos villancicos navideños de Puebla, 1656; Sor Juana la utiliza en un romance a San José, núm. 54, en unas Letras al Nacimiento, núm. 362, y muy modificado en los villancicos a San José de 1690).

Como puede verse, las ensaladas de González de Eslava[64], más que sus villancicos y que los villancicos del siglo XVI en general, anuncian muchos de los recursos poéticos a los que recurrieron los villanciqueros del siglo XVII, tanto en sus ensaladas como en sus villancicos (he ahí ya una diferencia): los juegos de sentido, las chocarrerías populares, el tono narrativo, las variadas combinaciones métricas, la inclusión de elementos líricos procedentes de muy diversas tradiciones (cancioncillas populares y tradicionales, juegos infantiles, textos escriturísticos), la intensificación de lo teatral, etc. De ahí que Margit Frenk señale: "Por cierto que habría que estudiar la relación entre los villancicos del siglo XVII —¡los de Sor Juana!— y las ensaladas del XVI: tienen muchos puntos de contacto" (p. 83).

A diferencia de estas ensaladas, los villancicos del siglo XVII acusan menos de esa tendencia a la alegorización; el tratamiento religioso es el resultado de una metáfora continuada que se mantiene como eje de toda la composición (como es el caso de las ensaladas de Eslava), pero también del conceptismo barroco, de los ingeniosos y constantes juegos de palabras y de ideas.

Ante la carencia de material publicado, ejemplificaré con algunos episodios (los más frecuentes) para que se vean los diferentes tratamientos y trabajos poéticos.

En la Nueva España son frecuentísimos los villancicos a San Pedro (curiosamente no lo son tanto en la Península). Un episodio muy común en ellos es la negación de San Pedro. Lo he encontrado tratado desde con el tono jocoso y burlón de Sor Juana (al canto del gallo una voz de gallina), hasta con el ánimo de justificación, de comprensión de la naturaleza humana (vale la pena citar la letra completa porque me parece notable):

Estribillo

1. ¡Ay! ¡Pensamiento mío!
   ¡Ay! ¡Pensamiento!
2. Recoged las velas,
   volved a el sosiego.
1. Que al miraros los Cielos turbado,
2. Se turban los Cielos.

Coplas

Ya pensamiento mío,
habéis llegado a tiempo,
que en versos divertido,
dudé si sois o no mi pensamiento.
　Un objeto solía
ocupar vuestro aliento:
mas ya, por lo constante,
multiplicado en vos está el objeto.
　Con miedo y amor lucha
vuestro acerado pecho,
quando por fino amante,
burlaba vuestro amor a todo miedo.
　El cedro más robusto
es el blanco más cierto
a que asesta su tiro
el rayo, con que abate altivo al cedro.
　Pedro, cual cedro, ha sido
blanco infeliz, que el trueno
del rayo de una esclava,
su firmeza arruinó, con ser de Pedro.
　Argumento es sin duda
que me enseña discreto,
que sólo la inconstancia
es en el hombre sólido argumento[65].

Los episodios se repetían (era inevitable), pero había gran variedad en la manera de tratarlos. Por ejemplo, para seguir con el tema de San Pedro, el episodio de Malco era sumamente común, pero no todos los autores le sacaban el mismo jugo. Pedro de Soto Espinosa, en una jácara del mismo juego citado *supra*, destaca la valentonada del hecho: Pedro, el gran valiente, "el que, esgrimiendo el acero, / contra aquella vil canalla, / con un revés muy derecho, / a Malco una oreja arranca". El mismo

y de textos latinos de la Escritura: "Pero los santos Doctores / dicen con luz celestial: / no te engañen, oh mortal, / *que debajo de sayal, hay al** // ¡Oh reliquias ilustradas / con la soberana luz; / con amar tanto la Cruz, / bien supisteis lo que hicisteis, / que la Cruz os ha dado la luz, / con que vencisteis, / *nobis absit gloriari / nisi in Cruce Domini nostri Jesu Christi*" (ESTRADA JASSO, *op. cit.*, p. 74. — *Se trata de un refrán muy divinizado: "Debajo el sayal hay ál / se dirá, Niño, por vos, / pues cubrís el Ser de Dios / con la capa de mortal...", *BAE*, t. 35, núm. 556, p. 215). Estrada Jasso registra otra ensalada del siglo XVI, al parecer anterior a 1586, de Pedro de Hortigosa. Esta composición es una alegoría de la vida del cristiano como un viaje de navegación a la "China de arriba" (el cielo), capitaneado por San Miguel. Los pasajeros se aprovisionan con los sacramentos; encuentran piratas; hay lucha y se invoca la ayuda de la Virgen. El tema es muy parecido al de la "Ensalada de la flota" de González de Eslava, aunque ésta es muy superior poéticamente.

[65] De unos *Villancicos a San Pedro*, de PEDRO DE SOTO ESPINOSA, Puebla, 1688, Archivo Condumex.

Martha Lilia Tenorio

VILLANCICOS
QVE SE CANTARON
EN LA SANTA IGLESIA CATHEDRAL
de la Puebla de los Angeles en los Maytires del Gloriofiſsimo
Principe de la Iglefia el Señor San PEDRO, eſte año de 1688
QVE DOTO, Y FVNDO EL CAPITAN
DON GABRIEL CARRILLO DE ARANDA
Efcrivialas el Bachiller Pedro de Soto Efpihofa, Maeftro de
Latinidad, en los Reales Collegios de los Señores
SAN PEDRO Y SAN JVAN.
Compueſtas en Metro Muſico, por Antonio de Salazar, Maeſtro de
Capilla de dicha Santa Iglefia.

Con licencia en la Puebla en la imprenta de Juan de Borja, año de 1688.

[66] "La insignia de la Santa Inquisición, que ponen sobre el pecho y espaldas del penitente reconciliado..." (*Dicc. Aut.*, s.v. *sambenito*).

[67] *Poetas novohispanos*, t. 3, pp. 108-109.

Pedro de Soto pone la anécdota en boca de un eufórico "mestindio" que quiere cantar las glorias de San Pedro porque ha escuchado cuánto lo quieren los "sampenitados"[66] pues "le cortó una oreja a Malco" (entendiendo a Malco, supongo, como símbolo de la autoridad arbitraria). En una forma más elíptica, menos obvia, más elaborada, se utiliza la anécdota de Malco en un villancico anónimo de 1690 (atribuido a Sor Juana): el poder de convocatoria de Pedro (de ahí que fuera elegido cabeza de la Iglesia) era tal que: "En una gran resistencia, / porque le oyesen atentos / los Ministros, a la oreja / les habló con el acero"[67].

En su juego de 1677, Sor Juana recurre tres veces al episodio de Malco: en una el espadazo a la oreja de Malco es el núcleo de la jácara, cuyo tema es una clase de esgrima; en otra es Pedro maestro de "versos latinos" que "Viendo a Malco sin *mensura*, / del furor a que le incita / su locura, / le puso con sangre escrita / la *cesura*"; finalmente, donde creo que el episodio se ha tratado de forma más ingeniosa y fina es en la letra en la que Pedro es el gran "sumulista", el gran lógico: "Mejor las razones hila / vuestro acero sin misterio, / pues cuando su corte se afila / contra Malco, arguye en *ferio*, / y en *celarem* con la ancilla". Como explica Méndez Plancarte, alude a los hexámetros mnemotécnicos de las formas de los silogismos: *Barbara*, *Celarem*, *Dario*, *Ferio*, etc., pero aquí Sor Juana no se refiere a ninguna cuestión técnica de lógica, sino al juego con el significado de esos términos latinos: *ferio* = hiero, *celarem* del verbo *celarem* 'ocultar'. Así que el gran lógico arguyó contra Malco hiriéndolo, y contra la criada de Caifás (*ancilla*) ocultando su identidad. Sor Juana es el típico ejemplo, el mejor ejemplo, del conceptismo rebuscado de los villancicos barrocos: con gran ingenio sintetiza en sólo dos versos los dos episodios más famosos, y explotados, de San Pedro.

Como puede verse, no importaba cuántas veces tuviera que repetirse un tema o un episodio (a veces, incluso, dentro del mismo juego), los autores siempre encontraban una forma novedosa, unas veces más afortunada que otras: el chiste estaba en la variación.

En la Nueva España, como en todo el mundo hispánico, el villancico litúrgico se convirtió en una especie de "voz autorizada" que pregonaba y enaltecía; que no pretendía explicar un misterio sino celebrarlo. Naturalmente, el poeta recurría a cuestiones teológicas, pero no para tratarlas dentro del campo especulativo de la teología, sino de una manera amable, triunfal. Por ejemplo, sin mayor problema, se resuelven típicas paradojas católicas e intrincados dogmas como el que pierde la vida la ganará, la muerte es vida, tres son uno, Dios/hombre, esclava/reina, pobre/rico, virgen/madre.

Abundan los villancicos marianos a la Asunción o a la Inmaculada Concepción, por ser la Virgen María la patrona de las catedrales de México[68], Puebla y Oaxaca, aunque las dos fiestas se declararon dogma de fe mucho tiempo después (la Asunción en 1952 y la Inmaculada Concepción en 1864). Independientemente de los trámites oficiales que un dogma tuviera que seguir, tanto la Asunción como la Inmaculada Concepción fueron devociones promovidas por la Iglesia, y con muy buena recepción por parte de los feligreses. Cito primero un villancico del siglo XVI para que se vea el tipo de trabajo:

> La inmaculada Paloma,
> Madre y Virgen verdadera,
> va oy al cielo que es su esfera,
> porque Dios viv[a] la coma.
> Sube la mansa Cordera;
> sube el Águila preciosa
> *y fresca Rosa;*
> *va como fuego a su esfera,*
> *y Dios la espera,*
> *que es el centro do reposa*[69].

González de Eslava recurre a esa devoción colectiva empleando los diversos nombres místicos que recibe la Virgen (los de la letanía, por ejemplo, y que el público seguramente reconocería de inmediato): Paloma (símbolo de pureza), Rosa, Fénix, Cordera (madre del Cordero), Águila (porque ascendió a las alturas; Sor Juana la llama "a la que, de laureles adornada / y tremolando victoriosas señas, / caudal Águila vuela a las alturas...", *Villancicos a la Asunción*, 1685). Aquí, pues, el poeta trabaja con material heredado de la piedad colectiva, sin mayor elaboración alegórica; valiéndose sólo de su buena pluma. Hay también casos de un tratamiento más "didáctico":

> —¿Para qué el Omnipotente
> le da poder tan bastante?
> —Para que luego quebrante
> la cabeza a la serpiente.

[68] Por ejemplo, de las 31 entradas de villancicos que hay en el tomo 3 de MEDINA (el que contiene más villancicos), 17 son composiciones dedicadas a la Virgen, y esto sólo para la Catedral de la ciudad de México.

[69] FERNÁN GONZÁLEZ DE ESLAVA, *op. cit.*, p. 108.

Y quebranta su osadía
en su concepción: ¡gran bien!
Morirá por ella, amén:
¡muera, y mátela María! (p. 295).

Otro tipo de trabajo, con el mismo motivo de la virgen/madre, encontramos en unos *Villancicos de la Asunción*, anónimos de 1677:

En el examen de Pura
fue su lección un milagro,
por el punto que le cupo
—sola— *De Verbo Incarnato*[70].

[70] *Poetas novohispanos*, t. 3, p. 120.

Parecida alegoría "académica", pero más elaborada, emplea Sor Juana en sus villancicos de la Asunción de 1676:

Ninguno *de Charitate*
estudió con más fatiga,
y la materia *de Gratia*
supo aun antes de nacida.
Después la *de Incarnatione*
pudo estudiar en sí misma... (216, vs. 13-18).

También hay muestras del trabajo "doctrinario" con mayor contenido teológico-didáctico y, con frecuencia, líricamente inferior (parece una constante en estas composiciones: a mayor contenido teológico-didáctico, menor calidad poética):

Asunción la Encarnación
fue de su Virginidad,
pues Dios de la Humanidad
hizo por Ella asunción:
¡nadie se asombre,
que a ser Dios por María
asciende el Hombre![71]

[71] P. FRANCISCO DE AZEVEDO, *Villancicos de la Asunción*, 1689, en *ibid.*, p. 137.

Y no podía faltar el tratamiento ligero, jocoso:

Que *ante secula* niña
fue tan perfecta,
que de Dios en los ojos
es niña eterna.
Que tal sería,
si *ab initio* la hizo

cándida y limpia.
¡Llegue el tiznado!
y saldrá de sus manos
descalabrado.
El tiznadito
descalabradito[72].

[72] Obra inédita de la colección Sánchez Garza del CENIDIM. Transcripción de Carlos Hinojosa.

La copla alude a la Inmaculada Concepción y juega con la promesa de Yahvéh a la serpiente (Luzbel = el Tiznadito): "Enemistad pondré entre ti y la mujer [en este caso la Virgen] / y entre tu linaje: / él te pisará la cabeza / mientras acechas tú su calcañar" (Gn 3,15). De ahí las alegorías de la Virgen aplastando la cabeza de la serpiente con sus pies; de ahí el tiznadito descalabradito. Como ya lo señalé, un motivo muy usual en los villancicos es el de la "apuesta". En los de tema mariano es frecuente encontrar apuestas entre el Cielo y la tierra (por la Asunción); en los de asunto navideño la apuesta entre pastores de si el niño de Belén es hombre o Dios:

> Apuestan zagales dos
> por el zagal soberano;
> *dice Gil que es Hombre humano,*
> *y Pascual dice que es Dios.*
> ...
> Dice Gil que nace al yelo,
> y que es Hombre, pues le enfría;
> Pascual dice que es del Cielo,
> pues la noche vuelve en día.
> Y el juez, que es Juan Lozano,
> dice que aciertan los dos:
> y así el caso queda llano,
> *y el Zagal por Hombre y Dios*[73].

[73] ESTRADA JASSO, *op. cit.*, p. 130. Recuérdese la villanesca de Guerrero citada en el punto número 2.

Las apuestas (y en ocasiones pleitos) entre los personajes permiten cierto dramatismo que didácticamente resulta muy eficaz, pues facilita la exposición de los dos aspectos (lógicamente contradictorios) del misterio en cuestión (virgen/madre, hombre/Dios, etc.). La copla citada *supra* es del siglo XVI; no hay gran alambicamiento; el tema se expone de manera sencilla, ingenua, si se quiere, y muy hermosa. Pero con la barroquización del género las formas se van haciendo más elaboradas, no sólo métricamente sino que también se van complicando las tramas. Por ejemplo en un juego navideño de 1770 se incluye una letra al parecer con ese mismo tema del hombre/Dios: es el niño Cordero (Dios) o trigo (hombre), esto en un primer nivel; en un segundo, el pleito es otro: es el Cordero (el que quita los pecados del mundo) o es el Trigo (la Eucaristía):

> Coro   Pleito en día que nace
> la Paz al mundo nuevo,
> si no es misterio oculto
> parece Sacramento.
>   ...
>
> Labr.   Sembrado en Tierra Virgen,
> y entre pajas nacido:
> no es fino Trigo.
>
> Past.   En diciembre nacido:
> reclinado en el heno:
> no es fino Cordero[74].

[74] Fondo Reservado de la UNAM. Muy parecido al villancico 290 de Sor Juana: "Escuchen dos Sacristanes / que disputan, arguyendo, / si es el Niño el *Verbum Caro*, / o es el Niño el *Tantum Ergo*..."

Estos dos niveles de interpretación, así como la mención explícita de términos teológicos como *sacramento* y *misterio*, son recursos extraños a los villancicos del siglo XVII, cuya función era, más bien, solemnizar una fiesta (relacionada con algún misterio): el autor podía lucirse complicando la trama y jugando con las supuestas contradicciones del dogma, pero ni lo exponía como tal ni pretendía explicarlo. Precisamente una de las características de las últimas manifestaciones del género (al menos en la Nueva España) es el abuso del tono edificante y teologizante. Volviendo a la letra que comento, el pastor y el labrador pelean, además, la posesión del niño: si es trigo le corresponde al labrador, si cordero al pastor. Como en la copla del Códice de Gómez Orozco, interviene un tercero decidiendo "Pues bien, *dividatur Infans*", a lo que los disputantes responden:

> No, que el Salomón de Aquino
> dijo, que el Niño ha de darse
> *non confractus, non divisus.*

El Salomón de Aquino es Santo Tomás, que en la secuencia *Lauda Sion* (de Corpus) dice: "A sumente non concicus, / non confractus, non divisus: / integer accipitur": que el comulgante no piense que al comer la Hostia está comiendo sólo una parte de Cristo, sino que se lo come entero.

La disputa continúa para llegar a la siguiente conclusión:

> Coro   Cesse la lid, que el Niño que ha nacido
> es Trigo, y es Cordero juntamente;
> Cordero, que por todos ofrecido,
> la presa quitará al león rugiente;

> Trigo amasado en sangre, que comido
> la gracia nos dará infaliblemente;
> siendo un manjar de su Pasión memoria,
> de la Gracia, prenda de Gloria.

Este villancico, pues, es una composición navideña, pero también eucarística. El razonamiento es rigurosamente teológico, ya que para morir y salvarnos nació Cristo, pero, creo, la exposición poética resulta poco afortunada.

Fundamentados teológicamente, estos anticipos de la futura pasión no son extraños en los villancicos navideños, pero en las composiciones, a mi juicio mejor logradas, sirven más al lirismo que al didactismo:

> ¡Déjenle velar,
> que su pena es mi gloria,
> y es mi bien su mal!
> ...
> *I.* Si el que duerme se entrega a la muerte,
> y Dios, con ardid,
> en dormirse por mí, es tan amante,
> que muere por mí,
> ¡déjenle dormir!...[75]

[75] Sor Juana, Navidad, 1689, p. 121.

Otro trabajo representativo del desarrollo del villancico novohispano es el que se hace con el tema de los santos. Por ejemplo, encuentro que los villancicos del siglo XVI —*grosso modo*— presentan a los santos como paradigmas de virtudes heroicas, pero sin proponerlos como modelo a seguir, sino como expresión de una piedad y devoción compartidas entre el público y el autor:

> *De ti, Príncipe esforzado,*
> *se blasona*
> *entre los del coro alado*
> *que no hay empresa subida*
> *defendida,*
> *ni corona*
> *que no sea merecida*
> *del valor de tu persona.*
>
> Por ti vio el Cielo acabados
> los peligros de su guerra,
> y en el centro de la tierra
> sus enemigos postrados.

> Y este combate acabado,
> *se blasona...*[76]

[76] GONZÁLEZ DE ESLAVA, núm. 68, p. 194; el arcángel Miguel fue el encargado de acabar con la revuelta de los ángeles rebeldes, Ap 12, 7-9.

Villancicos posteriores celebran a los santos como ejemplos de lo que produce una Iglesia fuerte, sólida; son también el pretexto para celebrar y confirmar ante el público creyente la grandeza de la Iglesia católica:

> El que dio a Roma más glorias,
> sacrificado en sus aras,
> que dieron Rómulo y Remo
> con sus trumphos y sus palmas.
>   El que para fundamento
> de la Iglesia que se exalta,
> dio como sólida Piedra
> su cabeza para planta.
>   Éste es Pedro, cuias glorias
> quedarán auctorizadas
> con su nombre: pues él solo
> para engrandecerlas, basta
>   (San Pedro, 1688, Archivo Condumex).

Algunos episodios de las vidas de los santos, casi siempre los mismos, se repiten constantemente: las penitencias de San Jerónimo, la valentía de los mártires, la pureza de las vírgenes, el arrepentimiento de San Pedro, etcétera.

Como en todo el mundo hispánico, en la Nueva España el villancico fue muy popular; un fenómeno muy especial. Además, encontró en Sor Juana a una asidua, diestra e imaginativa creadora. Hasta tal punto es la autora por excelencia de villancicos, que cabría preguntarse cuánto le debe la forma a una tan experta versificadora. Ella llevó el villancico (en su modalidad de *suite*) a una de sus más altas expresiones.

Para tratarse de su obra "menor", Sor Juana dedicó mucho tiempo y desplegó mucho oficio en la composición de sus villancicos. Ningún villanciquero fue tan prolífico como ella (doce juegos completos plenamente autentificados). De los doce juegos, once son pedidos o de la Catedral de Puebla o de la Metropolitana, quizá las dos diócesis más importantes del virreinato, cuyos obispos tuvieron un papel importante en la vida de Sor Juana: Manuel Fernández de Santa Cruz (obispo de Puebla, alias Sor Filotea de la Cruz) y el temible y ultra misógino Aguiar y Seixas[77]. No es, pues, difícil deducir la función "política" que la monja daba a la composición de sus villancicos. Aunque ésta no fuera su única razón para componerlos.

[77] Para la influencia de estos prelados en la vida de Sor Juana, véanse, entre otros, A. ALATORRE, "La Carta..."; "Sor Juana y los hom-

Sor Juana supo entrever y explotar, como pocos, las posibilidades que el género le ofrecía; con toda seguridad no sólo era aplicada en su labor sino que también disfrutaba cumpliendo con sus encargos. "Si no pudo —escribe Paz— modificar esas formas, sí las animó con su fantasía y les dio alas con su gracia"[78].

Para empezar hay que decir que el trabajo de Sor Juana es particularmente notable en el aspecto formal. A ella le toca vivir un momento de la poesía hispánica de gran experimentación, sobre todo en el campo de la métrica. En este terreno, es ella uno de los poetas más prolíficos en hallazgos métricos. De acuerdo con Navarro Tomás, cuando en España declinaba la rica polimetría desplegada por Góngora y Lope (principalmente), Sor Juana "empleaba en sus obras una variedad de formas métricas apenas igualada por ningún otro poeta anterior"[79]. Y donde se mueve con mayor vocación experimentadora es, precisamente, en los villancicos[80]. A su vez, Antonio Alatorre dedica buena parte de su estudio sobre la barroquización del romance a Sor Juana: son muchas las formas que reavivó, reanimó y, en algunas ocasiones, hasta inventó. Por ejemplo, al referirse al romance con estribillo (una de las construcciones más típicas del villancico), Alatorre compara un estribillo de Góngora con uno de la poetisa novohispana, los dos para un romance de asonancia en ó:

> ¿Quién oyó?
> ¿Quién oyó?
> ¿Quién ha visto lo que yo?
>   (Góngora)

> ¿Quién oyó? ¿Quién oyó? ¿Quién miró?
> ¿Quién oyó lo que yo:
> que el hombre domine, y obedezca Dios?
> ¿Quién oyó? ¿Quién oyó lo que yo? (Sor Juana, 294, vs. 1-4).

Es cierto, como ya lo hemos visto, que la libertad métrica era muy usual en los villancicos; con todo, el caso de Sor Juana es de llamar la atención. Alatorre cita entre "el desfile de muchas combinaciones estróficas del romance que, adoptadas o introducidas por Sor Juana, abundan extraordinariamente en su obra"[81] alrededor de 30 casos de curiosidades métricas que ocurren con cierta frecuencia, es decir, no se trata de casos aislados. De esos 30, 24 son composiciones que forman parte de juegos de villancicos (incluyendo los atribuibles). A pesar de que los villancicos son más que los romances profanos (aunque no muchos más), el porcentaje es significativo (y hay que hacer notar que

bres", *Estudios*, México, 1986, núm. 7, 7-27; EZEQUIEL CHÁVEZ, *op. cit.*; y M.-C. BÉNASSY-BERLING, *op. cit.*

[78] OCTAVIO PAZ, *op. cit.*, p. 415.

[79] TOMÁS NAVARRO TOMÁS, *Los poetas en sus versos*, Ariel, Barcelona, 1982, p. 165. Navarro Tomás incluye a Sor Juana, junto con Cervantes, Góngora y Lope, como uno de los grandes innovadores del verso español en el Siglo de Oro.

[80] El mismo NAVARRO TOMÁS (p. 174) afirma que donde hay una elaboración métrica más variable es en los estribillos de los villancicos, compuestos "acaso más en relación con la original iniciativa de la autora".

[81] "Avatares barrocos del romance (de Góngora a Sor Juana Inés de la Cruz)", *Nueva Revista de Filología Hispánica*, México, 26 (1977), p. 416.

se repite en el caso de Góngora): muestra el empeño y voluntad creativa que la monja ponía en la composición de estas obras "menores". Buena parte del encanto de estas piezas está en el trabajo de la versificación. No hay que olvidar que se trata de composiciones para ser cantadas: la música sola no podía lograr todo el ritmo y la letra debía prestarse a ser musicalizada; y Sor Juana se preocupaba por eso. Stevenson cuenta que Antonio de Salazar, maestro de capilla de la Catedral de Puebla de 1679 a 1688, y de la Catedral de la ciudad de México de 1688 hasta su muerte en 1715, gustaba de musicalizar los villancicos de Sor Juana porque le permitían un gran lucimiento:

> Even more intriguing would be his entire villancico-sets for August 15, 1690 [Asunción], June 29, 1691 [San Pedro Apóstol, atribuible], and June 29, 1692 [San Pedro Apóstol, atribuible], when Sor Juana provided the poetry. Her 1690 set closes with an ensalada that incorporates a juguete and a jácara. In the jácara, Salazar cites the wellknown folktune *Yo voy con toda la artillería* to give flavor at the outset. For the intermezzo opening the third nocturn of her 1691 set, Salazar assembled no fewer than fifteen instruments. These played short solo passages in the following order: bugle, trumpet, sackbut, cornett, organ, bassoon, violin, shawn, marine trumpet, bass viol, cittern, vihuela, small rebeck, bandore, and harp[82].

[82] ROBERT STEVENSON, *Christmas music...*, p. 62.

Es evidente que los movimientos métricos de Sor Juana, sus inserciones de jácaras, ensaladas (a varias voces), sus hermosos pasajes líricos, y otros encantos de sus villancicos, permitían todos este despliegue musical.

Un aspecto que a Sor Juana le debió parecer muy atractivo es la hibridez del género, su carácter mixto (culto/popular, religioso/profano): un discurso elaborado, complejo y muy pensado, que debe lograr el efecto de espontaneidad; un discurso con un mensaje religioso predeterminado, que sin embargo debe lograr la anulación de todo tono doctrinario o dogmático; una forma fija y muy convencional, que debe dar sensación de frescura; la combinación del objetivo teológico-didáctico con el tono juglaresco. Creo que más que en ningún otro villanciquero de su época, en los villancicos de Sor Juana es muy claro cómo el autor llegaba a convertirse en la voz de esa piedad compartida; cómo daba forma al discurso hagiográfico legendario circulante y lo vinculaba al oficial, a la liturgia. Así, por ejemplo, de un lado está el santo con su estela popular, del otro el consagrado por el Oficio Divino y otros escritos sagrados. Al final, la figura del villancico es el santo consagrado por la liturgia pero "humanado" por el arte de Sor Juana.

Ya he mostrado cómo trabaja con la figura de San Pedro. Es notable la compasión (en el sentido etimológico del término) de Sor Juana hacia las lágrimas de arrepentimiento de San Pedro. Ella que tanto gustaba de escudriñar las pasiones del alma humana encuentra en el episodio no sólo un motivo de reflexión, sino también de entendimiento de la debilidad humana:

> ¡Oh Pastor, que has perdido
> al que tu pecho adora!
> Llora, llora:
> y deja, dolorido,
> en lágrimas deshecho
> el rostro, el corazón, el alma, el pecho...
> (263, vs. 1-6).

Varias veces, con el fin de presentar brillantemente sus argumentos, Sor Juana llega a tomarse libertades que para muchos son imperdonables en una buena cristiana. Uno de los que se siente más perturbado es su editor, el padre Méndez Plancarte. Por ejemplo, cuando en los villancicos a San Pedro Nolasco, la monja recurre al juego de palabras entre el "buen francés" (San Pedro Nolasco) que cuida a los enfermos del "mal francés" (la sífilis). Méndez Plancarte, como si diera un jalón de orejas a la monja, dice "rara claridosidad de Sor Juana, por no desperdiciar el fácil retruécano con el *buen Francés* que era el santo" (t. 2, p. 373). En otros casos se siente obligado a ahondar en explicaciones para evitar interpretaciones erróneas; por ejemplo, con ocasión de los siguientes versos a San Pedro (1683):

> Finas perlas le bordan el pecho,
> quedando más rico con la contrición:
> cada pena, le alcanza una gloria;
> cada lágrima, impetra un perdón.
>   Providencia Divina permite,
> altamente sabia, que yerre el Pastor,
> porque estudie en el propio delito
> lecciones de ajena conmiseración
> (265, vs. 17-24).

El editor explica: "*Que yerre el Pastor*: no en la doctrina dogmática, y ni siquiera moral (Sor J. no niega la infalibilidad de S. Pedro), sino en la conducta práctica... una caída moral, no un error especulativo" (*ibid.*, p. 400). Un ejemplo más. Se trata del comentario a una letra a San José (1690):

> El tener Dios Madre Virgen
> le debe: pues a merced
> lo fue de José, cediendo
> su matrimonial poder.
>   Pues siendo suya María
> y siendo Virgen por él,
> no es sólo Virgen en sí,
> sino en su Esposa también.
>   Cedió el derecho que pudo
> lícitamente tener,
> por enlazar en sus triunfos
> la Palma con el Laurel
>
> (296, vs. 9-20).

Méndez Plancarte explica: "Aquí el fervor amoroso y lírico se excede del estricto rigor teológico. Para S. José hubiera sido *lícito* el uso de su matrimonio, atendiendo a sólo la justicia; más no respecto a la religión y la castidad" (p. 422). Explicación superflua que anula la virtud que Sor Juana pretende ensalzar: la generosidad de San José, que aun pudiendo ejercer lícitamente sus derechos conyugales no lo hace por preservar la virginidad de la Madre de Dios. El editor, en su afán de presentar a Sor Juana como "perfecta cristiana", se olvida de que a pesar de la Inquisición y de la firmeza eclesiástica, la Iglesia dejaba resquicios en los que los amantes de la controversia podían ejercitarse sin riesgo alguno, e hilar libremente sus razonamientos ingeniosos. El género permitía estas "profanidades" sin menoscabar ni un ápice su piedad o su dogmatismo.

Junto con estas intervenciones personales de la monja, encontramos también en los villancicos las fórmulas convencionales, propias del género, pero trabajadas de manera exquisita. Ahí tenemos, por ejemplo, la deliciosa descripción —muy dentro de la tradición de la lírica cortesana del retrato femenino— de la Mujer Valiente (la Virgen) en la jácara del juego a la Asunción (1679):

> ¡No es nada! De sus mejillas
> están, de miedo temblando,
> tamañitos los Abriles,
> descoloridos los Mayos.
>   ¡Los ojos! ¡Ahí quiero verte,
> Solecito arrebolado!
> Por la menor de sus luces
> dieras caballos y carro
>
> (256, vs. 37-44).

En otra jácara la Virgen es un caballero andante, ingeniosa alegoría que pocos hubieran osado para la Madre de Dios:

> ¡Allá va, fuera, que sale
> la Valiente de aventuras,
> Deshacedora de tuertos,
> Destrozadora de injurias!
>   Lleva de Rayos del Sol
> resplandeciente armadura,
> de las Estrellas el yelmo,
> los botines de la Luna;
>   y en un escudo luciente
> con que al Infierno deslumbra,
> un monte con letras de oro
> en que dice: *Tota Pulchra*
>   (222, vs. 8-19).

Vossler piensa que Sor Juana sigue tan de cerca la retórica del género y a sus modelos (Góngora, Calderón, Valdivielso, Lope, Pérez de Montoro, León Marchante) que es difícil desprender su nota personal. Para él sus villancicos (letras, loas y autos) están más bien hechos y adornados retórica, lírica y metódicamente que compuestos visionariamente desde lo profundo[83]. Con todo, quizá una lectura atenta a los valores poéticos de estas obras "menores", atenta a la reelaboración que hace Sor Juana de los materiales heredados para entretejerlos con su propia circunstancia y necesidades expresivas, nos revele algo del trabajo poético de la monja, algo de la *nota personal* que Vossler no encuentra. En efecto, por entre las rendijas que dejan la concatenación de fórmulas convencionales, la búsqueda del hallazgo métrico, el alarde virtuoso y el cumplimiento de ciertos requisitos (cuestiones de dogma o de política eclesiástica) se cuela, a veces, el genio de Sor Juana: con la mención de algún tema muy suyo (por ejemplo, el villancico 7 del juego de la Concepción, 1676, es claramente un anticipo de la hermosa descripción de la victoria de la claridad sobre la sombra del *Primero Sueño*), con una visión original, con su manera de presentar a los santos (enfatizando unos aspectos de la liturgia e ignorando otros).

Si algo es notable en la obra de Sor Juana es su agudo conceptismo. Es ella una de las representantes más importantes de ese aspecto de la poesía barroca hispánica. Y los villancicos están plagados de esos destellos de ingenio. En una ensalada (Asunción, 1679), se burla de un sacristán que compone versos "centoneando":

[83] K. VOSSLER, *Die "zehnte Muse von Mexico" Sor Juana Inés de la Cruz*, Bayerische Akademie der Wissenschaften, München, 1934.

cercenando de Virgilio
y zurciendo lo cortado,
más sastre que cantor, hizo
estas coplas de retazos:
   con lo cual, consiguió hacer,
después de estar muy cansado,
ajena toda la obra
y suyo todo el trabajo

(258, vs. 5-12).

(Recordemos que en el soneto "Aunque eres Teresilla tan muchacha...",
núm. 159, emplea este mismo juego de palabras, cuando Teresilla hace
al cornudo de Camacho responsable de sus liviandades, convencién-
dolo de que, por hacer su hacienda mucha, hace de ajena siembra suya
la cosecha.)

También hay muestras de su muy característica agudeza argumentativa:

¡Oigan un Misterio, que
aunque no es de fe, se cree!
—Verdad es, en mi conciencia:
que para mí es evidencia,
y la evidencia no es Fe

(275, vs. 1-5).

El asunto de la Inmaculada Concepción no es fe porque aún no era
dogma (se hizo dogma en 1864), pero se cree por mera devoción. Sin
embargo Sor Juana no se conforma y argumenta que es una verdad tan
evidente que no puede ser cuestión de fe (la fe prescinde de la evidencia). No creo que sea éste el fundamento teológico del misterio; se trata de un razonamiento puramente lógico, de un juego silogístico, a los
que era tan afecta la monja.

Finalmente habría que mencionar el feminismo "pre-feminista"
de los villancicos a Santa Catarina (1691). Hay un gran paralelismo
entre las vidas de Sor Juana y de esta santa. Según la leyenda, Catarina
era hija del rey de Alejandría (Costos) y a los 17 años era la más boni-
ta y la más ilustrada de todas las jóvenes del Imperio. Anunció que
estaba dispuesta a casarse, siempre cuando fuera con un príncipe tan
hermoso y tan ilustrado como ella. Escasearon los pretendientes. Un
ermitaño le dijo, entonces, que la Virgen María le procuraría el esposo
soñado. Así que Catarina se convirtió y se hizo bautizar. Cuando el
emperador Majencio pasó por Alejandría, ella le reprochó que per-
siguiera a los cristianos, y le mostró la falsedad de la religión pagana.

Incapaz de darle una respuesta, Majencio reunió a los cincuenta mejores filósofos y sabios para que la refutaran. Recordemos a los cuarenta sabios reunidos por el virrey Mancera para que examinaran a la joven Juana:

> Concurrieron [los sabios], pues, el día señalado al certamen de tan curiosa admiración, y atestigua el señor Marqués que no cabe en humano juicio creer lo que vio, pues dice que *a la manera que un galeón real* (traslado las palabras de su Exca.) *se defendería de pocas chalupas, que le embistieran, así se desembarazaba Juana Inés de las preguntas, argumentos y réplicas, que tantos, cada uno en su clase, la propusieron. ¿Qué estudio, qué entendimiento, qué discurso y qué memoria sería menester para esto?*[84]

Catarina, por su parte, no sólo defendió sus argumentos, sino que los convenció y convirtió a todos. El emperador quemó vivos a los sabios y a ella la sometió a martirio hasta matarla:

[84] Párrafo extraído de la biografía del padre Calleja (1700). FRANCISCO DE LA MAZA (comp.), *Sor Juana Inés de la Cruz ante la historia*, UNAM, México, 1980, p. 143.

De una mujer se convencen
todos los Sabios de Egipto,
para prueba de que el sexo
no es esencia en lo entendido.
...
  Estudia, arguye y enseña,
y es de la Iglesia servicio,
que no la quiere ignorante
El que racional la hizo.
...
  Nunca de varón ilustre
triunfo igual habemos visto;
y es que quiso Dios en ella
honrar al sexo femíneo...

(317, vs. 9-52)

Varios fragmentos de las letras de este juego a Santa Catarina son prácticamente una puesta en verso de su defensa del derecho femenino al saber, esgrimida en la *Respuesta a Sor Filotea* y en su carta al Padre Núñez. Por momentos con toques tan personales como:

  Contra una tierna Rosa
mil cierzos conjuran:
¡oh qué envidiada vive,
con ser breve la edad de la hermosura!
  Porque es bella la envidian,
porque es docta la emulan:
¡oh qué antiguo en el mundo
es regular los méritos por culpas!
...
  Contra una sola vida
tantas muertes procuran;
que es el rencor cobarde,
y no se aseguraba bien con una.
  Mas no ve la ignorante,
ciega, malvada astucia,
que el suplicio en que pena,
sabe hacer Dios el carro donde triunfa.
...
  No extraña, no, la Rosa
las penetrantes púas,
que no es nuevo que sean
pungente guarda de su pompa augusta

(316, vs. 16-43).

La envidia es un *leit-motiv* en la obra de Sor Juana. Recordemos el parlamento de Leonor en *Los empeños de una casa*; sus palabras en la carta al Padre Núñez: "¿De qué embidia no soi blanco? ¿De qué mala intención no soi objecto? ¿Qué acción hago sin temor? ¿Qué palabra digo sin recelo?"[85] Y un párrafo de la *Respuesta a Sor Filotea* que parece la explicación en prosa de los impresionantes versos "¡Oh qué antiguo en el mundo...":

> Aquella ley políticamente bárbara de Atenas, por la cual salía desterrado de su república el que se señalaba en prendas y virtudes porque no tiranizase con ellas la libertad pública, todavía dura, todavía se observa en nuestros tiempos, aunque no hay ya aquel motivo de los atenienses; pero hay otro, no menos eficaz aunque no tan bien fundado, pues parece máxima del impío Maquiavelo: que es aborrecer al que se señala porque desluce a otros. Así sucede y así sucedió siempre (t. 4, p. 453).

Es evidente, pues, que no por seguir una receta (como parecía ser el *modus operandi* de los villanciqueros), Sor Juana dejaba a un lado su genio. Sus villancicos ocupan un registro en el gran abanico que representa su obra. No podemos seguir considerándolos su obra "menor", a pesar de que sean producción en serie, a partir de temas encargados (su poesía profana no era más espontánea). Estamos tratando con una gran poetisa que sabe imprimir la perfección de su arte a todo lo que hace. Si por algo son disfrutables sus villancicos todavía ahora, a pesar de la secularización de la cultura y del gusto, es porque se trata de buena poesía, de muy buena poesía. Los villancicos corroboran, tanto como el resto de su obra, que Sor Juana no responde a su momento como una monja típica, con la piedad religiosa a flor de piel: ella piensa y reacciona como una intelectual, como una mujer del siglo, no del claustro. Por todo esto es ella la villanciquera número uno del mundo hispánico.

[85] A. ALATORRE, "La *Carta*...", p. 620.

+ LA M.ᵉ IVANA YNES ELA CRVZ MONXA PROFESSA EN EL COM⁽ᵉⁿⁿ⁾ DE S. GERONIMO E MEXICO +

VIRGINIS EN VVLTVS
CERNIS QVA NVLLA
PER ORBEM
INGENIO MAIOR VEL PIETATE
FVIT.

XI

EL DISCURSO RELIGIOSO Y SUS POLÍTICAS

MARGO GLANTZ

EL DISCURSO
RELIGIOSO Y
SUS POLÍTICAS

*U*NA parte de la obra religiosa de Sor Juana fue publicada en ediciones sueltas, aparecidas en México, y en los tres tomos de sus obras impresas en España. Una fracción significativa de esa producción se encuentra reunida en el *Segundo volumen* de sus obras, publicado en Sevilla en 1692 por Tomás López de Haro y dedicado por la monja jerónima a don Juan de Orúe y Arbieto[1]. Después de los habituales e innumerables panegíricos y censuras, el libro abre con la *Carta Atenagórica*, para imprimir luego varias composiciones coleccionadas bajo el título de poesías lírico-sacras (algunos de sus villancicos) y las poesías cómico-sacras, es decir, los autos sacramentales, conjunto de obras religiosas; dato importante para subrayar el lugar que se le concede en el volumen a este tipo de discurso. Por mi parte, me limitaré a analizar algunos de sus villancicos: en ellos se concentran muchas de las ideas y tradiciones poéticas que la monja jerónima frecuentó con asiduidad y pasión. Además de las Letras a la

[1] Juana Inés de la Cruz, *Segundo volumen de las obras de soror... monja profesa en el monasterio del señor San Gerónimo de la Ciudad de México, dedicado por su misma autora a D. Juan de Orúe y Arbieto, Caballero de la Orden de Santiago*, Tomás López de Haro, Sevilla, 1692. Las páginas dedicadas a las censuras y

panegíricos no van numeradas. Modernizo la ortografía, salvo aclaración de lo contrario. Las cursivas son mías.

² COVARRUBIAS, en su *Tesoro* (Madrid, 1611), define así la palabra *ratero*: "El hombre de bajos pensamientos, tomada la metáfora de ciertas aves de rapiña que cazan ratones". Y en el *Dicc. Aut.* se lee: "Ratería: El hurto de cosas de poco valor, o la acción de hurtarlas con maña y cautela; se toma también por vileza, bajeza o ruindad, en cosas de poco interés" y de la palabra *ratero (a)* dice: "Lo que va arrastrando por la tierra". En su libro *Des rats et des ratières. Anamorphoses d'un champ métaphorique de saint Augustin à Jean Racine*, JACQUES BERCHTOLD (Droz, Genève, 1992), muestra la enorme importancia que se le daba a la imagen de la rata en relación con la cultura, desde la época de la patrística hasta el siglo XVII. Estudiar la frase del obispo de Santa Cruz en esa perspectiva podría aclarar muchas cosas de este intercambio epistolar donde un obispo reconviene a una monja.

dedicación del Templo de San Bernardo en la ciudad de México y los escritos en ocasión de la Profesión de una Religiosa, los villancicos insertos en este tomo son los de la Concepción y la Navidad de 1689, y las letras en honor de San José de 1690, villancicos compuestos para ser cantados en la Catedral de Puebla de Los Ángeles. Esas tres series van precedidas de anotaciones impresas debajo del título que, por ejemplo, en la de la Concepción, se formula así: "Repítese aquí por no haber salido en la primer impresión del tomo I de las obras de la señora Sor Juana, porque le vean los que no tienen la segunda impresión de dicho tomo" (p. 37). Y en la p. 48 —villancicos de la Navidad— se remacha: "Que, aunque añadidos al fin de la impresión segunda del primer tomo, se repiten aquí, por la causa ya dicha", y para que no exista la menor duda, en la p. 62, donde se inicia la impresión de las letras cantadas en lós maitines de San José, se advierte que por "las causas ya insinuadas" se dan de nuevo a la estampa.

¿Por qué se reitera tantas veces la necesidad de reimprimir los villancicos? Quizá una de las posibles razones sea liberar a la monja de ciertas acusaciones, la de dedicar demasiado tiempo a los asuntos profanos, acusación que impugna la mayor parte de sus censores españoles, y contrarrestar la idea de que algunos ejemplos de su producción cortesana son indecentes o poco decorosos para una monja, como se deduce de la violenta frase del obispo de Santa Cruz cuando le reprocha su dedicación a "las rateras noticias de esta tierra"². Podría añadirse otra explicación, también obvia: la celebridad de la monja exigía que todas sus obras pudiesen ser ampliamente difundidas en una época en que los libros eran escasos y caros. Esa insistencia parece conducir hacia otras pistas, pistas que hacen necesario replantearse la idea misma de género menor, o por lo menos preguntarse si, en el caso de la jerónima, los villancicos salidos de su pluma seguían siendo considerados dentro de esa categoría.

El villancico es un género popular —poesía de tradición colectiva—, cuya autoría es de difícil adjudicación. Las palabras de Margit Frenk, respecto al teatro de finales del siglo XVI, y por extensión a cualquier tipo de obras consideradas como arte menor, pueden ser válidas para situar los villancicos de Sor Juana, aunque es evidente que hubo muchos cambios en la estructura y en el modo de producción en los escritos en el siglo XVII:

La historia del teatro novohispano del siglo XVI es prolífica en títulos de obras perdidas. Lo que se conoce es parte ínfima de lo que existió...; es evidente que antes de fines del siglo XVI ni el teatro profano ni el religioso, en España y en las colonias, tenían "dignidad" suficiente para que, en términos generales, valiera la pena y fuera costeable publicar sus textos. Éstos tenían una existencia efímera, en manuscritos que, manoseados por actores y directores, desaparecían después de las representaciones[3].

Méndez Plancarte[4] demuestra que los villancicos escritos durante el siglo XVII fueron dignos de publicación, a partir del momento en que se empezaron a organizar en *suites* de ocho o nueve "letras" (t. 2, p. XXXV); una prueba estaría en el *Diario de sucesos notables* de Robles donde se especifica que, en 1678, "no hubo Villancicos impresos (por la suma escasez de papel), sin ejemplar desde... ha más de cuarenta años" (cit. por Méndez Plancarte, *ibid.*, p. XXXVI); además, como Méndez Plancarte asegura, después de una época en que casi no se encontraron en la ciudad de México, "...luego, varios ya en 76, en que principian los de Sor Juana, y a partir del cual año, hasta finales del siglo, sí han llegado a nosotros numerosísimos, en cadena ininterrumpida y de los más diversos temas y autores" (*ibid.*, p. XXXVII). Es lógico, entonces, que existan varias ediciones sueltas de los de Sor Juana. Con todo, cabe hacerse una pregunta: ¿por qué se insiste en reimprimirlos por lo menos dos veces en sus obras publicadas en España? Si concuerdo otra vez con la muy sensata explicación que da Margit Frenk, resalta otro dato muy conocido, pero no por eso menos importante, el de la autoría colectiva de estas obras, la poca importancia de la individualidad del poeta que las escribía:

> Los poemas se componían con arreglo a determinadas tradiciones preestablecidas, a ciertas "maneras de poetizar", ya consagradas. Cada "tradición" o "escuela" poética tenía su repertorio de formas métricas, de temas y motivos, de imágenes y metáforas, de recursos estilísticos. Cada nuevo poema constituía una *recreación* a base de elementos bien conocidos (p. 50).

Esa forma paradigmática de poetizar produjo muchas falsas atribuciones y Méndez Plancarte piensa que, en varios casos, los villancicos de Sor Juana fueron adjudicados de manera apócrifa a otros autores, por ejemplo, entre otros, al maestro Manuel de León Marchante[5] y al poeta José Pérez de Montoro (p. 415, n.); la propia Sor Juana, con nota autógrafa, avisa, respecto a algunos villancicos de San Pedro Nolasco: "*Estos de la Misa no son míos*" (p. 376). Es indudable que Sor Juana se acopló a las reglas de las escuelas poéticas de su tiempo y que muchos de los temas, imágenes, métricas, recursos estilísti-

[3] MARGIT FRENK (ed.), *Villancicos, romances, ensaladas y otras canciones devotas de Fernán González de Eslava*, El Colegio de México, México, 1989, p 43. Frenk subraya que Eslava era un "poeta de monjas", y esa labor se intensificó, cosa muy importante en el caso de Sor Juana, a partir de 1585, "cuando se fundó —por monjas concepcionistas— el primer monasterio de las jerónimas, el de Santa Paula. De las monjas celebradas por él cinco están claramente asociadas a esa santa... Posiblemente también se escribieron por encargo de las jerónimas las poesías a San Miguel. Pero ante todo hay que destacar que el santo que ocupa un lugar privilegiado en el corpus de Eslava —nada menos que quince composiciones— es precisamente San Jerónimo", p. 72. Sobra decir que esta conexión debería explorarse con profundidad.

[4] Cito por SOR JUANA INÉS DE LA CRUZ, *Obras completas*, ts. 1-3 editados por Alfonso Méndez Plancarte; t. 4, por Alberto G. Salceda, F.C.E., México, 1951-1957. Utilizo el t. 2 para las citas relativas a los villancicos, en el texto se señala el número de la obra y los versos citados.

[5] La cita de Méndez Plancarte sobre León Marchante está en el t. 2, de las *Obras completas*, p. 418.

6 M. FRENK, *op. cit.*, y BRUCE W. WARDROPPER, *Historia de la poesía lírica a lo divino en la cristiandad occidental*, Revista de Occidente, Madrid, 1958, p. 142: "El poeta que por la abundancia de sus *contrafacta* los puso de moda en el siglo XV, anticipando la obra de los dos franciscanos, fue el madrileño Juan Álvarez Gato". La tradición es, reitero, larga; como ya lo dije, la documenta Méndez Plancarte en su Prólogo al t. 2, y avisa que dos contemporáneos muy importantes para la vida y obra de Sor Juana fueron también villanciquistas: los padres jesuitas Núñez de Miranda y Calleja.

cos usados por ella fueron recreaciones de modelos anteriores; es más, varios de sus villancicos, como lo prueba una larga tradición, son adaptaciones a lo divino de poemas profanos[6]. Como de costumbre, el genio y la intuición de Sor Juana socavaron en secreto y con sutileza un género artesanal a través del cual logró alcanzar resonancias de una gran delicadeza y profundidad, advertidas por sus contemporáneos, ¿no se insistió en publicarlos, "para que le (los) vean los que no tienen la segunda impresión de dicho tomo"? No es mi intención examinar las reglas del villancico como género, puesto que en este mismo libro será analizado. Me parece útil, sin embargo, acudir de nuevo a Margit Frenk y pedirle que sintetice algunas de sus características, a pesar de que en el siglo XVII se produjeron, como es obvio, modificaciones de importancia:

> Consta de una estrofa breve —*cabeza, estribillo*— y varias estrofas —*coplas, pies*— que desarrollan el tema de la estrofita inicial y que se dividen cada una en dos partes: la primera se llama *mudanza*, porque en cada estrofa cambia de rimas; la segunda, llamada *vuelta*, tiene el mismo número de versos que la cabeza y repite sus rimas, a veces enlazándolas con una rima de la mudanza; al final de la vuelta reaparecen textualmente los últimos versos —generalmente los dos últimos— de la cabeza. La estructura musical del villancico corresponde a su juego de rimas: hay una música destinada a la cabeza y a las vueltas de las estrofas y otra —frecuentemente emparentada con aquélla— para las mudanzas (pp. 77-78).

En la serie de villancicos de la Asunción de 1676, cantados en la Catedral Metropolitana de la ciudad de México, Sor Juana reitera la estructura del villancico en las coplas (pies) que siguen al estribillo (cabeza), enlazadas simbólicamente al cielo y a la tierra mediante ingeniosas combinaciones semánticas. Lo alto desciende y lo bajo sube, es decir, la cabeza desciende al suelo donde se posan los pies, y los pies suben a la cabeza, el cielo[7]:

7 Éstos son los villancicos más antiguos, consignados por Méndez Plancarte; aparecieron primero en una edición suelta y luego en *Inundación Castálida* con errores, según el mismo editor (p. 355, n.).

> El Cielo y Tierra este día
> compiten entre los dos:
> ella, porque bajó Dios,
> y él, porque sube María (217, vs. 6-9).

La Asunción de la Virgen es manejada como una "apuesta" entre el cielo y la tierra, y los fieles son los que deben decidir quién triunfa; es decir, la apuesta la ganará quien pueda determinar cuál de los ejes de la verticalidad es superior al otro, el descenso de Cristo a la tierra

—el acto mismo de haber encarnado en el vientre inmaculado de su madre, María—, o el ascenso (Asunción) de la Virgen al cielo para coronar su vida terrena. Esa polarización vertical se amarra gracias a las *mudanzas* rítmicas o las *vueltas* de la fortuna, mejor, a los juegos de las rimas, expresadas mediante versos donde se mide el ingenio de los contendientes:

> La Tierra dice: —Recelo
> que fue más bella la mía,
> pues el Vientre de María
> es mucho mejor que el Cielo;
> y así es bien que en Cielo y suelo
> por más dichosa me tengan (vs. 20-25).

Los siguientes versos repiten (le dan la vuelta) al mismo dilema pero, en lugar de conformarse con describir otro enfrentamiento entre los elementos en contienda, enriquecen visiblemente su significado, lo ciñen y, de nueva cuenta, en rápida vuelta o mudanza, el Cielo sintetiza las vidas de Cristo y de María, deteniéndolas en una figura u objetos concretos convertidos en emblemas, las espinas o las estrellas, símbolos de una doble coronación:

> —Injustas son tus querellas,
> pues a coronar te inclinas
> a Cristo con tus Espinas,
> yo a María con Estrellas
> (dice el Cielo); y las más bellas
> dí, que sus sienes obtengan (vs. 27-32).

La Tierra-María, lugar de la encarnación; su vientre inmaculado es un elemento esencial del dogma; sin Ella el verbo no se hubiese hecho carne:

> La Tierra dice: —Pues más
> el mismo Cristo estimó
> la Carne que en mí tomó,
> que la Gloria que tú das;
> y así no esperes jamás
> que mis triunfos se retengan (vs. 34-39).

Como en el ajedrez, el resultado de la contienda queda en tablas; ambos elementos, lo humano y lo divino, se complementan, no pueden existir aislados para explicar la Encarnación de Cristo y la Redención de los mortales:

Margo Glantz

—Al fin vienen a cesar,
porque entre tanta alegría,
pone, al subir, paz María,
como su Hijo al bajar;
que en gloria tan singular,
es bien todos se convengan (vs. 41-46).

Cabe aquí una observación: en la inflamada contienda entre el Cielo (lo divino) y la Tierra (lo humano), en este constante sube y baja tan frecuentado por Sor Juana[8], sobresale un elemento, a la vez reiterado y soslayado por una figura retórica: la sinécdoque, aplicada a la Virgen:

Si a los *tropos* la acomodo,
ha ejercitado en el arte
el *sinécdoque*, de modo
que eligió la mejor *parte*
y la tomó por el *Todo* (223, vs. 38-42).

Méndez Plancarte aclara: "El *Sinécdoque* (hoy, femenino) es «tomar la parte por el todo»; y «María eligió la mejor parte» (*S. Lucas, X, 42*), que es Dios, o «el Todo»" (p. 362, n.). Pero recordemos que en un verso anterior ya mencionado (y en muchos otros más) esa parte transformada en Todo es simplemente el vientre de María: "La Tierra dice: —Pues más / el mismo Cristo estimó / la Carne que en mí tomó" (217, vs. 34-36). Al coronarla lo que sobresale es de nuevo una sinécdoque, la cabeza, otra parte de su cuerpo, cercana al Todo, la sagrada testa coronada, "pues a coronar te inclinas / a Cristo con tus Espinas, / yo a María con Estrellas / (dice el Cielo)" (*id.*, vs. 28-31, por lo demás, metáfora muy común en la época, que Sor Juana retoma). Su ascenso al Cielo la convierte en Reina, con lo que, de inmediato, se instala como la cuarta figura en esa otra unidad espacial y teológica, junto con la Trinidad, el Padre, el Hijo y el Espíritu Santo, las únicas figuras situadas jerárquicamente encima de María. Lo impuro, esa baja materia exterior y extranjera a la idealización divina, se localiza en la tierra, y, por extensión, se convierte en algo visceral, el vientre impuro de Eva, transformado por la maternidad divina de María (segunda Eva) en lo inmaculado. Me limitaré a dejar anotada la existencia de ese tropo para explorarlo después; basta subrayar que codifica una parte importante del discurso religioso formulado por Sor Juana y que, en la organización del villancico, anuda los extremos del significado y el significante: "*Illa quae Dominum Caeli / gestasse in utero, digna, / et Verbum*

[8] Presente de manera excepcional en toda su obra, especialmente en el *Primero Sueño*, en la *Respuesta a Sor Filotea*, en los romances, en los sonetos, y remachada hasta la saciedad en sus villancicos, sobre todo en los dedicados a la Concepción y a la Asunción, en donde los vaivenes malabaristas se desprenden de las mismas narraciones marianas y de la liturgia. Véase mi artículo "Sor Juana, poesía lírica a lo divino", en Margo Glantz (ed.), *Una lectura del México colonial. Imaginería mariana*, *Revista de la Universidad de México*, México, 1992, núm. 499, p. 24: "La Encarnación de Cristo se mira como un proceso corporal que consta de dos operaciones primordiales; un descenso que repite el mismo camino seguido por lo actores de la otra Caída, una imitación del salto cualitativo que produjo el pecado original, debido al cual el hombre empieza a pecar".

510

divinum est / mirabiliter enixa" (218, vs. 1-4), que en español querría decir, según Méndez Plancarte:

> *La que del Cielo al Señor*
> *llevar mereció en su vientre,*
> *y al Verbo Divino a luz*
> *dió maravillosamente* (p. 356).

Es innegable que la imagen ginecológica es mucho más evidente en la
versificación latina de Sor Juana que en la traducción de Méndez Plancarte.

ADIVINANZAS, JÁCARAS Y CATECISMOS POPULARES

Los pregones clásicos llaman la atención de los parroquianos el día en
que se cantan los villancicos, día de fiestas por antonomasia, en Puebla, desde 1617, cuando, al fundarse un convento concepcionista, el
cabildo de la ciudad juró solemnemente defender como artículo de fe
la Inmaculada Concepción de la Virgen, promovida a patrona de la
ciudad en 1619, a cuyas festividades Sor Juana contribuyó casi cincuenta años más tarde, cuando fue invitada a escribir varios villancicos
para la Catedral, a instancias, probablemente, del obispo Fernández de
Santa Cruz. Los festejos eran suntuosos y de gran alcance, y la ciudad
se iluminaba con hogueras, se alegraba con mascaradas y procesiones,
y se realzaba con los villancicos cantados en la Catedral. En explicación de Rosalva Loreto López:

> Este hecho expresa cómo la mentalidad barroca definía la unión
> indisociable de lo religioso y de lo político, y la profunda sacralización
> de la realidad que, enmarcada en un ambiente contrarreformista, dota-
> ba a la cultura de la época de una actitud incuestionable respecto a
> unos principios que pretendían ser absolutos... La identificación de

estos grupos, expresada en la magnificencia de las fiestas barrocas, se debió a la conjunción de distintos tipos de intereses grupales. Los códigos simbólicos, evocados por los cabildantes, concretaban valores que eran imitados y legitimados por otros colectivos...[9]

Las fiestas barrocas, mezcla curiosa de paganismo y religiosidad, explican los contrastes que muchas veces aparecen en las obras de la monja jerónima y que provocan sorpresa en el lector moderno, incluyendo a su editor, el padre Méndez Plancarte; fiestas que ya tenían una tradición establecida en el virreinato y que se vivificaban de manera muy especial por su ingrediente popular y la incorporación de las costumbres locales (Frenk, pp. 82-83). Entre otras cosas, en la ciudad se corrían toros, se organizaban juegos de cañas, se lanzaban cohetes, se imitaba el habla o "media lengua" de los grupos marginados, al tiempo que se juraba defender la "opinión pía" de la Inmaculada Concepción. Recurrir a juegos y adivinanzas, como parte integrante del villancico, era una forma de llamar la atención de los participantes de la fiesta, de subrayar la universalidad del acto que se celebraba con la asistencia de todas las clases sociales. Lo popular se ponía en escena y se dignificaba su actuación mediante la transformación a lo divino de sus oficios y actividades, además de utilizar —apropiarse— de su lenguaje. Y, de paso, se aclaraban conceptos teológicos difíciles de entender y con diferentes niveles de lectura:

> ¡Oigan qué cosa y cosa,
> que decir quiero
> un Privilegio que es
> y que no es Privilegio! (278, vs. 1-4).

Una de las consecuencias de demostrar con adivinanzas los misterios de la fe es la construcción de un espacio común que cancela la infinita distancia entre lo alto (el cielo) y lo bajo (el espacio por donde circulan los fieles, la iglesia donde se congregan); en última instancia, una distancia recorrida de manera extraordinaria por la Virgen. Sitio privilegiado, lugar de una enseñanza y un adoctrinamiento para explicar con facilidad y aparente ligereza verdades sagradas, misteriosas, difíciles de entender, y por ello mismo, contradictorias. Los distintos parlamentos conferidos a diversas voces, entonadas en coplas o estribillos —las jácaras o los juguetes de las ensaladas[10]— propician una movilización semántica, una circulación de conceptos elaborados que se despojan de su peso teológico gracias al ritmo de los versos y a la dulzura de las voces, y que, sin embargo, dejan huella y propician el

[9] Rosalva Loreto López, "La fiesta de la Concepción y las identidades colectivas, Puebla (1619-1636)", en Clara García Ayluardo y Manuel Ramos Medina (eds.), *Manifestaciones religiosas en el mundo colonial americano*, t. 2: *Mujeres, instituciones y culto a María*, Condumex-INAH-UIA, México, 1994, pp. 87-104 y la cita inscrita en el texto, pp. 91-92. Cf. Mikhail Bakhtin, *Rabelais and the folk culture of the Middle Ages and the Renaissance*, Ardis, Ann Arbor, 1965, y *Problems of Dostoevsky's poetics*, Ardis, Ann Arbor, 1973.

[10] Frenk llama la atención sobre la necesidad de establecer las relaciones entre los villancicos del XVII, obviamente los de

Sor Juana también, con las ensaladas del siglo XVI (*op. cit.*, p. 83, n. 204). En parte lo demuestra al explicar que las ensaladas de González de Eslava participan de un intenso "color local", del "mexicanismo" de sus coloquios y los ingeniosos juegos de palabras a lo divino (p. 82). Por su parte, ENRIQUE FLORES explica: "La «Musa de la hampa» es, en la misma medida, esa musa predilecta del siglo XVII español, la de las bravatas de los hampones, la musa plebeya de los bajos fondos sociales que cultivó Quevedo y formuló un nuevo género del romance barroco: la *jácara*, romance inmerso en la vida del elemento criminal y escrito en la abstrusa lengua de la jacarandina: la germanía", en "La *Musa de la hampa*. Jácaras de sor Juana", *Literatura Mexicana*, México, 2 (1991), p. 7.

aprendizaje y sustituyen —o se añaden— en cierta medida al catecismo. La monja realiza, además, una acción política (y personal) de primera importancia. Sor Juana se vale de este género para poder cumplir en la escritura con funciones que de otra forma le hubieran estado vedadas; no sólo a ella, sino también a la Virgen, a quien, por otra parte, Sor Juana describe en sus villancicos de la Asunción (1676) como una extraordinaria y polifacética mujer. Puede transformarse en maestra de catecismo, o mejor, en doctora en teología:

> La soberana Doctora
> de las Escuelas divinas,
> de que los Ángeles todos
> deprenden sabiduría
> ...
> a leer la suprema sube
> Cátedra de Teología (219, vs. 1-4, 7-8);

es también maestra de música sagrada:

> Hoy la Maestra Divina,
> de la Capilla Suprema
> hace ostentación lucida
> de su sin igual destreza:
> ...
>   En especies musicales
> tiene tanta inteligencia,
> que el contrapunto de Dios
> dió en ella la más Perfecta (220, vs. 7-10, 23-26);

o una pastora al estilo de la Sulamita en el *Cantar de los Cantares*, descrita a lo divino, con ecos místicos de San Juan de la Cruz:

> Aquella Zagala
> del mirar sereno,
> hechizo del soto
> y envidia del Cielo:
>   la que al Mayoral
> de la cumbre, excelso,
> hirió con un ojo,
> prendió en un cabello:
>   a quien su Querido
> le fue mirra un tiempo,
> dándole morada,
> sus cándidos pechos (221, vs. 1-12).

y ¿por qué no, maestra de retórica?:

> Para quien quisiese oír
> o aprender a bien hablar,
> y lo quiere conseguir,
> María sabe enseñar
> el *arte de bien decir* (223, vs. 8-12).

Y aprovechando la ocasión, esgrime su profundo conocimiento de las formas populares, las mecánicas de comportamiento de los distintos grupos sociales, a la vez que mimetiza, como lo han hecho sus antecesores, los lenguajes de los negros y de los indios. Es habitual, ya lo dije, que en los villancicos se propongan adivinanzas; es habitual que se hagan parodias, que se relacione la vida del santo festejado con los oficios distintivos de su mester. Un ejemplo muy claro se encuentra en los villancicos de San José (1690). Así empieza la ensalada:

> Los que música no entienden
> oigan, oigan, que va allá
> una cosa, que la entiendan
> todos, y otros muchos más.
> ¡Tris, tras;
> oigan, que, que, que allá va! (299, vs. 1-6).

Se continúa con una jácara-lección de catecismo para todo tipo de público, una explicación tan claridosa que deben de entenderla todos. Para empezar, los niños:

I. Aquí a los niños veremos
que en la Capilla tenemos,
y premiaré al que acertare
lo que yo le preguntare (vs. 85-88);

luego, otra vez, los indios:

Yo también, *quimati* Dios
mo adivinanza pondrá,
que no sólo los Dotore
habla la Oniversidá (vs. 163-166),

y, por fin, vuelven a hablar los negros en su pintoresco dialecto:

—Pues, y yo
también alivinalé;
lele, lele, lele, lele,
que pulo ser Neglo Señol San José! (vs. 181-184)[11]

En el ensayo de Rosalva Loreto se explican las formas de coacción social implicadas en las festividades de la Inmaculada Concepción en Puebla:

La fiesta... puede percibirse como una representación simbólica de la identidad que los grupos sociales dominantes habían adquirido, pero también como una imposición a la sociedad entera del lugar que ocupaba la élite y la posición que daba a otros grupos sociales en su universo cultural. Se trataba de una fiesta donde se manifestaba, a través de lo que el convento de la Concepción representaba, una visión del mundo y también una forma homogénea y uniforme de presentarse determinados sectores al resto de la sociedad, al ser notoria la presencia de los cabildantes mediante la imposición de una tradición que preservaría su memoria de generación en generación... Los grupos indígenas percibían perfectamente las diferencias sociales y las reconocían como un sistema simbólico de distinciones significantes (pp. 98-99).

Cada estamento social, cada raza, cada edad aprende a su manera o reitera un conocimiento, se inscribe en y acepta una jerarquía. Todos forman parte de una estructura social que la fiesta refleja y

[11] "Desde luego, el tema atraviesa con facilidad el Atlántico. Si Sevilla ofrecía ya una cara abigarrada, ¡qué decir de México!... Todos los temas que habían originado el éxito del villancico con tema negro se encuentran en Nueva España: su «media lengua» agrada al público y los autores responden a esta espera. En el plan social y humano puede, por lo demás, adquirir una fisonomía muy ambigua: en última instancia, el negro es utilizado como marioneta... Así pues Sor Juana dista mucho de introducir un tema nuevo", MARIE-CÉCILE BÉNASSY-BERLING, *Humanismo y religión en Sor Juana Inés de la Cruz*, UNAM, México, 1983, p. 288. Me interesa destacar una de sus observaciones; ella piensa que es sobre todo en sus villancicos de la Asunción donde Sor Juana introduce el tema negro (p. 289); creo que sería interesante indagar más sobre los motivos que pudieran haber hecho que Sor Juana prefiriera introducirlos justo en el momento final de la narración mariana. Cf. Méndez Plancarte, Prólogo al t. 2, pp. vii-lxxviii, y notas a los villancicos, donde hace mención de este tema específico, y estudia la tradición en la que se inserta Sor Juana, sin ocuparse de ninguno de los aspectos sociales.

sanciona. En el caso específico de San José, se alude a la supuesta profesión originaria del santo, insinuando diversas connotaciones: primero, una religiosa, la de su condición de esposo de la Virgen; luego, una política, la de ser patrono de México, y una connotación popular, la que deriva de su humilde oficio de carpintero:

> [Voz] *3.*—Pues ¿qué fue?
> [Voz]   *4.*—Fue Carpintero
> (a mi entender) todo entero,
> sin tener más embarazo
> que su nivel y su mazo,
> su juntera y su cepillo,
> su martillo,
> tenazas y cartabón,
> su formón,
> su azuela, sierra y barrena
> muy buena,
> su escoplo, escuadra y su vara,
> para
> quizá labrar el primero
> el Madero
> (Remedio de nuestro mal)
> celestial (299, vs. 125-140)[12].

Las tareas del carpintero son ampliamente conocidas por la gente; la enumeración y descripción de sus instrumentos de trabajo remiten de entrada a un oficio concreto, necesario y cotidiano, y al mismo tiempo, a los símbolos que la iconografía cristiana identifica de inmediato con la Redención, la cruz y los instrumentos de la Pasión de Cristo; además, se hace una parodia construida con elementos provenientes de la vida picaresca, mediante un lenguaje de germanía que Sor Juana parece conocer muy bien, el cual reitera y delata la estrecha convivencia de lo religioso y lo profano en estas festividades donde se cantan los villancicos. En los villancicos de la Concepción, esta relación con lo picaresco parecería contradecir su honda preocupación por eximir a la Virgen de cualquier impureza; al contrario, subraya esa curiosa connivencia entre el cuerpo monacal y el mundo, y, por tanto, entre la religión y lo profano. En su dedicatoria al Lic. García de

[12] "Como corresponde a la vida de un carpintero, la jácara de San José... es un romance «de chapa», *chapado*, en sentido literal y figurado, como las láminas artesanales y como los valientes de la jacarandina... Sus coplas son las mazadas de ese carpintero. Pero son, asimismo, las valentías de un santo que es un rufián (un *mazo* es un «rufián», según el *Léxico del marginalismo*) y echa sus coplas «de mazo»... En términos generales, la jácara de San José incluye la parodia de un romance vulgar, de una de esas relaciones basadas en el extracto oficial de una causa y que los ciegos ponían en verso para cantar y vender en las ejecuciones de justicia...", E. FLORES, art. cit., pp. 17-19.

Legaspi Velasco, canónigo de la Catedral de México, cuando en 1677 escribe sus villancicos a San Pedro Apóstol, Sor Juana hace la siguiente declaración:

> *Señor mío: ofrézcole a V. S. los Villancicos que, para los Maitines del Príncipe de los Apóstoles S. Pedro, hice como pude a violencia de mi estéril vena, poca cultura, corta salud, y menos lugar por las indispensables ocupaciones de mi estado.*
>
> *Lo festivo de sus alegorías se debe a la fiesta; y sobre el común privilegio de versos, tienen amplia licencia en la imitación de mi gran Padre S. Jerónimo... Lo que tienen de malos, sanar puede a la sombra de Pedro; aunque he advertido que para sanar el mal de unos pies (tal es el mal incurable de los versos), se valió de su mano. Imagen y viva sombra de sus padres son los hijos que, con la imitación de sus ejemplos, si no igualan, a lo menos siguen el tamaño de sus virtudes y grandeza de sus hazañas. Séalo V. S. de su Padre S. Pedro por lo Eclesiástico, ya que en lo natural y político es glorioso esplendor de sus nobilísimos progenitores; y dé la mano de su favor a mis versos, para que corran como buenos a la sombra de su patrocinio...*[13]

[13] 241 bis, p. 43, respeto la ortografía de Méndez Plancarte en relación con las mayúsculas, aviso que el énfasis es textual.

En este largo fragmento es posible advertir varias cosas de importancia, categorizadas según diversas jerarquías. Una sería la clásica petición de benevolencia, cuando se refiere al poco valor de sus versos ("su estéril vena"); otra sería biográfica, la insistencia en su mala salud y en las obligaciones de su estado; una disculpa sobre "lo festivo de sus alegorías" está, de nuevo, en relación directa con su profesión, en cuanto a la posible "indecencia" de escribir versos profanos, indecencia de la cual la purgarían más tarde sus panegiristas; su ingenio se pone de manifiesto en los *concetti* ("para sanar el mal de unos pies..., se valió de su mano"), mismos que le sirven, como ya se había asentado antes en relación con los villancicos de la Asunción, para definir con sus versos la estructura de ese género menor, en particular, y también de la poesía en general ("tal es el mal incurable de los versos") y, por fin, subraya la importancia de los códigos cortesanos en la regulación de los dos mundos, el eclesiástico y el profano, y ratifica su inscripción dentro de un marco político estrictamente predeterminado.

Resumo: en los villancicos que he analizado se confiere a la Virgen María una multiplicidad semántica y narrativa que, si tomamos en cuenta lo que la monja dice de sí misma en sus obras autobiográficas (en la *Respuesta a Sor Filotea* sobre todo), abarca una amplísima gama de oficios y funciones que ella misma ejerció o le hubiera gustado ejercer: las de jurista, poeta, letrada, música, teóloga, caballera

14 ROLAND BARTHES, *Investigaciones retóricas I. La antigua retórica. Ayudamemoria*, Tiempo Contemporáneo, Buenos Aires, 1974. Es pertinente citar uno de sus párrafos finales: "...la idea de que hay una suerte de acuerdo obstinado entre Aristóteles (de donde surgió la retórica) y la cultura de masas, como si el aristotelismo, muerto desde el Renacimiento como filosofía y como lógica y muerto como estética desde el Romanticismo, sobreviviera en estado degradado, difuso, inarticulado, en la práctica cultural de las sociedades occidentales —práctica fundada, a través de la democracia, en una ideología del «mayor número», de la norma mayoritaria, de la opinión corriente— todo indica que una especie de vulgata aristotélica define todavía un tipo de Occidente transhistórico, una civilización... Por último, la comprobación, bastante turbadora dentro de su brevedad, de que nuestra literatura, formada por la retórica y sublimada por el humanismo, surgió de una práctica político-judicial...: allí donde los conflictos más brutales de dinero, de propiedad, de clases, son tomados a cargo, contenidos, domesticados y sostenidos por un derecho de Estado, allí donde la institución reglamenta la palabra simulada y codifica todo recurso al significante, allí nace nuestra literatura", pp. 79-80.

andante, titiritera, pastora, herbolaria, retórica. En la ensaladilla hablan los otros, la "plebe humana", reunida por las autoridades coloniales y por Sor Juana, para aclamar a la Virgen. La "plebe humana", en su doble connotación genérica de los otros, es decir, los humanos, los que están por debajo de la Virgen, y también en referencia a las clases sociales inferiores:

> Y como Reina es de todos,
> su Coronación celebran,
> y con majestad de voces
> dicen en canciones Regias (224, vs. 5-8).

Como sabemos, los villancicos se dirigen a grupos sociales muy heterogéneos que conforman una estructura social, la de la colonia novohispana, compuesta de varios estamentos y razas diversas, entre las que destacan los españoles, los criollos, los indios y las castas, a quienes se les da voz en este tipo de composiciones populares, sobre todo a los últimos: una voz cuidadosamente codificada dentro de una estructura coaccional y donde cada grupo social y cada raza representan un mundo altamente jerarquizado, lo que trae de nuevo a colación los altibajos de la verticalidad religiosa y política[14]. El autor, en este caso una mujer —Sor Juana—, emite varias voces que definen distintos niveles de comprensión teológica y situación social y racial que por lo mismo permiten hablar a los representantes de las castas y de los estamentos sociales inferiores incluyendo a los marginados, quienes ocupan un lugar primordial en las jácaras, *contrafacta* sagradas que, entre aclamaciones festivas, ponen en marcha un discurso popular a lo divino, en ensalada, "por su variedad de ingredientes" (Méndez Plancarte, p. 362, n.). Este dato, que luego revisaré con mayor profundidad, responde a una tradición, la refuerza, la representa; la ruptura podría advertirse quizá en los delicados engarces del discurso que manejan esos marginados, y que la escritora novohispana reorganiza.

ENTRE EL CANON Y LO CANONIZADO

Los villancicos compuestos para ser cantados y no para representarse —aunque los diálogos queden perfectamente marcados en la puntuación con que los da a la imprenta Méndez Plancarte— dan cuenta de una festividad jubilosa, colorida, bullanguera. Los villancicos circulaban muchas veces de mano en mano, en manuscritos no impresos;

eran parte de una liturgia, y su carácter fundamentalmente popular los convertía en manifestaciones perecederas, aunque se imprimiesen en ediciones sueltas. Forman parte de una tradición efímera y a la vez reforzada por la tradición, como lo fueron los arcos triunfales, los túmulos funerarios, las fiestas de Corpus, las de la Navidad y la Pasión. Como festividades rituales pertenecen a un canon aunque su carácter circunstancial los vuelva efímeros. Es evidente que la enorme productividad de villancicos en la Metrópoli y en las colonias cumplió una función muy importante en la colectividad cristiana. ¿Cómo explicar la gran cantidad de villancicos que le fueron encargados a Sor Juana, sin tomar en cuenta el significado litúrgico y político que tuvieron? De su importancia hablan las numerosas series de villancicos que a lo largo de su vida escribió, algunos corregidos y tolerados por Núñez de Miranda[15], para ser cantados en ceremonias y festividades especiales y en fastuosos templos de la capital del virreinato, de Puebla de los Ángeles y de Oaxaca. De su importancia hablan también las numerosas ediciones sueltas y villancicos atribuibles que, recuperados por Méndez Plancarte, conforman un tomo entero de sus *Obras*.

Ninguno de los censores y panegiristas de la edición de Sevilla hace mención directa de ellos, cuando alaban en Sor Juana la universalidad de noticias que cultivó y la sublimidad de su ingenio, pero el elogio va implícito en la admiración con que se pasa revista a sus numerosos saberes y "a los frutos de su ingenio". Al ponderar los beneficios de la imprenta que salva del olvido los escritos, el jesuita Joseph Zarralde de la Casa Profesa de Sevilla añade, refiriéndose a la obra de la monja:

> Este que es genio natural en los vivientes, adornados de estas prendas y dotados por la naturaleza de tan plausibles gracias, los consagra la humildad de la madre soror Juana solamente a la noticia común de los que pueden lograrla en su siglo, por no tener ocultos los dones de Dios, renunciando por su voto la elevada fama que logrará eternizados en la imprenta. Mas, por no privar a los venideros de noticias tan singulares como provechosas, determinó su buen gusto de vuestra merced [Orúe y Arbieto] eximirlos del olvido, e inmortalizar con la estampa su memoria, para que la cadencia conceptuosa de sus dulces metros suene en los oídos de los presentes, y de éstos trascienda la memoria de los venideros... (*Segundo volumen*, s. fol.).

¿Y cómo no encontrar cadencia en los metros cantados de los villancicos? Esas brillantes, ligeras, juguetonas, ingeniosas, discursivas, paradójicas composiciones, trufadas de giros populares, ensaladas de

[15] "La materia, pues, de ese enojo de V.R. ... no ha sido otra que la de estos negros versos de que el Cielo tan contra la voluntad de V.R. me dotó. Éstos he rehusado summamente el hacerlos, y me he excusado todo lo posible... pero esto no fue posible observarlo con tanto rigor que no tuviesse algunas excepciones, tales como dos villancicos a la Santísima Virgen que, después de repetidas instancias, y pausa de ocho años, hice con venia y licencia de V.R., la cual tuve entonces por más necesaria que la de el Sr. Arzobispo Virrey, mi prelado, y en ellos procedí con tal modestia, que no consentí en los primeros poner mi nombre, y en los segundos se puso sin consentimiento ni noticia mía, y unos y otros corrigió antes V.R."; cito por la ed. de Antonio Alatorre de "La *Carta* de Sor Juana al P. Núñez (1682)", *Nueva Revista de Filología Hispánica*, México, 35 (1987), pp. 618-619. ¿Estaría celoso Núñez de la competencia, en este caso, en un género en que él descollaba? Oviedo, el hagiobiógrafo de Núñez, alaba: "...con ser en tanto número las obrillas que le pedían que *era fama común* que casi no se cantaba Villancico alguno en las iglesias de México, que no fuese obra de su ingenio...", Juan Antonio de Oviedo, *Vida y virtudes del venerable Padre Antonio Núñez de Miranda*, México, 1702, p. 13.

conceptos, escuelas de ignorantes, malabarismos de palabras y germanías jacarandosas. Villancicos que Sor Juana cultivó como si esas palabras frágiles, casi sin peso, de que estaban compuestos, sirviesen para reacomodar conceptos, construir sentidos y para hacer llegar ideas de todo tipo, inclusive las políticas, de otra forma imposibles de expresar.

Juan Navarro Vélez, admirador irrestricto de la novohispana, habla de sus versos y pronuncia un veredicto:

> En los versos pudiera reparar algún escrupuloso y juzgarlos menos proporcionado empleo de una pluma religiosa, pero sin razón: *porque escribir versos fue galantería de algunas plumas que hoy veneramos canonizadas* y los versos de la madre Juana son tan puros, que aun ellos mismos manifiestan la pureza del ánimo que los dictó y que se escribieron sólo por galantería del ingenio, sin que costasen a la voluntad aun el menor sobresalto, *son unas flores que sirven de adorno a la pluma y a los escritos en este espíritu, únicamente consagrado a Dios, y entre estas flores se escogen* con más gusto dulcísimos frutos de utilidad, resplandecen más vivas flamantes luces de erudición (*ibid.*, s. fol.).

Parecería imposible franquear la enorme distancia que existe entre pertenecer y acatar un canon o formar parte del grupo de plumas canonizadas. Esa distancia la cubre Sor Juana con sencillez y facilidad, escribiendo villancicos, sermones (*Carta Atenagórica*); autos sacramentales, sonetos, romances, endechas a lo divino, ejercicios espirituales (*Ejercicios de la Encarnación*); hagiografía (*Respuesta a Sor Filotea*), o sus letras sagradas, ofrecidas a la Purísima, la Inmaculada Concepción —otra pluma canonizada—, al Nacimiento del Niño Dios o a su supuesto Padre terrenal, San José. También lo hace cuando se refiere a la dulcísima y —de nuevo— canonizada pluma de San Bernardo, defensor de la pureza virginal de María y casi compinche de la monja, compañero de andanzas en las coplas que le escribe, cuando celebra la dedicación de su hermoso templo en la ciudad de México, esa traslación a lo divino de lo popular. Pero sólo se excede a sí misma cuando en la *Carta Atenagórica* asume su derecho a disentir del canon, canon éste representado por el "insigne varón", el reverendo padre jesuita Antonio de Vieyra:

> Y no puedo dejar de decir que a éste, que parece atrevimiento, abrió él mismo camino, y holló él primero las intactas sendas, dejando no sólo ejemplificadas, pero fáciles las menores osadías, a vista de su mayor arrojo. Pues si sintió vigor en su pluma para adelantar en uno de sus sermones (que será sólo el asunto de este papel) *tres plumas, sobre doctas, canonizadas*, ¿qué mucho que haya quien intente adelantar la suya, *no ya canonizada, aunque tan docta*? (t. 4, p. 413).

No cabe duda, una de las máximas aportaciones de Sor Juana fue su habilidad y hondura para encontrar respuestas diferentes a las verdades establecidas por las autoridades de su tiempo, apoyándose con ingeniosa habilidad en otras autoridades tan respetables, por canonizadas, como las que manejaban sus detractores para oponerse a ella.

Por eso es muy interesante comprobar la manera en que Juan Navarro Vélez, calificador del Santo Oficio, le concede licencia de impresión reglamentaria al *Segundo volumen* de sus obras: "... que habiendo leído con singular atención cuanto en este volumen se contiene, nada he hallado qué corregir, porque ni aun en un ápice ofende, ni la verdad de la religión católica ni la pureza de las costumbres más santas" (s. fol.).

Y no contento con aclamar la "pureza" y "santidad" de los contenidos, compara los versos de la madre Juana con flores inmaculadas: "...que están exhalando suaves fragancias de purísima castidad ...pues en sus versos,..., pronuncia flores, pero azucenas en cuyo terso candor copia la pureza de su corazón cándido, de su ánimo religioso" (s. fol.).

Es útil detenerse en estos calificativos expresados de manera tan vehemente por Navarro Vélez. En su apasionado elogio recurre a imágenes empleadas de manera habitual para referirse a la Virgen, cuyo emblema es justamente la azucena. Cuando formula esos elogios, Navarro limpia a la monja de cualquier mancha de impureza y rechaza también cualquier acusación de indecencia que pueda achacarse a sus versos; esos versos, alguna vez tan perseguidos, y que el Padre Calleja, su protobiógrafo, defiende de esta manera, en su Aprobación a la *Fama*:

> Sobre componer versos tuvo la madre Juana Inés bien autorizadas contradicciones, de que no debemos aquí lastimarnos, o porque los aprobantes de su primer tomo riñeron por ella este duelo o porque el buen gusto de los espíritus poéticos suelen convertir en sazón donosa estos pesares, que referidos en consonantes de alegre queja, hacen risueña la pesadumbre[16].

Quizá esas acusaciones tan reiteradas —y las constantes defensas que los panegiristas de Sor Juana imprimieron en España para justificar su escritura— expliquen en parte la insistencia con que, en el *Segundo volumen* de las obras, se reitera la necesidad de incluir algunos de sus villancicos, aparecidos antes en una tercera edición del primer volumen, y que, no obstante su pertenencia a un arte popular —género menor—, al ser cultivado por la monja adquiere un relieve extraordinario y se considera necesaria su publicación[17]: el género se enaltece, así dignificado.

[16] *Fama y obras pósthumas del Fénix de México, Décima Musa, Poetisa Americana... religiosa professa en el convento de San Gerónimo de la Imperial Ciudad de México*, Ruiz de Murga, Madrid, 1700.

[17] En una ponencia leída el 18 de abril de 1995, en el Instituto Mexiquense de Cultura (Coloquio "Sor Juana: Tres siglos de inmortalidad"), Elías Trabulse dio a conocer una importantísima prueba de la persecución de que era objeto Sor Juana por el Padre Núñez, celoso del talento de la monja y de su desobediencia o, más bien de un agravio, cuando en 1682 le pide que deje de ser su confesor. Ese documento de 1691 prueba que la persecución no había cesado en todos esos años, por ello, es fácil deducir que los editores en España, conscientes de ese hecho, limpien a la monja de esos "epítetos horrorosos" que el P. Núñez, "ardido" (como decimos ahora) por la osadía de la monja, lanzaba contra ella. Las declaraciones de Navarro Vélez y de muchos otros, entre ellos Calleja, lo confirman, y demuestran el interés que tuvo también la condesa de Paredes en redimir el nombre de su amiga. Las palabras de Trabulse, que escuché después de haber escrito esta parte de mi texto, vienen a remachar la necesidad que se tuvo en España de defender a Sor Juana y subrayar su perfecta coherencia

como monja de acendrada pureza y ortodoxia católica.

[18] 279, vs. 41-44. En las notas al texto, Méndez Plancarte aclara que esta imagen usada por la jerónima es una "maravillosa sentencia sobre la Virgen, en cuanto a su eminencia de gracia y perfección espiritual", t. 2, p. 410.

[19] "La Virgen apocalíptica y preexistente tiene su más definitiva y esplendorosa culminación en la imagen de la Inmaculada; externamente, una y otra casi presentan el mismo aspecto. Ideológicamente, la Inmaculada, en su última derivación dogmática y artística, deja de ser la mujer del Apocalipsis. Es la Nueva Eva, que vence a la antigua serpiente. El hijo de la mujer desaparece y, al desaparecer, deja a María en un ambiente enrarecido de dogmatismo y en una nube de altercados teológicos que la definición dogmática de Pío IX zanjó para siempre jamás. No falta quien atribuya la representación de la Inmaculada a Sor Isabel de Villena, como asimismo se ha pretendido, a causa de una falsa interpretación de un documento histórico, atribuir a San Ildefonso de Sevilla la institución de la fiesta en España", MANUEL TRENS, *María, iconografía de la Virgen en el arte español*, Plus Ultra, Madrid, 1946, p. 151. Y Méndez Plancarte (t. 2, p. 408, n. a 275) asegura, en una nota explicativa a estos mismos villancicos de la

Quiero ahora destacar la evidente semejanza del simbolismo presente en la serie de villancicos sobre la Purísima Concepción (Catedral de Puebla, 1689), patrona de esa ciudad, con los epítetos que maneja para ensalzar a la monja el clérigo menor, lector jubilado y asistente provincial de Andalucía, Juan Navarro Vélez. La pureza y la blancura, elementos indispensables de la Maternidad Divina, se anuncian como antídoto de la *negregura* (contundente vocablo usado por Sor Juana; 281, v. 28), esencia y color del pecado, atributo del diablo:

> Pensó de tizne el Demonio
> poderos echar la marca;
> pero Vos ¿cómo pudierais
> ser negra? ¡No, sino el Alba! (282, vs. 81-84).

El tizne, es decir, la mancha que ennegrece, encuentra su contrapartida en la cualidad de lo limpio, a su vez elemento indispensable de la pureza:

> Y así afirmará mi voz
> que siempre fue Limpia, pues
> debemos pensar *que es*
> *todo lo que no es ser Dios*[18].

Esa deslumbrante belleza, la limpieza sin tacha, la inmaculada pureza de la Virgen, reiteradas por Sor Juana en sus villancicos, encuentran un paralelo sorprendente en Navarro Vélez, quien en defensa de la monja califica sus versos utilizando las mismas metáforas que hacen de la Madre de Cristo el epítome de la blancura: versos "que están exhalando suaves fragancias de purísima castidad". ¿Existe una mejor manera de limpiar a Sor Juana de cualquier mancha de indecencia? En esta misma serie de la Concepción que analizo, la monja proclama:

> ¡Oigan un Misterio, que
> aunque no es de fe, se cree!
> —Verdad es, en mi conciencia:
> que para mí, es evidencia,
> y la evidencia no es Fe (275, vs. 1-5).

Con sutileza y cuidado, para evitar caer en problemas de dogma, nuestra monja reitera su credo. La prueba dramática y contundente de una pureza, aceptada como evidencia; defiende además un misterio teológico, aunque éste no haya sido aprobado como dogma por la Iglesia sino mucho tiempo después, en 1854[19]: su pasión extrema por la Inmaculada Concepción de la Virgen, la Purísima María, pasión que por otra parte era universal, compartida tanto por los franciscanos, los jesuitas y, en este caso especial, por los poblanos[20]. La importancia de esta afirmación, la verdad escondida en ese enigma expresado con aparente ligereza y travesura en el villancico —poema menor—, se acuña en el verso, *"que es / todo lo que no es ser Dios"*, verso que se repite idéntico, pero dentro de un discurso en prosa de contexto

Concepción de 1689: "La doctrina de que la Madre de Cristo fue preservada del Pecado Original y llena de Gracia santificante desde su Concepción, o sea, desde el primer instante de su existencia, sólo fue definida como Dogma Católico por Pío IX, en 1854. Tal verdad, sin embargo, era ya defendida muy desde antes por varios santos y teólogos, como «de fe divina» (aunque «no definida»), en cuanto formalmente implícita en la Sagrada Escritura y la Tradición Divino-Católica; y ya en siglo XVII, la mayoría del pueblo cristiano (y más aun, en España y sus tierras) la «creía» como tal, y no era raro que se obligara por «voto» a defenderla".

[20] Por su parte, ROSALVA LORETO LÓPEZ copia un fragmento de un acta poblana consignada en el *Libro de Patronatos de esta Nobililísima Ciudad*, AAP, fols. 124-125, en su ensayo citado, p. 93, que, a mi vez, transcribo, como ejemplo de la difusión inmensa y la importancia política que, en su advocación de Inmaculada, el culto a la Virgen había alcanzado en la Nueva España y, específicamente, en Puebla, la segunda ciudad más importante del virreinato, siempre en competencia con la ciudad de México. Una de las posibilidades de sobresalir consistía en demostrar un mayor y apasionado fervor en el culto a la Inmaculada: la importancia político-re-

ligiosa de esta capital puede comprobarse por la fuerza, influencia y controvertida actuación en la Nueva España de figuras como los obispos poblanos Palafox y Mendoza y Fernández de Santa Cruz, tan importante, este último, respecto de Sor Juana: "...en las cortes de España que se efectuaron en julio de este año (1621) *todos los diputados de los reinos se obligaron a observar el misterio de la Inmaculada Concepción*. Santísimamente en todas las órdenes militares, universidades de estudio, tribunales de ciudades y colegios, congregaciones y cualesquiera otro legítimo cuerpo (y apenas hay alguno de los vasallos del rey católico que no esté señalado en alguna de estas comunidades) de tal conformidad que cualquiera que debe ser admitido en las órdenes o congregaciones ante todas las cosas... *se ha de obligar a defender esforzadamente el misterio de la Inmaculada*" (fols. 124-125). Esa obligación, lo sabemos, se la impuso Sor Juana. MANUEL TRENS consigna otros ejemplos de discusiones sobre la virginidad de María, mismas que hoy se antojan absurdas y que, sin embargo, ayudan a consolidar esa "evidencia-creencia", convertida en dogma en el siglo XIX: "El teólogo dominicano Francisco de Retz, profesor en la Universidad de Viena hacia 1400, escribió el *Defensorium inviolatae vir-*

dramático, en un documento capital en la vida de Sor Juana, su renovada Profesión de votos, la de 1694, donde defiende con su sangre esa creencia, ese Misterio, que para ella debiera, implícitamente, convertirse en un dogma de fe:

Asimismo reitero el voto que tengo ya hecho de creer y defender que la siempre Virgen María nuestra Señora fue concebida sin mancha de pecado en el primer instante de su ser purísimo; y así mismo creo que ella sola tiene mayor gracia a que corresponde mayor gloria que todos los ángeles y santos juntos; y hago voto de defender y creer cualquier privilegio suyo que no se oponga a nuestra santa Fe, *creyendo que es todo lo que no es ser Dios*; y postrada con el alma y corazón en la presencia de esta divina Señora y de su glorioso Esposo el Señor San José,

y de sus santísimos padres, Joaquín y Ana, les suplico humildemente me reciban por su esclava, que me obligo a serlo toda la eternidad[21].

Enfatizo las palabras de la monja; se repiten, idénticas, en el villancico (279) y en su *Protesta*. Para explicar qué es la Virgen, propone un enigma; lo reitero: "¡Oigan un Misterio, que / aunque no es de fe, se cree!" (275, vs. 1-2). Enigma descifrado con una obvia respuesta: Ella *es todo lo que no es ser Dios*, es decir, sólo Dios la supera, los demás, inclusive sus padres (Ana y Joaquín) y su esposo San José, están por debajo de Ella, así como todos los demás santos. Con esa aseveración comprueba varias de las premisas formuladas: la monja es liberada de sus pecados mundanos por Navarro Vélez y los otros panegiristas; su limpieza (la belleza y santidad de sus versos) la identifica con —es un remedo de— la Virgen: las monjas son, como Ella, madres, y como Ella también, vírgenes. Nos referimos, obviamente, a un discurso alegórico en que los aspirantes a la santidad imitan a las figuras sagradas, siguiendo el modelo de la imitación de Cristo y también el de la Virgen y, en el caso de muchas monjas novohispanas, el modelo de imitación es Santa Teresa. En el de Sor Juana se produce una exclusión, si se reiteran las palabras de Navarro Vélez: la perfección y maestría con que compone sus versos y sus imágenes la exonera de cualquier impureza, la eleva y la coloca en un sitio privilegiado, como a la misma María. ¿No es acaso la Décima Musa, apelativo también aplicado a la Virgen de Guadalupe? Es más, en su extremada pureza de factura esos versos, "que están exhalando suaves fragmentos de purísima castidad", la colocan a ella, de igual manera, por encima de las demás mujeres, y no solamente por su ingenio, sabiduría o talento para la versificación, sino por su "aroma" de castidad. ¿Se estará refiriendo Navarro Vélez al olor a santidad? Sor Juana ha sido colocada en una cima inaccesible para las demás mujeres, atadas a la tierra, y se convierte por ello en objeto de una devoción. Es única por su habilidad nunca vista y porque sus versos exhalan una gran pureza; de la misma manera, la Virgen es Única porque ha sido elegida para albergar en su vientre un cuerpo divino. Se contraponen así, por un lado, las mujeres en su totalidad, como un grupo aparte, semejante al que forman los indios y las castas en la Nueva España y, en otra categoría totalmente aparte, frente a ellas, la Madre por antonomasia, cuya fecundidad se ha logrado incrementar sin violar su virginidad, y la Madre Juana, aclamada porque "en sus versos pronuncia flores... azucenas en cuyo terso candor copia la pureza de su corazón cándido...", esas flores que forman parte de una ofrenda a la Virgen o uno de los emblemas característicos para desig-

ginitates Marias para probar el hecho de la virginidad material de María... los temas consisten en fábulas referentes a los reinos animal y vegetal, así como antiguas narraciones tomadas de diferentes autores, graciosamente expresadas por medio de la pintura o de la xilografía, el texto a pie de cada fábula está compuesto por dos hexámetros rimados. El alcance siempre es el mismo: si este o el otro prodigio fue posible, ¿por qué no ha de serlo el de la Virgen dando la luz a un niño? Así dice, por ejemplo, si el león con sus rugidos puede resucitar a sus cachorros ¿por qué la Virgen no había de engendrar la vida por obra del Espíritu Santo?", *op. cit.*, p. 151.
[21] *Protesta que, rubricada con su sangre, hizo de su fe y amor a Dios la Madre Juana Inés de la Cruz, al tiempo de abandonar los estudios humanos para proseguir, desembarazada de este afecto, en el camino de la perfección*, t. 4, p. 519.

22 Véase mi texto "La auto-biografía de Sor Juana: linaje y legitimidad", *Revista de la Universidad de México*, México, 1994, núm. 522, 30-35 (que es reproducido en mi libro *Sor Juana Inés de la Cruz: ¿Hagiografía o autobiografía?*, Grijalbo-UNAM, México, 1995). En esta línea de pensamiento, JACQUES LAFAYE dice: "De la adoración absolutamente erótica (más que petrarquista) de la mujer criolla tal cual fue expresada por la pluma de B. de Balbuena, a la *divinización* de Juana de Asbaje, y a la devoción de la imagen prodigiosa de una Virgen india, hay un largo proceso de trasmutación sagrada, una sublimación progresiva de la patria mexicana encarnada en una mujer del país. Desde ese punto de vista, Sor Juana fue una especie de relevo; mujer de genio considerado sobrehumano, se nos aparece como una réplica humana de la imagen de Tepeyac; como esta última, fue objeto de un culto de los mexicanos, y su fama traspasó las fronteras, esbozando una reconquista de España' por la Nueva España, desquite mágico de la conciencia criolla sobre la nación tutora", *Quetzalcóatl y Guadalupe. La formación de la conciencia nacional en México*, F.C.E., México, 1977, p. 121. En 1932, Fernández MacGregor publicó un libro que no he consultado, de cuyo título se deduce la fama: *La*

nar su pureza proverbial. Parece que no hubiera otra alternativa para las mujeres: formar parte de una serie o integrarse, escindidas, dentro de una categoría extraordinaria, en la que se incluye primero a la Virgen y luego a Sor Juana[22]. Nicole Loreaux ha demostrado con creces, en varios de sus libros, la extraordinaria facilidad con que, en la crítica tradicional, las mujeres son vistas casi siempre como parte de un grupo colectivo, como miembros de una serie, y el proceso mediante el cual los historiadores de la religión logran definir relaciones aparentemente definitivas "entre lo femenino y lo plural"[23]. Como corolario, quiero reiterar un dato: la inserción de esas palabras idénticas —la imagen poética que define y enaltece a la Madre de Dios— en un villancico (insisto, género menor, carente de dignidad) y, a la vez, en una *Protesta*, firmada con su sangre, dignifica, de inmediato, tanto al villancico (reimpreso varias veces), como a quien lo factura con tan soberana maestría, logrando que un complicado misterio quede al alcance del vulgo. Puede verificarse además que, en manos de Sor Juana, ese género no es de ninguna manera despreciable, menor, mercenario (por el dinero que ha recibido por haberlo escrito), sino un vehículo apropiado para imprimir de manera indeleble sus ideas, con simple tinta en un villancico o con sangre en su Profesión de fe, aunque al pie de su epitafio se estampe una frase retórica: "Yo, la peor del mundo", que define a otra comunidad, y promueve, además, la inserción en otra serie, la monacal, donde se integran las esposas, madres y hermanas virginales de un convento.

santificación de Sor Juana, citado por MARIE CÉCILE BÉNASSY, *op. cit.*, p. 204, n.
[23] NICOLE LOREAUX, "Qu'est-ce qu'une déese?", en Georges Duby (ed.), *Histoire des femmes*, t. 1: *L'Antiquité*, Plon, Paris, 1991; y, de la misma autora, "Héraklès: le sur-mâle et le féminin", *Revue Française de Psychanalyse*, Paris, 1982, 697-729.

CREENCIA Y EVIDENCIA: LOS MISTERIOS DE LA FE

Según los argumentos expuestos por Sor Juana en los villancicos de la Concepción, aun los más ignorantes debieran descartar cualquier posibilidad de vincular a la Madre de Dios con el pecado: el conjunto de 1689 es una apasionada defensa de la Virgen, una defensa directa manejada con argumentos enlazados con precisión. La Inmaculada Concepción de la Virgen María es objeto de una nueva cruzada, en este caso, de una cruzada política criolla, emprendida de manera muy especial en la ciudad de Puebla, como ya se ha visto. Sor Juana defiende lo que las autoridades locales afirman: desde el momento mismo de la Concepción de la Virgen en el vientre de su madre no hubo impureza, y por impureza debe entenderse el contacto sexual entre varón y mujer que después de la Caída empezaron a practicar Adán y Eva. Esta conciencia de lo impuro se vincula con el vientre, lugar de la Encarnación, uno de los dogmas centrales del cristianismo, un dogma que se aloja dentro del cuerpo femenino, el vientre, lugar verbalizado constantemente y a la vez siempre negado: la virginidad lo neutraliza. La repugnancia exteriorizada por Sor Juana en relación con la simple posibilidad de que la Virgen no hubiese sido concebida en un vientre puro, es decir, también virginal, tiene una larga trayectoria histórica y teológica, y permite establecer otra consecuencia del dogma: el hecho de que Cristo es a la vez Dios verdadero y hombre

24 Traduzco y resumo libremente a PETER BROWN, *The body and society. Men, women, and sexual renunciation in early Christianity*, Columbia University Press, New York, 1988, pp. 350-352; MICHAEL CARROLL, *The cult of the Virgin Mary*, Princeton University Press, Princeton, 1986; GIULIA SISSA, *Le corps virginal*, J. Vrin, Paris, 1987; "Subtle Bodies", en Michel Feher, Ramona Nadaf & Nadia Tazi (eds.), *Fragments for a history of the human body*, Zone, New York, 1989, t. 3, pp. 133-156, y especialmente la sección "The seal of virginity"; MARINA WARNER, *Alone of all her sex, the myth and cult of the Virgin Mary*, Picador, London, 1986; y LUISA RUIZ MORENO, *Santa María Tonantzintla. El relato en imagen*, CNCA, México, 1994.

25 Al historiar la iconografía mariana, TRENS muestra el elaborado y largo proceso histórico que en el siglo XVII decantó el sofisticado concepto de la Inmaculada Concepción del que hace gala Sor Juana y que, presente en la iconografía cristiana desde su inicio, fue incorporando paso a paso elementos que lo refinaron y lo fueron haciendo inseparable de sus emblemas. También la santidad tiene asiento en la historicidad. Para TRENS la advocación de la Virgen como *Tota Pulchra* antecede, en una de sus transmutaciones más importantes, a la

encarnado. Los primeros padres del cristianismo fueron construyendo la muy difundida idea de la incongruencia de la concepción humana, visualizada como un producto del pecado original, lavado por Cristo, el nuevo Adán. Con Orígenes se exacerbó de tal forma este dato que una noción más represora, la de que la concepción y el nacimiento estaban inevitablemente asociados con una serie de "máculas", de *contagia*, empezó a tener mayor aceptación. Las prohibiciones judías sobre la "impura" naturaleza de la sangre y los desperdicios del vientre femenino y el sentimiento de la naturaleza "anti-espiritual" del coito, entre otras cosas del mismo tipo, fortalecieron la idea de que la relación sexual era como caer en algo sucio, ominoso, sufrir un *contagio*, y por tanto fue contemplada como una enfermedad. Orígenes estaba convencido de que una "mancha", profunda y originaria, ensombrecía el concepto mismo de la existencia humana24. Por ello, para reestablecer el orden primero, el paradisíaco, Cristo tuvo que ser concebido en el vientre de María por el Espíritu Santo, sin mediar un acto carnal previo, acto sucio y, por tanto, repugnante:

> Madre de Dios, y pecado,
> es cosa tan repugnante,
> que aun para el más ignorante
> queda el Misterio aclarado (275, vs. 13-16).

En consecuencia, la Virgen preservada totalmente del pecado es *Tota Pulchra*25. Según el razonamiento silogístico de Sor Juana, el meollo del enigma sería más bien el resultado de un hecho inexplicable: ¿Por qué esa evidencia no había sido aún convertida en dogma de fe por la Iglesia? Sor Juana obra con cautela, cuida sus palabras, traza un límite claro entre las palabras; la *evidencia* (o *creencia*) es diferente de la *fe*, de esa forma se preservaría de cualquier imputación de disidencia. Reitera, sin embargo, en una acción a la vez política y religiosa, los fundamentos con que se podría constituir el dogma, es decir, las pruebas que permitirían dar el paso definitivo para convertir la creencia en fe. Hagamos un poco de historia de nuevo: en 1619 se juró solemnemente en la ciudad de Puebla defender el misterio de la Inmaculada Concepción:

> ...los caballeros y regidores de ella habían de tener siempre por cierta la *opinión pía* que afirma que N. S. La Virgen María fue concebida inmaculada de pecado original y no apartarse de ella ni en público ni en secreto; que la enseñarán a sus domésticos y a sus hijos y que la defenderán y procurarán introducir en el ánimo de todos los fieles... (*Libro de patronatos*, Puebla, cit. por Loreto, p. 96).

Una simple opinión "pía" manejada como una cruzada, como un mandamiento y que, de hecho, define las condiciones de un culto que en Roma no se ha aceptado institucionalmente, pero que en México se celebra como si fuese parte de un canon o de un acto sancionado por la Iglesia novohispana. Otro de los cultos que, como el de varios aspirantes a la santidad que nunca fueron canonizados, son muestra de

plasmación definitiva de la imagen de la Inmaculada Concepción: "La piedad, cada vez más orientada, está ya a punto de contemplar directamente la grandiosa y comprendida figura de la Inmaculada Virgen María. Pero antes tiene todavía que pasar por un período de transición, en que la Virgen queda al fin sola, pero rodeada de emblemas, alegorías e inscripciones, que dan al conjunto un sabor polémico, un ambiente de discusión teológica" (p. 149). Esa discusión teológica explica la cautela que muestran sus partidarios, cuando, a pesar de manejar la devoción como una cruzada, vacilan antes de pronunciar la palabra dogma y la sustituyen por "opinión pía" o la verbalizan como una dualidad inseparable, a la manera de Sor Juana: la evidencia de la creencia que no es fe, aunque sea uno de los misterios cristianos. Marina Warner (*op. cit.*, pp. 3-24) indaga en las escrituras y demuestra el insignificante papel que la figura de la Virgen jugó en el inicio de la Cristiandad, y la vivaz construcción que los Evangelios apócrifos hicieron de la Virgen y de su familia, consolidando algunas de sus apariciones como actos de liturgia (pp. 25-49). Trens aclara el complicado andamiaje previo que incorpora a la Virgen a iconografías variadas, donde forma parte de narraciones culturales muy diversas, muchas de ellas casi totalmente abolidas de la liturgia cristiana en el siglo XVII, época en que la imagen de la Inmaculada alcanzó su máximo esplendor, sobre todo en España y en sus colonias. ANDRÉ GRABAR asegura que, con excepción de Cristo, la Virgen "fue la figura más retratada durante el Renacimiento", *Las vías de la creación en la iconografía cristiana*, Alianza Forma, Madrid, 1988, p. 71. Los emblemas clásicos presentes en la iconografía y en la literatura de la época ya estaban troquelados (azucena, ángel, paloma, etc.), p. 73. Por su parte, una historiadora del arte colonial mexicano sintetiza: "La representación de la Virgen *Tota Pulchra* forma parte del concepto piadoso que culminó con la iconografía de la *Inmaculada Concepción*", ELISA VARGAS LUGO, "La *Tota Pulchra* o Inmaculada Concepción", en Margo Glantz (ed.), *Una lectura del México colonial. Imaginería mariana*, p. 21. Véanse también, SANTIAGO DE LA VORÁGINE, *La leyenda dorada*, Alianza Forma, Madrid, 1987, 2 ts.; DAVID HUGH FARMER, *The Oxford Dictionary of Saints*, 2ª ed., Oxford University Press, New York, 1988; y E. ROYSTON PIKE, *Diccionario de religiones*, F.C.E., México, 1960.

[26] ANTONIO RUBIAL resume así estos cultos populares con significado político: "Religiosidad y nacionalismo fueron, así, dos factores que evolucio-

la gestación de un patriotismo criollo que habría de culminar con la Virgen de Guadalupe[26].

Y el culto a la Concepción es explicado por Sor Juana mediante razonamientos armados con sutileza y eficacia, y basados en varias premisas: primero, la Creación del Hombre, contemplada en el Génesis como complemento de la obra santa del Creador ("la perfección de los Cielos / y el complemento del Orbe" (276, vs. 3-4), fue mancillada por el pecado de Adán ("Luego, pecando él, por fuerza / todo el universal orden, / aunque en las partes perfecto, / quedó, en cuanto al todo, informe", *id.*, vs. 5-8). La expulsión del Paraíso altera el orden divino y provoca una imperfección en el todo; imperfección que Dios redime al preservar a María del pecado y al destinarla a ser la portadora del Salvador en su vientre y a convertirla en Nueva Eva. Se anula así el gesto pecaminoso de la primera mujer, la Eva primordial, a la que Sor Juana no menciona, por lo que su pecado carnal se soslaya y se traslada a Adán, aunque sea la base esencial del argumento ("Mas preservando a María / de los comunes horrores, / Dios en Ella restituye / al Orbe sus perfecciones", *id.*, vs. 9-12). Con esta breve imagen, "los comunes horrores", define y rechaza cualquier acto de sexualidad. Alude asimismo, y de manera tácita, a la distinción que el Concilio de Efeso

naron entrelazados. Desde el siglo XVII, los novohispanos vivieron con la esperanza de que la Iglesia romana les canonizara santos que habían nacido o actuado en esta parte septentrional de la América. De todos sus intentos, tan sólo se lograron dos beatificaciones en el transcurso de dos siglos: el mártir franciscano Felipe de Jesús, beatificado en 1621, y el hermano lego, también franciscano, Sebastián de Aparicio, beatificado en 1789. A pesar de estos escasos resultados, el criollo novohispano de los siglos XVII y XVIII consideraba que su tierra había sido mucho más pródiga en santidad de lo que querían reconocer la Iglesia romana y la corona española", "Los santos milagreros y malogrados de la Nueva España", p. 77. El texto está compilado en C. García Ayluardo y M. Ramos Medina (eds.), *op. cit.*, t. 1: *Espiritualidad barroca colonial. Santos y demonios en América*. Véanse, ahí mismo, los trabajos de Pilar Gonzalbo Aizpuru, "Las devociones marianas en la vieja provincia de la Compañía de Jesús", t. 2, pp. 105-116, y de Thomas Calvo, "El Zodíaco de la nueva Eva: el culto mariano en la América Septentrional hacia 1700", pp. 117-130, quien trata del importante libro del padre jesuita Francisco de Florencia, el *Zodíaco mariano*, uno de los cuatro evangelistas criollos, según la denominación de Francisco de la Maza.

27 El Concilio de Efeso, celebrado en 431 de la Era Cristiana. Véanse TRENS, *op. cit.*; y M. WARNER, *op. cit*.

le concedió a María, cuando se la honró con el título de Theotokos[27], es decir, la portadora de Dios, liberadora del Orbe o, mejor, autora de su renovada Perfección. Las coplas del villancico 278 confirman ese título, a la vez que la limpian de cualquier mancha, es decir, de esa *mácula*, de ese *contagio* que Eva propagó en el Orbe:

> La merced fue el escogerla;
> pero una vez ya elegida,
> era pundonor de Dios
> ennoblecer su Familia.
> Quien la hizo Virgen y Madre,
> ¿por qué también no la haría
> Hija de Adán y sin mancha,
> pues no es mayor maravilla? (vs. 13-20).

Al unísono, las voces de los cantores que simbolizan los cuatro elementos proclaman su pureza y, como conclusión, deducida de la encarnación del verbo en el vientre inmaculado de María, alaban la recién estrenada plenitud del mundo, la nueva pureza de sus partes y el restablecimiento de un Todo armónico que anula el Pecado Original:

> Pues ya que toda criatura
> quedó deudora a María
> de perfección y alegría,
> del ornato y hermosura,
> canten su Concepción pura,
> pues la perfección encierra
> *1.*—del Hombre,
>   *2.*—del Ángel,
>   *3.*—del Cielo
>   *4.*—y la Tierra (276, vs. 17-23).

Las coplas del villancico 277 se componen a manera de silogismos: a) se comprueba la Inmaculada Concepción de María mediante la demostración de que es la predestinada, es decir, aquella que ha sido preservada del pecado original, es decir, su vientre no se presta a la concupiscencia previa a la concepción vulgar ("*1.*—Luego a la Preservación / prueba la Maternidad"; vs. 25-26); b) toda predestinación supone una elección o marca divina ("*2.*—Luego es, de esa Dignidad, / premisa la Concepción"; vs. 27-28); c) su naturaleza es luminosa y, por tanto, es lo contrario de lo oscuro, es decir, está libre de mancha o "tizne", de sexo ("*1.*—¿Sin pecado? ¡Luego Madre! / *2.*—¿Madre? ¡Luego sin pecado!"; vs. 33-34); y, d), como consecuencia final, queda comprobada su condición regia, es decir, la imposibilidad de sujeción, de subordinación, excepto frente a Dios ("*I.*—¿Quién la mira en su Solio, / que no conozca / que nunca fue pechera / tan gran Señora?"; vs. 17-20). ¿No ha subrayado Sor Juana la eterna condición esclava de los humanos, antes de ser liberados del pecado por la Encarnación? ¿No queda implícita esa sujeción en la solemne promesa formulada en su Protesta, cuando, postrada, suplica a la santa familia de María, "humildemente me reciban por su esclava, que me obligo a serlo toda la eternidad?"[28]

EL INSTANTE PRIVILEGIADO

Esa circulación de sentidos que va de atrás hacia adelante o, de arriba hacia abajo, en esa oscilación incesante que define la doble naturaleza de Jesús y su inscripción en la carne de María, condición esencial del ciclo de la Redención, se interrumpe de súbito y se detiene un instante: un *Instante* que excede al tiempo, o mejor lo detiene, una especie de parteaguas sobrenatural; un segundo que divide al mundo de manera radical entre la historia de la consumación de un pecado —la caída de Adán y Eva y su expulsión del Paraíso— e inicia otra historia radicalmente nueva, la de la Redención del Hombre y del Orbe:

Un Instante es, de verdad,
pero tan Privilegiado,
que fue un Instante cuidado
de toda la Eternidad (279, vs. 9-12).

Ese instante que podría ser medido de manera tradicional, como un momento más de ese transcurrir que es el tiempo, o como su detención en contra de las leyes naturales[29], se expresa poéticamente en un verso breve ("Escúchenme mientras cante", *id.*, v. 5) que pretende llamar la atención de los fieles aunque sea un instante, en un intento por concentrar poéticamente lo inefable, problema nodal del arte; sintetiza de manera prodigiosa en un cuerpo, el de la Virgen, dos tradiciones, la teológica y la poética, yuxtapuestas aquí:

Dios, que con un acto puro
mira todo lo crïado,
del infinito pasado
al infinito futuro,
determinó su Poder,

[28] En este texto (la *Protesta*, cf. *supra*) se demuestra con claridad la importancia que la creencia y no la fe, resultado de un dogma, tenía para la época. Sor Juana plantea esa evidencia casi, reitero, como un dogma de fe. Su juramento rubricado con sangre la acerca, por el gesto dramático que convoca, a la vida de las mártires cristianas, dispuestas a dejarse martirizar por sus creencias. No debe exagerarse este hecho en relación con la jerónima; hay varios datos que lo impiden, por ejemplo y de manera contundente, el descubrimiento reciente de Elías Trabulse, arriba mencionado. Con todo, ese verso tantas veces citado aparece en dos contextos diferentes, y en la *Protesta* tiene una vigencia excepcional, por estar firmado con su sangre y por ser una prueba escrita de un acto de conversión final. La repetición de un verso que para ella define un valor sagrado adquiere así un significado muy especial, aunque hay que insistir en la capacidad de coerción que tuvieron los discursos autoritarios (la mancuerna religioso-política) de la sociedad virreinal.

[29] En un libro clásico sobre el concepto de lo sagrado, se afirma: "¿Qué hay en efecto de más racional que la tradicional teoría que ve en el milagro una interrupción momentánea de las leyes naturales, milagro provocado por un Ser que es, Él mismo,

el autor de esas leyes y que, en consecuencia, es quien necesariamente las determina?", RUDOLF OTTO, *Le sacré, L'élément non rationnel dans l'idée du divin et sa relation avec le rationnel*, Payot, Paris, 1968, p. 17 (trad. mía).
30 MICHEL FOUCAULT sintetiza así este poder multiplicador de las palabras, del verbo: "En la época clásica, el ser en bruto del lenguaje —esta masa de signos depositada en el mundo para ejercer allí nuestra interrogación— se borró, pero el lenguaje anudó nuevas relaciones con el ser, más difíciles de apresar ya que el lenguaje lo enuncia y lo reúne por medio de una palabra; lo afirma desde el interior de sí mismo, y, sin embargo, no podría existir como lenguaje si esta palabra, por sí sola, no sostuviera de antemano todo posible discurso. Sin una manera de designar al ser, no habría lenguaje; pero sin lenguaje, no habría el verbo ser, que sólo es una parte de aquél", *Las palabras y las cosas*, Siglo XXI, México, 1968, pp. 99-100.
31 MICHEL DE CERTEAU explica: "Al final de la historiografía, como tentación y traición, existe otro discurso. Podemos caracterizarlo con algunos rasgos que tienen por fin únicamente situarlo dentro de un ambiente, como el constitutivo de una diferencia. Esencialmente, este discurso ilustra una significación adquirida, aunque pretende tratar únicamente de acciones...

que todo lo considera
prevenir lo que no era
para lo que había de ser (*id*., vs. 13-20).

El misterio de la Encarnación es a la vez algo impalpable y concreto, determinado por una imposibilidad humana, la del tiempo detenido y la de la virginidad fecunda. La imposibilidad se redime mediante una acción concreta y específicamente humana, repito, la de hacerse carne el Verbo en un cuerpo virginal:

Para su Madre amorosa
a María destinó,
y *ab aeterno* la miró
siempre Limpia y siempre Hermosa (vs. 21-24).

Ese Instante que no era y es, pero que a pesar de no existir en el tiempo humano existía *ab aeterno*, es decir, *era* desde siempre, supone la posibilidad de definir un dogma mediante imágenes decantadas a lo largo de los siglos tanto en las artes visuales como en la poesía. Ese Instante, así expresado por Sor Juana, yuxtapone varios sentidos: sintetiza a la vez el momento preciso en que fue concebida y empezó a existir la Virgen, "y que estuvo *fuera del tiempo*, en cuanto que especialísimamente predestinado desde la eternidad" (Méndez Plancarte, t. 2, p. 410, n. a 279). Señala, además, el instante mismo de esa Concepción, compuesto a su vez de distintos instantes detenidos en el tiempo y en la imagen, el momento de la Anunciación en que la Paloma, símbolo también plurivalente, representando al Espíritu Santo, le hace llegar, a través del oído —simbología de la impregnación seminal de la palabra, el Verbo[30]—, las palabras ya pronunciadas desde Antes, en el Instante intemporal e inefable, pero preciso, en que "el infinito pasado" y "el infinito futuro" se juntan en la Concepción y se anticipan en la Anunciación, compuesta a su vez de una Elección y una Orden divinas. Y esa reunión intemporal coagulada en un Instante único separado del tiempo, pero metaforizado mediante una imagen temporal, está también preñado, como la misma Virgen, de un futuro prefigurado a manera de una Pasión. En ese Instante se condensan varias acciones codificadas como momentos o escenas únicas de significación capital que traducen decisiones divinas de otra manera imposibles de entender[31]:

Que como nube que a Apolo
esconde el claro arrrebol,
no es obstáculo del Sol,

> sino de la vista sólo,
>   así aquella disonancia
> que el Punto controvertía,
> no fue tiniebla en María,
> sino de nuestra ignorancia.
>   Y así afirmará mi voz
> que siempre fue Limpia, pues
> debemos pensar que es
> todo lo que no es ser Dios (vs. 33-44).

En estos versos se ha llegado a una concentración casi imposible. Se han telescopiado varios siglos de lenta germinación en un instante de poesía: la explosión de una imagen imperante en el siglo XVII, la de la Inmaculada Concepción, gestada laboriosamente a lo largo de varias centurias de cristianismo, a partir de los Evangelios, los Concilios, la Patrística. La figura de la Virgen casi no aparece en las Sagradas Escrituras, contraste que sorprende frente a la abundancia de imágenes catalogadas por la mariología. ¿Quién cita a la Virgen, qué dicen de ella, cómo es presentada? De los cuatro dogmas que la Iglesia definió a lo largo de su existencia respecto a la Virgen —la Maternidad Divina, la Virginidad, la Inmaculada Concepción y la Asunción—, sólo se menciona el primero en las Divinas escrituras, en Mateo y en Lucas (¿existe de verdad una pintura hecha por Lucas?) ¿Cómo se superan las contradicciones?[32] Y sobre todo en relación con el tercer dogma, tan tardíamente aprobado por la Iglesia, y que Sor Juana defiende. Ella lo resuelve haciendo una comparación mediante una imagen pagana y solar ("Que como nube que a Apolo / esconde el claro arrebol"; vs. 33-34); una vulgar nube puede ocultar al sol si lo contemplamos con el poco alcance de nuestros sentidos ("no es obstáculo del Sol, / sino de la vista sólo"; vs. 35-36). La pureza de la Virgen es un acto divino, cristalizado en un Instante; soslayarlo no mancilla a María, denuncia, más bien nuestra ignorancia[33], y, además, apoya un culto popular, sancionado por diversos grupos militantes de la Iglesia católica, aún no aprobados por la burocracia vaticana. Un solo instante permite entender el misterio de la elección divina, imagen puramente religiosa, cuyos predicados racionales no podrían agotar esa evidencia cuyo resultado es la fe, y que, por otra parte, están relacionados específicamente con un elemento no racional[34]. Un solo instante basta también para disentir de una argumentación política que pretende ocultar un culto popular. Un solo instante sobra para resumir una polémica que se ha ido resolviendo con lentitud, a lo largo del tiempo cristiano y que, forjada paso a paso, delimita un acto acrisolado para explicar, poniendo entre parén-

Ahora bien, los *hechos* son más bien significantes al servicio de una verdad que construye su organización *edificando* su manifestación". *La escritura de la historia*, 2ª ed., Universidad Iberoamericana, México, 1985, p. 287. Starobinski ("L'épée d'Ayax", *Trois Fureurs*, Paris, 1974, p. 26), citado por NICOLE LOREAUX, previene a los estudiosos contra la tentación de tratar a los personajes míticos como si fueran seres reales "porque su existencia se limita a la palabra que les ha sido atribuida", "Héraklès...", p. 699.

[32] Cf. MARINA WARNER, *op. cit.*, p. 19.

[33] O repitiendo las palabras de Méndez Plancarte, podríamos decir con él: "No importa (dice Sor J.) que haya habido épocas en que muchos Teólogos dudaran y aun negaran tal Privilegio... Así tal *duda* sobre ello, *no fue tiniebla en María* sino *ignorancia* en nosotros", p. 410, nota a la composición 279.

[34] R. OTTO, *op. cit.*, p. 16.

tesis una ley natural, una concepción divina en un cuerpo humano predestinado por Dios para recibirla. Y sin embargo esa ley natural puesta
entre paréntesis para explicar una concepción sagrada nos remite de
inmediato al instante de una contradicción: la de un discurso que alude, nombra, señala, al tiempo que escamotea un hecho indiscutible. El
cuerpo virginal donde se ha producido la maternidad sagrada es, a pesar de todas los metáforas con que se le adorna, un cuerpo sexuado:

> Adán y Eva no se habían "conocido" en el Paraíso. Ese saber se produ-
> jo en la tierra. Puede entonces inferirse que la caída es el descenso del
> cuerpo a su sexualidad. La Encarnación de Cristo es su entrada casta,
> esto es asexuada, al vientre de la Virgen, a su vez inmaculada. Sabemos
> bien que la concepción que tenemos del cuerpo natural es un extraño
> y dilatado producto de un proceso simbólico y que el juego neutro y
> casto de las almas es una sublimación de su carnalidad[35].

Un elemento sobresale en este discurso mariano: el cuerpo de
María se concibe como una metonomia: el problema de la virginidad
depende del vientre, de ese lugar donde se alojan las vísceras y especialmente la matriz, y por eso mismo es un cuerpo vinculado a la tierra, y hacia ella Cristo desciende, en su doble carácter de Dios humanado, concebido y gestado en el vientre de María, convertida en Diosa

[35] Para resumir esa discusión, transcribo algu-
nas frases de mi texto
antes citado, "Sor Juana,
poesía lírica...", p. 24.

en el momento de la Asunción, pero humana durante la Concepción y el Parto, y premisa esencial de la Redención. Recordemos algunas coplas de los villancicos de la Asunción de 1676:

> El Cielo y Tierra este día
> compiten entre los dos:
> Ella, porque bajó Dios,
> y él, porque sube María (217, vs. 6-9).

En este sube y baja se enredan los conceptos y se reitera la humanidad de Cristo, vinculado a la tierra, para salvar a los humanos del pecado original. La expulsión del Paraíso ha sido narrada de varias maneras, pero en las acciones de nuestros primeros padres sobresalen dos elementos; el conocimiento está sustentado en un doble ejercicio del habla: la emisión de la palabra y su trasmisión a través del oído, una acción semejante a la de la Anunciación, cuando el Ángel se acerca a María en representación del Espíritu Santo, y le hace llegar, a través del oído —simbología reiterada de la impregnación seminal del Verbo—, las palabras pronunciadas en ese Instante privilegiado.

La sinécdoque mariana

Vuelvo a repetirlo, los villancicos son textos volátiles, perecederos, inmortalizados pocas veces en letras de molde, a diferencia de los sermones que tenían mejor suerte, por la dignidad que les confería la autoridad de los sacerdotes. El papel de la imprenta es casi sagrado, se hiperboliza. ¿Qué mejor forma tiene el jesuita sevillano Joseph Zarralde de expresar su inmensa admiración por Sor Juana que aprobar la edición del *Segundo volumen* de sus textos, a pesar de ser una monja, para que las letras de molde los inmortalicen? ("...renunciando por su voto la elevada fama que logrará eternizados en la imprenta"), y agradeciendo la benevolencia de sus protectores (en este caso Orúe y Arbieto, detrás de quien se esconde la marquesa de la Laguna) exalta su determinación de darlos a la imprenta "[para] eximirlos del olvido, e *inmortalizar con la estampa su memoria*, para que la cadencia conceptuosa de sus dulces metros suene en los oídos de los presentes, y de éstos trascienda la memoria de los venideros" (s. fol.).

Impresión y fama van de la mano. Los villancicos de Sor Juana revierten el signo mortal que les habría tocado en suerte por su carácter de género menor, por su inserción en la categoría de la lírica popular y al mismo tiempo aseguran la fama eterna de la monja[36]. Por su

[36] Antonio Prieto no estaría totalmente de acuerdo con esa tajante categorización que concede a los villancicos una efímera condición: "En el principio nacionalista del Renacimiento, con la exaltación de los refranes y la glosa de los romances viejos, entra en el mundo cortesano la lírica popular, o la poesía tradicional que «vivía en variantes», especialmente por la atención de los músicos de los Reyes Católicos. Era un mundo lírico, anónimo, venido de muy atrás, que acogerán decididamente, sin ningún recelo culto, los vihuelistas españoles del siglo XVI. Poco a poco, con el avance renacentista van acrecentándose los villancicos cortesanos. La trayectoria cancioneril nos lo manifiesta. Mientras que en el *Cancionero de Baena* el villancico es una poesía ausente, despreciada, el *Cancionero General*, en su dedicación de 1511, nos ofrece en su prólogo el propósito de Hernando del Castillo de establecer todo un grupo de villancicos. Esta aclimatación del villancico influirá en que, muy avanzado el siglo, cobre un extraordinario auge la seguidilla, que determinará la transformación del romancero, naciendo el nuevo o artístico", *La poesía española del siglo xvi*, Cátedra, Madrid, 1984, p. 151. Y con todo parecería que en el romancero es inmortalizada como poesía de cancionero, recopilada colectivamente.

En Sor Juana, y antes en González de Eslava en México, el villancico forma parte de una obra general que se recopila con devoción, con el fin de inmortalizar una obra grandiosa que merece ser eterna. Los villancicos no fueron excluidos, al contrario, fueron impresos varias veces. La celebridad de la monja los inmortaliza. Respecto a la edición de los villancicos de González Eslava, cf. Margit Frenk, *op. cit.*

[37] Carlos de Sigüenza y Góngora, *Parayso Occidental*, Juan de Ribera, México, 1684, s. fol.

[38] *Sermón que en la festividad de la presentación de Nuestra Señora que predicó el sábado 21 de noviembre de 1671, en el convento de religiosas del señor San Lorenzo de esta Corte*, Juan de Ruiz, México, 1672.

[39] Aparece sin foliación y escrito con tinta el núm. 138. El dato anotado por Aldana permite, anacrónicamente, que San Agustín y el Espíritu Santo estén familiarizados con la imprenta.

parte, Carlos de Sigüenza y Góngora al dar a la luz las páginas de *Parayso Occidental* expresa, adolorido, su temor ante la posibilidad de que sus importantísimas investigaciones queden inéditas:

> Cosas son estas y otras sus semejantes que requieren mucho volumen, y así probablemente morirán conmigo (pues *jamás tendré con qué poder imprimirlo por mi gran pobreza*). Quiera Dios nuestro Señor no sea así, lo que tengo averiguado de la predicación de Santo Tomás Apóstol en esta tierra y de su cristiandad primitiva, ni el teatro de la santa iglesia metropolitana de la ciudad de México, donde se hallarán las grandezas que de esta ciudad ha tiempo tengo prometidas y casi escritas. DE LO MUCHO [sic] que he comunicado a los Indios para saber sus cosas, puedo decir el que me hallo con cierta ciencia de las idolatrías, supersticiones y vanas observancias en que hoy entienden, y de que me alegraría me mandasen escribir para su remedio[37].

Por su parte, Ignacio de Santa Cruz Aldana[38] se queja de haber pronunciado 800 sermones, de los cuales sólo el que consigno fue publicado. Me detengo en estos pormenores; enfatizan el valor de la palabra impresa, sus connotaciones religiosas y la alegorización a la que se vio sometida, durante la época barroca, además de mostrar la importancia que le dieron a las obras de Sor Juana, muchas de ellas impresas varias veces. Este predicador desdichado asegura que

> ...los buenos deseos son los sermones... díjolo San Bernardo..: 'pero, ¡oh! calamidad de las palabras, faltarles lo corpóreo, para hacer de ellas oblato...'; y que "son viento leve, enfermedad de que también adolecen los deseos", dice Jeremías (en este caso, aclaro, los de publicar un sermón para que las palabras no vuelen); "*siendo para esta dolencia el único remedio las letras, y el eficaz antídoto, los moldes de imprenta*", decía San Agustín... y así Job se lo aplicaba a sus voces para que no huyesen ligeras... o sea para que las letras eficazmente muevan que, *por eso, dice el Espíritu Santo que en los buriles de la imprenta granjean las voces, el poder de herir los oídos, como agudas puntas*...[39]

Y justamente aquí —en esta relación que enlaza a las letras de molde con una eternidad, de otra manera aniquilada por el viento, en esta corporeidad subrayada por la imagen del Espíritu Santo que hiere con sus voces los oídos— podemos colocar a la Virgen y los villancicos que Sor Juana le dedicó, para analizar con atención la figura retórica ya mencionada a la que ella alude en primera persona; por tanto, de manera totalmente explícita, expresando su opinión y ratificando además una aseveración canónica:

Si a los *tropos la acomodo*,
ha ejercitado en el arte
el *sinécdoque*, de modo
que eligió la mejor *parte*
y la tomó por el *Todo*[40].

Y el tropo alude a una revelación, la palabra del Ángel de la Anunciación, verbalizada en el Evangelio de Lucas por la Profecía: "El Espíritu Santo vendrá sobre ti, y la virtud del Altísimo te cubrirá con su sombra" (1-35)[41]; palabras pronunciadas por un mensajero alado del Espíritu Santo, emblematizado a su vez por una Paloma blanca; el Arcángel Gabriel aparece en las representaciones del Barroco con una azucena en la mano, símbolo de la pureza de la Concepción[42]. El relato da cuenta de la transformación que se operará en el cuerpo de María, precisamente en su vientre. La palabra alterará entonces su corporeidad, hecho que, metaforizado, se expresa con una figura retórica, la sinécdoque, de uso corriente y ortodoxo en la época[43], como lo prueba el sermón de Santa Cruz Aldana que en seguida analizaré. El "viento leve", a que se refiere Jeremías, resultado de una emisión de voz —las palabras que se pronuncian—, se inmortaliza en la palabra impresa, y sobre todo, en el Verbo que eligió el vientre de María para hacerse carne. ¿Podría decirse que el "leve viento" producido por las Palabras del Espíritu Santo y trasmitidas por el Arcángel Gabriel a María se ha impreso, en forma de Verbo, en el cuerpo de la Virgen, consagrándola, de la misma manera que las letras de molde se imprimen en los libros para eternizar las palabras que antes se llevaba el viento?

De las tres personas de la Trinidad, dos son antropomorfas desde el punto de vista conceptual y de su representación alegórica, pero el Espíritu Santo se configura en el dogma de la Encarnación como un soplo divino. En el complicado y largo proceso que a lo largo de los siglos produjo la imagen de la Inmaculada Concepción, se va elaborando una nueva relación teológica, y la Virgen acaba ocupando el único lugar femenino en la más alta jerarquía celestial. Sor Juana lo asienta así:

A recibirla salieron
las Tres Divinas Personas,
con los aplausos de quien
es Hija, Madre y Esposa (257, vs. 41-44).

La Virgen María como Inmaculada Concepción es la Hija de Ana, quien la concibió sin pecado; es Madre del Verbo encarnado y tam-

[40] 223, vs. 38-42, cursivas en el original, con excepción de la frase "*la acomodo*".

[41] En un análisis sobre la famosa y popular iglesia poblana, Tonantzintla, LUISA RUIZ MORENO (*op. cit.*) reorganiza con gran rigor los grandes momentos de la narración y devoción marianas y define su representación iconográfica. He utilizado su libro para definir algunos conceptos. Ruiz Moreno asocia la semiótica con la iconografía, la teología y la antropología cultural.

[42] GEORGE FERGUSON asegura que la azucena como símbolo de la pureza mariana hace su aparición después del Renacimiento, *Signs and symbols in Christian art*, Oxford University Press, New York, 1966, p. 73.

[43] Alegorización retórica muy difundida en la época.

bién Esposa de José, aunque en la complicada simbolización que en torno de su figura se enreda también pueda ser la Esposa del Señor. El hecho de ser la Inmaculada Concepción y luego Madre Divina marca dos momentos de una "operación subordinante, según la cual el segundo término queda incorporado al primero"[44]. La organización verbal tiene como tarea básica integrar ese paradigma mediante un relato donde la representación simbólica de la Virginidad sagrada define un movimiento ascendente cuya apoteosis será, en lenguaje canónico, la Asunción y Coronación de la Virgen, fragmento de un concepto que simboliza a la Virgen María como el *sumum* de la perfección humana, la Inmaculada Concepción semejante aunque distinta de Cristo (¿no es la *Theotokos*?), hombre y Dios al mismo tiempo.

En este parto de imágenes hay definitivamente un aspecto corporal, mencionado aunque velado por la metaforización de que es objeto, tanto en la elaboración poética como en la construcción teológica. O más bien, el extremado ejercicio de alegorización permite soslayar un hecho elemental: el Espíritu Santo, a manera de semen divino, se introduce en el vientre de María para convertirla en Madre Virgen:

> Signo fue de Virgen,
> pues entrando en Ella
> el Sol de Justicia,
> conservó intacta virginal pureza:
> en el cual, conjuntas
> las Naturalezas
> Divina y Humana,
> causó en el Cielo la aperción de puertas
>
> (254, vs. 29-36).

Al recorrer la órbita celeste y pasar por los signos astrológicos, el Sol-Espíritu Santo penetra en el signo de Virgo. Es casi inevitable no asociar esa imagen con el relato mítico del nacimiento de Perseo, concebido gracias a una estratagema de Zeus quien, convirtiéndose en lluvia de oro, penetró en el vientre de Dánae. Esa asociación parece quedar implícita en el símil usado por Sor Juana ("pues entrando en Ella / el Sol..."), también apoyada en la poderosa tradición clásica presente en el arte del Renacimiento y del Barroco. Definiciones contradictorias, a veces concurrentes y que muchas veces coexisten en un mismo discurso:

> ¿Pues a quién figurar
> podrá tanto misterio,

[44] Ruiz Moreno, *op. cit.*, p. 31.

> sino al entrar María
> en la Gloria, y Jesús en el *Castelo*? [*sic*].
>   Dios entró en el Castillo
> cuando se hizo Hombre el Verbo,
> y hoy María entra en Dios
> a gozar la corona de su Reino (305, vs. 19-26).

Esta mutua interpenetración, el castillo (imagen teresiana) en el que entra Jesús, cuando desciende a la tierra para redimir a los hombres, tiene su contrapartida en la Asunción mariana que al llegar al cielo entra en Dios. La operación se realza poéticamente con la sinécdoque. Veamos cómo, gracias a la elocuencia de un predicador que por primera vez puede leer en letras de imprenta su sermón, esta figura se convierte en una práctica retórica que comporta a la vez una técnica y una enseñanza: instruye a los fieles y les explica un misterio, al tiempo que reitera la necesidad de reverenciar a la Virgen María mediante la exaltación de esa parte sagrada de su cuerpo, la matriz, signo anatómico y fisiológico distintivo de la feminidad, su capacidad de concebir. Es por su vientre que se glorifica a María, un vientre semejante al de Eva, en su significado genérico, pero que, de acuerdo con la teología, es un vientre diferente por haber sido santificado por la elección divina, es el vientre de María, en donde se gesta el Salvador; es, por tanto, la *Theotokos*. Cada uno de las secciones del sermón de Santa Cruz Aldana lleva el título reiterado de *Beatus Venter, qui te portavit*:

> Misterioso elogio, el que hoy en panegíricos acentos, publica de una mujer la elocuencia... y bien, ¿a quién se dirige de Marcela las alabanzas? A María Sanctísima, cuyo es ese dichoso vientre y de quien es este día el discurso. Así es que perfectamente retórica esta mujer entendida; alaba el vientre de MARÍA [*sic*] y en él todas las prendas de esta Señora: *Synedoche est* (dice Maldonado) en que recebida [*sic*] la parte por el todo, son todas las prerrogativas de María las elogiadas, cuando es su vientre sólo el aplaudido... *Por eso admiró Cornelio que eran las alabanzas de este vientre, un compendio de todas las alabanzas de María*... Pero qué mucho, si en predicando Marcela a María Madre de Dios, ni le dejó a la alta devoción qué desear, ni a la más erudita energía qué poder decir... Éste es el portento de las prerrogativas donde enmudecen las voces, y adonde no llegan los conceptos, por eso debió la teología de significar la dignidad de madre de Dios en María con este compendioso término *Theotokos* (*id est*) *Deigenitrix*, porque a querer aplicarle retóricos períodos, se hallara pobre aún la más divina elocuencia...[45]

¿Y quién es Marcela, esta santa que no aparece en la *Leyenda dorada* de Santiago de la Vorágine? ¿Por qué Santa Cruz de Aldana cree

[45] Pp. 141b-142a, cursivas en el original, con excepción del párrafo que empieza "*Por eso admiró...*", que subrayo.

necesario referirse a ella para explicar la sinécdoque sagrada? Sabemos que fue una matrona romana, viuda y rica, del grupo de mujeres sabias de las que siempre estuvo rodeado San Jerónimo, Padre y Maestro de Sor Juana, mujeres modelo que la monja tuvo en mente cuando, en la *Respuesta a Sor Filotea*, explica la conveniencia de crear seminarios de mujeres sabias[46]: "Porque ¿qué inconveniente tiene que una mujer anciana, docta en letras y de santa conversación y costumbres, tuviese a su cargo la educación de las doncellas?" (t. 4, p. 465).

Esas *voces que enmudecen*, enfatizadas por Aldana, son, curiosamente, las de los sacerdotes que, como él, necesitan que una palabra de mujer exalte a la Virgen, la Única, la que ha sido bendecida entre todas las mujeres. Es evidente que en este grupo debe incluirse a Sor Juana.

[46] Cf. también BROWN, *op. cit.*, p. 369.

EL NUEVO PARAÍSO, EL POZO SELLADO

El ascenso de la Virgen recorre una verticalidad, se detiene en distintos lugares, hitos del camino, en donde figuras emblemáticas, diversas advocaciones, y momentos culminantes de un relato construido a lo largo de los siglos, conforman la narración mariana y los dogmas que la Iglesia poco a poco —siglo a siglo— ratifica, es decir "el sujeto María se ha conjuntado con una serie de objetos de valor que, a su vez, le permiten unirse con el máximo objeto de valor", Cristo[47]. Y ese objeto determina, además del de la perfección máxima, un "poder hacer", casi un discurso feminista en el que la Virgen abandona su papel pasivo de vientre elegido para portar a la divinidad humanizada y convertirse en el cuarto elemento teológico. San Bernardo, el santo melifluo, devoto de la Virgen y a quien Sor Juana dedica varios villancicos en ocasión de la fundación de su templo en la ciudad de México, alaba en una homilía a la Madre de Dios:

[47] Véase RUIZ MORENO, *op. cit.*, p. 163.

> Singular Virginidad, no empañada, sino honrada por la Fecundidad. Peculiar Humildad, no arrebatada, sino realzada por Fecunda Virginidad. E incomparable Fecundidad, acompañada a la vez por la Virginidad y por la Humildad... ¿Qué será mayor pasmo: tal fecundidad en la Virgen, o tal integridad en la Madre? ¿Tal sublimidad en su Prole, o con esta sublimidad tamaña humildad? Pero es incomparablemente más precioso y feliz el reunir todo esto[48].

[48] Al comentar los vs. 15-16 y 25-28 del núm. 253 de la Asunción, 1679, Méndez Plancarte incribe esa Homilía I, de Laud. Virg. Matris, t. 2, p. 390.

En la penosa y controvertida discusión que delineó el dibujo acabado de una figura gestada en discusiones milenarias, la Virgen

María fue adquiriendo gradualmente sus atributos y pudo organizarse su relato, compuesto de rasgos distintivos y de contradicciones. Es un relato que esboza a la vez un retrato. En una jácara (Asunción 1679), Sor Juana lo dice textualmente, aunque sea a la manera paródica que este tipo de villancico exige:

> Aquella Mujer valiente,
> que a Juan retirado en Patmos[49],
> por ser un Juan de buen alma,
> se le mostró en un retrato;
>   la que por vestirse, al Sol,
> luciente Sardanapalo,
> en la rueca de sus luces
> la hace hilar sus mismos rayos;
> ...
>   para quien las hermosuras
> que más el Mundo ha estimado,
> no sólo han sido dibujos,
> pero ni llegan a rasgos (256, vs. 5-12, 29-32).

[49] En el verso 6 del núm. 256, Méndez Plancarte consigna el fragmento XII del *Apocalipsis*: "Apareció en el Cielo un Signo grande: Mujer vestida del Sol, la Luna bajo sus pies, y una Corona de doce Estrellas...", t. 2, p. 393.

Retrato que la describe entera, con sus ojos, con su boca, con sus pies, con sus mejillas y con sus vestidos deslumbrantes: mantos, tocados, cintillas. Y sin embargo, y sin que importe la reiteración siempre necesaria en un rito anualmente renovado, el tropo que mejor la retrata es la sinécdoque. El complicado y tenaz tejido "hilado" para confeccionar el mito de la Inmaculada Concepción, en plena vigencia en tiempos de Sor Juana, ha plasmado el mayor número de emblemas alrededor de la Virgen; es la luna y el sol, la azucena, la rosa mística sin espinas, el huerto o jardín cerrado, la fuente sellada, el cedro del Líbano, el árbol de Jesé, la puerta cerrada, el espejo impoluto de la justicia, la oliva, el cedro del Líbano, la torre de David, las doce estrellas.

Para ilustrar el uso que la escritora novohispana hace de un repertorio de imágenes ya tradicionales en su tiempo, citaré por entero el juguetillo de la jácara de la Concepción (1689), donde se resume de manera risueña el catálogo interminable de algunos de estos atributos que incluyen lo que no se ha verbalizado en el estribillo, "¡y trescientas cosas más!":

> Como entre espinas la Rosa,
> como entre nubes la Luna,

única y como ninguna
luce la divina Esposa:
toda pura y toda hermosa,
púrpura y biso vestida;
Ciudad de Dios defendida,
Arca de su Testamento,
de la Trinidad Asiento,
Iris hermoso de paz:
¡y trescientas cosas más!
  Como Lilio descollado
en el margen cristalino;
como Vaso de Oro fino,
de mil piedras adornado:
como Bálsamo quemado,
como Fuego reluciente,
como Apolo refulgente,
como Aroma de olor llena;
a quien no tocó la pena
que tuvieron los demás:
¡y trescientas cosas más!
  Como Varita olorosa
que asciende desde el desierto;
como bien vallado Huerto
de la Fruta más sabrosa;
como Palma victoriosa,
como Escuadrón ordenado,
como Pozo bien sellado,
como Fuente de agua viva;
como pacífica Oliva
que fue del mundo la paz:
¡y trescientas cosas más!
  Trono de Dios Soberano,
Archivo de todo el bien,
Gloria de Jerusalén
y Alegría del cristiano;
Esther que al género humano
de la miseria libró;
la Mujer que en Patmos vió
Juan, triunfante del Dragón;
el Trono de Salomón
y la Señal dada a Acaz:
¡y trescientas cosas más! (282, vs. 89-132).

La gran cantidad de atributos enumerados y organizados como un archivo, cuya ordenación ilustra a los fieles y sirve de ayuda-memoria, realzan las cualidades divinas de la Virgen: la mayor parte constituye una variante de lo mismo, aquello que se refiere a esa particularidad del cuerpo femenino, genéricamente conocido como matriz, cuyo comportamiento habitual sigue el modelo anatómico, fisiológico y moral de Eva, cuyo pecado sexual se castigó con el parto doloroso. La matriz es, en principio, un órgano cerrado sobre sí mismo, sólo abierto por la fecundación y el parto. María es radicalmente distinta de Eva y, por extensión, de las otras mujeres: su parto fue feliz y la maternidad no alteró, es decir, no perforó el sello virginal originario: su matriz, su vientre bendito permaneció intacto, hermético, un "bien vallado huerto", un "pozo bien sellado", una "Fuente de agua viva". Y ese compartimento estanco, el vaso sellado donde Cristo se gestó, marca el principio de una mutación histórica[50], un nacimiento cándido —impoluto, blanco, deslumbrante— de donde se ha desterrado el pecado. El vientre de María, ese vaso purísimo, esa "...siempre cristalina, / clara y hermosa Fuente" (*El divino Narciso*, vs. 1173-1174), redime, limpia, las aguas turbias, "las aguas de sus delitos" (*id.*, v. 2122), los de la humanidad, y en síntesis los de cada una de las mujeres que para dar a luz cometen antes el pecado de la carne. El símil reúne en una sola imagen el vientre de todas las mujeres que, desde Eva, fueron contagiadas —o marcadas— por la mancha del pecado original. Y, también, se refiere al Bautismo que, mediante las aguas sagradas, inicia la redención del pecado por naturaleza. Aguas manchadas, aguas turbias, aguas placentarias o "las aguas de sus delitos" redimidas por una fuente cristalina —"fuente de justicia", "vaso espiritual", "vaso insigne de devoción"—, el vientre Divino de María.

La virginidad sagrada determina así un nuevo juego de opuestos, lo cerrado y lo abierto, que en bisagra se agregan a la dicotomía de lo alto y lo bajo. Subir y entrar constituyen las acciones fundamentales de la Asunción, bajar y abrir parecen ser las de la Concepción, aunque ese descenso y esa apertura se neutralicen por la elección divina que purifica, o mejor, mantiene el sello intacto, retiene su esplendor en un cuerpo humano divinizado por una concepción:

> Con mucha gracia María,
> siendo del género humano,
> una Concepción estrena
> tan nueva, que no ha pecado.
>   Allá en la Mente Divina
> su puro esplendor intacto,
> sin necesidad de absuelto,
> fue éste un caso reservado (225, vs. 7-14).

[50] Cf. BROWN, *op. cit.*, p. 175.

Esta trasmutación que cierra aquello que por naturaleza debe abrirse si quiere ser fecundado determina una imagen que carece de existencia real, la virginidad sagrada es entonces puramente metafórica, y su expresión se sintetiza en un giro de lenguaje que, bautizada por la retórica, adquiere el nombre de sinécdoque:

> ¡Qué hermoso y deleitable, dice el Esposo, que es su estimado huerto; *hortus conclusus*, donde no llegó del invierno la tiranía, ni del estío el rigor, dice Beda, porque siempre se compitieron coloridas las flores y las rosas... y es, dice este doctor, que quiso el Espíritu Santo retratar la hermosura de la iglesia en su regalado huerto, donde son los santos las flores y las plantas que lo adornan... y como no podía estar perfecto este jardín admirable sin una fuente clara de cristalinas aguas, se la previene el esposo en su querida, a quien llaman fuente de sus huertos y pozo de aguas dulces... galano símbolo de María santísima, dijo Glislerio... es María la fuente en el jardín ameno de la Iglesia, para su mayor recreo...[51]

[51] ALDANA, *op. cit.*, p. 143. "Al jardín del Edén originario (*paradisus voluptates*, Génesis, II, 8), asociado al pecado original —la falta—, y objeto de nostalgia para el género humano exiliado, se opone el lugar (sacro), la estancia-refugio que se asocia a la Virgen María, el 'jardín' metafórico que el *Cantar de los Cantares* anuncia de manera profética: *Hortus conclusus*, soror mea, sponsa. *Hortus conclusus*, fons signatus" (IV, 12), BERCHTOLDT, *op. cit.*, p. 87 (trad. mía).

Así, la sinécdoque sagrada resuelve en un rápido malabarismo poético todas las contradicciones. Asume la virginidad sagrada y al hacerlo destruye los opuestos: lo abierto es lo cerrado y subir y bajar dejan de ser movimientos contradictorios, y ni siquiera son el camino que asciende hacia la perfección. Son como el Instante *ab aeterno*, un espacio sin continuidad y un vaso sin fractura. En ese transcurso se anula el espacio —la distancia que debe recorrerse entre el arriba y el abajo— y se define una metáfora que excluye por esencia cualquier tipo de penetración. Hasta el color se anula, la mancha, la *negregura*, emblemas del pecado se convierten en lo bello, y María es asimilada a la pastora de Salomón en el *Cantar de los Cantares*, a la Esposa de Cristo y a la Iglesia:

> Del Sol, que siempre la baña,
> está abrasada la Esposa;
> ...
>   Negra se confiesa; pero
> dice que esa negregura
> le da mayor hermosura (281, vs. 15-16, 27-29).

La metáfora ha sellado la pureza, la ha hecho inexpugnable, ha anulado las fisuras, el movimiento, el tiempo, el color y ha organizado una nueva simbología numérica.

Es una numerología sagrada, repetida exhaustivamente, entre el tres y el cuatro que constituye un inventario. De él puede deducirse que el tres y el cuatro se relacionan, repetitivamente con la divinidad, es decir, soportan una carga semántica idéntica. El cuatro, simple proyección de la estructura binaria Dios-Espíritu, corresponde más bien a la versión de la divinidad que proporcionan las antiguas escrituras. El tres, por su parte, representa la nueva versión de la divinidad que aparece en el Nuevo Testamento y que configura al Dios propiamente cristiano: la Trinidad (Dios Padre, Dios Espíritu y Dios Hijo). La inserción de María en la serie más antigua, es decir la del Antiguo Testamento, por otra parte perfectamente asimilada por el Nuevo (cuatro evangelistas, cuatro padres de la Iglesia, etc.), es el resultado de un proceso muy largo y complicado que va delineando el dogma de María como Inmaculada y Purísima, es decir, el dogma de la maternidad virginal:

> ...el hecho es que María —dice Ruiz Moreno— habiendo engendrado una de las partes de la Trinidad, se convierte necesariamente en un apéndice de ésta, en una *cuarta* figura que, sin transformar la tríada de la divinidad, exige una organización cuaternaria que funcione de manera simultánea y combinada con la anterior (p. 58).

El discurso mariano se legitima tanto en el culto como en la tradición y se ratifica en el texto apocalíptico, cuya numerología se vincula ahora con otro número cabalístico, el doce, construido gracias a la aritmética sagrada con los múltiplos del tres y el cuatro (las doce estrellas situadas a los pies de la mujer aparecida a San Juan equivalen a los doce apóstoles y a las doce tribus de Israel). María, a pesar de su humanidad, tiene el derecho divino de estar sentada a la diestra de Cristo, quien, a su vez se sienta a la derecha de Dios Padre, constituyéndose de esta forma una figura cuaternaria y no trinitaria. Pero, ¿qué devuelve a la divinidad su binaridad original si no el impacto de la aparición de la cuarta figura? Porque de acuerdo con esto, ¿no será que, finalmente, el cristianismo es ese universo sincrético del *hijo*, donde todo se recoge y convive, y donde, a pesar de que la divinidad sigue siendo la Trinidad, ella establece relaciones binarias con la humanidad y entre las personas que la componen, relaciones que hacen que una organización cuaternaria se agregue a la ternaria convirtiéndose así en parte de otra organización inclusiva y combinada?

La Virgen resuelve el universo, lo convierte en *totalidad*, en *perfección*. ¿No ha sido el asiento donde encarnó Cristo? ¿No detuvo el tiempo en un Instante privilegiado? ¿No cerró para siempre los espacios? ¿No hizo coincidir el blanco con el negro, es decir, creó un perfecto no color?

Y no sólo eso, es también muy importante que la Virgen María, figura casi circunstancial, objeto donde se deposita lo sagrado, es decir el vaso purísimo donde encarna Cristo por mandato del Espíritu Santo, se convierta en un principio femenino activo, en la intercesora directa entre lo humano y lo divino y, como el mismo Cristo, salvadora de la humanidad, pues, ¿no se ha convertido en la Nueva Eva para salvar al hombre del pecado original? ¿No fue ésa también la misión de Cristo? Las figuras del Nuevo Adán y la Nueva Eva articulan una pareja sagrada que reitera en exacta correspondencia a Dios Padre y Dios Hijo; correspondencia en que la Virgen se vuelve la pareja de Cristo, ambigüedad ancilar reiterada en las interpretaciones místicas de la unión de Cristo y de su Iglesia, lectura dogmática y metafórica del *Cantar de los Cantares*. La idea de perfección encarnada en la Concepción Inmaculada de la Divinidad se extiende al espacio teológico que la sustenta y la resume, María Reina asunta y María Nueva Eva.

TABLA DE ILUSTRACIONES

La Universidad del Claustro de Sor Juana expresa su agradecimiento por su valiosa colaboración en la ilustración de esta obra a las siguientes instituciones: Consejo Nacional para la Cultura y las Artes, Instituto Nacional de Antropología e Historia, Instituto Nacional de Bellas Artes, Archivo General de la Nación, Fondo Reservado de la Universidad Nacional Autónoma de México, Museo Nacional de Arte, Museo Nacional de San Carlos, Pinacoteca Virreinal, Pinacoteca del Templo de la Profesa, Archivo Fotográfico del Centro de Estudios de Historia de México CONDUMEX y al C.P. Alejandro Rodríguez-Wyler Andrade.

529. Bartolomé Esteban Murillo, *La Inmaculada de Soult*. Museo del Prado.

530 y 531. José Rodríguez Camero, *Asunción de la Virgen María*. Museo Regional de Puebla, INAH.

536. Juan Sánchez Salmerón, *La Purísima Concepción*, óleo sobre tela. Museo Nacional del Virreinato, INAH.

Sor Juana y su mundo
se terminó de imprimir en el mes
de noviembre de 1995 en los talleres
de Impresora y Encuadernadora Progreso,
S. A. de C. V. (IEPSA)
La formación se llevó a cabo con
el programa Quark Xpress
en la plataforma Power PC de Macintosh
y se utilizó tipografía Garamond de 9 y 11 pts.
Se imprimieron 2 000 ejemplares.

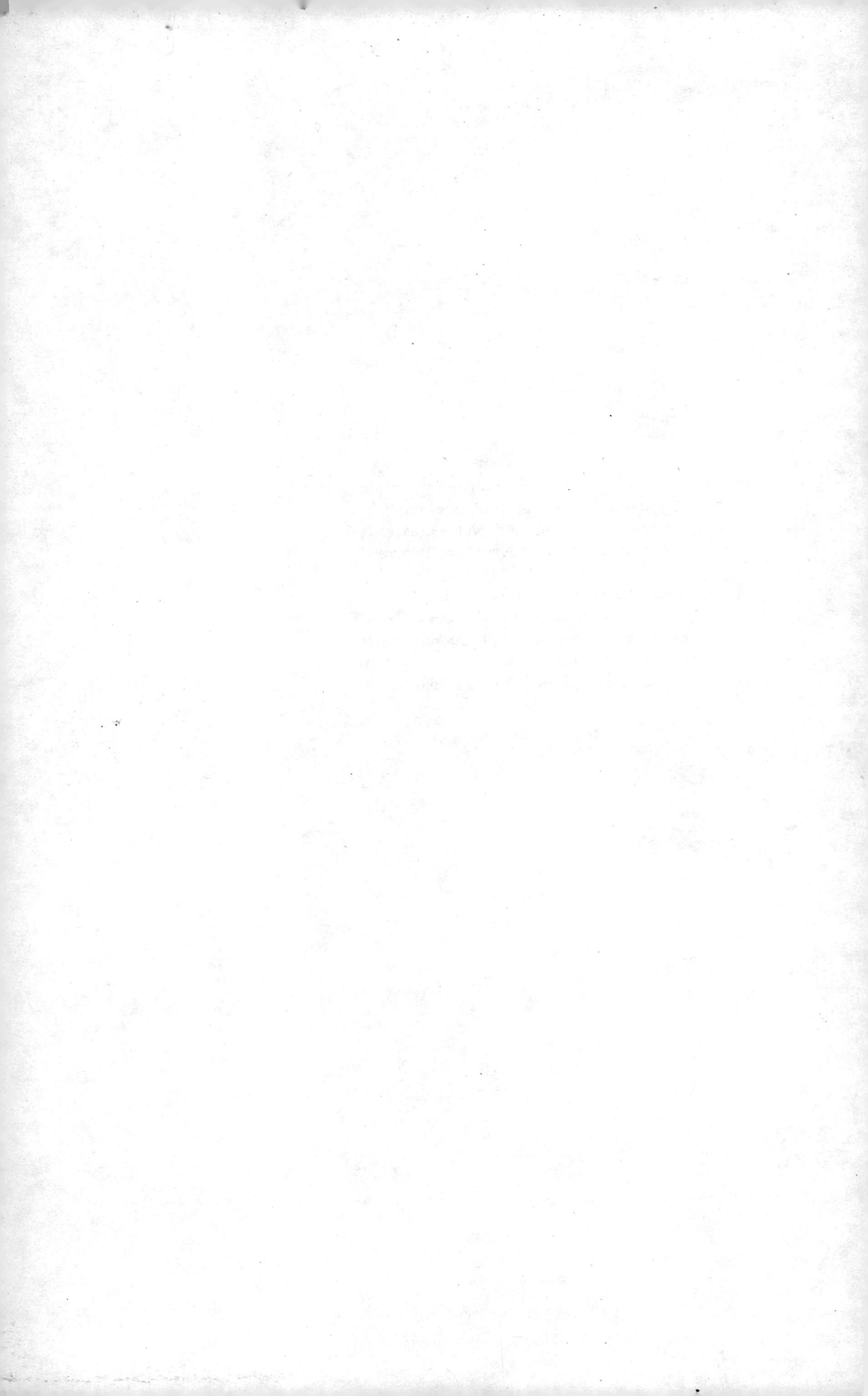